潘文国汉语论集 上

潘文国 著

华东师范大学出版社

图书在版编目（CIP）数据

潘文国汉语论集/潘文国著. —上海：华东师范大学出版社，2019
ISBN 978-7-5675-8912-4

Ⅰ.①潘… Ⅱ.①潘… Ⅲ.①汉语-语言学-文集 Ⅳ.①H1-53

中国版本图书馆 CIP 数据核字(2019)第 041173 号

潘文国汉语论集

著　　者　潘文国
项目编辑　龚海燕　顾晨溪
审读编辑　翁晓玲
责任校对　顾晨溪
装帧设计　卢晓红

出版发行　华东师范大学出版社
社　　址　上海市中山北路 3663 号　邮编 200062
网　　址　www.ecnupress.com.cn
电　　话　021-60821666　行政传真 021-62572105
客服电话　021-62865537　门市(邮购)电话 021-62869887
地　　址　上海市中山北路 3663 号华东师范大学校内先锋路口
网　　店　http://hdsdcbs.tmall.com/

印 刷 者　上海书刊印刷有限公司
开　　本　787×1092　16 开
印　　张　41.75
字　　数　678 千字
版　　次　2019 年 6 月第 1 版
印　　次　2019 年 6 月第 1 次
书　　号　ISBN 978-7-5675-8912-4/H·1040
定　　价　88.00 元

出 版 人　王　焰

(如发现本版图书有印订质量问题,请寄回本社客服中心调换或电话 021-62865537 联系)

目录

编辑说明

音韵学

中古日母的读音问题	3
韵图排列的方式	29
评高本汉为《广韵》拟音的基础——四等洪细说	63
怎样考证韵图产生的时代——李新魁先生《韵镜研究》读后	76
论总和体系——《切韵》性质的再探讨	95
音韵与古汉语语法	107
韵图分等的关键	137
《广韵》《集韵》《音学辨微》《四声切韵表》辞条	143
汉语音韵研究中难以回避的论争——再论高本汉体系及《切韵》性质诸问题	152
有汉语特色的音韵学研究	177
编辑现代"《切韵》"之构想	182
诗文声韵的再思考	195

构词法

汉英构词法对比研究	209
汉语构词法研究的先驱薛祥绥	232

汉语构词法的历史研究	240
当前的汉语构词法研究	254
审慎地推行"千进制"	267
外来语新论——关于外来语的哲学思考	277

语　法

汉语语法特点的再认识	305
汉语研究：世纪之交的思考	317
从"了"的英译看汉语的时体问题	360
论音义互动	372

汉　字

汉字的音译义	397
"规范"与"规范词典"	403
从语言学角度谈汉字规范研究	409
汉字是汉语之魂——语言与文字关系的再思考	419
对症下药医汉字	430
变字体之争为字种之辨——跳出繁简之争，走汉字整理之路	435
"汉字"的译名问题	442
汉字：华文教育的重中之重	448
从字本到文本：华语教学的新思路	454
《汉语拼音方案》的回顾与思考	470

中文危机与对策

危机意识、语言与文字——《中文危机与对策》系列讲座之一　　477
全球化、英语强势和电脑技术——《中文危机与对策》系列讲座之二　　487
文言与方言——《中文危机与对策》系列讲座之三　　497
汉字与拼音——《中文危机与对策》系列讲座之四　　507
简体与繁体——《中文危机与对策》系列讲座之五　　517
翻译与欧化——《中文危机与对策》系列讲座之六　　527
社会用语的失范——《中文危机与对策》系列讲座之七　　538
语文教学的危机——《中文危机与对策》系列讲座之八　　549
外语与汉语教学——《中文危机与对策》系列讲座之九　　561
汉语研究的危机——《中文危机与对策》系列讲座之十　　571

汉语知识

汉语概说　　585
汉语与汉字　　601
汉语与中国文学　　609
汉语与中国文化　　629

编辑说明

　　这是30多年来我关于汉语研究方面的论文的一个结集。共分六辑。

　　第一辑是"音韵学",这是我研究汉语最早从事的方向,因此收的篇幅也最多,近15万字。其中《中古日母的读音问题》写于1979年,其实是我的学术研究开笔之作。曾在内部刊物发表过,也在学界多有传阅,这次是第一次正式刊出。这一辑中的《怎样考证韵图产生的时代》和《音韵与古汉语语法》也颇下了点功夫,但因种种原因,也未及时发表,这次也是正式问世。这辑的最后两篇涉及音韵学的应用,前者与戏曲有关,后者跟诗文创作有关,是这两年的最新研究。

　　第二辑是"构词法",这是我进入"现代"研究后最早从事的方向。第一篇《汉英构词法对比研究》实际写于1986年,是刚刚接手为对外汉语专业开设"汉英对比"课之后写的第一篇文章,正式发表已是1990年。后面几篇与在英国搞的项目"汉语构词法史"有关。关于外来语的那篇文章是有家出版社有意找我编一本新的外来语词典,我在编前作的一个总体构想。这本词典找了不少人帮忙,也收集了一些资料,后来因故没有编成,有点可惜。

　　第三辑叫"语法",因为想不出更好的名称。好像我的研究中对现行语法持批评的较多,特别是第二篇,在我的单篇论文中这恐怕是最长的文章,当时引起了一些议论。虽然是针对20世纪汉语的总体研究,但语法无疑是其中的一个主要方面,因此就放在这里了。其中最后一篇《论音义互动》可说是有些建设性的。

　　第四辑"汉字",除第四篇《汉字是汉语之魂》讲的是理论问题,其余的多涉及汉字规范问题,也是对社会热点问题的回应。其中有两篇涉及东南亚华文教育的理论问题,是应有关教育机构之请而作的。

　　第五辑"中文危机与对策"是应超星学术网做的一个系列讲座的文字稿,集中回答了当前社会上关于语言文字的一些热点问题以及我的思考。

　　第六辑"汉语知识"本身也是一个系列,作为我主编的翻译专业用《中文读写教程》的一个组成部分。这套书我建立了一个"文选阅读、中文知识、语言实践"三结合的体系。其中的"中文知识"部分浓缩了大学中文系的主干课程的内容。而"汉语知识"是对应于中文系的"现代汉语"课程的。但我在实践中感到,对于非中文专业而言,现代汉语课的内容多数用处不大,学生更需要的是另一种知识体系,因此我自己动手写了这一内容,现也抽出来放在这里。

感谢华东师范大学出版社和王焰社长、龚海燕副社长愿意为我出一套学术论文选集。由于我的研究范围涉及几个领域,其中关于汉英对比与翻译方面的论文约 70 万字,2017 年已由上海外语教育出版社出版(书名《潘文国学术研究文集》),因此由华东师范大学出版社出版的就只收其他方面的内容,分为两册:一册是这本《潘文国汉语论集》,以汉语研究为主;另一册是《潘文国语言论集》,以语言学理论研究为主。

作　者

2018 年 7 月

音韵学

中古日母的读音问题

一、拟测日母的困难及古音拟测的两条路线

瑞典汉学家高本汉（Bernhard Karlgren）曾经说过："拟测古代汉语的声母系统，日母是最危险的暗礁之一。"[1] 他为此列出了三条理由：

(1) 近代许多方言读这个音不一致，一字往往有几读，因此很难确定某字究竟该读何音；

(2) 日母的近代读音分歧很大，很难找出一个音使所有这些音都能推及（然而这个音从前却一定有过）；

(3) 日母的近代读音中没有一个可以认为与古代读音相同的，因为除 r(ɹ) 以外，这些音在唐代都已见于别的声母（如"疑""泥""娘""来""床""禅"等）下，如果当初用了这些音之一作声母，那早就列在这些声母下了。[2]

粗粗看来，日母确实具有这些特征，至少在这些特征上显得比别的字母更集中、更典型。因此，日母拟音成为历来治音韵者的难题之一。

为了解决这个难题，高本汉确实费了不少心思，经过一番逻辑推理加上符号的排列，他拟出了一个音[ŋʑ]，在表面上总算平息了现代日母这么多方音的矛盾。

但是[ŋʑ]这个音只有理论上的意义，实际上这个音是很难发出的。尽管有人曾帮高本汉解释，说[ŋʑ]这个音不是"复辅音"而是如同破裂摩擦音[ts]一样的"复合辅音"；高本汉等人也反复地教我们发这个音的方法，但一般人仍无法读出这个音。我们也无法为这个音找到任何方音上的旁证，很难想象一千多年前的人们会发出这么复杂的音。因此，虽然高本汉的拟音一时曾为中国音韵学界许多人所接受，但后来人们还是纷纷抛弃了它。例如李荣先生在他的《切韵音系》里，就主张

---

[1] Bernhard Karlgren: *Etudes sur la phonologie chinoise*（《中国音韵学研究》）中译本，第338页。
[2] 参见上书，第338-339页。

根据法国马伯乐（H. Maspéro）的修正，把日母改拟为 ń([ŋ])[1]；王力先生在《汉语音韵学》里接受了高氏的拟音，而在后来写的《汉语音韵》里，就把日母改拟为[ȵ]等[2]。说明高本汉的拟音失败了。

平心而论，高本汉的考证方法还是科学的。他搜集大量方音材料，运用历史比较法来推测古音的音值，这一方法是无可非议的；他所搜集的材料，大多数也还是正确的，因此高氏的工作为现代汉语音韵学的建立作出了一定的贡献，这一功绩是不应抹杀的。但是前人走过的弯路也确实值得我们深思：为什么高氏运用正确的方法、正确的材料，却会得出错误的结论？为什么高本汉看到了日母拟音后面的"暗礁"，却仍然无法避免地一头撞了上去？当然，在诸如他所说的第一条困难等问题上我们不应苛责于他，毕竟汉语不是他的母语，在一字数读中确定该取哪个音是有些难为他的。但总的来说，高氏之失与其说在材料上，不如说在观点上：正由于基本观点错了，因而尽管有了比较正确的材料和以往（在印欧语历史比较语言学中）行之有效的方法，却仍然走进了死胡同。

高本汉的失误有二：首先，他对中古汉语语音系统的代表——《切韵》一系韵书的性质的认识是错误的，因而正确的材料得不到正确的运用；其次在于他的构拟方法脱离语音实际，变成了纯粹的符号游戏。

人们通常都同意，《切韵》一系韵书代表了中古汉语的语音系统，但对这一系韵书的性质究竟怎么看，音韵学界却存在着两种截然不同的观点，从而导致了古音拟测上两条完全不同的路线。

一种是以高本汉为代表的单一体系说。这一观点曾影响中国音韵学界数十年，但国内在 20 世纪 60 年代以后，国际上在 20 世纪 70 年代以后影响有所式微，最近两年似乎又有些抬头。这一派无视中国古今都存在着大量方言的事实，无视陆法言在《切韵·序》中清清楚楚的表白，坚持认为《切韵》或《广韵》代表了一时一地的实际语音。这一观点简单地说就是两条：

(1)《切韵》实质上就是陕西长安方言，这一方言在唐朝成为一种
共通语，除沿海的福建省以外，全国各州县的知识界人士都说这种语言；

---

1 李荣：《切韵音系》，第 125－126 页。
2 王力：《汉语音韵》，第 76 页。

(2)（这一）共通语……成为几乎是全部现代方言的母语（福建与毗邻地区的闽方言除外）。[1]

这个观点就决定了他的古音拟测路线：从全部现代方言都来自同一母语出发，他就要为当前各地歧出的方言都找到同一个来源；从《切韵》（或《广韵》）即唐代语音系统出发，他就要为《广韵》的二百零六韵及四十七声类各拟出不同的读音。为了体系上的完整，他甚至可以不顾汉语语音的实际，强生分别（如把"非""敷"两母分别拟为[f]、[f']等），或纯从理论上分析，拟出谁也读不出的怪音，日母的[ŋz]即是。

另一种是综合系统的观点。这是中国音韵学的传统观点，清代的小学家基本上持此观点，晚近的代表则为章炳麟。20世纪世纪国内的音韵学家大都持此说，一部分曾经相信过高本汉主张的学者如王力、黄粹伯等后来都改持此说。国外则以张琨为代表。这一派认为《切韵》并不代表一时一地之音，而是古今南北的一个综合系统。他们对《广韵》的声类、韵类就不像前一派那样看得呆板。主张《广韵》声类为三十三类的张煊说：

此三十三声类，在陆法言时究有三十三否固不可知，然私意以为恐未必有三十三声。法言之书，论定南北是非古今通塞，古通而今分，则别为二；古分而今通，亦别而为二。于南北异同亦然。故韵部虽有二百六，实非有二百六相异之音。……韵既以古今音分，奚独于声而不然？故吾以为此三十三类中或有以古今音异而分者。欲知其究有声类若干，当求其孰为古今音异而分、孰为南北殊读而分者而合之，则声类之真得矣。[2]

因此综合体系说的拟音路线是：

(1) 古音拟测是拟测古代某一时期特定的语音系统（一般是通语）。《广韵》是拟测古音的重要依据，但由于它是南北古今的综合系统，因此不可能为《广韵》所有的声类和韵类拟出各不相同的读音。

1　见高本汉著、聂鸿音译：《中上古汉语音韵纲要》，齐鲁书社，1987年，第2页及附注。
2　张煊：《求进步斋音论》，载《国故》1919年第2期，第9页。

(2) 古代和现代一样,存在着方言歧出的现象,因此不一定为现代方言的每一个音都找到唯一的一个解释,尤其不认为现代所有的方音只能有一个来源。

(3) 利用《广韵》的材料,要掌握尽可能多的当时的古今南北语音数据,对《广韵》的声、韵类进行重新分合。

两种观点、两条路线,究竟哪一种是正确的呢?高本汉在日母上的触礁证明了单一体系说不符合汉语实际,但问题并不这么简单。由于高本汉是第一个运用"科学的"方法为古代汉语语音系统拟出具体音值的学者,其影响十分深远。有的人在理论上可以接受综合体系的观点,但在具体拟音时却又迷惑于高本汉的那套方法和结论,并且还给了一个新的解释,说是这样才体现了综合体系作为古今南北语音"总和"的特点。我们觉得"总和"要看怎么理解,譬如 A、B 两字的读音在甲地相同,B、C 两字的读音在乙地相同,《切韵》为综合反映各地语音,把 A、B、C 分成了三类,那么这三类读音的"总和"是多少呢?如果我们有国际音标之类的标音工具,将两个系统合在一起看,则其结果应是四类;如果就每一种被综合进去的语音系统看,则其结果仍只能是两类。总之,"总和"的结果不可能是《切韵》表面上呈现出来的三类。认识这一点是很重要的。[1] 高本汉就是看不到这一点,因而碰到无法拟出的音时,就不惜杜撰生造;王力先生在日母拟音上的几次反复,恐怕与之也不无关系。

王力先生起先接受高本汉的主张,把中古日母构拟为[ɲʑ][2],并且在此基础上论述"中古后日母读音的发展",把李汝珍《李氏音鉴》中"然"字的声母构拟为[ʑ][3],把金尼阁《西儒耳目资》的日母构拟为[ʒ][4]。在《汉语史稿》中,王先生还企图从音理上为高本汉的拟音作出解释。[5] 后来,在 1963 年出版的《汉语音韵》中,王先生改变了以前的意见,把自中古以来的日母一律拟音为[ɽ]。[6] 在 1979 年的一篇文章[7]中,他更断然否定高本汉的旧说,主张"宋元时代,甚至更早,日母就已

---

1 参见笔者《论总和体系》一文,见本书。
2 王力:《汉语音韵学》,第 205 页。
3 同上,第 161 页。
4 同上,第 159 页。
5 王力:《汉语史稿》,上册,第 128-129 页。
6 王力:《汉语音韵》,第 76、81、91 页。
7 王力:《现代汉语语音分析中的几个问题》,载《中国语文》1979 年第 4 期。

经是个[ɽ]，因此中古日母应拟测为[ɽ]。"这篇文章不是专谈古代音韵的，因而王先生未能介绍他的看法转变的理由。1985年，王力先生去世前后出版的他关于汉语音韵的最后一部著作《汉语语音史》中，他把从先秦到中唐的日母都拟为[ɲ]，从晚唐到元代的日母都拟为[ɽ]，把明清的日母拟为[ʐ]，现代的日母则按各方言分别构拟。[1] 但同样，我们没有看到王先生为这些拟音作出明确的解释。

把中古日母拟为[ɽ]，中古以后日母的发展自然是容易讲了，但是会带来一些新问题，例如：

(1) 中古日母是个[ɽ]，而中古以前是个[ɲ]，那么怎么解释从[ɲ]到[ɽ]的发展过程呢？王力先生以前曾论述过日母从上古到中古的发展过程是：[ɲ]——[ɲj]——[ɲʑ][2]，但那还是在他相信[ɲʑ]这个音的时候。现在[ɲʑ]被否定了，从[ɲ]到[ɽ]的这个过程怎么在音理上作出解释呢？

(2) 梵文字母中有一个"ɽ"，罗马字注音是[ra]。如果当时已有了个[ɽ]音，为什么自隋唐乃至宋的佛经翻译遇到"ɽ"，都译成"罗、逻、啰"等来母字，而不用日母字？从音感来讲，[ɽ]与[l]比与其他任何音都接近，其性质也最相似。这本来就是王力先生把中古日母拟为[ɲ]的主要依据。[3] "ɽ"不译成日母字说明当时日母的读音与[ɲ]、[l]都相距颇远。这一点从反面可以看得更清楚：在当时的各种域外译音中，非但没有一个是用[ɲ]来译日母字的，也没有一个是用[l]来译日母字的。这是为什么呢？

还有一些现象后面会提到。总之，我们认为高本汉的假设既不能成立，王力先生的假设也同样无法成立。那么，中古日母的读音究竟是什么呢？下面我们将运用现有的材料重新作一番拟测，并在此过程中试图解答上面提出的各种问题。

二、从现代方音看日母的来源

前面说过，高本汉拟测古代语音的方法和材料在原则上还是可取的。在对日

1　参见王力《汉语语音史》各有关章节。
2　王力：《汉语史稿》，上册，第75页。
3　王力先生说："韵图把来日二母排在一起，称为半舌、半齿，可见来日二母读音相近。[ɽ]与[l]都是所谓通音（液音），所以日母应该是个[ɽ]。"见《汉语语音史》，第234页。

母进行重新拟测的时候,我们仍将使用历史比较法,但在具体做法上与高氏会有些不同。

用来拟测中古语音的材料有三种:一是现代各地的方音;二是中古时期的各种中外译音;三是古代的谐声、假借、异文等。其中第一种材料是基本的,是拟测的出发点,可以借以确定一定的音位;第三种材料由于不是直接记音,因此只有参考作用,可以作为一种旁证;第二种材料在高本汉那里是与第一种等量齐观的,但我们觉得它们是直接记载了当时语音的材料,十分难得,应该分开来进行处理。当然由于不同的语言间相互借音,总要适合自身的语音系统,在具体的音值上会不可避免地作出修正,有时难以直接运用。但由于这些借用音往往比较成系统,因而如果能仔细地研究两种语言间的语音对应关系,正确地进行语音还原,常常能起到意想不到的作用。

本节先看第一种材料。

在《中国音韵学研究》里,高本汉曾列了一个日母现代读音比较表,列举了中国境内的三十种方言和三种域外借用音进行比较。[1] 域外借用音到后面再谈。从他列举的方音看来,尽管有些地方有错误(如汉口、扬州),有些地方比较混乱(如宁波、温州;同时止摄开口字读音比较特殊,混在一起也不妥),但总的来说,还是起了筚路蓝缕的作用的。现在我参照他本人在同书中编的《方言字汇》,参照其他一些重要的方言著作,如袁家骅先生主编的《汉语方言概要》、罗常培先生的《厦门音系》、白涤洲先生的《关中方音调查报告》等等,对这个表作了修正。同时为了扩大比较的面,使比较的结果更近于真实,我还从周围所能找到的关于各地方言的书籍、杂志中摘录日母字的读音,增加了三十多个点的方言材料,重新列成一张表如下(见表一):

表一　中古日母现代方言读音表

地点 \ 读音 \ 类别	开口	合口	止摄开口	备注
北京、开封、大同、怀庆、平凉、宁夏、郑州、昆明、徐州、南京、淮阴、新海连、如皋、四川、新疆汉音	z_ι	z_ι	○	据《四川方言音系》,四川 150 个调查点中仅 26 点念[z],其余均念[z_ι],高本汉误

1　Bernhard Karlgren: *Etudes sur la phonologie chinoise* (《中国音韵学研究》)中译本,第 336 页。

续 表

读音 地点 类别	开口	合口	止摄开口	备 注
归化、文水、三山、兴县、桑家镇、泾州、吴中大部地区	ʐ	z	○	
西安、兰州、潼关、华阴	ʐ	v	○	
济南	ʐ	l	○	
太原、成都、泰州、句容、张家口、固始、尚义、阳原、蔚县、崇礼、万全、康保、怀安、涞源、榆次、清徐	z	z	○	
凤台	z	z	ʐ	
太谷	z	○	○	
平阳	z	v	○	
广州、南通、沈阳、当阳、巨鹿、冀县	○	○	○	
汉口	n	○	ŋ	据《汉语方言概要》修订
南昌	ŋ;l	ŋ;l	○	
扬州、高邮、盐城	l	l	○	
无锡、常熟	ŋ;z(dz)	ŋ;z(dz)	ŋ;○	按文、白分
上海、苏州、常州、宁波、绍兴	ŋ;z(dz)	ŋ;z(dz)	ŋ;○	同上。[z]见于绍兴话
温州	ŋ;z	ŋ;z	ŋ;n	据高本汉同书《方言字汇》修订
客家	ŋ;○	ŋ;○	ŋ;○	据《汉语方言概要》修订
福州	n;○	n;○	n;○	
汕头	dz	dz	dz;dz	
厦门	dz(dz)	dz	dz	按《厦门音系》，白话音多读[n]、[l]

　　我没有采取高本汉的办法，各种读音兼收并蓄、不分主次，结果造成头绪纷繁的局面，在南方诸方言中尤其如此。我尽量在各方言中找出日母字在该地最基本

的读音,因而各地都有的一些例外字和异读字,就没有在表中一一标出。

从这个表上看,尽管日母读音中方音歧出的现象相当严重,但其间似乎仍然有一定的规律可循。这就是:北方话区域一般念[ʐ]或[z];南方话区域一般念[ŋ],且多数有文白两读;从北方向南方嬗变又大致有一定规则[1];只有汕头、厦门一带的音稍特殊些。

面对着这样的方言材料,我们怎么来使用呢?高本汉的办法是把它们一股脑儿罗列起来,然后竭力在其中提取公因子,或者假设出公分母。他使用这一方法在有些别的声母上也许取得了成功,但在日母上却碰了钉子。我们认为比较好的办法是先按音理把这些读音归一下类,在此基础上再来推测日母可能的读音。

从音理上看,这十来个音(高本汉在这点上是正确的,尽管我们增加了三十多种方言材料,但日母读音总数却没有超出高本汉搜集的十来种)可以分成三组:

第一组:ʐ、z、dʐ、ʑ、dʑ、dz、v 等

第二组:ȵ、n、ŋ、l

第三组:○

第一组都是舌齿间或舌面的浊磨擦音。[v]本来同合口的零声母关系较密切,但在日母读[v]音的西安、兰州等地,[v]却与[ʐ]音的合口有对应关系,因此实际上只是[ʐ]音的一个变体。第二组主要是舌尖和舌面的鼻音。读[ŋ]音的地方和字都很少,显然是与疑母演变有关而产生的少数例外;而发[l]音的则多见于[l]、[n]不分的地区,如苏北、南昌等,实际上与[n]相对应。第三组是零声母,实际上主要是喻母,如果把音记得明确些,凡开口、合口的[○]都可记作[j],只有止摄的开口字是例外,这几个字的读音有些与众不同。

检查这三组音,我们很容易看出,第一组的读音与现代的"通语"——大陆的普通话或台湾的国语——的读音比较接近;第二组的读音与一般相信的上古读音(据"娘日归泥说")比较接近;而第三组音则介于前两组的某些读音之间,譬如,[j]的读音与[ȵ]和[ʐ]都比较接近。由此可见,日母的种种错综复杂的方言读音之间还是有一定联系的。

根据现代这些方音材料,并且在肯定现代通语中日母读音接近第一组的前提

---

[1] 这一规则似乎是,由北往南依次为 ʐ——z——○——ȵ。有趣的是,这一趋势从地处我国中部的安徽省方言中可以反映出来。《安徽方言概况》上说:"普通话[ʐ]声母的字,皖北及皖中大部分地区念ʐ,如安庆、阜阳、合肥;长江、淮河沿岸多半念z,如芜湖、马鞍山、蚌埠;在当涂方言念j,在皖南歙县、休宁、屯溪等地念ȵ('日''热'等)和○('荣''如'),绩溪念n。"见该书第198页。

下,我们可以推测出现代日母的读音有下列三种可能的来源:

(1) 古代日母曾读第二组音,但后来演变成了第一组音;

(2) 古代日母曾读第三组音,但后来演变成了第一组音;

(3) 各种方言并行发展,古代日母本来就读第一组音,"娘日归泥"只代表古代方言,不代表通语。

当然还可能有第四种,即古代日母读这三组音以外的第四种读音,后来分别演变成了这三组读音,而其主流形成了第一组。但我们知道,这三组音其实已经包括了十多种不同的读音,要是说古代还会有这十多种以外的读音,那是很难想象的。

这三种来源,到底哪一种的可能性最大呢?根据"娘日归泥说",第一种可能性最大;从音理来看,第二种也有可能;而考虑方言史,则第三种可能也不能排除。总之,光凭现代方言的数据,我们还是无法确定日母的来源的。索绪尔(F. de Saussure)说得好:"比较对任何历史重建来说都是需要的,但光凭比较并不能作出结论。"[1] 我们还必须求助于别的材料。

三、各种中外译音的比较研究

可喜的是,研究中古语音,我们还有一些中外译音可供参照。这些译音,保存了当时的语音数据,对我们的进一步研究是很有意义的。

中古时代的域外借用音,目前可以看到的材料有日本吴音、日本汉音、朝鲜音、汉越语等几种。此外,我们还见到我国少数民族之一布依族语中汉语借词读音的材料。这些材料中日母的读音情况如下:

日本吴音	ニ(ネ)
日本汉音	ジ(ゼ);ズ [2]
朝鲜借词	○
汉越语	ŋ [3]

---

1 F. de Saussure: *Cours de linguistique générale*, pp. 16-7.
2 日本借用音以史存直先生整理的结果为主,见所著《汉语音韵学论文集》;同时还参考了诸桥辙次编的《新汉和辞典》。
3 朝鲜和越南借用音主要依据高本汉《中国音韵学研究》中的第四部分"方言字汇"。

我们知道,日本吴音大致借于三国到南北朝时期,借去的途径一条经过现在的宁波一带,另一条经过朝鲜;日本汉音则是唐代来中国长安学习的日本留学生带回去的,是长安、洛阳一带当时中国的通语。汉越语一般认为借用于唐末,但因为要经过两广,恐怕要受到方言影响。朝鲜借用汉字,时代早晚颇不可考,借音也最不成系统。在这些借用音中,相对来说,比较可靠的是日本的两种借音,但其他的几种也可作为参考。值得注意的是,汉越语与我国的布依族语在借用汉语时都受到了粤语的影响,但日母在汉越语及早期布依语中都念[ŋ],而不是今天粤方言那样的零声母。这可以有两种解释:一是粤语中的日母以前也念[ŋ],后来才演变成[〇],汉越语和布依语的借音是在演变前发生的;二是通语的势力大,当时[ŋ]是通语,被借用了,两广的方音没有造成足够大的影响。在日母问题上,我们倾向于后者。至于通语是[〇],汉越语和布依语借用后演变成[ŋ],从汉语语音演变的一般规律看来,这种可能性不大。朝鲜的借用音中日母读零声母,也是很有意思的。一个可能是它借用了汉语的[ŋ]或[z],慢慢地在本国语音系统中消化演变成[〇];但也可能是从汉语中直接借用,那就有两种可能,一是借自某种邻近方言,二是汉语中也有过一个时期日语读零声母曾占优势地位。但最后一种假设没有其他任何材料作旁证,加上朝鲜借音的年代本身难以确定,因此,在进一步发现新的材料之前,这一说法只能暂时存疑。

比较可靠的还是日本的两种借音。根据日语和汉语两种语言间的语音对应规律,我们可以把前面所注的日语读音还原成:

日本吴音　　　　　　　　　ŋ
日本汉音　　　　　　　　　z

我们可不可以以此为主要依据,综合其他各方面的材料,假设日母在南北朝

1　布依语材料见中国科学院少数民族语言研究所主编《布依语调查报告》,第 115–123 页。书中把布依语的借词分为两类。认为一类是古代的,与《切韵》、粤方言乃至上古汉语有关;另一类则是现代汉语借词。

时念[ŋ]、在唐代念[z]呢？我想是可以的。问题在于，日本汉音代表了唐代的通语固然不成问题，但日本吴音(吴音意谓"吴国的音"，泛指江南一带)究竟只是六朝的南方音呢，还是代表了当时包括北方在内的汉语通语呢？尽管"吴语"在借用时有一条途径是经过朝鲜从中国北方借去的，但这还不能完全说明问题，我们还需要更强有力的材料。

这材料之一就是梵文的汉语译音。佛教自东汉起开始传入中国，其后几百年间，在两晋南北朝和隋唐时代，佛教的经典被大量译成汉文。由于梵文是表音文字，因此梵文的汉语音译就成了我们研究中古时代汉语读音的极为宝贵的材料。罗常培先生在他的论文《梵文颚音五母的藏汉对音研究》后附了"四十九根本字"和"圆明字轮四十二字"两套《诸经译文异同表》。[1] 这里我们把有关日母读音的几行抄在下面(表二的24、26，表三的20、27)。

表二　四十九根本字诸经译文异同表（部分）

次 序		24	26	19	29	34	39	49	成书年代	
天城体梵书		ज	ञ	ग	ड	द	ब	ह	年号	公元
罗马字注音		ja	ña	ga	da	da	ba	ha		
一	法显译《大般泥洹经·文字品》	阇	若	伽	茶	陀	婆	呵	东晋义熙十三年	417
二	昙无谶译《大般涅盘经·如来性品》	阇	若	伽	茶	陀	婆	诃	北凉玄始三至十年	414-421
三	慧严修《大般涅盘经·文字品》	阇	若	伽	茶	陀	婆	呵	刘宋元嘉元至九年	424-432
四	僧伽婆罗译《文殊师利问经·字母品》	阇	若	伽	陀	轻陀	婆	诃	梁天监十七年	518
五	阇那崛多译《佛本行集经》卷十一	阇	若	伽	茶	陀	婆	呵	隋天皇七至十二年	588-592

---

[1] 见《罗常培语言学论文选集》，第64、65页。

续表

六	《玄应音义·大般涅盘经·文字品》	阇	若耳贺反	伽	茶	陀	婆	呵	唐贞观末	649?
七	地婆诃罗译《方广大庄严经·示书品》	社	壤	伽上声	茶上声	陀上声	婆上声	呵	唐垂拱元年	685
八	《义净南海寄归内法传》英译本"绪论"	社	喏	伽	茶	挓	婆	诃	武周天授元年至如意元年	690-692
九	善无畏译《大毗卢遮那成佛神变加持经·百字成就持诵品》	若	壤	哦	拏	娜	摩	诃	唐开元十二年	724
十	不空译《瑜珈金刚经·顶释字母品》	惹	娘上	誐上	拏上	亻那	么	贺	唐大历六年	771
十一	不空译《文殊问经·字母品》	惹	娘上	誐上	拏上	亻那	么	贺	唐大历六年	771
十二	智广《悉昙字记》	社杓下反轻音近作可反余国有作而下反	若而下反音近若我反余国有音壤	伽渠下反轻音近其下反余国有音疑可反	茶宅下反轻音近搦下反余国有音揰可反	陀大下反轻音近陁可反余国有音阤下反	婆罢下反轻音近隨可反余国有音么	诃许下反音近许可反一本音贺	唐德宗年间	780-804?
十三	慧琳《一切经音义·大般涅盘经·辨文字功德及出身次第篇》	嵯慈我反	娘女两反兼鼻音	誐鱼迦反迦字准上音	絮纽雅反	？那我反	么莫我反无鼻音一作？	贺何驮反	唐贞元四年至元和五年	788-810
十四	空海《悉昙字母释义》	惹	娘上声	誐去	拏上	娜	么	贺		
十五	惟净《景佑天竺字源》	惹仁左切	倪倪也切	口卉五割切	疤尼辖切	捺	末	诃	宋景佑二年	1035
十六	《同文韵统·天竺字母谱》	杂资阿切齿头	尼鸦切尼鸦舌头	噶歌切牙缓	楂之阿切正齿缓	达德阿切舌齿缓	拔铺阿切重唇缓	哈呵阿切喉	清乾隆十四年	1749

表三　圆明字轮诸经译文异同表（部分）

次序	天城体梵书 罗马字注音	20 ज ja	27 ञ ña	18 ग ga	9 ड da	7 ढ da	8 ब ba	成书年代 年号	公元
一	竺法护译《光赞般若波罗蜜经·观品》	阇	惹	迦	咤	陀	为波	西晋太康七年	286
二	无罗叉译《放光般若经·摩诃般若波罗蜜陀邻尼品》	阇	若	伽	荼	陀	波	西晋元康元年	291
三	鸠摩罗什《摩诃般若波罗蜜经·广乘品》	阇	若	伽	荼	陀	婆	姚秦弘始五年	402
四	鸠摩罗什译《大智度论释四念处品》	阇音社	若	伽	荼	陀	婆	姚秦弘始六年	403
五	佛驮跋陀罗译《大方广佛华严经·入法界品》	社	壤	伽	荼	荼徒假反	婆	东晋义熙十四年至刘宋永初二年	418-421
六	玄奘译《大般若波罗蜜多经·初分辨大乘品》	阇	若	伽	荼	柁	婆	唐显应四年	659
七	地婆诃罗译《大方广佛华严经·入法界品》	社	壤	伽	荼	荼徒假反	婆	唐垂拱元年	685
八	实叉难陀译《大方广佛华严经·入法界品》	社	娘	伽上声轻呼	荼徒酢切	杝轻呼	婆蒲我切	武周证圣元年	695
九	不空译《大方广佛华严经·入法界品·四十二字观门》	惹苏我反	娘轻呼上	誐	拏上	娜	么	唐大历六年	771
十	不空译《大方广佛华严经·入法界品·顿证毗卢遮那法身字轮瑜伽仪轨》	惹苏我反	娘轻呼上	誐	拏上	娜	么	唐大历六年	771
十一	般若译《大方广佛华严经·入不思念解脱境界普贤行愿品》	惹上	娘上	誐言迦反上	拏	娜	婆摹我反	唐贞元十四年	798
十二	慧琳《一切经音义·华严四十二字母观门经》	惹慈攞反	娘取上声	誐鱼迦反迦準上音	拏拧贾反	娜那可反	么莫我反	唐贞元四年至元和五年	788-810

从这两张表中可以清楚地看出：第一，这些梵汉译音中有一条明显的分界线，即大致以公元 7 世纪末为界，在此之前，日母字（"若、壤"等）在译文中都与梵文字

母ঞ(ña)对应；在此之后，除智广外，日母字("惹"等)都与梵文字母ज(ja)对应。由此可见，我们前面把日母在南北朝时的读音拟为[ɲ]、在唐代的读音拟为[ʑ]的假设，大致是可以成立的。第二，在这两张表的上半部分，即公元7世纪末以前，把日母字用来跟[ɲ]对应的，有中国僧人，也有外国僧人；有处于南方的东晋、刘宋、梁等的翻译，也有处于北方的姚秦、北凉、隋唐等的翻译。但这些中外南北的差异，并不像时代那样造成译音的差别，因此我们可以认为日母与[ɲ]对应不是南方方音的反映，而是反映了当时通语的语音状况。

特别是当我们看到这样的事实，即虽然一般来讲，佛教盛于南朝，但据史书记载，北朝的后赵、北凉、前后秦等也都崇奉佛教，加上初期在佛经翻译上起重要作用的外国僧人多数是经由西域到中国北方的，他们学习的汉文多数是北方话。由此可见，日母当时在北方也念作[ɲ]是没有什么疑问的。

为了证明这一点，我们要特别举出鸠摩罗什的例子。鸠摩罗什是西域著名的高僧，后秦姚兴将他请到长安，主持译经。据说他译经最认真。"什公译摩诃般若，改正旧名最多"[1]，中国译佛经的大规模译场，就是从他那时开始的。他的弟子僧睿说他译经时，"手执梵本，口宣秦言，两译异音，交辩文旨……与宿旧五百余人，详其义旨，审其文中，然后书之。……梵音失者，正之以天竺，秦音谬者，定之以字义；不可变者，即而书之。"[2]可见其态度认真之一斑。鸠摩罗什到长安前在凉州住过17年，他没有到过中国南方。他的弟子，所谓"四圣""八俊""十哲"等也都是北方人。如其中著名的几个，僧睿是冀州人，道生是巨鹿人，僧肇是京兆长安人。与他讲座的"宿旧五百人"，可以相信多数也是北方人。鸠摩罗什在译经中用日母字来对译"ज"音，可以有力地证明，至少到他译经的时候为止（公元5世纪初），日母念作[ɲ]还是中国的通语。由此我们也可以推想，日本的吴音恐怕不光是反映了吴越一带的方音，在一定程度上也反映了南北朝时中国通语的语音状况。

这里还有一个问题需要解决。对于公元7世纪末前后佛经译音截然不同的情况，罗常培先生曾经提出过三种可能的解释：

  （1）方音不同。罗先生指的是印度方音的不同，认为把日母与"ज"

---

1 梁启超：《佛学研究十八篇》，下册，第66页。
2 汤用彤：《汉魏两晋南北朝佛教史》，第411页。

对音是中天竺音,另一种是北天竺音。他的理由是前一种音的译者大多数与中天竺或南天竺有关,而后一种音译法的主角不空是北天竺人。

(2) 古今的演变,罗先生指的也是印度古今语音的不同。

(3) 宗派的关系,罗先生认为用日母对应"ज"(ja)音的,都是密宗的大师,甚至可说是不空学派的人。[1]

对这三种解释,罗先生虽都感到不满意,但他又倾向于第一说。如果罗先生的假说成立,佛经译音分歧的原因都在印度方面,那么我们前面的结论也就失去了存在的依据。我们仔细地阅读了罗先生提出的论据,发觉这些解释都是不能成立的。

关于方音。诚然,印度存在着方音的差别,而中天竺音是标准语。但这一区别在这里并不适用。罗先生在十多个把日母与"ज"对音的人当中只找到了三个中天竺人,而其中的善无畏,从整个表的通盘考察来看却应该看作属于另一种译法的人。罗先生又找到五六个本人非中天竺或南天竺人,但向中天竺或南天竺人学习过的人作为证据。如果这种曲折旁证也可成立的话,那么,不把日母与"ज"对音的大师不空本人就是向中天竺人金刚智学习的,而且连不空本人的籍贯究竟是否北天竺也有疑问。[2] 但即使把这些人都算在内,罗先生仍发觉还剩下三个人要么就是属于北天竺,要么就是不可考。可见印度方音不同之说是不能成立的。

关于宗派。如果宗派的分别涉及语音的区别,那这还能成为一条理由;如果方音不同一条已经不成立,则宗派分别决不会导致语音分别。更何况不空学派乃至全部密宗的前几代祖师龙猛、龙智、金刚智等人全都是中天竺人,就是不同的宗派要传不同的方言,也应该传中天竺方言。因此,这一条也不能成立。

至于古今流变,罗先生也举不出什么事实,只是猜想而已。那当然更不能成立了。

这三条解释既然都不能成立,那么表中梵汉对音的不同就不应从印度方面找原因,而要从中国方面找原因。从中国方面看,罗先生提出的三条解释倒都有可能成立:两种对应的不同以时代划界是明显的事实;这不同也很可能反映了不同方音此消彼长的情况。再有,在印度不存在的宗派和语言的关系在中国倒可能存在。因为中国的佛经是译文,为了翻译的方便,前代的译经大师很可能在译经过程

---

[1] 罗常培先生的详细意见请参见《梵文颚音五母的汉藏对音研究》一文,《罗常培语言学论文选集》,第58-60页。
[2] 据《实用佛学词典》(佛学书局编)和《辞海》,不空的籍贯都有北天竺婆罗门和南天竺师子国二说。

中把某字对某音的做法固定下来,后来便相因成习,代代相传。智广的《悉昙字记》晚于不空后许多年,却仍保存了前代的译法,很可能便是这个原因。甚至《守温韵学残卷》的三十字母,也可能是前代翻译对音的记录,从音理上加以归纳说明的。

四、中古日母从[ɳ]到[ʑ]的演变

综合上节各种中外译音比较的材料,我们可以得出结论,在前面提出的现代日母三种可能的来源里,第一种是最符合中古时期汉语的语言事实的。即日母的来源是从第二组音到第一组音,在中古时期是从[ɳ]到[ʑ]。

现在我们要进一步研究的是:[ɳ]音是怎样演进成[ʑ]音的?这也是为中古日母拟音所必须解决的问题。

影响语音变化的原因有两种,一种来自内部,另一种来自外部。内部的是本身量变的积累引起质变;外部的是别的因素的影响,如方音的交互作用。那么,引起中古日母读音变化的是哪一种呢?

从各方面的因素考虑,我们认为中古日母读音变化的原因是由于方音交替的作用。这有以下几个方面的理由。

首先,从音理上看。如果日母的读音从[ɳ]自己演进成[ʑ],那必须要从音理上得到解释。而从[ɳ]演进成[ʑ],只有三种可能:

[ɳ]──[ʑ]
[ɳ]──[ɳʑ]──[ʑ]
[ɳ]──[j]──[ʑ]

第一种从[ɳ]直接变成[ʑ],从音理上说比较勉强,而且我们也找不到任何实际的证据,可以证明在任何一种方言中有过从[ɳ]转变成[ʑ]的历史。第二种则正如我们前面所说,[ɳʑ]这个音本就是高本汉拼凑出来的,是为了解决日母拟音的困难的权宜之计,把事实上不存在的音作为过渡的证据,那是不能使人信服的。只有第三种从音理上是说得过去的,我们在方言中也看到日母有读[j]的情况,但是在历史上,除了朝鲜译音之外,我们找不到[j]音曾作为日母过渡音的证据,朝鲜的译音也只不过是提供了一种可能。因此,在发现进一步的证据之前,我们只能

假设这一条道路也不存在。既然[z]音不是由[ŋ]音直接演变来的,那当然只能是由于受外来影响而产生的变化了。

其次,讲中古日母读音的改变是由于受到外来影响,我们也可以说[z]是受影响后新产生的音,为什么说是方音的消长呢?原来日母有时可读[z]音(即发音近禅母或床母),并不是中古以后新产生的现象,中古以前就已有了,只是那时这种方音未占统治地位而已。

我们来看古书材料上的例子。

  日 《说文》《释名》:"日,实也。"日,日母;实,禅母。[1]
  亯 《说文》常伦切,床母。从"亯"之字有"淳、鹑、醇"等,又有"犉"。《说文》:"犉,从牛亯声",大徐本作"如匀切",日母。[2]

在古书假借中可以见得更多。下面是从朱骏声《说文通训定声》中找出的一些例子:

  熟借为热。《素问·大奇论》:"五藏菀熟。"熟热双声。[3]
  竖借为孺。《史记·郦生传》:"沛公骂曰竖儒。"[4]
  戎借为崇。《书·盘庚》:"乃不畏戎毒于远迩。"[5]
  戎借为从。《诗·常棣》:"烝也无戎。"[6]
  若假借为顺、为善,善、顺、若一声之转。《尔雅·释诂》:"若,善也。"《释言》:"若,顺也。"《诗·烝民》:"天子是若。"《书·尧典》:"钦若昊天。"[7](司马迁的《史记》中把这句话改成"敬顺昊天")
  儒借为顺。《素问·皮部论》:"名曰枢儒。"注:儒,顺也。儒、柔、顺皆双声。[8]

---

1 《说文解字》七上。《释名》卷一"释天"。
2 《说文解字》五下;《说文解字》二上。
3 朱骏声:《说文通训定声》,孚部第六。
4 同上。
5 同上,丰部第一。
6 同上。
7 同上,豫部第九。
8 同上,需部第八。

应该指出,拿日、禅(床)相关的例子与日、娘、泥相关的例子相比,前者在数量上要少得多。这正好说明,汉以前在多数方言里日母读音与泥、娘母通,只在少部分方言里日母读音与禅(或床)母近,证明汉以前日母读[ȵ]是主流,证明"娘日归泥说"经得起实践的检验。但另一方面,既然有日母读音近禅母这样的方音存在,就不能否认这少部分方言的势力在一定条件下会大起来,乃至于在相当范围内有取代[ȵ]而占据主流的可能。

而南北朝时代的特点也确实提供了这样的条件和可能,这就成为我们认为中古日母读音变化是方音交替的第二条理由。关于这一点,我们将在下一节详细讨论。

第四点理由是汉语发展的实际也证明,汉语语音的变化不完全是内部发展演变的结果,它在发展过程中也往往从其他方言中汲取东西。例如北京话的儿化韵,据说就是受了塞外语言的影响。[1] 当然,这一些变化都离不开时代的特点和条件。

五、从[ȵ]到[ʑ]的时代及条件

前面我们把日母在南北朝时的读音拟为[ȵ],在唐代的读音拟为[ʑ]。现在我们想把时代范围限得稍具体些,再根据时代的特点来研究从[ȵ]到[ʑ]演变的原因。

根据"娘日归泥说",可知上古日母念[n],前面我们证明了日母在南北朝时念[ȵ],这两者是一脉相承的。那么,日母念[ȵ]的下限究竟在什么时候呢?即我们可以确信,到什么时候为止,日母在通语中还是念[ȵ]呢?前面我们提到了鸠摩罗什。本来,根据表二和表三,我们还可以把时间定得更晚些,甚至定到唐初。但是考虑到几个因素,我们觉得还是假定在鸠摩罗什时代比较保险些。这些因素是:

(1) 如前所述,鸠摩罗什是当时天竺名僧,"道流西域,名被东国"[2],又是中国佛教最著名的四大翻译家之一(其他三位是真谛、玄奘、不空。真谛主要活动在南方,无法证明中原读音,玄奘、不空后面将提及),与其他人比起来,他的翻译应该更为可靠。

---

1 见高元:《国音学》,第138页。转引自朱星《语言学概论》,第64页。
2 汤用彤:《汉魏两晋南北朝佛教史》,第286页。

（2）鸠摩罗什死后，关内战祸频仍，名僧四散，就连罗什的弟子也纷纷渡江。佛教义学南迁。以后佛学分南北两派，北方重行为，南方重义理，翻译和诠释佛教教义的重心转向南方。此后北方即使有谈佛教义理的，也往往是南方去的人。[1] 北学既受南学影响，翻译语言作为北方话的可靠性当然也要打折扣。

（3）南齐永明七年（公元 489 年），发生了中国音韵史上的一件大事，这年"二月二十日，竟陵王萧子良大集善声沙门于京邸，造经呗新声；……于是善声沙门与审音文士交互影响，遂创为声调新说"。[2] 之后韵书蜂起，直至陆法言之《切韵》集其大成。尽管《切韵》的主要影响是在文学上，但由于文人在中国文化史上的势力，特别是唐朝以诗赋取士，韵书深入人心，我们难以保证佛经的翻译包括玄奘这样的大师不受其影响。

（4）前面引过，鸠摩罗什译经时，是"手执梵书，口宣秦言"。而我们知道，唐代慧琳《一切经音义》上的注音，是根据元廷坚的《韵英》及张戬的《考声切韵》，是以当时的秦音作为标准的。[3] 秦音是与吴音相对而言的。王国维说："六朝旧音，多存于江左，故唐人谓之吴音，而以关中之音为秦音。"[4] 罗什和慧琳的音都是"秦音"，那比较他们间的不同就更有意义。[5]

至于日母读 [z] 的上限，从表中看来，我们似乎只能定在公元 7 世纪末或 8 世纪初。但我们要考虑到：第一，语音的交替，新因素的逐渐占优势，需要一个过程；第二，在因袭风气极其浓厚的中国封建社会，即使新因素已经在日常语音中占了优势，但敢于突破传统，在译经实践中体现出来，仍是需要一些勇气的。因此，这任务到不空这样的大师才完成。至于语音的改变为什么在佛经翻译，尤其是在不空这样的大师手上首先体现出来，我们觉得有这几个原因。首先，佛经翻译的目的是为了传播教义，劝诱更多的人信教，其对象是广大的民众，而面向大众的东西往往比较通俗，也比较能反映日常的口语。我们从宋元的话本、理学家的语录等也能看到这一点。其次，不空是天竺的僧人，受中国儒教传统的束缚较少，加上他又是密宗的大师，佛教经典的权威诠释者，因而他的翻译才能造成如是的影响。

1　汤用彤：《汉魏两晋南北朝佛教史》，第 339 页。又汤用彤：《隋唐佛学之特点》一文，见所著《往日杂稿》一书，第 3 页。
2　说见陈寅恪：《四声三问》，转引自《中华文史论丛》第三辑，第 164 页。
3　张世禄：《音韵学》，第 62 页。
4　王国维：《观堂集林》，第 388 页。
5　当然，罗什的"秦言"与"梵文"相对，也可理解为"中国话"。但从他的生活经历可知，他的"秦言"决不会是"吴音"。

总之,把日母与"ɽ"对音尽管始于不空和善无畏(密宗的另一位大师、大日经派的创始人),但日母之读为[z]的时代可能开始得更早,我认为不妨假设,在隋代和唐初,[z]音就已在通语的语音系统中占了主导地位。

这样看来,日母从[ȵ]到[z]的演变大致完成于公元 5 世纪初到 7 世纪初的这 200 年间。那么,促成这一演变的原因是什么呢?

我们认为最主要的原因是南北朝的政治大动乱。

一般来说,社会的发展对语音的发展较少直接的、巨大的影响。但在特定的历史时期,社会的分化和统一也会对语音的分化和统一起相当重大的作用。南北朝就是中国历史上这样一个时期。

东汉和西晋末的两次大战乱,造成了中国历史上为时最长的一次南北大分裂——南北朝,对中国社会政治、经济、文化的发展产生了深刻的影响,也使语音系统这一语言中相当稳固的因素发生了变化。一方面,由于战乱,北方的士族纷纷南迁,带来了黄河流域的文明,也带来了北方的中原雅音,与江南各地的语音发生了一定的交融,其后几百年,由于南朝相对来说政治比较稳定,江南的语音还是顺着偏于守旧即顺着各自方音的方向发展;另一方面,北方的语音却是向着偏于"革新"的方向发展。这首先是由于连年战乱对北方人民造成的灾难特别深重,兵祸、天灾、瘟疫和人口大迁移使黄河流域地区人口锐减,例如公元 311 年前赵刘曜攻占长安,生存者不足百分之一二[1],这就使中原旧的音韵系统的同化力受到削弱;其次由于北方人口剧减,为了补充人力,从汉魏起,统治阶级就允许少数民族入境。与汉族杂居的少数民族人数越来越多,以至于到了南北朝时,关中人口百余万,而氐、羌、鲜卑等族占半数。[2] 虽然由于汉族高度的文明,这些民族逐渐都被汉族同化,但在同化过程中,除了文字、语法和基本词汇上汉语体现了强大的力量之外,由于各少数民族人数众多,他们必然会在语音上顽强地表现出自身的特点(今天学习外语的成年人都会有这样的体会),而为了交际的需要,汉族人也必然会在语音上作出某些迁就和让步(今天操不同语言的人彼此交谈时同样可以感受得到)。同时,还由于西晋末年,出现了从几万到几十万的大批流民群,加速了北方各地区乃至四川、云南、贵州等各地方言的交融。由于以上几种原因,加上南北的长期分裂,彼此影响较少,就使北方语音的发展走上了自己的一条道路:一方面

1　范文澜:《中国通史简编》,第二编,第 317 页。
2　同上,第 328 页。

是整个北方地区方音的交融和接近,相互间差别的减少,从而为今日北方大方言区的形成奠定了基础;另一方面是交融后产生了新的语音系统。由于中原地区高度的文明,特别是成熟和统一的文字,这一语音系统必然会以中原原有的语音为基础。而为了便于与别的地区和民族的人们交际,中原地区的语音系统也作出了调整。有的语音发生了变化,有的原来不受注意的方音上升到了显著地位。日母的[ʑ]音可能就是这样进入汉语通语的语音系统的。

由此可见,日母之从[ɲ]到[ʑ]的过渡并不是孤立的现象,它是中古时期整个汉语语音系统发生变化的一个小插曲,用文学的语言说,是大风浪中的一朵小浪花。

本来,把日母拟音为[ʑ],有人就会有疑问:那不是同禅母的读音一样了吗?为什么三十六字母没有如同前引高本汉所怀疑的那样,把日母字归到禅母下面去呢?

这里正牵涉到三十六字母的根本性质。原来三十六字母,如同《广韵》的二百零六韵一样,也是一个综合系统。这三十六字母代表了三十六个声类,却并不是一时一地某个具体语音系统的声母表,是不必每个字母都有各不相同的读音的。正如我们在第一节所分析的,这三十六个声类其读音的总和很可能并没有三十六个。

以上只是一个方面。另一方面,其实在当时的北方话里,禅、日两母也是不会"打架"的,否则日母的拟测反而会变得简单了。我们来看表二、表三的其余几栏,以及表四。[1]

表四 三十六字母中浊母与外语借用音对应表

读音\外国	日本		朝鲜	汉越语
	吴音	汉音		
并	b	h	p'	b
奉	b	h	p	fʻ
定	d;dz	t;tṣ	t';tṣ	d
澄	d;dz	t;tṣ	t;tṣ	t×
从	z;dz	s	tṣ	t
邪	z	s	s	t

---

1 表中日语读音主要根据《新汉和辞典》;朝鲜语读音根据高本汉《中国音韵学研究》内之"方言字汇";汉越语根据王力《汉越语研究》(载《汉语史论文集》)。

续 表

读音＼外国	日 本		朝 鲜	汉越语
	吴 音	汉 音		
状	z;dz	ş	s	二×;三 t'
禅	z;dz	ş	s	t'
群	g	k	k	k
喻	○	○	○	三开 h;合 v;四 z
匣	g	k	h	h

可见其时在中国北方,实际上已发生了浊音清化的现象。正由于在北方的实际语音里已经没有了全浊声母,因此,不空以后,佛经翻译中便只能用次浊音来反映梵文的全浊音的情况。表二的最后一列用三十六字母中的匣母字(浊母)来对应清音字母"ſ",从另一个侧面证明了全浊母的消失。日本汉音和朝鲜借音那就更清楚了。汉越语的情况稍微复杂一些,据王力先生分析,定母、端母之读音为[d],是为了跟精组相区别,可能端母最初也是[t]或[×]。[1] 浊音清化,许多人认为是元周德清《中原音韵》出版前后的现象,但从上述的材料看,我们认为,这现象早在隋唐时就发生了,《中原音韵》只是突破了前人的守旧作风,第一次以韵书形式予以肯定而已。

由于浊音清化,禅母(及床母)的读音在北方话里已归到了审母里面。这样,在当时的南北方语音就出现了如表五这样的局面:

表五　隋唐时日母等在南北方读音的比较

地域＼读音＼字母	审	禅	日	(娘)	泥
南方	ş	z	ŋ	ŋ	n
北方	ş	ş	z	n	n

从表五中可以清楚地看出,南方和北方的日母,实际上已经不是一回事了。设计三十六字母的人为了表示不同的声类系统,就把"审""禅""日"都分了开来。

1　王力:《汉语史论文集》,第 318 页。

同时,为了照顾南方的"日"母,又从"泥"母里划出了一个"娘"母。正如李荣先生所说,"娘"母是造出来的[1],因此它始终同别的字母纠缠不清:在南方它同"日"母不分,在北方它同"泥"母不分。

高本汉曾经说过日母的拟音是个暗礁,但他终究没有找到造成这个暗礁的原因。现在我们可以看到,造成日母拟音的困难,原来就在于它一个字代表了古今南北两种不同的声类。在"古"(南北朝)和南方,它代表了[ɲ];在"今"(隋唐)和北方,它代表了[ʑ]。《守温韵学残卷》的三十字母以日母承照、穿、禅,反映了前一种状况;而宋人的三十六字母,则反映了后一种状况。

日母从[ɲ]到[ʑ]的演变是在中原语音浊音清化的过程中发生的。但是,很奇怪,在其他浊母清化的过程中,原来处于"次浊"地位的日母却变成了全浊音。这看来似乎不可理解,但却是个事实。我们可以指出另一个同样的事实:处于次浊地位的"微"母在"奉"母清化以后也变成了全浊音[v]。可见日母的演变并不是唯一的现象。然而,现在微母终于变成了零声母,日母也变成了闪音[ɾ],可见浊音的清化毕竟是汉语语音发展史上的一个带规律性的趋势。

六、中古以后日母读音的演变

末了,我们想简单谈谈中古以后日母读音的演变。

中古以后一部中国的历史,统一是主流,虽然有五代和南宋时期短暂的分裂,但时间都不算长,都不足以引起像南北朝那样的语音分化和方音交替。因此我们认为,中古以后尽管仍有外部条件的影响,但汉语语音的演变主要是按照内部的规律发生的。

王力先生在其《汉语史稿》中曾提出过一个中古后日母发展的公式[2],我们把它概括如下:

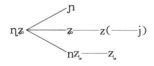

1　李荣:《切韵音系》,第 126 页。
2　王力:《汉语史稿》,上册,第 128-129 页。

这恐怕只能看作主观的臆测。因为如我们所知，[ŋz̞]这个音是念不出的，[nz̞]则是从[ŋz̞]变来的符号游戏，更是谁也念不出，只有纸面上的价值。后来王力先生否定了[ŋz̞]这个音，当然连这个公式也一起否定了。但后来王力先生又提出日母自中古起就是个[ɻ]或[r]。日母在中古不是个[ɻ]，我们在前面已经作了解答，那么在中古以后，日母是否立即转化为[ɻ]或[r]呢？

我们的回答也是否定的。

[ɻ]或[r]音根据王力先生的分析，性质接近于[l]，也是一种流音或通音。[1] 从我们的音感来讲也是如此。而[z]音是一种浊摩擦音，根据我们从无锡或常熟话中所接触的，其音感近于[z]和[z̞]。那么，中古后的日母读音接近于哪一种读音呢？

南宋祝泌在他依据邵雍《皇极经世声音倡和图》敷演成的《皇极经世解起数诀》中，把"宅""直""崇""辰"诸母列于日母字"二、耳"之后，作为"半（舌齿）"音[2]，可见在他看来这些音是相近的。这时日母的读音决不可能是[ɻ]。

前文提到的国内少数民族布依族的汉语借词，其日母借音在"切韵时代"是[ȵ]，在现代是[z]，这后者的读音也可证明布依族所借汉语中，其日母读音接近[z]而不近[l]，也不可能是[ɻ]。

我们再看南方人之学北方话。从中古后最早受到北方话深刻影响的杭州话，到目前还活着的老一辈南方人学"官话"，其学走音的几乎无一不把日母的音学成[z]，这正是南方话日母文白两读中文言音的来源，可见长期以来在南方人的感觉中，北方日母的读音始终是与[z]接近的，决不可能是个[ɻ]。拿这跟当代南方人学普通话的情况相比，就可以看得更清楚。"福州人学普通话，容易把ㄓ、ㄔ、ㄕ、ㄖ对应发成ㄗ、ㄘ、ㄙ、ㄌ。"[3] 上海、苏州、宁波一带的大人、小孩学普通话，也容易把日母读成[l]，如把"日本"读成[ləpən]，把"人"读成[lən]，把"如、儒"读成[lu]等。可见在现代南方人的感觉中日母读音已接近[l]。这时的日母才是真正的[ɻ]。

由此可见，在中古以后的汉语通语中，日母也不是一下子就由[z]变成[ɻ]的，其演变过程当是：

1　见王力：《现代汉语语音分析中的几个问题》，《中国语文》1979 年第 4 期，第 281 页。又见王力《汉语语音史》，第 234 页。
2　参见李新魁：《论〈切韵〉系统中床禅的分合》，《中山大学学报》（哲学社会科学版）1979 年第 1 期。
3　《方言和普通话集刊》，第一集，第 111 页。

即一条路是由[ʐ]直接变成[ʐ̩]，另一条路是由[ʐ]先演变成[j]，然后演变成[ʐ̩]，最后[ʐ̩]转化成[ɻ]。[z]在日母的演变中不占重要地位。

我们试就方言中的例子来证明这种演变的可能性和痕迹。

（1）[ʐ]可以和[ʐ̩]直接对应。例如，湖南省洞口县黄桥镇方言中的[ʐ̩]除来自古日母的一部分外，还有一部分来自禅母、船母等，如"慎、神"均念作[ʐ̩eⁿ][1]；又如，普通话念[tʂ]、[tʂʻ]、[ʂ]声母拼撮口呼韵母的字，在皖西潜山、桐城和贵州玉屏都读成[tɕ]、[tɕʻ]、[ɕ]，相应地，把撮口呼都变成开口呼[2]。根据同样的发音部位，我们可以类推出[ʐ]也可直接变成[ʐ̩]。

（2）[ʐ]磨擦减弱变成[j]的例子，我们可以在宁波话的口语里听到。不少宁波人在口语里经常把"席、习"（[ʐIʔ]）读成[jIʔ]，把"巡、寻、绳"（[ʐĩ]）读成[jĩ]，把"袖、寿"（[ʐiu]）读成[jiu]，把"斜、谢"（[ʐia]）读成[jia]等，可见[ʐ]的辅音成分是很容易脱落的。[ʐ]变成了[j]后，一部分方言里就保持[j]不变，而在另一些方言里[j]又进一步变成[ʐ̩]。

（3）从[j]转变成[ʐ̩]是颇为强烈的趋势，现在普通话读[r]声母的字，除古代日母字外，几乎都来自喻母，如"容、溶、蓉、榕、荣、融、锐、睿"等。除此以外，我们可以看到北京的"用"字，在锦州读[ʐ̩uŋ][3]；北京的"用、佣、拥、永、咏、勇、庸、臃"等字，在天津地区的永清、霸县、大成、文安，石家庄地区的宁普，邯郸地方的大名，都念作[ʐ̩]声母[4]；新河、巨鹿、南宫、广宗、冀县、衡县的j、q、x、y与普通话的zh、ch、sh、r成对应关系。[5]

（4）[z]和[ʐ̩]对应的例子相当普遍，如吴语区中相当一部分地区原来分尖团

---

1 唐作藩：《湖南洞口县黄桥镇方言》，见《语言学论丛》第四集，第108页。
2 分别见于合肥师范学院方言调查工作组编的《安徽方言概况》，第197页，及贵州省教育厅编的《贵州人学习普通话手册》，第76页。
3 袁家骅主编：《汉语方言概要》，第33页。
4 见河北北京师范学院等编：《河北方言概况》，第35页。
5 同上，第34页。

字的现在趋于不分,即说明[ʐ]、[z]两母的交混。但从汉语情况来看,[ʐ]和[z]的关系,似乎是[z]颚化成[ʐ]的情况较多,[ʐ]向[z]的逆变情况较少。在日母字上,我们更没有看到这样的例子。因此我们只好趋向于认为,[z]音在日母的演变中不占主要地位,更不会是[z]——[ʐ]——[ʑ]这样的顺序。[z]只是[ʐ]的一个变体,是[ʐ]转化成[ʑ]后一些没有卷舌音的地区根据本地语音系统对[ʑ]作出修改而成的,如吴语区之日母文读音。

(5) 目前普通话中的日母字读音为[ɻ]。我们同意王力先生的意见,由于[ʐ]、[ɻ]发音部位相近,这个[ɻ]当是从[ʐ]直接变来的。

七、结论

中古时期一般认为从南北朝到隋唐宋,其实至少应该再分作两个时期。南北朝是汉语通语语音系统发生重大变革的时代,日母在这一时期读音的主流是[ɲ]。隋唐时期中国今日的北方方言区已初步形成,日母在其中的读音是[ʐ]。日母后来在通语系统中演变成[ʑ]。至于读作[ɻ],则恐怕只是最近几十年的事。

(写于1979年,原载华东师大编《研究生优秀论文选》,1980年。2001年修改)

韵图排列的方式

一、问题的提出

中古时期的韵图,特别是《韵镜》和《七音略》这两部现存最早的韵图,究竟是怎样排列的?根据的是什么原则?怎么会形成目前所见的四十三图四等的形式?对这一问题的探究,有助于我们认识等韵图的性质和价值,在音韵研究中有着十分重要的意义。

对这一问题,历来有几种说法。

第一种说法见之于《切韵指掌图》和《四声等子》这两部前人相信是最早的等韵图。《切韵指掌图》董南一序上说:

> 图盖先正温国司马文正公所述也,以三十六字母总三百八十四声,列为二十图,辨开合以分轻重,审清浊以订虚实,极五音六律之变,分四声八转之异……按图以索二百六韵之字,虽有音无字者,犹且声随口出,而况有音有字者乎?

《四声等子》的序上说得几乎一模一样,只是把《指掌图》上的"五音"改成"七音",可见此书成在郑樵《七音略》后,其序是抄《指掌图》的。

"三百八十四声",前人并无明解,也未作深究。人们只注意到图上有三十六字母,左可查到二百零六韵,因而认为韵图就是字母和韵部两两拼合而成的。但这种理解很成问题。

首先,序上的"以三十六字母总(《等子》叫"约")三百八十四声"这话大可深究。"三百八十四声"指什么?如指声母,如"见、溪、群、疑"等,则三十六字母二十图理论上可有七百二十"声",除去图上实际无字的也有五百多"声",这显然是不对的。如指的是韵,考图后《检例·辨字母次第例》也说道:

> 以三十六字母,演三百八十四声,取字母相生之义。

看来是可能的。但我们知道,韵只有二百零六,哪来这么多"声"呢?如兼顾"等",每韵每"等"有字算一"声",则每图四声十六个"等",二十图充其量也只有三百二十"声",都得不到"三百八十四"之数。但是如果我们拿同样的原则去检查《韵镜》,每韵每"等"算一"声",四十三图却可得到三百九十七"声"。现存的《韵镜》显然经过增补,也许其原型正好接近三百八十四声。[1] 如是,则两序只能证明《指掌图》《等子》等书只是归并(即"总"或"约")前人韵图而成,并没有谈到韵图的什么排列方法。而且《指掌图·检例》上几次提到的"旧图"很可能就是《韵镜》等的原型。

其次,序中提到司马光在并图过程中"辨开合""审清浊",并增加了字母名称,却没有提到分"等"问题。"三百八十四声"是包括"等"在内的,司马光把三百八十四声"总"进了二十图,"声"的总数减少了,但他并没有作出解释,可见《指掌图》的分等只是沿袭前人的。否则的话,如果不考虑"等",只以三十六字母和二百零六韵两两拼合,韵图只应是三十六字母横列一行,纵依开合分洪细二等的形式,怎么会像《韵镜》那样三十六字母蹙为二十三行,纵列四等的形式呢?

可见,《指掌图》《等子》两序无补于我们认识韵图的排列方法,于是有了第二种说法。

第二种说法是清初的潘耒提出来的。他说:

> 作等韵者见各韵中或止有开齐(蟹效流深咸等摄),或止有合撮(遇摄),或止有开合(江果等摄),遂谓两等足以置之。而纵列三十六母为三十六行则太密,横列二等则太疏,乃取知彻澄娘列于端透定泥之下,非敷奉微列于帮滂并明之下,照穿床审禅列于精清从心邪之下,蹙为二十三行,横列四等合平上去入为一等共十六格,欲令疏密适中。于是以第一、第四等为上层见溪至来日二十三母之位,第二、第三等为下层知彻至审禅十三母之位。每韵中止有一二呼者则以一幅尽之,有三呼四呼者分为两幅,此其立法之本意也。[2]

---

[1] 据初步检查,至少有五个这样的"声"是现存《韵镜》增补的:烛二等、咍三等、轸二等、没开、养合口二等。"三百八十四"其实只是取其成数,是从《易经》来的。每卦六爻,六十四卦共三百八十四爻。

[2] 潘耒:《类音》,卷二,《等韵辨·图说》。

潘耒的解释涉及了分等的原则问题,比以前进了一步。只是他没有解释为什么三十六字母可以分作"上层""下层"。后来,黄侃先生在这基础上,结合清代古音学研究的成果,提出了"古本韵""今变韵"、"古本声""今变声"的说法,弥补了这一缺陷。只可惜潘耒按自己的理论去检查韵图,却发现韵图几乎张张有错。他认为这是因为等韵"立法未善","自乱其例",但后人却批评说这是由于他的理论本身是错的,于是产生了第三种说法。

第三种说法认为等韵学就相当于现代的语音学,等韵图就是严格意义上的拼音表。图中的横行既然表示了不同的声母,直行也就代表了不同的韵母,两者的拼合既反映了《切韵》一系韵书的语音系统,也反映了中古时期的实际语音系统。

这一说法是很吸引人的,因而迄今还有极大的势力,认为是对韵图最"科学"的解释。

但是这一说法却有一些难以解释的矛盾,除了造成了一个庞大得令人难以相信的中古语音系统以外,人们还怀疑:

(1) 韵图的制作究竟是依照《切韵》一系韵书,还是依照实际语音?《切韵》作于隋代,反映的是南北朝的语音情况,韵图作于唐代[1],其时去《切韵》已有一段时期,有人认为韵图作于宋代,则时间相隔就更远。从现在所能见到的中古语音材料来看,没有一种语音体系像《切韵》那样复杂。北宋通语的语音系统,据周祖谟先生考证,其韵类只相当于十三摄,声类与《中原音韵》相去不远,全浊声母已消失,声调中入声收尾已相混[2],更比《切韵》系统简单了不知多少。这就发生了韵图是据韵书而作,还是据实际语音而作的问题。如果是依据韵书,那么在实际语音已发生了很大变化的情况下,韵图作者何从知道韵书各部的读音?更怎能比韵书分得还要细密(韵书二百零六部按开合洪细都分开也只二百九十类,即使加上所谓"重纽"也才三百一十类左右,而韵图却有"三百八十四声")?如果是依据实际语音,则唐宋人按实际语音排出的练音表怎么会正好同《切韵》一致,可以用来作为查检韵书之用呢?岂不是说明自隋至唐至宋,不但语音毫无变化,而且说的、念的都是《切韵》这一系统吗?还有人说《切韵》是个"综合"系统,其中兼采了一部分古音和方音,那么韵图和韵书的一致,岂不是表明自隋迄宋的音韵学者,不仅所根

---

1 笔者毕业论文第一部分"韵图产生的时代"中已有论述。见潘文国《韵图考》,华东师范大学出版社,1997年。
2 周祖谟:《宋代汴洛语音考》,《问学集》下册。

据的基础方言是一致的,连对应该吸收哪些方音和古音,也始终抱着完全一致的见解?这显然是不可能的。

(2)"齿音"这一栏究竟是怎么一回事?拼音表的最基本原则应该是上声右韵,韵图如果是严密精细的拼音表就必须如此。但韵图中"齿音"这一栏却偏偏违背了这一原则。它用三组齿音来拼一个韵母,结果造成了同一韵母的不在同一横行,不同声母的却在同一直行这一与之直接抵触的现象。这是什么原因呢?是不是韵图仍是"立法未善","自乱其例"呢?

这最后一种情况,不仅第三种说法解释不了,前两种说法也同样解释不了。此外,这三种说法还都解释不了为什么韵图总数不多不少恰好是四十三图这一问题。第三种说法当然可以用韵母不同的理由来解释,但它却无法说明为什么同韵同开合的字要分列在两图,如"祭仙宵清盐"这些韵部表现出来的现象。

因此,韵图的排列法实际上是个尚未解决的问题,还有进行深入探讨的必要。

二、古人的审音原则

韵图是在韵书基础上进一步进行语音分析的产物,体现了古人审音或"赏知音"的水平,这一点是没有疑问的。但是,韵图作者在"齿音"这一栏有意破坏了上声右韵这一我们今天看来是最普通的原则,这使我们联想到,古人对"审音"的理解,也许与我们今天并不相同。因此我们首先需要考察这一问题。

我们今天对审音的理解包括两个方面的内容,一是语音学上的,一是音位学上的。语音学上要求能细致辨别音素,找出各种微细的差别,例如元音 a 可以分析出前[a]、中[A]、后[ɑ]及长[aː]、短[a]等一套,辅音 k 可以根据是否颚化、是否唇化进行细分。而音位学上则要求舍异求同,舍弃微细的、没有辨义作用的差别,只求最小范围(即辨义范围)内的极大值。例如[a]、[A]、[ɑ],如果对辨义没有影响,只要写成一个/a/就行了,唇化不唇化、颚化不颚化的几个[k],也只要写成一个/k/就行了。"审音"的要求则是语音学和音位学的统一。

那么,古人对"审音"的理解是怎么样的呢?

首先,古人不可能进行细致的语音学上的分析,这是因为:

(1)古人没有音素的概念。语音学上的分析是建立在音素分析的基础之上的。古人并没有这个知识,一直到清人江永和近人黄季刚先生,他们在描述三十六字母的读音时,还是模模糊糊、打比方性质的。古人对语音的分析,就我们现在所能确知的,只有双声叠韵和反切。双声叠韵和反切中也许有一点音素分析的味道,但毕竟不是音素分析,我们不能过于拔高古人。

(2) 古人没有系统的方言知识。严格地说,细致的语音学分析,除了作为建立音位的基础之外,在一个语言的内部是并没有必要的,只有在几个方言的比较中才显得重要。古人虽然从先秦起就意识到方言的歧异,但并没有进行过细致的方言调查,尤其是方音调查。包括陆法言在内,古人对方音的了解都只有一个笼统的印象,例如"伤轻浅""涉重浊"或"去声为入""平声似去"之类。凭这些笼统印象是无法对《切韵》音系进行细致的语音学分析的。

(3) 古人缺少科学的标音工具。汉字不是严格表音的,同一个汉字在不同时间、不同地点、不同人的口中,甚至同一个人在不同的场合,都可能有不同的读音。陆法言要以某一个汉字代表某一个固定的音素,以口语中无法分清的两个汉字(如东冬)来表示细微的音质差别,而又能成为天下楷模,这是不可能的。韵图作者生当陆法言之后多年,在实际语音又发生较大变化的情况下,能够一无差错地理解陆法言所选汉字的音值,并且进而分出"等"来,这更是不可能的。

古人既然不能进行我们今天那样的语音学上的分析,那么当然只能进行音位学上的分析了。在这一点上,中国古代与19世纪以前的世界各国可说都是一致的。

但是我们知道,语音学上的分析可以在几个平面中进行,音位学上的分析却总是在一个平面上,适合于某一具体方言的内部的。而《切韵》时代的特点却是方言歧异得很厉害,存在着"古今通塞、南北是非"。以某一方言为基准,进行音位分析,肯定难以为全国所接受。而要综合各地方言进行语音学上的分析,当时又不具备这一条件。于是,古人利用汉字不表示特定的音的特点,想出了很好的办法,就是在基础方言的音位大类下进行古今方俗音类的综合。《颜氏家训·音辞篇》所谓:

> 共以帝王都邑,参校方俗,考核古今,为之折衷。榷而量之,独金陵与洛下耳。

就是这个意思。据我的理解,"帝王都邑"的语音就是当时各家韵书进行音位分析、划出大类的基础,"参校方俗,考核古今,为之折衷",就是在大类下,根据对古今方俗语音的了解,进行音类的综合。"权而量之"以下云云,则就是颜氏在对这些韵书进行研究之后,认为他们据以进行音类综合的音位基础(或大类)无非只有两种,即金陵与洛下(都是当时的"帝王都邑")。其各家韵书分部所以有异,乃是因为各人对古今方俗语音的了解与取舍不同而已。

这样看来,今人的"审音",从音素分析进而到音位分析,其基础是建立在音值的描写上。而古人的"审音",不论是基础方言的音位分析也好,各种方言的音位综合也好,其着眼点都是建立在音类的划分上的。在对具体方言进行音位分析时,当然有其音值上的依据,而在综合各种方言的音位系统时,却不得不舍弃各自原有的音值,只根据音类来进行。因此,"综合"的结果只能是一个音类系统。对这一点,我们还可找出一些证据:

第一,可从古人反复强调排斥"方音"中看出来。古人"审音"既然侧重在音类划分上,当然就以"我能分,别人不能分"为能。分得越细,就说明审音水平越高。反之,则是水平低,或者有"方音"的影响。《颜氏家训·音辞篇》所谓"各有土风,递相非笑",即是指此。这句话并不是说这些韵书都是根据方言编的,否则"共以"云云及"权而量之"云云便不好解,而且"递相非笑"也失去了基础:既然各人编书都从自己的方言出发,那么有什么资格去"非笑"别人呢?这句话实际上是说尽管这些书都从"帝王都邑"的大类出发去进行音类综合,但有的这些音类能分开,那些分不开,有的则反之。这不能分就反映了该书的"土风",因而成了"非笑"的对象。等到陆法言的书出来,参照各家韵书,把可分开的音类一一全分开了,"土风"就没有了。是否韵类分得越细就越接近"标准音"?"帝王都邑"的语音系统是否一定要比各种方言复杂些呢?显然不是,而且往往相反。正由于以音类划分为标准,因此其最高的成就势必是最细的划分。陆氏的书达到了这个标准,因而统治了中国文化界一千多年之久。

而从某地实际语音出发的韵书或观点,却一直为儒林所不齿,因为这不合传统"审音"的标准。故而近代的各种北系韵书一直被认为是不登大雅之堂的,被正统之士斥为"方音",例如江永等人都曾这样指责过。

第二,既然古人审音的基础是音类的划分,音值上相对来说就不很讲究,对于所分音类也不一定能一一区别其读音。劳乃宣曾说:

> 古人所定母韵乃参考诸方之音而为之,故讲求音韵者必集南北之长乃能完备,即口吻不能全得其音,亦当心知其意,乃不为方音所囿也。[1]

这话是有一定道理的。其实江永也是如此,他虽然振振有词地指责别人,但他自己也未必能将二百零六韵一一读出,因此后人讥他"只在纸面上做功夫"。倒是陈澧比较老实,他说:

> 陆氏分二百六韵,每韵又分二类、三类、四类者,非好为繁密,当时之音实有分别也……古人能分,今人不能分,时代所限,无可如何,不可妄讥也。[2]

当然,他认为"古人能分",那是未必的。实际上,不但是江、陈、劳等不能分,即作《七音略》的郑樵、序《韵镜》的张麟之,这两位目前所知的最早的等韵学家,也不能一一区分。郑樵说:

> 虽七音一呼而聚,四声不召自来,此其粗浅者耳。至于纽蹑杳冥,盘旋寥廓,非心乐洞融天籁、通乎造化者,不能造其阃。[3]

这段话说得很玄乎,但意思是清楚的,即按七音读出四声,这是粗浅的,而要回旋反复,读出表内各等字音的不同,则就需要很高的天赋。把这段话与郑樵认为"华人苦不别音",只有梵僧才能"求雨则雨应,求龙则龙灵"联系起来看,就更清楚了。这是郑樵因自己读不出各等字音的区别,而在乞灵于神秘主义!

张麟之在序《韵镜》时说:

> 逐韵属单行字母,上下联读,二位只同一音。[4]

---

[1] 劳乃宣:《等韵一得·外篇·杂论》,重点号为笔者所加,但看来他把综合理解成了诸方音值相加的结果。
[2] 陈澧:《切韵考》,卷六。
[3] 郑樵:《七音序》。
[4] 张麟之:《韵镜·归字例》。

近人顾实以为这句话说明张氏也主张两等四呼之说,因而据此写了《韵镜审音》一文。但顾的理解与张氏原意恐怕有些出入。张说的是"逐韵",指每一韵内部,而顾把不同的韵部也包括进去了。不过张的这句话至少否定了重纽的不同读音及喻母三、四等的分别。张麟之还在讲舌齿音时注云:

> 韵镜中分章昌、张伥在舌齿音两处之类盖如此。[1]

说明他也只知道知组和照组的分类,却辨不出知组与照组的不同读音。

早于郑、张二人的颜之推,虽是陆法言的父执辈、《切韵》原则的"多所决定者"之一,但他也承认:

> 古语与今殊别,其间轻重清浊,犹未可晓。[2]

连他都读不出古音,那么陆法言《切韵》中有从古而分,及沿用前人经书切语的地方,我们能说他能一一读出其区别吗?

明白了古人有着同现代人很不相同的审音原则,我们就可明白以下几点:

(1)陆法言的《切韵》是在通语的音位大类分析加上古今方俗的音类综合这一指导原则下编制出来的,造成的是一部综合性的、集大成的、音类系统的韵书。这部书可以为各种方言地区的人所接受。但是,从任何单一的方言出发,都无法一一辨读《切韵》所有的韵部。

(2)韵图作者是在根本不能一一辨读《切韵》韵部的情况下编制韵图的,韵书是他的主要依据,他的任务是忠实地反映《切韵》这一为各方所接受的韵书,反映出这一音类系统的音韵结构体系,帮助人们掌握韵书的反切。

(3)韵图作者是按照当时的审音原则编制韵图的,我们不能简单地用今天的审音标准去要求他。在我们认为违背拼音表排法常识的地方,韵图作者一定有他自己的考虑。

明白这三点,对我们理解韵图的排列法是十分重要的。

---

1 张麟之:《韵镜·调韵指微》。
2 颜之推:《颜氏家训·音辞篇》。

三、排图时已具备的条件

研究韵图的排列方式和过程，最重要的前提是弄清韵图产生的时代。因为韵图是一定历史阶段的产物，它受到当时各种历史条件的制约，韵图作者不可能超越历史。特定的历史时代决定了他排图时的指导思想，同时也向他提供了各种必要和可能的条件，让他在这个范围内创造出既不同于他的前人也不同于他的后人的成果来。

当时的历史向他提供了什么条件呢？

首先是唐时的《切韵》系韵书，这是他制作韵图的基础。韵图是根据韵书的，他只能在他所见到的韵书范围内进行排图，反映这一韵书的音韵体系，因此"唐时的"一词具有重要的意义。习惯上，我们总是将《切韵》系韵书当作一个整体看待，不去注意它在发展过程中形成的内部差异，这是很不妥的。事实上，隋唐的《切韵》与宋代的《广韵》《集韵》是不完全相同的，表现在：

（1）韵部总数不同。唐时韵书有一百九十三韵、一百九十五韵、二百零五韵等多种，宋时韵书都是二百零六韵。这一点比较明显，人们容易注意到。但由于在排图过程中，对韵部进一步分出了开合洪细，韵类的总数不仅超过了一百九十三，也远远超过了二百零六，因而这一差异在排图时反而是不重要的。

（2）声类总数不同，自从陈澧第一次考出《广韵》声类有四十类以后，产生过四十一类说、四十七类说、五十一类说、三十三类说等多种说法，但大多是把《切韵》系韵书当作一个对象去对待的。当然，也有一些学者是把《切韵》和《广韵》区别对待的，如周祖谟先生在北大授课的讲义里就把《切韵》和《广韵》的声韵类分开来讲述，李荣先生的《切韵音系》研究的也只是《切韵》的声韵类。我们认为在研究韵图的排列时必须严格划清《切韵》和《广韵》的界限，韵图要反映的只是《切韵》的声类。关于《切韵》的声类我们基本上同意李荣先生的意见，但认为"知彻澄"无须分立，一是因为在反切中还有不少混淆的地方，《广韵》中还残存，《切韵》中就更多；二是因为唐末的《守温韵学残卷》里提到"类隔"，对唇音和舌音是一视同仁的，可见在当时人所见的书面材料里，舌音类隔是个突出的现象，这正反映了舌头舌上的不分。当然，从别的材料我们可以考知唐时舌音已开始分化，但这与保守的书面材料不应等同起来。因此《切韵》的声类实际上是三十三类（即李荣先生的三十六类减去"知彻澄")。

(3) 小韵总数不同。《切韵》的小韵总数已不可知,唐代王仁昫《切韵》小韵有三千六百多个,《广韵》的小韵是三千八百多个,《集韵》的小韵有四千五百多个。这些数字我们往往容易忽视,但在排图时这是很要紧的。因为韵图的目的是要反映韵书,使韵书中的全部小韵都在韵图中各得其所。小韵数的多寡就会直接影响到排图的结果。

以上就是摆在韵图作者面前的第一个条件,他所要反映的就是这样一些声类、韵类,这样一些数目的小韵。

第二个条件,有了武玄之《韵铨》这样一类韵书。《韵铨》的原书已不可见,但从它《明义例》所谓"为韵之例四也",我们可以推知,这是一部类似于清代梁僧宝《四声韵谱》那样的韵书,这是从韵书到韵图的最可能的过渡形式。

第三个条件,要排图必须要有对声类的认识,对韵部的进一步细分,即进行切语上下字的系联工作。我们认为,这一工作在《韵铨》《唐韵》《天宝韵英》以后也已完成了。[1]

第四个条件,有了十六摄的概念。这个问题可以从几个方面去看:

(1) 从审音角度看。我们说过,古人的审音原则是音位分析和在此基础上的音类综合。各家韵书尽管彼此岐异很大,但正如周祖谟先生指出的:"当时南北韵书分辨虽有疏密之分,而大类相去不远。"[2] 这个"大类"就是"帝王都邑"最粗的音位系统。我们比较从南北朝到唐代的各种韵书字书,可以知道这个大类基本上和十六摄是相当的。南北朝和唐时的大类系统差不多,证明了汉语语音系统的稳固性。两个时期所不同的是元韵在前期多属臻摄,而在后期多属山摄,韵图把元韵归入山摄,这是从唐代的十六摄出发的,也许与《切韵》是不符合的,这也证明了它离不开它所处时代的特点。

(2) 从文人诗文用韵看。我们利用了前辈学者在这方面的成果,如王力的《南北朝诗人用韵考》、昌厚的《隋韵谱》、史存直的《从唐七家诗的用韵情况看切韵的性质》等,可以看出,文人诗文(主要是古体诗)用韵的大类也相当于十六摄,其前后两期相差的情况也与上述相同。

关于文人诗文用韵,有一点要说明的,即文人诗文的用韵宽严很不一致,宽的

---

1 见潘文国《韵图考》第一部分"韵图产生的时代"。
2 周祖谟:《切韵的性质和它的音系基础》,《问学集》上册。

宽到十六摄，严的严到与《切韵》相去不远。这是因为文人的诗文用韵除了受实际语音的制约以外，还要受传统、习惯和时尚的影响。对待文人诗文的用韵，用得过严的我们倒可不必过于注意，那或许正是他在炫耀自己"知音"；倒是不经心时流露出来的"合韵"情况更值得我们注意，往往在这里反映了他的实际口语情况。

（3）从域外译音来看。我们主要考察了史存直先生整理的日语吴音、汉音和王力先生整理的汉越语，觉得十六摄的大类是不错的。

（4）我们还要从前代文献中来证明。一般认为十六摄的名称起于刘鉴的《经史正音切韵指南》，实际上比这要早得多。这从刘鉴的书中也看得出来。《指南》后的"叶声韵"诗上说：

> 梗曾二摄与通疑，止摄无时蟹摄推。
> 江宕略同流参遇，用时交互较量宜。[1]

可见他自己口语中的并摄情况：梗曾不分，且与通近；江宕不分；流遇相近；止摄与蟹摄一部分音相同等等。如果他是按照口语列摄的，肯定会把这些摄并起来，就像在此之前的《切韵指掌图》一样。但他却没有照自己的口语办，可见是仿古，而且必有所本。

另外，在《切韵指掌图》的《检例·辨内外转例》上有这么一句话：

> 旧图以通止遇果宕流深曾八字括内转六十七韵，江蟹臻山效假咸梗八字括外转一百三十九韵。

《指掌图》本身未立摄名，但其二十图分十三摄是很明显的。这里却在侈谈与它无关的十六摄。怪不得邵光祖要说这《检例》"全背图旨"。但这《检例》说的并不是《指掌图》，而是"旧图"。何谓"旧图"？ 向来不得其解，如果前述"三百八十四声"的图是《韵镜》原型的说法是可靠的话，这"旧图"显然也是指这一种图。可见在《韵镜》原型中已经有了十六摄名。张麟之在《韵镜·序》中谈到"作内外十六转图"，证实了这一点。

---

[1] 见至元庚寅刊本《五音集韵》后。

更可注意的是十六摄的次序。我们现在一般谈到十六摄的顺序是：

　　　　通江止遇蟹臻山效果假宕梗曾流深咸

这显然是按照《广韵》韵目的次序。如把内外转分开应是：

　　　　内八转　　通止遇果宕曾流深
　　　　外八转　　江蟹臻山效假梗咸

我们把它与前面《指掌图·检例》上的次序比较一下就可知道，"曾""咸"两摄的位置不同。把《指掌图》上十六摄的次序复原，应该是：

　　　　通江止遇蟹臻山效果假咸宕梗流深曾

这一次序正好是《七音略》列图的次序，也就是唐代韵书的次序。

　　由此可见，当时不仅已有了十六摄的概念，而且还有了十六摄的名称，并实际上已经采入韵图。

　　以上这些条件，就构成了韵图作者藉以活动的全部舞台。至于有没有"等"的概念，有没有元音开口度的理论，我们认为当时还不具备。

四、韵图的排列方式

　　所谓韵图的排列方式，就是韵图作者如何在历史提供给他的条件之内，按照他的审音原则和编写意图，把韵书改造成韵图形式。从今天研究的角度来看，就是看我们能不能在当时所许可的范围之内，按照我们所理解的韵图的编写意图和原则，历史地重现韵图的排列过程，而使我们排出的韵图，与流传下来的韵图相一致。

　　如前所述，韵图是按《唐韵》前后的《切韵》系韵书（很可能是《天宝韵英》）而作的。但《天宝韵英》早已失传，《唐韵》也仅存残卷，因此我们只能利用目前尚存的唯一的全帙唐写本韵书——宋跋本《王韵》来进行排图的实验，同时假定，《王韵》

的切语已能按开合洪细全部分开了（当然是根据唐时的标准，也就是反映在后来韵图中的情况），因此，我们更多地利用了李荣先生根据这些条件排出来的《单字音表》。[1]

经过实验，我们推测韵图的编排经历了以下的过程：

甲、初步的准备工作

（1）仿照《韵铨》的"明义例"，对韵书的形式加以改造，排比成类似《四声韵谱》那样的形式。平上去入四声相配每一组为一图。在每一图中，一个韵部就是一行，韵类并未细分，声类虽然上下对齐了，但次序仍还是乱的。王韵共可排成五十七张这样的图。

（2）每小韵只留下小韵代表字和切语，去掉同音字和注释。这样就使韵图离开了韵书，走上了专门整理语音系统的道路。

（3）把切语上字按五音分开，并经过实践，把原来认为属于韵的"清浊"概念，安给切上字，从而定出五音的清浊。"清浊"归声，这是韵图的一大特色，也是中国音韵学研究的一个进步。在此之前，"清浊"都是指韵的（实质是指调），由切下字来表示，在有了韵图之后便往往用来指声，用切上字来表示了。而调的"清浊"则另外用"阴阳"的名称来表示。"明泥疑喻来日"等声母在等韵图中的名称从"清浊"到"不清不浊"到"次浊"正反映了这一嬗变的过程和痕迹。

乙、分出开合

开合的概念，有的人认为属于韵母，是有没有 u 介音的问题；有的人认为属于声母，是是否唇化的问题。这两种意见都是成问题的，既无法从理论上证明古人是否已经有了这样细微辨析音质的本领，也不符合韵图和韵书的实际。例如声母说解释不了韵书中开合同一音位的事实，韵母说解释不了止摄合口细音的问题：是 i＋u 呢，还是 u＋i？如果是 u＋i 就谈不上是细音，如果是 i＋u，u 就不再是介音，而成了主要元音。因此，开合口不能简单地用现代语音学上的某一条去比附，

---

[1] 李荣：《切韵音系》。

有时倒不妨用笨办法,从字面上去看。王国琚在《读等韵及反切门法合解》中所作的解释可能比较符合古人对开合问题认识的实际:

> 开口呼者,口开呼气,而字即出也。合口呼者,先则口闭,呼字时气出而始开,故谓之合。呼气相同,唯开合有异,故音亦分焉。然开合双韵,合口每随开口即得矣。[1]

我们只要先开着口再闭着口读同一个音,就知道这一说法是不无道理的。从音理上分析起来,合口吐字确实有声母唇化或带 u 介音的味道,但古人并不这么看。他只觉得这样两组字如"冈、光"或"看、宽"都是既双声又叠韵的,其所以不同,只是因为"呼法"有异。因此止摄的合口字,在古人看来,仍然不妨是细音的,只是需"合口"呼之而已。

开合口从道理上分析起来,取决于开口发音前的口部动作,似乎应该与声母有关,但由于古人更重视韵类,因此把分析开合的结果往往反映在反切下字上,古人反切中有少数开合难定,就是这个缘故。现在我们理解古人的开合口,必须两方面都兼顾到。但在排图的当时,我们相信韵图作者已根据《切韵》反切、其他文字的资料和自己的口语把开合分清了。

开合中问题最大的是唇音。根据上面的解释,可知凡唇音都应是合口,以唇音作反切上字,其下字是开口或合口都没有关系。这在韵书中是不成问题的,但排图时就变得复杂了。因为韵图中开合是分图的,而开合主要按切下字定。唇音字如果都以合口字作切下字当然再好不过,可以一律放在合口图内,但在制订反切时可能没有估计到这种情况,因此不少韵中的唇音是用开口字作切下字的,有的是一部分,有的是全部。这就使唇音的处理成了问题:放在开口图中吧,违背了开合的定义;放在合口图中吧,又不便于人们利用反切查检韵图;开合两属吧,又会使人对唇音的性质引起误解。由于这些矛盾,唇音的归属问题在早期的韵图里并没有解决,在《韵镜》和《七音略》里还可以看得出来。我们把这两本书里的唇音归属情况排了一个表(见表一)。从中可以看出唇音字的归属是相当混乱的,有归开的、有归合的、有开合两归的,甚至还有开合重出的。如《韵镜》废韵"废"字在第

---

[1] 见北京图书馆所藏抄本。

九、十两图重出；怪韵"拜"字在十三、十四两图重出；先韵"边"字在二十三、二十四图重出；黠韵的"八、拔、㓟"等字在二十三、二十四图重出等等，这也许反映了作者既想根据反切系联，又想据实归作一类的矛盾心理。[1] 这个问题直到在相当程度上按口语对韵图进行大刀阔斧合并的《切韵指掌图》里才基本解决。《指掌图》根据合口的性质，把除梗曾摄外的唇音都归在合口。蟹摄中开口也有唇音，那是不慎重出的缘故。

表一 《韵镜》《七音略》唇音字开合归属情况

韵	《王韵》切下字	《韵镜》	《七音略》
支	开、合	开	开
纸	开、合	开	开
寘	开	开	开
脂	开合	开	开
旨	开合	开	开
至	开合	开	开
微	合	合	合
尾	合	合	合
未	合	合	合
泰	开	开	开
齐	开	开	开
霁	开	开	开
祭	开	开	开
佳	开	开	开
蟹	开	开	开
卦	开、合	开、合	开、合
皆	开	开	开
怪	开	开合	合
夬	合	合	合

---

[1] 葛毅卿先生把这种情况看作《韵镜》所据韵书唇音有开合两读，似欠斟酌。

续　表

韵	《王韵》切下字	《韵镜》	《七音略》
废	合	开合	合
真	开	开、(合)	开
轸	开、合	开	开
震	开	开	开
质	开	开	开
元	合	合	合
阮	合	合	(开)、合
愿	合	合	合
月	合	合	合
寒	开、合	合	合
旱	开、合	合	合
翰	开合	合	合
末	开、合	(开)、合	合
删	合	合	合
潸	合	合	合
谏	开、合	合	开合
鎋	开	开	开
山	开	开	开
裥	开	开	开
黠	开合	开合	(开)、合
先	开、合	开合	开
铣	开	开	开
霰	开	开	开
屑	开	开	开
仙	开	开	开、(合)
狝	开、合	开	开

续　表

韵	《王韵》切下字	《韵镜》	《七音略》
线	开、合	开、合	开、合
薛	开	开	开
歌	开	合	合
哿	开、合	合	合
箇	开、合	合	合
麻	开	开	开
马	开	开	开
祃	开	开	开
阳	开	开	开
养	开	开	开
漾	开、合	开	开
葉	合	开	开合
唐	开、合	开	开
荡	开	开	开
宕	开、合	开	开
铎	开	开	开
庚	开、合	开	开
梗	开、合	开	开
敬	开	开	开
陌	开	开	开
耕	开	开、合	开、合
诤	开	开	开
麦	开、合	开	开
清	开	开	开
静	开	开	开
劲	开	开	开

续　表

韵	《王韵》切下字	《韵镜》	《七音略》
昔	开	开	开
青	开	开	开
迥	开、合	开	开
径	开	开	开
锡	开	开	开
职	开	开	开
登	开	开	开
德	开	开	开

在分出开合的同时，也把某些洪细合韵的韵部，如东、庚、麻等按洪细分开了。在排图之始，也许这些洪细不同的韵类也是分开列图的，但由于在现存的韵图中已看不出痕迹，我们只好假设它们是不分图的。

把韵书中具开合的韵分开以后，加上不分开合的独韵，我们得到了八十五张韵图，各图的形式如表二所示。

丙、四"等"的产生

通过步骤甲，韵图作者搭起了韵图的架子，通过步骤乙，他完成了对韵书中韵类的条分缕析，并且使每一个韵类在韵图中都得到了反映，因而，接下来他就要考虑声类的问题了。他必须使韵书中的每一个声类都在韵图中得到反映，更重要的是，他还必须努力在图中体现出韵书中声类和韵类的配合情况。

观察表二所示的韵图情况，我们可以看出，声母的大类是五类，即所谓五音。但五音内部的情况是不尽相同的，如果以"清、次清、浊、清浊"等作为一组，唇、舌、牙、喉音的情况都比较简单，各只有一组，总共是十七类；齿音的情况最特殊，它总共有十六类，占了声类总数的将近一半，而且十六类下还可以分成三组。因此，如何显示齿音内部的三组声母就成了排韵图时声类安排的突出课题。

齿音下的这三组怎么来显示呢？像目前的表二那样，即：

表二　分等前的韵图形式（以《唐韵》开口图为例）

			平唐		上荡		去宕		入铎	
音唇	清				朗博	榜			各朴	博
	次清		朗普	滂	朗普	磅			各匹	粕
	浊						浪蒲	傍	各傍	泊
	清浊		郎莫	茫	朗莫	莽	浪无	漭	各慕	莫
音舌	清		郎都	当	朗德	党	浪丁	谠		
	次清		郎吐	汤	朗他	曭	浪他	悦	各他	託
	浊		郎徒	唐	朗堂	荡	浪杜	宕	各徒	铎
	清浊		当奴	囊	朗奴	曩	浪奴	儾	各奴	诺
	清浊		当鲁	郎	党户	朗	宕郎	浪	各户	落
音牙	清		郎古	刚	朗各	阮			落古	各
	次清		岗苦	康	朗苦	慷	浪苦	抗	各苦	格
	浊									
	清浊		岗五	印			浪五	枊	各五	愕
音喉	清									
	次清									
	浊									
音齿	清									
	次清									
	浊									
	清浊									
	清		郎则	臧	朗子	驵	盎则	葬	洛子	作
	次清		岗士	仓					各仓	错
	浊		朗昨	藏	朗在	奘	浪徂	藏	各在	昨
	清		郎息	桑	朗苏	颡	浪苏	丧	各苏	索
	浊									
音喉	清		郎乌	鸯	朗乌	块	浪阿	盎	各乌	恶
	清		郎呼	炕					各呵	曜
	浊		郎胡	航	朗胡	沆	浪下	吭	各下	涸
	清浊									

表二 (a) 齿音排列法之一

喉音	齿音	牙音	舌音	唇音

显然是不行的,这样只表现了五音的大类,却泯灭了齿音内部三组音的分别。如果把声类划分成为:

表二 (b) 齿音排列法之二

喉音	齿音(3)	齿音(2)	齿音(1)	牙音	舌音	唇音

这样行不行呢?也不行。三组齿音是体现出来了,但五音的大界被搅混了。为了两全其美,既体现五音的大类,又表现出齿音的内部区别,韵图作者只能排成:

表二 (c) 齿音排列法之三

喉音	齿音(1)	牙音	舌音	唇音
	齿音(2)			
	齿音(3)			

这样的形式。但这样的排法却破坏了上声右韵的原则。这正好证明,在排图过程中,音类的表现受到更为优先的考虑。

但是这样的排法仍不够完善,因为它只是表现出了韵书中的全部声类和韵类,还没有表现出韵书中声类和韵类配合的情况。

原来,在当时所见的《切韵》中,声类和韵类间的配合是有一定规律的,主要反映在齿音上。如果按照所包含的齿音情况来对韵类进行分类的话,可以把《切韵》中所有的韵类分为四种:(1)只包含精组齿音;(2)只包含庄组齿音;(3)包含全部三组齿音;(4)不包含任何齿音。但韵类本身还可以按开合洪细进行分类,例如按开合分,有开、合和开合不分(不等于实际读音上没有开合)三类,这已通过分图表现了。按洪细分也有三类:洪、细和洪细不分(不等于没有洪细),其中洪细韵类都包含有精组齿音。因此,从声韵配合的角度来看,实际上可把《切韵》中所有的韵类分成五种:甲种韵如唐韵,从声类来看只含齿音中之精组,从韵类来看是洪音;乙种韵如先韵,从声类来看也只含精组齿音,从韵类来看是细音;丙种韵如阳韵,从声类来看含有全部三组齿音,从韵类来看也是细音;丁种韵如江韵,从声类来看只含齿音中之庄组,从韵类来看洪细不分(各地方言洪细异读大多在这一类里);戊种韵如文韵,从声类来看不含任何齿音,从韵类来看洪细不分(后来的轻唇音多数在这一类里)。

根据这些情况,韵图作者在上面最后一种排法的基础上又进行了加工。他把精组分放在两个位置,一放在最上面一行,作为甲种韵的位置,一放在最底下一行,作为乙种韵的位置。把庄、章组分别放在第二和第三行。由于没有单独只含章组的韵类,因此这一行成了丙种韵的位置。庄组一行当然是丁种韵的位置。至于戊种韵,因为它不含任何齿音,与丙种韵的情况正好相反,不会冲突,因此也就排在第三行。于是形成了这样的局面:

表二　(d) 齿音排列法之四

	齿　音	唇舌牙喉音
第一行	精　组	甲种韵
第二行	庄　组	丁种韵
第三行	章　组	丙、戊种韵
第四行	精　组	乙种韵

后人看见这样整齐的四行形式,不明其所由来,又看到其中有些不同的行之间存在着洪细的差别,于是便产生了四等洪细之说,认为四等的差别就相当于西洋语音学的元音不同开口度,这实在是错误的。

如我们所见,四行形式的出现,反映了韵图作者要充分表现韵书的声韵类,表现其声韵配合情况的苦心。韵图的分行,当然要从声韵结合的观点去看,但韵类的分组实在有赖于其所包含的齿音,因此归根结底可说是由齿音决定的。

由于"等韵"和"四等"的提法已经形成习惯,我们将仍然采用这些名称,但含义显然是不同的。

丁、来日的分出及喻母分等问题

在排图过程中,还有两个问题要提出来说一说。

(1) 来日二母的分出

韵图经过分行,亦即通常所说的分了"等"以后,表二那样的横三十三行、竖平上去入四栏的形式变成横二十三行、竖十六行的形式,不仅完美地表现了韵书的声韵类及其彼此的配合,而且使得韵图显得整齐、美观、匀称,这是一个额外的收获。这时在齿音的四行中,一、二、四行都是五个声母,只有第三行章组有六个声母,多了一个"清浊"音,看起来很别扭。而舌音一组也比唇牙喉音各组多了一个"清浊",于是韵图作者干脆把这二母抽出来,在"五音"之外另外立一栏,写作"齿音舌",右边从右往左读是"舌音",左边从左往右读是"齿音"。

来日二母分别是从齿音和舌音分出来的这一事实是很明显的。王力先生说:

《指掌图》……于匣三等,喻、群一二等,禅二等,邪一等,无字处皆圈,与日纽一、二、四等无字空格不加圈者不同。[1]

我们检看严式诲辑的《音韵学丛书》本《切韵指掌图》,果然如此。在这本书里还可见到,端、精组二、三两行是空格,知、照组则一、四两行是空格,非组则一、二、四行皆是空格。该书体例,加圈是"有音无字",空格是"无音无字"。这些空格明显露出了《指掌图》按三十六字母把原来只有二十三行的"旧图"拆开的痕迹,同时也反映了日母确实是十六个齿音分作五个一组三组以后剩余下来的东西,它本来就在章组,与精、庄组没有关系,自然在这三行是"无音无字"了。《丛书集成》本《指掌图》上一、二、四等皆有圈,这是错的,甚至《韵镜》在日母一、二、四等上亦有圈,也是错的。这些都应按宋本《指掌图》校正。

(2) 喻母的分等问题

喻母三等字在《切韵》时代应该属于匣母,这已为曾运乾、罗常培、周祖谟、李荣、葛毅卿等许多专家的考证所证实。而在韵图中,它却在喻三的位置,有人据此证明,韵图是按三十六字母编制的。但我们认为,问题恐怕不这么简单,因为喻母三四等字在韵图中的位置并不是清清楚楚、干净利索的。迹象证明,喻母的排列情况是一种变动的结果。

我们认为,在最初排图的时候,喻三就处在匣母的位置,即在喉音"浊"第三

---

[1] 王力:《汉语音韵学》,第127页注四。

行,而喻四在喉音"清浊"第三行。只是在韵图排定过程中,韵图作者有意变动了这两母的位置。这一情况从现存的《韵镜》《七音略》还可看得出来。在这两书中,一般来说,喻三都从"浊"第三行移到了"清浊"第三行,喻四都从"清浊"第三行移到了"清浊"第四行。两书相同的,属于前者有三十五字,属于后者有四十六字。但两书也有不一致的地方,我们可看表三。

表三　《韵镜》《七音略》中喻母字分布的不同情况

韵	声\图	匣三	喻三	喻四	备　注
东	镜	雄	肜	融	1. 注意:"雄"均未入喻三。 2. "肜"赘增。
	七	雄		融	
屋	镜		囿	育	七漏"育"字。
	七		囿		
锺	镜		容	庸	镜"容"字未移下而赘增"庸"字,七不误。
	七			容	
烛	镜		欲		七不误镜误。
	七			欲	
纸	镜		蔿	䔲	七漏"䔲"字。
	七		蔿		
脂	镜			惟	镜漏"帷"字。
	七		帷	惟	
之	镜			飴	镜不误七误。
	七		飴		
止	镜		以		镜"以"字未移下致"矣"无处放;七漏"以"字。
	七		矣		
鱼	镜		余		七不误镜误。
	七			余	
麌	镜		羽	庚	七漏"庚"字。
	七		羽		
轸	镜		陨	引	"陨、愪"合口字,入此系据《广韵》;七漏"引"字。
	七		愪		

续表

韵\声\图		匣三	喻三	喻四	备注
准	镜			尹	唐时韵书轸准共韵,七或存其旧,或据《集韵》赘增。
	七		陨	尹	
震	镜			酳	镜不误七误。
	七		酳		
质	镜		颶	逸	"颶"合口字,入此系据《广韵》。
	七		颶	逸	
术	镜			聿	1."风日"在此系据切韵分并合。
	七		风日	驈	2."聿""驈"同音。
线	镜		羡	衍	"羡"字镜据《集韵》增。
	七			衍	
线合	镜	县	瑗	掾	镜之"县"字系从霰韵错行而来,七不误。
	七		瑗	掾	
阳	镜		羊	阳	"羊"字赘增。
	七			阳	
庚	镜			荣	镜与"营"字错位,见下,七不误。
	七		荣		
清	镜		营		镜与"荣"字错位,见上,七不误。
	七			营	
陌	镜				二者均误,七错入喻二,镜漏。
	七		嚯喻二		
静	镜				二者均误,七未移下,镜漏。
	七		郢		
有	镜		有	酉	七之二字均错移上一格,镜不误。
	七	有喻二	酉		
寝	镜				七据《集韵》增。
	七;		潭		
琰	镜1	鼸		琰	镜之"鼸"字系从忝韵错行而来。
	七			琰	

续 表

韵 \ 图 \ 声		匣三	喻三	喻四	备　　注
蒸	镜			蝇	二者均误，"蝇"乃喻四字，镜未移下，七反而错入匣三。
	七	蝇			
证	镜			孕	七不误镜误。
	七			孕	
业	镜		殗		镜据《广韵》增，然而应入喻四而未移下。
	七				

从表三中我们可以看出，除了《七音略》漏字较多，而《韵镜》增字较多外，还有一个有意思的情况，即本来应该归入喻三的匣母字和归入喻四的喻母字，两书都有一些未归入，如《韵镜》有"欲、以、余、蝇、孕、殗"等字，《七音略》有"饴、酳、郢"等字，这明显地反映了变动的历史痕迹，是韵图作者在处理喻母时留下的疏忽，有的则《韵镜》注意到了，有的则《七音略》注意到了，但二者都留下了未改完的部分。

那么，韵图作者要作如是变动的原因何在呢？我们看到，在《韵镜》和《七音略》第一图东韵的匣三位置上，两书都有一个"雄"字，羽隆反。按照上述规律，这个字应该移到喻三的位置上去，然而两本书都没有动。我们起初以为这是两书共同的疏忽，但仔细看了，觉得这里并不错，而且悟出了韵图之所以要喻母搬家的原因。

原来韵图作者本是抱定主意要"述而不作"的，尽量不去错动韵书体系的位置，但他作韵图又含有要使韵书"清浊昭然"，并使韵书中每一类声韵都在韵图中得到体现的目的。这两者在匣三的问题上发生了矛盾。我们看五音的清浊，一般都有"清、次清、浊、清浊"这样一套。从唐代浊音清化[1]后的形势来看，"浊"在有的地方与"次清"配套，有的地方与"清"和"次清"一起配套，与"清浊"的关系一般不大。匣三的这部分字，却一分为二，其中只有"熊、雄"等字与匣母其他字一样与"次清"配套，其余的字却混入了喻母的读音，成了"清浊"字。从综合体系的角度看来，实际上是造成了一个新的声类。为了反映这一新的声类，韵图作者便仿照齿音的办法，把它从匣三移出，并与喻母分列上下两行。这一移动在作者看来是

1　参见拙文《中古日母的读音问题》。已收入本书。

不成问题的,因为两者同时移动的情况只存在于丙种韵,而在丙种韵里,三、四两行乃至第二行从韵母来说都是相同的。只是在韵图归并了以后,有时喻四侵入了其他韵的位置[1],加上四等之说产生,这就给后人的理解带来了困难。

同时,东韵之保留"雄"字,也使我们明白,为什么宋本《切韵指掌图》里匣三的位置不像日母一、二、四等那样是个空格,而仍然是个圈。因为尽管绝大部分的匣三字都移走了,但这里仍旧是"有音"的,只是多数"无字"而已。

戊、四十三图形式的诞生

前面我们说过,古人的"审音"包含两个方面的内容,一是通语音位大类的分析,二是在此基础上古今方俗音类的综合。韵书是按照这样的标准来编写的,韵图作者为了忠实地反映韵书,就必须努力体现这样的原则。到目前为止的分析,我们看到他已完成了后一半的任务,即充分表现了韵书的音类,使韵书的每一个声韵类别都在图里得到了反映,每一个小韵都各得其所。现在他必须设法完成前一半的任务,即体现韵书所据的音位大类。

这个音位大类就是十六摄,作者是通过依摄归并韵图的方式来实现他的目的的。归并的结果,就使原来的八十五张韵图变成了四十三图的形式。

作者是怎么归并的呢？我们先来看这时韵图中的音类分布形势(见表四),由于音类表现的结果体现在所谓的"等"里,我们把这个表叫作"并图前等位分布表"。

表四　并图前等位分布表

图次	韵目	有字等位				摄
		一	二	三	四	
1	东	√	√	√	√	通
2	冬	√				
3	锺			√	√	
4	江		√			江

---

[1] 从现存的《韵镜》《七音略》来看,这样的情况只有一处,即尤组韵的喻四混入了幽组韵。这一孤例更使我们相信,在最早的韵图里,尤组韵的四等是另立一图的。

续表

图次	韵目	有字等位				摄
		一	二	三	四	
5	支		√	√	√	
6	支		√	√	√	
7	脂		√	√	√	
8	脂		√	√	√	止
9	之		√	√	√	
10	微			√		
11	微			√		
12	鱼		√	√		遇
13	虞		√	√		
14	模	√				
15	泰	√				
16	泰	√				
17	齐				√	
18	齐				√	
19	祭		√	√	√	
20	祭		√	√	√	
21	佳		√			
22	佳		√			蟹
23	皆		√			
24	皆		√			
25	夬		√			
26	夬		√			
27	灰	√				
28	咍	√				
29	废			√		
30	废			√		

续 表

图次	韵目	有字等位				摄
		一	二	三	四	
31	真		入	√	√	臻一
32	真		入	√	√	
33	臻		√			
34	文			√		
35	殷			√		
36	元			√		山一
37	元			√		
38	魂	√				臻二
39	痕	√				
40	寒	√				
41	寒	√				
42	删		√			
43	删		√			
44	山		√			山二
45	山		√			
46	先				√	
47	先				√	
48	仙		√	√	√	
49	仙		√	√	√	
50	萧				√	
51	宵			√	√	效
52	肴		√			
53	豪	√				
54	歌	√		√		果
55	歌	√				
56	麻		√	√	√	假
57	麻		√			

续表

图次	韵目	一	二	三	四	摄
58	覃	✓				咸一
59	谈	✓				
60	阳		✓	✓	✓	宕
61	阳			✓		
62	唐	✓				
63	唐	✓				
64	庚		✓	✓		梗
65	庚		✓	✓		
66	耕		✓			
67	耕		✓			
68	清			✓	✓	
69	清			✓	✓	
70	青				✓	
71	青				✓	
72	尤		✓	✓	✓	流
73	侯	✓				
74	幽				✓	
75	侵		✓	✓	✓	深
76	盐		✓	✓	✓	咸二
77	添				✓	
78	蒸		✓	✓	✓	曾
79	职			✓		
80	登	✓				
81	登	✓				
82	咸		✓			咸三
83	衔		✓			
84	严			✓		
85	凡			✓		

并图的要求很明显地包括以下三项：

(1) 同摄的韵要尽量排在一起，有可能的话，尽量并入一图，以体现是同一音位大类；

(2) 现有图中各等字的位置又不得打乱，也就是说，如果同摄的两韵都有某一等字，这两个韵就只得拆开作两图，这是为了完整反映韵书体系；

(3) 图的总数要尽量精简，以便实用。

这三项标准的侧重点不同，就会得出不同的结果。举例来说，如果我们只考虑标准(2)，那韵图就无须归并；如果我们只考虑标准(1)和(3)，就会使韵图数大大减少，得到刘鉴《切韵指南》或司马光《切韵指掌图》[1]那样的结果。因此，必须使这几个标准结合起来，才能充分体现韵图作者的审音原则。

下面，我们分摄来看韵图作者是怎么进行工作的（韵目中举平以赅上、去、入）。

(1) 通摄　共二图

东一图。东韵四等俱全，势必不能与其他韵同图，只能独成一图。

冬锺合图。冬韵只有一等，锺韵只有三、四等。

(2) 江摄　共一图

江一图。我们相信江韵是单独一摄，因为一方面它不可能在通摄，否则的话应并入冬锺一图；另一方面也不可能在宕摄，否则即使不并入阳唐图也应移到该图附近。

(3) 止摄　共七图

这是韵数少而图数最多的摄。因各韵开合均有三等字（甚至二、三、四等字），无法归并，这是(1)、(2)两标准冲突时服从标准(2)的例子。

(4) 遇摄　共二图

鱼、虞韵都有二、三、四等，无法合并，但模韵只有一等，可与二者之一并为一图。《韵镜》等是鱼一图，虞模同图，其实如果虞一图，鱼模同图也是可以的。两者都有历史上的根据，如日本吴音鱼模通，虞模亦通，《颜氏家训》鱼虞同。

(5) 蟹摄　共四图

这是韵数多而图数少的例子，最典型地表现了韵图作者根据三项标准归并韵

---

[1] 我们认为《切韵指掌图》完全有可能产生在北宋，因此，在别无强有力的证据推翻它是司马光所作之前，我们还是暂从旧说。

图时的高度技巧。这一摄有九组韵,开合十六张图,其中皆、佳、夬、祭(字下加·的只有去声而无平上声)四韵八图都有二等字,互相冲突,韵图作者却只排成"哈皆祭齐"和"泰佳祭"开合共四图。他首先利用本摄无入声的特点,把只有去声的夬韵寄到了入声处(同时把废韵也寄到入声处),这样便精简了二图,妥善处理了(2)、(3)两标准的矛盾。其次,把祭韵的三、四等拆开,分别挂到四张图上,这样便十分巧妙地体现了四图的同摄关系(止摄便不具备这一条件),妥善处理了(1)、(2)两标准的矛盾。如果把祭韵四等与齐荠霁韵换一个位置,前二图和后二图间便失去了内在的联系,看不出是同摄的了。

这里的唯一问题是祭韵也有二等字,有可能与佳或皆韵的去声相混。

(6) 臻摄　共四图

《切韵》的韵目次序与十六摄基本上是一致的,这是我们认为《切韵》的编制也是在十六摄大类下进行音类综合的理由。我们从表四可以看出,其中不同的地方只有两处。一处是后面要讲的咸摄,一处便是这里,臻摄和山摄的各韵被分割在两处。但我们已经知道,元组韵在南北朝时多属臻摄,在唐代多属山摄,我们便可知道,在《切韵》的十六摄里,元韵也是在臻摄,这样这里的韵目次序便没有问题了。韵图之所以把元韵排在山摄,那是从唐代语音去理解十六摄的缘故。

在臻摄各图中,真韵和文殷韵都有三等,彼此冲突,因此至少排成四图。魂痕韵只有一等,臻韵只有二等,本来从排图角度来看,似乎与只有三等的文殷韵放在一起较好,但由于戍种韵是以互补资格排入三等的,在并图时往往单独排开,因此臻痕等仍与真韵排在一起。但由于这时只看到真韵无二等字,臻韵无上去声,没有顾及质韵有二等字,致使质韵二等字与臻韵入声栉韵发生混淆。

这摄的韵图本来也可仿蟹摄的排法,把文殷两韵与真韵三等的位置互换,以体现同摄关系。但综观全部韵图,似乎有一规则,一般只将四等字与别的四等韵对换位置,三等字是不与三等韵对换的,大约为了体现二者情况不同。

(7) 山摄　共四图

山摄有六个韵,一等有寒韵二图,三等有元仙等四图,四等有先仙等四图,二等有删山仙等六图。如按二等排,应排成六图。但仙韵二等字只有很少几个齿音,如抽出另立图则不妥,如把山和删抽出另立图则又体现不出同摄关系。韵图作者考虑到种种情况,最后只排成四图,同样把仙韵拆在两处,来体现同摄关系。但由于仙韵有二等字,先天地决定了它必然会与山删等韵发生矛盾。

(8) 效摄　共二图

四个韵正好齐四个等，因此排成一图，但宵韵除三等外，还有四等字，因此抽出另立一图。我们注意到，这里抽出了宵韵四等字，因而体现了二图同摄关系。如果把萧韵单独另立图，就看不出这一关系了。[1]

(9) 果摄　共二图

戈韵开合同韵，唐韵开合分韵，但总之只有两图。

(10) 假摄　共二图

果、假当是不同摄，如果同摄的话，歌一等，麻二、三、四等正好并作一图，如后来《切韵指掌图》那样。

(11) 咸摄　共三图

表四中，咸摄的韵目被割断在三处，似乎令人怀疑在《切韵》中，这八韵是否在同摄。但在唐时韵书中，最后几韵的舒入声次序是不一致的。如把入声韵部还原成平声，则这八韵的分组又是另一种情况，如下表：

表五　唐时韵书中咸摄八韵的分布

韵　　目	覃谈	盐添	咸衔严凡
舒声分组	（一）	（二）	（三）
入声分组	（一）		（二）

综合这两种情况来看，我们认为这八韵是同摄的。

这八韵一、二、三、四等各二，本来正好分作两图，但因盐韵除四等外，还有三等，必须另立一图，只好挤掉严凡之一的位置。此摄并图也唯此一法，因兼两等的仅一盐韵，如盐韵四等另立图，解决不了三等过多的问题。

盐韵入声叶韵还有二等字，会与咸衔入声之一发生冲突。

(12) 宕摄　共二图

唐一等，阳二、三、四等，正好排成开合两图。

(13) 梗摄　共四图

庚耕同为二等，必须分开，故需四图。如排得干净些，可排成（庚二、庚三、

1　庞大堃的《等韵辑略》，就是把豪肴与宵韵的三、四等排成一图，而把萧韵单独另立图的。

青)×2加上(耕、清三、清四)×2,但为了体现同摄关系,韵图作者宁可把清韵拆开,放到两个位置。

本摄无一等字,但未用登韵字,可见不同摄。

(14) 流摄　共一图

尤、幽韵均有四等,此摄本应仿效摄,把尤韵四等另立一图,但作者(很可能不是原作者)看到,尤韵除齿音字外四等字不多,幽韵齿音字又少,故并作一图,但结果却造成了幽、尤混。这是强调标准(3)而牺牲标准(2)最典型的例子。

(15) 深摄　共一图

(16) 曾摄　共二图

登一等,蒸二、三、四等,正好并作开合两图。

把以上诸摄的图相加,我们就得到了四十三张图。由此可见,这四十三图的韵图形式确实不是随随便便得来的,这是韵图作者煞费苦心地根据十六摄对八十五张图进行归并的结果,完美地体现了韵书和韵图作者的审音原则,反映了古代音韵学研究的高度成就。

在根据表四对韵图进行归并时,我们预见到某些韵在韵图中肯定会发生冲突,如蟹摄的祭二等与卦怪之一;臻摄的质二等与栉韵;山摄的仙组二等与山、删组;流摄的尤组四等与幽组等等。我们检查《韵镜》和《七音略》,发现事实跟我们预见的完全一样,这些地方都存在着或多或少的问题,是别的任何等韵理论所无法解释的。这证实了我们的推断:四十三图确是并图的结果,而不是什么细细审查音值的产物。

同时,这些存在的问题也证明了四十三图并非不可多、不可少,像某些人认为的那样神秘。这些问题都是韵图作者在执行标准(3)时出现的,但韵图作者也有他的苦衷,例如把祭韵和仙组韵的二等字另外列图实在有些太浪费,而且弄得不好会妨害标准(1)。当然,如果实行了,韵图数便可增加到有44、46、48等多种。但是四十三图确实是综合体现三项标准的最佳形式,也许只有一种选择,即把尤组的四等字仿流摄另立一图成四十四图,这样可以免去一些麻烦。查南宋杨中修的《切韵类例》有四十四图,也许就是这个样子。此书成书在郑樵作《七音略》与张麟之序《韵镜》前,也许更接近唐代古韵图的面貌。

五、结论

上面我们论述了韵图的排列原则和古人的审音标准，讨论了排图时具备的条件，再现了目前所见韵图形式的由来。从这些分析我们可以看到，韵图这样的形式、这样的排法，只能产生在唐代这一特定时代，既不可能更早，也不可能更晚。比这早，《切韵》产生前当然不必说，就是在有了《切韵》后，如果没有《韵铨》那样的由韵书向韵图的过渡形式，没有《唐韵·序》和《天宝韵英》所反映的对声韵类认识的加深，也不可能排出韵图来。比这晚呢？如果韵书的声类已不再是三十三类，即不再是"五音"中只有齿音能分类，其余音都不能分类的情况，就不会形成"四等"的排法；如果韵书小韵总数不是像唐时韵书那样，而是像《广韵》甚至《集韵》那样，按十六摄并图时也不会是四十三图的形式（庞大堃编《等韵辑略》，排出了六十一图，就是因为他想努力表现《广韵》《集韵》的所有小韵，但他做得还不彻底，如彻底，图数还要多）；更不用说如果人们对音位大类的认识已不再是十六摄，而是十三摄或别的什么，排出的韵图也会不一样。

因此，我们必须紧密地结合时代和条件去认识韵图，这样才能把握住韵图的特色、韵图的性质，使它更好地为音韵研究服务。

（原载《研究生论文选集》，南京：江苏古籍出版社，1985年）

评高本汉为《广韵》拟音的基础
——四等洪细说

汉语音韵学的研究,以高本汉等人引入西洋语音学理论,注重定性的描写为界,可以分为前后两期。两者在研究目的、方法和结果上是很不相同的。最显著的是,前期只是音类的划分,后期却更注重音值的拟测。从音类分析过渡到音值拟测,这无疑是音韵学研究的一大进步,因此,高本汉作为汉语音韵学走向现代、走向科学的带头人的地位和作用,是应该充分肯定的。

但是,对待高本汉为《广韵》拟出的具体读音,看法却并不一致。有人对此备加赞赏,认为非常科学,至多只需作些枝节修改;也有人认为这套拟音完全不符合汉语语音发展史的实际,是"伪科学",应当彻底推倒。两种意见针锋相对,这是不可不辩清楚的。要辩清这个问题,我们不能光在表面上争论,而必须从根本上检查,特别是检查高本汉借以构拟音值的理论基础,才能分清孰是孰非。

高本汉拟音的理论基础就是他的等韵学。本来,等韵学地位的不同就是前后两期音韵研究的重大区别。前期重在音类划分,因而等韵学只是今音学的附庸;而后期重在音值拟测,图表就有了举足轻重的地位,不论对《切韵》系统作出何种拟音,都离不开对等韵图的解释。高本汉是最早依据韵图对《广韵》进行拟音的,因此他对等韵图的解释就是讨论他的系统正确与否的关键。

高本汉等韵理论的核心,是认为韵图上的四行,可以按主要元音的洪细度分为四等,因此可以概括称之为"四等洪细说"。韵图中有四等洪细的说法,最早是江永提出来的,但江永并没有形成完整的理论。完成"四等洪细说"的是高本汉,他的一整套拟音,便是在这基础上形成的。因此,要考察高本汉的拟音,归根结底必须检查"四等洪细说",弄清它的来龙去脉、它的全部内容,以及它的性质和价值。

一、四等洪细说的产生

清初的江永曾说过一句非常有名的话:

> 音韵有四等：一等洪大，二等次大，三四皆细，而四尤细。[1]

这便是后来四等洪细说的滥觞。

放在历史条件下考察，这一说法的提出是有一定背景的。自从反映《切韵》系韵书的唐宋韵图诞生以来，对它的制图方法和分行原则向来没有明确的解释。元明以来，北系韵书兴，应运而生的两等四呼说便侵入了《切韵》系韵图的领域。明人袁子让、叶秉敬都谈到了这一问题，到了时代略早于江永的潘耒，更直接从这一理论推导出韵图的排列法是：

> 作等韵者见各韵中或止有开齐（蟹效流深咸等摄），或止有合撮（遇摄），或止有开合（江果等摄），遂谓两等足以置之。而纵列三十六母为三十六行则太密，横列二等则太疏，乃取知彻澄娘列于端透定泥之下，非敷奉微列于帮滂并明之下，照穿床审禅列于精清从心邪之下，蹙为二十三行，横列四等合平上去入为一等共十六格，欲令疏密适中。[2]

他并以自己想象出来的模式去验证韵图，结果发现十六摄图几乎无一没有问题。在这情况下他不是返而自省，检查自己的理论，而是指责等韵"立法未善"，"自乱其例"；于是"摘其瑕而辨正之"，把韵图说得几乎一无是处。正是在这种形势下江永奋然而起，强调要维护韵图的本来面目，反对"不肯循其故常，师心苟作，议减议并，议增议易，断鹤续凫而不恤，失伍乱行而不知"[3]的做法，认为"古人音学甚精，立母决无差忒"，二百六韵、三十六母、四等洪细都是"天造地设、不可移易"的。

这一主张在当时有一定的积极意义，它划清了后人所谓的明清等韵学与宋元等韵学的界限，指明以某地方音为基础的明清等韵学说是不能用来解释宋元等韵图的。这是江永比潘耒等人要高明的地方。江永的说法启示了后来戴震、陈澧等人对等韵和《广韵》的研究，应该说是有贡献的。

然而江永的主张在当时就有些问题。最大的问题是他并没有为他这种四等洪细的说法提出任何理论上或事实上的根据。他唯一的证据就是前人遗下的韵

1　江永：《音学辨微》，八"辨等列"。
2　潘耒：《类音》，卷二"等韵潏辨图说"。
3　江永：《音学辨微》，引言。

图,而"古人音学甚精",决不会有错的。江永尊重古人,要求客观地对待遗产是对的,但他的尊古实际上变成了泥古。他没有想到:第一,古人留下来的东西本身经历了发展和变化的过程,某一特定的材料只是某一特定的历史时期的产物,并不是亘古不变的,韵书和韵图都当作如是看;第二,即使是尊重古人、尊重古人留下的韵图,古人和韵图本身也没有告诉我们四等之分是由洪大至尤细的不同,这四等洪细之说也只是他自己凭空作出的假设而已。

其次的问题是:江永处处主张维持古人留下来的材料的原样,反对师心苟作,然而当他自己的说法与韵图实际发生牴牾时,他仍然对韵图作了修改。最明显的是主张照系二等字和精组四等字应附丽于三等。他说:

> 一韵有止一等者,有全四等者,有两三等者。全四等则别出一等者为一类,其余以三等者为主,二等与四等附之;有就二等三等四等者,亦以三等者为主,二四附之。[1]

这实际上开了近代"假二等""假四等"说的先河。

然而,由于在当时,江氏的等韵研究与传统音韵研究的其他部门一样,都只是音类的研究,因此,所谓的"四等洪细"实际上只是个抽象的概念。人们并不强调要读出四等间的区别,正好像人们并不强调(实际也不能)读出二百零六韵的区别一样。因此,两百年来,江永的说法所引起的积极作用是主要的,而他的说法中本身存在的错误却潜伏了下来。

高本汉等人接过了江永关于四等洪细的说法,并类比于西方语音学关于元音开口度的理论,从而使四等洪细的说法有了明确的含义。这就是:

(1) 四等的主要区别在于主要元音的开口度不同;
(2) 四等的主要元音由一等至四等依次递细;
(3) 在"四等俱全"的韵图里,四等的主要元音是 $ɑ$、a、$ɛ$、e。

自高本汉以后,尽管有过各种各样的拟音体系,甚至各人对《切韵》体系性质的认识也各异,但只要是主张四等洪细的,在上面这三点上都没有歧异。

四等洪细的含义既已确定,四等洪细说的理论也就正式完成了。然而,在四

---

[1] 江永:《四声切韵表》,引言。

等洪细说完成的同时，由于音值的描写、音标的采用，使人们便于检查和比较，这一说法潜在的自相矛盾及谬误之处也就充分显露了。

二、四等洪细说在理论上是混乱的

由前述四等洪细说的产生过程可以看到，这一理论实际上是建立在两个假设的基础上的：一是江永未经证实的一句话，二是同样未经证实的把四等类比于西方语音学元音开口度理论的做法。这种基础无疑是十分脆弱的。但一种理论究竟能否成立，归根结底还要看它自身。

作为一种理论，最重要的是首尾一贯。比较正确的理论，对它所涉及的事物，如果不能解释全部，至少也要能够解释其大部。潘耒《类音》对等韵的批评，之所以贻为后人的笑柄，原因就在于它不仅未能解释韵图上的现象，还要反过来指责韵图本身错了，不合他的理论。

可惜的是，四等洪细说并没比潘耒前进多少，在对待韵图的事实上，它同样是缺乏解释力的。所不同的是，潘耒还多少有一种首尾一致的理论，而四等洪细说却缺少一条贯彻始终的方针。

为了说明这一点，我们不妨看看四等洪细说实际上包含的全部内容：

（1）四等洪细说的第一个理论，当然是韵图上的四行可以按主要元音开口度的大小分成洪细四等，这是这一理论的核心。高本汉等人并具体地把这四个元音描述为 ɑ、a、ɛ、e。

但这一说法首先在理论上是有缺陷的。因为如果严格按照这一理论，那么根据汉语韵尾的特点，只应该有：

ɑ、a、ɛ、e

ɑi、ai、ɛi、ei

ɑu、au、ɛu、eu

ɑn、an、ɛn、en（鼻音包括同部位塞音尾，下同）

ɑm、am、ɛm、em

ɑŋ、aŋ、ɛŋ、eŋ

六摄加上开合共十二图,如果再加上介音因素,可以变成二十四图。如上面第一行可以有四图:

$ɑ$、a、ɛ、e
u$ɑ$、ua、uɛ、ue
i$ɑ$、ia、iɛ、ie
y$ɑ$、ya、yɛ、ye

但韵图上显然没有这样整齐的形式,不要说十二图、廿四图,连六摄的基本图也不全。例如高本汉据以定出 α、a 的果、假二摄,其三、四等的主要元音就不是 ɛ 和 e。

同时,如果古人已能在前元音中分出 $ɑ$、a、ɛ、e,说明他们已经有了分辨音素的能力,那么他们当也能在后元音乃至中元音中分出 ɑ、ɔ、o、u 和 ɑ、ɐ、ɨ、ə 这样的四等洪细,同时分别组成各自的六摄二十四图。但这样的图在韵图上一张也没有,甚至按照"四等洪细",明明应该在"三等"的 o 和"四等"的 ə、u,在韵图上却赫然踞于第一等,如高氏拟音的遇臻曾流诸摄。这就使人怀疑韵图作者到底有没有审辨并按开口度大小排列 $ɑ$、a、ɛ、e 这样的音素的能力了。

此外,即使我们假设 $ɑ$、a、ɛ、e 在理论上是行得通的,但用这一理论来解释韵图,充其量也只能说明蟹山效咸四摄和果假两摄的一半,还有一半和其他的十个摄根本说明不了。"例外"太多,怎么办呢?于是有了第二个理论。

(2) 四等的不同在于一、二等无 i 介音,三等(或加上四等)有 i 介音。[1]

这里已经有了一点"两等四呼说"的味道。这一说法的好处是解决了剩下的韵摄中的大半,如通、遇、臻、假、宕、梗、流、曾等。但这一说法的最大困难是与上面第一条相矛盾。本来四等洪细是指主要元音的,就是有介音也该是:

i$ɑ$、ia、iɛ、ie

因为这并不影响其主要元音的"洪大、次大、细、尤细",甚至只有一等有介音,二、三、四等都没有介音也是一样,i$ɑ$、a、ɛ、e 仍然是符合"四等洪细"的。不应该硬性规

---

[1] 这一点上高本汉派内部意见不一致,有人认为四等有 i,有人认为四等无 i。

定只有 iɛ 可以,ɑ、a、e 前都不准有 i 介音。因此标准(1)与(2)是互相排斥的。要么就是元音标准,不管介音;要么就是只管介音,而主要元音并无不同。因为只有主要元音相同,有没有介音才有意义,a 和 ia 可以称为介音不同,a 和 iɛ 谈什么介音不同呢?[1]

两个相互排斥的标准,本来就不应该放在一起,但即使这样,人们还会有许多疑问,例如,如果以介音来区别四等,为什么洪音有的在一等,如东、冬,有的在二等,如庚、麻?为什么细音有的在三等,如清、盐,有的在四等,如青、添?

于是又在标准(1)、(2)的基础上,添上了第三条标准。

(3) 洪音按开口度分成一、二等,细音按开口度分成三、四等。

这条与上两条貌似一样,其实不一样。按元音标准,三等是不许有 ɑ、a 的;按介音标准,则三等可以有 iɑ、ia,但不会有 iɛ。有了这条结合标准,则一等的 ɑ 便在理论上可与三等的 iɛ 同图。这是一种概念偷换。

但至此问题仍没有解决。

江韵(ɔŋ)在二等是同谁比较的?如与 aŋ 比较,为什么不与阳唐同图?如与 oŋ 比较,为什么不与冬锺同图?

侵韵是与谁比较的?为什么侵韵在任何现代方言中,其主要元音的开口度都小于四等的添韵,却放在三等?

支脂之微的主要元音既不相同,为什么都排在三等,而不按其元音的开口度排成四个等?

这样就有了第四条标准。

(4) 历史来源不同。

人们告诉我们,江韵之所以另立图是因为其历史来源与东冬锺和阳唐不同;侵韵在历史上也不与咸摄之字相混;支脂之则段玉裁早已证明在上古是三分的,等等。尽管这些解释并没有解答它们的等位问题,我们还有别的疑问:

为什么东韵分列四等?为什么"支脂之鱼虞蒸"等分列二、三、四等?结果我们被告知了第五条标准。

(5) 声母标准。

据说是按照门法的规定,庄组声母必须放在二等,精组声母必须放在一、四

---

[1] i+an 会引起音变,使 a 变成 ɛ,但这是另一个问题。有的就不那么明显,如 aŋ 和 iaŋ。

等,照组声母放在三等,喻$_1$(为母)放在三等,喻$_2$(余母)放在四等……因此同一韵的字按声母的不同要分别放在三个等的位置,这是门法带来的弊病。其实呢,在这种韵里,照二等是"假二等",精四等是"假四等",甚至韵也有"假二等",譬如臻栉二韵就是"假二等韵",因为它们在韵图中的位置与真谆、质术韵"假二等"字的位置是一样的。

这就把人们弄糊涂了。疑问之一是,排语音表最基本的做法是纵声横韵,直行声母对齐,横行韵母对齐,这样才能看出音节构成的情况。如果同一直行声母可以不同,而同一韵母的字又可排入几个横行,这样的"语音表"有什么意思呢?

疑问之二,究竟是先有韵图还是先有门法? 如果是先有韵图,则怎么理解韵图会"按门法的规定"? 如果是先有门法,那么对声母认识的这种混乱与对元音认识的这种精细,又怎么会统一到同一个作者身上去呢?

疑问之三是好端端的韵图里怎么会出现又真又假的玩意儿? 同样的照二字和精四字,为什么有的是真二等、真四等,有的是假二等、真四等? 其区别是在语音上,还是单纯在韵图上? 如果是在语音上,则区别在哪儿? 臻韵整个韵都成了"假二等",则《切韵》中这个韵的分出是真还是假? 如果单单在韵图上,韵图作者意图又何在呢?

然而即使如此,人们还是要问:一等的 a 和二等的 a 这一前一后两个元音是怎么定的呢?高本汉以果和假两个不同摄的元音作比较,而得出的结论居然适合于各个摄的内部,这种做法有什么根据呢? 对后一个问题,我们还没有看到过任何解释;对前一个问题,高本汉告诉我们"方言可以证实这个假设"。[1] 但现代方言果摄一等多是 o,o 怎么等于 a 呢?答案是"别的语言的经验告诉我们深 a 最容易变成 o"。[2] 这样就又增加了:

(6) 现代方言。

(7) 外语经验。

两条标准。但按现代方言,三、四两等读音基本上一样,古代怎么区别呢? 于是我们看到了:

(8) 腭化标准。

这是高氏从见系字的高丽译音联想来的,认为三等字的前腭介音弱,是辅音

---

[1] 高本汉:《中国音韵学研究》,中译本,第 454 页。
[2] 同上,第 461 页。

性的,因而前面的辅音都j化,四等字的前腭介音强,因而前面的辅音都不j化。[1]

关于腭化问题,李荣先生曾力斥其非[2],指出一、二、四等可用三等切上字,三等也可用一、二、四等切上字,这是很能说明问题的。其实腭化说的漏洞极大,我们在后面还要说到。

在具体拟音过程中,高本汉还运用了:

(9) 长短音。[3]

(10) 不同韵尾。[4]

等等标准,我们就不去一一讨论了。

总括以上标准,我们可以看到,凡是语音学上的各种概念,在分"等"时几乎都用上了。但即使有了这么多标准,四等洪细说对韵图的解释仍不免顾此失彼、捉襟见肘。我们只要举一个例子,前面的那么多标准就要全部落空。譬如《韵镜》三十七图幽韵在牙音次清下有一个"恘"字,遍查各种韵书,这个字都在尤韵。那么,怎样解释它在韵图中的地位呢?上述的种种标准,在这里一个也用不上,恐怕只有说韵图"立法未善""自乱其例",或者再立一个"个别字音变化论"的标准了,但这样的韵图不是使人更难把握了吗?

其实,上面的这么多标准,如果细细推究起来,其中每两个都是互相排斥的。四等洪细说就是这样一种顾首不顾尾的理论。从这一点看,它比两等四呼说还要不如。

三、四等洪细说在音理上是牵强的

四等洪细说论者所构拟的《广韵》读音,几乎使用了音标工具上所能利用的全部手段,充满了奇奇怪怪的各种符号。这套系统,不要说一般的人,就是训练有素的语音学家也难以一一辨读,更不要说能在口语中一无差错地运用自如了。而实际上究竟可不可能存在这样一种复杂的单一系统,看来一时又难以说清。本文不打算多谈这个问题。

---

1 高本汉:《中国音韵学研究》,中译本,第 474 页。
2 李荣:《切韵音系》,第 109 页。
3 高本汉:《中国音韵学研究》,中译本,第 479 页。
4 同上,第 53 页。

我要说的音理上的问题是高氏体系中几个比较明显的音理上的问题，然而却关系到"等"的分别。

第一，韵图的分等如果真是按照元音的开口度，为什么不多不少恰好是四等？我们知道，按照现代语音学对语音的分类，不管是前元音、后元音乃至中元音，都可以写出四个以上的音素。尤其是前元音，如果精细地描写，可以依次写出 a、æ、ɛ、E、e、I、i 等。为什么韵图不管哪一摄，总是不多不少分为四等，是不是如同有的人所说，这是"削足适履"呢？这是一方面。另一方面，既然不管后元音、中元音或前元音都有四个乃至四个以上的音素，如果韵图作者真像高本汉所推崇的那样有高深的语音学造诣，他为什么不把后元音、中元音或至少前元音的一套来组成韵图的四等，而偏偏要拿一个后元音和三个前元音来组成四个洪组不同的等，同时却排斥了前元音中最常见、最普遍的 i？尤其是，所谓一等的 ɑ 和二等的 a，实际上只是同一音位的两个变体，一般说来，只有舌位前后的不同，并不是开口度上的差别。许多人同意汉语音韵学体现了音位学的道理，但在这么重要的一、二等区别上，却又把这种音位内部的差异看得如此之重，这不是很奇怪吗？

第二，高本汉把一等主要元音拟为 ɑ，二等主要元音拟为 a，情况已如上述。发单元音 ɑ 和 a 时，我们相信还勉强能读出区别，尽管事实上在同一语音系统里，这二者在口语里是很难分别的，即使是著名的语言学家有时也难免分别不出来。[1]如果是复元音，问题就更大了。我们知道 /a/ 有三个最基本的变体：[ɑ]、[A] 和 [a]。在现代普通话里，单念是 [A]，与不同的音素结合时，由于同化作用，会引起一些音质的变化。如与前元音拼，往往是 [a]，如 [ai]；如与后元音拼，往往是 [ɑ]，如 [ɑu]。把前 [a] 与后元音拼成 [au]，跟把后 [ɑ] 与前元音拼成 [ɑi] 一样，是很困难的；在口语的语流中更是如此。要区别 [ai] 和 [ɑi]、[au] 和 [ɑu]，不说不可能，至少也是极其困难的。如果再加上长短的因素，如 [ai][aːi][ɑi][ɑːi] 等，而相信古人在说话中能一一区分，这在音理上说得过去吗？

第三，高本汉从高丽见母字的译音推出了 j 化说，进而认为全套辅音都有 j 化、未 j 化之分。我们前面说到李荣先生已从反切上证明其错误，这里我们要从音理上进一步证明。

所谓 j 化，也叫腭化，又叫湿化，是指发音时舌面向上腭贴近这一动作。从定

---

[1] 赵元任教授在《语言问题》第 110 页里举到 Vendryès 分不清 ɑ 和 a，即是一例。

义可以看出,这一发音必然跟上腭有关。见组声母的腭化 k-kj 从音理上来说是可能的,即舌根与上腭接触的部位向前移动了。但其他各组声母就难说了,比如唇音。明明其发音部位与上腭毫无关系,怎么"腭化"呢? pj、p'j、mj 与没有"腭化"的pi、p'i、mi 到底有什么区别呢? 又如喉音,其中有影母,一般拟作零声母,即以元音开头的音节,高本汉拟为喉塞音[ʔ],这[ʔ]或元音的发音也与上腭无关,谈不上腭化。晓匣两母,高本汉拟为舌根音[x]、[ɣ],似乎可以腭化,但这样一来晓匣就不再是韵图指出的喉音了。后来人一般都把晓匣改拟为声门送气音[h]、[ɦ],这样贴近了喉音的概念,却无从谈腭化了。至于喻母,本来就拟为 j,说 j 还有 j 化与不 j 化的区别,那有点近于开玩笑。高本汉拟为零声母,则情况与影母同。

以上这些都是音理上一些明显的问题,以高氏这样出色的语音学家而没有注意到,这是说不过去的。问题是高氏在指导思想和论证方法上有问题,他是头脑里先存了个既定模式再来找证据的,因此牵强附会、随意推理就成了他研究方法上的显著特征。只要在局部找到了一两点"证据",他马上就推广到全部材料,而不管会不会自相矛盾。

四、四等洪细说从方言材料上来看是不真实的

高本汉拟音的另一个出发点是现代方言。高本汉对此非常重视,他亲自调查、收集、整理了二十多种方言和域外译音材料,用来作为拟音的依据。遗憾的是,由于他在指导原则上错了,因而众多的方音材料在他手里成了一团随意摆布的软泥,需要时就用一下,不需要时就丢开。不是从材料得出结论,而是结论在先,再用适用的材料来验证。因而他的拟言结果与方音材料是并不相符的。

我们说过,真正为四等洪细说论者所欢迎并为他们所经常引用的,在十六摄中只有蟹山效咸四摄,他们说只有这四摄才是真正"四等齐全"的(实即承认其余各摄都是不合四等洪细理论的)。为了检查这四摄是否真正符合"四等洪细"的原则,笔者曾从高氏《中国音韵学研究》的《方言字汇》中摘录了有关这四摄的全部方音材料,并按《韵镜》形式进行排比。经过观察后得出的结论是:

(1) 没有一处方音或者域外译音有语音上的四等之分。

(2) 三、四两等大致同音,例外很少(例外往往是三等的唇、舌、齿音等中古后发生变化的音)。

(3) 一、二等元音有相同的,有不同的。不同的中间有一等比二等"洪大"的,也有二等比一等"洪大"的,后者还更多些。

(4) 从洪细来看,方音中一等多是洪音,三、四等同是细音,二等则有洪有细。

把这四点与高氏规定的 $ɑ$、a、$ɛ$、e 系统相比较,有哪些共同之处呢?

我们再来看高氏借以确定一、二等音值的果假二摄的方言读音。本来,果假既属不同摄,其主要元音自当不同,与蟹山效咸四摄四等同在一摄情况不一样。高氏把不同摄的读音比较的结果移到同一摄内部去,本来就很不妥。但尽管如此,我们从果假两摄的比较中也看不出一等为什么要比二等洪大的道理。我们仿照上面四摄制作了一个果假两摄方言读音比较表,发现除日本吴音外,几乎没有一处方言中不是相反的二等要比一等来得开口度大。最大量的一等是 o,二等是 a。高氏解释说 o 是由 $ɑ$ 变来的,外语中有这样的例子,当 o 还是 $ɑ$ 时一等要比二等开口度大。这样我们才恍然大悟:原来确定一等为 $ɑ$、二等为 a,表面上看来是利用中国的方言,归根结底是利用某些外语中由 $ɑ$ 变 o 的先例推导出来的。这样论证出来的古代汉语音值,怎能使人信服呢?况且高氏收集的中国方言材料中,二等麻韵几乎都是 a,一等歌韵却除了 o 外,还有 ɔ、u、ɯ、ə 等,难道这些半开口以至近乎闭口的元音也都是由 $ɑ$ 变来的吗?

以上我们运用的都是高氏自己收集的材料。高氏的理论连他自己收集的材料也未能证明,其价值可想而知了。

五、"总和"观点的四等洪细说

上面讨论的是以高本汉为代表的四等洪细说。高本汉认为《切韵》音系是单一的长安音系,他对中古音的构拟是建立在单一体系的基础上的。高本汉的单一体系说曾经影响了相当长的一个时期,至今在国内外都还有人坚持这种观点。但对《切韵》音系的认识还存在着另外一种观点。例如江永就说到过:

> 故天下皆方音,三十六位未有能一一清晰者,势使然也。必合五方之正音呼之,始为正音。[1]

---

[1] 江永:《音学辨微》,十一"辨婴童之音"。

劳乃宣说：

> 古人所定母韵，乃参考诸方之音而为之。故讲求音韵者必集南北之长乃能完备，即口吻不能全得其音，亦当心知其意，乃不为方音所囿也。[1]

章太炎也说过：

> 《广韵》所包，兼有古今方国之音，非并时同地得有声势二百六种也。[2]

可以说，《切韵》为综合体系说是传统音韵学研究中比较普遍的观点。这一观点受到了高本汉体系的冲击，然而却在1947年故宫《王韵》韵目下小注的发现后得到了加强，终于引起了20世纪50年代末到60年代初关于《切韵》音系性质的一场大论战。论战的结果，除了一部分人仍坚持单一体系说，一部分人仍坚持综合体系说以外，还产生了第三种观点。这一种观点既同意综合体系关于《切韵》兼包古今方俗语音的论点，又佩服单一体系构拟音值的"科学"性和系统性，于是把二者揉合在一起，或提出《切韵》是综合南北两大音系兼采古音的系统，或提出是以某一方言为基础兼采古音和方音的系统。不管哪一种，其"综合"或"兼采"的结果总是音值各异的二百零六韵。因此构拟出来的音值体系与高本汉并无本质上的不同。这种观点，有人也叫"综合体系"。我想，为了把这种主张音值总和的"综合体系"与主张音类总和的"综合体系"区别开来，不妨把它叫作"总和"体系或"杂凑"体系。从其拟音结果来看，仍可归入高本汉体系。

显而易见，这种"总和"体系是在四等洪细说的影响下产生的，这是无法把综合体系的观点与现行的等韵理论结合起来的结果。由于"总和"说在等韵理论上的基础仍是四等洪细说，因此前面对四等洪细说的批评也完全适用于"总和"说构拟出来的音值系统。

这里我们还要补充一点，以证明"总和体系"说的拟音系统比单一体系说的拟音更不可信。

---

1 劳乃宣：《等韵一得·外篇》，"杂论"。
2 章炳麟：《国故论衡》，"音理论"。

按照"总和"说的观点，二百零六韵是古今方俗音值的总和。这样，等韵图无疑类似于我们今天见到的国际语音总表。这可能吗？汉字不是表音的，至少不是严格表音的。如果确实存在过一个单一的《切韵》语音系统，那么，用一个汉字来代表某个特定的音值，也许还是可能的。而如果《切韵》是个"总和"体系，却要天下及后世人都相信，韵图中某些字代表了某方言的某音，某些字代表另一方言的某音，某些字又代表古代的某音，这能办得到吗？例如，在高本汉编的《方言字汇》里，同一歌韵，在各地读音就有 a、ɔ、o、ə、ɯ、u 等多种；同一咍韵，可读成 oi、ai、ɛi、ɛ、e 等多种。按照高本汉的拟音，这每一组字在各地的读音本身就可排成由洪至细的四等，甚至更多，你规定它代表哪一等呢？更何况直到今天，尽管我们已经有了严密的国际音标，音标的数量越来越多，符号越来越复杂，似乎已经完美无缺。然而，要求同一音标在各国各地的语音中都严格表示绝对相同的音值，却仍旧存在着困难。例如同一个[i]，在英语、汉语中读音有别，同一个[e]，在英语、法语中读音不同，即使使用严式音标，加上各种符号，也无法表示其中区别，只好借助于文字说明。而要想象在一千多年前，我们的古人已经用表音能力甚差的汉字，先后用韵书和韵图的形式，轻而易举地解决了这一问题，这可能吗？

六、结语

等韵学上的四等洪细说，是由江永提出，而由高本汉完成的。在这一说法刚出现时，作为对曲解宋元等韵图的两等四呼说的反动，它起的积极作用是主要的，但四等洪细说本身从一开始就存在着不能自圆其说的矛盾，只是为音类研究的表象掩盖着而没有暴露出来。高本汉把语音学理论与四等的说法比附起来，为构拟古代音值服务，从而把等韵学和四等洪细说推到前所未有的高度。但是，四等洪细说及在此基础上的拟音体系的最终完成，也是它的致命弱点大暴露的开始。事实证明，四等洪细说对韵图的曲解比两等四呼说有过之而无不及，对音韵学研究产生了极其有害的影响，必须引起我们的重视。

（写于1982年，载上海市语文学会编《语文论丛》第3辑，1986年，第66-75页）

怎样考证韵图产生的时代

——李新魁先生《韵镜研究》读后

中国最古的韵图产生在什么时代？这是等韵学研究中一个基本而又十分重要的问题。万物之生，靡不有始。只有确切地了解韵图产生的时代，才有可能结合当时的历史背景，真正地了解它的编制原则和排列过程，才有可能真正了解等韵图的性质，也才有可能真正了解等韵图日后的发展和演变。从这意义上来说，说弄清最早的韵图所产生的时代是研究等韵学的第一步工作，这话也许并不过份。

我国音韵学者很早就开始注意到韵图产生在什么时代的问题，只是由于材料的限制，从明初到清末民初的学者，乃至瑞典学者高本汉，都把《切韵指掌图》看作是最早的韵图，因而他们在此基础上建立起来的种种等韵学说就很难使人满意。

清末黎庶昌自日本将《韵镜》带回中国，震动了中国音韵学界。自此人们才知道《韵镜》《七音略》或它们的原型才是最早的等韵图，于是考证韵图的时代一变而为考证《韵镜》产生的时代。一时学者纷纷著文立说。日本的大矢透，中国的罗常培、魏建功、张世禄等学者均主张《韵镜》产生于唐代，但后来赵荫棠先生表示了怀疑，他持两可之说，但实际上倾向产生于宋代。1957 年葛毅卿先生发表了《韵镜音所代表的时间和地域》[1]一文，重申唐代说，并把时间具体确定为公元 751-805 年间。之后这一问题一度沉寂下来，但看来问题并没最后解决。最近，李新魁先生发表了《韵镜研究》[2]一文，又一次明确地提出了宋代说，同时提出具体成书年代是在公元 1007-1037 年间，所据韵书是《景德韵略》，这样就又一次把问题端到了整个音韵学界前面。宋代说还是唐代说，我们必须有所取舍，或者另立新说。这个问题不解决，等韵学的研究是无法深入下去的。

李先生是当前音韵学界负有盛名的学者，他的文章一出来，马上便引起了我们极大的兴趣。但是仔细阅读下来，我们发现李先生的立论是很难站得住脚的，他得出的结论及他推导出结论的方法都是难以使人接受的。下面，我们愿就以下

---

1 载《学术月刊》1957 年 8 期。
2 载《语言研究》创刊号（1981 年 7 月）。

几个问题向李先生请教,并求正于音韵学界各位前辈。

一

李先生在文中得出的最后结论是:《韵镜》是据《景德韵略》作的,成书于公元 1007–1037 年间。由于《景德韵略》已佚,这一结论是通过把它的后身《礼部韵略》与《韵镜》《广韵》《集韵》作比较后得出的。这引起了我们浓厚的兴趣,说实话,我们原来对《礼部韵略》这部书是不怎么注意的,由于李先生的启发,我们不免要把这部"与《韵镜》非常相合的韵书"拿来与《韵镜》对照一下。一对照,不行了,原来两者之间的差别比我们想象的要大得多。我们仿李先生的办法,试举平声为例:

(1)小韵首字不同的(二书后附《王韵》《广韵》《集韵》的材料,以资比较。加*号的表示与《韵镜》相同,加♯号的后面另有说明)

表一 《韵镜》与《韵略》平声小韵首字的比较

	《韵镜》	《韵略》	《王韵》	《广韵》	《集韵》
一图	蔆	菱	*蔆	*蔆	菱
二图	峯	丰	*峯	*峯	丰
	傭	蹱	蹱	蹱	蹱
	♯衝	衝	*衝	衝	衝
	匈	胷	胷	胷	*匈
三图	厖	龙	*厖	*厖	龙
四图	縻	麋	麋	麋	麋
	羇	羇	羇	羇	羈
	皺	欹	攲	皺	皺
	猗	漪	漪	漪	漪
六图	耆	耆	鬐	鬐	鬐
	鄿	趆	鄿	鄿	鄿
	夷	呎	/	咦	咦
	姨	夷	*姨	*姨	夷

续　表

	《韵镜》	《韵略》	《王韵》	《广韵》	《集韵》
七图	鎚	椎	*鎚	*鎚	椎
	錐	佳	*錐	*錐	佳
	灞	纆	*灞	*灞	蘩
	蕤	桵	*蕤	*蕤	蕤
九图	依	衣	*依	*依	衣
十图	菲	霏	霏	霏	霏
	歸	蘬	蘬	蘬	蘬
十一图	♯菹	葅	*葅	葅	葅
	♯疎	蔬	*疎	疏	蔬
	虚	虚	虚	虚	虚
十二图	蒲	酺	匍	酺	*蒲
	膚	膚	跗	跗	膚
	符	扶	扶	扶	扶
	逾	俞	*逾	*逾	俞
十三图	♯批	揌	*批	磇	揌
	揩	偕	*揩	*揩	*揩
	鰓	毢	*鰓	*鰓	*鰓
	殘	孩	孩	孩	咳
十四图	磓	鎚	*磓	*磓	塠
	雖	焞	*雖	*雖	*雖
	頪	隤	*頪	*頪	*頪
	鮠	嵬	*鮠	*鮠	*鮠
	崔	摧	*崔	*崔	*崔
	雷	櫑	*雷	*雷	櫑
十五图	牌	簰	*牌	*牌	*牌
	崖	厓	*崖	*崖	厓
十六图	喎	竵	咼	咼	咼

续　表

	《韵镜》	《韵略》	《王韵》	《广韵》	《集韵》
十七图	獮	獮	獮	獮	獮
	䅳	堇	槿	*䅳	菫
	榛	榛	榛	*榛	榛
	♯貧	寅	貧	寅	寅
十八图	磨	麇	麕	*磨	麇
	均	鈞	*均	*均	鈞
十九图	豩	䶃	*豩	*豩	*豩
二十图	群	羣	羣	羣	羣
二一图	梗	便	便	便	便
	犍	榩	榩	榩	榩
	戲	虢	*戲	*戲	虢
	仙	僊	*仙	*仙	僊
	♯涎	次	*涎	次	次
	顡	甄	*顡	*顡	*顡
二二图	蕃	藩	蕃	蕃	藩
	沇	沿	沿	沿	沿
二三图	踊	纏	*踊	*踊	*踊
	脡	梃	*脡	*脡	*脡
	研	妍	妍	妍	妍
	殘	㦮	*殘	*殘	㦮
	焉	嫣	*焉	*焉	*焉
	漹	焉	/	漹	漹
	蘭	闌	*蘭	*蘭	闌
二四图	♯盤	槃	*盤	槃	槃
	端	耑	*端	*端	耑
	捲	卷	拳	拳	卷
	瘓	頑	*瘓	*瘓	*瘓

续　表

	《韵镜》	《韵略》	《王韵》	《广韵》	《集韵》
	♯攒	欑	*攒	欑	欑
	舩	船	船	船	船
	儃	譠	䥈	䥈	䥈
	鑾	鸞	*鑾	*鑾	鸞
	堧	㓹	壖	*堧	㓹
	(韵目)桓	歡	寒	*桓	*桓
二五图	襃	襃	襃	襃	襃
	挑	桃	桃	桃	桃
	陶	匋	*陶	*陶	匋
	♯晁	鼂	*晁	鼂	鼂
	蹻	趫	趫	趫	蹺
	嶢	堯	堯	堯	堯
	糟	遭	*糟	*糟	*糟
	曌	翼	曌	曌	曌
	晓	膮	膮	膮	膮
	肴	爻	*肴	*肴	爻
二六图	飆	猋	飅	*飆	猋
	鐯	穛	*鐯	*鐯	斪
	霄	宵	宵	宵	宵
	葽	要	腰	要	要
二七图	♯他	佗	*他	佗	佗
二八图	婆	媻	*婆	*婆	媻
	莎	蓑	*莎	*莎	蓑
	倭	渦	*倭	*倭	*倭
	靴	鞾	鞾	鞾	鞾
	羸	羸	羸	羸	羸
二九图	爬	杷	*爬	*爬	*爬

续 表

	《韵镜》	《韵略》	《王韵》	《广韵》	《集韵》
	茶	秅	宊	宊	秅
	楂	槎	*楂	*楂	茬
	蛇	鉈	*蛇	*蛇	/
	鯊	沙	砂	*鯊	沙
	邪	裒	裒	裒	裒
	♯鵶	鵶	*鵶	鵶	雅
	煆	釾	煆	煆	煆
三一图	傍	旁	*傍	*傍	旁
	堂	唐	唐	唐	唐
	♯剛	岡	*剛	岡	岡
	穅	康	康	康	*穅
	羗	羌	羌	羌	羌
	强	彊	*强	*强	彊
	♯瘡	創	*瘡	創	刅
	相	襄	襄	襄	襄
	航	斻	*航	*航	斻
三三图	閍	祊	*閍	*閍	*閍
	磅	烹	*磅	*磅	*磅
	儜	獰	甯(儜)	甯(甯)	甯
	♯坑	阬	*坑	阬	阬
	擎	勍	*擎	*擎	*擎
	䟫	鮏	/	/	/
三四图	營	榮	榮	榮	榮
	榮	營	營	營	營
三五图	伻	怦	怦	怦	怦
	塴	伻	*塴	*塴	*塴
	棚	弸	輣	輣	弸

续表

	《韵镜》	《韵略》	《王韵》	《广韵》	《集韵》
	瓶	骿	*瓶	*瓶	骿
	汀	聼	*汀	*汀	聼
	俓	儜	/	俓	儜
	宝	寍	寍	宝	寍
	♯刑	形	*刑	荆	形
	跉	令	*跉	*跉	*跉
三六图	轟	訇	*轟	*轟	訇
三七图	不	硴	*不	*不	*不
	呣	謀	/	*呣	謀
	兜	兜	*兜	*兜	*兜
	蜟	蚪	蚪	蚪	蚪
	齱	朋	*齱	*齱	*齱
	纍	緅	*纍	*纍	*纍
	道	酋	酋	酋	酋
	涑	漱	*涑	*涑	*涑
	優	憂	憂	憂	憖
	樓	婁	*樓	*樓	婁
	劉	留	*劉	*劉	留
三八图	金	今	*金	*金	今
	淫	淫	*淫	*淫	*淫
三九图	探	貪	貪	*探	貪
	譧	喊	*譧	*譧	*譧
	櫼	攕	攕	攕	攕
	♯髥	顁	*髥	顁	顁
四十图	擔	儋	*擔	*擔	儋
	甜	甜	甜	甜	甜
	笺	殱	尖	尖	*笺

	《韵镜》	《韵略》	《王韵》	《广韵》	《集韵》
	攙	欃	*攙	*攙	欃
	♯㷎	爣	*㷎	燊	燊
	轞	杴	*轞	*轞	*轞
四二图	♯澄	懲	*澄	澂	澂
	緪	揯	揯	揯	揯
	楞	棱	棱	*楞	棱

《韵镜》与《韵略》平声小韵首字不同的共计 156 字。

(2)《韵镜》有而《韵略》缺列的字

东韵：崥、檧、忡、眾、彤

冬韵：佟、㻐

锺韵：庸

江韵：胮、聬、崥、肨、舡

支韵：披、彌、衹、齜、眵、羹、移、鬐、騒、眭

脂韵：狋、䶕

之韵：抾、茬

微韵：頎

模韵：玪

虞韵：䤨

咍韵：姀、陪、鼺、犠

皆韵：鯠、摵、揮、震、嵦、揍、俙、唻、𩯢、匯、䑋、尯、膔

齐韵：虀、眭

佳韵：瞋、扠、羚、崽、𩪚、喎、䖸、䨴

痕韵：垠

真韵：齧、囷

魂韵：敦(避光宗 1190-1194 讳)、虋、倱

谆韵：磌、酳、愙、鷏、䞃、賮

山韵：獂、訮、譂、玃、㺔、羴、岇、爧、頑、嬽、鑢

元韵：𢺳、蔫、楥

仙韵：甄（三、四等重出）、爧、妍、勜、嬽

寒韵：豻、顸

桓韵：桓（避钦宗讳）

删韵：馯、奻

先韵：邊（开合重出）、狗、玄（避圣祖讳）

豪韵：虆、尻

爻韵：颮、桃、顡

宵韵：藨、堯、僚、蜱、蹻（三、四等重出）

萧韵：鄡

戈韵：𨁍、詑、捼、骳、癳、侳、䔳、矬、莎、肥

麻韵：㐱、爹、佗、䶆、查、些、𦔳、若、俹

唐韵：蔦、忼、骯

阳韵：孃、羊、匡（避太祖讳）

庚韵：䞼、傖

清韵：頸、迎、𪘏（开合重出）、姁

耕韵：撐、娙、崢、繃

青韵：輕、菁

侯韵：𦒰、誰、䣄、駒

尤韵：謀、揪

幽韵：飍、怵、聱、䨻、鏐

侵韵：䃘、訨、参、䙬、忱、魷

覃韵：諵、崟

咸韵：䴇、猎、敵

盐韵：䚶、炎、廉、婪、籤

添韵：髻、鉗、尖、鬏、䰐、鬘

谈韵：姄、坩、黯

衔韵：䈎

严韵：𠬪、黔、𥷠

凡韵：訯、䒗、瓊

登韵：崩、漰、䥷、恒（避真宗讳）、泓

蒸韵：砯、徵、䛰、硱、殑

共计197字，除去避讳的五字也有192字。

(3)《韵略》有而《韵镜》无的小韵

支韵：衰、厜

脂韵：惟

之韵：漦

元韵：暄

仙韵：椽

庚韵：迎

清韵：樫、呈

盐韵：箝

添韵：兼

登韵：鞃

共计12个字（小韵）。当然其中有的并非没有字，而是因为《韵镜》音韵位置错误而误入他韵的。至于在本韵内，或是开合不一致，或是等位不一致，我们都没计在内。包括真、谆两韵间的错乱问题，我们都没计在内。

从以上比较中我们可以看出，光在平声诸韵中，《韵镜》与《韵略》小韵首字不同的有156字，《韵镜》有而《韵略》无的有197字，《韵略》有而《韵镜》无的有12字，合计365字。平声如此，四声合计就更不用说了。我们拿来与李先生统计的《广韵》与《韵镜》的材料相比较，《广韵》与《韵镜》不合的一共才491字，如果不计音韵地位的不同，只有442字。四声合计造成的差异，与《韵略》和《韵镜》在平声上的差异相比，不过只多了区区77字。我们也可仿李先生的办法，指出在《韵略》与《韵镜》不同的156字中，有83字与王仁昫《切韵》（本文用的是"王三"）小韵首字相同，有81字与《广韵》小韵首字相同。这两个数字都不算小，超过了一半以上。尤其是不见于《韵略》而见之于《王韵》的，其比例更与李先生所言《韵镜》与《广韵》不合而与《韵略》相合的比例差不多。特别是从上面的比较还发现，《韵镜》平声中有18字（表中加♯号表示）根本不见于宋代韵书，而与《王韵》一致。如果按照李先生的推理方法，我们不是更有理由认为《韵镜》是按《王韵》而作的吗？这不但李先生不会赞成,就是笃信韵图产生于唐代的我们也不敢得出这样大胆的结论。

也许李先生会说,他论证《韵镜》所依据的韵书是《景德韵略》,不是《礼部韵略》,其间相差一百好几十年,内中自然会有些变动,如他也曾指出十三韵通用及韵次上的问题等(见第165页。所引页码均见《语言研究》创刊号,下同)。因此不合《礼部韵略》的不见得就不合《景德韵略》。如果这种假设也可以成立,那么我们要说,不但我们的比较毫无意义,就是李先生自己的比较也毫无意义。

因此,尽管李先生在文中列兴趣了许多详尽而精确的数字,但他的结论却完全无法成立。问题在哪儿呢?就在于他犯了他指责葛毅卿先生所犯的同样的错误。他批评葛先生说:

> 葛先生在列举三四十个(组)字例中,把不合《广韵》也不合唐时韵书的字不算是唐时韵书与《韵镜》的差异,好像不合《广韵》的字理当也不合唐时韵书似的。(第160页)

实际上,李先生自己在论述中,把合于《广韵》而不合《礼部韵略》的字是不算《韵镜》与《礼部韵略》的差异的,好像《韵镜》合于《广韵》也理当合于《礼部韵略》似的。他忘了当我们论证韵图是根据某部韵书作的时,我们更需要的是把韵图与这部韵书直接作比较,而不是把韵图与另一部韵书作比较,把比剩下来的字再与这部韵书作比较。这样得出来的结果,即使比例再大又有什么价值呢?

二

导致李先生得出错误结论的根本原因,在于李先生在论证之前脑子里事实上已经存了个先入之见。他同赵荫棠先生一样,认为三十六字母是排出韵图的先决条件:

> 从韵图发展的过程来看,没有三十六字母的标目,不可能排成《韵镜》这么整齐的局面。(第159页)

因此头脑里甩不开韵图只能产生在宋代的想法。同时,他也甩不开韵图只能

在《广韵》影响下诞生的想法,在文章中也时时流露出来。例如他说:

> 在韵数上,《韵镜》与《广韵》以前的韵书差别较大,而与《广韵》一致。由此可以断言,《韵镜》一书离不开《广韵》的影响。(第126页)

因此,在拿韵书与韵图作比较时,他只以"已经亡佚"、"残缺不全"为由,便轻易地把唐代韵书否定了,而且还提出了"《广韵》一系韵书",来跟学界经常说的"《切韵》系韵书"相对立,好像不符合《广韵》便一定不符合《切韵》似的。因此,在写文章之前,他主观上早已定了"韵图只能产生在《广韵》之后"的想法。但是他又感到,对《韵镜》中出现的许多见于《集韵》而不见于《广韵》的字难以解释,于是设想最好的办法是找一部界于《广韵》和《集韵》之间的韵书。这样,《景德韵略》自然最符合他的需要。因此据我们看来,李先生的文章事实上是结论产生在先的。为了证明这一既定结论,他才收集证据,从各方面进行论证。因而,在论证过程中,他常常出现顾此失彼、前后矛盾的情况,反映了思路上的混乱。下面,我们将就一些具体问题,同李先生展开讨论,以此探讨,在推测韵图产生的时代时,究竟采取什么样的方法为好。

第一个问题:《韵镜》和《七音略》是否同源?

对于这个问题,李先生似乎并没有固定的见解,而是模棱两可的。有的时候他觉得两者似乎是同源的,例如在拿《韵镜》的"开合"与《七音略》的"重轻"作比较时,他说:

> 这些不同之处,可能也就是《韵镜》或《七音略》任何一方有所改动、修正的地方,假如承认《韵镜》与《七音略》同出一源或所代表的音系相当接近的话。(第130页)

有时甚至说得非常肯定:

> 从沈氏这段描述中我们可以推见当初的韵图很可能是这样:即五音、三十六字母、宫商角徵羽、清浊、轻重等名目并用,后来感到这种做法过于累赘,似无必要,所以各家从不同的角度删去某些标目而保留某些

标目,如《七音略》留三十六字母及宫商、轻重等,现存《韵镜》则留唇牙、清浊之称。(第 159 页)

但有的时候,他似乎并不认为两者是同源的,特别是为了证实三十六字母是排韵图的先决条件时:

从韵图发展的过程来看,没有三十六字母的标目,不可能排成《韵镜》这么整齐的局面。……我们现在看没有用字母标纽的《韵镜》是二十三行,而用字母标纽的韵图(如《七音略》)也是二十三行,依声列等全无舛异,这是多么巧合!(第 159 页)

如果认为两者是同源的,完全不必这么惊讶,其中也没有什么"巧合"可言。

有时他更是断然否定两书是同源的,而认为《七音略》就是郑樵"作"的:

郑樵的《七音略》作于宋朝,但它也把职德蒸登排在最后,难道可以说《七音略》当作于李舟《切韵》之前么?(第 162 页)

由以上的矛盾情况可见李先生对这个问题采用的是实用主义的态度:当为了说明自己的某些论点时,他把两书说成是同源的;而当他为了驳斥别人的论点时,也可以把两书对立起来。这样的论辩,是很难说服人的。

《韵镜》和《七音略》的关系是考察韵图产生时代的一个重要问题。现在最通常的理解,一般都认为两书是同出一源的,否则不好解释为什么两者之间有这么多相合的地方。但是,如果承认两者同出一源,我们就应该撇开郑樵"作"《七音略》的假象,而是把它与《韵镜》一起,看作是早期等韵图流传下来的两种不同的本子。这样,在考察韵图产生的时代时,我们就有两种不同的本子可资依借,可资比较,而不必专赖《韵镜》一书。

这个问题,前辈学者也是忽视了的。他们把《韵镜》与《七音略》的比较看作一回事,而把考察《韵镜》产生的时代看作另一回事。这是不妥当的。事实上,如果我们同意《韵镜》和《七音略》出自一源,那么,考察《韵镜》原型产生的时代也好,考证《韵镜》和《七音略》共同的原型产生的时代也好,考证最古的等韵图产生的时代也好，都是一回事。我们应该越过前人一步，在考察韵图产生的时代时，把《韵镜》和《七音略》综合起来对待。

第二个问题：现存的《韵镜》和《七音略》是单纯性的，还是一种"堆积层"？

李先生在这个问题上的态度也是犹豫的。从总的倾向看，他是把各种韵图看作各自独立的、静止的，因此他才会努力去寻找一种介于《广韵》和《集韵》之间的韵书来作为韵图列图的依据。这从他自己的话中可以看得很清楚。他说：

> 《韵镜》合《七音略》而不合《广韵》的字，也许有人认为《韵镜》后来曾据《集韵》订补过来解释更为恰当。这当然也是一种可能的解释。但是，如果说《韵镜》曾据《集韵》补列了八十多个《广韵》所不列的字，那为什么它又不把《集韵》所有的四百多个小韵代表字都列入呢？为什么又留下那么多字不补呢？这也不太好解释。因此，我们认为，还是从《韵略》与《集韵》有关系来解释较好。（第 164 页）

李先生想排除掉《韵镜》进行过增补这样一个事实，但实际上是排除不了的，因此在别的地方，他仍然只好承认：

> 现见《韵镜》不一定是据《广韵》而作，但它与《广韵》有很密切的关系。也可能曾以《广韵》校定过。因为有的地方，《广韵》错了，它也跟着错。（第 156 页）

但是我们如果仿照上面李先生的提问也来问一下："《韵镜》既然按照《广韵》校定过，它为什么不把《广韵》所有的 97 个小韵（按李先生的统计）都列入呢？为什么留下这么多字不补呢？"不知李先生该如何回答。可见，是否承认韵图经过增补与增补时是否必须将全部小韵都列入是两回事，我们不能因为韵图没有收录《广韵》《集韵》的全部小韵而否认韵图曾进行过增补。

事实上，只要我们承认《韵镜》和《七音略》是同一来源的韵图，我们就很容易断定这两种韵图都不是古韵图的原貌，也决不是同一个历史平面上的作品，它们是在古韵图诞生以后经过长期的、许多人手的增补修订以后才形成的历史堆积层。其中，《韵镜》和《七音略》可能走过了不同的道路，只有它们的共同点才能反映出古韵图的历史面貌。而只有从这个古韵图的历史面貌出发，我们才能真正弄清韵图产生的时代、韵图的排列及其性质。

承认韵图是一个历史堆积层有什么用处呢？它使我们不会被韵图上列字的一些表面现象所迷惑，例如见到有只见于《广韵》的字，就认为离不开《广韵》的影响；见到图中有只见于《集韵》的字，就又摆脱不了《集韵》的影子。这样只会作茧自缚、画地为牢，把自己拴在《广韵》《集韵》的圈子里不能自拔。承认韵图是个历史堆积层，我们就敢于在必要的时候把后人增补的东西丢弃掉，这样才能还古韵图的历史真面目。

有人不喜欢韵图可以增补这种想法。他们认为《切韵》音系是单一音系，韵图是反映韵书的，当然就应该清清楚楚、明明白白，怎么可以随意增加音节呢？殊不知韵图可以进行增补这一事实本身，正打破了《切韵》是单一体系的说法。《切韵》尚且可以不断进行增补，层层加码，直至到《集韵》时增加了一千多个音节（小韵），那么，反映《切韵》系韵书的韵图为什么不可以经常进行增补呢？

第三个问题，以什么韵书来作比较的对象？

李先生在文中提出了一个很好的考察韵图的方法，即拿韵图的列字与韵书的小韵首字来作比较，看它们是"合"还是"不合"。这个方法无疑是很正确的。[1] 问题在于比较时应该拿哪一本韵书作为对照的基本材料。李先生提出的是《广韵》和《集韵》，特别是《广韵》。他说：

> 《韵镜》所要表现的，是《广韵》或《集韵》的反切体系呢？还是《广韵》或《集韵》之前或之后或同时其他韵书的反切体系？这个问题就有赖于拿它来和《广韵》《集韵》作比较之后来回答。另外，《韵镜》撰作年代是先是后，是在唐代还是在宋代？这个问题也与它所据什么韵书而作有十分密切的关系，也需要通过它与《广韵》等韵书作比较之后作出回答。（第132页）。

这种看法是值得讨论的。因为李先生这段话实际上提出了两个问题：一个是

---

[1] 李先生说不可能有放着韵书小韵首字不用而去找小韵中其他字的韵图作者。那倒不见得。清代梁僧宝就是一个。他的《切韵求蒙》《四声韵谱》说是为《广韵》而作的，但其中许多地方用的却并不是《广韵》的小韵首字。不过这可说是特例。就其他韵图特别是早期韵图来看，李先生提出的原则无疑是对的。

《韵镜》所据是《广韵》《集韵》,还是同时或前后其他韵书的问题;另一个是《韵镜》是作于唐还是作于宋的问题。这两个问题显然不应该混为一谈。如果光是前一个问题,考察《韵镜》与《广韵》《集韵》的关系,如李先生在文中实际所做的,那么,他只以《广韵》等为依据,倒也无可厚非。但如果包括了后一个问题,要考察韵图作于唐还是作于宋,这样做就很不够了。在隋唐宋的韵书实际是同一个体系的情况下,光拿跟宋代韵书作比较的结果,怎么能判断韵图是否作于唐代呢?

特别是李先生用以进行比较的方法,他是拿《韵镜》与《广韵》合的部分作为基础,再拿《韵镜》与《广韵》不合的部分与其他种种韵书进行比较的,《韵镜》与《广韵》合的部分在比较的时候实际上已不在考虑的范围之内。这样的比较法,事实上已经包含了一个前提,即《韵镜》不可能作于《广韵》以前。李先生是从《韵镜》不可能作于《广韵》之前的前提出发,证得了《韵镜》不是作于《广韵》以前。这样得出的结论,怎么能使人信服呢?

我们看李先生是怎么证明《韵镜》不可能产生在唐代的:

> 通过全面的比较,我们也可以看到,《韵镜》一书的列字,毕竟有许多符合《广韵》之处,它的撰作不可能产生在《广韵》之前,它不合《广韵》的,大多数也不合唐时其他韵书。(第156页)

为什么《韵镜》不可能作于《广韵》之前呢?因为它"毕竟有许多符合《广韵》之处"。为什么《韵镜》不是作于唐代呢?因为"不合《广韵》的,大多数也不合唐时其他韵书"。这两个结论看起来有理,其实都是值得怀疑的。李先生自己也承认:

> 自《切韵》经《王韵》至《唐韵》到《广韵》,许多小韵首字都基本上陈陈相因,无甚改动。这是因为这些韵书都是同一种韵书的不同转写或修改补充,它们对各个小韵中各字的排列,除少数有增改外,一般都承用前书的次序。(第133页)

《韵镜》与《广韵》诚然"有许多相合之处",但既然《切韵》系韵书的小韵首字是一脉相承的,它与唐时韵书是不是也"有许多相合之处"呢?我们只要拿《王韵》或任何一种唐时韵书来比较就可以知道,答案是肯定的。这样,李先生的第一个结论"不可能在《广韵》之前"不是要落空了吗？至于因为"不合《广韵》的，大多数也不合唐时其他韵书"，便否定了唐时韵书作为基本比较材料的价值，那么，如我们所见，《韵镜》与各种韵书，包括《广韵》和李先生考证出来的《韵略》，都有很多"不合之处"，不是也都丧失了比较价值了吗？因此，李先生的第二个结论也是站不住脚的。

李先生不肯拿唐时韵书作为基本比较材料，还有一个原因是在韵数上。他说：

> 在韵数上，《韵镜》与《广韵》以前的韵数差别较大，而与《广韵》一致。由此可以断言《韵镜》一书离不开《广韵》的影响。（第126页）

既然谈到韵数，那就应该连同韵目、韵序等一起讨论，在这里李先生又一次显露出了他思路上的矛盾。他说：

> 《韵镜》以蒸登列于最末，这一点与《广韵》及以后的韵书不合而与唐时某些韵书相合，这可能是唐时韵书保留在《韵镜》中的余响。（第128页）

李先生对凡能"证明"韵图产生在宋代的材料都非常重视，一论再论，而对这明确说明韵图与唐时韵书关系的证据却用"余响"二字一笔带过，或者（在另外的地方）提出，"这是按《景德韵略》的韵序"这种谁也无法验证的假设。这未免有点太厚于彼而薄于此了吧？

对于韵数和韵目的问题，如果我们撇开《韵镜》只能成于《广韵》之后的成见，是很容易解释的。现存的早期韵图如《韵镜》和《七音略》，既然都是一种堆积层，成书后经过了后人的多次增补，韵图数字上可以有添改，韵目上何尝不能有添改呢？我们只要举几个例子，便可以知道，《韵镜》的韵目并不是那么可靠，其中显然有添改的痕迹：

（1）《韵镜》十四图的骇韵开口，实际上只有一个"𩒐"字，此字《广韵》《集韵》均在贿韵，陟贿切，实际上是贿韵舌音清声纽的重出小韵。韵图增补者因无处可放，便放到了第二行，后人便在韵目位置添了一个"骇"字，这个韵目字显然是错的。

（2）《韵镜》二十五图爻韵，韵目用"爻"字，但图内该小韵位置却仍用了"肴"字，说明韵目的这个"爻"字是后改的，而图内却还来不及改。

（3）《韵镜》三十三、三十四图敬韵，《韵镜》写作"敬"（"敬"字缺笔），《广韵》《集韵》均作"映"，《礼部韵略》作"敬"。李先生认为正好证明《韵镜》依据的是《韵略》。其实，现见的《礼部韵略》成于绍兴三十二年除讳之后，在李先生所信为《韵镜》依据的《景德韵略》成书时，正是避讳之时，"敬"字（避翼祖讳）正当与《广韵》《集韵》一样改作"映"字。而《韵镜》的作"敬"，正说明此书是从前代入宋的。

要考证韵图究竟是作于唐还是作于宋，最好的办法是拿唐代的韵书作为比较的基础，而且时代越早越好。顺着韵书的发展来看韵图演变的轨迹，我们便能比较有把握地断定韵图产生在什么时代。对照宋代韵书我们无法得出韵图成于唐的结论（即使你有意想这样做），而以唐代早期韵书为基础进行历史比较，却有可能得出韵图成于宋的结论（如果论据充分的话）。

这样一种想法在以前是无法实现的，因为《切韵》及唐代韵书均只有残卷，而依靠残卷是无法进行全面比较的。在故宫全写本《王韵》发现以后，如果我们仍墨守《广韵》而不去利用《王韵》，这实在是极大的失策。当然，《王韵》的时代要早于韵图，但这样反而更好，在这样的情况下，李先生的比较方法便可以放心大胆地使用了。因为这一方法的前提是韵图肯定晚于所资比较的韵书。利用《广韵》，我们无法解决韵图可能产生在《广韵》以前的问题；而利用《王韵》，就可以不必有这样的担心了。

综合以上各点，我们认为，考证韵图产生时代的最好方法，不是像李先生那样，拿《韵镜》跟《广韵》《集韵》作比较，而是把《韵镜》和《七音略》放在一起，共同与《王韵》作比较。在这一基础上，再拿各种唐代韵书残卷以及《广韵》《集韵》来作参照，这样才能得出比较可靠的结论。

（作于 1982 年 6 月）

附注：此文作于 1982 年 6 月，系读了《语言研究》创刊号（1981 年 7 月）上李新魁先生的长篇论文《韵镜研究》后的商榷稿，随即寄于该刊编辑部。但迟迟未收到回复，直到 1984 年 4 月才收到退稿信，说是"迩来李新魁先生已出《汉语等韵学》一书，另有一些有关的新见解"，建议我结合李先生新作中的观点来讨论。我翻检了李先生的新书,发现除了提及韵图可能产生在唐代、唐末可能已有相当成熟的等韵图之外,其基本观点"《韵镜》系据《景德韵略》而作"并未改变。但学术争论贵在及时,对1981年发表的文章的商榷,到1984年时过境迁,其时热潮已过,我已失去了再写的热情,此文也留下未发。李先生是20世纪八九十年代音韵学者中的翘楚,"少壮派"的领袖,我早就有幸识荆,经此事彼此更为熟悉。1992年我去广州开会,曾专程赴中山大学看望,蒙李先生设宴款待。1993年李先生与其高足麦耘先生合作的宏著《韵学古籍述要》书成,也蒙即时寄赠。可惜天妒英才,英年早逝。今日重新发表此文,一是纪录这场争论,供对等韵研究有兴趣的学者参考;其二,今年(2017年)正好是李新魁先生逝世20周年,也是对他的一个纪念。

论总和体系
——《切韵》性质的再探讨

《切韵》一系韵书在汉语音韵学和汉语语音史的研究上具有无可争辩的重要性。有关《切韵》性质的探讨历来是音韵学界的重头课题,但时至今日,对这一问题尚未取得一致的看法。我们不揣浅陋,提出自己的一孔之见,以求正于各位前辈和专家。

一、单一体系、综合体系和总和体系

对《切韵》性质的认识,历来认为是单一体系和综合体系之争。随着研究的深入,我们觉得这种提法已不足以表明讨论的实质。因为在论战过程中,由于两派的分化和交融,实际上已产生了第三种观点。这种观点,有综合体系之貌,而有单一体系之实。我们把它叫作总和体系,命名的原因将在后面解释。

我们不妨先回顾一下在《切韵》性质上的各家意见。

单一体系说奠定于高本汉,其后又分化成长安音系说(高本汉、周法高、葛毅卿诸先生)、洛阳旧音说(陈寅恪先生)、洛阳活音说(李荣先生)等。在论争过程中,这派观点后来起了质的变化,例如王显、邵荣芬、李新魁等先生的意见。王显先生在否定综合观点的同时,也否定了单一观点,他说:

> 如上所述,《切韵》既不是古今南北语音的大拼凑,又不是当时某个方言的单纯音系。那么《切韵》音系到底是什么样的东西呢?在我看来,《切韵》音系是以当时洛阳话为基础的,也适当地吸收了魏晋时代和当时河北地方的个别音类,以及当时金陵话的一部分音类。[1]

邵荣芬先生的意见与王先生差不多,见所著《切韵研究》。李新魁先生说:

---

[1] 王显:《切韵的命名和切韵的性质》,《中国语文》1961年第4期,第23页。

《切韵》的编纂超乎以前各种韵书的成就,可以说是集大成的作品。它基本上以当时的共同语言为主要依据,吸收其他重要方言的某些音类,参合六朝以来各家韵书的反切,定出了大体上反映当时实际语音的音韵系统。[1]

三位先生都强调《切韵》是在某一主要方言的基础上,"吸收"了别的方言乃至古代读音的特点。这种"吸收"说实际上使他们离开了纯粹的单一体系,而向综合观点靠拢了。在这种情况下,说他们仍是单一体系论者,就不很妥当。

综合体系内部也有分歧。"综合"本来是传统音韵学绝大多数学者的观点,但由于对"综合"的理解不同,因而包含的内容也不同。

有的学者认为《切韵》兼包了古今南北的所有方言,把时间的距离和空间的范围拉得很大,章太炎先生的话就很容易给人这个印象:

《广韵》所包,兼有古今方国之音,非并时同地得有声势二百六种也。[2]

罗常培先生在此基础上提出了"最小公倍数"的说法。

《切韵》系韵书兼赅古今南北方音,想用全国方音的最小公倍数作为统一国音的标准。[3]

但这种观点"综合"的面太广,脱离了《切韵》时代的历史条件,实际上是不可能的。因此,尽管后来的学者都引用章太炎的话,实际上却已与他的观点有了距离,只把综合的范围局限在有眼的时间和空间之内("古"不超过魏晋,"南北"也大致只包括现在的黄河流域和长江流域)。

除了综合的范围,在综合的材料上也有两种理解。

一种意见强调被综合材料本身的体系性,认为韵书是根据已有的成系统材料

---

1 李新魁:《古音概说》,广州:广东人民出版社,1979年,第70页。
2 章炳麟:《国故论衡》,"音理论"。
3 罗常培:《厦门音系》,第55页。

进行综合的。持这种观点的学者比较多,内部又可分为两个小派。

第一派主张《切韵》只是对各种语音体系的综合,内中没有一种作为出发点的、占主导作用的体系。持这种看法的有清末的劳乃宣、今人黄粹伯先生、张世禄先生、张琨先生及史存直先生等。他们或主张《切韵》综合的是前代韵书(黄粹伯、张琨[1]),或主张综合的是各家韵书反映出来的南北方音(史存直),或是在南北方音基础上再加上古音(张世禄),或主张综合的是"诸方之音"(劳乃宣),但不同意或没有明说综合时有个出发点。

第二派认为在综合前人韵书时,《切韵》编者本身有一个作为出发点的基础音系。属于这一派的有清代学者段玉裁及今人王力先生、周祖谟先生等,但他们心目中的"基础音系"并不相同。段玉裁认为出发点是当时读音。他说:

> 陆法言《切韵》皆就其时之音读,参校异同,定其远近洪细,往往有意求密,而用意太过,强生分别。[2]

周祖谟先生认为这出发点是金陵、邺下的雅言。他说:

> 《切韵》是根据刘臻、颜之推等八人论难决定,并参考前代诸家音韵、古今字书编定而成的一部有正音意义的韵书。它的语音系统是就金陵、邺下的雅言,参酌行用的读书音而定的。既不主乎南,亦不专主北,所以并不能认为就是一个地点的方音的记录。[3]

而王力先生认为这出发点可能是当时的洛阳话。他说:

> 我的意见是:《切韵》的语音系统是以一个方言的语音系统为基础(可能是洛阳话),同时照顾古音系统的混合物。[4]

---

1 Kun Chang. *The Composite Nature of the Ch'ieh-Yün*. BIHP, 50; 2. 张琨先生强调《切韵》的编著主要依据三种材料,即吕静的《韵集》、夏侯该的《韵略》及顾野王的《玉篇》,但他没说哪一种材料是基本出发点。
2 段玉裁:《六书音均表序》。
3 周祖谟:《切韵的性质和它的音系基础》,《问学集》上册,第 445 页。
4 王力:《中国语言学史》,太原:山西人民出版社,1981 年,第 67 页。

但他说"照顾",接近了"吸收"说的"吸收",这就使人容易把两种看法混淆起来。

与上述两派观点不同的另外一种理解则不承认被综合材料本身的体系性,认为《切韵》只是前人反切的总和,是自然形成的一个系统。持这种观点的学者有何九盈先生和罗伟豪先生。何九盈先生公开宣称他是"古今南北杂凑论者"[1],因此有人把这种观点叫作"杂凑"观点。罗伟豪先生对这种观点表述得比较充分。他说:

> 《切韵》这个音系是根据反切系联审查音类而自然形成的,并没有自己构造什么系统,这是反切本身所赋予的。此中古反切之所以可贵,不过要通过他们的整理才能表现出这个系统而已。因为《切韵》的重要意义在于审音,因以陆法言在定稿的时候就着重说出"剖析毫厘,分别黍累"。在这样的原则下,"捃选"精切的反切,"除削"疏缓的反切,由反切而音类,由音类而分部,归纳字音,酌存又读,而音类分析与韵部安排,更突出地表现他们的特色。通过这一系列工作,就形成一套包罗南北反映古今演变的"切韵音系"。[2]

以上种种说法还没有包括分歧的全部,如果再联系到拟音,即能不能为206[3]韵各自拟出不同的读音,问题就更复杂。持单一说和"吸收"说的都主张可以一一拟音。持综合说的,有主张可以一一拟音的,如罗常培、张世禄、周祖谟、罗伟豪等先生。他们拟音的结果,其实与单一体系高本汉的拟音并无二致。罗伟豪先生明白承认这一点:

> 高本汉说《切韵》代表当时的长安方言,这句话固然不足为据,但他说"《切韵》是一个或几个有训练的语言学家作出来的。凡于辨字上有关的韵,即便微细,也都记下来",这些话倒说得没有错。我认为我们对于《切韵》,基本上还不妨采用高氏的拟音,是基于他这种认识。[4]

---

1 参见何九盈:《切韵音系的性质及其他》,《中国语文》1961年第9期。
2 罗伟豪:《从颜氏家训音辞篇论切韵》,《中山大学学报》1963年1-2期,第32页。
3 《切韵》原书为193韵,《广韵》为206韵。本文为方便起见,一律暂称为206韵。
4 罗伟豪:《从颜氏家训音辞篇论切韵》,《中山大学学报》1963年1-2期,第27-28页。

有主张虽可一一拟音,但有保留,认为合理的构拟要在语言的全部历史中产生的,如张琨先生。[1] 有的则坚决主张不能一一拟出,如史存直先生[2]和李毅夫先生[3]。还有的学者如王力、黄粹伯等则从原先主张可一一拟音到后来主张不可能一一拟音,这反映了他们的观点从单一到综合的转变。

我们可以把上述的种种看法列成一张表。为了方便,我们把单一体系的各种情况也排在一起,以资比较:

表一　对《切韵》体系的种种认识

观点	内容	特点	出发点	语音基础	代表学者	为206部一一拟音	
						可	不可
单一观点	单一说			长安音系	高本汉等	可	
				洛阳旧音	陈寅恪	可	
				洛阳活音	李荣	可	
	吸收说			洛阳音吸收古音方音	王显等	可	
综合观点	局部包罗	综合说	有出发点	洛阳音照顾方言	王力等	先:可	后:不可
				金陵邺下雅音	周祖谟	可	
				当时音读	段玉裁	可	
			无出发点		史存直等		不可
					张琨	可	
		杂凑说			何九盈	可	
					罗伟豪	可	
	全部包罗				章太炎		
					罗常培	可	

综合观点内部既然有如此错综复杂的情况,再笼而统之一律叫作综合体系恐怕也不很妥当。综合观点内部分歧虽然很大,但最集中地表现在能否为二百零六韵拟出不同的读音上,几乎每一种综合观点在这问题上都分裂成两种意见。而这个问题也正是传统综合体系与传统单一体系的根本分歧。因此我们认为,在目前

1　Kun Chang. *The Composite Nature of the Ch'ieh-Yün*. BIHP, 50:2.
2　史存直:《汉语音韵学纲要》,合肥:安徽人民出版社,1985年,第32页。
3　李毅夫:《切韵韵部特多的原因》,《齐鲁学刊》1984年1期。

情况下,已不宜再笼统地谈单一体系与综合体系之争,而要抓住是否可以一一拟音这个要害问题,对各种观点重新分类。

重新分类的结果,我们认为在《切韵》性质问题上存在着三大派意见:
(1) 单一体系:观点上单一的,拟音上主张全部可拟的;
(2) 综合体系:观点上综合的,拟音上主张不能全拟的;
(3) 总和体系:观点上综合的,拟音上主张全部可拟的。

由于纯粹单一体系的影响已经式微("吸收"说从本质上来看也是一种总和体系,只是程度较低而已),更由于单一体系和总和体系在拟音看法上相当一致,它们之间的区别就成了概念上的无谓之争,而与汉语语音史的建立关系不大,因此我们现在讨论《切韵》性质的时候,应该把争论的焦点集中在综合体系与总和体系的分歧上,也就是究竟能不能为二百零六韵各自拟出不同的读音上。

二、总和体系与综合体系分歧的焦点

综合体系与总和体系的最大区别,在于前者认为综合的结果是一个音类系统,而后者却认为是一个音值系统。按照总和体系,"综合"的结果就是被综合材料的不同音值相加之和。比方说,一个方言有 a、e、i、o、u 五个元音,另一个方言有 a、ø、ɔ、i 四个元音,再一个方言有 a、ɛ、æ、u 四个元音,《切韵》进行"综合"之后得到了 a、e、i、o、u、ø、ɔ、ɛ、æ 等九个元音,这就是所谓的"最小公倍数"。这样看来,《切韵》成了相当于一千三百年后国际语音总表那样的东西。正因为这种相加得到总和的办法,我们把这样造成的体系叫作"总和"体系。

现在我们来看看,这种"总和"观点能否成立。

制定类似国际语音总表那样的东西,要有三个前提:(1) 有音素分析的能力;(2) 对被"总和"的方言的语音系统有精确的了解;(3) 有一套科学的标音工具。这三个前提在《切韵》时代一个也不具备:

(1) 古人没有音素分析的能力,直到清人江永和近人黄季刚先生,他们对具体音素的描述还是模模糊糊、打比方性质的。古人分析语音主要运用双声叠韵和反切。我们承认其中有一点音素分析的味道,但毕竟不是音素分析。

(2) 古人没有系统的方音知识。尽管从先秦起古人就意识到方言的存在,汉以后还进行过方言的调查。但直到陆法言时,对方音的了解还是笼统模糊的,如

"伤轻浅""涉重浊"等。凭这种模糊印象是无法进行音值相加的。

(3) 关键是古代没有精确的标音工具。汉字是不表音的,音读随时、地而异。如果是纯粹的单一体系,时间、地点相对比较确定,则每一汉字表示某一固定读音还有可能;如果"吸收"了别的方言或是几种方言的"总和",那么,要以某些汉字表示某地读音,另一些汉字表示另一地读音,不加说明是根本办不到的;即使加了说明,也不易为人们接受。试以"东冬锺江"为例,要是《切音》注上了"东,按洛阳音读;冬,按长安音读,锺,按金陵音读;江,按东汉时音读"这一类说明,人们会接受吗?

应该看到,编纂《切韵》的主要目的在于"广文路",确立一个诗文用韵的全国统一标准。这个标准既不可能以规定某地单一音系来实现(因为没有今天推广普通话那样的条件和可能),更不可能以几地方音相加的办法来实现(这比前一点更为困难)。至于认为可以在一个音系的基础上,这里取一点方音,那里取一点古音,这更是脱离历史的不切实际之想。

但这个目的却可以通过"综合"的办法来实现。"综合"是在已有的有一定影响的韵书基础上,对音类进行条分缕析,从其分不从其合。综合前的各种原始音系,当然是各有其读音的,但在综合的过程中,必须舍弃掉原来的读音,单凭音类来进行。综合时可能会遇到三种情况,三种都必须舍弃原有音读。第一种情况,几种方言都有某一类字,但各地读音不同。拿现在的方言作比方,例如"看"一类字的韵母,北京话念[an],上海话念[ø],宁波话念[i],苏州话念[E],南昌话念[on],如果不舍弃各自读音,就得分成五部,而且无法用汉字来表示。但如果舍弃音值,光取音类,可以只算作一类,用"看"字来代表,五个方言都能适用。第二种情况,甲方言的某一类字,在乙方言中有几个读音。例如北京话的[an]类字在广州话中分为[am]("甘"类)、[aːm]("贪"类)、[aːn]("兰"类)三类,要是考虑到各自音值,就得分成四部,但"甘、贪、兰"以外的第四部却是空中楼阁,也无法用汉字来表示。第三种情况,两种方言间读音有参差,如"寒、山、开"三类字,在北京话中"寒、山"为一类,念[an],"开"是一类,念[ai];而在上海话中"寒"是一类,念[ø],"开、山"是一类,念[ɛ]。综合时按照音值也无法进行,既不能分成北京话的两类,也不能分成上海话的两类,更不能分成四类,只能分成"寒、山、开"三组。这三组的分别虽然是以不同的音值作基础的,但三组分出后并不表示不同的读音。

《切韵》正是按这样的原则建立起来的。事实上,《切韵》前的五家韵书也是按这样的原则建立起来的。因此,颜之推才说这些韵书的编纂是"共以帝王都邑,参校方俗,考核古今,为之折衷"[1]。他们都进行了一番"参校方俗,考核古今"的综合功夫,只是各人的学识不同,掌握的古今方俗语音资料有多有少,因而综合程度不高,于是被认为"各有土风"而"递相非笑",等到陆法言的书出来,把能分的都分了,"土风"才没有了。

这样的综合有没有打乱各地方言的音系呢?没有。例如山摄的韵,从《王韵》韵目下小注可知《切韵》是这样去综合前五家韵书的:

表二 《切韵》前五家韵书对山摄诸韵的处理

陆法言《切韵》	魂痕	元	寒	删	山	先	仙
吕静《韵集》							
夏侯詠《四声韵略》							
阳休之《韵略》							
李概《韵谱》							
杜台卿《韵略》							

前五家韵书一般都分作五部或四部,而且彼此有参差,有的这些不能分,有的那些不能分,因此都是带有"土风"的("不能分"往往反映"土风",现在也是如此。如我们常说某地方言[l]、[n]不分,某地方言[-n]、[-ŋ]不分等)。陆法言分作六部,"土风"就没有了。但各家韵书的音系仍包含在六部中,各人都可以从中按自己的语音习惯押韵。当然,如果能做到全部分押,就更符合"赏知音"的要求了。

三、《切韵》音系的可读性问题

讨论综合体系和总和体系的分歧不仅仅是理论上的问题,而且还有实际上的意义。因为现代的音韵研究不但要区分音类,还要描写音值,构拟各时代的语音系统,借以建立汉语语音发展的历史。综合体系和总和体系在综合观点的共同前提下分道扬镳,得出了完全不同的拟音结果,对汉语语音史的面貌有着重大影响。

---

[1] 颜之推:《颜氏家训·音辞篇》。

因此，正确认识能不能为二百零六韵各自拟出不同读音，在当前有着重大意义。

对于这个问题，以前的学者一般都是从高本汉拟音能否上口和一个方言内部能否有这么复杂的语音系统这两方面去看的。现在看来，这样的认识是肤浅的、表面的，而且由于双方各执一词，也是难以辩清楚的。

我们认为解决问题的关键还是要从理论上去推导。如果承认《切韵》是个单一体系，就必然可以一一辨读，音标再多，符号再复杂，在拟音过程中也是应该允许的，难以上口不能成为否定其拟音的理由；如果承认《切韵》是综合的，那么，从前面的分析可知，综合的结果必然是个音类系统，必然无法为各韵拟出各自不同的读音，这与一个方言内部音类的多少也没有关系，就是《切韵》不是二百零六韵，只有一百甚或五十韵，只要是综合的，就必然无法为之一一拟音。

下面我们就几个方面进一步谈谈我们的看法。

第一，音类和音值的关系问题。

总和体系批评综合体系的理由中有几条是这样的：(1)如果不了解音值，单就音类划分来划分去，能整理出一个音韵系统吗？(2)光是划分音类，这工作一般人也能做，何必要颜之推、陆法言这样精于音读的音韵学家来做呢？(3)有人说高本汉的拟音系统无法一一辨读，难道陆法言他们会根据"无法一一辨读"的读音来划分出音类吗？

从这几条来看，他们实际上是把音类和音值的概念等同起来，用一种语音系统内部音类和音值的关系去对待他们承认是综合了不同语音系统的《切韵》了。音类和音值，在同一方言内部，它们是一致的；而在不同的方言中，它们在数量上是不相等的。如前所述，在综合开始以前，各方言音类划分的基础是音值的区别，而综合开始以后，综合的过程和综合的结果却完全舍弃了音值，只依据音类来进行。因此，我们认为陆法言他们对于《切韵》的声韵类，是既能够一一辨读，又不能够一一辨读，两者是统一而不矛盾的。说能够辨读，这是就音类划分的基础而言的，而且只有像颜、陆这样精于审音的音韵学家才能把音类基础划分好。比如我们相信陆法言知道"东冬""删山"等在某些方言中的不同读音，尽管我们自己现在对之已不甚了了。说不能够一一辨读，这是就音类综合的结果而言的。陆法言他们也许能够读出《切韵》各韵部在不同方言来源中的各自原来的读音(包括两地语音交叉而产生的韵部如前举"寒、山、开"之"山"部)，但是，把整部《切韵》作为一个系统，按照单一体系的要求给各韵以各不相同的读音，那他是办不到的。

第二，被综合材料接近程度高低与可读性问题。

有的学者[1]承认《切韵》的综合性，但又认为《切韵》所综合的必定是语音上比较接近的几个音系，否则造成的音系就无法一一读出。这一说法的前半句也许有些道理，因为颜之推说过当时所编韵书，"榷而量之，独金陵与洛下耳"，说明它们也许有着共同的基础。但对这一说法的后半句我们却不敢苟同。我们认为被综合诸音系接近程度的高低与综合结果的可读性之间并不存在必然的联系。只要用的是综合方法，无论多么接近的音系，其综合结果必然是无法一一辨读的。

为了说明这个问题，我们不妨看看现代汉语方言所提供的证据。请看表三[2]：

表三　北方方言十一个代表点韵母对照表（部分）

例字	资	知	直	儿	低	敌	猪	普	仆	读	俗	鱼	菊	巴	扳	家	甲	瓜	刮
北京	ɿ	ʅ		ɚ	i			u				y		a		ia		ua	
沈阳		ʅ		ɚ	i			u				y		a		ia		ua	
济南	ɿ	ʅ		ɚ	i			u				y		a		ia		ua	
郑州	ɿ	ʅ		ɚ	i			u				y		a		ia		ua	
太原	ɿ	əʔ	ɚ		i	iʔ	u		əʔ	uəʔ	yəʔ	y	yəʔ	a	aʔ	ia	iaʔ	ua	uəʔ / uɑʔ
西安	ɿ	ʅ		ɚ	i			u			ou	y		a		ia		ua	
兰州	ɿ	ʅ		ɯ	i			u				y		a		ia		ua	
成都	ɿ			ɚ	i			u			yo	y	yo	a		ia		ua	
昆明	ɿ			ə	i			u				i	iu	a		ia		ua	
汉口		ʅ		ɯ	i	y		u			ou	y		a		ia		ua	
南京	ɿ	ʅ	ʅʔ	ɚ	i	ʔ	u			ʊu		ɤ	ɤʔ	a / ɒ	aʔ / ɒʔ	ia / iɒ	iaʔ / iɒʔ	ua / uɒ	uaʔ / uɒʔ

表三摘自《汉语方言概要》，是北方方言十一个代表点语音对照表的一部分。既然都属于北方方言区，它们的音系不用说是比较接近的。

实际上，这个表就是当代语音学家运用综合观点的一次实践。表内最上面一

1　例如美籍学者薛凤生教授，笔者与他交谈中得知他有这种观点。
2　袁家骅等：《汉语方言概要》，1983 年，第 26 页。

行的十九个汉字就是综合出来的十九个音类,它们是根据各方言点的不同音值而抽象出来的。但如果我们把这十九个音类放在一个系统里,要为它们拟出各不相同的读音,能办得到吗?表内各方言中分"部"最细的是太原方言,分为十七部("刮"类字分为两个读音暂不考虑在内),比分得最粗的沈阳方言要多出一倍多。但即使以太原方言为基础,仍拟不出十九个不同的读音来。按照总和体系的办法,也许可以"吸收"南京方言的特点,把"知"拟作[ɿ];"吸收"汉口方言的特点,把"猪"拟作[y],但这还成为"太原音系"吗?我们相信太原人绝不会承认在自己的语音中把"知"类字的韵母读作[ɿ],也不会承认把"猪"类字的韵母读作[y]的。而南京人、汉口人也决不会因为本方言有几个音被"吸收"而感到高兴,从而接受这样的"总和"体系的。《汉语方言概要》提供的这个综合实验不仅证明了音系接近程度高低与综合材料的可读性之间没有必然联系,同时也更证明了无法一一辨读的综合体系不仅在过去,就是在今天也确实有其存在的必要与可能的。

第三,研究汉语音韵必须考虑到汉语的特点。

19世纪末以来,西方语言学理论的输入,极大地推动了汉语的研究,为汉语研究走向现代化、科学化起了不可估量的作用。其中又以语法学、音韵学所受的影响为最大。但是,在借鉴、吸收、消化、融合外来事物的初级阶段,往往不可避免地会有一个幼稚的机械模仿阶段。语法学上的模仿语法和音韵学上的四等洪细说,其实都是这种机械搬用外来事物的结果。出现这种现象本身并不奇怪,麻烦在于,在这种幼稚状态下形成的东西一旦成了习惯或者"传统",再要摆脱就是非常不容易的事。总和体系作为一种折中于综合体系与单一体系之间的观点,归根结底就是由于摆脱不了四等洪细说的影响。而四等洪细说正是用西方描写语音学来处理《切韵》体系的结果,它没有考虑到《切韵》时代中国的历史条件和汉语汉字的特点。作为西方人,有这种想法和做法是可以理解的,因为印欧语系都是音素文字,对他们来说,要么就是进行静态的语音描写,要么就是进行动态的历史语音比较。两种情况,或纵或横,都是平面的研究。他们很难想象会存在一种融合不同历史时期不同方言的音系于一炉的立体语音描写,因此更难接受作为立体描写理论基础的综合原则。西方学者基于他们自身文化传统而产生的这种想法也影响了中国学者。王显先生说的下面这句话就是一个证明:

> 我们根本不承认当时有个比较规范的驾凌于诸方言音系之上的书

面语音系统存在着。[1]

从音素文字的角度来看,这句话无疑是对的;但从方块汉字的角度来看,这句话就不见得正确。事实上,汉字本身就是超方言的。对各方言来说,汉字只具有代数符号的性质,可以因时因地因人而异,直到今天还是如此。用音素文字,无法造成一个音类系统;用汉字,却可以造成一个音类系统。而在方音严重歧异又缺乏标音工具的情况下,编出音类系统的韵书是对汉字特点的最巧妙运用,也是唯一能为各方接受的办法。不仅《切韵》是这样一个超方音系统,《切韵》以后,这种系统也还存在着。统治中国七百年之久、至今还有人奉为金科玉律的"诗韵"就是这样的东西。因为所谓"书面语音系统",就是只要"心知其意"而不必嘴上严格读出其区别的语音系统。书面语音系统的存在,维系了汉语的稳定和统一,这是它的优点。另一方面,也不能不看到,它的存在推缓了口语标准语音系统的建立和推广,这是它的弊病。因此,《切韵》系统的可读性问题最终还要从汉语的特点上去认识。

(原载《华东师范大学学报》1986 年第 4 期)

1　王显:《再谈切韵音系的性质》,《中国语文》1962 年第 12 期,第 544 页。

音韵与古汉语语法

音韵与语法的关系,一般书上很少谈到。一个重要原因是我国古代没有晚近意义上的语法学,古人的语法思想全淹没在训诂学的海洋里了。但是普通语言学告诉我们,语言有三个要素:语音、词汇、语法。语音是语言的物质基础,词汇是语言的建筑材料,语法是语言的组织规律。语音与词汇的关系虽然要直接一些,但语音与语法的关系也不容忽视。拿西方形态语言来说,印欧语繁复的形态变化从本质上看并不是词汇或词义问题,而是语音问题。正是考察了语音、语义和语言表现形式间联系的规律,西洋人才建立起了他们的语法学。中国古代没有提到语法学,但不等于没有语言的组织规律。研究汉语的组织规律,仍然要从语音、语义、语言的表现形式及其间的联系着手。由于汉语没有形态,汉语的组织规律完全可能与建立在形态基础上的西方语法学不同。在这方面的探讨工作现在还做得很不够,我们只能就一般谈到的语法概念来看看汉语语音对语法的影响以及它们之间的关系。

一、音韵与构词法

语音语义的直接结合构成语素,语素在语言中自由活动就构成词。古代汉语以单音词为主,因此语素和词往往不甚区分。一个语素(常常是一个字)就是一个词,因而造字法从某种角度看也就是古代汉语构词法的一部分。但同时,古汉语中也有一部分双音词乃至多音词,而且随着历史的发展,这部分词越来越多,其构成就更值得在构词法中探讨。因此,讨论音韵在构词法中的作用包括两个方面:一是它在古汉语单音节词本身孳乳中的作用,二是它在单音节词双音化过程中的作用(从属于构词法的造字法此处从略)。

1. 音韵在古汉语单音节词自身孳乳中的作用

单音节和缺乏形态变化是古汉语词汇的最基本特点。这种词汇的发展有四条途径:

a. 词义引申,到一定时期分化成几个词。如动词"把"(例如范仲淹《岳阳楼记》"把酒临风"、李清照《醉花阴》"东篱把酒黄昏后"),后来分化出介词"把"(如苏轼"欲把西湖比西子"),在现代汉语中又产生量词"把"("一把眼泪,一把鼻涕")和名词"把"("刀把、印把",均读去声);"白"字分化成形容词("白色")、动词("说白)、副词("白吃")等。这类词语的发展大多字形不变,但也有少数变了的,如"鱼"(名词)→"渔"(动词)、"兽"(名词)→"狩""受"(主动义)→"授"(被动义)、"率"(动词)→"帅"(名词)等。

　　b. 字形假借,造成一字多词。如动词"之"(本字)和代词"之"(借字)、"汝水"之"汝"(本字)与"尔汝"之"汝"(借字)。有的这种借字后来在字形上进行了适应和调整,成为实质上的数形数词。如"县"有悬挂义和郡县义,后来为悬挂义造了个"悬"字;"辟"有本形的"法、后"等义,又有假借的躲避、譬况、邪僻、开辟、嬖宠等义,后来分别为这些假借义造了"避、譬、僻、闢、嬖"等字,分化成几个词。

　　c. 多音节化。从汉语来看,主要是双音节化。

　　d. 通过内部语音屈折,造成新词。

　　a 和 b 除个别例子外,绝大多数在语音上没有什么变化;c 要到下面再讨论;这里着重谈 d 条。这一条与语法最相关,能比较好地体现音韵与语法的关系,因为语音变化的原因或结果往往导致词性的改变。根据王力的归纳,词性的变化有这么几种情况[1]:

(1) 名词→动词　如:

背→负　爪→搔　朝→朝　药→疗　坎→陷　内→入　田→佃

(2) 名词→形容词　如:

豚→腯

(3) 动词→名词　如:

分→半　辨→别　聚→族　封→邦　教→校　冒→雾

(4) 主动词→被动词　如:

见(jiàn)→见(xiàn)

(5) 不及物动词→及物动词　如:

折(shé)→折(zhé)

(6) 形容词→名词　如:

三→骖　黑→墨　卑→婢

---

[1] 据王力《同源词典》,北京:商务印书馆,1982年,第47-55页。

(7) 形容词→动词　如：

长(cháng)→长(zhǎng)　广→扩

从语音屈折的方式来看,汉语史上大致有过两个阶段。上古阶段往往改变声韵结构的某一成分,而且往往改变字形。前面举的例子多属此类,我们可以从语音关系上来重新观察：

变声的(滋生词与原词叠韵即韵同声不同)：

朝	宵端平[1]	→	朝	宵定平
教	宵见去	→	校	宵匣去
见	元见平	→	见(现)	元匣平
折	月禅入	→	折	月章入
三	侵心平	→	骖	侵清平
黑	职晓入	→	墨	职明入
卑	支帮平	→	婢	支帮平
长	阳定平	→	长	阳端上
坎	谈溪上	→	陷	谈匣去

变韵的(滋生词与原词双声即声同韵不同)：

豚	文定平	→	腯	物定入
聚	侯从上	→	族	屋从入
冒	幽明去	→	雾	侯明平
辨	元並[2]上	→	别	月並入

声韵均变的(但两者有旁纽或旁转关系)：

爪	宵庄上	→	搔	幽心平
药	药喻入	→	疗	宵来平
背	职帮入	→	负	之並上
内	物泥入	→	入	缉日入
分	文並去	→	半	元帮去
广	阳见上	→	扩	铎溪入

但是也有声韵都没有变化的。如：

---

[1] 以三字表示声韵地位,依次是"上古韵部""上古声部""上古声调"。下同。
[2] 古声母代表用字的"並"不能简写为"并"。下同。

封　东帮平　→　邦　东帮平
田　真定平　→　佃　真定平

这就使它与a种情况难以区别。联系古汉语假借、通假、读若等反映的上古声韵复杂情况,尤其是时间和空间的因素,这些语音屈折是否真正"屈折",看来还大可研究。这是深入讨论上古音韵与语法关系的一个很好的课题。

中古以后的语音屈折主要表现在变调上,前人又叫作"四声别义"。有人认为上古时期已经有这种现象,但我们觉得四声是南朝沈约等人发现的,大量的、自觉地运用恐怕毕竟还是中古以后的事。唐陆德明的《经典释文》、宋贾昌朝的《群经音辨》、元刘鉴的《经史动静字音》、清马建忠的《马氏文通》都收了不少这样的例子。与上古阶段不同的是,四声别义往往不改变字形。下面举些例子。

(1) 名词→动词　如:

王　于方切,平声,君也。
　　于放切,去声,君有天下曰王。
女　尼吕切,上声,女未嫁之称也。
　　尼据切,去声,以女嫁人曰女。
衣　於[1]希切,平声,身章也。
　　於既切,去声,施诸身曰衣。
冠　古桓切,平声,首服也。
　　古玩切,去声,加诸首曰冠。
饮　於锦切,上声,酒浆也。
　　於禁切,去声,所以歠曰饮。
文　无分切,平声,采章也。
　　亡运切,去声,所以饰物曰文。
雨　王矩切,上声,天泽也。
　　王遇切,去声,谓雨自上下曰雨。

(2) 动词→名词　如:

数　色主切,上声,计之也。
　　色句切,去声,计之有多少曰数。

---

[1] 古汉语中"於、于"属于不同的声母,"於"不能简写为"于"。下同。

量　龙张切,平声,酌也。
　　龙向切,去声,酌之有大小曰量。
度　徒洛切,入声,约也。
　　徒故切,去声,约之有长短曰度。
陈　池珍切,平声,列也。
　　直刃切,去声,成列曰陈。
思　息兹切,平声,虑度也。
　　息吏切,去声,虑谓之思。
藏　徂郎切,平声,入也。
　　徂浪切,去声,谓物所入曰藏。
处　昌吕切,上声,居也。
　　昌据切,去声,谓所据曰处。

(3) 形容词→动词　如:

远　於阮切,上声,疏也,对近之称。
　　于眷切,去声,疏之曰远。
空　苦红切,平声,虚也。
　　苦贡切,去声,虚之曰空。
和　户戈切,平声,调也。
　　胡卧切,去声,调繁曰和。
好　呼皓切,上声,善也。
　　呼到切,去声,向所善谓之好。
恶　乌各切,入声,否也。
　　乌故切,去声,心所否谓之恶。

(4) 形容词→名词　如:

难　乃干切,平声,艰也。
　　乃旦切,去声,动而有所艰曰难。

(5) 数词→量词　如:

两　力奖切,上声,偶数也。
　　力让切,去声,物相偶曰两。

四声别义又称读破,是阅读古书的一项重要基础知识。读破也有只改变词义而不改变词性的,如多少的"少"读上声,少长的"少"读去声,都是形容词;面临的"临"读平声,哭临的"临"读去声,都是动词;等等。但主要的恐怕还在于改变词性。有些动词"读破"以后可以产生使动义,如"食",入声,表使动义念去声;"从",平声,表使动义念去声,等等,似乎介于两者之间,情况更加微妙。这样看来,古汉语的"语音屈折"问题实际上综合了语音、文字、词汇、语法等问题。深入加以探讨,对认识汉语本质很有好处。

2. 音韵在单音词双音节化过程中的作用

上古汉语以单音节词为主,后来双音节词逐渐增多,到了现代汉语,已经发展成以双音节词为主的语言。可以说,双音节化是汉语词汇发展最重要的规律之一。双音节化的原因,考察起来有两条。一条是由于语义精密化的要求。如单音词"危"和"险"都有很多词义,组成双音词"危险"后,由于彼此制约,语义就比较明确而单一了。另一条是由汉语节律的要求。单音词在书面语里,无论从形、音、义哪个角度看,都是一个自足的单位。然而放到口语里,汉族人的语感却常会产生一种不稳定的感觉,需要扩充成双音节,才感到满足。譬如某人姓王,外国人见了他可以很亲热地叫一声"Wang!"非常自然,丝毫不感到困难;而中国人如果只叫"王!"就显得很别扭。一定要改成"老王""小王""王兄""王老"才舒服。而如果把"老王""小王"等直接按字面译成外语,不管是说成"Old Wang","Little Wang"还是"Lao Wang","Xiao Wang"(我们的一些对外出版物就是这么译的),外国人又要感到不自在了。这就说明了语言的节律要求在不同的语言里面是不一样的,跟各自的音韵系统和特点大有关系。这两条理由比较起来,似乎很难说哪条更重要些。但我们经过观察,却倾向于认为是后者。前者不过是双音化许多手段中的一种而已。我们的依据来自两个方面。

第一,从语义上来看,许多单音词双音化以后语义上没有增加什么内容。

我们先举一个生活中的例子。设想某人叫王月英,家里人和亲朋对她的爱称很可能是"月英",但如果她是单名叫"王英",除了爱侣书面中也许会用外,却没有人会称她"英"的。她的昵称很可能是"英英""小英""英儿""英子""阿英"等等,或者直截了当就是"王英",连她母亲也不例外,尽管连名带姓地称呼在中国是非常正式的事情。这个例子告诉我们三件事:第一是单音节的不稳定性及双音化的趋势;第二是双音化的方式可以有前加、后加、叠音、复合等多种;第三是双音化后语义没有变化,"英英""小英""英儿""英子""阿英""王英"指的是同一个人。

我们再从古汉语的实例来看。

a. 附加式有前加，如虎→老虎、夏→有夏、母→阿母；也有后附，如珠→珠子、潮→潮头、莺→莺儿等。下面是一些例子：

  有夏多罪，天命殛之。（《尚书·汤誓》）
  道逢乡里人，家中有阿谁？（《汉乐府·十五从军行》）
  却与小姑别，泪落连珠子。（《古诗·焦仲卿妻》）
  山寺月中寻桂子，郡亭枕上看潮头。（白居易《忆江南》）
  打起黄莺儿，莫教枝上啼。（金昌绪《金缕曲》）

例句中下加黑点的字就是所谓的"词头""词尾"，有人把它类比于西方语言中的前缀、后缀。其实两者根本不同。西方语言如英语，其前缀往往改变词义（如 act→react，happy→unhappy），其后缀往往改变词性（如 act→action，happy→happiness），而汉语，尤其是古汉语，"词头""词尾"拿掉后于词性、词义并无影响。上面几个例子均是如此。我们不妨再看几个不带"词头""词尾"的例子（字下加双线表示）：

  楼观沧海日，门对浙江潮。（宋之问《灵隐寺》）
  千里莺啼绿映红，水村山郭酒旗风。（杜牧《江南春》）

可见古汉语的附加式双音词，其作用只在于多增加了一个音节，以适合行文（如诗句的押韵、整齐等）的需要。

b. 合成式。合成式又分并列式和偏正式两种。并列式是汉语复合双音词的主要方式，从其组成部分的意义来看，有同义合成、近义合成、反义合成、对义合成等，如"险阻、灾祸、道路、干戈、社稷、甲兵、左右、缓急、休戚"等。并列式双音词的构成，有语义精密的需要，也有语音上节律的需要，而其中所谓的等义复词和偏义复词，却主要是为了节律的需要。如下面的例子：

  君命大事，将有西师过轶我。（《左传·僖公三十二年》）
  虽少，愿及未填沟壑而托之。（《战国策·赵策四》）

国人莫敢言,道路以目。(《国语·周语上》)
今有一人,入人园圃,窃其桃李。(《墨子·非攻上》)
侯生摄敝衣冠,直上载公子上座。(《史记·魏公子列传》)
多人不能无生得失。(《史记·刺客列传》)
宫中府中,俱为一体,陟罚臧否,不宜异同。(诸葛亮《出师表》)

上面例子中,如果去掉前三例"过轶""沟壑""道路"中的任一个字,或后四例中的"圃""冠""得""同"几个字,意义并无变化,所感到的只是音节不顺畅了。最后一例最典型,前面都是整齐的四字句,如果这句只剩下三个字,马上会有站不稳的感觉,一定要加上一个音节才舒适(如不说"异同",说"有异""异之"也可以,关键在于必须加字)。

偏正式的合成词在古汉语中数量也很可观,其中有相当一部分,或是偏义素较虚,或是正义素是可有可无的类义义素,这两种义素去掉后于整个词义并无影响,可说主要是为了节律上的需要。前者的例子如"黄莺、苍蝇、乌龟、麻雀、黄鳝、飞禽、走兽、喜鹊、宝剑、宝塔"等,后者的例子如"桃花、杨树、鲤鱼、韭菜、心脏、诗经"等。[1] 请看下面古汉语中的例子:

打起黄莺儿,莫教枝上啼。(金昌绪《金缕曲》)
蜚(同"飞")鸟尽,良弓藏;狡兔死,走狗烹。(《史记·越王勾践世家》)
明月出天山,苍茫云海间。长风几万里,吹度玉门关。(李白《关山月》)
好风凭借力,送我上青云。(《红楼梦》)
鲸鱼死,彗星出。(《论衡·乱龙篇》)
荆国有余于地而不足于民。(墨子·公输))

上述例子中去掉加点的字以后词义、词性均不变。

c. 重叠式。重叠式在汉语中有两种形式,一种是语音不变的,写下来是两个

---

[1] 参见吕叔湘:《现代汉语单双音节问题初探》,《中国语文》1963年第1期。

相同的汉字,叫做重言词或叠音词,如"青→青青""苍→苍苍";另一种是语音稍变的,或是声,或是韵,写下来成为两个不同的汉字,分别叫作双声词或叠韵词,如"苍→苍茫""迢→迢递"等。

古汉语的重言词有两种情况。一种是词素不能分析或者分析后词素义与整个词义不同的,如《诗经》中的例子:

关关雎鸠,在河之洲。(《周南·关雎》)
昔我往矣,杨柳依依。(《小雅·采薇》)

其中"关关"≠"关","依依"≠"依"。这类重言词可能是整体形成的。另一种情况是词素义与整个词的词义相同,其间只有语意轻重的区别。如:

今我来思,雨雪霏霏。(《小雅·采薇》)
青青陵上柏,磊磊涧中石。(《古诗十九首》之三)
迢迢牵牛星,皎皎河汉女。纤纤擢素手,札札弄机杼。(《古诗十九首》之十)

其中加点的字单用和叠用意义相同。这类双音词的形成与节律要求就很有关系。

前人对某些字单用和叠用意义相同早有发现,如顾炎武、王念孙、王筠、俞樾等。这里举钱大昕"以重言释一言"条为例:

《诗》"亦汎其流",《传》云:"汎汎,流貌。""有洸有溃",《传》云:"洸洸,武也;溃溃,怒也。"《笺》云:"洸洸然、溃溃然,无温润之色。""硕人其颀",《笺》云:"长丽俊好顾顾然。""咥其笑矣",《传》《笺》皆云:"咥咥然笑。""垂带悸兮",《传》《笺》皆云:"悸悸然有节度。""条其歗矣",《传》云:"条条然歗。""零露漙兮",《传》云:"漙漙然,盛多。""子之丰兮",《笺》云:"面貌丰丰然。""零露湑兮",《传》云:"湑湑然,萧上露貌。""噂沓背憎",《传》云:"噂犹噂噂然,沓犹沓沓然。""有扁斯石",《传》云:"扁扁,乘石貌。""匪风发兮,匪车偈兮",《传》:"发发,飘风,非有道之风;偈偈,疾驱,非有道之车。""匪车嘌兮",《传》:"嘌嘌,无节度也。"[1]

对于单用和叠用同义现象,还有另外一种解释,即认为这反映了古代汉语中文字单音节和语言双音节的矛盾。[2] 不过从书面语的发展规律来看,我们觉得还是说单音节的双音节化较好。

双声叠韵是汉语特有的一种构词法,别的语言很少见。双声词如"参差、憔悴、踟蹰、蟋蟀、黾勉"等,叠韵词如"窈窕、徘徊、龙钟、望洋"等,这类词从意义上来说是一个整体,不能拆开来解释;但从音韵上考证,却往往与单音词有着一定的联系。清代学者阮元在《释门》一文中说:

> 凡事物有间可进,进而靡已者,其音皆读若门。或转若免、若每、若敏、若孟,而其义皆同。其字则展转相假,或假之于同部之叠韵,或假之于同纽之双声。……若夫进而靡已之义之音,则为勉,勉转音为每。"亹亹文王"当读若"每每文王",亹字或作斖,再转为敏、为黾,双其声则为黾勉,收其声则为亹没。又为密勿。没乃门之入声,密乃敏之入声……又《方言》:"侔莫,强也。"侔莫即黾勉之转音。《方言》之"侔莫",即《论语》之"文莫"。刘端临曰:"文莫吾犹人好,犹曰黾勉吾犹曰人也。后人不解孔子之语,读'文'为句,误矣。"[3]

王念孙对此有更精彩的论述。这里我们举《广雅疏证》中"高也"一部分内容为例:

> 巇巁、岑崟、巑岏、噍嶢、阢、嵬、嵯峨、頳颔、嶣巢、陗、摝、卬、兀、乔、厉、尊、极、竞、弼、尚、崒,高也。【疏证】巇巁者,《说文》:"嶃,礹石也。"《小雅》"渐渐之石,维其高矣",《释文》:"渐,亦作嶃。"《说文》:"巗,岸也;礹,石山也。"《小雅·节南山》篇"维石巖巖",《释文》:"巖,本或作嚴。"合言之则曰巇巁。《说文》:"暑,嶃暑也。"宋玉《高唐赋》云:"登巇巖而下望

---

1 钱大昕:《十驾斋养新录》,卷一。
2 参见郭绍虞《中国语词的弹性作用》一文,见《照隅室语言文字论集》,1985 年。
3 阮元:《揅经室集》,卷一。

兮。"《楚辞·招隐士》云:"溪谷崭巖兮水横波。"《淮南子·览冥训》云:"熊罴匍匐,邱山礤巖。"并字异而音同。转之为岑崟。《方言》:"岑,高也。"《尔雅》:"山小而高,岑。"《孟子·告子》篇:"可使高于岑楼。"赵岐注云:"岑楼,山之锐岭者。"《释名》云:"岑,崭也,崭崭然也。"岑、崭声相近,故《吕氏春秋·审己篇》"齐攻鲁求岑鼎",《韩非子·说林》篇作"谗鼎","谗"与"岑",皆言其高也。《说文》:"▽(外厂内敢),崟也。"又云:"峊,山巖也,读若吟。"僖三十三年《谷梁传》云:"必于殽之巖唫之下。"《楚辞·招隐士》"嶔岑碕礒兮",上音钦,下音吟。又云:"状貌崯崯兮峨峨。"张衡《思玄赋》云:"冠峊峊其映盖兮。"合言之则曰岑崟。《说文》:"崟,山之岑崟也。"《汉书·司马相如传》"岑崟参差",《史记》作岑巖。《扬雄传》"玉石嶜崟",萧该《音义》引《字诂》云:"嶜,古文岑字。"张衡《南都赋》"幽谷嶜岑",上音岑,下音吟。稽康《琴赋》"崔嵬岑嵓",并字异而义同。又转之为巑岏……又转之为嶕峣。《庄子·徐无鬼》篇"君亦必无盛鹤列于丽谯之间",郭象注云:"丽谯,高楼也。"《释文》:"谯,本亦作嶕。"《汉书·赵充国传》"为壍垒木樵",颜师古注云:"樵与谯同,谓为高楼以望敌也。"《方言》:"峣,高也。"《说文》:"尧,高也;垚,土之高也。"扬雄《甘泉赋》云:"直峣峣以造天兮。"《河东赋》云:"陟西岳之峣崝。"合言之则曰嶕峣。扬雄《解难》云:"泰山之高不嶕峣,则不能浡滃云而散欨烝。"班固《西都赋》云:"内则别风之嶕峣。"《说文》:"嶣,山高皃。"并字异而义同……嵬者,《说文》:"嵬,高不平也。"《尔雅》:"石戴土谓之崔嵬。"《周南·卷耳》篇云:"陟彼崔嵬。"崔嵬亦巉巗之转也。又转之为嵯峨。《说文》:"嵯,山皃。"又云:"硪,石岩也。"《列子·汤问》篇云:"峩峩兮若泰山。"合言之则曰嵯峨。《说文》:"峨,嵯峨也。"《楚辞·招隐士》云:"山气巃嵸兮石嵯峨。"《尔雅》:"崒者,厜㕒。"《释文》:"厜㕒,本或作嵳峩。"并字异而义同,嵯之言参嵯,峨之言岭峨。《楚辞·七谏》:"俗岭峨而参嵯。"参岭、嵯峨为叠韵,岭峨、参嵯为双声也……[1]

这段话只是该条疏证的一部分,但已出现了下面这些词:

---

[1] 王念孙:《广雅疏证》,卷第四下,上海:上海古籍出版社,1983年影印,第489-490页。按本引文中有不少异体字、繁体字,凡涉及字体讨论时均存其旧而未简化。

单音词：蹔、渐、嶄、巀、礤、嚴；岑、嶜、厜、崟、岊；嶕、譙、樵、嶤、尧、垚；嵬；磋，硪；崒

叠音词：渐渐、嶄嶄、巀巀、严严；唫唫、峨峨、岊岊；嶢嶢；峩峩

连绵词：巉巁、嶜嵒、巉巀、嶃巀；岑崟、巀唫、嶔岑、岑巖、嶜嶜、嶜岑、岑崱；巑岏；嶕嶢、焦嶢；崔嵬、嵯峩、嵯峨、厜羛、崟羛；參嵯、岭峨

王念孙举了大量的实例，令人信服地证明，这些词尽管呈现形式不同，但在意义上却是完全相同的。这种单音词与重言词、双声叠韵词（如果联系前文钱大昕举的例子，如"有洸"="洸洸（然）"，"有溃"="溃溃（然）"，"其颀"="颀颀（然）"，"哇"="哇哇（然）"，"有扁"="扁扁"等，还应加上通过附加式构成的词）完全同义的情况在世界语言中是很特殊的。这既是词汇问题，又是构词法，也即词法（属于语法）问题。这一问题的深入认识需要借助音韵知识。

第二，从使用上来看，双音词的产生并不意味着单音词的死亡。

汉语单音节词的双音化是历史发展过程中的一个重要趋势，但是，在双音词产生以后，单音词却往往并不一定死亡。单、双音节的同义词可以并存，根据语言节律的需要加以选用。这种情况是世界各语言中绝无仅有的。前文引《广雅疏证》"高也"时，我们已经接触到了这个现象。这里我们从更广泛的角度来看。

先看合成词。同义合成词分用和合用意义完全一样。如：

"封""疆"——"封疆"：

既东封郑，又欲肆其西封。（《左传·僖公三十年》）
于是齐人侵鲁疆。（《左传·桓公十七年》）
夫狄焉，思启封疆以利社稷者。（《左传·成公八年》）

"灾""害"——"灾害"：

救乏，贺善，吊灾，祭敬，丧哀。（《左传·文公十五年》）
都城过百雉，国之害也。（《左传·隐公元年》）
时无灾害。（《左传·成公十六年》）

"暴""虐"——"暴虐"：

君卑政暴。(《左传·哀公二十四年》)
君愎而虐。(《左传·哀公二十六年》)
商纣暴虐,鼎迁于周。(《左传·宣公三年》)

"逾""越"——"逾越":

齐师自稷曲,师不逾沟。(《左传·哀公十一年》)
越国以鄙远,君知其难也。(《左传·僖公三十年》)
跋履山川,逾越险阻。(《左传·成公十三年》)

"罪""戾"——"罪戾":

匹夫无罪,怀璧其罪。(《左传·桓公十年》)
其敢干大礼自取戾?(《左传·文公四年》)
免于罪戾,弛于负担。(《左传·庄公二十二年》)

"和""睦"——"和睦":

如是,则非德民不和。(《左传·僖公五年》)
兄弟之不睦,于是乎不吊。(《左传·昭公七年》)
上下和睦,周旋不逆。(《左传·成公十六年》)

以上例句均采自同一本古籍——《左传》[1],证明了单、双音词确实可以同时并存。而仔细阅读这些例句,又可以发现,单、双音的选择完全出于节律的需要。
偏义复词和偏正式的复合词,则其主要词素可以单用,与整个双音词并存。如:
"国家"——"国":

天灾流行,国家代有。(《左传·僖公十三年》)

---

1 以上诸例及后文部分例句参考了赵克勤《古汉语词汇概要》一书,杭州:浙江教育出版社,1987年。

诸侯贰则晋国坏。(《左传·襄公二十四年》)

"衣裳"——"衣"：

蜉蝣之羽,衣裳楚楚。(《诗·曹风·蜉蝣》)
薄污我私,薄澣我衣。(《诗·周南·葛覃》)

"使者"——"使"：

齐王使使者问赵威后。(《战国策·齐策四》)
梁使三反,孟尝君固辞不往也。(《战国策·齐策四》)

"御者"——"御"：

射其御者,君子也。(《左传·成公二年》)
其御屡顾。(《左传·成公十六年》)

"丈夫"——"夫"：

古者丈夫不耕,草木之实足食也。(《韩非子·五蠹》)
操鞭使人,则役万夫。(《韩非子·外储说右下》)

"黄金"——"金"：

盛黄金于壶,充之以餐。(《韩非子·十过》)
铄金百溢,盗跖不掇。(《韩非子·五蠹》)

其实即使在现代汉语中,也存在着这种单、双音词并存的情况,从而产生了通常不单说的词有时可以单说这一令某些语法学家头痛的问题。其实从节律上去认识,便很容易说通。例如可以说"我国""我们国家"但不说"我们国";说"开窗""打开窗户",但不说"打开窗";说"尊敬老师""尊师""敬师",而不说"尊老师""敬老师"。同样,"师"一般不单说,而在"尊师""师生关系"中却可以,等等。这些现象用西方语法理论是难以解释的。可见汉语语法的深入研究必须考虑到音韵的问题。

再看重言词和连绵字。从理论上来说,重言词(尤其是前文说到的第一种)和连绵字是不能拆开来单独使用的,而实际上,在节律需要的时候不但可以拆开来使用,而且还使原来无义的字获得了原来整个词的意义。重言单用已见前面引用的钱大昕所举之例,这里再举一些连绵字分用的例子。

先看《诗经》中的例子。据朱广祁研究,《诗经》中的连绵字有以下几种特殊用法[1]:

a. 连绵字上下两字后面加语气词或衬字,足成四字句。如:

婉娈　婉兮娈兮。(《齐风·甫田》)
萋斐　萋兮斐兮。(《小雅·巷伯》)
琐尾　琐兮尾兮。(《邶风·旄丘》)
挑达　挑兮达兮。(《郑风·子衿》)
荟蔚　荟兮蔚兮。(《曹风·候人》)
优游　优哉游哉。(《小雅·采菽》)
颉颃　颉之颃之。(《邶风·燕燕》)
经营　经之营之。(《大雅·灵台》)
游泳　游之泳之。(《邶风·谷风》)
猗那　猗与那与。(《商颂·那》)

b. 连绵字分用在上下两句相应位置,后加语气词。如:

粲烂　角枕粲兮,锦衾烂兮。(《唐风·葛生》)
婉娈　猗嗟娈兮,清扬婉兮。(《齐风·猗嗟》)

c. 连绵字上下二字前分别加衬字或其他单音词,构成四字句。如:

---

[1] 以下例子参见朱广祁:《诗经双音词论稿》,郑州:河南人民出版社,1985年,第101-107页。

虚邪　其虚其邪。(《邶风·北风》)
鸮鸮　为枭(同"鸮")为鸮。(《大雅·瞻卬》)
敖游　以敖以游。(《邶风·柏舟》)
姜且　有姜有且。(《周颂·有客》)
蜩螗　如蜩如螗。(《大雅·荡》)
玄黄　载玄载黄。(《豳风·七月》)
翱翔　将翱将翔。(《郑风·女曰鸡鸣》)

d. 连绵字分用在两句之末，两句或连或不连，或分别在两章中。如：

阿难　隰桑有阿，其叶有难。(《小雅·隰桑》)
局蹐　谓天盖高，不敢不局。谓地盖厚，不敢不蹐。(《小雅·正月》)
玄黄　何草不黄，何日不行。何人不将，经营四方。//何草不玄，何人不矜。哀我征夫，独为匪民。(《小雅·何草不黄》)

《诗经》以外的例子，如：

犹豫　豫兮其若冬涉川，犹兮其若畏四邻。(《老子》十五章)
恍忽　道之为物，惟恍惟忽。忽兮恍，其中有象；恍兮忽，其中有物。(《老子》十八章)
寂寥　寂兮寥兮，独立而不改。(《老子》二十一章)
俶傥　俶兮傥兮。(枚乘《七发》)

甚至可以以连绵字中的一个字代替整个词。如：

犹豫　行婞直而不豫兮，鲧功用而不就。(《楚辞·惜诵》)
恍忽　忽翱翔之焉薄？(《楚辞·哀郢》)[1]

---

[1] 同诗有"怊荒忽其焉极"。"荒忽"即"恍忽"。

```
謇产    謇侘傺而含慼。(《楚辞·哀郢》)[1]
冯陵    不敢暴虎,不敢冯河。(《诗·小雅·小旻》)
慷慨    慨当以慷,忧思难忘。(曹操《短歌行》)
        有客慨然谈功名。(辛弃疾《鹧鸪天·序》)
        天翻地覆慨而慷。(毛泽东《人民解放军占领南京》)
```

最后一例是今人的。事实上在现代汉语里也不乏连绵字折用的例子,如:

```
慷慨    慷他人之慨;慷公家之慨
滑稽    滑天下之大稽
```

这些例子更由词法而涉及句法了。

二、音韵与词法

由于汉语没有形态变化,词法的内容主要是词分类的标准以及具体词的归类,因此前文提到的"读破",就既是词汇问题、构词法问题,又是词法问题。对同一个字的不同读法可以引起其语法功能的变化;或者反过来说,词的语法功能的变化,有时会通过读音表示出来。这确实反映了语法与音韵的关系,值得引起注意。特别是汉语,尤其是古汉语的实词究竟能不能分类,还是语法学界一个有争议的问题,"读破"在其中起的作用就更值得重视了。

汉语的词分类问题,如果仔细加以研究,可以发现与印欧语有很多不同的地方。从大的方面来说,印欧语自古有八大词类之说,汉语没有;而汉语自古有虚实之说,印欧语却到晚近才引进,并改造为实体词与功能词之说。此其一。汉语的词分类富有弹性,例如虚词与实词,既有今天意义上的虚实之分[2],又可以视名词

---

[1] 同诗有"思謇产而不释"。
[2] 例如清代课虚斋主人《虚字注释》把虚字分为起语虚字、接语虚字、转语虚字、衬语虚字、束语虚字、歇语虚字等,大体包括了今天所说的副词、介词、连词、助词、句首、句中、句尾各种语气词。《马氏文通》开始的虚实之分更为今天的语法学家所遵奉。

为实词,动词、形容词为虚词[1],而且"虚""实"间可以转化,不仅名词、动词、形容词间有所谓"活用",就是名、动、形与介、连、副之间也有着千丝万缕的联系。而印欧语由于构词形态的存在,词类的区别相对来说比较固定,虚、实的大防更是比较严格。此其二。

这些因素,加上汉语没有形态变化,就使汉语的语法与语义的关系更加密切。这也就是为什么中国古代没有语法学,语法观点都见之于训诂学的原因。弄清句子的结构和意义,西方人从语法着手,中国人却从训诂着手,可以说训诂明而后语法明。而由于训诂对音韵的依存关系,语法上的辨词性、明意义问题有时就需要借助音韵手段。这最明显地表现在辨虚实的问题上,因为虚词与句子的结构有关。王念孙、王引之父子最早发现这个问题。王引之说:

> 自汉以来,说经者宗尚雅训,凡实义所在,既明箸之矣,而语词之例,则略而不究,或即以实义释之,遂使其文杆格,而意亦不明。如"由",用也;"猷",道也;而又为词之"于"。若皆以"用"与"道"释之,则《尚书》之"别求闻由古先哲王""大诰猷尔多邦",皆文义不安矣。"攸",所也;"迪",蹈也;而又为词之"用"。若皆以"所"与"蹈"释之,则《尚书》之"各迪有功""丰水攸同"、《毛诗》之"风雨攸除,鸟鼠攸去",皆文义不安矣。[2]

虚实不辨,句子的结构和词语间的关系就不清,句意也就不能弄通。古汉语把语法研究的重点放在虚词的辨识上,看来并不是偶然的。王引之作了《经传释词》十卷,用乾嘉汉学"以声音通训诂"的精神考察了160个虚词,对许多问题作了令人信服的解释,被誉为中国古代语法学的最高成就。试举书中数例如下:

> 《广雅》曰:"由、以,用也。""由""以""用"一声之转,而语助之"用"亦然。字或作"犹",或作"攸",其义一也。(卷一"由犹攸"条)
>
> 用,词之"以"也……"以""用"一声之转;

---

1 明代无名氏著的《对类》说:"字之有形体者为实,字之无形体者为虚……实者皆是死字,惟虚字则有死有活。死谓其自然而然者,如'高、下、洪、纤'之类是也。活谓其使然而然者,如'飞、潜、变、化'之类是也。"转引自郑奠、麦梅翘:《古汉语语法学资料汇编》,第110页。
2 王引之:《经传释词·自序》。

用,词之"由"也……"由"可训为"用","用"亦可训为"由",一声之转也;

用,词之"为"也……"用""以""为"皆一声之转(卷一"用"条)

云,犹"或"也,"或"与"有"古同声而通用,故"云"训为"有",又训为"或"。(卷三"云员"条)

能,犹"而"也;"能"与"而"古声相近,故义亦相通……能,犹"乃"也,亦声相近也。(卷六"能"条)

《说文》"雖"字以"唯"为声,故"雖"可通作"唯","唯"亦可通作"雖"。(卷八"雖唯惟"条)

他还在《经义述闻》中专门写了"语助误解以实义"条,集中论述了前人因虚实不分导致误解的问题。例如:

能,而也。《卫风·芄兰》曰:"虽则佩觿,能不我知。"言虽则佩觿,而实不与我相知也。而解者云"言其才能实不如我众臣之所知为也",则失之矣。

如,而也。《邶风·柏舟》曰:"耿耿不寐,如有隐忧。"言耿耿不寐而有隐忧也。而解者云"如有人有痛疾之忧",则失之矣。《小雅·车攻》曰:"不失其驰,舍矢如破。"言舍矢而破也。而解者云"如椎破物",则失之矣。

终,既也。《邶风·终风》曰:"终风且暴。"言既风且暴也。而解者或以终风为"终日风",或以为"西风",则失之矣。字或作"众"。《鄘风·载驰》曰:"许人尤之,众穉且狂。"言既穉且狂也。而解者以为众寡之众,则失之矣。

匪,彼也。《小雅·小旻》曰:"如匪行迈谋,是用不得于道。"言如彼行迈谋也。解者云"不行而坐图远近",则失之矣。《鄘风·定之方中》曰:"匪直也人,秉心塞渊。"言彼正直之人秉心塞渊也。解者训"匪直"为"非徒","人"为"庸君",则失之矣。《桧风·匪风》曰:"匪风发兮,匪车偈兮。"言彼风之动发发然,彼车之驱偈偈然也。解者云"发发飘风,非有道之风;偈偈疾驱,非有道之车",则失之矣。《小雅·都人士》曰:"匪伊垂之,带则有馀;匪伊卷之,发则有旟。"言彼带之垂则有馀,彼发之卷则有旟也。解者云"士非故垂此带也,带于礼自当有馀也;女非故卷此发也,发于礼自当有旟也",则失之矣。[1]

自王氏父子以后,以声音、训诂相结合研究虚词的续起有人,这已成为训诂研究中因声求义的一个重要部分,也是古汉语语法研究中的一个突出内容。张相《诗词曲语词汇释》中就不乏这样的例子。如:

能,犹宁也,即"宁可"之"宁"。苏轼《六和寺冲师闸山溪为水轩》诗:"出山定被江潮涴,能为山僧更少留。"言出山宁可留山也。吴文英《过秦楼》词,咏《芙蓉》:"能西风老尽,羞趁东风嫁与。"自注:"能,去声。"言宁可老死西风,羞趁东风如桃杏之嫁与也。《任风子》剧二:"俗说:能化一罗刹,莫度十忔斜。"忔斜,糊涂之意,言宁化凶恶汉,莫度糊涂之人也。《金钱记》剧二:"能为君子儒,莫为小人儒。"《周公摄政》剧:"休将军国咨臣下,能把文章教尔曹。"凡此"能"字,皆与"宁"同。(卷三"能"条)

子,与则同,犹"只"也。《董西厢》二:"和尚何曾动子喝一声,那时吓杀。"言只喝一声也。又三:"法聪闻言先陪笑,道咱弟兄面情非薄,子除了我耳朵儿的道。""子除",只除也。……子,与则同,犹"即"也,"虽"也。《董西厢》四:"有子有牢房地匣,有子有栏军夹画,有子有铁裹榆枷,更年没罪人犯他戴他。"凡云"有子有"者,均犹云"有即有"或"有虽有"也。(卷一"子"条)

遮,与这(繁体作"這")同。这("這")本音彦,迎也,系借用之字,本字应从"遮"或"者"。陆游《点绛唇》词:"江湖上,遮回疏放,作箇闲人样。"遮回,这回也。张镃《渔家傲》词:"遮箇渔翁无愠喜,乾坤都在孤篷底。"遮箇,这个也。(卷一"遮"条)

者,与这同。蜀王衍《醉妆》词:"者边走,那边走,只是寻花柳。那边走,者边走,莫厌金杯酒。"者边,这边也。晏几道《少年游》词:"细想从来,断肠多处,不与者番同。"者番,这番也。(卷一"者"条)[2]

---

[1] 王引之:《经义述闻》,卷三十二。
[2] 张相:《诗词曲语词汇释》,北京:中华书局,1979年。

最后两例反映的情况自然使人们想到古今虚词演变的历史、语词递替的轨迹。事实上，现代汉语不是凭空出现的，它与古代汉语、近代汉语有着必然的继承关系。相对来说，实词演变的痕迹比较明显一些。虚词因为是重音不重形的，因此变化之大尤其使人吃惊。如现在的"的""了""吗""呢"的读音，与古代的"之""乎""者""也"几乎全无共同之处。只有从音韵着手，才能探索到虚词的演变过程。如"的"之于"之""者"，"啊"之于"乎""也"，"吧"之于"夫""乎"，"吗"之于"无""乎"（唐诗有"画眉深浅入时无""能饮一杯无"等），"我""俺"之于"吾""卬"，"你"之于"尔""汝""女""若""戎""侬"等等，是不无演变规律可寻的。这些已成为汉语语法史研究上令人感兴趣的课题，然而却是舍却音韵别无他门可入的。

三、音韵与造句法

汉语没有西洋语法意义上的形态，造句法上使用的主要语法手段是词序和虚词。然而进一步的研究表明，除了词序和虚词之外，还有一个因素对汉语的结构规律起着重要的影响，这就是节律和停顿。我们甚至认为这是最足以表明汉语特点的语法手段，是从汉语本身的特点中滋生出来的。汉语的特点之一是文字上的单音节为基础和语言上的双音化趋势，这一特点形成了节律这一重要语法手段。它不但在构词法上起着重要作用，也在构语造句中起着重要作用。单双音节的调配与其说是一种修辞技巧，不如说是一种结构要求。"我们国""尊敬师"这类说法的不通，不是修辞、语义或逻辑上的问题，也不是西洋语法意义上的词语搭配问题，而是体现汉语结构规律的汉语语法问题。汉语的另一个特点是字调的升降变化与句子语调的矛盾。汉语的句子也有语调，但由于汉字本身的声调使得句调显得不大突出。例如一般疑问句句末该用升调，但当句末的字本身是个降调时，这一升调就很难表示出来。"我也去。""你也去？"两句听起来差别很小。同样，陈述句句末用降调，但当句末是个升调字的时候，这一降调也不明显。"这是一只羊。""这是一只羊？"听起来也差不多。加上每句话中绝大多数字本身就有着升降起伏的字调，这使得句调在汉语中起的作用非常有限。西洋语言可以凭句调来划分句子，而汉语只能靠因句调不明显而强化了的停顿这一语法手段。汉语利用停顿来划分词素与词、词与短语、短语与句子、单句与复句、句子与句子之间的界限，也利用停顿来区别有歧义的结构，如语法学家常拿来讨论的"咬死了猎人的狗"之类。

节奏和停顿当然各种语言都有,但由节律而带来的词语选择上的强制性和由停顿带来的汉语各种语气词(马建忠所谓的"华文之独"的助字),却是汉语所特有的。这些问题的深入探讨还有待于音韵学家和语法学家的共同努力。这里我们仅从两个方面简单谈谈这两种语法手段在造句法中的作用。

1. 直接参与构语

汉语的重要特点之一是词、短语、句子在结构上的一致性。前面说到节律在构词法中的作用,其实这一因素在构语和造句中也同样起作用。

a. 重叠式

构词有重叠式,构语也有重叠式。如:

行行重行行,与君生别离。(《古诗十九首》之一)
执手分道去,各各还家门。(《焦仲卿妻》)
生人作死别,恨恨那可说。(同上)
枝枝相覆盖,叶叶相交通。(同上)

叠字构成的词或短语有时很难分别。如:

寻寻觅觅,冷冷清清,悽悽惨惨戚戚。(李清照《声声慢》)

这十四个叠音字就不易说清哪些是词,哪些是短语。尤其是叠音词中有一类词素义和词义相同的(见前),就更增加了这种复杂性。现在一般以是否经常单用作为区分标准,如"行"常单用,"行行重行行"就是四个叠字组成的短语;"戚"不常单用,"戚戚"就是叠音词。

b. 并列式

构词中有复合式,构语则有语词复用、同义并列;甚至造句也有并列分句等形式。

当然,并列有许多情况,我们这里强调的是语义关系不大,主要是为了节律上的稳定的那些并列形式。

俞樾的《古书疑义兴趣例》卷四有"语词复用例",指出"古人有助语词,有两字同义而复用者"。举到的例子有的现在已看成双音词,如"庸何""庸讵"等,有的则还可明显看出是两词叠用。如：

一薰一莸，十年尚犹有臭。(《左传·僖公四年》)
人喜则斯陶,陶斯咏,咏斯犹,犹斯舞,舞斯愠,愠斯戚,戚斯叹,叹斯辟,辟斯踊矣。(《礼记·檀弓下》)（按：此例俞樾只引第一句,我们补足后面的部分,更可看出叠用是节律上的需要）
乃遂去之秦。(《史记·商君列传》)
天下大氐无虑皆铸金钱矣。(《汉书·食货志》)

如果说在构词上汉语有一种双音化的趋势，则在构语上可说有另一种强烈的倾向，即四音化。流传下来的大量四字成语就是证明。在四字成语中，2＋2这种同构而同义、近义或对义的形式又占了相当大的比例。如：

行尸走肉,飞禽走兽,人面兽心,高山流水,虎踞龙盘,同甘共苦,短斤缺两,一本万利,感恩戴德；
呼天抢地,东奔西走,走南闯北,南腔北调,万紫千红,千山万水,指手画脚,一知半解,三拳两脚,说长道短,丢三拉四,三番五次；
无法无天,没头没脑,有始有终,翻天覆地,动手动脚,半心半意,同心同德,不伦不类,非驴非马；
一清二楚,天公地道,欢天喜地,瞎三话四；
一来二去,七上八下,横七竖八,飞短流长,天南海北。

我们把举的例子大致分成了五组。第一组中各组成部分的词汇意义还较实；第二组中的组成部分中都有一对字意义较虚，如"～天～地""东～西～""南～北～""千～万～"等,形成了一些固定的框架,可以造成许多类似成语。很明显,这是出于造成四音节的需要；第三组的两个组成部分中有一个共同成分,如"有""无""没"等,这是把三音节拉成四音节的结果；第四组中的虚义语素去掉后,剩下的其实是个双音词,这正是把双音节拉成四音节的例子,其效果与重叠（如"清清楚楚""公公道道""欢欢喜喜"）有相似之处；第五组尽管也是整齐的对称结构,组成部分的意义在似有若无之间,其中节律的需要起了更主要的作用。

至于多于四音节的内容,常被改造成四音节。如:

愿乘长风破万里浪。(《宋书·宗悫传》)→乘风破浪
出自幽谷,迁于乔木。(《诗·小雅·伐木》)→出谷迁乔

维南有箕,不可以簸扬;维北有斗,不可以挹酒浆。(《诗·大雅·大东》)→南箕北斗

这里说的是并列结构。非并列结构的四音节成语也大多是这样来的。如:

愚公移山,名落孙山,狐假虎威,坐井观天;
依样葫芦,以邻为壑,垂衣而治,大声疾呼。

上面第一组是用四个字概括一个故事,第二组是把多于四个字的句子节成四个字。例如"依样葫芦"的原文是"年年依样画葫芦","以邻为壑"的原文是"以邻国为壑","垂衣而治"的原文是"垂衣裳而天下治"等。

至于并列分句,这里只指出一种现象,即汉语三音节的不稳定性。特别是三字中前两个字是主语,谓语只有一个音节时更是如此。这时往往需要再重叠一个类似的结构。古今汉语都是如此。如:

汴水流,泗水流,流到瓜洲古渡头。(白居易《长相思》)
白鼍鸣,龟背平,南郡城中可长生。(《宋书·五行志》)
东方红,太阳升,中国出了个毛泽东。(当代歌曲)

如果不想采用重叠或重复法,就得采用后面要说到的别的办法。

c. 无理式

构词有附加法,构语也有所谓的无理词组。

实际上,前举例子中的"一来二去""七上八下"等是以并列格形式表现的无理词组。还有完全无法从结构上去分析的无理词组。如:

乱七八糟,瞎古龙冬,糊里糊涂,微乎其微,神乎其神,稀里麻哈,古里古怪,花里胡哨……

事实上,这些结构到底算词还是算短语是有不同看法的。但汉族人心理上爱把双音节看成词,把四音节看成"语"。从音韵上来观察,这些结构都是单音节或双音节为四音化需要而作出的某种扩展。

d. 虚饰式

构词上的偏正式,为适应双音化的需要,有时会使用一个虚语素作陪衬,如"苍蝇""乌鸦"等;构语时为适合节律的需要,也常会使用一些实际并不表义的修饰词,构成偏下短语。如:

玉阶空伫立,宿鸟归飞急。(李白《菩萨蛮》)
香貂旧制戎衣窄,胡霜千里白。(孙光宪《酒泉子》)
青山有幸埋忠骨,白铁无辜铸佞臣。(杭州岳坟前对联)

当然,某修饰语是否实际表义要通过上下文才看得出来。很可能同样的修饰语在某一上下文中表义,而在另一上下文中又不表义,仅仅是为了调整音节的需要。例如李白词中的"玉阶","玉"不表义,因为在旅途中不会有那么高级的建筑;而同为李白作的"玉阶生白露,夜久侵罗袜。却下水晶帘,玲珑望秋月"(《玉阶怨》)中,因写的是宫廷,"玉"就有实义了(有人认为李白的"玉阶空伫立"两句是"悬想之词",指"高楼"中的思妇,那又可能是实写了)。同样,岳坟对联中,"白铁"的"白",意义是虚的,"青山"的"青",意义却是实的,因为这是为了烘托陵园的气氛。而同样的"青山",在辛弃疾的《菩萨蛮》词"青山遮不住,毕竟东流去","青"却是虚的,因为其义可有可无,观其上文两句"西北望长安,可怜无数山"中"山"不需加修饰语可知。

了解汉语结构中有虚义语素乃至虚义语词这一特点对于将汉语译成外语很有意义,实义需译,而虚义不必译。从事汉译外,特别是将更重视声韵节奏的古典诗词译成外语的人应当注意这一点。

汉语中方位词的意义也很复杂,有时是实指,有时是泛指,有时却是虚指,即无义,只是为了凑音节的需要。同这里的情况很相似。例如:

东市买骏马,西市买鞍鞯,南市买辔头,北市买长鞭。(《木兰辞》)
开我东阁门,坐我西阁床。(同上)

如果坐实了去理解,就会闹出笑话(如最后一例)。

e. 直接参与造句

古汉语中有所谓句首、句中、句末语气词,其实有时并不表示什么语气,只是为了调整音节的需要。这在诗词歌赋中特别明显,可以说是直接参与了造句。如:

翘翘错薪,言刈其楚。之子于归,言秣其马。汉之广矣,不可泳思!江之永矣,不可方思!(《诗·周南·汉广》)

绿兮衣兮,绿衣黄里。心之忧兮,曷维其已!(《诗·邶风·绿衣》)

如果不了解这一点,在阅读中也会发生错误。正如俞樾在《古书疑义举例》中说:

虚字乃语助之词,或用于句中,或用于首尾,本无一定;乃有句中用虚字而实为变例者。如"螽斯羽",言螽羽也;"兔斯首",言兔首也。《毛传》以"螽斯"为"斯螽",《郑笺》以"斯首"为"白首",均误以语词为实义。……《尚书·君奭》篇"迪惟前人光",犹云"惟迪前人光"也。故《枚传》曰:"但欲蹈行先王光大之道。"又曰:"天惟纯估命",犹云"惟天纯估命"也。故《枚传》曰:"惟天大估助其王命。"乃经文不曰"惟迪"而曰"迪惟",不曰"惟天"而曰"天惟",此亦句中用虚字之例,乃古人文法之变也。《诗·无羊》篇:"牧人乃梦:众惟鱼矣,旐维旟矣。"按:"众惟鱼矣",犹云:"惟众鱼矣";"旐维旟矣",犹云"维旐旟矣"。与《斯干》篇"吉梦维何?维熊维罴,维虺维蛇"一律。彼"维"字用之句首,而此"维"字用之句中,乃古人文法之变也。后人不达此例,而异义横生矣。[1]

2. 影响其他句法手段的运用

汉语的主要句法手段是词序和虚词,但这两个手段无不受到汉语音韵特点的影响。

---

[1] 俞樾:《古书疑义举例》,卷四"句中用虚字例"。

汉语的常规语序常因音韵与节律的需要而倒装。有这么几种情况：

a. 因押韵而倒装

其中有的只是颠倒并列短语内的习惯次序，有的改变了定语与中心语的位置，有的则整个句子都作了变动。如：

其仆维何？釐尔女士。釐尔女士，从以孙子。(《诗·大雅·既醉》)（一般说"士女""子孙"）

东方未晞，颠倒裳衣。(《诗·齐风·东方未明》)（一般说"衣裳"）

妻子好合，如鼓瑟琴。兄弟既翕，和乐且湛。(《诗·小雅·常棣》)（一般说"琴瑟"）

吉日兮辰良，穆将愉兮上皇。(《九歌·东皇太一》)（当说"良辰"）

之子于狩，言韔其弓；之子于钓，言纶之绳。(《诗·小雅·采绿》)（当说"绳其纶"。绳，用如动词，整理）

大风有隧，有空大谷。维此良人，作为式榖¹。(《诗·大雅·桑柔》)（当说"大谷有空"）

弗闻弗仕，勿罔君子；式夷式已，无小人殆。(《诗·小雅·节南山》)（当为"无殆小人"）

b. 插入无义音节，提示宾语前置

上古汉语曾有过宾语直接位于动词前的情况，如《诗·周南·葛覃》之"是刈是濩"，《左传·僖公四年》之"寡人是问""寡人是征"等。但这一方法后来遭到淘汰，而代之以动前宾后的习惯语序。此后如果需要将宾语前置，则需在中间插上"之""是"等字，如"惟你是问"。这个"之"或"是"，有些语法书上说是"代词"，其作用是"复指""提宾"。这种说法有点牵强，因为在实际上，插入这个位置的不仅有"之""是"，还有"焉""斯""实""之为"等。例如：

我周之东迁，晋郑焉依。(《左传·隐公六年》)

朋酒斯飨，曰杀羔羊。(《诗·豳风·七月》)

---

1 榖，在"五谷"的意义上现简化为"谷"，与"山谷"的"谷"同形。此处义为"善"，不宜简化。

> 鬼神非人实亲,惟德是依。(《左传·僖公五年》)
> 其一人专心致志,惟奕秋之为听。(《孟子·告子上》)
> 如松柏之茂,无不尔或承。(《诗·小雅·天保》)
> 不念昔者,伊余来塈。(《诗·邶风·谷风》)

即使"焉""斯"等可看作"代词",但"实""或""来"等恐不宜这么看。更不可思议的还有用"不"字的。俞樾《古书疑义举例》卷四"助语用'不'字例",认为《论语·微子》中"四体不勤,五谷不分"实际上相当于"四体是勤,五谷是分"。这样看来,插在前置宾语与动词间的"之""是"等,还是看作无义的音节,其作用是提示宾语前置为好。

现代汉语中宾语前置又增加了几个手段,例如用"提宾介词""把""将""对"等,以及在原动词前加上虚义动词"加以""进行"等,其中也涉及节律问题。这里不详说。

c. 主谓倒装,以音节隔断

古汉语中主谓倒装,中间必须插入一个音节予以隔断,其中最常用的是语气词"矣""哉"等。如:

> 甚矣,汝之不惠!(《列子·汤问》)
> 甚矣吾衰也;久矣吾不复梦见周公!(《论语·述而》)
> 美哉禹功!(《左传·昭公元年》)
> 大哉,尧之为君!(《孟子·滕文公上》)

汉语的虚词与其他语言相比,还有一个特点,就是灵活性。以形式为主的西方语言,虚词表示结构功能,通常不能省略。而同样具有结构功能的汉语虚词,有时却可以省去不用,其使用与否与语言节律很有关系。最典型的是"之"字。马建忠发现了其中不少规律,此处略引数条[1]:

——"偏正两奇,合之为偶者,则不参'之'字。"
——"若在句中,偏正两奇而与动字、介字相连者,概参'之'以四之。"如《汉

---

[1] 以下引文参见马建忠:《马氏文通》,北京:商务印书馆,1983年,第91-97页,第112-114页。

书·两粤传》:"寡人之妻,孤人之子,独人父母。"前两句加"之",最后一句不加"之"。

——"偏次字偶而正次字奇,与偏次字奇而正次字偶者,概参'之'字以四之。"如《史记·叔孙通传》:"千金之裘,非一狐之腋也;台榭之榱,非一木之枝也;三代之际,非一士之智也。"《孟子·公孙丑上》:"夫仁,天之尊爵也,人之安宅也。"

——"若如偏次平列多字,字数皆偶,而正字惟一奇字者,概加'之'字以为别。正次字偶者,则无常焉。"如《左传·隐公二年》:"涧、溪、沼、沚之毛,蘋、蘩、蕰、藻之菜。"《史记·礼书》:"是以君臣、朝廷、尊卑、贵贱之序,下及黎庶、车舆、衣服、宫室、饮食、嫁娶、丧祭之分,事有宜适,物有节文。"

——"静字先乎名者常也。单字先者,概不加'之'字为衬。"这一条与上面名词作定语(偏次)的区别在于中心语(正次)不一定是单音节。如《史记·刺客列传》"于是太子豫求天下之利匕首"中,"利"加在双音节"匕首"前;《汉书·循吏传》"与我共此者,其惟良二千石乎?"中,"良"加在三音节"二千石"前。

——"偶者亦先焉,惟衬以'之'字若偏次然,不衬者仅耳。"如《庄子·胠箧》:"惴耎之虫,肖翘之物,莫不失其性。"韩愈《上于相公书》:"阁下负超卓之奇材,蓄刚之俊德。"

——"静字同义,而蝉联至四字六字先附于名者,亦惟一衬'之'字而已。"如《庄子·大宗师》:"汝将何以游乎遥荡恣睢转徙之途乎?"

——"对待静字,如附单字之后,率参'之'字;附于双字之后,概无参焉。"如《左传·庄公十年》"小大之狱,虽不能察,必以情"中,"小大"和"狱"之间加"之"字;而韩愈《权公墓碑铭》:"考定新旧令式为三十篇"中,"新旧"与"令式"之间就不加。这也是为了合成四音节的缘故。

"之"字之外,典型的还有"于"字。古汉语作补语的处所词前有时有"于"字,有时没有"于"。这是令古汉语语法学家很伤脑筋的问题,其实不少也可以从节律上得到解释。例如,《山海经·海外北经》"饮于河渭,河渭不足,北饮大泽"中,"河渭"前有"于"字而"大泽"前不用,这明显地也是为了凑成整齐的四音节的缘故。因此,马建忠说:

> 樊哙传:《史记》云:"东攻秦军于尸,南攻秦军于犨。"《汉书》云:"东攻秦军尸乡,南攻秦军于犨。"曰"尸"曰"犨",两地名皆单字,皆加"于"字

以足之;至"尸乡"则双字矣,不加"于"字者,殆为此耶?

此外,古汉语中,介词"以""为""与""用",连词"而"等等都有省略问题,其中都与节律不无关系。甚至连"千有余日"中"有"这样的字使用与否也与节律有关。例如,《史记·封禅书》"其后百有余年,而孔子论述六艺传"中有"有"字;而《史记·孙子吴起列传》"孙武既死,后百余年有孙膑"中没有"有"字,恐怕与两者都要凑成偶数音节有关。

节律问题通常被看作是修辞问题,语法学家很少关心。但语法和修辞之间很难有明确的界线。正如人们所说,语法管的是"对不对"的问题,修辞管的是"好不好"的问题。如果一种说法已经到了使用这种语言的人"不说"的地步,那就不仅仅是修辞的问题了。而汉语,特别是古汉语中,这类情况确实很多,值得深入探讨。这可以为汉语语法研究,尤其是汉语特色的语法研究,开辟一条新的途径。

(此文写于1987-1988年,原是作为与汪寿明合写的《汉语音韵学引论》中第七章"音韵学与其他学科"中的一节。考虑到篇幅太长,出版时把它抽掉了)

韵图分等的关键

自从反映中古韵书体系的韵图诞生以来,对它曾经有过许多种的解释。但作为理论体系,最重要的只有两家:

一种可以叫作两等四呼说,这是明清等韵学派的观点。他们从明清北系韵书的情况出发,认为宋元等韵图上的四等是"乌有先生",实际只应有洪细两等。这是明人袁子让提出而由叶秉敬加以强调的。叶秉敬认为他发现了"一表二等之说",是发现了"千古未成之秘"。到了清初的潘耒,又把两等之说具体化为四呼,认为开口图的四等是开齐两呼,合口图的四等是合撮二呼,而每图之所以有两洪两细是由字母分的。他以两等四呼说去检查韵图,结果发现韵图几乎张张有错,于是只好说,这是等韵"立法未善","自乱其例"。后来相信这一理论的有劳乃宣。但当前音韵学界已没有人相信了。

近代黄侃先生提出的等韵理论,实际上是从这一理论演化来的。黄先生是著名的古音学家,他把潘耒等人的意见与清代古音学的成果结合起来,得出一、四等是"古本韵"的洪细,二、三等是"今变韵"的洪细。黄先生的理论现在多数音韵学家也反对,这里就不多谈了。

另一种可以叫作四等洪细说,这是由江永提出而由瑞典汉学家高本汉完成的,是当今音韵学界最有影响、最有势力的观点,也是新派音韵学各种体系借以建立的基础。它的要点是认为韵图上的四等反映了主要元音的开口度由洪至细的四级。这个理论也是有问题的,我在《评四等洪细说》(已收入本书)一文中已作了详细的评述,这里也不多谈。

这几种错误的等韵理论都有一个共同点,即它们都无一例外地违反了历史主义原则,犯了以今律古的错误。两等四呼说是把明清之际才逐渐产生的四呼理论强加到不知四呼为何物的古人身上,"古本韵""今变韵"说则是把清朝三百年的古音研究成果挪到对古音漠然无知的唐宋人身上;四等洪细说更是把19世纪末20世纪初西方国家刚刚成熟的语音学理论套到了一千多年前的中国古人头上。时代相差这么远,其结果方枘圆凿、格格不入,自是情理中的事。

除此之外,几种理论都还有一个共同的大漏洞,就是解释不了齿音的情况。

袁子让在谈了"一二两等其声似宏""三四两等其声似敛"后说："唯知照二等与诸等稍异。"照二和照三并不组成一对洪细这是显而易见的。江永把丑类、寅类韵的二、四等字都归到了三等。到了现在的四等洪细说，更直接把丑类、寅类韵里的齿音二等字叫作"假二等"，把齿音四等字叫作"假四等"，以至于在同样的韵图、同样的位置上闹出了真真假假的名堂。这些都说明了齿音一栏在韵图中的地位是很特殊的，必须着重对待。

因此，要认识韵图分等的关键，我们要做两个方面的工作：第一，要弄清韵图产生的时代。我们不能再走前人走过的弯路，把属于本时代的特点随意地套到古人头上，让古人来为自己的理论服务。韵图是一定历史阶段的产物，它应该带有那个历史阶段的印记。第二，我们要认真考察齿音在那个历史阶段的特殊性，以及它在排韵图时的作用。

讨论韵图产出的时代，归根结底是研究《韵镜》原型产生的时代。音韵学界在这问题上有两种看法。一种认为产生在唐代，日本的大矢透、中国的罗常培、魏建功诸先生都同意此说，葛毅卿先生更作了较详的考证；另一种认为产生在宋代，赵荫棠先生及一些持谨慎态度的音韵学家都主张此说，李新魁先生在《韵镜研究》（载《语言研究》创刊号）一文中经过考证，更把时代确定在北宋《广韵》和《集韵》两书成书时间之间。我们比较了这几种说法，经过研究，认为韵图产生在唐代的说法是对的，年代是在 8 世纪下半叶，是依当时的《切韵》一系韵书作的；并认为武玄之的《韵铨》是从韵书发展到韵图的最可能的过渡形式。

在这个时代，齿音有什么特殊性呢？我们要从整个体系来看问题。当时，"五音"的说法刚刚提出。在"五音"中，四个唇音是一组，四个喉音、四个牙音也都是一组，舌音在实际语音中虽然已经开始分化，但在《切韵》一系韵书中及当时大多数书面材料里，五个舌音却仍然只能算作一组。[1] 只有十六个齿音却可以分成三组，分别同有关的韵发生关系。因此，《切韵》的声类实际上是三十三类，其中齿音倒占了十六类，几乎一半。这就决定了齿音地位的特殊性，韵图作者对此特别看重，这是不足怪的。

那么，齿音怎么会成为分"等"的依据呢？任何一位根据韵图对《切韵》进行构

---

[1] 李荣先生在《切韵音系》中认为知彻澄已分化出来，此说未妥。不应该把实际语音中正在发生的变化与书面材料完全等同起来。在唐代保守的书面材料里，舌头、舌上是不分的，这从类隔说的产生也可以得到证明。

拟的学者都会发现,齿音这一栏的排列是违反了我们最习见的语音表排列原则的。大家都同意等韵图是"审音"的产物,为什么在这里却出现了如此不正常的情况呢?原来隋唐人的审音原则与现代人并不相同。当时人的审音原则,可以用颜之推的一段话来说明:

> 共以帝王都邑,参校方俗,考核古今,为之折衷。权而量之,独金陵与洛下耳。(《颜氏家训·音辞篇》)

由此可见,这是一种从通语的音位大类出发去进行古今方俗音类分合的综合原则。《切韵》是这样编写的,《切韵》前的各家韵书也是这样编写的。有人认为这段话反映了陆法言前的各家韵书都是按方言编写的,这是不对的。如果都从方音出发,则首先,"共以"及"权而"两句就要落了空,其次,"递相非笑"就失去了基础。因为只有用共同的标准,才能彼此"非笑",如果你按你的方音编,我按我的方音编,彼此互不相干,有什么理由来"非笑"别人呢?正是因为各人的学力不同,方言和历史的知识有深有浅,各人都只能按自己所了解的古今方俗音类去进行分合,因而尽管从同样标准出发,却得出了不同的结果,并且进而"递相非笑"。陆法言在前此各家韵书的基础上进一步综合,把能分的都分了,于是得到了大家的承认,被认为是韵书编写的最高成就。《切韵》的成功也正是审音原则上综合方针的生动体现。

韵图是完全按照韵书编写的,韵书既然是按照综合原则编成的音类系统,则韵图必须如实地反映这一系统,这是很自然的。因而音类的考虑在排韵图时占有相当的比重,这也是可以想见的。如前所述,在《切韵》体系中,齿音是很特殊的,它有十六类,可以分为三组。这三组,既必须留在齿音内,不能跟喉牙唇音一样各占一栏,又不能排成一行以致泯灭了三组间的区别。为了两全其美,作者只好牺牲了直声横韵的原则,把齿音各组在同一栏里分行排列,而其余各音则依据反切下字系联的原则分排在各行。这样,在客观上就出现了"等"的形式。可见,"等"的出现不但不表示语音上的什么构成,而且正好破坏了语音表排列的原则,这是隋唐时代审音标准的产物,是音类表现重于音值描写的结果。

那么,现在所见的韵图形式究竟是怎么来的呢?我们可以作如下的推测。

韵图是从韵书来的,因此,首先应该有从按韵排列的韵书到图表形式的韵书这一过渡。这一工作在唐初已经完成了,武玄之的《韵诠》就是一个标志。《韵诠·明义例》的"为韵之例四也"[(1) 四声有定位;(2) 正纽以相证,令上下自明;(3) 傍通以取韵,使声不误;(4) 虽有其声而无其字,则阙而不书]清楚地说明这是一部图表形式的韵书。从《韵诠》一类书再进一步,去掉其中与音韵无关的部分,韵图的雏形便清楚出现了。从韵图雏形到目前所见形式的发展,我们推测最重要的有三步:

(1) 对韵类进一步细分,主要是分出开合洪细,并按开合不同,分开列图。以王仁昫《切韵》为例,这样的图一共可得到八十五张。

(2) 对声类进一步整理,产生了"等"。《切韵》的三十三声类首先按"五音"分开,在齿音外的四音内又分别按清浊分为四类,再把齿音分作三组,各按清浊分开。由于舌音和齿音中的一组都多出一个"清浊"音,韵图作者便把它们抽出另立一栏,写上"齿音舌",即一个从左往右念,是齿音;一个从右往左念,是舌音的意思。

分完组以后,为了表现齿音的特殊性,反映出它们的不同类别,作者打破了直声横韵的原则,把这三组齿音分行排列。各行的位置是怎么定的呢?他综合考察了齿音三组与韵类的关系,发现可以根据它们彼此结合的情况把所有的韵归纳成五种:第一种从韵类来说是洪音,从齿音来说主要只含精组(借用后来名称,下同);第二种从韵类来说是细音,从齿音来说也主要只含精组;第三种从韵类来说是细音,声类上包含全部三组齿音;第四种韵主要只含庄组齿音;第五种韵不含任何齿音。把声类和韵类综合起来考虑,他发现只要把精组声母分成两组,分别与洪细韵类相配合,就能容纳所有的韵。于是精组被放到最上和最下一行,分别是第一和第二种韵的位置。第三种韵由于也含有精组细音,因而被放在倒数第二行,由于正巧没有单独跟照组发生关系的韵,因此这一行成了照组的位置。这样,第四种韵就只好放到第二行。至于第五种韵,因为不含任何齿音,与第三种韵正好互补,不会发生矛盾,于是也就放在第三行。这样,在韵图上就出现了"四等"。由此可见,"等"是韵图排列中的产物,"等"的分列,正是齿音在其中起了关键作用。

(3) 体现通语音位大类,产生四十三图形式。前面说过,隋唐人的审音标准,也就是《切韵》等韵书的编写原则,是在通语音位大类下进行古今方俗音类的分合,其得出的结果是一个综合性的音类系统,韵图要忠实地反映韵书,首先要表现出这个音类系统,要使韵书中的每一个韵类、每一个声类都在图上占有一定位置,使每一个小韵都各得其所。其次,它还要反映出韵书所据的通语音位大类,以彻底体现审音原则。韵图成书时距陆法言已有一百多年,对通语的认识上当然不可能没有出入,但大体上是相去不远的。这个通语音位大类就是十六摄。许多事实证明,十六摄的概念在唐代已经产生了,韵图就是通过按照十六摄归并韵图的方式来体现通语音位系统的,其结果就是把前面所说的八十五张图归并成了四十三图。

前面说过,把《切韵》各韵的开合全部分开,四声一贯可得八十五图,而现在所见的反映《切韵》系韵书的韵图,却有四十三图(《韵镜》《七音略》)、二十图(《切韵指掌图》《四声等子》)、二十四图(《经史正音切韵指南》)、六十一图(庞大堃《等韵辑略》)和八十图(梁僧宝《切韵求蒙》)等许多形式。这是怎么一回事呢?是不是其中只有一种对,其余都不对呢?或者是不是说,四十三图就是四十三摄,二十四图就是二十四摄,图数的多少就是实际语音的简化与否呢?都不是。八十五图是基础,其余都是按不同原则对八十五图进行归并的结果,反映的都是《切韵》一系的韵书。

从审音标准和排图目的出发,归并韵图的原则应该有三个:一是要使韵书的声类、韵类、各小韵都各得其所,尽量不要冲突;二是反映通语音位大类,同摄的各组韵要尽量放在一起;三是在可能的情况下,图的总数尽量减少。正是由于在三个原则上侧重点不一样,从而形成了上面说的不同图数的韵图。

三个原则体现得最好的是四十三图形式,这是按十六摄归并的。二十四图和二十图过分强调了二、三两个原则而忽视了第一个原则,其中二十四图也是十六摄,二十图的则是十三摄。这种强调表现摄而丢掉韵书小韵各得其所原则的情况是《切韵》系韵书影响减弱的表现,也说明宋元人的审音原则已较隋唐人有了变化。至于六十一图和八十图则是从研究角度出发的。这时十六摄的概念早已分明,用不着通过并图来体现,因此主要只需考虑第一项原则,只在不影响第一项原则的情况下同摄的才合并一部分。对第三原则,梁僧宝完全不予考虑,庞大堃考虑到了,但由于他的书收集了《广韵》《集韵》的全部小韵,比唐时韵书多得多,因此他的图数也多达六十一。从这个事实也可看出《韵镜》等根本不是按《广韵》或《集韵》等宋时韵书编写的。

要同时体现三项原则,特别是第一项原则,韵图总数无法不断减少。我们以王仁昫《切韵》作材料做了一次实验,发现要完全表现全部小韵和反映十六摄,最好是分作四十八图,即在四十三图基础上再把祭韵二等字、仙韵二等字和尤韵四等字分出另列图。但由于祭、仙韵二等字都少,而且这两韵所在的蟹、山二摄为了体现同摄关系已经分别拆作了四图,再拆开显得不大经济,因此最好的形式是这两韵不动,那就是四十四图,即《韵镜》或《七音略》的四十三图再加上尤韵四等的一图。据记载,南宋杨中修的《切韵类例》有四十四图,也许就是这个样子。此书成在郑樵作《七音略》和张麟之序《韵镜》前,也许更接近唐代韵图的原型。

至于二十四图或二十图的形式,主要只考虑韵摄。在这样的图里就不容易看出《切韵》的原貌,更看不清韵图分"等"的原因了。而高本汉依靠的却正是这两种韵图,他的等韵理论怎么会不出差错呢?

(写于 1986 年,载上海市语文学会编《语文论丛》第 4 辑,1990 年)

《广韵》《集韵》《音学辨微》《四声切韵表》辞条

《广 韵》

韵书。全名《大宋重修广韵》,北宋陈彭年、丘雍等奉旨修订,宋真宗大中祥符元年(公元 1008 年)颁行。陈彭年(961 - 1017),字永年,抚州南城(今江西省南城县)人。少好学,曾师事徐铉,深得其传。除《广韵》外,还曾与吴锐、丘雍等奉诏修订过南北朝陈顾野王的《玉篇》,成《重修大广益会玉篇》。丘雍,生平不详。

《广韵》是我国古代最重要的韵书。我国古代韵书,根据文献记载,最早的是魏李登编的《声类》和晋吕静编的《韵集》,但这两部书及其后的一些韵书均已散佚不传。隋代陆法言在总结前人韵书的基础上,于隋文帝仁寿元年(公元 601 年)编出了音韵史上具有划时代意义的《切韵》。但这部书亦已散佚,今仅存陆氏所作的《切韵·序》,刊于《广韵》卷首,借此可见陆氏编写此书的一些方针和原则。自唐初起,《切韵》被当作科场用韵的标准,有很高的地位,"时俗共重,以为典规"(王仁昫语)。有唐一代,为《切韵》添字加注、刊谬补缺的韵书不下百数十种(参见魏建功《十韵汇编·序》)。其中重要的有王仁昫的《刊谬补缺切韵》(习惯上称为《王韵》,书成于唐中宗神龙二年即公元 706 年)、孙愐的《唐韵》(书成于开元、天宝年间)等。但这些书经唐五代的战乱大都散佚,到北宋中期就几乎已荡然无存,直到本世纪初才从敦煌出土了几十种唐五代韵书的残卷,1947 年更奇迹般地在故宫博物院发现了王仁昫《切韵》的全帙。在此之前,千百年来,成书于北宋初年而又完整流传至今的《广韵》成了研究《切韵》系韵书的唯一材料,以至于很多著名学者都把《切韵》《唐韵》《广韵》看成了同一部书。例如,顾炎武作《唐韵正》,其实是《"广韵"正》;陈澧作《切韵考》,其实是《"广韵"考》。事实上,《广韵》虽与《切韵》《唐韵》等有渊源关系,但毕竟是有些不同的。"广韵"的意义有两说,一是"广《切韵》",即在《切韵》的基础上加以增广;另一说"广"乃"广为颁行"的意思。据王国维考证孙愐《唐韵》[又名《广切韵》或《广韵》(见《观堂集林》卷八)]来看,第一说较为可取,亦可见几种书间的密切关系。

《广韵》的编排体例是先按不同的声调分成五卷,其中上声、去声、入声各分一卷,平声因字多分为上、下两卷;在各卷中,再按韵(指韵腹和韵尾,不包括韵头)的不同分为若干个韵部。《广韵》中有平声(包括上平声和下平声)五十七韵,上声五十五韵,去声六十韵,入声三十四韵,合计二百零六韵。每个韵部用一个汉字作代表,叫作韵目,如平声五十七韵是"东冬钟江支脂之微鱼虞模齐佳皆灰咍真谆臻文欣元魂痕寒桓删山;先仙萧宵肴豪歌戈麻阳唐庚耕清青蒸登尤侯幽侵覃谈盐添咸衔严凡";相应的四声韵部有相承关系,习惯上看作一组,如跟"东"韵相应的上、去、入声韵部分别是"董""送""屋"韵,这四韵可合在一起称作东组韵。各韵内再按照声母的不同用一个个圆圈隔开,叫作一个小韵,用一个反切注音,如东韵第一个小韵"东"小韵的反切是"德红切"。在《广韵》中有 3870 个这样的小韵。每一个小韵内的字就是严格的同调、同韵、同声的同音字。《广韵》共收字 26194 字,平均每小韵近七个字。按调、韵、声次序进行编排是《切韵》系韵书的一个重要特色。

在唐五代韵书残卷发现之前,学者们把《广韵》《唐韵》《切韵》等看作同一部书,认为二百零六韵的划分是天经地义的。残卷的发现证明了此说之不确。经学者研究,《王韵》和《唐韵》的一种本子都只有一百九十五韵,《唐韵》的另一种本子是二百零四韵,而《切韵》的原书只有一百九十三韵。在反切用字、小韵数及其他一些方面各书也存在着不同。这些不同促进了对《切韵》系韵书的纵向研究。

对《广韵》真正有价值的研究始于清代陈澧(1810－1882)的《切韵考》。他提出了著名的"系联法",通过分别系联《广韵》反切的上下字来对《广韵》进行本体研究,得出了《广韵》实际上的声韵类别为声类四十,韵类三百一十一。这一方法及结论为后人的研究奠定了基础。

《广韵》是研究汉语语音史最重要的材料。前代学者研究中古音主要依据《切韵》系韵书及有关韵图,研究上古音则通过离析《广韵》来进行,研究近代音乃至当代方音也常通过与《切韵》音系的比照来进行。说《广韵》一书是研究汉语音韵学的基础,这句话恐怕一点也不过分。这样看来,如果对《广韵》或《切韵》音系的性质在认识或处理上稍有不慎,就会使整个汉语语音史的面貌发生偏差。因此所有的音韵学者无不对《切韵》性质的讨论感兴趣,但这一问题的结论迄今尚未完全统一。大体说来有两种观点。一种是单一体系说,认为《广韵》代表的是一时一地的语音体系,二百零六韵各可拟出不同的读音;另一种是综合体系说,认为《广韵》是古今南北方音的综合或"杂凑",二百零六韵存在着"音同韵异"的情况。随着唐代韵书残卷等新材料的发现对单一体系说的冲击,又产生了一种总和体系说,实际是吸收了综合体系的观点而采纳了单一体系的拟测方式与结果。由于对《切韵》音系的性质认识和处理不同，使汉语语音史的研究产生了几种截然不同的框架。

《广韵》在音韵研究中的无可置辩的重要性随着唐五代韵书残卷特别是《王韵》全帙的发现而有所转移，但并没有从根本上动摇，迄今仍是治古汉语尤其是音韵学者案头必备的工具书。

现存的《广韵》有繁、简两种本子，其别在注文的详略，音韵上并无不同。繁本常见的本子有：(1) 张氏泽存堂本；(2)《古逸丛书》复宋本；(3) 曹刻楝亭五种本；(4) 涵芬楼复印宋刊巾箱本等。简本常见的本子有：(1) 复元泰定本；(2) 明代内府本等。经今人校刊的较好本子有周祖谟的《广韵校本》和余迺永的《互注校正宋本广韵》。

《集　韵》

韵书。丁度、李淑典领，宋祁、郑戬、贾昌朝、王洙等修定，书成于北宋仁宗宝元二年（公元 1039 年）。丁度（990－1053），字公雅，祥符（今河南省开封市）人，除《集韵》外，还主持修订了《礼部韵略》。贾昌朝（998－1065），字子明，真定获鹿（今河北省获鹿县）人，音韵学家，著有《群经音辨》。王洙（997－1057），字原叔，应天宋城（今河南省商丘县南）人，小学家，《集韵》成书后，为与《玉篇》互相参照，又主持编写了《类篇》（王去世后，由胡宿、范镇、司马光等相继完成）。

《集韵》的编写体例同《广韵》相似，也是按照调、韵、声的次序，只是因为收字较多，因而卷数比《广韵》扩大了一倍。全书收字 53525 字，比《广韵》增多了 27331 个，合计平声四卷，上、去、入声各两卷。韵部仍是二百零六，只是韵目用字、部分韵目的次序以及韵目下所注同用独用例略有小异。

《集韵》在韵书的发展史上有着重要的意义。它的编纂上距《广韵》仅 31 年，其原因是因为宋祁、郑戬等批评《广韵》"多用旧文，繁略失当"，因而皇帝诏令重新修订，"务从该广"，结果编成了一部与《广韵》在总貌上相似而在精神上颇不一致的韵书。这是一部承上启下的韵书，承二百六韵之上，启韵书革新之下。如果说《广韵》是《切韵》系韵书的集大成著作，其基本倾向是守旧；则《集韵》开始了《切韵》系统内部的革新，为《五音集韵》之类新韵书的产生作了铺垫。

从音韵上来看，《集韵》的革新精神表现在以下几个方面：

(1) 第一次对反切进行了改良。《切韵》系韵书的反切是一脉相承的，比照陆德明《经典释文》可知，许多是汉末以来经师已在沿用的。从这个意义上来看，《切韵》乃至《广韵》的反切，在很大程度上有存古的作用。新编《辞源》在注音上弃旧《辞源》之《音韵阐微》反切而用《广韵》反切，就是这个原因。背离汉末以来经师传统而自创反切，可以说始于《集韵》。这是一项很大胆的革新。《集韵》的改良反切体现在两个方面。其一是改类隔切为音和切，其中最明显的是重唇改轻唇。轻重唇的分化其实早在唐代就已完成，但《广韵》由于要存古未敢在正文中轻改，只在每一卷后面附了个"新添类隔今更音和切"，《集韵》则大刀阔斧地在正文中全改掉了。舌头和舌上的类隔切在《集韵》中也改得比较彻底；其二据王力的说法是"反切上字顾及声调，且顾及等列"（见《汉语音韵学》第 110 页）。所谓"顾及声调"是指以平切平，以上切上等，如"鸡"，由"古奚切"改为"坚奚切"，"土"，由"他鲁切"改为"统五切"等；所谓"顾及等列"是指切上字和被切字在开合、洪细上有保持一致的倾向，从上两例中也可看出。许多人认为等韵图产生在宋代，从《集韵》的改良反切可知，至少在此时，等韵的思想已深刻地影响到韵书的编纂。

(2) 对小韵的次序安排作了大胆更动。《切韵》中每韵内部各小韵的先后次序，一般来说没有什么规律，但有一个倾向，大体是按反切下字与小韵代表字的关系进行排列的。可以想见，《切韵》初编之时是通过系联反切或者用叠韵的方法来归纳韵部的。《广韵》大致沿承《切韵》的旧制，然后将新增加的小韵放在最后。《集韵》就不同了，它是按"五音"的关系把小韵一组组地放在一起的，新增加的小韵也一起编入。同声类而开合不同的小韵，由于反切下字不同，在《切韵》《广韵》中是分在两处的，而在《集韵》中却放到了一处。可见在《集韵》中，声母的类别处于相当重要的地位。这一做法其实并不自它始，在五代刊本的韵书残卷中已可见到这种排法的尝试，而在《集韵》中得到了全面的推开。这一事实一方面说明了声母研究的发展对韵书的影响，另一方面说明比起《广韵》来，《集韵》有着更多的创新精神。《集韵》重视声母和"等列"的做法对《五音集韵》把字母等呼采入韵书有直接的启迪作用。

(3)《集韵》同《礼部韵略》一样，遵照皇帝旨意，采纳了贾昌朝的建议，"改定韵窄者十三处，许令附近通用"。自唐初许敬宗以来，这是第二次。这一事实实际上承认了韵书中"音同韵异"的情况，同时表明，自唐初以来，韵书的作用已从《切韵》编纂时的"广文路""赏知音"两者并重的局面演变为侧重"广文路"一面。这一思路导致了"平水韵"等并韵韵书的产生。而"赏知音"的任务则由等韵图担当了起来。我们当然不能说《集韵》促进了这两者的分化,但《集韵》的做法确实透出了个中消息。

(4)《集韵》的小韵数惊人地增加。据我们统计,《王韵》的小韵数是3645个,《广韵》的小韵数是3870个,三百年间增加了200多个。而《集韵》的小韵数共有4486个,跟《广韵》相比,三十年间增加了600多个。这在实际语言中当然是不可能的。《集韵》小韵数的大量增加跟它编撰标准"务从该广"有关,正如段玉裁指出的:"丁度等此书兼综条贯,凡经史子集小学方言采撷殆遍,虽或稍有纰缪,然以是资博览而近古音,其用甚大。"《集韵》搜遍了古代典籍,把文献记载中反映的古音、方音尽数收入,同时不排除还根据当时语音制定了一些反切的可能,因而使总量大大增加。《集韵》的这一做法实际上是《切韵》"遂取诸家音韵,古今字书"来编写韵书的方针的继续。正是这一方针使《切韵》系韵书在修订增补过程中不断增加小韵成为可能。《集韵》为《切韵》体系的"杂凑"性提供了有力的内证。

除上述之外,《集韵》还有两点做法是引起过争议的。

第一,《集韵》取消了《广韵》的同义又切,而一一录入正文。其理由是:"旧注兼载它切,既不该尽,徒酿细文;况字各有训,不烦悉箸。"而实际上,细检正文,它的同义又切比《广韵》多得多。

第二,由于"务从该广",《集韵》在收集字体上下了一番功夫,不管是正体(包括楷化的籀文、篆文等),还是俗体、或体,兼收并蓄,所收字一般都有二体、三体、四体,有的多达五、六体甚至八、九体,因此使所收字的总量比《广韵》扩大一倍多,达五万三千余(如果算上"子注"中的"别体",还不止此数)。其实如果不同的写法不计在内,不过才三万来字。这就使这本书看起来像一本异体字字典。

对以上两点清代莫友芝用宋祁等批评《广韵》"繁略失当"的话批评说:"其驳《广韵》广陈姓系,类谱牒,诚允至。谓兼载他切,徒酿细文,因并删其字下之互注,则音义俱别与义同音异之字难以遵明,殊为省所不当省;又韵主审音,不主辨体,乃篆籀兼登,雅俗并列,重文复见,有类字书,亦为繁所不当繁。其于《广韵》,盖互有得失,故二书并行不废。"(见《韵学源流》)这个意见是允当的。但从今天的眼光看,也幸亏有了这部出格的韵书,才替后人留下了一部不可多得的异体字字典。

《集韵》编成后流传不广,元、明之际尤不受重视。今存有两种影抄北宋原刻本,两种南宋重刻本。影抄宋本之一是毛氏汲古阁本,为流传的康熙栋亭本及其后之嘉庆顾广圻本、万有文库本、四部备要本等之所据;影抄宋本之二是钱氏述古堂本,1985 年由上海古籍出版社影印出版,此书附有四角号码索引,查检较为方便。

对《集韵》的研究一向重视不够,重要的著作只有清代方成珪的《集韵考正》及黄侃发表于 1937 年的《集韵声类表》。

《音学辨微》

音韵学著作。清代江永著。江永(1681 - 1762),字慎修,婺源(今江西婺源县)人,古代最重要的音韵学家之一。中国的音韵学,在清代之前,从某种意义上说,主要只是材料的积累;真正的音韵研究是从清代开始的,传统音韵学的三大部门在清代才真正得以建立。古音学的大旗由顾炎武首先举起;今音学的研究到陈澧有了重大突破;而在等韵学研究中作出最重要贡献并迄今有着深刻影响的便是江永。江永是清代少有的在三大部门都有杰出贡献的音韵学家。他著有《古韵标准》,继顾炎武的考古学派之后,建立了古音学研究中的审音学派;著有《四声切韵表》,在清代率先对《广韵》的声韵系统进行了分析;著有《音学辨微》,首次以比较科学的态度对等韵学原理进行了阐发。

《音学辨微》作于清乾隆二十四年(公元 1759 年),是江永晚年的作品。全书共分十二章:(1) 辨平仄;(2) 辨四声;(3) 辨字母;(4) 辨七音;(5) 辨清浊;(6) 辨疑似;(7) 辨开口合口;(8) 辨等列;(9) 辨翻切;(10) 辨无字之音;(11) 辨婴儿之音;(12) 论图书为声音之源。该书从古人平时读书作文最习见的平仄四声入手,由浅入深,略过古人较熟悉的韵部,而把重点放在他们较生疏的字母等呼上,尤其对人们感到困难的一些发音上的问题进行了辨析。有条理,有重点,是一本很好的等韵学原理入门教科书。

该书有很多优点。首先,它廓清了宋元以来弥漫在等韵学上的玄虚迷幻的空气,如以五音配五行、五脏、五方等,以在当时历史条件下所能达到的科学程度,用浅近的语言对发音原理进行了解释。其次,它能比较正确地对待官音与方音的关系,不迷信官音,也不拘守方音,"乡曲里言,亦有至是;中原文献,亦有习非"。强调"必合五方之正音呼之,始为正音",实际上已经有了普通语音学的思想。该书的最大功绩是使宋元等韵在经过了几百年的向明清等韵嬗变之后,第一次重新得到了比较明确的解释,从而标志着(宋元)等韵学的正式建立。

但该书也有着一些严重的不足之处。第一,由于历史条件的限制,它在扫除了以前充塞在等韵学上的种种虚幻迷雾的同时,不知不觉地又散布了新的玄虚之说,尤其是最后一章关于河图洛书是声音之源这种荒诞的说法,跟前面几章颇为科学的论述相比,读起来判若两人。第二,作者对明清等韵学派有极其严厉的批评:"古今言等韵者既不知其何以为等,言字母者卤莽灭裂,未能细审字音;迷于齿舌,溺于方隅;或自撰音切,失其伦理,反讥前人立母有误;谓某字复也宜并,某音缺也宜增,某句失其序也宜易。是漫灭分寸铢两,自以己意为伸缩。其能权度万字不差乎?"这一批评对明清等韵学实即北音学缺乏历史的评价,还是可以理解的;问题是作者从批评前人的"师心苟作"出发,一下子又走到了另一个极端——"泥古"。认为"七音""三十六字母""二百六韵"等都是"天造地设","不可增,不可减,不可移动";而其根据竟是"阴阳五行变化自然之妙","大衍之数"。这种观点,验之史实及今人的研究,都是不能成立的。

因此,我们对本书提出并且迄今有重大影响的重要观点就不能不抱审慎的态度。书中说:"音韵有四等:一等洪大,二等次大,三四皆细,而四尤细,学者未易辨也。"这一说法经 20 世纪初与从西方引进的元音开口度理论相结合,成了许多音韵学家拟测《切韵》音系甚至上推到上古音的理论基础。其实江永此说只是从他固有的"前人音学甚精,立母决无差忒"的泥古思想出发,并未经过论证。它与书中另一处提出的"开口至三等则为齐齿,合口至四等则为撮口"的断言一样,充其量只能认为是一种假设。

本书有借月山房汇抄本、泽古斋重抄本及渭南严氏《音韵学丛书》本等,商务印书馆的《丛书集成》本比较容易见到。

《四声切韵表》

音韵学著作。清江永撰。作者介绍见《音学辨微》。

《四声切韵表》是清代第一份表现《切韵》音系的等韵图,是江永等韵学思想的具体体现,也可视作清代今音学研究的发端。

宋元现存的等韵图中,《韵镜》《七音略》及祝泌的《皇极经世解起数诀》与古韵图原貌较接近,反映的是《切韵》系韵书;《切韵指掌图》和《四声等子》是根据宋代实际语音,对古韵图进行归并而成的,与《切韵》系韵书相距已远,是从《切韵》系韵图到北系韵书的过渡;《经世正音切韵指南》是据归并了《切韵》系韵书韵部的《五音集韵》制作的,是古韵图和新韵书的杂交品。到了江永时代,他所能见到的清初韵图,《康熙字典》前的《等韵切音指南》是《经世正音切韵指南》的反版;《音韵阐微》似据《诗韵》,实据《五音集韵》;均非依《切韵》而作。此外就是一些他批评为"师心苟作"的北系韵书的韵图。这些都不能使他满意。因此他"依古二百六韵,条分缕析,四声相从,各统以母,别其音呼等列",编制了这卷韵图。本书遥继《韵镜》《七音略》的传统,对清代等韵及今音的研究具有开创性的意义。

本书分韵列图的标准有三:"一以开口合口分,一以等分,一以古今音分。"前两条与韵图的一般原则相同,最后一条是本书作者作为古音学家的特色,由于古今并陈,颇为前人所讥。客观地说,在《切韵》音系研究中渗入古音确有些不伦不类,也不合学科分类体例;但如从音韵学研究总体着眼,江氏的工作使人注意到古今音的"流变",对古音研究还是有其价值的。

江永对"等"的处理与宋元一般等韵图分列四行的做法不同。他说:"一韵有止一等者,有全四等者,有两三等者。全四等则别出一等者为一类,其余以三等者为主,二等与四等附之;有兼二等三等四等者,亦以三等者为主,二四附之。"因此,在他的韵图里,三等韵的二、四等字都拉直放在同一行。这实际上是后代"假二等""假四等"说的滥觞。

江氏的韵图还有一个特点是"数韵同一入",入声兼配阴阳。从等韵发展史来看,这并非他的首创,《切韵指掌图》和《四声等子》都是这样做的。但出发点并不相同,《指掌图》和《等子》是受了实际语音变化、北方话中入声消失的影响;而《四声切韵表》更多地考虑到古音的通转问题,是江永权衡了中古韵书入声配阳和顾炎武古音学入声配阴后作出的选择。其入声的分配有古音学上的依据。江永说:"数韵同一入非强不类者而混合之也,必审其音呼,别其等第,察其字之音转、偏旁之声、古音之通,而后定其为此韵之入。"江氏的做法开了日后古音学中阴阳入对转的先河,同时,入声独立也成了古音研究中所谓"审音派"的基本特点。与按古今音分韵类一样,这一做法的价值是在古音学上,而不是在等韵学里。

江氏笃信三十六字母"不可增减,不可移易",使他在《广韵》研究中不能得出正确的声母类别,其表现是"同位并立",即在同一声韵配合的位置上并立两个反切。江氏看到了这一问题,说:"上一字有宽有严。其严者三四等之重唇不可混也,照穿床审四位之二等三等不相假也,喻母三等四等亦必有别也。"但对三十六字母的迷信使他无法解决这一问题。他在韵图上留下的这一遗憾为后人的进一步研究提供了有益的启示。

《四声切韵表》的版本有《贷园丛书》本,《粤雅堂丛书》本,渭南严氏《音韵学丛书》本等。较易见的是商务印书馆的《丛书集成》本。清汪曰桢著有《四声切韵表补正》一书,从等韵学角度对《四声切韵表》订正颇多,可以参看。

（原载吴士余、刘凌主编《中国学术名著大词典》,上海:汉语大词典出版社,2000年,第432－436、454－456页）

汉语音韵研究中难以回避的论争
——再论高本汉体系及《切韵》性质诸问题

一、不仅仅是旧话重提

《切韵》音系的性质问题,一向是汉语音韵学研究的"兵家必争之地",近半个世纪以来,几乎所有有关汉语音韵学的著作都要花上相当篇幅对之进行一番论述,表明自己的态度;20世纪60年代初在《中国语文》杂志上、80年代初在几次中国音韵学研究会年会上还曾多次就这个问题展开过激烈的、甚至面对面的交锋。此无他,是因为这个问题实在太重要了,按照高本汉建立、现在已为人们所共同接受的汉语音韵学研究途径,《切韵》体系是上推上古音、下连近代音的枢纽,是整个汉语音韵学研究的基础。在《切韵》性质及其构拟上的分歧,会导致整部汉语音韵史完全不同的面貌。在这一争论中,对高本汉在单一体系认识基础上的古音构拟系统的态度更是关键,赞成者、反对者无不在上面花了无数的口舌。

曾经有一度,这个问题似乎已经解决了。将近二十年前,笔者写过一篇文章:《评高本汉为〈广韵〉拟音的基础——四等洪细说》,文章隔了几年才发表在上海语文学会编的《语文论丛》第三辑上(潘文国,1986a),但文章的基本观点,却早在1982年的中国音韵学西安年会上就已宣讲了,记得当时发完言以后,与会的法国著名汉学家李嘉乐先生走上前来对我说,他非常赞成我的观点,同时告诉我在西方其实已没有多少人相信高本汉的观点了。这使我在高兴之余又深自愧怍,深感自己消息闭塞,不了解国外研究的新动向,所谈的只是人家早已解决的问题。几年之后,张琨先生的汉语音韵学论文译成中文在国内结集出版,在《代译序》上,译者张光宇(贤豹)宣称:

> 1972年是汉语音韵学的分水岭,1972年以前是高本汉时代,1972年以后是张琨时代。两个时期代表两种精神,无论在观点上和实际材料的处理上都有显著的不同。(张光宇,1984;见张琨,1987:4)

这更使我感到综合体系说已经确立,高本汉体系已成明日黄花。

这之后,由于工作关系,有相当长一段时期我的研究集中在语言学其他领域,对汉语音韵研究较少关注,也很少看这方面的论著。使我重新大吃一惊的事发生在 1995 年底前后,那年美国宾州大学著名汉学家梅维恒(Victor H. Mair)访问华东师大,我也参加了接待。交谈中他告诉我国外汉学家在汉语音韵学上的意见,其实可以在高本汉体系的基础上一致起来,所有的区别都是微不足道的。我发现这说法跟我十多年来所相信的情况大相迳庭。当我告诉他中国大陆的音韵学者以王力先生为代表,自 20 世纪 60 年代以来一直对高本汉持批判态度,直到如今还有像我这样对高氏体系从理论基础上就不同意的,他也感到非常惊讶。这使我感到了国内外音韵学者在相当程度上缺乏交流,国内的很多观点不为国外同行所知。

使我更吃惊的是去年潘悟云先生送给我他 2000 年出版的新著《汉语历史音韵学》,拜读之下,我发现他至今还是个坚定的单一体系论者。他强调说:

> 到目前为止,关于《切韵》的性质虽然还在争论,但是海内外主要的音韵学家,都是把《切韵》作为单一体系来接受的。(潘悟云,2000:3)

悟云先生的论述和他在书中大量引用海外汉语音韵学者的见解,仿佛给梅维恒的说法下了一个注解。与此同时,我重新翻开杨剑桥先生几年前送给我的大著《汉语现代音韵学》,书中他断言:

> 汉语音韵学可以分为传统的和现代的两大阶段,传统的阶段是从魏晋南北朝开始,到清代乾嘉学派和章炳麟、黄侃为止,现代的阶段是从高本汉、马伯乐开始,一直到当代的国际国内诸多大师为止,而实事求是地说,现代阶段的内容比起传统阶段来,显得更为科学,更为重要,也更为精彩。当然,这里两大阶段的划分,是根据整个音韵学科的发展趋势来确定的,并不是说,凡是高本汉、马伯乐以后的研究和著述都属于"现代"的范畴。因为直到今天,只信从传统的学问的仍然大有人在,他们的研究和著述跟现代音韵学的理论和方法常常是格格不入的。(杨剑桥,1996:1)

他并且肯定说,高本汉的体系"在整体上是可以成立的"(同上:16),事实上他的整部书,就是建立在高本汉体系的基础之上。

潘、杨两位,尤其是潘悟云先生,是当代音韵学者中的翘楚,在国内外音韵学界有着广泛的影响。他们的著作,在某种程度上代表着国内音韵学研究的最新动向。这使我不得不对自己当年向梅维恒先生介绍的国内情势发生了动摇。特别是,潘悟云在书中指出:

> 有些音韵学家随着他们研究的逐渐成熟,也转而支持单一体系说。如张世禄在《中国音韵学》史中,说《切韵》是"包罗古今南北的多种语音系统",但是在晚年所写的《治学严谨的语言学家赵元任先生》中举了许多方言的证据说明"中古音二呼四等是有客观根据的","有人说,韵图中的'等'是'洪、细'的古今南北综合物。此说实不经一驳。"(潘悟云,2000:4)

而张氏的高足杨剑桥在书中却明明持综合体系说,他说:

> 实际上,七十年代以后的音韵学界恐怕也已经没有人再持单一音系的观点了。即使是周法高,他在《读切韵研究》(1984)一文中也承认"长安方音说"是有毛病的,认为《切韵》"大体上代表当时士大夫阶级的读书音"。(杨剑桥,1996:109)。

但这两位分别持单一体系说和综合体系说的学者,在对音韵材料的处理上却如出一辙,都没有离开高本汉的基本格局。再往远看,20 世纪 60 年代《切韵》性质大讨论中综合体系的代表人物何九盈先生(他自称为"杂凑体系")1991 年写了一本名为《上古音》的小册子,书上说:

> 上古无四等之名,但有四等之实。(何九盈,1991:27)

按照潘悟云的分析方法,他也是"回到"了单一体系。这种种情况促使我们不得不回过头来对《切韵》音系的性质及相关问题作一番重新检讨,特别是有必要考察一下,20世纪60年代《切韵》性质大讨论以来国内几乎是一边倒的"综合体系说",怎么会被人或明或暗地抛弃?同时,20世纪60年代以来,谈到《切韵》性质,几乎人人称引周祖谟先生的"六世纪文学语言的语音系统"(周祖谟1966:473)的观点,但为什么周先生反复强调的:

> 陆法言撰集切韵所以要审音精密,折衷南北,目的固然在于正音,同时也便于南北通用。南北语音不同,或分或合,用的人完全可以根据自己的方音与韵书比合同异,按音检字,所以分韵不妨精密。这种办法,当然不无缺点。主要缺点在于不是单纯一地语音的记录。(周祖谟,1966:458)

却不再见人引用,在拟音的实践中也更得不到体现?

二、"综合"还是"单一"?

依我们看来,讨论《切韵》音系的性质应该包括四个方面的内容。第一,《切韵》究竟是个综合体系,还是单一体系?第二,如果《切韵》兼包古今南北,而自身又是一个完整的体系,那《切韵》究竟是如何把多种体系"综合"进一个体系的?第三,如果承认韵图反映韵书,而且其音韵分析比韵书还要精密,那怎么理解作为综合体系的《切韵》与分成四"等"的韵图间的关系?第四,进入20世纪,汉语音韵研究已进入了构拟时代,单一音系以其能进行精致的构拟骄傲于世,如果是综合体系,那《切韵》还能不能构拟?应该怎样构拟?这四个方面的问题,单一体系论只要回答第一个就行了,其余三个都是自然而然、不成问题的。而如果什么人选择了综合体系,他在回答了第一个问题之后,就必须对后三个问题作出令人满意的解释。因此要主张综合体系,实际上他面临的困难比主张单一体系要大得多,需要更大的勇气,付出更大的努力;而且如果后面三个问题有一个处理得不好,也更容易遭到嘲笑和否定。

综合这四个方面的要求来回顾前两次论争,我们就会发现,不论是20世纪60年代初的那次,还是80年代初的那次,实际上都是不彻底的,当时的双方都只把主要精力放在第一个问题上,至多对第二个问题有所论述,而对第三和第四个问题要么就是没有回答,要么就是语焉不详,或者虽然回答了,却没有给出令人满意的答案。第一次讨论的主将黄淬伯先生基本上没有回答后三个问题;另一位代表何九盈先生对第二个问题努力作了解释,但上引他关于"等"的言论恐怕更会为单一论者所欢迎;另一位综合论者罗伟豪述及了第四个问题,但明确主张采用高本汉拟音:

> 高本汉说《切韵》代表当时的长安方言,这句话固然不足为据,但他说"《切韵》是一个或几个有训练的语言学家作出来的。凡于辨字上有关的韵,即便微细,也都记下来",这些话倒说得没有错。我认为我们对于《切韵》,基本上还不妨采用高氏的拟音,是基于他这种认识。(罗伟豪,1963:27-28)

甚至在对这次讨论带有总结性的周祖谟先生的上引文章里对后两个问题也没有论述;第二次论争的主将史存直先生倒是对四个问题都谈到了,但他的不少观点并没有阐述得很清楚,而有的提法,如说韵图中的"等"是"洪""细"的古今南北综合物(史存直,1985:50),也确实经不起推敲,难怪授人以柄,也在一定程度上反而更使人对综合体系说引起怀疑。正是由于综合体系说本身的无力,导致了十多年来单一体系说的复振。应该说,汉语音韵进入20世纪90年代以后的这一变化,主要还是要由综合论者自己来负责的。如今我们要重新检查"综合论"的得失及与"单一论"的短长,必须要从四个方面完整地来进行,并且尝试在后三个问题上也能给出令人比较满意的解释。

第一个问题,《切韵》究竟是个古今南北的综合体系还是个单一体系?应该说,经过两次大讨论,在这个问题上答案应该是比较明确的。上面我们引了潘、杨两位对这几十年情况的不同估价,一位说是单一体系占上风,一位说是综合体系占上风。平心而论,杨剑桥先生的结论是符合事实的,20世纪六七十年代以来,至少在理论上,明确主张单一体系说的确实是绝无仅有(因此潘悟云先生的意见特别使我吃惊)。转变观点,从单一说到综合说的,杨先生举了周法高先生,其实还可以有一长串名单,包括第一次大讨论中综合派的主将黄淬伯,就是从单一派阵营中反戈出来的。尤其典型的是王力先生,从20世纪30年代的《汉语音韵学》到60年代的《汉语音韵》,再到80年代的《音韵学初步》《〈经典释文〉反切考》《汉语语音史》，从基本接受高本汉的拟音体系，到一次比一次明确地主张：

《切韵》并不代表一时一地的语音系统。（王力，1985：5）。

而从综合说转到单一说的，潘悟云举到的唯一孤例是张世禄先生，但张先生只说了"中古音二呼四等说是有根据的"，并没明白赞成单一体系说。事实上，同意二呼四等是一回事，赞同单一说是另一回事，因此我们在上面特地引了何九盈先生的话，何先生也赞成二呼四等，但直到20世纪80年代他还明明白白地说：

六十年代初音韵学界曾讨论过这个问题。一种意见认为《切韵》是一个"活音系"，代表当时的洛阳话；另一派意见认为《切韵》是一个综合音系，大致以当时的"雅音"（即读书音）为基础。我当时写了一篇文章赞成后一种意见。时隔二十多年，我仍然没有找到足够的理由和充分的证据使我感到应当放弃自己的观点。（何九盈，1985：112）

综合体系说在观点上占了上风，最根本的原因是因为颜之推、陆法言的书明摆在那里，陆要"论南北是非，古今通塞"（《切韵序》），颜要"参校方俗，考核古今"（《颜氏家训·音辞篇》），这里实在不容单一体系插足。正如何九盈所说：

单一单系的思想与颜、陆的指导思想水火不相容，我们又何必拿单一音系的思想来强加于古人呢！（同上：113）

既然事实十分清楚，那么为什么还是有人非要把《切韵》认作单一体系呢？说到底，在所有表面上的理由背后，主要是研究方法论上的需要。这一点倒是潘悟云先生不经意地说出来了。他说：

有些音韵学家对《切韵》的性质虽然没有作过明确的讨论，但是从他们的音韵学著作中可以看出，他们是把《切韵》看作单一音系的。如李方桂的《上古音研究》，李荣的《切韵音系》和《隋韵谱》，其研究方法必须假定《切韵》为单一音系为前提。（潘悟云，2000：3）

事实上这也正是高本汉体系的基础。20世纪初以来,由于受自然科学研究方法的影响,不少人文社会科学研究也纷纷采取自然科学的方法,并以此作为学科走向"科学"的前提。自然科学研究方法要求对象的纯净,以便进行定性和定量的分析。例如,物理学研究运动,要假设物体是在真空中,甚至没有摩擦力;化学研究元素或化合物的性质,要提炼得越纯越好。在语言学界,以索绪尔为代表建立的就是这种"纯净语言学":他首先在言语活动中区分语言和言语,然后排除了言语;再在语言中区别内部要素和外部要素,然后排除了外部语言学;最后再在语言学中区分共时语言学和历时语言学,而排除了历时语言学(索绪尔,1980:40-42;43;141-143)。20世纪60年代乔姆斯基提出:

  语言学主要关心的是在一个完全同质的言语社团里的理想的说话人和听话人。(Chomsky,1965:3)

是对索绪尔的这一思想的进一步发展。这里最重要的是"同质(homogeneous)"这个词,陈保亚在研究20世纪中国语言学方法论的时候说:

  任何学科的初级阶段都需要把所研究的对象限定在一个确定的范围内,使研究的对象有一个稳定的、静态的、没有变异的、易于观察的基础,这就是研究对象的同质化。(陈保亚,1999:1)

  高本汉在建立"现代汉语音韵学"之初,也确实需要一个同质的对象,"其研究方法必须假定《切韵》为单一音系为前提",如果一开始把《切韵》定为一个综合体系,他就根本没有办法构建起一个音韵学大厦来。但随着音韵学研究的深入,"异质"亦即《切韵》综合性的问题暴露出来了,我们就应该有勇气正视,研究在新的事实面前音韵研究如何深入。语言学发展到20世纪下半叶,已经走过了强调同质的初级阶段,突破了索绪尔、乔姆斯基的藩篱,社会语言学、心理语言学、文化语言学、功能语言学、认知语言学等等的兴起,是语言学走向成熟的表现。音韵学也必须直面历史的本来面目。

  实事求是地说,异质的研究比同质的研究要难得多。以音韵学为例,承认《切韵》是综合体系条件下的研究比把《切韵》看作一个单一体系条件下的研究要难得多。在同质的前提下,根据各种条件,列出声韵的表格,又有足够多的音标和符号可供使用,应该说,这种研究开创不易,但继续是并不难的。特别是在高本汉已经做出了一个样板的前提下,对个别地方进行修修补补,更易进行。然而在异质的条件下,面对众多的不确定因素,要进行类似的研究而又要被人承认是"科学"的研究,困难就要大得多(我们只要看看社会语言学、功能语言学相对于结构语言学和转换生成语言学就知道了)。特别是当我们看到,综合说固然是传统音韵学家对《切韵》的看法,但综合体系作为一种学术观点的提出却是在单一体系业已建立之后,我们就不能不把这看作是一种知难而上的深入求知态度。因此,我们不可嘲笑综合论者的智力,以为他们只知道抱残守缺,不懂得随时应变。要知道,19世纪的传统音韵学者面对20世纪西方引进的音标利器确实可能会目瞪口呆,但对20世纪下半叶以来同样掌握了音标工具的音韵学者来说,他们之所以不愿轻易使用这一工具自有其自己的道理。

三、"综合"还是"总和"?

第二个问题,如何"综合"? 单一体系论者不需要回答这个问题,但综合体系论者必须对此作出交待:既然《切韵》中有古今南北的成分,那么,(1)《切韵》自身是不是一个体系? (2)《切韵》综合的是古今南北的语音"系统",还是只是吸收了古今南北的语音"成分"? (3)《切韵》是如何把不同体系或不同的语音成分"综合"进一个体系的?

对于同质论者来说,把不同质的东西放进一个系统中是不可想象的,因此"综合原则根本不可行"就成了单一论者对付综合论者的利器。单一论主张者王显先生说:

> 对于不同的音系我们可以条分缕析地比较其异同,找出它们的对应规律,然而不能把它们横加割裂剪裁,然后又拼凑起来,使之成为一个结构整齐严密的音系,既符合于甲方言,同时又符合于乙方言、丙方言和丁方言。举例来说,北京话、上海话、广州话都各有它们的语音系统,它们是不能拼凑在一起成为一个体系的。如果硬是有人凭主观意志,要把它们拼成个三位一体的话,那一定会把它们三个原有的语音系统破坏得一

塌糊涂，既不符合北京话，也不符合上海话和广州话。（王显，1962：540）

而综合论者对这个问题也回答不一。早期的综合论者是主张"综合"不同音系的，如章太炎先生说：

《广韵》所包，兼有古今方国之音，非同时同地得有声势二百六种也。（原注：且如"东""冬"于古有别，故《广韵》两分之，在当时固无异读，是以李涪《刊误》以为不须区别也。"支""脂""之"三韵，唯"之"韵无合口，而"支""脂"开合相间，必分为三者，亦以古韵不同，非必唐音有异也。若夫"东""锺""阳""唐""清""青"之辨，盖由方国殊音，甲方作甲音者，乙方则作乙音，乙方作甲音者，甲方又或作乙音，本无定分，故殊之以存方语耳。）（转引自史存直，1985：28）

后来罗常培先生提出了一个"最小公倍数"说：

《切韵》分韵是采取所谓"最小公倍数的分类法"的，就是说，无论哪一种声韵只要是在当时的某一个地方有分别，或是在从前的某一个时代有分别，纵然所能分别的范围很狭，他也因其或异而分，不因其或同而合。（转引自潘悟云，2000：2-3）

事实上他们强调的只是"分"，并没具体论述"如何分"，加之罗的古今南北范围太大，反而容易招致人们怀疑。加上如上引王显等单一论者言之凿凿的同质论，因此后来的综合论者逐渐倾向于认为《切韵》的综合只是"吸收"了一些古今方俗的"语音成分"，并且还都打了些比方。例如何九盈先生说他理解的综合其实是"杂凑"：

"杂"是指古今杂揉，"凑"是指南北拼凑。……如明代的《洪武正韵》，就具有古今南北杂凑的特点。（何九盈，1985：113-114）

陆志韦将《切韵》比之于20世纪初的旧国音，说：

陆法言的原意,在乎调和当时的各种重要方言。就好比初期的注音字母包含几个浊音,免得江浙人说闲话。(陆志韦,1947:2)

李思敬则比之于京剧音系,说:

京剧音系是一种艺术语言的音系。它的存在有助于我们理解《切韵》音系这种独特的文学语言系统。(李思敬,1985:55)

但这种"吸收"说很容易导致单一音系,例如何九盈强调:

我们说《切韵》音系在性质上具有"杂凑"的特点,而不是说《切韵》这部书是杂乱无章的,也不是说《切韵》没有严密的语音体系。(何九盈,1985:114)

李思敬强调:

《切韵》并不是日常交际时说话的音,而是当时学者们酌古沿今,把字音分得非常细,而且内部统一的读书音系统……是真正念得出听得见的一个真实的统一的音系。(李思敬,1985:54)

而到了杨剑桥先生,他认为:

《切韵》虽然不能称为一地之音,但确实是一时之音,即公元六世纪文学语言的语音系统……其吸收方言读音,如同今天把吴方言的"尴尬"一词引入现代普通话一样,并不照录方音,而是把方音折合成读书音……《切韵》的作者没有综合古音的思想,《切韵》记录的是当时实际语音的语音系统。(杨剑桥,1996:110-112)

需要说明的是,杨先生及其他许多学者(如麦耘,1996:20)都赞同并使用周祖谟先生提出的"六世纪文学语言的语音系统"这个概念,但其实都是对周先生的曲

解。周先生的观点是在既批评单一体系说又批评"杂拼杂凑"观点的基础上建立起来的,他强调:

> 这种分辨音韵的做法并非杂拼杂凑,它本身原具有严整的辨类的系统性。……切韵分韵定音既然从严,此一类字与彼一类字就不会相混,其中自然也就保存了前代古音中所有的一部分的分别,并非颜、萧等人有意这里取方音,那里取古音。(周祖谟,1966:458;473)

因此杨先生等所谓的"综合体系"观点其实已远离章太炎、罗常培等人的主张,实际上已与单一体系无异。而后期的单一论者从20世纪60年代的王显、邵荣芬直至今天的潘悟云等先生,所主张的也已不是纯粹的单一体系,如邵先生认为:

> 就我们看来,《切韵》音系大体上是一个活方言的体系,只是部分地集中了一些方音的特点。具体地说,当时洛阳一带的语音是它的基础,金陵一带的语音是它主要的参考对象。(邵荣芬,1961:179)

而潘先生说:

> 关于《切韵》一书收有一些方言和古语的成分,各家并没有什么争议,争议之点在于《切韵》能不能代表一个音系。(潘悟云,2000:2)

正是针对综合体系的一部分人与单一体系的一部分人实际上已经合流的情况,我们认为,光在理论上争论是综合还是单一已没有太大的意义,必须结合各种主张实际处理材料的方法和结果来重新分类,据此我们提出了一个"总和体系说"的名称,以此来概括这种合流后的既非纯单一又非纯综合的主张,其与前两种观点的区别是:

> 单一体系:观点上单一的,拟音上主张全部可拟的;
> 综合体系:观点上综合的,拟音上主张不能全拟的;
> 总和体系:观点上综合的,拟音上主张全部可拟的。(潘文国,

1986b：91）

之所以取名为"总和体系"，是因为这种观点的主张者（不论自名为"综合"或"单一"），其结果造成的都是基础音系与所吸收的古音、方音的"总和"。我们还强调指出：

> 由于纯粹单一体系的影响已经式微，更由于单一体系和总和体系在拟音看法上相当一致，它们之间的区别就成了概念上的无谓之争，而与汉语语音史建立的关系不大，因此我们在讨论《切韵》性质的时候，应该把争论的焦点集中在综合体系与总和体系的分歧上，也就是究竟能不能为二百零六韵各自拟出不同的读音上。（同上）

陆法言"综合"的办法，确实有收集"又音"和进行韵部分合两种，"又音"诚然是存古，但它毕竟是个别的、零碎的，不足以影响整个体系，也不是造成《切韵》综合性的根本原因。而且从情理上说，个别读音的吸收不可能成为《切韵》的编制原则，需知要一个一个地定音，只有采用"旧国音"的逐字表决的办法，而《切韵》的讨论是在"夜永酒阑、论及音韵"的情况下进行的，换成今天的时间最多只是酒后的两三个小时，这种情况下只能确定一些根本原则（如以什么为基础音系，参考哪些前人韵书，从分还是从合等）。《切韵》的综合，主要表现在韵部分合上，这有《王韵》韵目下小注从分不从合的强烈证据。问题是，这样的工作能不能进行？会不会如本节开头王显所说，打乱原有的体系？我们的答复是，第一，这样的工作能够进行，陆法言已经做了，而且造成了"酌古沿今，无以加也"（长孙纳言语）的出色成就；第二，这样做没有打乱原先的各家体系，如前引周祖谟先生所言，如果需要，各家都可以从《切韵》体系中还原出自己的体系来。事实上，赵诚先生就曾根据《王韵》韵目下小注整理出了《四家韵书分韵表》（见赵诚，1979：附录一）。这里的关键在于韵类分合造成的是一个音类系统，而不是一个音值系统。从音值考虑去"综合"或"杂凑"，要么就是得出"不可能"的结论，要么就是得出"破坏得一塌糊涂"的结论；而从音类去考虑就不会。

我们不妨再以本节开头王显提出的北京话、上海话、广州话为例，看综合的结果会不会打乱原有的体系。设想有以"寒""男""三""山""开""街"为代表的六组字,在北京话中,六组字可以分为三个韵部,即"寒""男""三""山"为一部,"开""街"各为一部;在上海话中,六组字也分为三个韵部,即"寒""男"为一部,"三""山""开"为一部,"街"单独为一部;在广州话中,六组字可以分为四个韵部,即"男""三"为一部,"开""街"为一部,"寒""山"各为一部。如果我们要把这三地的音系综合进一个系统,就可以分为"寒""男""三""山""开""街"六部,然后在韵目下加注,例如在"寒"下注云:"京与'男''三''山'同,广别,今从广";在"男"下云:"广与'三同',沪别,今从沪";在"三"下云:"沪与'山''开'同,京与'山'同,广别,今从广"……根据这些资料,需要者可以很容易地整理出下面一张表格:

表一 不同音系综合举例

	寒	男	三	山	开	街
北京						
上海						
广州						

如果将这个表所反映的情况放到《切韵》时代,第一行就相当于《切韵》,二、三、四行就分别代表《切韵》所综合的各家韵书。我们可以看到,《切韵》并没有打乱各家韵书的韵部体系,这是它之所以能为各家所接受的根本原因。唯一成问题的是,这样得出的六个"韵部",是无法为之拟出各自不同的读音来的,因此我们说,韵部分合的结果必然造成一个音类系统,而不是音值系统。而这可能性正是汉语汉字的特点和优点造成的。汉语音韵学研究必须结合汉语汉字的特点,无视这一点,一切拿建立在西方拼音文字基础上的语音学理论硬套,正是汉语音韵学研究中的"印欧语的眼光",是我们应当竭力避免的。

四、"等"所表现的是音类还是音值?

《切韵》是音类系统说遇到的最大困难是如何解释等韵的问题。事实上,这也是部分综合体系说的主张者逐渐倒退到总和体系说的重要原因。单一体系说手里有着一张"四等洪细"的王牌,似乎能把等韵图说得头头是道,而传统的综合体系说对等韵图拿不出一个令人满意的解释,于是要么就是否认等韵图与《切韵》系

韵书的联系,如陈澧所说:

> 字母四等者,宋元之音,不可以论唐以前音韵之学也。(《切韵考·外篇·卷三》)

要么就是否认四等的存在,如章太炎认为只有两等四呼:

> 依以节限,则合口为一等,撮口其细也;开口为一等,齐齿其细也。本则有二,二又为四,此易简可以告童孺者。季宋以降,或谓合口开口皆四等,而同母同收者可分为八,是乃空有其名,言其实,使人哽介不能作语。(转引自王力,1956:89)

史存直先生对"等"提出了两种解释,一种强调"等"与介音有关,但又错综了时代差异、古今差异,还结合日本借音和现代方音来比方,结果搞得过于复杂,使人难得要领,并得出结论说:

> "等"并不整齐划一,而是带有镶嵌细工的性质。(史存直,1985:73-77)

另一种解释认为分等是以齿音为枢纽的:

> 要以齿音为枢纽来从整个体系看问题……先就齿音把四等分开,然后再靠切语下字的相互联系决定其他声类的字属于何等。(同上)

这个意见极有启发性,可惜没有充分展开,也未能引起足够重视,人们注意到的只是他的介音综合说。

以上这些理论(最后一种除外)是没法跟单一体系的四等洪细说抗衡的,同时,如章太炎及史存直的第一种解释仍是企图从音理上去解释"等"的构成,这就违背了综合只能造成音类系统的根本思想。

其他持综合体系观的学者更未能提出对"等"的新的解释,因而就只能接受单一体系的四等洪细说;而接受四等洪细说,就势必纠缠在四等读音的构拟上;再进一步,就不得不接受《切韵》是一个"内部一致"的语音系统,不得不跟在单一体系论后面,为二百零六韵各自拟出不同的读音。潘悟云仅仅根据张世禄先生承认二呼四等,就断定他已"转而支持单一音系说",这不是没有道理的。这是总和体系(即综合体系的《切韵》观加上单一体系的拟音法)得以形成和渐占优势的根本原因。

因此我们认为,要彻底地坚持综合系统说,一定要解决等韵理论问题,要找出音类系统对"等"的科学解释。特别是,四等洪细说本身并不科学,并不符合韵图的实际,等韵问题诚然是综合体系说的薄弱环节,同样它也是单一体系说的软肋,是经不起推敲的。其最重要的破绽就在于这不是一种首尾一贯的理论,而是一种机会主义的解释,时而韵母标准,时而介音标准,时而声母标准;这些图是一个说法,那些图是另一个说法。我们曾经给它总结出至少有十个互相排斥的标准:四等洪细;介音;洪细;历史来源;声母;现代方言;外语经验;腭化;长短音;韵尾(详见潘文国,1986a:68-71)。这还只是高本汉所用到的标准,如果加上后来的单一体系论者和总和体系论者所用的标准,恐怕还会多得多。但即使用了这么多标准,韵图上的许多问题还是无法解释,例如为什么要有"假二等""假四等"之类,因此我们归纳说:

> 总括以上标准,我们可以看到,凡是语音学上的各种概念,在分"等"时几乎都用上了。但即使有了这么多标准,四等洪细说对韵图的解释仍不免顾此失彼、捉襟见肘。我们只要举一个例子,前面的那么多标准就要全部落空。譬如《韵镜》三十七图幽韵在牙音次清下有一个"恘"字,遍查各种韵书,这个字都在尤韵。那么,怎么解释它在韵图中的地位呢?上述的种种标准,在这里一个也用不上,恐怕只有说韵图"立法未善""自乱其例",或者再立一个"个别字音变化论"的标准了,但这样的韵图不是使人更难把握了吗?(潘文国,1986a:71)

从方法论上看,多标准的实质就是无标准,认为韵图在编制时会同时使用这么多互相冲突的标准,那不是把古人当作白痴吗?有的人一方面把陆法言、颜之推等人的审音水平抬高到大大超过现代的语音学家,把韵图作者辨识四"等"区别的能力设想到匪夷所思的地步,但另一方面又把韵图作者的编图智慧降到连儿童都不如的水平。这只能说明他们在研究方法上的实用主义,与真正的科学相距不啻以道里计。

因此,寻找对等韵理论的新的解释,不只是进一步为综合体系说寻找合理性的根据,更重要的也是为了从根本上破除四等洪细的错误理论,为汉语音韵学研究重新奠定一个科学的基础。

正是基于这样的认识,我们花了几年时间,对等韵图问题进行了穷尽性的研究,写成了《韵图考》一书(潘文国,1997)。我们受到史存直先生第二种解释的启发,结合韵图产生时(唐代)的历史背景,确认齿音是韵图编排的枢纽;并且依照这一理论,从韵书出发,重现了韵图的整个编制过程。我们在不需要为每个韵部拟定音值的条件下,仅仅依靠音类和反切,完成了全部四十三图的制作。从而既证实了韵图和韵书的密切关系,又证明了音类体系的韵书照样可以排出表面上看来如此繁复的韵图,同时更证明了"等"所表现的也是音类,而不是什么音值,不管是介音、声母还是韵母。

我们不敢说我们的解释就是对"等"的唯一正确的解释,但至少我们是尝试建立一个更加尊重历史,因而也更加科学的新的等韵理论。如果我们把以前潘耒、章太炎的等韵理论归纳为"两等四呼说",把江永、高本汉的理论归纳为"四等洪细说",则这一新的解释不妨称之为"齿音枢纽说"。有了不同的理论,就可以让人们进行比较和鉴别。

检验一种理论是否科学,并不在于它是哪个权威提出的,有多少人信奉,或者有多大的国际国内影响,而是有几条公认的客观标准。语言学史上,最早提出检验一种语言理论是否科学的标准的是丹麦语言学家叶姆斯列夫,他提出了三条"经验性"标准:

> 理论的描述不能自相矛盾(首尾一致),要有穷尽性,并要尽量简洁。不矛盾的要求优先于穷尽性的要求,穷尽性的要求优先于简洁性的要求。(Hjelmslev,1943:10)

但我们觉得光有这三条还是不够的,根据我们的经验,我们把它扩充为下面所说的五"性"。我们的新理论,是实现这五"性"的一种努力;而正是根据这五

"性"的检验,我们才断定四等洪细说同以前的两等四呼说一样,不是解释等韵图的科学理论:

第一,一贯性。这条包括了叶氏的一、三两条。我们觉得凡首尾一贯的理论往往比较简洁,正因为首尾不能一贯才会一下增加一个标准,一下增加另一个标准。这在高本汉体系里看得最明显。前后一致性是一种科学理论的最基本要求。如果你提出了某种理论,就必须能贯彻始终,对等韵图来说,这个理论就必须要能解释全部四十三张韵图。潘耒是想这样做的,但他用他的两等四呼说去检验韵图,却发现十六摄图几乎全部有问题,但此时他不是反躬自省,却责怪等韵图"立法未善","自乱其例",还要"摘其瑕而辨正之"(见潘耒《类音·卷二·等韵辨淆图说》)。其实这个"例"不是韵图作者而是他自己立出的,"乱"正好说明这个"例"本身不能成立,因此后人理所当然地抛弃了它。四等洪细说同样是主观任意的,真正可以用四等洪细去解释的,只有所谓"四等俱全"的蟹山效咸四摄。这就是说,十六摄中有十二摄即75%是不能用四等洪细的理论去解释的,这就使高本汉不得不在四等洪细之外,另外使用了多达九个以上的标准,从而同时又违背了简洁性的要求。甚至在这种多标准的情况下,这一理论对韵图的解释还是左支右绌,捉襟见肘,最后也只好责怪古人,说是:

......由等韵立法未善使然。(罗常培,1956:63)

但是同样,这个"法"不是韵图作者立的,而是四等洪细说的提出者拟想的。因此其"不善"也应该由立"法"者而不是制图者负责,我们也同样应该理所当然地抛弃它。齿音枢纽说只使用了一个标准,即以齿音为枢纽分组,然后依靠反切横向系联。这个标准可以贯穿始终,解释全部韵图,不必另添其他标准。

第二,周遍性。这相当于叶氏的第二条。作为一种等韵理论,它应该能对这一理论所涉及的全部等韵图的异同、变化,及沿革作出历史性的解释。从这点看,两等四呼说只是一种主观猜测,它既解释不了《七音略》,也同样解释不了《四声等子》《切韵指南》等。四等洪细说认为"等"是语音成分的表现,就只能把每一种韵图看作一个语音体系,这样韵图的音系就与韵书不同,如魏建功先生说:

凭了口舌唇吻的证验,韵书中同韵的字将它分开,不同韵的合起。

声韵双方的同异互相交错着,在字母类属两纽的,发音上也许得相近而通,同在一纽的竟至相远而别,这许多情况下总离不了发音的实际表现。等韵的办法是将这实际发音表现在一种图格里,许是为了一面不把韵书原来的分部和字母的分类泯灭了,所以这图格里的位置就成了不可更动的表音标识。(魏建功,1996:96)

而图数的变动,必然反映着语音体系的变动,如王力先生说:

四十三图是根据《切韵》的系统来制成的。但是,上文说过,《切韵》系统并不反映具体语言的实际语言系统,特别是后来语言有了发展,原来的韵图更显得不合适了。于是人们开始把四十三图简化为"十六摄",《四声等子》《切韵指南》就是这样做的。(王力,1963:103-104)

我们都知道,反映《切韵》系韵书的韵图是一个系列,从《韵镜》《七音略》到《切韵指掌图》《切韵指南》直到清代梁僧宝、庞大堃的等韵图都是一个系列,其内部有着必然的联系。作为科学的理论应该对这整个系列有着解释力。四等洪细说因为其僵化的认识对之就没有解释力,而且根本无法解释"等"这个怪物在汉语语音史上为什么会突然产生而又突然消失,为什么几百年里声韵都会起变化而"等"却不会变。而齿音枢纽说能够自如地解释韵图数的并合问题,不但能把已知的这些"宋元等韵图"串起来理解,还能解释清人六十一图、八十图的形式。特别是,它还能推测等韵研究中人们多次提到却无法解释的宋代杨中修《切韵类例》四十四图的面貌。

下面三条是我们对叶氏的补充。

第三,可证性。一种真正科学的理论应该经得起验证,即不论什么人,只要使用这种理论所提供的方法,在同样的条件下,利用同样的材料,都能得到同样的结果。我们在书中的实验证明了,按照齿音枢纽说,任何人仅仅依据唐代的韵书和反切,就能排出和我们一模一样,也和《韵镜》《七音略》相一致的韵图。这是第一个能够自我验证的等韵理论。而两等四呼说和四等洪细说都做不到这一点,甚至根本就不敢提验证的问题,因为一验证就会面临着"自乱其例"的困扰。

第四,预测性。一种科学理论不仅对所讲述的事实有充分的解释力,还要能有一定的预见能力。我们知道,现存的等韵图上有个别混乱和错讹的地方,但哪些地方是原来制图时就有的?哪些地方是后人传抄造成的?前两种理论最多只能在与韵书对照后对后者作出解释,齿音枢纽说却能够预见排成四十三图形式过程中本身会出现的矛盾和问题,还能预测韵图作者可能采取的对策,并一一在现存的韵图中得到了验证(主要在蟹、臻、山、流、咸五摄,详见潘文国,1997:86-87)。

第五,历史性。这是对于解释历史材料的理论的额外要求,我们对之的解释是:

> 特定的方法是与特定的历史条件和特定的文化背景相联系的。历史和文化条件变了,方法也会随之而变化……因此我特别强调历史的因素,强调历史提供的条件,强调人不能超越历史提供的条件去完成只有后人才能完成的工作;同时也强调不能用现代拥有的条件和现代人的思维方法去要求古人。(潘文国,1997:292)

齿音枢纽说没有超越唐以前中国人的认识和理论水平,上面第三条说到的可证性实验即使换成唐代人也可得出同样结果。而两等四呼说起于明清,其背景是当时刚开始形成的四呼理论;四等洪细说虽是清代江永最先提出的,但到了高本汉手里才形成成熟的理论,其学术背景是19世纪末、20世纪初在欧洲产生的语音学,特别是其中的元音开口度理论。因此这两种理论都不约而同地犯了"以今律古"的时代错误。

以上种种分析说明,并不是我们有意要标新立异,或者故意要跟高本汉等这些著名大师过不去,而是科学工作者的良心使我们无法面对一个破绽百出的错误理论而无动于衷,不去设法寻求更科学、更合理的解释。至于我们所找到的道路是否如我们希望的那样科学、那样合理,这就有待于学界的公判了。

五、综合体系下的拟音等问题

潘悟云先生说得很对:

> 如果依有些综合论者的意见,《切韵》综合了各地方音和古代读音,

自然就不能代表一个音系，高氏的工作，包括在高氏构拟基础上发展起来的李方桂等各家的上古音研究，整个基础都要发生动摇。（潘悟云，2000：2）

而根据上面的论述，综合体系与单一体系包括总和体系的论战结果，如果综合体系确实能够成立的话，按照合理的逻辑推理，在客观上就势必推翻高本汉体系的整座大厦。高本汉体系已经惨淡经营了半个多世纪，在国际国内都有着不可估量的广泛影响，甚至已成了"现代汉语音韵学"的标志。同许多人一样，这并不是我们愿意看到的结果。但是客观真理是不以人的主观愿望为转移的，如果高本汉的理论，特别是这个理论的核心——四等洪细说，确实经不起科学的检验，因而被证明只是一种主观臆想的话，那么或迟或早，不是我们也会有别人，总有一天会起来主张扬弃这一理论的，就像人们对待当年的两等四呼说一样（当年的章太炎何尝不是一呼百应的学界泰斗？）。

抛弃了四等洪细说，汉语音韵学应该怎么研究？是不是有人担心的，就只能回到传统的道路上去？说到这里，我们觉得有必要澄清对综合体系论的误解：这种误解把单一体系跟拟音挂起钩来，同时又把拟音跟现代化挂起钩来，因而综合体系反对单一体系就是反对拟音，也就是反对音韵研究的现代化；不赞成高本汉的体系，就只能回到"传统"的道理上去搞音类的分分合合，或者是生活在20世纪却回到了18、19世纪，是时代的落伍，因而其研究和著述就不能属于"现代的"范畴。我们觉得，这种想法未免把综合体系说估计得太低了。凡是研究音韵的，谁都知道其结果必须要与实际读音联系起来，不但今人如此，古人也是如此，从唐代的"改读"、宋代的"叶音"直到清代江永、戴震乃至黄侃，无一不想把研究结果付诸口吻，因而才会有段玉裁晚年对无法验证"支脂之"三分的读音的苦恼。但是在西方的音标传入之前，由于缺乏合适的工具，苦恼却只能停留在苦恼上。科学是大众的武器，音标一经传入，就会被所有有需要的人利用，它并不是主张单一体系论者的专利。认为主张了综合体系，就必然抛弃音标这一20世纪提供的先进工具，回到清人的暗中摸索上去，这是对综合体系缺乏最起码的了解。综合体系并不反对拟音，只是反对在错误理论基础上的拟音，更反对在错误拟音基础上作不合理的引申推理。

但是另一方面，对《切韵》性质的不同理解必然导致方向迥异的汉语音韵学研

究道路。潘悟云先生正确地指出了:

> ……这个问题的严重性,在相当长的一时间里并没有引起音韵学家们的严重关注。(潘悟云,2000:2)

其实没有认识到这一问题严重性的,首先是相当数量的综合体系论者,因而他们才满足于人们表面上承认《切韵》是个综合体系,却对在综合体系条件下可能造成的对汉语音韵研究全局的影响缺少思考,也没有认真的对策,因而在"四等洪细"这一根本违背综合性质的假设前失去了抵抗,结果便轻易地滑到了我们前面说的"总和体系",即表面上的综合体系、实质上的单一体系上。因此综合体系不仅仅是对一部韵书的性质的认定问题,还必须由此出发,提出一套与单一体系条件下根本不同的汉语音韵研究方法论。限于篇幅,这里仅就几个最基本问题谈谈我们的看法。

第一,必须充分重视音类研究的重要性及其在汉语音韵研究中的特殊价值。

有人认为综合体系论者只重视音类研究,不重视音值拟测。这句话只说对了一半。我们不是不重视音值拟测,但我们确实更重视音类研究。除了因为音类研究是音值拟测的前提之外,还因为这是汉语音韵学研究的根本性质决定的,具有汉语音韵研究方法论的意义,不论在理论上,还是在实践上,都有着重要的特殊性。

从理论上看,一个语言的音韵研究可以区分为音类研究和音值研究两种,这是只有汉语才有的特点。任何建立在拼音文字基础上的语言其音韵研究都不可能有这样的特点,例如我们不会说在英语的 lake、lack、last、lament、talk 这些词里,这五个 a 是一个"音类"而具有不同的"音值";也不会在比较伦敦英语与约克郡英语的 bus 或英语和法语中 revolution 时,说 u 及 r、e 等是一个"音类"、两个"音值"。只有在汉语中,我们才会说,某组发音相同的字在各地方言中有不同的读音是同一音类表现为不同的音值。造成这个事实的根本原因是由于汉字这个超方言、超历史因素的存在,是汉字汉语的特性决定了汉语音韵研究的特性。汉语音韵的研究必须充分地、自觉地意识到这一点。

从实践上看,尽管在汉语音韵研究中,古音构拟,特别是上古音的构拟搞得热气腾腾,"精彩"纷呈,但毋庸否认,汉语音韵研究最具有实际意义的领域,在传统是训诂研究,在今天是方言调查和研究。而在这两个领域中,音类的价值比虚拟的音值的价值要大得多。以方言调查为例,中国科学院语言研究所研制的"方言调查字表"从本质上来说,就是一个音类系统,其中的每一个汉字都只具有"音类"的意义,其具体的"音值"要到每一个具体的方言中才能落实。这个调查字表所表现的音韵系统,就无法"构拟"成为一个每个字都有不同读音的"单一音系",而且即使构拟出来了,在具体的方言调查中也毫无意义。这个表的制定正是《切韵》的综合原则在今天的最好体现与科学运用。

第二,古音构拟应该怎样进行?

进入20世纪,汉语音韵学在音类研究的基础上提出了音值拟测问题,使历代音韵学家的梦想有可能实现,这确实是一个时代的进步。正是在这个意义上,我们同意高本汉等人建下了非凡的历史性功绩,将永远受到我们的尊敬与怀念。但是音值拟测必须非常慎重地进行。从综合体系的角度看来,我们认为音值拟测必须注意三个问题。首先,必须承认《切韵》是个综合体系,这就意味着,就整个《切韵》体系来说,必然存在着"音同韵异"的情况,不可能为二百零六韵各自拟出不同的读音来。说到"音同韵异",有人会认为我们故意泯灭《切韵》中不同声韵类的差别,于是千方百计证明在某音韵材料中,某韵与某韵有别;在某音韵材料中,"三等"与"四等"有别;在某音韵材料中,甚至"重纽"的两类也读音有别,等等。其实这与综合体系的主张并不矛盾。陈澧早就说过:

> 陆氏分二百六韵,每韵又有分二类、三类、四类者,非好为繁密也,当时之音实有分别也。(《切韵考》卷六)

我们同意他的说法。但认为所谓"当时之音实有分别"应当有历时的眼光,它不是同一时代同一系统内的分别。《切韵》的分部原则是从分不从合,从分部后的结果来看是造成了一个综合体系,无法一一辨读,但他所从分的韵书之所以分,必定有其实际读音上的依据(如果所从的韵书也是个程度不高的综合体系,则它也必有所从分的依据,追到最后,必有实际读音的分别为基础),因此我们能发掘出各种材料表明《切韵》中某类与某类有别并不奇怪。但某类与某类有别并不能证明在同一个平面上所有的类都必须彼此有别;同时也没有人能找到什么材料能证明这一点。就好比在上面举的北京话、上海话、广州话的例子中,我们能指出分出六"部"的读音上的依据,却无法证明这六部各有其不同读音一样。

其次,对高本汉体系我们也有一个客观的评价,其中有合理的成分。高氏的理论基础错了,不等于他的拟音结果一无可取,必须全部推倒重来。我们所强调要否定的是高氏的四等洪细说及在此基础上造成的拟音结果,不管这"等"的区别是在主要元音、介音还是声母上。但高氏的拟音实际上是两条线的"合力",一是四等洪细的等韵理论,这点不可取已如上述;另一条线是利用现代各地方音与域外对音的材料,这一条从历史语言学的观点看来,还是有一定道理的。因此高氏的拟音系统,排除掉"等"的因素,还是有一些合理的成分。但即使在这方面,我们也必须非常小心,因为高氏对《切韵》与现代方言关系的理解是错误的。潘悟云先生认为高本汉的观点可以归纳为三条:一、《切韵》是个单一音系;二、《切韵》代表长安方言;三、《切韵》是现代方言的母语。并认为除第二条长安应改为洛阳外,其余两条都可以成立(潘悟云,2000:2)。而我们却认为这三条都不能成立。《切韵》既不是单一音系,也不是长安或洛阳音系,更不是现代汉语各方言的共同母语,之所以现代各地的方言能作为《切韵》拟音的出发点,不是因为《切韵》是各方言的共同母语,而恰恰是因为它是一个综合体系,在形成过程中很可能综合了现代汉语很多方言的祖语,从某种角度看,它就像一份中古汉语的"方言调查字表"。因此,邢公畹先生说:

> 《切韵》并不能代表六世纪的某一个具体的地点方言的音系,而是一种统计出来的方言调查字表,更明确地说,是一个有关晋隋间汉语音类的分韵同音字总表,它比较完整地储存了汉语中古音音位的信息。(邢公畹,1982:64)

他的话是有道理的。

再其次,就《切韵》系统来说,我们所能拟出的只是隋唐间汉语通语的语音系统。作为一个综合了多种音系的综合系统,从理论上来说,我们只能就各个音系分别进行拟音,例如在前面的例子中,假设"北京话""上海话""广州话"是不为我们所知的方言,而我们又只知道六个"韵部"的分类,我们就只能利用其他资料,先找出各方言的音类体系,再利用其他可能找到的关于这些方言的旁证读音材料,对它们进行构拟。要是我们找不到所需要的其他材料,这些音系构拟就无法进行。因此实事求是地说，综合体系的构拟比单一体系要困难得多。但事实就是如此，我们不能因为现在手里有了前人所没有过的无数音标和符号，可以玩得得心应手，就必须要为一个实际上并不存在的庞大体系构拟出一个理论上也不能存在的庞大体系。还好老祖宗给我们留下的只是二百零六韵的《切韵》，要是幸而唐玄宗御撰的《天宝韵英》存留至今，按照单一体系论者的逻辑，我们是否也要为这种比《切韵》复杂一倍多、共分为五百九十韵的韵书一一拟出其各部不同的读音，同时从"音理上"证明其存在的合法性和合理性呢（参见王国维《观堂集林·八·〈天宝韵英〉、陈廷坚〈韵英〉、张戬〈考声切韵〉、武玄之〈韵铨〉分部考》)？

那为什么隋唐通语的系统又是可以构拟的呢？因为它具备了上面说的两个条件，一是我们知道它的分类，二是我们有相应的读音可资拟音参照。第一个条件是《颜氏家训·音辞篇》告诉我们的："共以帝王都邑……权而量之，独金陵与洛下耳。"周祖谟先生据此得出结论：

> 当时南北韵书分辨声韵虽有疏密之分，而大类相去不远。在一大类之中，区别同异，取其分而不取其合，对整个语音系统不会有根本的改变。（周祖谟，1966：458）

而这个大类在韵图中的表现就是十六摄。虽然韵书与韵图的十六摄未必完全相同（例如我们根据别的材料可以知道，元组韵在南朝属于臻摄，而在韵图中属于山摄），但"大类相去不远"，我们完全可以把十六摄假定为隋唐通语的读音。

而第二个条件是域外译音，特别是日译吴音、汉音提供的，这两种表音文字的资料为我们提供了南北朝和唐时通语切实可信的材料。

利用这两个条件，我们就可能为《切韵》中所包含的隋唐通语的语音系统构拟出音读。最重要的《切韵》时代的语音系统得以拟出，汉语语音史的研究就有了一个坚实的新基础。

参考文献

陈保亚，1999，《20世纪中国语言学方法论》，济南：山东教育出版社。
何九盈，1985，《中国古代语言学史》，郑州：河南人民出版社。
何九盈，1991，《上古音》，北京：商务印书馆。
李思敬，1985，《音韵》，北京：商务印书馆。

陆志韦,1947,《古音说略》,重刊于《陆志韦语言学著作集(一)》,北京:中华书局,1985 年。
罗传豪,1963,"从颜氏家训音辞篇论切韵",《中山大学学报》1963 年第 1-2 期。
麦　耘,1996,"小议汉语语音史上的'橄榄形'现象",《语言研究》1996 年增刊。
潘文国,1986a,"评高本汉为《广韵》拟音的基础——四等洪细说",上海市语文学会编《语文论丛》第 3 辑,上海:上海教育出版社。
潘文国,1986b,"论总和体系——《切韵》性质的再探讨",《华东师范大学学报》1986 年第 4 期。
潘文国,1997,《韵图考》,上海:华东师范大学出版社。
潘悟云,2000,《汉语历史音韵学》,上海:上海教育出版社。
邵荣芬,1961,"《切韵》音系的性质和它在汉语语音史上的地位",重刊于《邵荣芬音韵学论文集》,北京:首都师范大学出版社,1997 年。
史存直,1985,《汉语音韵学纲要》,合肥:安徽教育出版社。
索绪尔,1980,《普通语言学教程》,巴利、薛施蔼编,高名凯中译,北京:商务印书馆。
王　力,1956,《汉语音韵学》,北京:中华书局。
王　力,1963,《汉语音韵》,北京:中华书局。
王　力,1985,《汉语语音史》,北京:中国社会科学出版社。
王　显,1962,"再谈《切韵》音系的性质",《中国语文》1962 年第 12 期。
魏建功,1996,《古音系研究》,北京:中华书局。
邢公畹,1982,《汉语方言调查基础知识》,武汉:华中工学院出版社。
杨剑桥,1996,《汉语现代音韵学》,上海:复旦大学出版社。
张光宇,1984,"张琨教授古音学说简介——代译序",载张琨《汉语音韵史论文集》,1987 年,第 4-8 页。
张　琨,1987,《汉语音韵史论文集》,武汉:华中工学院出版社。
赵　诚,1979,《中国古代韵书》,北京:中华书局。
周祖谟,1966,《问学集》(上),北京:中华书局。
Chomsky, Noam, 1965, *Aspects of the Theory of Syntax*, Cambridge, Massachusetts: The MIT Press.
Hjelmslev, L., 1943, *Prolegomena to a Theory of Language*, translated into english by F. J. Whitfield, University of Wisconsin Press.

(原载《古汉语研究》2002 年第 4 期,第 2-12 页)

有汉语特色的音韵学研究

近年来,"有中国特色的语言学""有中国特色的历史语言学""有中国特色的汉语历史音韵学"之类的说法不绝于耳,但不知为什么,听了这样的话总觉得有些刺耳。这些说法大概都来自"有中国特色的社会主义"一语,但窃以为,"中国特色的社会主义"是一个有明确含义的政治术语,与中国的社会、政治、经济、文化等联系较密切,而与一般的学术研究关系较疏远,还是不要随便用到学术研究上为好。例如,我们不会说什么"中国特色的数学研究""中国特色的物理学研究""中国特色的文学研究""中国特色的历史学研究"等等。这一术语用得过滥,会给人以一种政治庸俗化、学术庸俗化的感觉。还会授人以柄,认为那是在鼓动"民族主义",与"全球化""现代化"背道而驰。那么,怎么体现汉语研究中在与其他语言的研究有共同点的同时又有不同的理论、途径和方法呢?我觉得,不妨以"有汉语特色的语言学研究"一语取而代之。所谓"汉语特色",就是注意并强调汉语的特点,特别是汉字存在这个事实。说到底,汉语语言学之所以会呈现出一些与其他语言研究不同的特点,并不是因为政治的原因、社会的原因或经济的原因,而是因为汉语汉字的特殊性。不从汉语汉字出发,中国的语言学研究与其他各国的语言学相比,没有什么其他的"中国特色"。而离开汉语汉字谈什么语言研究的"中国特色",即使说得天花乱坠,也像是对"特色"一词的嘲弄。

"有汉语特色的语言学研究",这句话说起来容易,做起来却不那么容易;甚至许多支持"中国特色的语言学研究"的人也未必肯承认汉语,尤其是汉字的特殊性,更未必同意将之作为语言研究的出发点。君不见,几乎整整一个世纪,汉字一直处在被动挨打、遭受声讨的境地,在语言研究中是没有其地位的,多少语言学家避之唯恐不及。汉语的研究,在许多情况下,不是强调汉语汉字的特殊性,而是以摆脱汉字,或者是假设汉字并不存在作为前提的。这是源于拼音文字的西方各种语言学理论得以毫无阻挡地在中国大行其道的根本原因。我们并不反对借鉴、引进西方的语言学理论,但如果将此作为语言研究,尤其是汉语研究工作的全部,所谓"中国特色"就成了自欺欺人的空话。

拿汉语音韵学来说,许多人是把"构拟",看作音韵学"现代化"的标志,甚至是

"现代化"的唯一内容的。一些从事"现代"汉语音韵研究的人,其所做的工作,说得透彻一点,就是把汉字改写成音标,似乎这样一来,音韵研究就大功告成了。许多学术"争论",其实只是在把汉字改写成音标的过程中,不同的假设之间的争论。在不同的假设基础上,再对语音的演变过程作出假设:这套音标体系是怎样变成另一套音标体系的,这个音标是怎样变成另一个音标的,如此等等。有些学者说这是一种"音标游戏",是不错的。我们并不反对使用音标,更不反对进行假设。而且我们同意,从事科学研究,假设的过程是不可缺少的。但是,如果一门学科的研究,自始至终全部是假设,那么,这一学科存在的意义就非常有限,不管有多少人给它戴上"科学""现代"等等漂亮的桂冠。汉语音韵学研究如果真的堕落成音标游戏,那只能说是汉语音韵研究的悲哀。而之所以会如此,其根本原因就是研究者忘掉了汉语,忘掉了汉字,虽然他们研究的是中国的音韵学,但本质上不是"有汉语特色的音韵学研究",而可说是一种"有印欧语特色的中国音韵学研究",与我们所主张的"有汉语特色的音韵学研究"正好反其道而行之。

正当中国的某些语言学家逐渐忘掉了汉字,并以无视汉字作为汉语研究"现代化"的标志的时候,西方一些语言学家和语言哲学家却不约而同地把眼光投向了汉字。法国哲学家德里达(Derrida, 1967)、利科(Ricoeur, 1967),英国语言学家哈里斯(Harris, 2000)均从汉字出发,颠覆了西方现代语言学、语言哲学,开辟了全新的学术研究思路。笔者今年(2002年)夏天到牛津拜访哈里斯教授,他快人快语地说:"你们中国真不该搞汉语拼音文字!"我赶紧回答说:"不,我们没有把汉语拼音作为一种文字,只是作为一种注音工具。"其实我们自己心中有数,当初我们的设想确实是想走"世界各国共同的拼音文字方向"的,只是在实践中不断碰壁,发现此路不通,才被迫改变了初衷。

汉语特色的音韵学研究,就是要充分重视汉语汉字的特点及其在语言研究中的意义。汉语汉字的最大特点是汉语上下五千年、纵横上万里,口音歧异,方言众多,其作为一个统一的语言的地位是由汉字来维系的。我们都知道,按照西方语言学的标准,汉语不应该只是一个语言,而更应该像一个"语系"或"语族",内部包含有几个"语言",汉语各大方言都应该有独立的语言地位。外国学者(如 Bolinger & Sears, 1981)说中国人强调汉语是一个语言,是出于政治的考虑而不是出于学术的考虑,对此许多唯西方语言学是从、闭眼不承认汉字地位的中国学者也似乎感到心虚理亏,不敢吱声。其实,如果考虑到汉字作为"汉人的第二语言"

（Saussure,1916），及其在汉人语言生活中的实际作用的话，我们完全可以理直气壮地告诉世人：汉语就是一种语言。从这一事实出发，我们马上可以想到两个问题：第一，现在普通语言学上关于语言的定义是不完备的，因为它没法回答汉语作为一种语言的资格的问题。第二，既然作为汉语成立的基本条件，必须考虑进汉字的因素；那么，对于汉语的研究，能够排斥汉字存在这一事实吗？对这两个问题的深入考虑，将从根本上改变汉语研究的面貌。

以汉语音韵学为例，汉字在其中的地位决不可小看，从某种程度上来说，它决定了汉语音韵学研究与其他语言音韵研究的不同性质和特点。从普通语言学的角度看，如果说语音学研究的基本单位是音素，音位学研究的基本单位是音位，音系学研究的基本单位是区别性特征的话，则汉语音韵学研究的基本单位就是音类，而这正是汉字的特点赋予的。

从汉语汉字的特点出发，音类与音值的关系可说是汉语音韵学研究的一个永恒的主题，这是别的语言的音韵研究所没有，也不可能有的。历史音韵研究、语音演变研究、汉语方言研究，都离不开这个主题。什么时候背离了这个主题，什么时候汉语音韵的研究就会出现偏差。正是在认识这个主题的基础上，我们才有可能认识汉语音韵研究的哲学基础，确立汉语音韵学研究的本体论、方法论和认识论。

汉语音韵研究的本体论即汉语音韵学的定位问题，它是传统小学的一个组成部份。传统小学是一个以训诂学为主体、以文字学和音韵学为两翼的一个不可分割的整体。20世纪音韵研究的发展使汉语音韵学有独立出来的趋势。相对的独立性对一门学科的深入研究当然是有益的，但如果据此认为音韵学就可从此彻底摆脱训诂学，那就大谬而不然。脱离了训诂学，汉语历史音韵学就将成为无根之水、无本之木，既失去了研究的动力，也失去了检验研究成果的标尺。不论是汉语音韵的断代研究，还是历史演变研究，都要求有"书证"，或至少，要能"证书"，即证明书本上的记载。这个过程，就是与训诂学结合的过程。这跟在论述过程中随意举一两个例子来为我所用是不同的。离开训诂学，走西方式的历史语言学的道路，这是汉语音韵研究走向空对空、走向音标游戏的根本原因。

汉语音韵研究方法论包含许多方面，其中核心的一点就是音转理论，通俗地讲就是"一声之转"（当然这里的"声"还包括了"韵"和"调"）。这是清人音韵研究的最高成就，也是传统汉语音韵学研究的最高成就，是中国传统语言学对人类普通语言学研究的最大贡献之一。现在有人不遗余力地攻击"一声之转"，强调"同声必同部",这只能说明他对汉语音韵学的精髓缺乏认识,甚至也没有真正理解西方的历史比较语言学。因为如果说"同声必同部",与西方历史语言学的"格里木定律"有共通之处的话,则西方历史语言学的整个建立过程、词汇对应原则的确立,靠的就是"一声之转":原始印欧语对于梵文、古拉丁语、古希腊语是"一声之转",从古拉丁语到现代各欧洲语言也是"一声之转"。甚至西方现代语言如英语,其标准形式与各种方言、各种变体之间的关系也是"一声之转"。只是西方语言学家还没有像传统汉语学者那样归纳为一条言简意赅的规律。比较起来,不论是汉语历史音韵学还是西方历史语言学,"一声之转"都比"同声必同部"要重要得多,因为后者只是在一种语言或一种方言内部起作用,是静态的、相对来说比较呆板的研究,而前者却适用于多语言、多方言的研究,是一种动态的、灵活的研究。如果考虑到语言不仅仅是一个静态的系统,更是一个动态的运动过程的话,前者的意义是不言而喻的;而如果考虑到用汉字记载的汉语是一个古今方俗的综合体,"一声之转"的方法论就尤为可贵。

　　汉语音韵学的认识论,就是对汉语历史上的音韵材料要有一个基本的认识,在这个过程中一定不要忘了汉字的存在及其作用,一定不要忘了汉字既表音类又表音值这个双重的意义。这个特点的存在,有它的有利方面,也有它的不利方面。如果说,其最大的有利方面是维系了汉语整体作为一个语言而存在的话,则其不利方面是,在古今通(语)方(言)的大背景下,用汉字很难造出一个纯粹的、单一的语音系统,特别是无法利用这样一个系统来统一全国的语音。就好像在今天,我们也许可以用汉字把汉语普通语或者什么方言的语音系统记录下来,但我们绝对无法用这样一个系统到全国去推广普通话(比如说,告诉某方言区的人某汉字该读什么音之类)。这只有在汉语拼音的条件下才能办得到。生活在20世纪的人们已经习惯了汉语拼音或至少是注音字母带来的便利,接触的外国语又都是拼音文字,就会理所当然地用今天的眼光去推测古代的情形,他们无法想象只能利用汉字来记音的条件下音韵研究的困难程度,因而也很难理解中国古人在这种情况统一全国语音(至少是读书音)的高度智慧。事实上,在汉字条件下,音韵研究与教学只能采取"比类"的方法。即在教某字读音的时候,告诉学生此字与彼字同音,或与某方言中的某字同音。从"直音"到"反切",都体现了这种"比类"原则,也就是利用汉字表示音类的原则。整个汉语音韵学是建立在这个基础上的。从汉字特点出发,我们不得不承认流传至今的汉语历史音韵材料,不管是韵书、韵图、韵文还是反切，多多少少都带有一点综合性或者杂凑性，音韵分析水平的高低不仅仅表现在音值即具体读音上，更表现在音类即对古今南北音韵知识的掌握上。音类分得越细，说明在这方面的知识越丰富，就越会为人所钦佩，被誉为"知音"；相反，音类分得粗，说明音韵知识不足，就会被讥为"囿于方音"。而其结果，音类分得越细的，其"综合"程度就越高；反之则越低。这是"有汉语特色的音韵学研究"对汉语音韵材料的基本认识，也是各项具体研究得以进行的出发点。

参考文献

Bolinger, Dwight & Donald A. Sears, 1981, *Aspects of Language*, 3rd edition, New York: Harcourt Brace Jovanovich, Inc.

Derrida, Jacques, 1967, *De la Grammaotologie*, translated into English by G. Spivak as *Of Grammotology*, Baltomore and London: The John Hopkins University Press, 1976.

Harris, Roy, 2000, *Rethinking Writing*, London: Athlone Press.

Ricoeur, Paul, 1976, *Interpretation Theory: Discourse and the Surplus of Meaning*, Texas: The Texas Christian University Press.

Saussure, F. de, 1916, *Cours de linguistique générale*, edited by Charles Bally and Albert Sechehaye, Paris: Payot & Cie, 1972.

（原载中国音韵学研究会、石家庄师范专科学校编《音韵论丛》，济南：齐鲁书社，2004年）

编辑现代"《切韵》"之构想

陆法言在《切韵·序》里提到韵书编写有两种思路:"欲广文路,自可清浊皆通;若赏知音,即须轻重有异。"那么,他本人采用的是哪一种路子呢?许多人以为他走的是"赏知音"的路子,理由是他的分韵比任何人都要多,而且他自己说他是"剖析毫厘,分别黍累"。但实际上恐怕并不是。上面两句话用的是古文中习见的互文手法,意思是,若仅仅是要"广文路",则"清浊""轻重"都不必在意;而如果要"赏知音",则"清浊""轻重"都需要区别开来。"清浊"指什么?据后来的用法看有两种解释,一指声母,一指声调。而声母的分析在陆法言时代还未提上议事日程,显然不可能。若指声调,则据孙愐《唐韵序·论曰》所云:"《切韵》者,本乎四声……引字调音,各自有清浊",它指的就是后人所谓的阴阳调。我们知道,从周德清《中原音韵》开始,平声才分出阴阳。至于四声各分出阴阳,那是更晚的事情。陆法言显然没有做到,也没有去做。"轻重"指什么也是众说纷纭。无非是"开合"或者"洪细"。从郑樵《七音略》的用法来看,指开合的可能性较大。但陆法言并未解决"开合"问题。不仅陆法言没解决,他的继承人也没有解决。从陆氏《切韵》到王仁昫的《刊谬补缺切韵》,增加了"严"韵的上去二韵,没有涉及"开合"。到宋代陈彭年等的《广韵》又增加了十三韵,实际是为"真""寒""歌"三组十一韵分出了开合,说明他们已意识到了这个问题。但除这三组韵之外,其他韵的开合仍没解决。"洪细"也是如此。大约只有"冬锺""虞模""阳唐""尤侯"等少数韵部是洪细分列的,其余都没分开。我曾经作过一个统计,如把王仁昫《切韵》的58组195韵(或者《广韵》61组206韵。因陆法言《切韵》已佚,我们没法统计)完全按开合洪细分开的话,可得93组291韵(不计重纽)。因而陆法言的"赏知音"工作远未完成,或者甚至是知而未作。《玉海》引韦述《集贤记》注云:"天宝末,上以自古用韵不甚区分,陆法言《切韵》又未能厘革,乃改撰《韵英》,仍旧为五卷,旧韵四百三十九,新加百五十一,合五百八十(文国按,当为五百九十),分析至细。"可见陆法言时代应该也是有条件做的,但他没有做。《天宝韵英》今亦不传,我想原因是因为这种"分析至细",真正属于"赏知音"的工作后来被韵图之学取代了。那陆法言的书是为了"广文路"吗?他编这本书的远因是他与颜之推等八人的夜论音韵,近因则是"返初服"之后"私训诸弟子"的需要,因为"凡有文藻,即须明声韵"。孙愐在说了可以清浊分韵之后也说:"若细分其条目,则令韵部繁碎,徒拘桎于文辞耳。"而《封氏闻见记》也认为"隋朝陆法言与颜、魏诸公定南北音,撰为《切韵》,凡12158字,以为文楷式"。说明确与"广文路"有关系。但看来这条路也有问题,因为封演接着就说:"属文之士,共苦其苛细。国初,许敬宗等详议,以其韵窄,奏合而用之。"宋、金以后人们更把这些"同用""合用"之处干脆合并,出现了专为属文之用的诗韵、词韵。元代周德清的《中原音韵》更是专为作曲而编的。

由此可见,彻底的"赏知音"韵书应该是唐玄宗的《天宝韵英》以及后来的等韵图,彻底的"广文路"韵书应该是周德清的《中原音韵》。陆法言在这两条路上都走得不彻底,可见他编写《切韵》的目的不在乎此。那么他为什么要编这么一部韵书呢?

细读《切韵序》,发现他们九人那晚的讨论,其重点其实并不在"广文路"或者"赏知音",而在"论南北是非,古今通塞"以及"诸家取舍,亦复不同……各有乖互",也就是说,他们更关注的是音韵的南北古今差异,及反映在各家韵书中的异同,因而他们想编的是一本规范性、权威性,而又有继承性,能为各方接受的"大一统"性质的韵书。此事发生在隋代开皇之初,中国在经过三百多年的分裂之后重新迎来了大一统的局面,可以认为这正是呼应了时代的要求。国家的统一要求韵书的统一。而韵书统一的办法不可能是扬此抑彼,或以某家取代各家,更不可能自己另搞一套,而又指望凌驾诸家之上,而只能是在前人基础上提高。正是考虑到了这些,因此陆法言的具体编法是:"遂取诸家音韵、古今字书,以前所记者,定之为《切韵》五卷,剖析毫厘,分别黍累。""古今字书"照顾了"古今","诸家音韵"考虑了"南北","前所记者"是十几年前的灯下讨论。从"夜永酒阑"的情况来看,即使那晚讨论了一个通宵,也只能是个简单提纲,或是几条基本原则,加上一些具体处理的例子。而"剖析毫厘,分别黍累"就是具体的操作办法,除了个别字的归韵之外,总体做法就是我们熟悉的"从分不从合"。而整个编写原则,就是九人讨论会上"萧、颜多所决定"之一的颜之推说的:"共以帝王都邑,参校方俗,考核古今,为之折衷。权而量之,独金陵与洛下耳。"这段话见于颜氏所作《颜氏家训·音辞篇》,该书成于夜谈之后没几年,而这段话很可能是追记那晚他们提出的编写意见。这段话中谈到的"方俗""古今",我们在陆法言序里已经见到了,特别值得注意的是"共以帝王都邑……独金陵与洛下耳"这几句。为什么呢?因为它解答了我们另一个问题：要论南北古今的"通塞"和"是非"，需要有个判别标准或至少是出发点，那只能是最有影响的"帝王都邑"的语言。东晋南北朝三百年，最重要的"帝王都邑"无非是洛阳与金陵两家，而金陵士族本就是晋室南渡而来，可说同出一源，其音韵相去不远。所谓"通塞"，能分就是"通"，不能分就是"塞"；所谓"是非"，能分就是"是"，不能分就是"非"。为什么这么说？《音辞篇》上说："音韵蜂出，各有土风，递相非笑"。从今天的经验看，所谓"土风"就是不能分，例如说南京人"l""n"不分，上海人"王""黄"不分。把不能分的分开了，"土风"就没有了。这一点连"帝王都邑"也不能例外，因为肯定也有某"古今字书"能分，而"帝王都邑"不能分的情况，因为就"帝王都邑"来说，也是"南染吴越，北杂夷虏，皆有深弊"。如果一切以合"帝王都邑"为是，不合"帝王都邑"为非，那就不必"参校方俗，考核古今，为之折衷"，也不必"取诸家音韵、古今字书"了。由此可以断定，《切韵》肯定不是某个"帝王都邑"的单一语音系统记录，而是折中古今南北、各家韵书的一个综合体系。在这个新体系里，凡是各家韵书里能分的韵都分了，因此韵部数量就特别多，而各家韵书在新体系里还都能找到自己原来的影子。30多年前，赵诚先生曾经写过一本《中国古代韵书》(中华书局，1979年)，其中附了一个《四家韵书分韵表》，列出了杜台卿、夏侯咏、李概、阳休之这四家《切韵》所据韵书的分韵情况，就是依据《王韵》韵目下从分不从合的小注。因此即使有了《切韵》，而这四家的面貌还在。《切韵》的工作，一方面保留了前人的成果，没有掠美；另一方面因为分得更细，质量大大提高，即使原作者还在，见了也会心悦诚服。因此陆法言《切韵》一出，完全代替了各家韵书的地位，形成一尊的局面。进入唐代，长孙讷言赞之说："此制酌古沿今，无以加也。"正是肯定它在继承前人和适应当代两方面的成就。

将"诸家音韵"综合进一个系统，还不打乱各家原先的体系，许多人认为不可能。那是根据现代语音学，从音值角度去考虑的结果。把各地方读音的音值收集起来，编进一个系统，那确实只能形成《国际语音总表》那样的东西，当然会打乱原来各自的体系。但是从传统音韵学，从音类角度看，综合各音系而又不打乱原先的体系，这在汉字条件下又是完全可能的。赵诚先生整理出的四家韵书体系证明了这一点。这里我们不妨以今天的方言为例，做一个"从分不从合"的实验：

设想有六组彼此押韵的字，我们把它看作六个押韵单位，分别以"寒""男""三""山""开""街"六个字作为代表，如：

寒、安、看、完、官……

男、南、庵、坛、函……
三、参、衫、惭、蓝……
山、潺、间、关、弯……
开、哀、台、才、来……
街、皆、鞋、解、阶……

按照各地的实际读音,在北京话中,这六组字可以分成三个韵部,即"寒""男""三""山"为一部([an]),"开""街"各为一部([ai]、[ie]);在上海话中,六组字也可以分成三个韵部,即"寒""男"为一部([ø]),"三""山""开"为一部([ɛ]),"街"单独为一部([A]);而在广州话中,这六组字可以分成四个韵部,即"男""三"为一部([am]),"开""街"为一部([ɔi]),"寒""山"各为一部([ɔn]、[an])。如果我们要把这三地的音系综合进一个系统,可以有两个办法。一个是实际音值相加,这在现今有国际音标这个工具的情况下很容易办到。如上面所标注的,可得北京3+上海3+广州4共十个韵,由于北京的[an]与广州的[an]重出,实际是九个"韵部"。这个办法很精细,但结果是原先的各家分类不见了。另一个办法是不管每个韵的具体读音,而只把它看作一组组"音类",比方说,"寒"组字,尽管它在北京念[an],在上海念[ø],在广州念[ɔn],是三个不同的音,但我们不管,只从它们使用同一个汉字"寒"出发,把它看作一类,即"寒"类,以"寒""男"等作为一类类的代表字,这样尽管我们根据实际读音得出了九组音,从音类看却只有"寒""男""三""山""开""街"六类,我们用六个汉字作代表,称为韵目,并且在韵目下加注,说明这一类在各地读音中的分合情况。例如,在"寒"下注云:京与"男""三""山"同,广别,今从广;在"男"下云:广与"三"同,沪别,今从沪;在"三"下云:沪与"山""开"同,京与"山"同,广别,今从广……根据这些资料,需要者可以很容易地整理出下面一张表格:

表一 韵部分合举例

	寒	男	三	山	开	街
北京						
上海						
广州						

如果将这个表所反映的情况放到《切韵》时代,第一行就相当于《切韵》,分了六部;二、三、四行代表《切韵》所综合的各家韵书,分别只分了3、3和4部。我们可以看到,《切韵》并没有打乱各家韵书的韵部体系,如果需要(例如赵诚先生所做的事)仍然可以恢复其原貌。这是它之所以能为各家接受的根本原因。我们可以想象,在通语语音不普及也不可能普及的隋代(它没有今天推广普通话那样的条件和手段,而今天有这样的条件,改革开放以前普通话在全国的普及程度仍然很低),又没有国际音标那样的精密标音工具(汉字没法表音,你写下一个"寒"字,没法说明是念的北京音、上海音,还是广州音),采取这个办法是多么了不起的发明。秦始皇实行"书同文",统一了全国文字;但他没法实现"语同音",统一全国的语音,因为既没条件,又没工具,也没有方法。陆法言他们解决了这个问题,《切韵》统一了全国书面的读音,这才为以后科举确定押韵标准创造了条件。从现代语音学的角度看,唯一成问题的是,这样得出的六个"韵部",是无法为之拟出各自不同的读音来的,因此我们说,韵部分合的结果必然造成一个音类系统,而不是音值系统。

以上对《切韵》编写原则和成书过程的探讨,对于了解汉语和汉语研究特色、研究中国文化传统是有意义的。而我发现,只要汉字使用没变,这样的方法即使在今天还是有意义的。比方说,可以编一部可称之为今天的新《切韵》,来为今天的文艺创作,特别是戏曲创作服务。

我们不妨仿照陆法言的方法先分析一下当前对音韵的需要。第一件,"赏知音"。这件事已由汉语拼音方案的制定,对汉语普通话的分析已经完成。但正如周有光先生所说,汉语拼音方案有三点不足,一不能拼方言,二不能拼古音,三不能拼外语。如果要拼方言、古音和外语,则需要借助于国际音标。而随着国际音标的不断完善,包括加进了几个专门描写汉语的音标,在"赏知音"上可说已臻完美。第二件,"广文路"。实际上,自金王文郁《平水新刊韵略》和南宋刘渊《壬子新刊礼部韵略》之后,中国韵书的编纂已经走上了主要为"广文路"服务的道路。周德清《中原音韵》更开创了以实际语音为准、为文艺创作服务的韵书新传统。直到今日的各种《中华新韵》《诗韵新编》之类的韵书,对普通话的十八韵根据需要进行归并,有十三韵、十四韵等主张,大体可以满足根据普通话进行文艺创作的需要。第三件,《切韵》,也就是论"南北是非、古今通塞"的韵书。由于1949年以来我国的语言工作重心一直在推广普通话上,方言一度被边缘化,甚至看作落后的标志。

方言文艺受到了一定的压制，特别对地方戏曲的影响更大。"以字行腔"是中国戏曲的最大特点，方言是地方戏曲的灵魂，没有方言，也就没有了地方戏曲。而地方戏曲的用韵与普通话不尽一致，也不可能一致。比方作为"国剧"的京剧号称Beijing Opera，却与普通话不同，如《空城计》"我本是卧龙冈散淡的人"一段，用的韵字是"人、坤、请、分、印、今、振、生、音、人"，出现了"三韵通押"（en，eng，em）的形势，《珠帘寨》"昔日有个三大贤"一段，用的韵字是"贤、园、散、圆、冠、喊、边、严、鞍、欢、前、圆、转、年、闲"，更出现了"五部同用"（《中原音韵》的"寒山、桓欢、先天、监咸、廉纤"五部）的情况。京剧一些"上口字"归韵也与普通话不同，如"街""解"应在 ie 韵，上口字在 iai 韵；"歌""割"应在 e 韵，上口字在 uo 韵。京剧之外，各地戏曲也各有自己的特点，南方一些剧种如越剧、沪剧、评弹等更保留了入声韵部。在方言被边缘化的时候，这些剧种的音韵只能靠各自的从业人员勉强在保存着。到了今天，在语言学界强调推广普通话同时要保护方言，文艺界强调要坚持"推陈出新、百花齐放"的方针，各剧种需要发展，剧种之间需要交流，剧外专家需要研究的时候，这些问题就不能继续留在音韵学界的关心之外。除了帮助各剧种编好自己的韵书之外（"广文路"性质的韵书），也应在更高的层面、全国的层面，编出一本便于各剧种通用、各方面人士研究的韵书，这就是一本类似《切韵》性质的韵书。从上面对《切韵》的分析知道，这样的韵书不仅需要，也有可能，其原则和方法也就是《切韵》提供给我们的原则和方法。

《切韵》提供给我们的原则就是"共以帝王都邑，参校方俗，考核古今，为之折衷。"今天能代表"帝王都邑"的语言当然就是汉民族共同语——普通话，而在戏曲中的具体体现就是"十三辙"。"十三辙"的源头是《中原音韵》。赵诚先生（1979：111）说："据说，到了清代，有一个山东人叫贾凫西的，根据《中原音韵》作了一些简化，后来又经蒲松龄加以订正而编成了十三辙。这十三辙被北方的戏曲、说唱艺人接收下来一直沿用到现在。""十三辙"的应用很广，不光是北方，连处在江南的黄梅戏、处在西南的川剧也在用，因此让它担任出发点、在其基础上进行分合是可以的。

而"方俗"和"古今"则是近现代戏曲所运用的各家韵书，古的有适合北曲的《中原音韵》、适合南曲的《洪武正韵》，为南昆、北昆同时适用的《韵学骊珠》，今的则有各地方剧种编的韵书。下面我们仿照《切韵》进行分合的方法，绘制了两张表格：

表二 广韵、诗韵、词韵、曲韵比较表

（舒声部分）

16摄	《广韵》	同用独用	《佩文诗韵》	13摄	《词林正韵》	《中原音韵》	《洪武正韵》	《韵学骊珠》	十三辙
通摄	东董送01	独	东董送01	1	1	东锺1	东董送01	东同01	13
	冬 宋02	同用	冬肿宋02						
	锺肿用03								
江摄	江讲绛04	独	江讲绛03	2	2	江阳2	17	江阳02	12
止摄	支纸寘05	同用	支纸寘04	3	3	支思3	支纸寘02	支时03	5 一七
	脂旨至06					齐微4	07	机微04	7
	之止志07								
	微尾未08	独	微尾未05						
遇摄	鱼语御09	独	鱼语御06	4	4	鱼模5	鱼语御04	居鱼06	5
	虞麌遇10	同用	虞麌遇07				模姥暮05	姑模07	4 姑苏
	模姥暮11								
蟹摄	齐荠霁12	同用	齐荠霁08	3	3	4	齐荠霁03	04	5
	祭13								
	泰14	独	泰	5	5	皆来6	皆解泰06	皆来08	6 怀来
	佳蟹卦15	同用	佳蟹卦09						
	皆骇怪16								
	夬17								
	咍海代19	同用	灰贿队10	3	3	4	灰贿队07	灰回05	7 灰堆
	灰贿队18								
	废20	独							
臻摄	真轸震21	同用	真轸震11	6	6	真文7	真轸震08	真文09	11 人辰
	谆准稕22								
	臻23								
	文吻问24	独	文吻问12						
	欣隐焮25	独							
	魂混恩28	同用	元阮愿13						
	痕很恨27								

续　表

16摄	《广韵》	同用独用	《佩文诗韵》	13摄	《词林正韵》	《中原音韵》	《洪武正韵》	《韵学骊珠》	十三辙
山摄	元阮愿26	同用	元阮愿13	7	7	寒山8	寒旱翰09	干寒10	10言前
	寒旱翰29	同用	寒旱翰14						
	桓缓换30					桓欢9		欢桓11	
	删潸谏31	同用	删潸谏15			8	删潸谏10	10	
	山产袆32								
	先铣霰33	同用	先铣霰01			先天10	先铣霰11	天田01	
	仙狝线34								
效摄	萧筱啸35	同用	萧筱啸02	8	8	萧豪11	萧筱啸12	萧豪02	8遥条
	宵小笑36								
	肴巧效37	独	肴巧效03				爻巧效13		
	豪皓号38	独	豪皓号04						
果摄	歌哿箇39	同用	歌哿箇05	9	9	歌戈12	歌哿箇14	歌罗03	2梭波
	戈果过40								
假摄	麻马祃41	独	麻马祃06	9	10	家麻13	麻马祃15	家麻04	1发花
						车遮14	遮者蔗16	车蛇05	3乜斜
宕摄	阳养漾42	同用	阳养漾07	2	2	2	阳养漾17	上02	12江阳
	唐荡宕43								
梗摄	庚梗映44	同用	庚梗映08	10	11	庚青15	庚梗敬18	庚亭06	13中东
	耕耿诤45								
	清静劲46								
	青迥径47	独	青迥径09						
曾摄	蒸拯证48	同用	蒸拯证10						
	登等嶝49								
流摄	尤有宥50	同用	尤有宥11	11	12	尤侯16	尤有宥19	鸠侯07	9由求
	侯厚候51								
	幽黝幼52								
深摄	侵寝沁53	独	侵寝沁12	12	13	侵寻17	侵寝沁20	侵寻08	11

续　表

16摄	《广韵》	同用独用	《佩文诗韵》	13摄	《词林正韵》	《中原音韵》	《洪武正韵》	《韵学骊珠》	十三辙
咸摄	覃感勘 54	同用	覃感勘 13	13	14	监咸 18	覃感勘 21	监咸 09	10
	谈敢阚 55								
	盐琰艳 56	同用	盐琰艳 14						
	添忝㻿 57								
	咸豏陷 58	同用	咸豏陷 15			廉纤 19	盐琰艳 22	廉纤 10	
	衔槛鉴 59								
	凡范梵 61	同用	14						
	严俨酽 60								

（入声部分）

《广韵》	独用同用	《佩文诗韵》	《词林正韵》	《洪武正韵》	《韵学骊珠》	
屋 01	独	屋 01	15	屋 01	屋读 01	居姑鸠
沃 02	同用	沃 02				
烛 03						
觉 04	独	觉 03	16			
质 05	同用	质 04	17	质 02	恤律 02	北叶居鱼
术 06						
栉 07						
物 08	独	物 05				
迄 09	独					
月 11	同用	月 06	18	曷 3	质直 03	北叶机微
没 10						
曷 12	同用	曷 07				
末 13						
黠 14	同用	黠 08		鎋 4	拍陌 04	北叶支灰皆
鎋 15						
屑 16	同用	屑 09		屑 5		
薛 17						
药 18	同用	药 10	2	药 6	约略 05	北叶萧歌
铎 19						

续　表

《广韵》	独用同用	《佩文诗韵》	《词林正韵》	《洪武正韵》	《韵学骊珠》	
陌 20	同用	陌 11	17	陌 7	约略 05	北叶萧歌
麦 21						
昔 22					曷跋 06	北叶姑歌
锡 23	独	锡 12				
职 24	同用	职 13				
德 25						
缉 26	独	缉 14		缉 8	豁达 09	北叶家麻
合 27	同用	合 15	19	合 9		
盍 28						
叶 29	同用	叶 16	18			
怗 30					屑辙 08	北叶车蛇
洽 31	同用	洽 17	19	叶 10		
狎 32						
乏 34	同用	16				
业 33						

表三　江南戏曲韵辙

汉语拼音	北韵 13 辙	沪剧 15＋5 辙	越剧 16＋4 韵	评弹 14＋5 韵	淮剧 14＋6	
a	发花 1	爹妈 14	拉抓 1	家排 13	爬沙 1	
ia						
ua						
o	梭波 2	9	波罗 5	歌枯 12	婆娑 2	
uo						
e						
ê	乜斜 3	14	1	13	6	
ie						
üe						入 15
er	一七 5	知思 15	思支 13	支书 3	齐西 7	
ï						
i		衣溪 13	衣欺 12	几妻 4		
ü			于虚 16	居鱼 5	12	3	图书 3
u	姑苏 4	乌呼 9	15	乌呼 15(同 5)		

续　表

汉语拼音	北韵 13 辙	沪剧 15＋5 辙			越剧 16＋4 韵		评弹 14＋5 韵		淮剧 14＋6	
ai	怀来 6	开台 6	蓝山 7		来采 7		回灰 6	4	开怀 6	
uai										
ei	灰堆 7	灰堆 8		13					垂灰 12	
uei										
ao	遥条 8	交消 5			腰晓 4		萧肴 11		乔梢 4	
iao										
ou	油求 9	流求 11			留求 9		头尤 14		愁收 5	
iou										
an	言前 910	鹃园 11	6	7	番阑 2	团圆 10	阑删 7	盘欢 9	谈山 8	2
uan										
ian		天仙 10			天仙 11		天仙 10	10	田仙 9	
üan								9		
en	人辰 11	根青 1			临清 8		新人 8		辰生 10	
uen										
in									琴心 11	
ün										
ang	江阳 12	姜阳 2	唐郎 3		唐皇 2	阳长 14	江阳 2		常商 13	
iang										
uang										
eng	中东 13	1	2	3	4	8	8	2	10	
ing									11	
ueng		同中 4			铜钟 6		同中 1		蓬松 14	
ong										
iong										
o?		花茶 16			六托 18		龌龊 15		霍托 15	
									六足 17	
i?		铁雪 17			铁锡 20		铁锡 18		锡铁 20	
ə?		勿勃 18			勒什 19		墨黑 17		黑特 18	
ɤ?		百尺 19					芍药 16		活泼 16	
a?		塔杀 20			蜡塔 17		邋遢 19		邋遢 19	

表二以"古"为主,考察从《广韵》到《韵学骊珠》的发展演变和韵部分合情况,以十三辙结束。表三则以"今"为主,以十三辙开头,观察其与江南一些戏曲剧种的韵部分合情况,其中"＋"前后分别指的是舒入声韵部的数量。

有了这个基础,我们就可以尝试进行现代《切韵》的编写。试以十三辙中的"人辰、江阳、中东"三辙为例,它们在四个剧种韵书中的情况是这样的:

表四　"人辰、江阳、中东"三辙在四剧种中的分合

	一	二	三	四	五	六	七	八	九
十三辙	人辰		江阳		中东				
沪剧	1		2	3	1	2		4	
越剧	1		2	3	1			4	
评弹	1		2					3	
淮剧	1	2	3		4	2			5

三个辙在各家韵书中分别分成4、4、3和5部,而从分不从合的综合结果,则可以得到9部,几乎比原先分部最细的韵书还要多一倍。当然这并不奇怪,因为这9部只代表韵类,具体的读法则是要到各剧种语言自身去解决的。因此,必要的下一步工作是在韵目下给出小注。例如,在"韵部一"下注:"十、评与二同,沪与二、六同,越与二、五、六、七、八同,淮与一。今从淮";在"韵部三"下注:"十、淮与四同,沪与七同,评与四、五、六、七、八同,今从越"。这个小注是非常重要的,借此可见原先各韵书的情况。《切韵》原来也有,可惜《王韵》之后的《切韵》系韵书都省略了,结果给后人带来了很多迷惑,并且影响了对《切韵》性质和成书过程的认定。

以上只是凭手头有限资料做的比较粗的分类,具体要做起来事情并不简单。第一要有比较可靠的各家韵书。第二要更广泛地收集资料,即使是同样使用十三辙的北方戏剧曲艺,在"大同"的情况下也一定会有"小异";南方的更应收集,特别是还保留闭口韵和入声尾的广东、音韵特色更鲜明的福建等。很多地方戏现正处在消失之中,这也是抢救保护的一个过程。第三要认真处理戏曲中的音韵问题。明清以来各地产生的剧种大都深受"百戏之祖"昆曲的影响,表现在唱和白的不一致,唱词和韵白大多用昆曲的中州韵和文白,念白则采用当地方言,第四则要细致处理个别字韵问题。如果这件事能做成,编成一部既综合了当今全国主要戏曲的

用韵，又能了解各剧种自身的音韵体系，还能看到各剧种音韵的彼此关系及与历史音韵的传承关系的韵书，那一定是一件功在当代、利在后世的大事业。衷心希望能有人把这件事做起来。

（原载胡晓明主编《后五四时代中国思想学术之路》，上海：华东师范大学出版社，2018年4月，第701－716页）

诗文声韵的再思考

传统诗文的声韵格律主要由四个要素构成，就是"言""韵""声""对"。根据这四项要素的分布及配置，就可以以简驭繁，从总体上把握古代所有文体在形式上的要求。

"言"指的是一个音节或一个字，主要用于诗词和骈文，还可分为两类："齐言"和"杂言"。"齐言"是各句的字数相等，如四言诗、五言诗、七言诗等；"杂言"是字数不等，诗有杂言诗，词别名"长短句"，句子长短不等。骈文中有一类名叫"四六"，即以四字句和六字句为主。"韵"指押韵，根据押韵与否，可以把所有文体分为两大类："文"与"笔"。《文心雕龙·总术》所谓："无韵者笔也，有韵者文也。""声"指声调。古代是四声八调，现代普通话只有阴平、阳平、上声、去声四个声调。传统诗文依据的当然是古四声。古四声有两种分类法，一种是平仄对立，平是平声，仄是上去入三声的总称，这种分法用途最广。另一种是舒促对立，主要见于词律，《词林正韵》十九部中前14部是舒声韵部，后5部是促声韵部。现代普通话中已没有了促声。"对"指对仗。根据是否要求对仗，又可以把文体分成骈文和散文两大类。现代讨论诗文声律，"言""对"没有大问题，"韵"通常承认有古今之别，问题在于今天写诗当用古韵还是今韵。问题最大而且讨论不多的是声调即平仄的问题。古代有平仄之分，今天有人认为在入声派入其他声调以后，还可以有平仄之分，即阴平、阳平属"平"，上声、去声属"仄"，这就是新平仄。那么，今天阅读和写作旧体诗文，应依旧平仄，还是新平仄？本文主要讨论这一问题。

一、"平仄"是历史形成的传统

第一个问题：能不能不管古代读音，直接按现在普通话的读音去理解和运用平仄？如果不能，为什么？

我的回答是"不能"。为什么？有两个原因，第一，这是个传统；第二，这是种文化。

先讲一。说是传统，就是承认，第一，它是历史的产物；第二，它有传统的力量,不轻易随历史而变。

平仄的基础是四声,四声存在有多久?至少三千年,在《诗经》时代就有了。怎么证明?有人作过细致考察,《诗经》中四声分押,即平押平、上押上等的比例占全部押韵单位的82.2%。可见上古对四声的认识和运用已很清楚。但只是用于韵脚,还没有意识到可以作为构成文体的元素用到诗文中去。南北朝周颙、沈约说他们发明了四声是不对的,但说他们最早发现四声可用于文学写作是对的。四声是客观的存在,但发现四声,为之命名,并力主用于写作是他们的功劳。另外,沈约也是平仄最早的提倡者,虽无其名,而有其实。他写的《宋书·谢灵运传论》里有一段非常重要的话:"欲使宫羽相变,低昂互节,若前有浮声,则后须切响。一简之内,音韵尽殊;两句之中,轻重悉异。妙达此旨,始可言文。"这里出现了五组对立的概念:"宫羽、低昂、浮声/切响、音韵、轻重"等等。据后人考证,这些对立的概念指的就是"平仄"。这一理论一经提出,马上风靡诗文学界,其后数百年,整个文坛简直就是声律的世界,直到唐初形成了律诗、律赋等严格的文体形式。有意思的是,平仄对立如此深入人心,但"仄"这个字出现却很晚。唐初讨论诗文声律,都是把"上去入"直接与"平"对立,后来出现了"侧"字,这个字最早出现在日本和尚释空海留学回国后写的《文笔眼心抄》一书里,释空海是唐代最有名的日本留学僧,是日语中平假名的发明者,他在中国认真研究诗学,整理各家诗论写了一本《文镜秘府论》,《文笔眼心抄》就是《文镜秘府论》的简本。在《文镜秘府论》里,他用的还是"上去入",可见这个"侧"字产生很新。《文笔眼心抄》发表于公元820年。其时上距沈约的时代(441-513)已有300多年,可见平仄的概念从提出到应用,再到稳定成熟,经过了相当长一个历史时期。公元820年是唐宪宗元和十五年,在此前后释处忠发表了一本《元和韵谱》,其中第一次谈到了四声的调形:"平声哀而安,上声厉而举,去声清而远,入声直而促。"就是说,平声是平的,"安"是安稳、不高不低的意思。上声比较高亢又有向上举的感觉,应该是个升调。去声是一种向远处送的感觉,应该是个降调。而入声是个一发即收的短促的声调,可能升降不明显。简言之,四声就是"平、升、降、短"四个调子,后面三个都不平,因此合称为"仄"或"侧",与"平"相对。平仄的理论也最终完成。

但它马上迎来了第一个考验。因为在"平仄"这个对立里,上声,即升调,是归在"不平"即"仄声"里的。这在平声不分阴阳的时候当然没有问题。但等四声变成八调,平声分出阴阳之后,两者调形不可能一样,其中只有一个能保持平声不变,另一个肯定要变。以现代普通话为例,阴平的调值是55,不高不低,符合"平"的要求,而阳平的调值是35,一个升调,实质上已经不能算"平"了。因此,当平声分出阴阳后,把阳平仍放在平声里,已经不符合"平仄"对立的本来意义了。也就是说,一旦四声分出八调,或者即使只有平声分出阴阳,平仄的分别就只有形式上的意义,而跟实际读音无关了。那么,在此以后,坚持平仄之名,而无平仄之实,这就只能叫作坚持传统。因此,现在有人提出能不能不按古代平仄,而依据今天的四声,就是个从"名"还是从"实"的问题。很多人以为这个问题今天才有,其实比我们想象的要早得多。早到什么时候?早到比描写出四声调形的《元和韵谱》还要早。

就在《元和韵谱》成书前半个世纪,唐玄宗天宝十载,公元751年,有位孙愐修订《切韵》,编成了一部《唐韵》,在《唐韵序·论》中他说:"必以五音为定……引字调音,各自有清浊。若细分其条目,则令韵部繁碎,徒拘桎于文辞耳。"这里的"清浊"就是后人说的"阴阳","各自有清浊",就是四声各可分出阴阳。四年以后,唐玄宗李隆基亲自主持,编了一部《天宝韵英》,原因是:"上以自古用韵不甚区分,陆法言《切韵》又未能厘革,乃改撰《韵英》,依旧为五卷"。我们知道,作为唐代官韵的陆法言《切韵》,分韵193,已经够细了,但唐玄宗还批评他"不甚区分",孙愐则指出"区分"的办法是"各自有清浊",即把韵部各分出阴阳调。这说明,当时的实际语音已经有了分阴阳调的可能。但最终,孙愐没有做,因为他怕这样一来,"徒拘桎于文辞",诗文更难做了。唐玄宗的书因随即发生安史之乱,没能传下来。不管怎样,第一次挑战没有成功,平仄的传统还是得到了继续。

但实际语音还是在变。到了元代泰定元年(公元1324年),周德清打破《切韵》传统,根据实际语音编了一部《中原音韵》。该书在声调上有三个特点:平分阴阳、浊上变去、入派三声。"平分阴阳",其中一个肯定不"平"了;"入派三声",取消了仄声的一个成分;派入平声的入声更打乱了原来的平仄之分。12年之后,1336年,刘鉴编了一本《经史正音切韵指南》,在这本书的序里,刘鉴举例肯定了"浊上变去"的语音事实。这两件事本来可以形成对平仄体系的第二次挑战。但有意思的是,尽管刘鉴承认实际语音的变化,他整本书的编写却是根据《切韵》的音韵体系,其目的从书名可以看出来,是为了延续"经史正音",即正统的读书音。更有意思的是,在他这本书的最后,不知什么人附了一个释真空和尚写的《玉钥匙歌诀》,其时又过了几年,已进入明代了。《歌诀》里又一次,在历史上也是第二次描写了四声的调形:"平声平道莫低昂,上声高呼猛烈强,去声分明哀远道,入声短促急收藏。"仔细读这四句话,发现它的描写与《元和韵谱》完全一致,好像从唐代元和年间到明代,五百多年间语音完全没有变化似的。可见传统的力量之大。因此这第二次挑战,至少在传统诗文领域,平仄体系完全没受影响。

现在我们面临的,也许可以说是第三次挑战吧。结果会如何?我们从前两次也许可以得到一点启发。

二、"平仄"是一种文化

"平仄"是一种传统,作为一种传统,我们只有无条件的遵从,有时甚至不必问为什么。比如学唱京剧传统戏,就必须懂得湖广腔、中州韵,学会尖团音、上口字;学唱评弹、越剧、川剧等各种地方戏,都必须学会用当地方言,否则地方戏就不像地方戏了。作传统诗采用传统平仄标准也是如此。

但平仄的意义还不仅在此,它之所以有那么顽强的生命力,关键还因为它已经成了一种文化,甚至还是构成中国古典文学这个文化的基因和遗传密码。我们把构成中国传统文体形式配置的基本要素归结为言、韵、声、对四项,就意味着这四者是中国文学不可或缺的组成部分。离开了它们,中国文学就不成其为文学。这四种要素的被发现、被认识、被自觉应用到文学创作乃至一般写作中去,是有一个过程的。早在《诗经》时代,这四种因素就已有了萌芽,但变成中国人自觉的认识却并不同时。"韵"的发现在魏晋,"声"的发现在齐梁,"对"是陆机最早发现的,"言"是刘勰最早发现的,但成为自觉的因素都要到初唐。唐代实行"以诗赋取士"以后,诗、文都"律化"了,"律"就是"法律"的"律",也就是有了严格的规则。自唐代以后,"言、对、韵、声"就成了中国文学的基因,全面植入中国文学各种文体,而不仅仅是诗赋。本来不需要讲格律的古体诗、所谓的古文,直至宋以后的对联、明清以后的八股文,全部受到这四种要素的影响。我们读唐宋以后的古文,如唐宋八大家的散文,会明显地感到与先秦两汉的散文不一样,就是因为它们更讲声韵。以至于清代桐城派古文家姚鼐要说:"诗、古文,各要从声音证入。不知声音,总为门外汉耳。"(《与陈硕士》)而自南北朝至清末,1000多年间诗文讲的"声音",就是以《切韵》为代表的读书音体系。由于定平仄依据的标准是《切韵》,诗文声律的平仄与《切韵》从而就形成了一个内循环,或者说形成了一个系统。凡古诗必讲平仄,凡平仄必依《切韵》。反过来,不合《切韵》的就谈不上平仄,也就不能施之于古诗文。古诗文与《切韵》的平仄四声可说是一个荣枯与共的整体。我们要学习古诗文,要欣赏古诗文,要继承古诗文,要学作古诗文,只有依据古代的平仄。有人认为,现在时代变了,现代人写诗词可以不依古代的平仄。这是一种非常浅薄的想法,因为平仄问题不是孤立的。学诗词不能不有所继承,不能不有所学习,我们也许可以随心所欲地写,但不可能随心所欲地读。不懂平仄,其实无法欣赏传统的诗词。那自我作古写出来的所谓"诗词",也只能是脱离了"传统"的"传统诗词",实际上是在整个大厦之外的。我读到一些用普通话"新韵"写的所谓"诗词",深为作者可惜,因为这些作品不伦不类,可说完全不会有生命力,他们的努力功夫是白花的。

平仄已经深入到中国人语言文化的血液里。我们还可举个例子来证明,这就是四字格成语,如果我们稍微留心一下,就会发现短短的成语中就往往体现了这四种要素的配合。比如"生龙活虎"这个成语,四个字的整齐形式是"言","生龙"与"活虎"相对是"对"。而"生龙"是"平平","活虎"是"仄仄",整个成语的音韵是"平平仄仄",正是某种"律"。这大概是许多成语的音律。"龙腾虎跃""鸡飞狗跳""前言后语""横冲直撞""枪林弹雨""之乎者也"等等都是如此。估计符合这个"律"的四字成语要占全部四字成语的一半以上。当然也有反过来"仄仄平平"的,如"古往今来""地老天荒""耀武扬威"等等,还有其他格式的,这里就不说了。总之,绝大多数四字成语都符合一定的平仄配置规律,只是我们没留意而已。由于人们从来没有为成语制定过什么"律",因而这种"律"的自然产生,只能用平仄声韵深入人心来解释。

但这个"平仄"只能按照传统的标准,按照现代普通话就不行了。比如"活虎"的"活"读入声,就符合"仄";如读成普通话的阳平声,就不合了。同样,"青红皂白""飞砂走石"都是平平仄仄,如果把"白""石"读成平声就不合了。

那么今天写诗文就不能用今音了吗?其实第二次"挑战"时古人已经经历过了。元明时代,新文体("曲")和新的文艺形式(元杂剧、明戏曲)产生,旧的传统已不完全适应新的需要。新编反映当时口语的《中原音韵》又与传统不合。那怎么办?古人的处理办法是各行其道,两不相误:作诗文照样采用《切韵》体系,编曲词则采用《中原音韵》体系。由于"平仄"的概念是深化在当时文人的血液中的,因此操作起来毫无困难。他们需要做的只是要掌握两套标准,以便随时进行切换。

《太和正音谱》就正反映了这种两面顾及。例如张可久的小令《人月圆》:

　　松风十里云门路。破帽醉骑驴。小桥流水,残梅剩雪,清似西湖。
　　平平作平上平平去　去去去平平　上平平上　平平去作上　平去平平

　　而今杖履青霞洞府,白发樵夫。不如归去,　香炉峰下,吾爱吾庐。
　　平平去上平平去上　作平作上平平　作上平平去　平平平去　平去平平

我们可以看到,他是以旧四声标的,平声并没有分为阴阳,只是仄声分别标出了上去,而以"作平""作上"等来描写入声。而从"十里""白发"来看,作者把"十""白"还是当仄声用的,只是在元曲里应唱成平声。

其实仔细想来,早从唐代起人们就已经在使用两套标准了:说话用一套,作诗文用一套。元人只是继承唐宋人的传统而已。我想,这对我们今天是有启示的。就是说,我们也可以建立两个标准:创作旧体诗词的标准和写新诗、写新歌的标准。当然,如果加上传统戏曲和曲艺,那就更多元了。然而,文化的多元,不比硬性定于"一尊"要好吗?

从网上看到,有的地方语文课改革,要求初中学生就学一点诗词格律知识。我非常赞同。要让学生尽早学习古四声与今四声的对应关系,掌握平仄知识,这对于学习传统诗文、继承文学传统,是个非常重要的基础。小时不学,长大了再跟着人喊,要废除古四声,让古诗文服从普通话的要求,那就为时太晚了。

三、平仄的本质

平仄的本质到底是什么?它在古诗词格律中究竟发挥着什么作用?作旧体诗不讲平仄行不行?这是人们关心的另一个问题。

这是因为有些人发现,在平仄问题上存在着两种对立的意见。一种人认为平仄是中国诗歌声律的最重要的要素,正是平仄的高低起伏、抑扬顿挫造成了诗歌的声律美,不讲平仄诗歌就没法形成中国诗歌独特的美。而另一种人强调,平仄作为诗歌韵律的要素只是在近体诗形成之后。在近体诗形成之前,中国的古体诗并不讲格律。近体诗形成之后,也有不需要讲严密格律的古风。难道那些诗就没有诗歌的形式之美和韵律之美吗?这个问题问得非常之好,是值得我们思考的。

我的回答是：第一，中国诗歌之美确实并不一定需要平仄，或者换个说法，中国诗歌之美，平仄并不是唯一的要素。在我们提到的文体形式四个配置要素"言""韵""声""对"里，"声"排在第三位，可见它并不是决定性的要素。造成中国诗歌节奏、使"诗"成为"诗"的，首先是"言"和"韵"。因此平仄不合的不排除是诗，而音节不整齐没规律的和完全不押韵的，在中国却不大可能是诗，至少感觉上很不像诗。从实际看，近体诗以外的中国古体诗，在这两方面并不比近体诗差，因此其中有很好的诗，这是不容否定的。而长短句的诗和词，尽管句子不整齐，但它的音节组织有自己的规律，因此也是很好的诗。平仄在声律中起的是第三位的作用，但它的有意安排和合理配置使汉语的音韵美和声调美得到更充分的发挥。这是中国诗歌韵律的重大创造，我们也没有理由排斥不用。

以上这个意见不完全是我的发明。更早，美国语言学家爱德华·萨丕尔就说过类似的话。而他的用语更"科学"，更具有世界范围内的普遍意义。我们知道，声音有四个要素：音长（也叫音量）、音强（也叫音势）、音高和音色。音色不同，造成不同的元辅音，形成各种语言独特的语音系统，这是语言学家们都注意到的。而其他三个因素的处置不同，造成不同的韵律，从而影响各民族诗歌的形式，却是萨丕尔最早发现的，他把这三个因素称为语言的"动力特点"，说：

> "大概没有别的东西比诗的声律更能说明文学在形式上依靠语言。""总起来说，拉丁和希腊诗依靠音量对比的原则；英语依靠音势对比的原则；法语依靠音节数目和押韵的原则；汉语诗依靠数目、押韵和声调对比的原则。这些节奏系统，每一种都出自语言的无意识的动力习惯，都是老百姓嘴里掉出来的。仔细研究一种语言的语音系统，特别是它的动力特点，就能知道它发展过哪样的诗。要是历史曾经跟它的心理开过玩笑，我们也能知道它本该发展哪样的诗，将来会发展哪样的诗。"（《语言论》，第206页）

他对汉语有更具体的看法，说："汉语的诗沿着和法语差不多的道路发展。音节是比法语音节更完整、更响亮的单位；音量和音势太不固定，不足以成为韵律系统的基础。所以音节组——每一个节奏单位的音节的数目——和押韵是汉语韵

律里的两个控制因素。第三个因素,平声音节和仄声(升或降)音节的交替,是汉语特有的。"(第205页)

平仄的本质是什么?萨丕尔说是平声(也就是不升不降)和仄声(或升或降)的交替,因此属于声音四要素中的"音高",他认为这是汉语所特有的。

然而进一步的思考使我们对萨丕尔的话有点不满足。因为无论是希腊、拉丁的音量(即长短音)对比也好,英语的音势(即轻重读)对比也好,都是二项对立,而汉语的平仄对立,即音高的变与不变,却不是简单的二项对立,其中的"变"至少还可分出两项,或者是上升,或者是下降。"平"与"升"的交替与"平"与"降"的交替是同一性质吗?为什么不能出现"升"与"降"的交替呢?这还是假设平声只有一个调形("平声哀而安"或"平声平道莫低昂")的时代。而当近体诗成熟的时代(近体诗正式形成于武则天朝,至唐玄宗时出现高潮),如我们以前分析的,实际语言中平声已经开始分化成阴阳平,阳平如按后来读音,本身已经成了"高呼猛烈强"的升调了,这"平与不平"的对立还能维持下去吗?

因此,根据我们读古诗的体会,平仄不仅仅是音高的变与不变的对立问题,而且还有音长的问题。仄声中有一个调是"入声",它的调形短到无法画出来,与其他三声形成明显的对立。而上去声的或升或降,从理论上讲也是有时限的,因为"升"或"降"不可能无休止地进行,因而相对于可以无限延长的平声,它们也是相对的"短"的。因此平仄实际是个综合的因素,既有音高的问题,也有音长的问题。实际上,古今诗人和读书人吟哦的实践,对平仄的处理更主要是长短的处理。遇到平声就拉长(尽管后来的阳平已是升调,照样拉长),遇到仄声就缩短(入声尤其突出,如果我们听过苏州评弹,对此当有体会)。这样就把诗味读出来了。在近体诗中,由于平仄的安排非常有规律,因此读起来特别舒服;而不合律的诗句,因为不合已经训练出来的习惯(例如一个平声处在习惯是仄声的位置,或者一个入声正好处在平声的位置),就会感到非常别扭。这可以解释为什么在盛唐时还能产生李白那样不拘一格的古风,而中唐以后,古风却越来越向律诗靠拢,形成"入律的古风"了。

这些年古诗文的吟诵也越来越引起了人们的兴趣。由于这项技法已近于"失传",依靠偶尔流传下来的老人的吟法,又往往是用各地方言读的,很难传播开来。其实只要懂得平仄兼有音高对比又有长短对比的性质,加以适当夸大的处理(包括用颤音等),甚至用普通话也可吟诵。当然,其前提是把现在已读成平声的古入声字还是读成仄声(一般经验是读成类似去声)。

四、辨平仄是一项需要习得的本领

许多人想学传统诗词,但又觉得辨平仄太难,希望最好不用学,就依普通话读音处理,阴平、阳平对应平声,上声、去声对应仄声,把碍事的入声去掉,那多方便!但现在我们知道了,平仄之分并不这么简单,它是一种传统、一种文化。简单化处理虽无不可,但得貌遗神,反而成为"四不像"。

从根本上来说,传统的诗词格律是带有相当"人为"因素的东西,是来自实际又高于实际的一项艺术升华。凡是人为的东西都需要学习才能掌握。我们到学校去,所有课程都需要学习,没有什么是可以不学而会的。但人们在数理化、在外语上花再多的气力都觉得理所当然,唯独觉得学语文不应该花气力。所有针对中小学教材偏难偏深的指责几乎都是冲着语文课去的。好像语文就应该永远白如开水,稍微增加点难度,如多学几个字,多加几篇文言文,就会有家长和学生开始嚷嚷要"减负"。因此教改的结果,往往是数理化、外语越改越深,语文课越改越浅。其结果就是国人的语言能力每况愈下,不断下降,很多民国前十一二岁小孩会的东西,我们到了大学还像天书一般。写作就更不用说了。分平仄就是古代儿童从小学会的基本功,是中国语文的基础,到今天恐怕还是如此。平仄都分不清,说自己学过语文,都应该觉得不好意思。

平仄与现代普通话不对应,学起来当然有一些难度,但这并不是只对现代人的,古时也是如此。四声的区别自古就有,但自觉地意识和运用始自南北朝的周颙和沈约、谢朓等人,一时非常风行。然而与沈约、谢朓等齐名的文学家萧衍就不懂。萧衍后来当了皇帝,就是梁武帝。有一次他问周颙的儿子周捨:"何谓平上去入?"周捨脱口便回答:"天子圣哲。"这四个字正好是平上去入四声,又回答了问题,又巧妙地拍了皇帝马屁,但梁武帝居然木知木觉,毫无反应。前人举这个例子是要说明周捨的反应敏捷,但我却从中发现四声并非人人都懂,如果不学,即使像萧衍这样的文学家也不懂。过了300年,诗歌格律已经成熟,平仄应该也已深入人心,但却出现了一本《元和韵谱》,其中第一次具体描写了四声的调形:"平声哀而安,上声厉而举……"等等。为什么会突然出现这样的书?据我看,就是因为四声与当时实际语音不合,而考诗赋的要求又使得人们必须懂得辨别四声。这四句话，其作用其实就类似于今天我们教学生辨别声调用的五度标调法："阴平55、阳平35、上声214、去声51"，区别只在于今天的表述工具更精确而已。又过了500年，到了元明之交，实际语音变化更大，特别是经过了否定入声的元代，传统的四声更非一般人所能掌握，于是就出现了释真空《玉钥匙歌诀》这样新的四声教材。这些不同时期的教材，其实都是在语音变化了的情况下，对传统的坚持和继承。今天我们强调要辨四声，其实做的是跟他们同样的工作。继承传统，是我们去适应传统，而不是以各种理由让传统适应我们。

时代进步了，学习辨四声、平仄也要有新认识和方法。我觉得首先不能依赖今天描写调值的工具。因为声调的区分，根本上是类的划分，而不是音值的定性。中国的方言复杂，同样的调值在各地所属调类是不同的。比如55是北京话阴平声的调值，正好与古代描述的平声（"平声哀而安""平声平道莫低昂"）相似，我们也许会认为平声念高平调是天然如此。其实并不然。在现代方言里，念55的，只有在北京话、武汉话和厦门话里是阴平，在合肥话和潮州话里却是阳平，在济南话里是上声，在西安话和扬州话里更是去声。同样一个调值，在不同方言里可以分属四个声调，因此用它来辨别四声是靠不住的。

其次，要认识到不同方言区的人学辨平仄有各自不同的困难，要善于利用各自方言的特长，采取综合的方法。现在讲平仄难的多数是只会说普通话的人，因为普通话里没有入声。其实各地的人学起来都有自己的困难。1400年前的《切韵序》里说："秦陇则去声为入，梁益则平声似去。"清初的江永在《音学辨微》里说，前一句其实应该是"秦陇则去声为平"。我们看今天的西安话，去声还是读如北京话的平声。在成都话（古代的"梁益"）里，平声还是读如北京话的去声，因而那些地方的人学声调有他们的难处。南方各方言一般都有入声，但有的地方入声的念法并不是"短而促"，感觉上与舒声差别不大，掌握起来当然也有困难。如果说北京人辨平仄难在入声，则上海人辨平仄难在舒声即平上去三声。而且这个难是别地的人，包括同为吴方言的苏州人、宁波人等所难以想象的。因为上海的声调简化之快远超其他方言。原先吴语区四声八调齐全，就像现在的绍兴话那样。后来逐渐简化，如苏州话现在只有七个声调，而上海话只有五个声调。据我的观察，现在恐怕更只剩四个了，就是阳舒、阴舒、阳入、阴入。所谓"阳舒"包括阳平、阳上、阳去三个声调，上海话早就不分了，如"同""动""洞"三个字在上海话里是不分的。所谓"阴舒"指阴平、阴上、阴去三个声调，原来阴平还是单独一类，现在也倾向于不分了,因此"通""统""痛"三个字在上海话里差不多也是同音。上海原来有两条路"大通路""大统路",因为难以区分,把前一条改成了"大田路"。由于阴平、阳平属平,阴上、阴去和阳上、阳去属仄,上海人现在无法区分,因此,上海人辨平仄的困难一点不比北京人小。因此,最好的办法是扬长避短,加以综合。比方我的办法就是一首诗拿过来,先用上海话读一遍,把入声字挑出来。再把剩下的字用普通话读一遍,阴平、阳平归入平声,上声、去声归入仄声。例如,王维的《九月九日忆山东兄弟》:

  独在异乡为异客,每逢佳节倍思亲。遥知兄弟登高处,遍插茱萸少一人。

  先用上海话读一遍,圈出"独""客""节""插""一"五个入声字,然后用普通话读,就可区别开来了。

  这一办法最简单易行,但前提是需要同时懂得普通话和上海话。如果不懂上海话,懂其他南方方言也行,因为南方方言大都有入声。北方方言区里,只有下江官话(长江中下游江淮一带的方言如南京、扬州、安庆、芜湖、九江、武汉等地的话)和山西、河北的一部分地方保留了入声。其中太原人最幸运,他们的语音有五个声调,正好是平、上、去,加上两种入声。如果不考虑两种入声的区别,可说是完美地保留了古代的四类声调,那简直是作古诗文的天赋优越条件了。

(中国音韵学会成立大会兼学术研讨会论文,2018年)

构词法

汉英构词法对比研究

一、引言

汉语和英语不论从语言谱系还是从形态类型来说，都属于两种不同的语言。由于英语向分析型语言发展的趋势，现代英语和现代汉语之间似乎有着越来越多的共同点，以至于有人认为汉英语法之间"主要是同，而不是异"[1]。这种说法既不利于汉、英语各自的研究，也不利于第二语言的教学，在这种情况下，对比研究就更显得必要。

汉、英语的构词法都采用了语音、语法和修辞手段，这是共同的。从具体项目来看，英语传统有所谓三大构词法，即派生法（Derivation，又名词缀法）、转化法（Conversion，又名转类法）和合成法（Composition，也叫合词法）。近年来学者主张还应该增加几项，如缩略法（Shortening）、拼缀法（Blending，也叫混成法）、类比法（Word-building by Analogy，也叫仿造）及逆生法（或叫逆派生，Backforming）等。汉语的构词法则可分为附加法、转类法、合成法、缩略法、类比法、重叠法等。从名目上来看，除了英语很少使用重叠法构词[2]，汉语几乎不使用逆生法构词[3]之外，两种语言的构词法几乎可以一一对应。但在这相同的名称下面，其内涵是否也都是一致呢？这就是本文想要探讨的问题。

二、附缀法的对比

从表面上来看，英语的派生法和汉语的附加法都是通过加上前缀或后缀以构成新词的方式，其实在本质上两者完全不同，甚至在名称上也无法统一。汉语的这种构词法不能叫作派生法，英语的这种构词法如叫作附加法也不能反映它的实质。这里用附缀法来统称二者，其实也是很勉强的。

---

1 见任学良《汉英比较语法》"后记"，北京：中国社会科学出版社，1981年。
2 有少数例外，见本文第三节。
3 赵元任认为"很名誉、很科学"是从"不名誉、不科学"逆派生而来，见Chao, 1968：214，但我们觉得不如看作是仿词。

派生法英语叫 Derivation，来自动词 derive。Derive 的词源意义是 from + river，意思是"从一条河派生出来的"。因此，英语的派生词与词根、词干的关系就像一条河与它的支流一样，以词干为中心，可以形成一群群词族。例如，下面是词根 act 通过加前后缀造成的一部分词：

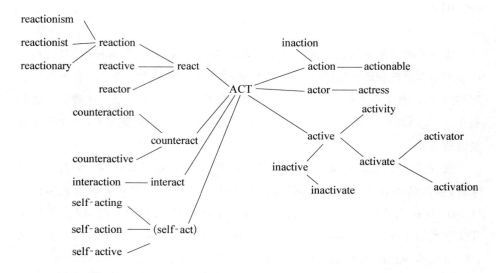

汉语的词缀就没有这样的功能。

在词汇中，词族的概念是很重要的，它反映了词汇内部的某种凝聚力。可以说词根——词族——词汇反映了词汇组成的三个层次。一种语言的词汇的性质在很大程度上取决于词族形成的方式。英语的词族形成方式不同于汉语，就使两者的词汇组织系统从一开始就表现出各自的特点。

在上面的例子中，一系列的词都以 act 为中心，通过加前后缀附加上了不同的词义或词性。从结构和语义各个方面去看，这些词缀都是不可或缺的部分。如果缺少了，意义或词性就要受到影响。在汉语里却不是这样，加、减词缀往往对词义的影响不大，多数词缀拿掉，对词性的影响也不大。在古汉语里，词缀是可有可无的。例如：

有夏多罪，天命殛之。(《尚书·汤誓》)
道逢乡里人，家中有阿谁？(《汉乐府·十五从军行》)
却与小姑别，泪落连珠子。(《古诗为焦仲卿妻作》)

山寺月中寻桂子,郡亭枕上看潮头。(白居易《忆江南》)
打起黄莺儿,莫教枝上啼。(金昌绪《金缕曲》)

其中的词头、词尾拿掉后,词性、词义都不变。

在现代汉语中,情况需要作些分析。大致有这么几种情况:

(1)"词缀"拿掉后,剩余部分的意义、词性[1]不变,但在古汉语中可单说,在现代一般不能单说。如:

老师、老鹰、老虎;
阿姨、阿哥、阿爸;("阿"多用于方言)
帽子、脑子、桌子;
木头、前头、锄头。

(2)"词缀"和其余部分混成一体,拿掉后即使能单说,也已成了不同的词。例如:

老板、老乡、老表;
阿飞、阿Q;
初一、初二、初三……初十。

(3)拿掉后词性不变,意义有小变,主要是指小的"—儿":

碗儿、盆儿、棍儿、词儿。

但用不用"—儿"更多的是一种语言习惯,即所谓"儿化"。什么词该儿化,什么词不该儿化,是有讨论余地的,并不一定是词语的固定形式。

(4)拿掉后词义或词性会有改变,多少有些类似于英语的词缀。如:

---

[1] 指构成词的"语素"的"词性"。这里我们采用陆志韦等《汉语的构词法》中的方便说法,参见该书第12页。

第一、第二、第三……；（单说也可表顺序，但加"第"意义更明确）
偷儿、亮儿、盖儿、尖儿；（使动词、形容词变成名词）
甜头、苦头、想头、盼头、奔头。（也有使动词、形容词名词化的作用）

由此可见，汉语中真正的词缀很少，与英语的词缀在数量上根本无法相比。有些汉语语法学家不把"阿""老""头""子"等叫作"前缀""后缀"，而叫作"词头""词尾"，是很有见地的。汉语把这种构词法的名称叫作"附加法"，也反映了"词头""词尾"的附加性质。

至于"新兴词缀"，如"反—""非—""不—"；"—手""—性""—者""—品""—主义""—派""—化"等，显然与汉语传统的词头、词尾不同，其中有着外语（特别是英语）构词法的影响。为了方便翻译与教学，自然不妨把它们看成"准词缀"，但我们更倾向于采用赵元任先生的说法，称之为"复合词中结合面宽的第一语素""复合词末了的结合面宽的语素"[1]。

还有人把"—犯""—式""—论""—处""—属""—夫"等也看作词尾[2]，以至于连"姐夫""妹夫"，"军属""烈属"也成了加缀式的词，这与汉族人的语感相去更远。

此外，英语还可利用复合词缀的方式来造词，即在词干上加上一个词缀组成一个词；在此基础上加上另一个词缀组成一个更新的词；在"更新的词"的基础上还可以加上词缀组词。例如前面举的例子中"act-active-activate-activation"等。同时，从派生法出发，英语还产生了"逆生法"的构词方法，而汉语就不存在这个问题。因此，就在整个构词法体系中的地位来说，英语的派生法是全部构词法的基础，而汉语的附加法是无足轻重的。

进一步观察汉语的例子，我们还有这样的感觉："阿""老""初""子""儿""头"等，在很多场合下，与其说是出于构词上的需要，毋宁说是出于节律上的需要。有时是为了在诗句里凑满一定的音节，有时甚至是为了凑韵（参见前举之"潮头""黄莺儿"），而在更大量的例子里，恐怕是汉语单音节词在双音化过程中凑上的一个有声无义的音节，并不是有意识地运用什么"加缀造词法"。而且，这种有声无义

---

1 见 Chao, 1968：211；221。又该书第 214 页上有这样一段话："从外语翻译过来的前缀也是复合词中结合面宽的语素，它们之所以被称作前缀，是因为它们在外语中就是前缀。"（Translations of foreign prefixes are also versatile first morphemes in compounds. They are called prefixes because they are prefixes in the foreign language.）吕叔湘在将赵书译成中文时略去此段未译。

2 见任学良：《汉语造词法》，第 71-97 页。

的音节,不但可出现在词头、词尾,还可以出现在词的中间,例如"稀里糊涂""乱七八糟""黑不溜秋"等。语法学家把这种东西叫作"词嵌",有一定的道理;叫作"中缀",恐怕就未必妥当;至于有人把它看作形态的标志,那是完全错误的。[1]

可见在汉语中,附加法在很大程度上可以看作是语音构词法的一种,而不是英语里那样的语法构词法。

三、语音构词法的对比

在利用语音手段构词方面,汉语和英语也有很大的差别,汉语的内容更丰富。英语利用语音手段构词,表现在三个方面。其中第三个方面最重要。

(1) 利用拟声法造象声词,例如:

ding-dong	叮当
meow	喵(猫叫声)
moo	哞(牛叫声)
ping-pang	乒乓

等。由于拟声的方法是有限的,因此这类词为数不多,在构词法上的意义也不大。

(2) 在词根与词根组合、词根与词缀组合的过程中,有时遇到前一个音节的末尾和后一个音节的开头都是辅音,为了便于诵读,常常在中间插上一个有声无义的元音,如:

ligament (= lig + a + ment)	韧带
sentiment (= sent + i + ment)	情感
gramophone (= gram + o + phone)	留声机

中的 a、i、o 就是。这种用法有点像汉语的词嵌。但由于英语本身是多音节语,因此这一情况常为人们所忽视。

---

[1] 任学良《汉英比较语法》第 183 页上说:"汉语的形容词是各类词中形态标志最丰富的词类,词头、词尾、词嵌、重叠都有,可以说是汉语词类形态学的一个标本,应当引起我们给予足够的重视。"

(3) 利用语音手段造成词性转化。

利用转化法构词不一定要改变读音,改变读音的反倒是特例。因此我们放到这部分来说。下面举一些例子。

i. 重音移位。通常见于双音节词。用作名词时重音在前一音节,用作动词时重音移至后一音节。如:

名词	动词
con'duct	conduct'
in'crease	increase'
ob'ject	object'
pre'sent	present'

也有发生在其他词类的,例如下面两例就发生在名词和形容词之间:

ex'pert	expert'
in'crease	increase'

ii. 改变辅音。通常是清浊音对应,作名词时念清音,作动词时念浊音。如:

名词	动词
advice	advise
bath	bathe
belief	believe
excuse [s]	excuse [z]

iii. 改变元音。例如:

blood	bleed
full	fill
proud	pride

    sale   sell

上面几个方面汉语也有：

（1）利用拟声法造象声词，例如前面英语例词的相关汉译：

	叮当	喵（猫叫声）
	哞（牛叫声）	乒乓；
以及	咚咚	喀嚓
	的笃	砰

等等。

（2）词中嵌音。见上一节。

（3）利用语音手段造成词性或词义变化。

 i. 改变声调。通常在声调改变后，其他声调改读去声。但由于原来词性不一，改变后的词也未必是动词，因此显得没有什么规律。如：

  好（形容词,上声）——➤好（动词,去声）
  中（方位词,平声）——➤中（动词,去声）
  缝（动词,平声） ——➤缝（名词,去声）
  量（动词,平声） ——➤量（名词,去声）

 ii. 改变声母（和声调）。通常是送气和不送气的对应。例如：

  送气   不送气
  传（动词） ——➤传（名词）
  朝（动词） ——➤朝（名词）
  长（形容词）——➤长（动词）
  弹（动词） ——➤弹（名词）

也有不是送气、不送气对应的，例如：

乘（chéng，动词）——→乘（shèng，名词）

畜（chù，畜生）　——→畜（xù，畜牧业）

对比汉语和英语利用语音手段改变词性、词义的情况，我们可以发现下面几个特点：

两种语言的语音结构不同，因此利用的手段也不同。英语主要是改变重音位置，汉语主要是改变声调。在改变声韵的时候，往往连带着调一起变。

英语的变音相对来说比汉语要有规律，因此说汉语的人学英语比较容易掌握规律，而说英语的人要掌握汉语的变读就比较困难。[1]

还有一点是两种语言共同的，即通过变音来改变词性或意义，在两种语言中都已不再是能产的构词方法。汉语中的这种现象前人叫"破读"或"读破"，又叫"四声别义"，主要是汉魏南北朝（约公元2到6世纪）的事。据有人统计，北宋贾昌朝的《群经音辨》和清末马建忠的《马氏文通》两书所收的共约260个破读字中，有60％现在只读一音。[2] 其余的105个字虽然字典收录了异读，但有些字音现代汉语一般不会出现，如"雨"作动词"下雨"讲时念 yù，"风"作动词"劝讽"讲念 fěng，"食"作动词"给人吃"讲时念 sì，"识"当"记住"讲时念 zhì，等等。虽然马建忠以后又有一些口语中的变读音进入了普通话，但一般已不可能再造。人们在学习中需要掌握的是两种语言中已经存在的变读现象而不是变读手段。

与英语相比，汉语还有更多的利用语音构词的手段。下面这些都是英语没有或者很少采用的。

（1）叠音

汉语的构词单位是语素。语素在书面上往往用一个汉字来表示。但汉语也有双音乃至多音节的语素，可以直接成词。多音词中，一部分是古今的音译外来词，其余的，有相当一部分是叠音词或双声叠音词。

叠音词采用音节重叠的办法，内中有的与作为单音词时意义不变（但使用环境稍有不同），有的却不能拆开单说，一定要两个音节作为一个整体出现。前者的例子如：

---

[1] 如果了解一点汉语的历史语音演变可能要好一点。例如声母改变中的送气不送气对应，其实在古代声母并无不同，只有声调的改变。现代声母分化是古代浊音清化后造成的。其间有很整齐的对应规律，即平声变送气，仄声变不送气。不过要外国人了解这些就不容易了。

[2] 见郭启熹，1986年，第109页。

星星、妈妈、哥哥；刚刚、渐渐、偏偏

后者的例子如：

猩猩、饽饽

英语的叠音词很少，而且往往带一点儿语或俗语的色彩，如：

papa、mama；tick-tick（滴答声）、puff-puff（英儿语"火车"）、fuss-fuss（美俗语"欢迎会"）等。

(2) 双声叠韵
这是利用两个音节的双声叠韵关系来造词，如：

玲珑、参差、流离、慷慨、琵琶

在这种词里，每一个字都只以音节的面貌出现，要两个音节合起来才表示一个意义。这是对汉字一音一义的补充。

英语由于音节结构比较复杂，虽然偶尔有一些双声或叠韵词，如：

pitter-patter, zigzag, Ku-Klux-Klan（三 K 党）
hoddy-doddy（灯塔旋转灯），hobnob（开怀对饮）

等，但不易形成规律，更不会成为自觉的构词手段。
(3) 无义音节
为了使语言顺畅、节律整齐而嵌入某些无意义的音节，汉语中构词、组织词组乃至造句都利用这种手段，上一节提到的词头、词尾、词嵌，多应作如是观。[1] 英语

---

[1] 吕叔湘先生把前加的"老""小"，后附的一部分"子""儿""头"，乃至一部分前加颜色字、性状字如"黄莺""苍蝇""飞禽""走兽""喜鹊""跳蚤"，后附名字、方位字如"鲤鱼""韭菜""心脏""天上"等都看作有声无义的音节。参见吕叔湘，1963 年，第 418－420 页。

中很少这样的情况。

上面谈到的几种形式体现了汉语的特色。从汉语史的角度看,"叠音—双声叠韵—附加式构词"是汉语由单音节语发展为多音节(主要是双音节)语的两大途径之一(另一条途径是合成式构词,见下)。汉语的附加式构词是音节调整的结果,与英语的派生法起源完全不同。

四、合成构词法的对比

翻开英语和汉语构词法的著作,我们可以发现,在合成法这个名目下面,汉语和英语的下位分类很不一样。汉语构词法讲的是"联合式""主谓式""动宾式""偏正式""动补式"等等,英语构词法讲的却是"名词性复合词""动词性复合词""形容词性复合词"等。由于汉语词、词组和句子采取同一结构方式,因此人们对复合词注意的是各组成部分间的结构关系;而英语作为一种大量保留构词形态的语言,人们关心的是合成以后表现出来的词性或句法功能。具体来说,汉英合成法构词的不同可从下面几个方面去看:

汉语合成词的基础是语素,或者说是一个个的字。拆开以后,这些语素有的可单说,如:

    开关──→开、关 多少──→多、少
    血汗──→血、汗 马车──→马、车
    偷懒──→偷、懒 花生──→花、生

但单说时的意义与在整个词里的意义不同,例如:

    开关 ≠ 开+关 多少 ≠ 多+少

而许多合成词的语素在现代汉语中不能单说,因此,汉语的复合词联系较紧密,一般不能拆开使用,只有某些动宾结构的所谓"离合词"是例外。

而英语复合词的基础却是词(有的要加上必要的形态标志),复合词的词义往往可以由各个组成的词体现出来。如:

breakfast = break + fast
labour-saving = save + labour (+ ing)
potato-shaped = potato + shape (+ ed)
six-sided = six + side (+ ed)

也有少数不是，但往往带有修辞色彩。如：

quick-silver≠quick + silver
upstart（暴发户）≠start + up

因而复合词内部的联系比较松散，有不少可以拆开使用。如：

heart-broken ⟶ to break one's heart
blood-thirsty ⟶ to be thirsty for blood
engine-driver ⟶ to man who drives an engine
down-pour ⟶ The rain is pouring down.

由此可见，汉语的复合词是一次构词，即由语素直接构成；而英语的复合词却是两次构词，即先由语素构成根词，再由根词合成新词。它在性质上更接近于汉语的词组。

英语也有由词根直接合成的复合词，但数量非常之少。我们统计了李平武《英语词根与单词的说文解字》一书中第二部分："英语词根与同族词的说文解字"，内中介绍 100 个英语词根，组成了 2058 个英语单词，但其中直接由词根加词根组合而成的单词却只有 15 个，占 0.7%。例如：

manuscript = manu (hand) + script (to write) = sth. written by hand
certain = cert (settled) + ain (being) = being settled

即使加上包含有词嵌的 6 个词，如：

genuine = gen + u + ine
circuit = circ + u + it
manipulate = man + i + pulate
phonogram = phon + o + gram

也只有 21 个,仅占 1%。可见正像加缀法在汉语中无关紧要一样,纯粹的词根合成法在英语中也是不值一提的。

汉语复合词中最大量的是并列式的结构,其内容也最丰富多彩。孙常叙先生列举了四种[1]:

(1) 两端对举。即反义或对义语素组合成词,如:

始终、出纳、动静、来往、是非、多少、反正

(2) 两类概括。即两个具体语素组合表示高一层次的概括意义,如:

裁缝、见闻、聪明、江山、领袖、骨肉、规矩

(3) 两事相成。即两个近义语素并列成词,如:

学习、钻研、保管、支持、坚固、干燥、繁多

(4) 同义互注。即两个同义语素并列,如:

奔走、生长、头脑、寒冷、弯曲、打击、睡眠

任学良先生在此之外又提到了一种[2]:

(5) 两义并列,一义消失,即通常说的"偏义复词",如:

---

1 见孙常叙,1956 年,第 102 – 105 页。
2 见任学良,1981 年,第 184 – 185 页。

窗户、质量、好歹、缓急

而英语中并列结构的复合词极少，这里举几个例子：

  adder-substractor（加减装置）
  dead-alive   （半死不活）
  bitter-sweet   （又苦又甜）

  从汉语发展的历史来看，并列式复合词是汉语由单音节向双音节过渡的主要形式。双音化，一方面是词义精确的需要，另一方面也是语言节律的需要。像偏义复词及同义复合词，恐怕节律的需要还在词义的需要之上。这也说明节律在汉语构词中的重要性。英语中除非出于语义的必需，就不会采用这种形式。
  英语的复合词，就内部的语法关系来说，由于牵涉到词的形态，比汉语要复杂。综合考虑词序和形态的因素，可以把英语的复合词分为如下几种：
（1）形态上的要求比较突出，因而不得不改变英语句法上正常词序的复合词。
① 句法上动词和宾语换位。如：

  English-speaking   peace-loving
  labour-saving   heart-broken
  pain-killer   pathbreaker

② 句法上系词和表语换位。如：

  evil-smelled   good-looking
  sweet-smelling

③ 句法上动词与状语或补足语换位。如：

  far-reaching   hard-working
  ready-made

④ 也有只改变词序而没有形态标志的。如：

down-pour	outcome
to safeguard	to whitewash
to uphold	to uplift

(2) 句法上符合英语词序，但为了要表现词性，合成后要加上形态标志-ed、-ing等。如：

double-faced	iron-willed
machine-mades	now-covered
flying fish	running dog

(3) 句法上符合英语词序，形态要求不明显。根据结构关系，这类复合词也有多种形式。

① 主谓式。如：

sunshine	阳光	rainfall	雨量
earthquake	地震	headache	头痛

② 偏正式。如：

blacklist	黑名单	full-time	全日制
high-grade	高级	lady-doctor	女医生

③ 动宾式。如：

blowpipe	吹管	breakfast	早餐
cut-throat	杀手	scarecrow	稻草人

④ 动补式。如：

feedback	反馈	breakthrough	突破
set back	挫折	seethrough	透明

⑤ 并列式。如：

red-hot	炽热	deaf-mute	聋哑
dead-alive	半死不活	bitter-sweet	又苦又甜

⑥ 介宾式。如：

inland	内陆	overcoat	大衣
underground	地下	downhill	下坡

汉语的复合词只有本小节所述的英语的第三种形式，没有前两种（《左传·庄公十年》有"肉食者"这种动宾倒装的例子，但极罕见）。这是因为汉语没有形态，而且词序的要求也比英语更严格。许多复合词如果内部语素换了位置，就成了不同的词。例如：

工人──→人工、蜜蜂──→蜂蜜、生产──→产生

等等。

专家们认为，现代英语正在由综合型向分析型转化。英语复合词的这几种类型正好反映了这一过程：形态的要求由强而弱，词序的要求由弱而强，乃至走向以词组作定语的这种更加接近汉语的形式。据当代学者研究，第三种复合词在现代英语中已越来越多，说明这一转化正在加快。

正如英语可以利用复合词缀法来构词（见第二节）一样，现代汉语滋生出了一种"复合语素构词法"，即先用两个语素合成一个复合语素，再用这个复合语素与别的语素合成词或更高一级的复合语素，这样造成二重、三重乃至更多层次的复合词。

最根本的问题是,复合法构词在两种语言中所占据的地位是不同的。前面我们说过,在词汇的研究中,词族的概念十分重要,一种语言中词族的形成方式是这种语言词汇的最本质特点。英语中词族的形成主要靠加缀法,复合法作为二次构词,说到底只是个用词问题。而在汉语中,复合法却是形成词族的主要手段。以一个汉语语素为出发点,可以在它周围聚成一群与之有联系的词语。例如"严""明"这两个语素就可以通过合成法分别形成:

严——严格、严谨、严峻、严酷、严厉、严密、严明、严实、严肃、严整、严正、严重、严惩、严冬、严防、严禁、严刑,森严、威严、庄严、尊严;

明——明白、明畅、明彻、明达、明净、明快、明朗、明丽、明亮、明媚、明晰、明显、明辨、明了、明断、明镜、明令、明星,昌明、聪明、分明、高明、光明、简明、精明、透明、鲜明、显明、详明、严明、表明、说明、阐明、发明、声明、证明。

等两个词族。这种词族与英语的词族就很不一样。因此尽管现代英语的合成构词法正在发展,但却不可能从根本上改变英语词汇的性质。

值得一提的是,在汉语偏正式复合词中,有相当一部分是属于"种差+属概念"的结构,如:

桃树、李树、松树、柏树、杨树、柳树……
铁路、马路、公路、小路、大路、近路……

从而形成了非常简单易见的形式。英语中偶尔也有这样的形式,如:

fireman, seaman, boatman, clergyman, working-man, etc.

但远没有汉语普遍。表达上面两组汉语的例子,英语有的要用词组,如:

palm tree, apple tree, peach tree, olive tree, etc.(棕榈树、苹果树、橄榄树……)

peach flower, chrysanthemum flower, etc.（桃花、菊花……）

有的则要用不同的词，如：

red, scarlet, pink, crimson, vermilion, etc. （大红、血红、粉红、鲜红、朱红……）
English, Chinese, Russian, French, etc. （英语、汉语、俄语、法语……）
railway, road, highway, path, boulevard, short cut, etc. （铁路、马路、公路……）

当代学者谈得较多的类比构词法（仿词）通常也发生在合成词里，只是因为它更多地具有修辞色彩，因而格外引人注目。就其构成而言，仿词与一般的合成词其实并无不同。汉语和英语的区别同样在于，英语的仿词一般是改换组成合成词的单词，而汉语是改换组成合成词的语素。例如英语里有：

hot line ⟶ cold line
black list ⟶ white list; gray list
blue-collar; white-collar ⟶ gray-collar
landscape ⟶ moonscape

汉语里也有：

冷门 ⟶ 热门
文盲 ⟶ 科盲、法盲
促进 ⟶ 促退

五、转类构词法问题

转类法在英语中是一种成熟的构词法，是学术界公认的三大构词法之一，而在汉语中是否有这么一种构词法却还是一个有争议的问题。这体现了两种语言的重大区别。英语尽管在由综合型向分析型语言发展,但毕竟还是一种有形态的语言。转类法在词形上没有变化,似乎没有形态,其实只是没有利用构词形态而已,构形的形态还照样在起作用。而且正由于构形形态的存在,才能证明转类是否已经发生。例如名词转化动词后就可以有定式和不定式动词诸形态,动词转化为名词后就可以受限定词或数量词修饰,还可以有复数形式,等等。

英语中由于动词的构形形态最为明显,其次是名词,因此转类法中讨论得较多的也是各种词转化为动词及名词的现象。至于别的词类的转化,就要受到较多的限制。由于英语中形容词作定语时的构形形态多已消失,因此在名词作定语时是否算转化成形容词的问题上,连英语界也莫衷一是。

汉语却全部是这种情况。由于汉语既缺乏构词形态,又没有构形形态,在词的书写方法不变的情况下要确定词是否已经转类,就只有放到整个句子里去看。而如果过于重视"依句辨品",又容易导致汉语无词类的结论。因而大多数的汉语语法学家在这问题上比较谨慎,主张尽量缩小词的兼类的范围,而把其余情况看作是词类的活用。而且不管是兼类,还是活用,都放到句法里乃至修辞里去讨论,并不作为构词法上的问题。

然而,借鉴英语的情况,我们却不能否认汉语中转类法的存在。诚然,在语言的使用中,我们可以把作为事物的"锁""钉"与作为动作的"锁""钉",或者把作为动作的"翻译""收发"与作为人的"翻译""收发",分别看作不同的词,或者是一个词兼两个类;然而,从历史发展的眼光看,我们总得承认其间有个时间先后或者因果推导关系,总得承认在这过程中发生了词类转化而构成了新词的情况。语法也好,构词法也好,很难做到纯粹共时性的描写。构词法上有个构词能力强弱的问题,这里面就包含有历史和发展的因素。从构词法的角度看,我们对"活用"和"兼类"有一点新的认识:"活用"是转化构词法有能产性的表现;而"兼类"则是转化构词法造成的结果。汉语中大量"兼类"和"活用"的存在,正说明"转类法"也是汉语中很值得注意的一个现象。

六、缩略构词法的对比

英语的缩略法(Shortening)分为两种,一种叫缩短词(Clipped Words),是对单词而言的；一种叫首字母缩略词（Acronym），是对词组而言的。混成法（Blending）其实也是一种缩略法，是将缩短词的方式施之于词组，本质上并无什么不同，因此可以放在一起讨论。

首字母缩略是英语的传统方法，也是使用拼音文字语言的习惯方法。使用首字母缩略，通常组成的是略语，如：

  B. B. C. (= British Broadcasting Corporation)
  GMT (= Greenwich Mean Time)

有的可以照一般拼法读出，就更具有单词性，如：

  UNESCO (= United Nations Educational, Scientific, Cultural Organization)
  TOFEL (= Test of English as a Foreign Language)

有的连大写也不用，就更成了完全的单词，如：

  radar (= radio detecting and ranging)
  laser (= light amplification by stimulated emission of radiation)

英语缩略词的方式有：
（1）略去词的首部，如：

  phone ← telephone, bus ← omnibus, plane ← aeroplane/airplane

（2）略去词的尾部，如：

  exam ← examination, taxi ← taxicab, photo ← photograph

（3）略去词的两头，如：

flu ← influenza

(4) 略去词的中间，如：

ft ← foot/feet，yd ← yard，st ← street

(5) 选取关键字母，如：

bldg ← building

(4) 和 (5) 更像是缩略的文字记号，因为它没有自己的语音形式。

混成法是英语中比较新的构词法。此法创始人是英国小说家 Lewis Carroll。他在著名小说 *Alice's Adventures in Wonderland* 和 *Through the Looking-Glass* 中首先使用此法创造了一些词语，如 chortle（= chuckle + snort）、galumph（= gallop + triumph）等，后人加以模仿，便创造了不少这类新词，由于 Carroll 创造这类词本来就是游戏笔墨，因而开始用此法创造的词大多不很严肃，而且往往寿命不长，只有少数留了下来，进入英语的词汇。

混成法尽管历史不长，但从构词法的角度看，它突破了原词词根、词干、词缀的形式，实际上是把原词割裂以后，把残存部分当作原词的词根来进行重新拼合。因而这种方法对整个英语构词法的体系来说，既是破坏性的，又是建设性的，随着这种方法使用范围的扩大，它已进入了严肃的场合，出现了下面这类词：

smog（= smoke + fog）　　　　　　烟雾
scinticamera（= scintillate + camera）　闪烁照相机
transistor（= transfer + resistor）　　　晶体管
skylab（= sky + laboratory）　　　　　太空实验室

预料它会对英语构词法产生越来越大的影响。

跟英语的缩略法相比，汉语的缩略法首先有两个特点：

(1) 汉语的缩略法缩略单词的比较少，主要缩略词组。因为汉语的词多数是单音节、双音节,三音节以上的合成词,在感觉上就更像词组。例如"清华大学""复旦大学"简称"清华""复旦",尽管很像英语的减尾缩略,但人们感觉这是词组的缩略。

(2) 汉语在使用缩略法的时候,除了使词语简短、使用方便以外,还有音节和意义上的考虑。音节上,汉语的缩略词大多是双音节的。在说汉语的人看来,英语的缩略词往往给人一种不完整的感觉:有时短得出奇(如 ad.),有时无法上口(如 bldg)。意义上,汉语要求缩略词能通过保留的语素表现出原词组内各部分的含义。因此尽管汉语的缩略词也是割裂了原词组内的各词,利用残存部分来重新组合,但对用字的选择似乎更讲究,因此重新组成的词语其残破感就没有英语混成词那样强烈。

从方法上来看,汉语的缩略词有如下四种形式:

(1) 由词组内各词的第一语素组成,如:

　　北大 ← 北京大学,常委 ← 常务委员,科研 ← 科学研究

(2) 选关键词素合成,如:

　　政协 ← 政治协商会议,爱委会 ← 爱国卫生委员会

(3) 提取公因子,用数字合成,如:

　　三好 ← 身体好、学习好、工作好
　　双增双节 ← 增产节约、增收节支
　　四化 ← 四个现代化 ← 工业现代化、农业现代化、国防现代化、科学技术现代化

(4) 保留中心语素,简化其余部分,如:

　　马列主义　何梅协定　汉英对比　双百方针　三反运动

这四种方式中,第一种与英语的首字母缩略词相类似,第二种与英语的混成词相类似。但英语是无意义的字母或被割裂的音节,汉语是有意义的文字,提供的信息比英语要多。而且由于不易重复,适应面也更大。第三、第四种缩略法英语较少见,下面是个别例子:

the five Wh's (when, where, who, what, why)
the three R's (reading, writing, arithmetic)
H-bomb (Hydrogen bomb); N-bomb (Nuclear bomb)

可见这两种方式应该看作是汉语的特色。

七、小结

汉语和英语的构词法有一些相似点,但更有不少差异点,而且差异点恐怕是更本质的方面,反映了两种语言各自的特点。例如语音和节律在汉语的造词构语(乃至造句)中起着相当重要的作用,恐怕就跟汉语是以单音节语素为基础的无形态语言是有关系的,在英语中这个问题就不明显;同样的特点使汉语必须把合成构词法放在首位,而英语就无此必要。又比如,加缀法是英语构词的基础,以至于除了极简单的来自日耳曼语的一部分词之外,在英语中很难找到不含词缀、完全由词根组成的单词。同时加缀法还影响到了英语合成词的表现形式。既然存在着这种形式化的东西,我们就不宜对英语走向分析型的前景估计过高;更不宜强不同以为同,在汉语中拼命寻找像英语词缀那样的东西。当然,语言的互相影响使汉语在翻译外语时产生了一些类似词缀的成分,但是从民族心理和语言习惯乃至从科学研究的角度来看,还是看作合成词的词素好些。

对比两种语言的构词法也使我们加深了对两种语言的词汇教学重点的认识。英语构词法的重点是附缀法,英语的词族是通过词干+词缀组成的,因而学习英语词汇的重点就应放在对词干(包括词根和根义)、词缀的理解和记忆上,采取中心开花、向四周扩展的方式。而汉语构词法的基础是合成法,汉语的词族是通过语素(包括黏着语素和自由语素)组合而成的,因而汉语词汇学习的重点要放在对语素的辨认和记忆上。目前中国的小学大量采取认字、组词、扩词的教学方法,这是适合汉语特点的、行之有效的手段,应该引入对外汉语教学。而为了认识语素,在对外汉语教学中也应该尽早开始教学汉字。

参考文献

葛本仪,1985,《汉语词汇研究》,济南:山东教育出版社。
郭启熹,1986,《古音与教学》,福州:福建教育出版社。
李平武,1984,《英语词根与单词的说文解字》,福州:福建教育出版社。
李增荣,1981,《英语构词法例解》,北京:商务印书馆。
陆国强,1981,《现代英语构词》,上海:上海译文出版社。
陆志韦等,1957,《汉语的构词法》,北京:科学出版社。
吕叔湘,1963,"现代汉语单双音节初探",见吕叔湘《汉语语法论文集》(增订本),北京:商务印书馆,1984年。
任学良,1981,《汉英比较语法》,北京:中国社会科学出版社。
任学良,1981,《汉语造词法》,北京:中国社会科学出版社。
孙常叙,1956,《汉语词汇》,长春:吉林人民出版社。
詹贤鋆,1980,《英语词素分析》,北京:商务印书馆。
Chao, Yuen Ren, 1968, *A Grammar of Spoken Chinese*, Berkley, Los Angeles, London: University of California Press, translated into Chinese by 吕叔湘 as《汉语口语语法》,北京:商务印书馆,1979年。
Zeiger, Arthur, 1959, *Encyclopedia of English*, revised edition, New York: Arco Publishing Company.

(原载林祥楣主编《汉语论丛》,上海:华东师范大学出版社,1990年)

汉语构词法研究的先驱薛祥绥

汉语最早的构词法体系是谁提出来的？有人说是黎锦熙发表于1923年的《复音词类构成表》，有人觉得应该算是刘复出版于1920年的《中国文法通论》中的"字的分合"部分。我们最近在研究汉语构词法研究史的过程中，发现了一篇《中国语言学论文索引·甲编》所没有收录的佚文——薛祥绥的《中国言语文字说略》。此文刊登于1919年出版的《国故》月刊第四期，比上述两家都要早。而且，就其在构词法问题上涉及的深度与广度而言，在某种程度上还超过了以上两家，因而具有相当的研究价值。由于这篇文章一般人不易见到，我们特将它全文披露出来，并略加评述如次。

这篇文章的第一个价值在于它在汉语研究史上第一个提出了词根和词缀（他叫作"语根"和"语系"）的概念。在此之前，马建忠（1898）提到过"加字"和"殿字"；在此之后，胡适（1920）第一次提到了"语尾"，但将词根和词缀作为一对相对待的概念系统地提出，薛氏实是第一个。此后要到1931年瞿秋白的《普通中国话的字眼的研究》，才再一次出现这对概念。

薛氏运用语根和语系的概念，结合传统训诂学"右文说"的理论，来分析汉语，提出在"论""伦""纶""轮""沦"及"邀""颠""峣""硗""骁""狨""翘"等字（词）中，"仑""尧"是语根，"言""人""丝""车""水""走""页""山""石""马""犬""羽"等是语系。这种说法也许使人感到有些不可思议，其实并不奇怪，词根和词缀说可以有各人的理解。张世禄（1956）对词根的理解就与别人不同。孙常叙（1956）对词根和派生词的解释更与薛氏有相似之处，例如，孙氏认为"桃红""粉红""火红""猩红""金红""洋红""血红""石榴红"等词是从同一词根"红"派生出来的同族词；在附注物类的附注造词如"鲤鱼""芹菜""淮河""梧桐树""牡丹花"等词里，"鲤""芹""淮""梧桐""牡丹"等主要载义部分是词根。这些都与薛氏的想法有相通之处。唯一的不同是薛氏讲的是字，而孙氏等讲的是词。但随着越来越多的语言学者注意到汉语字法与词法的联系及一致性，如陈望道（1940）、姚亚平（1980）、周一农（1984）等，这一问题也就可以理解了。

文章的第二个价值在于薛氏第一次提出了构词成分的单用与不单用问题（他叫作"能析立成字"与"不能析立成字"）。例如前面举的几个例子，语根、语系都能析立成字,而在"澈""辙""徹""撤"等字中,语系"水""车""彳""手"能析立成字,语根"敝"则不能析立成字。通常认为,单用与不单用,或者说自由与粘着的问题,最早是布龙菲尔德(1933)提出来的,赵元任(1948)是将之运用到汉语的第一人,而真正引起汉语界重视则是在陆志韦等(1957),特别是吕叔湘(1962)之后。薛氏能在这么早的时候就注意到这个问题,实在难能可贵。[1]

薛氏文章的第三个价值在于他是最早将构词法与造词法结合起来进行考虑的。近十几年来,国内外学者如 M. Aronoff(1976)、任学良(1981)、葛本仪(1985)都提出要注意区别构词法与造词法,强调造词法(新词创造的方法)比构词法(Aronoff 称作 word structure"词结构",笔者认为可叫作"析词法",指对既成词结构的分析)更值得重视。构词法研究从结构方面转向造词方面目前已成为一种趋势。然而正如同西方在转换生成语法之前的构词法研究都偏重在析词法上一样,汉语的构词法研究从刘复、黎锦熙开始也一直偏重在析词法上,造词法的问题从孙常叙(1956)起才得到真正重视。而薛氏已经开始注意到新词的创造问题。他认为创造新词有三条途径:(1) 借用外语。这是第一次把借用外语问题纳入构词法范围,之后直到郭绍虞(1938)才将音译词纳入构词法体系。(2) 造语。包括新造字和新造词。(3) 词品转变。在此之前,马建忠(1898)在"名字辨音""动字辨音"两节中讨论了四声别义问题,但是没有作为构词问题处理;章士钊(1907)提到了"假用词"和"音变词",指出了它们其实是两个词,只是汉语书写成一个字,可见他已倾向于把转类看作造词手段。但正式把转类列入造词法的,薛氏可说是第一个。此后直到孙常叙(1956)才开始把音变列入造词法,刘伶(1958)才开始把转类列入构词法。

薛文的第四个,可说是最重要的一个价值是首次提出了一个比较完整的构词法体系。在近代,最早对构词问题有所论述的是马建忠,他在《马氏文通》(1898)中提到了"骈列""前加""后附"等构词方式,"骈列"又分为"两字同义""两字对待"两式,他还使用了传统的"双声""叠韵""重言"等与构词有关的术语,对构词法研究有筚路蓝缕的创始之功。章士钊的《中等国文典》(1907)则分出了"单字词"和"合字词",在"合字词"中又分为"双字同义词""双字相待词""连字词""缀字词"等,对构词法作出了进一步贡献。但他们的论述都散见在全书各章节中,没有形成单独的构词法体系。薛氏则第一次对复合词问题进行了系统论述。为醒目起见,现把他论述的内容列成简表如下:

---

[1] 其实陈望道运用这一对概念比赵元任要早,见陈望道《文法革新问题答客问》(作于 1940 年),《陈望道语文论集》。

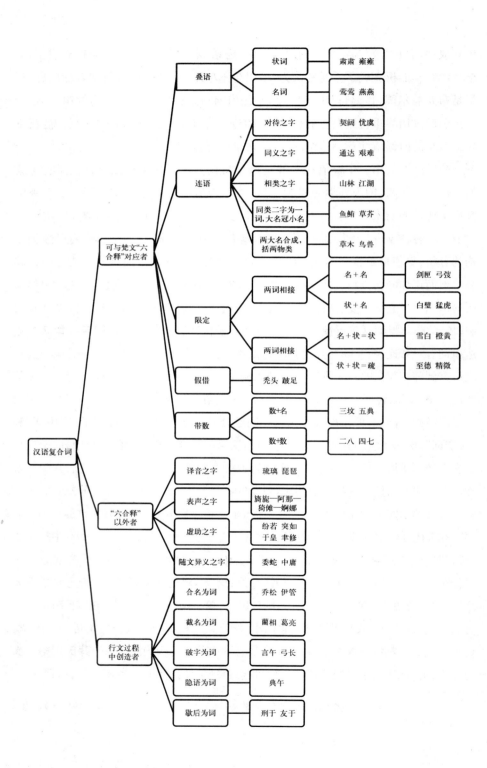

这个体系从分类来看,似乎少于黎锦熙(1923)而多于刘复(1920),但实际上内容比两家都要丰富些。其中假借、破字、隐语、歇后等是最早从修辞角度讨论构词法问题,而其后除陈望道(1932)在修辞学中讨论过之外,夏丏尊(1946)首次在构词法中提到破字问题,任学良(1981)在造词法中谈到借代问题。合名、截名牵涉到简称、略语和缩略造词等问题,其后,简称要等吕叔湘(1941)才提出,缩截要等夏丏尊(1946)才提出。

从与梵文"六合释"的比照来看,张寿康(1957)认为最早做这一工作的是胡以鲁(1923),现在看来薛氏要比胡氏整整早四年。

总之,薛氏的《中国言语文字说略》是汉语构词法研究史上一篇杰作。然而,70多年来,它竟没有对汉语构词法的研究产生过任何直接影响,不但远比不过黎锦熙,也及不上刘复,这实在是汉语研究史上的一件怪事。

参考文献

Aronoff, M., 1976, *Word Formation in Generative Grammar*, The MIT Press, Massachusetts.
Bloomfield, L., 1933, *Language* (lst ed., 1933), 8th ed. Allen Unwin, London, 1962.
陈望道,1932,"修辞学发凡",上海:新文艺出版社,1954年。
陈望道,1940,"六书和六法",《陈望道语文论集》,上海:上海教育出版社,1980年。
葛本仪,1985,"汉语词汇研究",济南:山东教育出版社,1985年。
郭绍虞,1938,"中国语词之弹性作用",《照隅室语言文字论集》,上海:上海古籍出版社,1985年。
胡　适,1920,"国语的进化",《胡适文集》,上海:上海亚东图书馆,1930年。
胡以鲁,1923,"国语学草创",上海:商务印书馆,1923年。
黎锦熙,1923,"复音词类构成表",《国语月刊》"汉字改革号",1923年。
刘　复,1920,"中国文法通论",上海:中华书局,1939年。
刘　伶,1958,"现代汉语构词法",文史哲杂志社编《汉语论丛》。
陆志韦等,1957,"汉语的构词法",北京:科学出版社,1957年。
吕叔湘,1941,"中国文法要略",上海:商务印书馆,1953年再版。
吕叔湘,1962,"说'自由'和'黏着'",《中国语文》1962年第1期。
马建忠,1898,"马氏文通",上海:商务印书馆,1932年。
瞿秋白,1931,"普通中国话字眼的研究",《瞿秋白文集》第二卷,北京:人民文学出版社,1953年。
任学良,1981,"汉语造词法",北京:中国社会科学出版社。
孙常叙,1956,"汉语词汇",长春:吉林人民出版社。
夏丏尊,1946,"双字词语的构成方式",《国文月刊》第41期。

薛祥绥,1919,"中国言语文字说略",《国故》月刊第 4 期。
姚亚平,1980,"从会意字的构成看汉语字法和词法的一致性",《江西大学学报》1980 年第 3 期。
张世禄,1956,"小学词汇教学基本知识讲话",杭州:浙江人民出版社。
张寿康,1957,"略论汉语构词法",《中国语文》1957 年第 6 期。
章士钊,1907,"中等国文典",上海:商务印书馆。
赵元任,1948,*Mandarin Primer*, Harvard University Press,1967,李荣中文节译,《北京口语语法》,北京:开明书店,1952 年。
周一农,1984,"从字法和词法的对应关系看汉语语素与文字的一致性",《丽水师专学报》1984 年第 1 期。

附录

中国言语文字说略　西乡薛祥绥

　　远西有言语之学焉,权舆于古代,集成于近世,精挈言语,蔚然成学。我国世系绵邈,甲乎他邦,言语完密,亦为巨擘。然而欲求能明言语之本质,究言语之系统,校比中外之同异,厘定成学,明其条理,则未之前闻也。是何故哉?或曰:"中土重文,诸儒溺于文字,于训诂音韵之学则三致意焉,言语非所重也。"曰:是不然。夫言语文字,非必二物;原夫古初,文言本自合一。诸儒所尊之六经,非上古之言语乎?且孔门设有言语之科,𬨎轩为博采方言之职,然则中土又何尝不重言语哉?况乎言语学以字学为根据,究其全体,则须音义兼及。吾国文字既为专科,音韵训诂尤多发明,于言语学已思过半矣。特未能借资相校,条理成章耳!远西之士,欲矜博学,强目中土文字,誉之者心有所慨也,毁之者心有所鄙也(当中国盛时,西人谓中国为文明民族,因亦称许言语为完备;中国兵败骎衰后贱视之,因谓语言为简陋)。中土言语本非晳人所知,毁誉不为荣辱,而类别世界言语者,亦因之无定论焉。德人奚讷海(Schleicher,按今译施莱赫尔)就世界言语之形状,区之为三。曰孤立语 Isolierande,曰关节语 Agglutinierende,曰诎诘语 Flectierende。所谓孤立语者,字唯一音,一字一义,无语根语系之别,借所安而别其职,如中国语是也。所谓关节语者,语根不变,缀以语系,职因语系而明;语根语系,可以分离,如土耳基语是也。若语根变化,借别其职,语根语系不能判离,常合二字为一字,则谓之诎诘语,如印度日耳曼语是也。第奚氏如此区分,谓为言语运用之法则可,谓为言语之类则不可也。盖以三者亦可互通,非必判然不合也。以论英吉利语,则三者之法几全俱焉。中国言语亦然。中国语言一字一义,多为单音,借所安而别其职,如钟鸣之与鸣钟,同一钟也,所安有先后,而宾主之职斯别。中国语为孤立语,固也。惟中国文字亦有合二字始足一义者,如止戈为武,人言为信,此合二字而单音者也;如夫渠、巴且、貌缕、颙顼,此合二字而双音者也,然则中国语又为诎诘语矣。今夫仑字,含分析条理之义,就言语而言,则加言而作论;就人事而言,则加人而作伦;就丝而言,则加丝而作纶;就车而言,则加车而作轮;就水而言,则加水而作沦。尧字含崇高延长之义,就举足而言,则加走而作遶;就头额而言,则加页而作頋;就山而言,则加山而作峣;就鸟羽而言,则加羽而作翘。是仑也尧也皆根也,言、人、丝、车、水、走、页、山、石、马、犬、羽十二字,皆系也。字有根系,分析之亦皆成字,与关节语之有根系者实相若。则谓中国语类似关节语,亦无不可。而中国字之根系,亦有不能析者,如澈辙徹撤之育夊为根,而水、车、彳、手四字为系,育夊则不能析立成字,此又合乎诎诘语之规律矣。观此,则目中国语为孤立语者,其陋可知也。吾故曰,奚氏所举者,言语运用之法耳,非语类也。

至于中国言语起源之故,变迁之异,复合之法,与远西言语学,亦有相同者焉。远西谓言语之起源,先由于情有所触,不平则鸣;慨叹惊呼之声气,即为言语之滥觞,继而摹声以名物,由是言语渐备焉。前者之徵,可取诸婴儿,无庸细论。后者之徵,如风火相薄,火焰上升,其音同"呼",古人即火音而锡以名,故火字之音为呼果切,以象火声;舟行水中,急湍相激,其音渐渐,古人即水音而锡以名,故水字之音为式轨切,以象水声。推之木字之音,与击木之声相近;石字之音,与击石之音相近;钟字之音,与击钟之音相近;柝字之音,与击柝之音相近。又如亚亚者谓之鸦,岸岸者谓之岸;羊字之音近于羊鸣,雀字之音近于雀噪;至若江河著形声之例,尤摹声之显著者也。摹声不足,进而摹其德业。德有性质形状分量之分,业有动静因果功用之异,据其一端,以声音表之,则为语词。此言语所以发展也。第所据之端,民族各异,故各民族之语言,万别而不相侔也。言语几备矣,而变迁生焉。揆厥原因,基于民性之憜。惟憜之故,乃生数端:摹拟他人之语,如鹦鹉之学人言,一也;迁就彼字以就此字,遂令彼字本义因之而湮没(如"莫"本义为日暮,字借为"无"义,而日暮之义遂湮,乃别造"暮"字),字义因之而扩张(如"笑"本字为女芺,本义女子笑貌,迁就为一切之笑,义扩张矣),二也;仓卒用字,取其一义,忽其别训(如诛,责也。伏诛为殊之借,今则多用殊义,而训责之义多忽诸),三也;发音模糊,弗得其真(如锱铢应读为迟蜀,而世多读为淄朱,又微字,十九难得正音,皆模糊之弊也),四也;逞情造语,因之方言岐出(方言之成有数因,或其地保守古语之人多,或其地好改易言语,或其地鄙塞不与世通,或有某种社会特造言语以达意,如江湖之谚语、盗贼之隐语是也),五也。有此五者,于是乎言语变矣。变迁之法,约有三例。一、改旧语而成新语者。或字之音形变易,有如车之古音声如居,车之今音声近舍;舜为本形,舜为误体。或字义之变更,有如朕本通称,后世以为尊号:此由通就局也;狀为犬形,后世泛指万类,此由局至通也。二、旧语消沉者。此则系乎时代(如学校之名,夏曰校,殷曰序,周曰庠,过时则其名泯灭),关乎世运(如皇、帝、王等字随世运而消长)。亦有重复之词(如諆与欺同字,喘与啍同字,而諆啍少用)冷僻之字(如延弧等字)、独用之文(如国名之罂,人名之娍,地名之邘),废而不用者,正不知凡几也。三、语词新生者。此其法有三。曰借用外语。卍字本于梵字,歺字取诸蒙古(按歺隶作歺,《说文》:"剐骨之残也,读若蘖岸之蘖。"此歺音等在切,郑思肖谓"蒙古字取以代不好之义者也。")国名之善鄯,释语之般若,是也。曰造语。如贯头衣索头部之类,乃造语以为名;如秃髭(见内典)、厍龇(见正续高僧传)、傸㑁(见道经)等字,乃造字以区众(释子羽流造字甚多)。曰词品转变。剑为物名,而操剑杀人者亦曰剑(潘岳汧督马敦诔序:"手剑父仇");伐为动字,而师有钟鼓亦曰伐(《左传·庄二十九年》:"凡师有钟鼓曰伐。"是为名词也)。虚实互用,以尽其能。言语变迁之梗概,不外是矣。

若夫用字之际,其道多方,而济单音之穷,使之孳乳繁盛者,则复合之法尚矣。复合之例,梵文最备,谓之六合释 Shatsamasa。就中为吾国所有者,则为叠语(状词如肃肃雍雍,名词如莺莺燕燕)、连语(以相当之字,连之而成新词,凡数例。有由对待之字合成一词者,如契阔[一离一合]、忧虞[一悲一喜];有由同义之本字假字合成者,如通达、艰难;有由相类之字连成新字,其义与原字有关而不相同,如山林中人之山林,江湖派之江湖;有以同类二字为一词,以大名冠小名,如《礼记》之鱼鲔,《孟子》之草芥;有取二物类之大名合之成词,即以括二物类者,如草木、鸟兽)、限定(取一词以限定他词之义复合成语。此有二例:一、两词相接,其一附之以说明他词之格者。如剑匣、弓弢,义即剑之匣、弓之弢,明其领格是也;亦有以状词限定名词成新词者,如白璧、猛虎。二、名词与状词相合成一状词,如雪白、橙黄;亦有状词与状词相合成一疏词,如至德、精微)、假借(二语词相结为一字,其义所指乃在所属之人,如目头秃者为秃头,足跛者为跛足)、带数(数词与名词合为一词,如三坟、五典、八索、九丘;亦有二数字结合成词者,如二八[指虞廷十六相]、四七[指光武二十八将])。凡此之外,考之中籍,又有译音之字(如琉璃、琵琶,前举之善鄯、般若亦此类),表声之字(如旖旎音转为倚移,为猗靡,为阿那,为猗萎,为猗傩,为婀娜。只表其声,无正字。此类甚多),虚助之字(如《易》之纷若,突如,《周礼》之挈尔、幎尔,《孟子》之勃然,《荀子》之雅似,皆助以虚字成一状词。又如于皇、于移、聿修、聿骏,亦借助字为状词者),随文异义之字(如"退食自公,委蛇委蛇",诗人之所美也;而《左传》之"衡而委蛇必折",则又以为不美矣。贾谊《过秦论》云:"才能不及中庸",训作中才;《后汉书·胡广传》:"天下中庸有胡公。"则又以模棱训中庸也)。虽为文字之区分,其用实通于言语。至若织文之土,经纬篇章,则有合名为词(如《史记·蔡泽传》称王乔、赤松子为乔松,《邹阳传》称伊尹、管仲为伊管),截名为词(如《费凤碑》称蔺相如为蔺相,《晋书》称诸葛亮为葛亮),破字为词(如称许曰言午,见《三国志·魏文帝纪》注;称张曰弓长,见《宋书·王景文传》注),隐语为词(如称司马曰典午),歇后为词(如刑于、友于、贻厥、宴尔,皆歇后之词)。先例虽众,不合于理也。

要之中土言语文字,异于别国者:四声之分綦严,一也;字之复合,多系于双声叠韵,二也;往古文言为一,洎乎后世,文字则速进而前趋,言语则迟进而纷歧,三也。惟言语之分歧也,论者遂谓究言语,考文字,当分别观之,不可并举。然而分者可求其合,歧者可求其同。欲究言语,当考文字;欲通文字,当参言语:二者固未可判然分离也。中国言语文字,诚能细理密察,不难观其会通,得其条理。今则聊举大凡,聊作嚆矢,匡谬正误,是所厚望焉。

(与叶步青、韩洋合作,原载《中国语文》1993 年第 1 期,第 65-69 页)

汉语构词法的历史研究

一、研究构词法的重要意义

在语言研究中,构词法一向是个薄弱的环节,这有着历史的原因。中国和西方的传统语言研究,走的是两条截然不同的道路,但两者都同样忽视了构词法。

中国的传统研究以"字"为中心,从文字的形、音、义分别衍生出文字、音韵、训诂三大部门。由于古汉语中字、词不甚区分,很少有人从许慎的《说文解字》中体会到构词法的价值。而近代西方语言理论引进以后,人们在构词法方面注意到的往往主要是西方语言加词头、词尾等的模式。由于汉语天然缺少词头、词尾这些形式,因此这种研究或流为机械模仿,或流为牵强比附。由于没有能切合汉语的实际和特点,因此这种研究很难在汉语研究中占上重要一席。

西方的传统研究则以"形态"为中心,一头连着词法,一头连着句法。在形态丰富的语言如古拉丁语里,词法几乎就是语法的全部;在分析性逐渐加强的语言如英语里,则句法越来越占重要地位。由于重形态,因而从词法一头看,传统西方学者看到的是加词头、词尾引起的词性变化;从句法一头看,注意到的是加词头、词尾引起的句法功能的变化。而与语法无关的纯"构词形态"以及复合词形式等,则被淹没在形态学的汪洋大海之中,很少得到认真的研究。

这种情况直到20世纪最后三十年才起变化。西方的语言研究由传统语法而结构主义,而转换生成语法,构词法的问题日益得到了重视。1969年,德国学者Hans Marchand写了一部名为《英语构词法的范畴与类型》的专著(Marchand,1969),这是有史以来研究英语构词法的最恢宏的巨著。1973年,为庆祝Marchand的寿辰并纪念他在构词法研究上的贡献,德国学者Gabiele Stein编了一部《英语构词法研究二百年》(Gabiele,1973),在前言中他指出:

> 如果说,由于当前转换生成语法的崛起,语言的创造性方面重又得到了重视,那么使人惊讶的是,对这一创造性的兴趣,似乎仅仅局限在句法上,而实际在构词法上却更容易看到这一点。儿童如何掌握构词能力

的问题,至少同他如何掌握造句能力一样有趣,而又有什么比构词法更适宜观察语言的语义特点、选择性限制等等呢?(Gabiele,1973:29)

1976 年,美国学者 Mark Aronoff 出版了《生成语法中的造词法》一书(Aronoff,1976),第一次提出要区别 Word Structure(构词法)与 Word Formation(造词法),认为以往的构词法研究都偏重于词的结构分析,而更重要的在于研究新词的创造。

而在中国,则一方面有出版于 1981 年的任学良的《汉语造词法》这样一部在内容上不无可批评商榷之处,而在命意上实属创新的重要著作,旨在呼吁建立汉语造词学这样一门独立的学科;另一方面有以郭绍虞为代表的认为学习语法要从构词法开始的主张,说:

> 只有第一步从构词法学起,才能切合汉语的语法研究,因为明白了词与词组的结构,自然会明白造句法的。(郭绍虞,1979:750)

其实将构字、构词与分析整个语言结构联系起来的,并不始于郭绍虞。早在 20 世纪 30 年代,林语堂就在一篇关于学习英语的文章中透露过类似的想法,只是没有引起人们的注意而已。他说:

> 语汇英文就是 vocabulary,就是语言的内容实质。语法(文法)英文叫做 grammar,是讲某种语言中表示意念关系的种种方法。语音就是读音(phonetics)。这三个区别略与中国小学家所分形、音、义三学相仿佛。说文等于文法;音韵等于发音学;训诂等于语汇。所不同者中国小学是以文字为主,学英语者却须以语言为主。故如在中国小学,说文及金石之学只讲文字的变化与构造,而在文法,却须讲语言字句的变化与构造。然其同属于一类的研究,注重构造化合的原则,则两者实处相等的地位。(旧式文法一部分专讲形的演变,名曰"形态学"[morphology],则与字形之义尤近。(1969:270-271)

把《说文》比作文法学,这种看法即使拿到今天,不论治汉语者、治英语者或治普通语言学者,恐怕都要诧为海外奇谈的。然而林氏的可贵之处在于能从迥异之处看出其同:《说文》、形态,都是分析字形,而析字、构词,正是分析语言结构之始。

进入 20 世纪 80 年代以后,学者们不仅看到了汉语在构字、构词上的某种一致性,更在发掘汉语特点的过程中,发掘并强调汉语的词、短语和句子在结构上的一致性。这样一来,词的解剖成为句子、短语解剖的显微和缩影。既然如此,确实没有比从构词法着手来研究汉语的结构特点更简捷的方法了。如果按照 Stein 所说,西方语言的构词法研究可以成为研究西方语言的基础,那么汉语在这方面的优势就更明显了。

1998 年,英国 Essex 大学的 Andrew Spencer 教授和美国 Ohio 州立大学的 Arnold M. Zwicky 教授合作,编写出版了一本《构词法研究手册》。书中指出:

> 从概念上来说,构词法已成了语言学研究的中心,这不仅是因为它在今天是一门显学,更因为它研究的是词的结构,而词本身却处在音系学、句法学和语义学的交接面。(Spencer & Zwicky,1998:1)

也就是说,构词法地位的重新确立是由于对词的重要性的重新认识,词在语言研究中处于枢纽的位置,它是句法、音韵、语义各个研究层面的交汇点,相应地,以词的构成与活动为中心的构词法的研究自然就得到了足够的重视。

二、构词法在汉语研究中的地位

构词法之日益引起人们重视的又一个原因是人们对构词法在整个汉语研究中的地位认识的深化。

长期以来,构词法在语言研究中的旧属是个未曾解决的问题。曾经有过种种说法,有主张属于形态学的(如胡附、文炼,1955:29),有主张属于句法学的(如陆志韦,1957:2),有主张是"在语法学和词汇学之间占有特殊地位的一个语言学部门"的(如岑麟祥,1956:8-9),也有主张构词法不属于语法学的(如史存直,1956:5),不一而足。

大体说来,认为构词法属于形态学的,有着较明显的西方形态语言理论的影响。因为从形态中心出发,西方学者通常认为形态学(词法学)包括两个部分:构词法和构形法。汉语的构词法理论最早是由西方引进的,接受这种说法是不奇怪的。这一说法在20世纪50年代由于苏联语言学理论的强大影响而得到了加强。

认为构词法属于句法学,一方面是由于受到英语研究的影响,语法研究中句法中心取代了原来拉丁语的词法中心;另一方面是由于接触到汉语研究的实际,复合词远比所谓的派生词来得重要,因而形态学理论解决不了汉语构词中的主要问题。

介于这两者之间的观点则认为构词法兼属词法和句法,实则是把派生词和复合词分别处理。然而不管怎样,认为构词法附属于语法则都看作是天经地义的。岑麟祥主张构词法介于语法学与词汇学之间,但实际上更倾向于形态学;史存直主张构词法不属于语法学,但话说得过于婉转,因而事实上没有引起人们重视。

构词法研究的深入使人们逐渐发现构词与语法并不像以前那样认为的那样密不可分,许多构词现象根本无法用语法来解释。因而到了20世纪90年代,潘文国对"句法构词"的提法表示了怀疑,认为:

> 所谓"句法"构词,实际上不是句法关系而是语义关系,只是因为汉语没有形态,蒙上了一层薄雾而已。把"句法"用到构词上是不妥的。(潘文国,1997:108)

刘叔新则鲜明地提出,复合词结构不属于语法学,而属于词汇学,岂但如此:

> 其实,不仅复合词,各种词及其变异的结构方式,词汇学都理应全面加以描写分析。另外,语音构造新词的各种方法,如直指或喻指的组合法、叠连法、缩略法、语义转化法、拟声法、音译法、联绵法等等,都毫无疑问须由词汇学去研究。造词法若由语法学去研究,显然是越俎代庖。(刘叔新,1990:246)

不过刘氏还留了一个尾巴,把派生词结构和派生法交给了语法学去研究(同上:246-247)。1999年,他更将构词法的内涵"明确为词根加词缀的派生法",从而"回归语法学"(刘叔新,1999:186;194)。史存直则走得更远,把派生法也归到了词汇,说:

语法和词法的界限也是一个小问题。像构词法,有人说它介于语法和词汇之间,可以划归语法,也可以划归词汇。我个人则赞同构形词尾属语法,构词词尾属词汇的主张,所以把构词法放在词汇部分里。(史存直,1988:139)

构形词尾本来就同构词无关,因而实际上构词法的内容就全部归到词汇学里了。

1994年陈光磊又提出,在区分构词法和造词法的基础上,把构词法划归语法,把造词法划归词汇(陈光磊,1994:17)。显然这个问题还有讨论的余地。

现在看来,把构词法仅仅看作词汇问题,这种认识是有失偏颇的。但这件事本身的意义不可小看,几年前我们就指出,构词法从语法学的领地挣扎出来倒向词汇,并不是简单的"改换门庭",而是意味着自身的发展与深入。(参见潘文国、叶步青、韩洋,1993:7)

无独有偶,把构词法划归词汇的这一倾向是同20世纪70年代国际上的潮流一致的。

1976年,美国学者Mark Aronoff的《生成语法中的造词法》一书(Aronoff, 1976),引发了构词法研究上的一场"革命"。Aronoff的贡献主要有三:第一,在西方构词史上,他第一个提出了要严格区分词构(Word Structure)和构词(Word Formation),认为以往所谓的构词法研究其实都是词构的研究,而更重要的则应是研究新词是如何造出来的。他把生成语言学的思想灌输进了构词法研究,变静态为动态,给构词法研究带来了勃勃生机。第二,他最早强调构词法研究的词汇学意义,认为构词规则实质上是词汇规则而不是语法规则,说:

我们要作的一个基本假设是:构词规则是词汇规则,只在词汇学范围内起作用,它与其他语法因素有关,但与其他语法规则完全无关。(Aronoff,1976:46)

第三,Aronoff是较早注意到构词法与其他语言研究层面联系的一位学者,他说:

> 构词法规则势必会涉及到词的句法、语义与音韵特点,只是不是句法、语义与音韵的规则而已。(同上)

　　Aronoff 主张的这三条实际上可以看作是现代构词法成立的标志。20 世纪 80 年代以后,汉语构词法研究的发展与此三条也惊人地相似。上面关于构词法归属的分析与 Aronoff 的第二条如出一辙。下面我们可以再看第一、第三两条。
　　第一条,区分构词和词构,并特别强调构词。
　　应该说,汉语学者提出区分"词构"和"构词"(汉语中分别叫"构词法"和"造词法")其实比 Aronoff 还要早,早在 1956 年,孙常叙在他的《汉语词汇》里就开始强调这两者(他分别叫作"造词结构"与"造词方法")的区别,说:

> 造词方法和造词结构是不同的,结构是就造词的素材以及它们之间的关系来说的……所有这些分析都是已经成词的解剖,是对已成的对象作分析研究的结果。并没有涉及词是如何在已有的语言基础上创造出来的。造词方法是使用具体词素组织成词的方式和方法……造词的素材和方法可以决定词的结构,可是词的结构却不能完全反映造词方法。(孙常叙,1956:77)

　　但由于种种原因,孙的理论在汉语学界没有引起足够的重视。稍后,任学良在《汉语造词法》一书中又为造词法大声呐喊,说:

> 造词法是决定的因素,构词法只能在造词法统属下起作用。……造词法可以统率构词法,构词法却不能统率造词法;汉语词汇中所有的词都有造词法的问题,但不是所有的词都有构词法的问题,可见应定名为"造词学"。(任学良,1981:5;6)

　　但他的主张可能有些以偏盖全,结果引起有些语言学家如张寿康(1983:181)等的批评。造词和构词的明确区分和较广泛接受是在葛本仪的《汉语词汇研究》(1985)和刘叔新的《汉语描写词汇学》(1990b)两书出版以后。
　　至于 Aronoff 提出的第三个方面即构词法研究的综合性,则要等到 1993 年潘文国、叶步青、韩洋的《汉语的构词法研究：1898－1990》一书出版，才得到比较完美的实现。潘文国等的书对前此九十余年的汉语构词法研究作了全面的总结，虽然为了保持客观、公正，该书基本上奉行了"述而不作"的原则，但在实际上，通过内容的选择与章节的安排，事实上提出了一个全方位、多角度地研究汉语构词法的新体系，这是此前任何有关构词法的研究论著所不曾提出过的。这本书在写作过程中比较自觉地接受了 Aronoff 的影响，因此也可以说是现代的构词法研究在汉语领域的最早体现。

三、汉语构词法研究的特点和范围

现代汉语的研究通常都从出版于 1898 年的《马氏文通》谈起，汉语构词法也不例外。当然，汉语构词法的研究其实并不始于《文通》，只是《文通》是将现代语言学介绍到中国来的第一部著作，它对汉语研究的目的论、方法论乃至体系和格局，都带来了深刻的变化。因此一切冠以"现代"字样的汉语语言学研究，从《文通》讲起，比较来得方便。从《文通》第一次给汉语带进现代构词法思想以来，一个世纪里，汉语构词法研究在各种思潮（包括语言的、半语言的和非语言的）的影响和推动下，走过了一条曲曲折折的道路，经历了多方面的探索，包含了别的语言构词法所不具有或不甚突出的内容。概括起来，大约有如下三个特点：

1. 与汉语拼音化紧相纠缠

汉语使用汉字，正如同西方语言使用字母文字一样，具有深刻的文化和历史背景，也是与民族心理与语言特征相适应的一种客观存在。汉语演进为拼音文字，并没有历史的必然性。然而一个多世纪以来，在中国遭受帝国主义列强欺凌、饱经民族忧患的历史条件下，一些忧国忧民之士却不恰当地把中国落后挨打的原因归到了老祖宗头上，认为中国的文字落后，导致了教育与文化科学技术的落伍，因而中国的现代化要从改革文字开始，从而开始了一场长达半个多世纪的汉语拼音化运动。到了 20 世纪 50 年代以后，文字改革和汉语拼音化更一度成了国策，以至于在相当长一段时期里根本容不得提出相反的意见。汉语走向拼音化既非历史之必然，又非对汉语汉字的科学研究得出的科学结论，而是挟带着较强烈的情绪因素（20 世纪 50 年代以后又掺杂了政治因素），因而这场声势浩大的汉语拼音化运动，其实并不纯粹是语言性的，也许只能叫作半语言性的。这是发生在 20 世纪中国语言学界的一场特殊的运动,它对语言研究的影响是巨大和深刻的。

受拼音化运动影响最大的便是汉语构词法的研究。正如陆志韦等指出的:

> 二十年代以来,构词法问题总是结合着拼音文字提出来的。(陆志韦,1957:1)

正是拼音化的要求提出了"词类连书"或"词儿连写"的问题。可以毫不夸张地说,从 20 世纪 20 年代到 50 年代,构词法和"词儿连写"在很多人的心目中都是一而二、二而一的问题。从黎锦熙(1922;1923)、瞿秋白(1931;1932)、萧迪忱(1935)、林汉达(1942;1949),直到陆志韦等集大成的《汉语的构词法》(1957)一书都是如此。

构词法与汉语拼音化、设计拼音文字相联系,从积极方面说,是提出了"分词法",或者说,给汉语词儿划界的问题,从而引发了一场深刻的讨论;从消极方面说,是让拼音文字的形式与要求束缚了手脚,以至于有人竟然本末倒置,提出要让拼音文字来改造汉语,少用或不用单音词,让汉语词汇尽量多音节化这种削足适履的主张(见林汉达,1949)。尽管在 20 世纪 50 年代彭楚南等就提出存在着"理论词汇"(即语言学上的词)和"形式词汇"(书面文字上连写的词)两种词汇的主张(彭楚南,1954),但直到 80 年代之后,语言学界才真正形成共识,认为正词法和构词法不是一码事。构词法摆脱了拼音化要求的羁绊,从而为自身的发展拓宽了道路。

2. 传统和"现代化"冲突下的两条道路

汉语构词法不同于其他语言的又一个特点是在传统和"现代化"的冲突下,始终存在着两种研究的倾向和两套不同的路子。

两千年的汉语研究,形成了迥异于西方语言学的汉语语言学的深厚传统。这一传统重意念,重悟性,重整体把握,重在语言的适用与变化中观察与研究语言,因而不同于西方语言学重形式,重理性,重冷静解剖、条分缕析的传统。中国古代从来没有产生过类似现代西方文法学那样的学问,但在汉语传统的训诂学中却存在着丰富的文法学思想,这证明古代汉族人对于自己语言的构造有着自己独特的理解。可惜这种植根于不同深层文化背景的不同的语言观长期以来很少得到足够的重视与认识,于是就不免引起坚持传统与致力于"现代化"亦即西方化者在语言研究上的冲突。这种冲突从语言观、汉语观到汉语研究方法论,几乎是全方位的。而它在汉语构词法研究上的表现则体现为从修辞出发去研究构词及其变化,与从文法出发去研究语词结构的描写与分类这样两种不同的研究倾向与方式。

前一种研究可以以郭绍虞提出于 20 世纪 30 年代,而直到 80 年代还在坚持的"语词弹性说"为代表(参见郭绍虞,1934;1938;1982),后一种研究可以以某种激进的文字改革论者为代表。前者强调汉语的节奏特点,强调为适应这一特性而出现的汉语语词在使用上的弹性,因而字、词、语的界限并不总是那样明显;而后者则主张字词定型,构词规则要规范化、模式化,或者积极推行词缀化,其极端者则如前面所举要改造语言来适合文法规则。

正如同中西学术文化在其他方面的冲突一样,偏于西方文化的,总是指责传统的研究"不科学","缺乏理性","没有系统",甚至是"玄虚";而偏于坚持传统的,则指责较多吸收现代西方文化者为"盲目西化"、"不适合汉语特点"、"不解决汉语实际问题"等。我们认为,这里面首先有个端正认识的问题。拿医学作比方,古代中国没有现代西方的解剖学,阴阳五行、经脉学说也确实显得玄虚而缺乏"科学"性,然而越来越多的科学家发现,中西医学各有所长,中西医结合能解决医疗上的许多疑难杂症。语言研究问题上实在也是如此,关键在于两种不同的传统如何"结合"。

1963 年,吕叔湘先生发表了《现代汉语单双音节初探》一文,在主流语言学界首次将音节和节奏的概念引入语法包括构词法的研究,为这种结合开辟了一条路子。1993 年,潘文国等在《汉语的构词法研究》一书中为"音节、节律角度的汉语构词法研究"专辟一章,并誉之为"一个极富汉语特色的构词研究方面"(潘文国、叶步青、韩洋,1993:185)。而最大的突破发生在 1997 年冯胜利《汉语的韵律、词法与句法》一书的出版(介绍详见下文)。

3. 汉语构词法的范围:奇特的"五合一"格局

从一个世纪以来的关于构词问题的研究来看,汉语构词法还有第三个特点,即它包含的范围之广,远远不是西方传统的构词法所能包括。它实际上是个五位一体或者说是个"五合一"的格局,它要解决的问题比别的语言更多。这五个方面是"析词法"(Word Analysis)、"借词法"(Word Borrowing)、"造词法"(Word Coinage)、"分词法"(Word Demarcation)和"用词法"(Word Employment)。可以用

英文字母的公式来表达这个格局,即:

WF(Word Formation)＝WA＋WB＋WC＋WD＋WE

(1)"析词法"(WA)

这也就是 Aronoff 讲的 Word Structure,我们称作 Word Analysis,是为了建立 A、B、C、D、E 的便于记忆的格局。这是传统构词法的主要内容,不必多说。它研究的只是既成词的结构,并不涉及新词的创造问题。陆志韦等的《汉语的构词法》可说是这一研究的代表。它采用的是从大到小的分析步骤,先"从句子中摘出词来",再对词的下位组成成分进行尽量细致的描写与分析。析词法是一种静态的描写,从生成构词学的角度来看,静态的结构描写诚然是语言研究的基础,但其重要性毕竟不如其他方面,而且在这方面如果处理得呆板,更会变成贴标签的游戏。

(2)"造词法"(WC)

在西方,造词法是从 Aronoff(1976)开始才第一次响亮地提出来的。他把它叫作 Word Formation 或者 Word Coinage,以此与只分析既成词结构的 Word Structure 相区别。在中国,系统地提出造词法是从孙常叙开始的,而使之广为人知却是任学良(1981)的功劳。如果说"析词法"研究是一种静态的描写,则"造词法"是对词的生成过程的动态研究;"析词法"是共时的研究,"造词法"更具历时的性质。与析词法不同,造词法关心的不是成词后的结构分析,而是造词的过程和手段。

但汉语中的造词与 Aronoff 仍有所不同。Aronoff 强调以词造词,他把自己的理论叫作 Word-Based Theory(参见 Aronoff,1992:8),但是汉语中不仅有以词造词的问题,还有以词素造词的问题,还有与英语的首字母缩略法大为不同的简缩造词问题。如果考虑到汉语的特点和历史,还应该研究单音词的造词法或者说造字法的问题,以及造字与造词的关系问题。最早将造字和造词联系起来的是陈望道发表于 1940 年的《六书与六法》。

以上两条还是各种语言中都有的方面,以下就更是汉语中比较独特,或者至少表现得更为强烈的方面了。

(3)"分词法"(WD)

这个名称最早是朱星(1979)提出来的。简单地说,这个研究要解决的就是什么是词的问题。这在别的语言中多数不是很大的问题(当然不是完全没问题,例如英语在强调复合法以后,对于不带连字符的组合看作是词还是短语就会有不同看法,对于使用缩音符号、现代语言学称作 Clitics 的形式是否叫作词也会有不同意见),但在汉语中问题就大多了,因为汉语中词这个概念本来就是外来的,1907年章士钊才第一次把它作为"字"的对立面明确地使用(章士钊,1907:1),从 20 世纪 20 年代到 50 年代,随着一浪高过一浪的汉语拼音化运动,字词之分纠缠了中国人半个多世纪。而这个问题不解决,构词法研究就无从说起。词儿划界,有两方面的内容,向上是与短语的划界问题,向下是与语素的划界问题。这个问题在 50 年代曾风靡一时,至 80 年代吕叔湘《汉语语法分析问题》(1979)发表后又出现了一次高潮。

(4)"用词法"(WE)

"单足以喻则单,单不足以喻则兼。"两千多年前荀子的这句话,说尽了汉语字词在使用中的弹性或曰灵活性。郭绍虞在这方面贡献最大。从理论上说,"用词"似与"造词"无关,但从汉语的实际中看,用词过程有时确实也是造词过程。汉语的词形可长可短,随上下文的需要而调节;语法和修辞错合无间,节律的作用渗透在构词、组语、造句的全部过程之中。如果说,有什么东西贯穿在汉语的整个组织规律之中,其重要性甚至超过语法、语义等其他一切方面的,我们认为可能就是节律。汉语的节律使构词、组语、造句打成了一片,其内容远比其他语言研究中音韵与词法、句法关系要丰富得多。

(5)"借词法"(WB)

这是汉语构词法研究的又一个富有特色的部分。各种语言都有一些外来语成分。但由于文字体系的关系,其借用从没有像汉语这样复杂的。汉语的外来语可分借形、借音和借义三大类,第一类主要借自日语,但现在已扩展到西方语言。后两类又分别称作借词和译词。各大类下面还可分出许多小类,各有其自身的规律。尤其值得注意的是,正如王力所说:

> 数千年来,中国语虽颇有复音的倾向,然而复音词毕竟不多。近代有了后附号"儿""子""头"等,复音词是比古代多了许多,但如果比之欧化后的复音词,仍然望尘莫及。(王力,1945:268)

汉语复音词的主流是外来词以及在外来词影响下新造的词语,从造词的角度看,这实在是一个非常重要的领域。对于外来词的研究,高名凯(1958)、刘正埮

(1984)、岑麟祥(1990)、史有为(1991;2000)等作了较大贡献,意大利学者 Masini (1993)对19世纪汉语外来词作了非常深入的研究,至20世纪90年代,香港中国语文学会在姚德怀先生主持下建立了一个"外来概念词词库",主张以"外来概念词"的名称取代"外来词"(词库工作组,1993:5)。此工作业已在世纪之交完成,从而为进一步的研究提供了良好的基础。

这样的一个"五合一"的格局既体现了汉语构词法与世界各语言构词法研究的共性,又体现了汉语构词法研究的个性,为这一研究提供了无比广阔的天地,供我们去驰骋。

四、汉语构词法历史的研究和架构

汉语构词法研究的进展与构词法研究范围的广阔,使得一部构词法研究历史回顾的著作在目前尤其显得必要。可惜直到如今,还没有人从事这一方面的工作。我们不揣浅陋,想在这方面作一些尝试和探索,以期抛砖引玉。

但是编写一部构词法研究史的困难要比类似的学科研究史(如语法学史、修辞学史等)的困难大得多。首先,这是一门长期以来地位未定的学科,它的重要性只是近年来才得到确认。因此除了陆志韦、崔复爱、任学良等的少数几部书外,很少有单独专门的著作,大多论述都是附骊在语法书或是其他著作中,更大量的是单篇甚至是片断的论述,散见在各种期刊和杂志中,搜罗不易,作历史的评述尤其困难。其次,别的深入史的论述往往采取分期的方法,选择一两部重要有影响的重头作品作为划分时期的依据。但为数不多的构词法研究中却缺乏这种有份量,并且足以影响一个时期的研究的重头著作。唯一的例外可能是陆志韦等的《汉语的构词法》。此外,如吕叔湘的《现代汉语单双音节初探》可说是有份量、有影响的作品,但其影响似乎主要不在、或者不被认为在汉语构词法方面;郭绍虞的《中国语词的弹性作用》更是一篇有份量的力作,但对其后几十年的汉语构词研究似乎没有产生什么影响。再次,汉语构词法实际包罗的范围很广,如前所述是个五位一体的大拼盘,而各项内容各有其自己的发展史,放在一起按年代来论述也实在不易。因此我们采取了目前的形式,即大体按内容和性质分章,在每章里再按时代叙述其源流与发展。共分12个专题:(1)构词法的草创;(2)利用词类和语法成分概念的研究;(3)加缀法的研究;(4)基于语素的研究;(5)分词法的研究;

(6) 章节与节律角度的研究;(7) 语音与声调角度的研究;(8) 语义与修辞角度的研究;(9) 历代汉语材料的研究;(10) 方言材料的研究;(11) 外来语材料的研究;(12) 构词法与造词法。

参考文献

岑麟祥,1956,《语法理论基本知识》,北京:时代出版社。
岑麟祥,1990,《汉语外来语词典》,北京:商务印书馆。
陈光磊,1994,《汉语词法论》,上海:学林出版社。
陈望道,1940,"六书与六法",《陈望道语文论集》,上海:上海教育出版社,1980 年,第 421－423 页。
词库工作组,1993,"香港中国语文学会'外来概念词词库'总说明",《词库建设通讯》第 1 期,1993 年 7 月。
崔复爰,1957,《现代汉语蠢驴词法例解》,济南:山东人民出版社。
冯胜利,1997,《汉语的韵律、词法和句法》,北京:北京大学出版社。
高名凯、刘正埮,1958,《现代汉语外来词研究》,北京:文字改革出版社。
刘正埮等,1984,《汉语外来词词典》,上海:上海辞书出版社。
葛本仪,1985,《汉语词汇研究》,济南:山东教育出版社。
郭绍虞,1934,"中国诗歌中的双声叠韵",载《照隅室语言文字论集》,上海:上海古籍出版社,1985 年,第 29－64 页。
郭绍虞,1938,"中国语词之弹性作用",载《照隅室语言文字论集》,上海:上海古籍出版社,1985 年,第 73－111 页。
郭绍虞,1979,《汉语语法修辞新探》。
郭绍虞,1982,"骈文文法初探",载《照隅室语言文字论集》,上海:上海古籍出版社,1985 年,第 388－419 页。
胡附、文炼,1955,《现代汉语语法探索》,上海:东方书店。
黎锦熙,1922,"汉字革命军前进的一条大路",《国语月刊》一卷七期。
黎锦熙,1923,"复音词类构成表",《国语月刊》"汉字改革号"。
林汉达,1942,"词儿连写的研究",载倪海曙编《中国语文的新生》,上海:时代书报出版社,1949 年,第 374－383 页。
林汉达,1949,"中国语文的整理和发展",载倪海曙编《中国语文的新生》,上海:时代书报出版社,1949 年,第 362－373 页。
林语堂,1969,"英文学习法",《林语堂选集:读书·语文》,台北:读书出版社。
刘叔新,1990a,"复合词结构的词汇属性——兼论语法学、词汇学同构词法的关系",《中国语文》1990 年第 4 期,第 241－247 页。
刘叔新,1990b,《汉语描写词汇学》,北京:商务印书馆。
刘叔新,1999,"汉语构词法的几个理论问题",载江兰生、侯精一主编《汉语现状与历史的研究:首届汉语语言学国际研讨会文集》,北京:中国社会科学出版社,第 182－200 页。
陆志韦等,1957,《汉语的构词法》,北京:科学出版社。

吕叔湘,1963,"现代汉语单双音节问题初探",《中国语文》1963年1期,第10-22页。
吕叔湘,1979,《汉语语法分析问题》,北京:商务印书馆。
吕叔湘,1980,《语文常谈》,北京、香港:三联书店。
潘文国,1997,《汉英语对比纲要》,北京:北京语言文化大学出版社。
潘文国、叶步青、韩洋,1993,《汉语的构词法研究:1898-1990》,台北:学生书店。
彭楚南,1954,"两种词儿和三个连写标准",载中国语文杂志社编《汉语的词儿和拼写法》第一集,北京,1955年,第71-87页。
瞿秋白,1931,"普通中国话的字眼的研究",载《瞿秋白文集》第二卷,北京:人民文学出版社,1957年,第683-693页。
瞿秋白,1932,"新中国文草案",载《瞿秋白文集》第二卷,北京:人民文学出版社,1957年,第705-851页。
任学良,1981,《汉语造词法》,北京:中国社会科学出版社。
史存直,1956,"再论什么是词儿?",《中国语文》1956年第3期,第3-10页。
史存直,1988,《汉语词汇史纲要》,上海:华东师范大学出版社。
史有为,1991,《异文化的使者——外来词》,长春:吉林教育出版社。
史有为,2000,《汉语外来语》,北京:商务印书馆。
孙常叙,1956,《汉语词汇》,长春:吉林人民出版社。
王 力,1945,《中国语法理论(下)》,上海:商务印书馆。
萧迪忱,1935,"复音语词连写的条例",北平《世界日报·国语周刊》1935年1月12日、19日、26日;2月2日。
张寿康,1983,"构词法说略",载张寿康著《汉语学习丛论》,济南:山东教育出版社。
章士钊,1907,《中等国文典》,上海:商务印书馆。
赵元任,1976,"汉语词的概念及其结构和节奏",中译本,载袁毓林编《中国现代语言学的开拓和发展——赵元任语言学论文选》,北京:清华大学出版社。
朱 星,1979,《汉语语法学的若干问题》,天津:河北人民出版社。
Aronoff, Mark, 1976, *Word Formation in Generative Grammar*, Cambridge, MA: MIT Press.
Aronoff, Mark (ed.), 1992, *Morphology Now*, State University of New York Press, Albany.
Marchand, Hans, 1969, *The Categories and Types of Present-day English Word-formation*, Munich: C. H. Beck Verlagsbuchhandlung.
Masini, Federico, 1993, *The Formation of Modern Chinese Lexicon and Its Evolution toward a National Language: The Period from 1840 to 1898*, Journal of Chinese Linguistics, Monograph Series No. 6, Berkeley.
Stein, Gabiele, 1973, *English Word-formation Over Two Centuries*, Tübingen.

(与叶步青、韩洋合作,原载《华东师范大学学报》1993年第5期,2003年作了部分增订并补上参考文献)

当前的汉语构词法研究*

一、构词法研究的新阶段

进入 20 世纪 90 年代以来,汉语构词法的研究进入了一个新阶段、一个与当前世界上语言研究的总潮流相符的新阶段。国际上,构词法(Word Formation),或曰词法(Morphology)的研究自 20 世纪 70 年代下半叶以来异军突起,二十几年里取得了引人注目的进展。有一个数字可以说明这个问题。几个月以前,英国 Essex 大学的 Andrew Spencer 教授和美国 Ohio 州立大学的 Arnold M. Zwicky 教授合作,编写出版了一本 The Handbook of Morphology (《构词法研究手册》)。书中附了一份迄今为止最为详尽的国外有关构词法研究的文献目录。我们作了一个统计,在所收集的总数达 1328 篇(部)论著中,发表于 1976 年以前的才区区 193 篇。内中最早的是出版于 1885 年的 J. Richardson 的 A New Malagasy-English Dictionary。这就是说,在 90 多年的时间里,平均每年出版的关于构词法的论著才 2 篇左右;而 1976 年以后,22 年里,每年发表的论著竟骤升到 50 篇以上。

构词法研究的迅猛发展当然首先是由于构词法在语言研究中的地位得到了重新认识。曾几何时,人们对构词法的认识还停留在以形态变化为中心的拉丁语的传统里,这在形态已大大简化了的语言如英语里就很难得到发展。但现在,人们对构词法的认识不同了。诚如 Andrew Spencer 和 Arnold Zwicky 两位教授所说:"从概念上来说,构词法已成了语言学研究的中心,这不仅是因为它在今天是一门显学,更因为它研究的是词的结构,而词本身却处在音系学、句法学和语义学的交接面。(Morphology is at the conceptual centre of linguistics. This is not because it is the dominant subdiscipline, but because morphology is the study of word structure, and words are at the interface between phonology, syntax and semantics.)"(Spencer & Zwicky, 1998:1)也就是说,构词法地位的重新确立是由于对词的重要性的重新认识,词在语言研究中处于枢纽的位置,它是句法、音韵、

---

* 本文是香港大学基金会(University Grant Committee)资助项目(RGC/97-98/68)的成果之一。在此谨向香港大学基金会表示谢意。

语义各个研究层面的交汇点,相应地,以词的构成与活动为中心的构词法的研究自然就得到了足够的重视。

这一新的认识的取得当然是长期经验的积累、许多语言学家努力的共同结果。但是有一位语言学家在这过程中确实起了不同凡响的作用,他就是美国纽约州立大学的 Mark Aronoff 教授。1976 年,Aronoff 在麻省理工学院做的博士论文:*Word Formation in Generative Grammar*(《生成构词学》)正式出版,从而引发了构词法研究上的一场革命,使得在他之前西方所有的构词法研究,包括德国学者 Hans Marchand 的煌煌巨著 *Categories and Types of English Word-formation*(1969)都相形见绌。从今天的眼光回过头去看,讲这部作品具有划时代的意义也不为过。因此,我们把 1976 年作为传统和现代的构词法研究的一条分水岭。

Aronoff 的贡献主要在三个方面。第一,在西方构词史上,他第一个提出了要严格区分词构(Word Structure)和构词(Word Formation),认为以往所谓的构词法研究其实都是词构的研究,而更重要的则应是研究新词是如何造出来的。他把生成语言学的思想灌输进了构词法研究,变静态为动态,给构词法研究带来了勃勃生机。第二,他最早强调构词法研究的词汇学意义,认为构词规则实质上是词汇规则而不是语法规则,说:"我们要作的一个基本假设是:构词规则是词汇规则,只在词汇学范围内起作用,它与其他语法因素有关,但与其他语法规则完全无关。(A basic assumption we will be making is that WFRs are rules of the lexicon, and as such operate totally within the lexicon. They are totally separate from the other rules of the grammar, though not from the other components of the grammar.)"(Aronoff,1976:46)Aronoff 的主张似乎有点绝对,但这种强调对构词法研究摆脱纯语法研究,尤其是传统只强调词形屈折变化的研究的束缚,为自身的发展开辟了广阔天地是有好处的。[1] 第三,其实,Aronoff 也是较早注意到构词法与其他语言研究层面联系的一位学者,他说:"构词法规则势必会涉及词的句法、语义与音韵特点,只是不是句法、语义与音韵的规则而已。(A WFR may make reference to syntactic, semantic, and phonological properties of words, but not to syntactic,

---

[1] 1988 年,美国学者 Mark Baker 出版 *Incorporation: A Theory of Grammatical Function Changing*(《合并论:谈语法功能的转变》),提出著名的"镜相原理",即语法句法交互影响说(Baker,1988:13),得到了更多的人的支持。之后,人们普遍更注意"界面"(Interface)的研究。

semantic, or phonological rules.)" [1]

Aronoff 主张的这三条实际上可以看作是现代构词法成立的标志。在中国，这一变化是在 20 世纪 80 年代末 90 年代初实现的。

第一条，区分构词和词构，并特别强调构词。

应该说，汉语学者提出区分"词构"和"构词"（汉语中分别叫"构词法"和"造词法"）其实比 Aronoff 要早，早在 1956 年，孙常叙在他的《汉语词汇》里就开始强调这两者（他分别叫作"造词结构"与"造词方法"）的区别，说："造词方法和造词结构是不同的，结构是就造词的素材以及它们之间的关系来说的……所有这些分析都是已经成词的解剖，是对已成的对象作分析研究的结果。并没有涉及词是如何在已有的语言基础上创造出来的。造词方法是使用具体词素组织成词的方式和方法……造词的素材和方法可以决定词的结构，可是词的结构却不能完全反映造词方法。"（孙常叙，1956：77）但由于种种原因，孙的理论在汉语学界没有引起足够的重视。稍后，任学良在《汉语造词法》（1981）一书中又为造词法大声呐喊，但是引起有些语言学家如张寿康（张寿康，1983：181）等的批评。造词和构词的明确区分和较广泛接受要等到 1985 年葛本仪的《汉语词汇研究》和 1990 年刘叔新的《汉语描写词汇学》二书出版以后。可见大气候的影响在语言研究中不可小觑。

Aronoff 主张的第二条，即强调构词法研究的词汇属性。这个问题在汉语界也经过了一段时间的争论。传统占主导地位的学者，认为构词法理所当然地应归属于语法，这可以以陆志韦的《汉语的构词法》（1957）为代表。其他有主张语法、词汇两属的（如岑麒祥，1956：8-9），有主张主要属于词汇的（如史存直，1988：39），直到 1990 年刘叔新的《复合词结构的词汇属性》一文及其后主要体现这一思想的《汉语描写词汇学》出版，才旗帜鲜明地提出构词法属于词汇的主张。1994 年陈光磊则主张，在区分构词法和造词法的基础上，把构词法划归语法，把造词法划归词汇（陈光磊，1994：17）。这个问题显然还有讨论的余地，把构词法仅仅看作词

---

[1] 当前构词法研究的重要特点就是强调构词法与其他语言研究领域的交叉，例如 Andrew Spencer 写的 *Morphlogical Theory: An Introduction to Word Structure in Generative Grammar*（《词法理论：生成语言学的词结构导论》）一书的主要部分就是"词法—音韵界面"和"词法—句法界面"（Spencer, 1991：viii-ix）；而 Laurie Beth Feldman 编的 *Morphological Aspects of Language Processing*（《语言组织的构词法层面》）一书的四个章节更全部是讨论别的研究领域与构词法的交叉关系："构词法研究中的字形和正字法问题；构词法研究中的语义问题；构词法研究中的音韵问题；构词法研究中的结构与统计学问题"（Feldman, 1995：vii-ix），追根溯源，可以说都是拜 Aronoff 之赐。

汇问题,这种认识是有失偏颇的。但这件事本身的意义不可小觑,几年前我们就指出,构词法从语法学的领地挣扎出来倒向词汇,并不是简单的"改换门庭",而是意味着自身的发展与深入(参见潘文国等,1993:7)。

至于 Aronoff 提出的第三个方面即构词法研究的综合性,则要等到 1993 年潘文国、叶步青、韩洋的《汉语的构词法研究:1898-1990》一书出版,才得到比较完美的实现。潘文国等的书对此前九十余年的汉语构词法研究作了全面的总结,虽然为了保持客观、公正,该书基本上奉行了一个"述而不作"的原则,但在实际上,通过内容的选择与章节的安排,事实上仍然提出了一个全方位、多角度地研究汉语构词法的新体系,这是前此任何有关构词法的研究论著所不曾提出过的。这本书在写作过程中比较自觉地接受了 Aronoff 的影响,因此也可以说是现代的构词法研究在汉语领域的最早体现。

由于具备了这三方面的条件,加上又有了一批直接在国外语言学理论薰陶下成长起来的学者,因此 20 世纪 90 年代以来的汉语构词法研究出现了一个蓬勃发展的新局面,就是不奇怪的了。这里我们可以提供另外两个数据。20 世纪 90 年代初,潘文国等人在英国利兹大学合作撰写《汉语的构词法研究》时,曾经编写过一份从 1898 年到 1990 年的汉语构词法研究文献目录[1],所收论著约 720 篇(部),平均每年不到 8 篇(部);最近我们三人合作,继续从事汉语构词法研究,汇编了自 1990 年以来的汉语构词法文献。已收资料中,用汉语撰写的有 450 篇(部),用英语撰写的有 61 篇(部),加上研究时必须引用的一些西方构词学理论文献,总计超过 560 篇(部),平均每年达 70 篇(部),可见发展之迅速。

二、汉语构词法研究的独特体系

1992 年,Aronoff 在总结十几年间国外构词法研究的成就时,曾经提出,生成构词学有三个特点。第一,比较关注理论研究,解释性重于描写性。"生成派研究的目的与其说是描写不如说是解释,尽管解释必须伴以描写。(The purpose of the generative enterprise is to explain rather than to describe, although description must inevitably accompany explanation.)"第二,强调语言是一个系统,各个角度的

---

[1] 1993 年该书在台湾出版时,此目录不知何故漏排了,给阅读者带来了很大的不便。

研究互相关联,而作为语言研究核心的构词法尤为如此。"生成派最值得称道的传统是,信奉语言是一个系统,各种因素无不交织在一起。语法包含其自成一体的各个方面,但这些方面必然互相关涉。作为语言研究核心的构词法尤是如此,因此,要想在构词法研究中不同时涉及语言研究的其他方面是不可能的。(The best of the generative tradition has always followed the maxim that language is a system where everything holds together. A grammar may consist of autonomous parts, but they all interact. This is especially true of morphology, which lies at the center of language, so it is impossible to treat morphology without treating some other aspect of language at the same time.)"第三,强调人类语言的多样统一,语言研究应致力于建立一种能解释语言多样性的理论。"生成派一贯强调人类语言的多样统一……语言理论的研究目标是要在这两者间进行调和,创造一种能容纳我们所发现的各种差别的理论。(The generative tradition has always emphasized the diverse unity of human language … so that the goal of linguistic theory is to reconcile the two, to create a theory that will permit just the diversity that we find.)"(Aronoff, 1992: 2-3)

  我们认为,这三条是很有见地的。关于多角度研究的问题,上一节已经提到了,潘文国等的《汉语的构词法研究》一书更已提供了详尽的范例,可以参看。理论问题,我们放到下一节再谈。这里先谈谈语言多样性造成的、在研究中必须注意的恰当处理共性和个性的问题。

  当前世界的语言研究,共性是主流,普遍语法更是许多语言学家追求的目标。对此我们没有异议。在如何达到共性的问题上,我们更倾向于 Bloomfield 的观点,认为达到这一目标的途径是归纳而不是演绎,正如 Bloomfield 所说:"进行语言普遍性研究唯一有效的途径是通过归纳。我们认为应该是属于共性的东西很可能在我们紧接着遇到的语言中就不存在……在我们对许多语言有了足够多的资料之后,我们必然会重新回到普遍语法的问题上来,解释这些语言间的异同。这种研究一旦进行,必然用的是归纳方法而不是推理方法。(The only useful generalizations about language are inductive generations. Features which we think ought to be universal may be absent from the very next language that becomes accessible. …when we have adequate data about many languages, we shall have to return to the problem of general grammar and to explain these similarities and divergences, but this study, when it comes, will be not speculative but inductive.)"(Bloomfield,1933：20) 因此我们认为,当前的汉语构词法研究除了注意跟世界语言研究主流接轨以外,还必须注意发掘自身的特点,研究自身特有的问题。这些问题解决好了,将使我们汉语学者对人类语言普遍规律的研究作出自己的贡献。

正是在这一认识的基础上,我们提出,汉语的构词法研究实际上是个五位一体或者说是个"五合一"的系统(参见潘文国等,1993：10－13),它的范围比有的语言例如英语要大,需要解决的问题也更多。这五个方面是"析词法"(Word Analysis)、"借词法"(Word Borrowing)、"造词法"(Word Coinage)、"分词法"(Word Demarcation)和"用词法"(Word Employment),用符号来表示是 WF = WA + WB + WC + WD + WE。下面分别作些简单说明。

"析词法"。这也就是 Aronoff 讲的 Word Structure,我们称作 Word Analysis,是为了建立 A、B、C、D、E 的便于记忆的格局。这是传统构词法的主要内容,不必多说。从生成构词学的角度来看,静态的结构描写诚然是语言研究的基础,但其重要性究竟不如其他方面,而且在这方面如果处理得呆板,更会变成贴标签的游戏。

"造词法"。这是 Aronoff 强调的方面,可说是他对构词法研究的贡献。但是 Aronoff 强调以词造词,他把自己的理论叫作 Word-Based Theory(参见 Aronoff,1992：8)。但是汉语中不仅有以词造词的问题,还有以词素造词的问题,还有与英语的首字母缩略法大为不同的简缩造词问题。如果考虑到汉语的特点和历史,还应该研究单音词的造词法或者说造字法的问题,以及造字与造词的关系问题。

以上还是各种语言中都有的方面,以下就是汉语中比较独特,或者至少表现得比较强烈的方面了。

"分词法"。简单地说,就是什么是词的问题。这在别的语言中多数不是很大的问题(当然不是完全没问题,例如英语在强调复合法以后对于不带连字符的组合看作是词还是短语就会有不同看法,对于使用缩音符号、现代语言学称作 Clitics 的形式是否叫作词也会有不同意见),但在汉语中问题就大多了,因为汉语中词这个概念本来就是外来的,1907 年章士钊才第一次把它作为"字"的对立面明确地使用(章士钊,1907：1),从 20 世纪 20 年代到 50 年代,随着一浪高过一浪的汉语拼音化运动,字词之分纠缠了中国人半个多世纪。而这个问题不解决,构词法研究就无从说起。

"用词法"。"音足以喻则单,单不足以喻则兼。"2000多年前荀子的这句话,说尽了汉语字词在使用中的弹性或曰灵活性。汉语的词形可长可短,随上下文的需要而调节;语法和修辞错合无间,节律的作用渗透在组词、组语、组句的全部过程之中。如果说,有什么东西贯穿在汉语的整个组织规律之中,其重要性甚至超过语法语义等其他一切方面的,我们认为可能就是节律。汉语的节律使构词、组语、造句打成了一片,其内容远比其他语言研究中音韵与词法、句法关系要丰富得多。

"借词法"。这是汉语构词法研究的又一个富有特色的部分。各种语言都有一些外来语成分。但由于文字体系的关系,其借用从没有像汉语这样复杂的。汉语的外来语可分借形、借音和借义三大类,第一类主要借自日语,但现在已扩展到西方语言。后两类又分别称作借词和译词。各大类下面还可分出许多小类,各有其自身的规律。尤其值得注意的是,正如王力所说:"数千年来,中国语虽颇有复音的倾向,然而复音词毕竟不多。近代有了后附号'儿''子''头'等,复音词是比古代多了许多,但如果比之欧化后的复音词,仍然望尘莫及。"(王力,1945:268)汉语复音词的主流是外来词以及在外来词影响下新造的词语,从造词的角度看,这实在是一个非常重要的领域。

这样一个"五合一"的格局既体现了汉语构词法研究的共性,又体现了汉语构词法研究的个性,为这一研究提供了无比广阔的天地,供我们去驰骋。

三、汉语构词法研究的最新进展

Aronoff 提到,生成构词学派的一个重要特点是注重理论,注重解释性研究。实际上确实如此,这 20 年来的构词法研究,可说是各种理论异彩纷呈,交相辉映,仅 Spencer, Andrew 的 *Morphological Theory* 一书就列举了不下 20 种研究理论和方法,学者们从语法学、词汇学、语义派、语用学、节律学、认知理论、词汇语法理论、论元结构理论等等许多角度出发,对构词法进行了卓有成效也富有启示性的研究。相对而言,国内学者对理论的关注不如国外的多,但汉语构词法的理论研究有自己的特色,有的意义可能更加巨大。

我们认为,所谓构词法的理论研究应该包括两个方面,一个可以叫作从外到内,是运用各种最新的语言学理论,从语言的其他各个层面如句法、音韵等来解释构词法的各种现象,从而一方面可以形成一种多角度、全方位的立体研究,有利于构词法研究的深入,另一方面也可以用构词法的事实来对既有理论作出佐证。但这只是一种应用的理论研究,它自身并没有创造出什么新的理论。另一种可以叫作从内到外,把构词法放到整个语言组织的系统中去,从各种语言特殊的构词法特点出发,从小到大,从局部到整体,来探索个别语言特殊的组织规律乃至人类语言的普遍组织规律。由于汉语与西方语言相比,有不容忽视的特殊性,因此这种研究也许更加重要。值得庆幸的是,20世纪90年代的汉语构词法研究,在这两个方面都取得了一定的突破。由于篇幅的关系,这里只简单介绍三位学者的研究成果。

第一位是美国 Illinoi 大学的 Jerome Packard 教授。Packard 原先从事汉语中的失语症研究,20世纪90年代后转入汉语构词法研究,先后发表了关于汉语构词法的7篇专题论文(详见参考文献所引),对汉语构词法研究之专注为国内外学者中所罕见。他在汉语构词法研究中采用的主要是 P. Kiparsy(1982)和 K. P. Mohanan(1986)等人提出的"词汇音韵与词法理论"(Lexical Phonology and Morphology),在此基础上提出了汉语构词法中的"层级理论"(Hierarchically-ordered Levels or Strata,见 Packard,1993:21),他把汉语的词分成由低到高的四级,其构词规则各不相同,下一级不能使用上一级的方法。第一级是内部结构不清或难以分析的词、不可产的结果动词及离心式的复合词;第二级是能产度较高的词,如向心复合名词,数量或指量结构,规则结果动词,加"子""儿""头"等后缀的词等;第三级是规则的合成形容词、以重叠表示疑问的结构等;第四级是加能产度最高的词缀如"着""了""过""们"等的词(参见 Packard,1993:22-23)。他并且从音韵上为这四级的划分找出了根据(见 Packard,1998c)。在他最近的研究中,Packard 又提出了一种改进的 X 杠杆理论(1998d)。除了自己著述之外,Packard 还主编了国外第一部汉语构词法专题论文集 *New Approaches to Chinese Word Formation*,集中展示了国外在汉语构词法领域研究的进展(Packard,1998a)。其中,如对汉语成词性的研究(Duanmu,1998),汉语中"句法词""语音词""词法词"的划分(Dai,1998),汉语复合词有没有中心成分的研究(Huang,1998;Stsrosta et al.,1998),以及论元结构理论(Chang,1998)、论旨指派一致性假设(Li,1998)等的运用等,都值得国内同行参考。而 Packard 为此书写的导论,可说是英语世界最系统的一篇汉语构词法史介绍,尽管其中有的观点不无可商榷之处。例如,他认为陆志韦的《汉语的构词法》是最早用转换生成观点分析汉语构词法的著作（Packard，1998b：19），其实如我们在上面所指出的，事实恰恰相反，因为它最缺乏的就是"生成"的精神。它可以说是前生成时期的集大成著作，或者说是结构主义影响下的汉语构词法巨著，因为陆本人就是最早运用结构主义理论来分析汉语的学者。[1]

　　第二位要介绍的是北京大学毕业、后在美国 Pennsylvania 大学取得博士学位的冯胜利。冯胜利的研究成果主要体现在《汉语的韵律、词法与句法》一书（1997）中。冯的研究有三个最鲜明，也是我们最赏识的特色。第一，他是近几十年来第一个把韵律作为中心，而不只是作为辅助手段来进行汉语构词法研究的学者。读过《汉语的构词法研究：1898－1990》一书的细心读者，可能都会留有一个印象：该书关于音节和节律部分的章节是全书最有特色，也是作者最希望强调的部分之一。作者甚至将之看作构词法研究是否注重汉语特色的标准（参见潘文国等，1993：58；185；190）。作者在当时不无遗憾地发现，真正认识到这一问题重要性的只有 20 世纪 30 年代的郭绍虞和 60 年代的吕叔湘。现在我们又欣喜地发现，在时隔 30 多年之后，终于又有了 90 年代的冯胜利。如果说郭绍虞更多地继承了中国训诂学的传统，吕叔湘更多地结合了现代汉语研究成果的话，冯还得益于当代西方韵律构词学的成果，从而使他的研究更具现代色彩。可以毫不夸张地说，冯的著作是 20 世纪 90 年代汉语构词法研究最重要的成果之一。第二，冯氏的书，并不专论构词法，而是以韵律为中心，贯穿词法和句法。这是研究汉语极为有效的一种方法。本来，前面提到的关于构词法属于语法还是属于词汇的争论，其实都有些偏颇。构词法中诚然有不少一般句法规则不易解释的词汇现象，但是如果我们把语法的定义理解为语言的组织规律，那么，大小单位的组织规律都应该属于语法，从生成语法的角度看，构词法更多地还是应看作语法。而对汉语来说，由于词、短语、句子等这些西方引进的语法单位，本来就不易把界线划得清清楚楚，纠缠于该属于词法还是该属于句法，不如寻找其中的共同规律而贯穿之。吕叔湘（1963）就已开了一个将节奏规律由单词向短语乃至句子引申的好头（参见潘文国等，1993：214），冯胜利更发挥得淋漓尽致。第三，我们还想再强调一点，冯胜利的从韵律角度研究汉语构词法乃至汉语句法，不仅仅是一个切入角度问题，而是抓

---

[1] 他的《北京话单音词词汇》一书的"序言"于 1937 年印行，此文可说是结构主义进入中国之始，参见潘文国等，1993：68。

住了语言研究之本。萨丕尔曾经指出:"仔细研究一种语言的语音系统,特别是它的动力特点,你就可以知道它曾发展过什么样的诗——而要是历史曾跟它的心理开过玩笑,你也可以知道它本来应发展什么样的诗,将来会发展出什么样的诗。(Study carefully the phonetic system of a language, above all its dynamic features, and you can tell what kind of a verse it has developed — or, if history has played pranks with its psychology, what kind of verse it should have developed and some day will.)"(Sapir,1921:230)笔者之一更强调:"其实不光诗是如此,整个语言构造向什么方向发展,是与每一个民族语言的语音特点紧密相关的。"(潘文国,1997:143)"汉语语法研究之所以无法或无力摆脱西方的格局,离开了自身的'动力特点'不能不说是一个重要原因。"(同上:148)因此冯胜利的这本薄薄的著作,不仅是构词法研究的一个重要成果,更具有汉语研究方法论的意义。

第三位要介绍的是北京大学教授、著名学者徐通锵先生。徐通锵先生关于汉语构词法的研究成果体现在1992年以来他关于汉语"字本位"的一系列论述中,更集中地体现在1997年底出版的《语言论:语义型语言的结构原理和研究方法》一书中。上面提到,自从1907年章士钊正式提出字词之分以来,几十年来,词儿划界的问题其实始终就没有得到解决过,追根溯源,就不能不使人对汉语中词的地位提出质疑,一代语言学宗师赵元任(1976)和吕叔湘(1980)在其晚年都表达了这一意向。赵元任说:"'字'这个名称将和 word 这个词在英语中的角色相当。也就是说,在说英语的人谈到 word 的大多数场合,说汉语的人说到的是'字'。(The name *tzu* would play a corresponding part that the word word plays in English; that is, on most occasions in which an English-speaking person speaks of words, a Chinese would speak of *tzu*.)"(Chao,1976:277;袁毓林中译本:233)吕叔湘则说:"汉语里的'词'之所以不容易归纳出一个令人满意的定义,就因为本来没有这样一种现成的东西。其实啊,讲汉语语法也不一定非有'词'不可。"(吕叔湘,1980:45)近几年,国内几位学者都不约而同地提出了"字本位"的问题(如潘文国,1997:162-184;程雨民1991年对汉语中"词"这一单位的否定等),徐通锵先生更进行了系统的论述。"字本位"的提出是对近百年来汉语研究传统的反动,对汉语研究必将产生深刻的影响。这个问题这里无法展开。一旦"词"成了问题,首当其冲的学科领域就是构词法,新的理论必须对相关现象作出解释。徐先生在书中就提出了构辞法的问题。"词"和"辞"虽只一字之差,但"辞"的概念打通了词和语,实际上与冯胜利有某些一致之处。本来,在赵元任关于"字"的理论里,节奏就是其基础和出发点:"在中国人的观念中,'字'是中心主题,'词'则在许多不同的意义上都是辅助性的副题,节奏给汉语裁定了这一样式。(In Chinese conceptions, tzu is the central theme, tz'u in rather varying senses is a subsidiary theme, and rhythm gives the language style.)"(Chao, 1976:290;袁毓林中译本:248)因此,对汉语来说,"字本位"和节律研究是一致的。

上面我们虽然只介绍了三位学者,但他们的研究具有一定的代表性。如果将三者结合起来,即徐通锵的本位理论加上冯胜利的研究方法论,再加上 Packard 式的注意运用当代西方语言学理论,很可能会为汉语研究闯出一条崭新的路子,这也是我们研究 20 世纪 90 年代汉语构词法得到的最大启示。

参考文献

岑麒祥,1956,《语法理论基本知识》,北京:时代出版社。
陈光磊,1994,《汉语词法论》,上海:学林出版社。
程雨民,1991,"汉语中的语素短语",复旦大学中国语言文学编,《中国语言文学研究的现代思考》,上海:复旦大学出版社,第 380 - 387 页。
冯胜利,1997,《汉语的韵律、词法和句法》,北京:北京大学出版社。
葛本仪,1985,《汉语词汇研究》,济南:山东教育出版社。
刘叔新,1990,《汉语描写词汇学》,北京:商务印书馆。
吕叔湘,1963,"现代汉语单双音节问题初探",《中国语文》1963 年第 1 期,第 10 - 22 页。
吕叔湘,1980,《语文常谈》,北京、香港:三联书店。
潘文国、叶步青、韩洋,1993,《汉语的构词法研究:1898 - 1990》,台北:学生书局。
潘文国,1997,《汉英语对比纲要》,北京:北京语言文化大学出版社。
任学良,1981,《汉语造词法》,北京:中国社会科学出版社。
史存直,1988,《汉语词汇史纲要》,上海:华东师范大学出版社。
孙常叙,1956,《汉语词汇》,长春:吉林人民出版社。
王 力,1945,《中国语法理论(下)》,上海:商务印书馆。
徐通锵,1997,《语言论:语义型语言的结构原理和研究方法》,长春:东北师范大学出版社。
章士钊,1907,《中等国文典》,上海:商务印书馆。
张寿康,1983,"构词法说略",见张寿康著《汉语学习丛论》,济南:山东教育出版社。
赵元任,1976,《汉语词的概念及其结构和节奏》,中译本,载袁毓林编《中国现代语言学的开拓和发展——赵元任语言学论文选》,北京:清华大学出版社。
Aronoff, Mark, 1976, *Word Formation in Generative Grammar*, Cambridge, Mass.: MIT Press.
Aronoff, Mark, 1992, "Stems in Latin verbal Morphology", In: Aronoff (ed.), 5 - 32.

Aronoff, Mark (ed.), 1992, *Morphology Now*, State University of New York Press, Albany.
Baker, Mark C., 1988, *Incoporation: A Theory of Grammatical Changing*, Chicago and London: The University of Chicago Press.
Bloomfield, Leonard, 1933, *Language*, New York, Chicago, San Francisco, Toronto: Holt, Rinehart & Winston.
Chang, Claire Huan-huei, 1998, "V-V Compounds in Mandarin Chinese: Argument Structure and Semantics", In Packard (ed.), 77–102. *New Approaches to Chinese Word Formation: Morphology, Phonology and the Lexicon in Modern and Ancient Chinese*, Berlin, New York: Mouton de Gruyter.
Chao, Yuen Ren, 1976, "Rhythm and Structure in Chinese Word Conceptions", In: Chao: *Aspects of Chinese Socialinguistics*, Stanford, California: Stanford University Press, 275–292.
Duanmu, San, 1998, "Wordhood in Chinese", In: Packard (ed.), 135–196. *New Approaches to Chinese Word Formation: Morphology, Phonology and the Lexicon in Modern and Ancient Chinese*, Berlin, New York: Mouton de Gruyter.
Feldman, Laurie Beth (ed.), 1995, *Morphological Aspects of Language Processing*, Hillsdale. N. J.: Erlbaum.
Huang, Shuangfan, 1998, "Chinese as a Headless Language in Compounding Morphology", In: Packard (ed.), 261–284. *New Approaches to Chinese Word Formation: Morphology, Phonology and the Lexicon in Modern and Ancient Chinese*, Berlin, New York: Mouton de Gruyter.
Kiparsky, P., 1982, "Lexical Morphology and Phonology", In: I.-S. Yang (ed.), Linguistics in the Morning Calm. Seoul: Hanshin, 3–91.
Li, Yafei, 1998, "Chinese Resultative Constructions and the Uniformity of Theta Assignment Hypothesis", In: Packard (ed.), 285–310. *New Approaches to Chinese Word Formation: Morphology, Phonology and the Lexicon in Modern and Ancient Chinese*, Berlin, New York: Mouton de Gruyter.
Marchand, Hans, 1969, *Categories and Types of English Word-formation*, 2nd edition, Munich: C. H. Back'sche Verlagsbuchhandlung.
Mohanan, K. P., 1986, *The Theory of Lexical Phonology*. Dordrecht: Reidel.
Packard, Jerome L., 1990, *A lexical Morphology Approach to Word Formation in Mandarin.*, Yearbook of Morphology 3, 21–37.
Packard, Jerome L., 1992, *Why Mandarin Morphology is stratum-ordered*, Paper Presented to the Fourth North American Conference on Chinese Linguistics. Ann Arbor, Michigan.
Packard, Jerome L., 1993, *A Linguistic Investigation of Aphasic Chinese Speech*, Dordrecht, Boston, London: Kluwer Academic Publishers.
Packard, Jerome L., 1995, "Word-internal Process in Chinese Lexical Change", In:

Camacho, J and Choueiri, L. (eds.), Proceedings of the Sixth North American Conference on Chinese Linguistics, Los Angeles: GSIL Publications, University of South California, 144 – 149.

Packard, Jerome L., 1996, "Chinese Evidence Against Inflection-Derivation as a universal Distinction", In: Cheng, T.-F., Y. Li and H. Zhang (eds.), Proceedings of ICCL – 4/NACCL – 7, Vol. 2. Los Angeles: GSIL Publications, University of South California, 144 – 149.

Packard, Jerome L. (ed.), 1998a *New Approaches to Chinese Word Formation: Morphology, Phonology and the Lexicon in Modern and Ancient Chinese*, Berlin, New York: Mouton de Gruyter.

Packard, Jerome L., 1998b, *Introduction*, In Packard (ed.), 1 – 34.

Packard, Jerome L., 1998c, *A Lexical Phonology of Mandarin Chinese*, In: Packard (ed.), 311 – 328.

Packard, Jerome L., 1998d, Chinese Word Formation. — A Linguistic and Cognitive Approach, paper presented at a seminar at City University of Hong Kong.

Richardson, J., 1885, *A New Malagasy-English dictionary*, Antananarivo: London Missionary Society.

Sapir, Edward, 1921, *Language — An Introduction to the Study of Speech*, New York: Harcourt Brace & World, Inc.

Spencer, Andrew, 1991, *Morphological Theory: An Introduction to Word Structure in Generative Grammar*, Oxford: Basil blackwell.

Spencer, Andrew & Arnold M. Zwicky, 1998, *The Handbook of Morphology*, Oxford: Blackwell Publishers Ltd.

Starosta, Stanley et al., 1998, "On Defining the Chinese Compound word: Headness in Chinese Compounding and Chinese VR compounds", In: Packard (ed.), 341 – 370. *New Approaches to Chinese Word Formation: Morphology, Phonology and the Lexicon in Modern and Ancient Chinese*, Berlin, New York: Mouton de Gruyter.

（与黄月圆、杨素英合作，原载江蓝生、侯精一主编《汉语现状与历史的研究——首届汉语语言学国际研讨会文集》，北京：中国社会科学出版社，1999年，第201－216页）

审慎地推行"千进制"

《语文建设通讯》第46期刊登了陈佐舜博士的大作《论汉语数词现代化》,主张变汉语数词现行的"万进制"为国际通行的"千进制",并具体提出了"现代化"的方法,即"创造新数词"。文章发表以后,引起了强烈反响,《通讯》续后数期,接连发表了六七篇文章。有赞成的,有反对的,也有提出新方案的。足见陈博士提出的问题,击中了汉语使用中的一个热点,值得认真加以探讨。

一、"汉语数词现代化"是否必要?

学者中只有李友仁先生对此持否定态度。他认为:

> 我们的东西并不比别人外人的差,为什么一定要改成外人的东西的样子,外人也这样对待他们自己的东西吗?(李友仁,1995:56)

其他先生则多数主张改革。

笔者认为,提出问题的虽然只有一位,但这个问题不可不先辩清楚。否则的话,具体方案的讨论就完全没有了意义。

笔者对此的回答是肯定的。汉语数词的进位制应该改革,必须改革。现在存在的读写的矛盾实际上已经造成了很大的不便,这是谁都难以否定的。从小学学算术起,我们已经痛感这一矛盾,分节号","对我们读数没有丝毫帮助,碰到六七位以上的大数,还得用手指点着一位一位数:"个,十,百,千,万……";进了中学、大学学习外语,碰到数词翻译还是离不开手指,口译时脑子里的数字编码机制必须迅速转换,否则极易出差错;现在到了电脑世纪,汉字输入的繁难问题都已解决了,数词应该不成问题了吧?可常见的什么256k、1.44m,乃至2G等,用的仍都是千进制,要换算成中文的万进制,脑子里还得要转好几个弯。硬说这些问题不是问题,这不是正视现实的态度。对此只能有两种对策:要么就是我行我素,或者在电脑中设置一个程序:碰到数词就予以"汉化",如将256k、1.44m等"汉化"成

25.6v(万)、144v(万)或 0.0144y(亿);要么就是进行改革,商讨汉语数词与国际接轨的办法,这也就是由陈博士一文引起的讨论的意义。

以上这些意见其他几位学者在文中也已提到,这里不详谈。笔者认为值得一谈的还有李先生文中提出的一系列问号。李先生在文中提出了一系列疑问:

> 国际化有没有方向性?是单向的还是双向的?是只从外便外还是互从互便?是只重外不重内还是内外两重?是谁的好就向谁学还是不论好坏都向外学不向内学?是中外文化的自然融合还是中国文化的人为外化?(同上:55)

问题提得很尖锐,我们可以理解李先生在提这些问题时的激愤心情,因为他看到了在中国现代化过程中某些人盲目崇外媚外的洋奴心态,也看到了社会上一些人唯洋是从,甚至到了以丑为美、把愚昧落后当作先进的地步,更看到了在学术界、文化界也不乏"全盘西化"的主张。但是我们认为,以上种种现象与这里讨论的"汉语数词现代化"是两回事。人们常说,科学是没有国界的。而在各种科学中,数学由于其高度的抽象性,其国际化的程度最高。世界上如果有什么语言能不经翻译,被任何种族、任何肤色、任何文化背景的人看懂的话,恐怕除了音乐乐谱就是数学公式。在这种情况下,我们要求汉语的数字表达进一步"国际化"并没有什么不对。这个"国际化",是以世界最通行的方法,因而往往也是最便利的方法为准,并不以任何特定的国家为准;而且,这个"国际化"并不是只针对中国,它也适合任何外国,包括李文特别提到的英、美。我们可以举一些简单的事实:

最明显的是所谓的"阿拉伯数字"。其实,"阿拉伯数字"不是阿拉伯人,而是印度人发明的,只是通过阿拉伯人传到了欧洲。现在,全世界包括中国在内都在使用"阿拉伯数字",中国人在使用数字的多数场合都放弃了"一二三四五"而改用"12345",这并不是因为中国的数字不好,而是因为"阿拉伯数字"更便利。印度人发明的这一"语言"统一了全世界,他们似乎并没有汲汲去争这个"发明权",以示爱国。

再就进位制来说,中国是世界上最早使用十进位值制的国家。古代埃及人用的是十进制,但不是位值制;古代巴比伦人用的是六十进制,现在还为天文学家所乐用;古代斯堪的纳维亚人用过十二进制,因而现代英语中还有不少十二进制的遗留，如1英尺为12英寸，1先令等于12便士，一打为12个，等等；古代玛雅人用二十进制，现代则法语中还把"90"说成"四个20和10"，丹麦人则把"90"说成是"第五个20的一半"，可见欧洲古代也有过这一进制；此外还有过十六进制，如我国以前一斤等于十六两，英国的1磅等于16盎司，等等。这些进制中，十进制，尤其是十进位值制当然是最先进的。我们为我们的祖先而自豪，但似乎也没有必要为全世界采用的中国古代最早使用的这一进制而沾沾自喜。现代代表科技最发展领域的电脑，其基础是二进制，但二进制的发明人、17世纪德国数学家莱布尼兹就公开承认，他的发明是受了中国《周易》中太极八卦图的启示（以上部分资料引自李天华、许济华，1989）。

同时，不仅仅是古代，不仅仅是中国，各国都在适应世界潮流的发展，从利人也利己的角度出发，调整、改变本国的某些进制，以达到"国际化"。我们记忆犹新的是解放后，中国把旧制一斤十六两改成一斤十两。十六两制我们也已用了好几千年，改成十两制不是有"重外不重内"之嫌疑吗？但实际效果是"与人方便，自己方便"，现在大约谁也不会反对这个改变了。与此相比，英国的改革更加痛苦。英国的币制千百年来都是1磅等于20先令，1先令等于12便士。当年为了"跟国际接轨"，铁娘子撒切尔夫人硬是下令改为1磅等于100便士的十进位制，一时也是舆论哗然，但今日人人称便。其实一国采用何等币制与"国际"何涉？归根到底还是便利自己！近年英国又在推行一项改革，要把衡量中十六进制的"磅、盎司、打兰"制改为十进位的"克、千克"公制。相信，英国人难受一段时期后也会接受的。即以这次讨论中涉及的几个大数而言，专家们谈到 billion, trillion, quadrillion 等词都有英国制（百万进制）和法美制（千进制）两种进制，但实际上，为了避免混乱，英国人看来已主动放弃了他们的体系。笔者翻了手头的几本英语词典，20世纪80年代以前出版的如 COD、OALD 等都还保留了两个体系，但 1995 年出版的 COLLINS COBUILD ENGLISH DICTIONARY 里，却只有千进制一种。由此看来，推广千进制是一种全球性的潮流，并不仅仅是中国人遇到的问题。

不过，李先生在文中提到的"民族传统文化和传统意识"问题，还是值得所有人重视的。笔者一向认为，语言并不仅仅只是一个"交际工具"，语言问题也并不仅仅是一个技术处理问题，而是一个文化问题。对于文化问题的处理要注意民族的感情、民族的习惯，以及语言文字（包括数字）使用中本身的文化问题。即以前面说到的阿拉伯数字而言，它在一般表示具体数字的场合确实比中国的数字要好,但它也有许多无法取代汉语数字的场合。例如:(1)汉语数字的虚指作用,如"过三五天再说"不能写成"过 3、5 天"或"过 3－5 天"。(2)汉语数字的表数不表位作用,例如乘除法口诀"九九八十一""三一三十一"等不能说成"9981""3131"等。(3)汉语数字在成语和固定语词中,如"乱七八糟""十五个吊桶打水——七上八下"不能说成"乱 7、8 糟""15 个吊桶打水——7 上 8 下"等。(4)"一"的阿拉伯化问题尤要慎重,因为这个数字的文化含义和习惯用法太丰富。例如下面一段话中"1"的用法,说汉语的人大约是很难接受的:"1 天晚上,我沿着 1 条小路散步,来到了 1 条小河旁,看到 1 位渔翁正在 1 棵大树下钓鱼……",其原因大约还是阿拉伯数字的"数目"义太实,不如汉语数词来得空灵。(5)汉语数词可以兼表序数和基数,阿拉伯数字不便用来表序数,如"第 1 个进来的是张 3""李 4 在比赛中得了 2 等奖",就很不自然。

值得注意的是,尽管有关部门对两者的用法有所规定,但以上的不妥用法有时仍可见诸报端。"千进制"改"万进制",也许也会碰到类似问题,需要早作考虑。

二、对目前几个方案的讨论

陈博士的文章,不仅讨论了汉语数词现代化的必要性,更进一步提出了变万进制为千进制的方案,创制了五个新数词。在回响陈博士论文的文章中,学者们对此议论得颇为热烈。总起来看,提出了如下几种方案:

(1)创制新汉字法。这是陈博士提出的。其法以一、二、三、四、五为义符,以接近英语译名的读音为音符,造出五个新字,喵、㾓、㛦、厬、琨,分别表示 10^6、10^9、10^{12}、10^{15}、10^{18} 五个数词。

(2)创造双音节新词法。这是丁乙先生提出的。丁先生主张在英语音译的基础上采取双音节或多音节法,以代表"-lion"的"连"为构词元素,创造"密连""比连""崔连""夸尊连""昆提连"五词,代表上述五个数词。

(3)制新字和创双音节词结合法。这是李业宏先生提出来的,实际是上两法的结合。制新字的原则同陈博士,唯字形略异,为㑗、㞢、㻗、㐻、㩴;创新词的办法同丁先生,只是全为双音节。

(4)单音译音法。这是李友仁先生提出来的。上面说过,李先生其实不赞成改变现行的进位制,只是"为翻译方便",建议采用"密""䛑""梯""奎""昆"五字,来表示上述五词。陈佐舜先生也考虑过这个方案,但后来放弃了。他用的字是"偌""俵""僦""侉""倱"。

(5)"兆"和"千兆"法。这是周有光先生提出来的。周先生不主张制新字,利用科技界已能行的"兆"字,采用"兆"和"千兆"来分别表示 10^6、10^9。另外三个数词怎么表达?周先生没有说。孔宪中先生同此建议,增加了一个"兆兆"来表示 10^{12}。

概括起来看,这五种方法,汉字的三要素——形、音、义——都考虑到了:制新字是"形",利用共同词素也是形;单音节、双音节,以及新形声字的声符则都是"音";"兆"则是用改进后的汉字固有的"义"。可见各位先生都经过了一番认真的思索,提出了尽量符合汉语使用习惯的有价值的设想。我们可以把这几种方案分别叫作"以形为主的方案""以音为主的方案"和"以义为主的方案",来一一加以讨论。

1. 有必要创制五个数词吗?

在讨论之前,我们想先提一个问题:有必要创制五个数词吗?除了周有光先生外,似乎各种方案都制定了五个词,以与英语的五个数词一一对应。但我们觉得,实际上恐怕并无此必要。在各种语言中,百万以上的大数诚然需要,但使用频率极低,中外莫不如此。汉语万以上的大数理论上有"亿""兆""京""垓""秭""穰"等,但实际上,常用的只有一个"亿"字。"兆"字因不常用,才有了表"十亿""万亿""亿亿"等不同意义,如果常用,是不会有这样的歧义的。同样,英语中 billion 以上的数词也不常用,这是以前可以容忍英欧制和法美制、现在英国又可以放弃英国制的前提;而 trillion 以上三个词的使用更是绝无仅有,以至于 1995 年出版的 COBUILD 词典根本不收这几个词。没有 trillion 以上的大数,事实上并不妨碍我们的交际,而在科技界,自有比大数词更方便的表示方法,这就是用"$m\times 10^n$"的办法。不看到这一点,就会不恰当地夸大创制大数词的意义,反而对"汉语数词的现代化"的讨论不利。我们认为,汉语数词现代化的关键是变万进制为千进制,创制或更新现有数词应围绕此目的进行,过多把笔墨花在创制 10^9 以上的大数词,既无必要,也无意义。

2. 以形为主的方案

讨论以形为主的方案,第一要看有没有创制新字的必要,第二才看现在所造的字是否合理。从第一个方面看,周有光先生是明确反对造新字的,他(1995)说:

创造新汉字恐怕难于行得通。现代对汉字的要求是,减少汉字,不造新汉字。

他的意见是有道理的。在历史上,为了翻译外语的需要,人们曾经造过一些汉字,如"吨""呎""时""浬"等,但在使用过程中,许多逐渐被淘汰了;化学元素是创制新汉字最多的领域,但从周先生文中可知,现在也已停用。从群众的普遍心理来说,为了"现代化"而必须使用陌生的、音形都很不习惯的新数词,恐怕是难以接受的。

再从第二个方面看,几种造字方案都采用了形声办法,这是符合汉字构造规律的,构思也都很巧妙。但是在义符上,以"一""二""三""四""五"对应"mil-""bi-""tri-""quatri-""quinti-"在理论上恐怕有些问题,陈博士实际上也注意到了这一点。因为"bi-""tri-"等都是以 million 为参照对象的,其造词原义是 million 的二、三、四和五次方,实际上是百万进制,现在美法制对这些词的使用已与造词原义或曰词素意义不同。创制千进制的数词却译借了百万进制的词素,这不是自相矛盾吗?从千进制的角度看,如果我们以"000"作为一个单位,用 A 来代表,则从千开始的几级数词分别应该表示 A^1、A^2、A^3、A^4、A^5 和 A^6;如果要造百万以上的新数词,相应的义符应该是二、三、四、五、六才对。

3. 以音为主的方案

讨论以音为主的方案,牵涉到两个问题,一是音译与义译的消长,二是单双音节问题。

音译与义译孰优,这是中国翻译学界和语言学界的一个老问题,从整个趋势看,大致是早期以音译为主,后来音译词中的大多数为义译词所替代;但也有些音译词生下了根;新的词进来了,大约又会重复这一过程。从语言心理讲,汉族人不易接受纯表音的音译词(对"音译"一词有不同看法,这里不谈);但从客观吸收外来词的过程看,又难以完全排斥,因而音译带义(不是"音义双译",这是很难做到的。"音译带义"的"义"是外加的)成了两难中的最佳选择,又正好符合中国人的中庸心理。令人不解的是,史有为先生却从日语吸收外来词的经验出发,断言"大量音译是未来的必然趋势",并对"不要滥造音译外来语"的主张表示"啼笑皆非"(见史有为,1994:15)。笔者实在不敢苟同。想来史君大约还未见到过"大量音译"的作品,则笔者建议他不妨一读有一本译自荷兰克斯帕尔·德·维尔克曼所著、中文叫作《商标·心理·创造》的书(维尔克曼,1991),该书对所有的商标名称全部音译,包括人们极为熟悉的"星""旗""狮"等词,读来犹如天书。不难想象,要是将来的读物充斥了大量的音译词,会是什么样子。

回到数词现代化问题上来,我们觉得音译产生的条件是万分地必要而又无可替代,譬如"米""吨"等词。平心而论,在新数词的创制上,我们还没有到这一步。英语的五个大数词中,我们真正感到需要的,至多一个 million 而已,如果匆匆忙忙把并不急需的东西用音译的方式介绍进来,可以预见,是不会有什么生命力的。

至于单音与双音问题,笔者的意见是不能单独地看,而要联系使用的背景。丁乙先生主张双音的理由是双音比单音精确。如果孤立地看词的意义,这无疑是对的,但从语言的使用来看,汉语不但重意义,而且重节奏,按照郭绍虞先生的说法,音节的重要性有时要胜过意义。汉语重偶不喜单,单独的一个词,双音无疑让人喜欢;但进入了上下文,单好还是双好就要看条件了。大数词实际上兼起一个单位词的作用,在它之前肯定是另一个从一到九的单音基数词,如果大数词也是单音,则两者合在一起正好凑成一个偶数,感觉会非常稳定;如果大数词是一个双音,则两者合成一个三音,感觉上就不那么稳定,试比较"一亿"和"一万万"就可以知道了。因此,从汉语的节奏规律来看,如果要创制数词,还是以单音为宜。

4. 以义为主的方案

周有光先生的方案,另辟蹊径,既不造字,也不译借外语词,可以说是没有方案的方案。其要点就在于利用一个在科技界业已通行的"兆"字,形成一个千进制的系列:

个	十	百
千	十千	百千
兆	十兆	百兆
千兆	……	

孔宪中先生又补充了一个"兆兆",想来应该是这样:

千兆	十千兆	百千兆
兆兆	十千兆兆	百千兆兆
……		

这个方案确实简便易行，从周文所举例子看，也容易得到科技界的认可。事实上，"兆赫""兆（字节）"也已为越来越多的普通百姓所熟悉，可说已有了一定群众基础，在现有的诸方案中，是比较可行的。这个方案的缺点，第一是只利用了一个古数词"兆"，双音节的基本数词出现太早，在第四行就出现了"千兆"，而到两位学者都未提到的第六行，恐怕要出现三音节"兆兆兆"。第二是使用了叠音，在实际运用时容易发生差错。当然，如前面所说，"千兆"（10^9）以上出现的机会很少，"兆兆"（10^{12}）以上更是绝无仅有，但毕竟还有可能。因此这些缺点是应该注意克服的。

三、审慎地推行"千进制"

从以上的讨论来看，笔者认为在一个问题上可说绝大多数学者都取得了共识，这就是汉语数词的现代化，必须走以"千进制"取代"万进制"的道路，舍此别无他法。但这一进位系统会对汉民族的国计民生乃至文化生活带来不可估量的影响，因此必须慎之又慎。从目前的方案来看，改"万进制"为"千进制"有两种做法，一种是激进派，主张彻底改造，其法就是各种各样的造新字或造新词方案；另一种是温和派，或曰改良派，主张尽量利用汉语现有的数词体系，以免造成太大的震动。以陈博士为首的一批学者是激进派，而以周有光先生为代表的一批学者是改良派。笔者倾向于改良，尽管笔者也主张改"万进制"为"千进制"，但在改变过程中必须非常审慎。具体来说，笔者有两点建议。

1. "千进制"和"万进制"不妨并行不悖

笔者既主张改"万进制"为"千进制"，又主张"千进制"和"万进制"不妨并行不悖。这话到底怎么说呢？这是充分考虑到汉语在实际使用上的复杂性。作为有10多亿人口的泱泱大国，各个地区、各个阶层对新的"千进制"的需要程度并不相同。开放程度较高、对外联系密切的地区，尤其是这些地区中的科技界和外语界，对"千进制"的需要比较迫切；而相对比较闭塞的内地和广大农村地区，对"千进制"的需要就不那么迫切，要那里的人们也在一夜之间接受变"万进制"为"千进制"的现实，恐怕有些不切实际。即使推出了"千进制"，而在相当长的一段时期内，"万进制"和"千进制"并行使用恐怕是个无法改变的事实。这就需要在其间作些分工。可不可以作这样的设想：在"千进制"推开以后，科技界使用"千进制"，民间仍不妨使用"万进制";在涉外场合,特别是外语转译成中文时使用"千进制",而纯粹用中文写给中国人看的东西仍不妨使用"万进制";大城市、沿海城市可以加速推行"千进制",内地,尤其是农村地区,可以较长时间地保留"万进制";知识界可以率先推行"千进制",教育程度较底的阶层仍不妨使用"万进制";等等。但要这样做的前提是"千进制"和"万进制"自成体系,互不干扰,而且要便于换算。这就需要两者使用各不相混的一套数词。如果说,"万进制"的主要一套数词是"万"和"亿",可不可以为"千进制"设计另一套数词,譬如说"兆"加上别的什么呢?

2. 数位的"千进制"和数词的"百万进制"

我们在上节提出过一个问题,有必要创制五个大数吗?这里我们来回答:没有必要。在"千进制"系统里,根据汉语的情况,只要加两个,就尽够现在之用。第一个是"兆",等于"千千";第二个建议用"垓",等于"兆兆"。这样我们可以排列如下:

个	十	百
千	十千	百千
兆	十兆	百兆
千兆	十千兆	百千兆
垓	十垓	百垓
千垓	十千垓	百千垓
……		

"兆"是 million,"千兆"是 billion,"垓"是 trillion,或 10^{12},从一般大数的使用来看,这个数已经到顶了,再往上完全可以用"$m×10^n$"来表示。何况还有从"十垓"到"百千垓"五个位次可进呢!

我们体会到,新词的产生还是要根据社会发展的需要。"兆"在不多年以前还是一个颇为冷僻的词,近十几年来越来越走红,就是因为社会发展,特别是电子计算机迅速发展和普及的结果。科技发展也许很快会提出对新的大数的需要,我们提出"垓",就是为此作准备。实际上,现在的电脑还只使用到"G",即这里的"千兆",离"垓"还有一段很长的距离(我们不把某些学科的特殊需要作为重要的因素予以考虑,因为不对大多数人的生活发生影响的问题,就没有必要拿到大众中去讨论)。至于"百千垓"以后怎么办？到经济和社会发展到那个地步再去讨论也来得及。

这个建议中的重要特点是数位的"千进制"和数词的"百万进制"。从汉语的使用来看，数词太多太密没有好处（当然太稀也不行）。我们不妨以陈博士在讨论会上举的一个数字为例来看一看。

阿拉伯数字	89,253,576,412,308,100,000
万进制数词	8925 亿亿 3576 万亿 4123 亿 0810 万
陈佐舜（四）	89 梱 253 桂 576 椎 412 标 308 兆 100 千
丁 乙	89 昆提连 253 夸尊连 576 崔连 412 比连 308 密连 100 千
周有光等	89 兆兆兆 253 千兆兆 576 兆兆 412 千兆 308 兆 100 千
本 文	89（ ）253 千垓 576 垓 412 千兆 308 兆 100 千

以陈、丁两位为代表的方案使用了太多的数词，读起来非常吃力，也不便记忆；而周、孔两位的方案又使用得太少，读起来只听见"兆、兆、兆、兆……"，不仅听不清，也容易出差错。"现行万进制"中的"亿亿"应读为"兆"，实际上采用的是数位的"万进制"和数词的"亿进制"。本文的方案正是从这里吸取了灵感。可见是符合汉族人使用数词的习惯的。（表中"本文""89"后面的数词尚未设计出来，故暂缺）

从这一例子还可看出，以叠音字作为数字单位是不妥的，这也是周、孔两位（主要是孔宪中先生）的方案难以令人感到满意的原因。

参考文献

陈佐舜,1998,"综论新数词提案",《汉语数词现代化讨论集》,胡百华编,香港：岭南学院文学与翻译研究中心。
李天华、许济华,1989,《数学奇观》,武汉：湖北少年儿童出版社。
李友仁,1995,"'汉语数词现代化'之我见",《语文建设通讯》第 48 期。
史有为,1994,"从日语中的外来词谈起",《语文建设通讯》第 46 期。
维尔克曼,克斯帕尔·德,1991,《商标·心理·创造》,许振中译,北京：北京经济学院出版社。
周有光,1995,"响应'汉语数词现代化'",《语文建设通讯》第 47 期。

（原载胡百华编《汉语数词现代化讨论集》,香港：岭南学院文学与翻译研究中心,1998 年 3 月,第 63-78 页）

外来语新论
——关于外来语的哲学思考

一、缘起

改革开放三十年来,中国人语言生活中最引人瞩目的事情,除了新词语的日新月异之外,恐怕就是外来语的泛滥。打开每天的报章杂志,几乎没有不碰到几十、上百个外来词、外来语的。自然科学、社会科学,特别是高科技、新学科领域,触目所见的几乎无非外来词、外来概念。照一般说法,外语的词语只有经过这样那样的"汉化",才能成为外来词语,但近年来由于中外交往的急速发展带来的外来事物潮水般涌入,许多外来词语似乎已来不及经过这个阶段,直接就以外语或外语字母组合的形式进入了中文的使用领域。对此情况有人担心,有人害怕,也有人张开双手欢迎之唯恐不及。

另一方面,随着外来语膨胀的同时,是外来语研究和整理的滞后。在理论研究上,几十年来对外来语的分析和分类基本上还是沿袭早年王力、罗常培、孙常叙以及高名凯、刘正埮等构建的体系,没有很多突破,对以前的一些争论,如"仿译词"乃至意译词、日语回归词算不算外来词等也没有明确的结论。近些年来对外来语名称出现了一些新的说法,如香港中国语文学会曾提出过"外来概念词",并在此基础上编辑出版了《词库建设通讯》杂志,不过最后结集成典时却又回头采用了"新词"的概念,说是为了"避免理论上的纠缠"(姚德怀,2000:6)。刘涌泉先生则提出了"字母词"的概念,并出版了一本《字母词词典》(2001),但似没有从外来词的整个体系上对之定位。汉语外来语研究至今没有建立起一个适合这个时代的比较完整、比较全面的体系。在外来语的整理上,称为外来语和外来词辞典的,迄今仍只有刘正埮、高名凯等和岑麒祥先生的两本,虽然出版于20世纪80年代,但实际编纂却完成于改革开放以前。之后还有过两本,一本是意大利学者马西尼编的《现代汉语词汇的形成——十九世纪汉语外来词研究》,另一本是香港中国语文学会编的《近现代汉语新词词源词典》,但主要都是收集、考证早期的汉语外来词。反映当代外来语的只有史有为的几本论著,尽管书中例子相当丰富,但毕竟不是辞典,也无法当作工具书来使用。另外还在一些单篇论文、新词词典中有些零星的收录。许多人在呼唤要编写一本适应新时代需要的外来语大辞典,但迄今尚未见问世。

要编一本新时代的外来语大辞典,难度确实很大。除了数量大、变化快之外,更重要的可能是在理论上还跟不上外来词语及其应用的发展。现在的外来词语数量大只是一个方面,更值得注意的是其应用情况的复杂。许多外来成分一进入汉语,马上就成为中国人语言生活的一部分,使用时常见你中有我、我中有你,有时甚至很难分清哪些是纯粹舶来的,哪些是土洋结合的,哪些甚至只是土生土长、却长了张"外来"的面孔。到底什么叫外来语?外来语可以分成多少种?其中哪些是新兴的发展?当前外来语的运用有什么新的发展?汉语和其他语言的外来语有什么不同?这些似乎都越来越成了问题。而如果在这些问题上没有一个共识,或者至少为多数人所认同的看法的话,外来语的收集、编纂工作就很难展开,或者辛辛苦苦地编成了,面临的"呛声"却比掌声还多。此外,当代语言研究已经从结构发展到了语用,外来语实际已成了中国人日常生活的一部分,如果对它的研究还是停留在历史化石般的记载和考证,恐怕会滞后于这个形势。我们所需要的新的外来语辞典更应该是一部"活"的辞典,不仅能帮助人们理解、掌握外来语,还要能帮助人们正确处理和运用,这就需要有一种新的、超越传统研究的眼光。正是本着这样的想法,本文想对当代的外来语问题从哲学上进行思考,作一番新的梳理和探讨,并尝试提出一个新的框架,以作引玉之砖。同时也对新的外来语辞典的编纂提出我们的设想和希望。

二、外来语的名称和性质

名称和性质是要回答"什么是外来语?什么不是外来语?"的问题,这可以说是外来语研究的本体论。

1. 外来语的名称

首先是名称问题。中国人讲究循名责实,名称的选择和确定反映我们对事物的基本认识。命名不同,说明人们对事物性质和范围在认识上的不同。

在外来语研究的历史上出现过许多术语,我们这里用的是"外来语",但用得最多的可能是"外来词"。"词"和"语"虽只是一字之差,但两者反映的认识并不完全相同。我们主张用"语"的主要原因是：

首先就范围来说，"语"大而"词"小，用"语"可以包括许多用"词"包括不了的、比"词"大甚至比"词"还要小的东西。例如，岑麒祥先生（1990）在他编的《汉语外来语词典》"凡例"第一条中就说："本词典共收汉语外来语 4307 条，其中除少量的词素和词组以外，一般都是整个的词。"如果用"词"呢？就不大好说"包括词素和词组"。总的来说，"语"可覆盖"词"，但"词"覆盖不了"语"。事实上，许多研究者在行文中爱用"外来语词"这个说法，可以既包含"词"，又包含"语"，既然如此，何不干脆用个包容度更大的"外来语"呢？何况"外来语词"这个名称，本身像"语"而不像"词"，而人们命名时往往倾向于找个"词"，这时"外来语"也比"外来语词"要合适。

第二个原因，是语言中的词、语不好分，强调"词"，会自缚手脚。熟悉现代汉语语法的人都知道，词、语难分是语法中的老大难问题。许多人不知道的是，这个老大难问题现在不仅汉语中有，在英语中也有了。现代英语由于形态的简化和构词法的发展，其复合词和短语的界线也变得不如以前那么清晰了。一些两个词的组合，叫"词"还是叫"语"也成了伤脑筋的事情。例如，paper tiger 是词还是语？有人主张中间有短横的是词，没有的是语，那 paper tiger 就成了短语。这是不是符合人们的语感且不说，还会碰到更尴尬的事：girl-student（女学生）是词，girl student 就成了短语，而实际上这两种写法都有。还有人主张从形态角度看，前后两个词的形态同时变的是词，只有后面那个变的是短语，如 woman doctor（女医生），因为复数得说成 women doctors，所以是词。但这样一来，不但 girl student 成了短语（因为没有 girls students 这样的复数形式），连中间有短横、明明是"词"的 she-lion（母狮子）也成了短语，因为没有 they-lions 的变化形式！而英语现在是汉语外来语的主要来源。如果源语中有的是词，有的是语，总不能把引进以后的一律称作"词"吧？有人会说，"外来词"是汉语的概念，外语中是什么不必管，只要看它翻译过来是什么就行了，"女学生""女医生""母狮子"这类结构在原文中是什么我们不必管，反正在汉语中都看成词不就得了？那么好，譬如 Fahrenheit thermometer 翻译过来有两种形式，一种是"华氏温度表"，一种是"华氏表"，我们是不是要说前者是"语"而后者是"词"呢？外来语的引进有个转写过程，由于两种语言词汇的不对应，"词""语"的转换相当频繁。除了"词"转成"词""语"转成"语"的情况外，还有"词"转成"语""语"转成"词"，乃至更复杂的情况。例如，英语的"字母词"其实都是由"语"缩略而来的，ABC 可能是"America-born Chinese"的缩略，也可能是"American Broadcasting Company"的缩略，还可能有别的来源，但不管哪个来源，都是"语"。但英语的缩略词引进以后，有的成了"词"，如 AIDS 译成"爱滋病"；有的成了"语"，如 UNESCO 译成"联合国教科文组织"（有人说，"名称"也是词，因此"联合国教科文组织"也应看成"词"，但这在汉语界恐怕很难取得共识），还有的似乎在语、词之间，如 ABC 译成"华裔美国人"，就很难说是词还是语。这时也许只能以音节数来定"词""语"了（吕叔湘说过，从词汇的角度看，双语素的组合多半可以算一个词，四个语素的组合多半可以算两个词，三个语素的组合也是多数以作一个词为好。参见吕叔湘，1979：495－496）。其实汉语中还有一个复杂情况。如 laser printer，在英语中是词是语我们且不论，转成汉语呢？如果是"激光打印机"，那就像"语"；如果是"激打"，那就像"词"。有人说"激打"应该是"缩略语"，那就更复杂了，"缩略语"是"语"还是"词"呢？而外来语中像这样缩略而成的情况可说太多了。从历史上看，汉语中本来就没有词和短语之分，《文心雕龙》中表达类似的概念，用得最多的是"辞"。20 世纪有几部有名的辞书，分别叫《辞海》《辞源》《辞通》，就根本不存在区分词和语的问题。[1] 仿此，也许叫"外来辞"更有包容性。但这名称对一些有"现代语言学"癖的人来说可能更难接受。考虑到各种因素，我们觉得还是用"外来语"比较稳妥。

用"外来语"还有第三个原因，这是本文想要强调的，就是我们还希望扩大迄今为止的"外来词"的范围，真正把"词"拓展到"语"，也就是把在外语和汉语中都毫无疑问看作是"语"的东西也收罗到"外来语"的范围中来。在中外语言文化交流过程中，有一些外国的谚语、成语通过翻译或别的途径也被汉语吸收并已成为汉语中的有机组成部分，以至于有时甚至已经感觉不到了，例如"一石两鸟""以眼还眼、以牙还牙""旧瓶装新酒""白色恐怖"等等，都是如此。如果考证其来源，我们会发现它们其实是地地道道的舶来品。以前着眼于"外来词"，这些都是忽略不计的，因而很多人不知道它的"外来"性，因而也就忽视了它们在中外文化交流中的意义。一些年轻人不知道其来源，还以为是中国文化中所固有的呢！如果我们把"词"扩大到"语"，就可以把这些以前没法收的东西大大方方地收进我们的外来语辞典来。

---

[1] 吴文祺先生在《辞通·重印前言》里就说道，《辞通》"搜罗古籍中的通假词和词组之多，远远超过前人著作。"

除了"外来词""外来语",还有过其他一些相关名称,但我们觉得都不如用"外来语"来得明晰:

借词:这是英语 loan words 的翻译。这个名称用在印欧语言之间还可以,用在汉语中其实并不妥当。在印欧语言间,所谓"借词",都是整词的"借",形、义、音一古脑儿全端过去(有时会作些微调整)。不管是本族人还是外族人,一看这个词就知道是外来的,被借出的语言也很容易发现它的原籍身份,需要时就把它找回来。而在汉语中,理解这个"借"字就有点曲折。一般人心目中,"借",往往是短暂的、临时的,而且有"借"得有"还",所谓"有借有还,再借不难"。但实际上,外来语一旦进入汉语以后,均已成为汉语词汇的组成部分,而且大多数外来语在进入过程中还经过了"汉化",变得使借出者难以辨认。不但"借而不还",而且也根本就无法"还",没有一个外国人在用汉字书写的"外来语"中找得到他自己语言词汇的影子。相反,汉语中倒有借出以后又回收的,例如"台风"来自 typhoon,本来就借自汉语"大风";"福晋"借自满语,实际是"夫人"一词借出后重新收回。因此,借词的概念看来不适用于汉语外来语。

外来概念词:这个名称是香港《词库建设通讯》编辑过程中提出的,但后来没有采用。这个名称的问题在于,容易使人们从语言以外的因素去理解外来语,从而会把外来语的范围扩得太大。而且"概念"之是否外来,并不好定,如果把中外文化交流中产生的新概念一律看成是外来的,则明清以后所产生的词语恐怕都要看作是外来语。

外来影响词:也是在"外来概念词"的讨论过程中曾提出来的,但其范围比上一个名称还要大。上面一个名称指的还只是外来的概念,这个名称连在外国影响下形成的新概念也得说成是外来语。这样一来,由于百余年来的中外交往中中方"出口少,进口多",外来影响遍及各个领域,当代中国使用的就几乎无一而非外来语了。这恐怕也不符合我们研究外来语的根本目的。当然,我们不赞成用"外来影响词"来取代"外来语"的名称,但我们承认"外来影响"对外来语进入中国后的使用有巨大作用,但这是另一个层面的问题。

外源词:这是我的一个博士生钟吉娅在写她的博士论文中提出的概念。她认为"外来词""外来语""外来概念词"等均不能很好体现外来语的本质,特别是许多所谓外来词其实并不完完全全是外来的,中间已经经过了"汉化"过程,没有了"外来"的原貌。她的选择是"外源词",即"源自外语的词"。她的想法当然有一定道理,但考虑到"外来语"的用法已经广为人们所熟知,我们暂时不想过于标新立异。而且这个名称中没有采用"语",也是一个不足。

新词:目前所见到的,只有香港中国语文学会采用了这个名称,把他们编的外来语词典定名为《近现代汉语新词词源词典》。据该项目主持人姚德怀先生解释说,采用这个名称是为了避免理论上的纠缠。现在看来,这个名称似乎是为那本词典量身定制的。因为就其特定对象而言,称"新词"也许不失为一个解决办法,因为在"近现代"这个特定时期里,汉语的"新词"如果不是全部,确实绝大多数都属于外来词。但这个名称完全无法引申到别的场合。譬如到了当代,汉语中的新词新语就完全不能等同于外来语。我们随便打开一本近些年来出版的新词新语词典或社会上使用的新词新语,就可以发现,其中绝大部分都是中国人自己的创造,而不是外来语,例如"超女""玉米""酱紫""走红"等,更不用说大量跟中国社会政治、经济有关的词语了。当然,其中有些词的产生(如"超女""走红")与外来语成分有一定关系,也许是一种"外来影响词",但这是另一个问题了。

外来语名称的不好定恐怕还跟翻译有关,"借词""外来词""外源词"甚至"新词"都有很方便的英语说法,但英语中没有一个能够包含"词""词素""短语"等的统称词,这也是"外来语"一度竞争不过"外来词"的原因。我们觉得,不同语言间的词语不对等是常事,不能完全为了适应外语而改变自己对语词内涵的理解。我们高兴地看到,《现代汉语词典》采用的是"外来语"的说法,这也是经过深思熟虑才决定的。对于"外来语"的英文译法,由于它不同于现有的一些说法,当然只有另译。我们的建议是:terms and usage of foreign origin。

2. 外来语的性质和定义

研究外来语的性质,根本上还是要从我们给它起的名称着手。上一节我们讨论了"外来语"中的"语"的问题,这一节要讨论"外来"的问题。

有人觉得给外来语下个定义仿佛很简单:顾名思义,"外来语"不就是"外来"的"词语"吗?但实际上并非如此。"语"的问题已如上述,"外来"的问题也不简单。这里面有范围和层次问题,也有"外来"的方法问题。

(1)"外来"的范围

首先是范围问题。哪些是"外来"?哪些不是"外来"?"半外来"算不算"外来"?对这些问题的回答不同,就会给外来语下不同的定义。我们不妨先来看一下我们所见过的外来语最长的定义和最短的定义。最短的定义是岑麒祥先生下的:

这些从别的语言吸收进来的语言成分就是汉语外来词。(岑麒祥，1990：序言)

而最长的定义是史有为先生下的：

"外来词"，也叫"外来语"，在某种意义上可同"借词"相当。在汉语中，一般来说，外来词是指在词义源自外族语中某词的前提下，语音形式全部或部分借自相对应的该外族语词、并在不同程度上汉语化了的汉语词；严格地说，还应具备在汉语中使用较长时期的条件，才能作为真正意义上的外来词。(史有为，2000：4)

这两个定义的不同就大可玩味。岑麒祥的定义最短，但容量却最大，一个"语言成分"，把音、形、义，以及词、语、词素等都包括了进去。史有为的定义最长，但范围却最窄，因为他强调的核心只是"语音形式"，这样一来，不反映"语音形式"的、与"义"密切相关的所谓"义译词"，包括"仿译词"，就不在他的外来词范围之内；而具"形式"、却不是"语音形式"，只是与"形"相关的"日语汉字词"也只被看作是"准外来词"或"准汉语固有词"。按这样两种不同定义来研究外来语肯定会得出不同的结果，而依之编出的外来语辞典，其面貌也会很不相同。

近年来字母词、外来概念词、外来影响词、外源词等的提出使问题变得更加复杂。从字面上看，这些不都是"外来"的吗？但显然多数人对这些概念会持相当的保留态度，因为如果承认"外来概念词"属于外来语，那么在当代几乎所有的学科（包括自然科学、社会科学和人文学科三大门类，甚至连这三大门类之分也是外来的）里，我们所使用的术语乃至很多非术语都必须看作外来语，中国的整个学术研究就将是建立在外来语基础上的；如果进一步把表示外来事物的词语也都看作外来语，那不仅是我们的精神生活，恐怕连物质生活也都得认为是建立在外来语基础上的。如果在实在的概念、名称之外，再加上在"外来影响"下产生的词语也都归结到外来语，例如史有为举过的例子，在"沙发"基础上产生的"沙发套"、在"乒乓"基础上产生的"乒坛"等，那我们剩下的那些概念和事物也得统统归到外来语去了。难道当代中国人的世界，就真的是一个外来语堆成的世界？我们研究外来语，是希望看到这么一个结果吗？这就说明，"外来"有范围问题、有层次问题，厘清外来语、准外来语和非外来语的界线,需要确定一些原则。

我们认为,解决这个问题最好从两个层面着手。第一个层面着眼于语言,第二个层面着眼于语言的交流。首先,外来语既然是"语",就要切实落在"语言"的基点上。外来语既然是中外语言交流的产物,那么,不是通过语言交流产生的,就不能叫外来语。因此,尽管很多事物、很多概念是外来的,但只要中国人没有借助语言因素,而是通过自己的认识,给它起了个新名称,那就不能叫作外来语。例如,外国人发明了一个烧煤、会喷气、拖着一列车厢跑的怪物,名叫 train,train 的本意是一节接一节的车厢,但中国人按自己的观察,另外起了个名字,叫"火车"(最早叫"火轮车"),这就只是给同一事物起的不同名称,"火车"就不能叫作外来语。同样,相对于英语 literature、philosophy 而言,汉语的"文学""哲学"与之在语言形式上毫无联系,因而也不是外来语(在外来语研究中,我们之所以同意"文学""哲学"也是外来语,是因为它们是从日语汉字转写的,是日本人先用"文学""哲学"这几个汉字来翻译英语的 literature 和 philosophy,而我们是从日语中拿过来用的)。

从交流的角度看。交流既然是"流",就是个动态的过程。这个"动态"包括两个方面。第一,引进外来成分是为了自身表达的需要,由于需要是多种多样的,因而引进也是多种多样的。汉语由于汉字的特点,在引进时比西方拼音文字语言要生动活泼得多。例如把 Shakespeare 根据读音写成"莎士比亚",这是外来语,但我们在行文中有时会说"莎翁""莎氏",这里的"莎"也不能说不是外来的。第二,外来语的引进,实际上有"引进、使用、发展"三个阶段,并不是从外文词典上抄一个词,写成汉字就完了。当今中外文化交流比以往任何时候都要频繁,语言文化生活也分外生动活泼,后两个阶段越来越值得关注。外来语成了汉语语汇的有机组成部分之后,其发展变化与汉语之间产生了互动的关系。在互动过程中产生的一些语词形式,虽然不一定叫作外来语,但也肯定不能算是纯粹的汉语。例如英语 fans 一词,"义译"是"迷","音译"是"粉丝",在前几年电视选秀热中,一些年轻人造出了"玉米"(宇迷)、"凉粉"(靓粉)、"钢丝"(郭德刚的粉丝)之类的词,我们就不能否定其中有"外来"成分。外来语的定性应该容纳这些形式,外来语的定义也应该反映这样的形式。如果不考虑这个因素,外来语研究就会失去时代感,变得毫无生气。

(2)"外来"的方法

关于外来语产生的方法,迄今为止几乎众口一词是认为通过"翻译"。据此还出现了"音译""意译""形译"等术语,例如刘泽先(1952)就写过一篇文章,叫"音译、意译和形译"。此外,还有"义译""造译"等说法。最后一个术语是张振民在 1915 年提出来的,现在用的人较少。他的意思是"何谓造译？初造而界从之也,即遇不可以我国原有之字译之者,则造新字以附之,从此斯符为斯界而足,不容他界附令。"(张振民,1915:15)实际上就是化学家造新字的方法。我们对这些名称都有些怀疑,现讨论如下：

① "音译"和"造译"

早在 1914 年,胡以鲁就认为"音译"是个不通的名称。他说：

> 传四裔之语者曰译,故称译必从其义,若袭用其音,则为借用语,"音译"二字不可通也。(胡以鲁,1923:125)

他认为"译"只适用于意义,涉及音、形的,都只有"借用"的问题。问题在于,汉语的所谓"音译",其实并不是"借用"："沙发"是"借用"了 sofa 的音吗？好像 sofa 不会有这种"被借"的感觉。因之尽管他提出反对已近一个世纪了,但"音译"二字照用不误。

我们倒不是非要把"音译"两字从语汇中驱逐出去,所谓积非成是,人们现在已经用惯,你想驱逐也难。问题在于道理不得不讲清楚。我们认为"音译"这个名称,其实是混淆了两个概念。一种是语音标注,英文叫 transcription；一种是语音改写,英文是 transliteration。前者如用国际音标标注英语的读音或用汉语拼音标注汉字的读音,后者如把俄文字母改写成英文字母。前者强调准确而后者只求对应,实质上是语音对应、字形改写。汉语的所谓音译词其实只是语音的近似改写,即 transliteration,但用音译这个名称,却造成似乎在追求 transcription 的印象。音译其实没有"译"的含义,比较精确的说法应该是"语音改写"。

"造译"其实也是语音改写,所不同的只是专门为这个音造了一个新的汉字而已。与"义"既无关,当然也谈不上"译"。

② "形译"

在"字母词"产生之前,"形译"主要指的是日语借词。日语来源的词是不是外来词,是外来语研究的两大热点之一(另一个是,"意译词"是不是外来词？)。反对者的理由,一是认为汉字是中国原有的,日语只是在翻译西方概念的过程中,或是给汉语旧词以新含义,如革命、经济,或是用汉字组成新词,如科学、社会,这些词语混杂在汉语中并没有"外"的感觉;二是汉语中使用日语汉字词,没有办法纳入以"音译""义译"为核心的外来语描写系统;三是从更"严格"的外来语标准即"音译"标准去看,即使借用了日语中用汉字自造的单词如取缔、场合等,但因为没有借用它的"读音",因而也不能算外来词。而赞同者则从"外来语"定义出发,认为只要是"外来"的就是外来词,对于日语汉字词来说,只要是先由日本人使用,中国人后来引进的都算外来词。

胡以鲁是最早留学日本并专攻语言学的学者,他是把它与"音译"同等对待的。就在上引那段话之后,他紧接着就说到了这个问题:

……借用语固不必借其字形。字形虽为国字而语非己有者,皆为借用语,且不必借其音也。外国人所凑集之国字,揆诸国语不可通者,其形其音虽国语,其实仍借用语也。(胡以鲁,1923:125)

胡以鲁认为,借用语既可借其字音,也可借其字形。这个观点是正确的。岑麒祥主张外来语是"从别的语言吸收进来的语言成分",字音、字形既然都是"语言成分",因而自然都应被接受为外来语。到了今天,外来语中"字母词"异军突起,按传统的音译、义译都无处安放它的位置,"借形"应承认为一个出路。我们认为,日语借词是否外来语的争论今天应该已可画上一个句号。

但我们关心的,除此之外,还有引进日语借词的方法能否叫作"形译"?

日语汉字词进入汉语以后有的字形有了改变,有的没有改变。改变的大约有三种情况,一是汉语用简体字,而日语用的还是汉语传统的繁体字;二是同一个汉字,日语有不同于汉语的写法,如"读"写作"読","泽"写作"沢"等;三是日语仿照汉字自造的"和字",如"町"。这些做法能否叫"译"? 按照胡以鲁"译必从其义"的解释,我认为这只能叫作"字形改写"。

③ 义译和意译

在外来语研究中,还有两个概念是长期以来被混淆了的,这就是"义译"和"意译"。现在很多人是将它们作为同义词看待的,其实在历史上它们是不同的。

"义译"是相对于"音译"而言的,这是外来语研究过程中产生的专门用语。如果"音译"相当于 transliteration,则"义译"就是一般的 translation。从 20 世纪初胡以鲁、章士钊等人开始,直到 1956 年前后,讨论外来语时用的都是"义译"这个词,几无例外,如王宗炎(1950)和张清源(1957)。

而"意译"是相对于"直译"而言的,它是翻译研究中提出来的两种基本翻译手法,20世纪50年代以前几乎没有人用到外来词研究中去过。"直译"的意思是"字面对译"(Literal Translation),或者是"字字对译"(Word-for-word Translation);"意译"是"以意为之的翻译"(Free Translation),或者是"意意对译"(Sense-for-sense Translation)。"义译"和"意译"不是对等的概念,"义译"实际包括了"直译""意译"以及介于两者之间的其他翻译方法,其范围要大于"意译",以"意译"代替"义译"就造成了外来语研究中的混淆。有人因否定意译词而否定了全部义译词,也有人因肯定义译词中的一部分而连带肯定了意译词。据我们观察,"意译"取代"义译"是20世纪50年代以后的事,最早的一篇文章可能是刘泽先(1952)的,其后,张世禄(1956)、潘允中(1957)等纷纷采用,1958年,高名凯、刘正埮(1958:8)的影响很大的书里用"意译(或作'义译')"的提法,使两者正式混淆起来,到了周定一(1962),就完全用"意译"取代了"义译"。

实际上,在外来语问题上,"义译"的两种手法,"意译"和"直译",在性质上是很不相同的。"意译"是"以意为之",它是在对整个语词意义理解了之后,用自己的话去把它重新说出来,没有凭借原词语的任何形式,实际上是创造了一个新词,例如"火车",与原词在任何方面已没有了联系,是中国人对train这一事物理解以后重新命的名。这就不能看作是"外来的"词语。而所谓"字字对译"的"直译"(也称"摹借""借译""仿译")着眼于局部,只顾"树木",不管"森林",只关心词语组成成分的意义,而根本不关心合成后的整个词的意义。[1] 对于整个词语来说,它实际上并没有进行翻译,而只是一种成分意义转写,其过程是对词语组成成分的分拆、改写、组装。在这过程中起作用的是原词语的形式,而非意义。这就好像在翻译中字字对等的"直译"本质上也只是成分转写,而不是翻译。如把lie on one's back译成"躺在背之上",只是对其组成部分的转写,而实际并没有翻译。

以上分析使我们得出了一个重要发现,所谓外来语的产生,其实不是一个翻译过程。"音译""造译""形译"既说不通,"意译"也是有问题的。"意译"是整词意义的重新表述,造成的只能是一个汉语词。在外来语形成过程中起重要作用的是原词语的语言形式,而不是意义。从形式出发,我们主张在外来语研究中不要用

---

[1] 成分意义有时不仅对理解整词意义没有帮助,甚至还会造成曲解。如die-hard译成"死硬派",与原词意义("不易死、顽强")相去甚远。

"译"这个词,而采用"转写"这个词。**区别外来语与非外来语的标准是"翻译"还是"转写"。整词整语翻译过来的是非外来语;利用各种语言手段对外来语语言成分进行分析后加以"转写"的是外来语。对"义译"要一分为二。将整个词语的意义译出叫"意译";将源词语各个组成部分进行分析,分别找出其意义再合成的叫"语义转写"。"意译"不是外来语,"语义转写"是外来语。**

(3) 外来语的定义

经过以上讨论,我们可以在岑麒祥定义的基础上给外来语下一个新的定义,这就是:**外来语是汉语中对外语语言成分进行各种转写以后所形成的词语或语言形式**。这个名称里实际包含了三个层面的内容,一是"**外语语言成分**",说明其源;二是"**进行各种转写**",说明其方法;三是"**词语或语言形式**",希望以此包含更广泛的内容。我们认为,这样定义外来语,比较容易解释当今复杂的外来语使用现象。

三、外来语的内容和分类

如果上一节说的"什么是外来语"关注的是外延问题,则这一节要讨论的是"外来语是什么",关注的是内涵问题。这也可以是外来语研究的范畴论。分类有从意义角度的,也有从构成角度的。从语言学角度看,当然构成角度更有价值。这里也主要从这个角度来进行。

最早从构词法角度讨论外来语的是王力先生(王力,1943;1944)。但第一个对外来语进行分类的是罗常培先生。罗先生(1950:39-32)把外来语(他称作"借词")分为4大类7小类,即(1) 声音的替代。其中又分(a) 纯译音的;(b) 音兼义的;(c) 音加义的;(d) 译音误作译义的。(2) 新谐声字。(3) 借译词。(4) 描写词。之后有很多学者对此进行讨论补充,提出了他们的分类方案。我曾以28组词为例,对从罗常培开始,包括孙常叙、宁榘、张世禄、潘允中、张清源、高名凯与刘正埮、王力、王立达、周定一等十家在内的分类进行过归纳比较,列出了一张表格(参见潘文国等,2004:341-342)。发现分类最严的是宁榘(1956),他几乎只承认与意义毫无关联的纯音译词才是外来语,稍微带一些意义的如所谓音义兼译词在他看来也属于"半汉化词",这比史有为的标准还要严格。分类最宽的从西语角度看是张清源(1957),除了"全译词"之外,几乎人们提到的所有类别的外来语他全接受;而从日语角度看是王立达(1958),他也把所有来自日语的词都看作外来词。

但各家在不同的同时也有共同点,即大多采用"翻译"的角度来看待外来语,所谓"音译""意译"这些词几乎比比都是。我们既然不同意采用"译"这一术语,对外来语范围的宽窄又有新的认识和理解,当然在分类中也会表现出不同于各家的面貌。在此我们提出一个新的外来语体系,以供讨论和批评。

我们主张,根据外来语的"外来"程度,可以先分为两个层次,一个是核心层,或者说静态层,这是多数外来语研究者所提到的;一个是使用层,或者说动态层,这是外来语在流行、使用过程中所产生的一些新现象。

1. 核心层的分类

确定了外来语的本质是对"外语语言成分"的"转写",就可以在此基础上对外来语进行重新分类。在核心层面上,我们认为,根据对原词语语言形式分析和转写手段的不同,外来语可以分为"语形转写""语音转写""语义转写"三大类,分别称为"写形外来词""写音外来词""写义外来语"。在这三大类下面进行进一步细分,如下:

A. **写形外来词**。旧称"借形词""形译词"。

① **日语借词**

转写日语汉字字形,将其改写成汉语汉字,原词在日语中的读音不管是音读,是训读,转写时均不考虑。

小类 1:纯日语词。只有日语训读的纯日语词。如"场合""景气"。

小类 2:汉字日语词。用汉字书写、有日语音读的日语词。如"科学"。

小类 3:汉语回归词。指古书中可找到的古汉语词,但日语用来译西语,与汉语原有意义不同的词。如"革命""民主""格致"。

② **字母词**。主要来自英文,也有希腊文等。写法、读法均与之同。

小类 1:纯字母词。如"WTO"。

小类 2:字母基础词。在字母基础上加上其他成分构成的词,如"T 恤""卡拉OK"。

③ **引进词**。主要来自英文,指全词引进、还没有其他表达手段的词,如"PowerPoint"。不包括文艺作品或日常对话中偶尔出现的外语词。

B. **写音外来词**。旧称"音译词",包括在这方法基础上造成的其他词。这是传统"外来词"的主体成分。可分为:

① **纯写音词**。如"沙发""雪茄"。

② **写音兼造字**。旧称"造译"。在语音转写的同时利用汉语造字规律加上形符造成新形声字。多见于化学名称,也用在其他场合。如"狮""氖""硼""铵""苯""啤""葡萄""茉莉""咖啡"等。

③ **写音加义类词**。这一类与上一类在本质上并无不同,所异者上法造成的是单音节的新"字",而此法造成的是双音节或多音节的新"词"。

小类1:义类部分在后。如"苹果""卡车""坦克车"。

小类2:义类部分在前。如"酒吧""车胎"。

用①②两类造成的词也可用此法再造新词,如"沙发椅""啤酒"等。

④ **写音加写义词**。旧称"半音译半义译词"。与上一类的区别在于上一类中表义类的成分是外语原词中没有的,而这一类中原来就有。

小类1:音前义后词。写音部分在前,写义部分在后。如"米老鼠""因特网""拓扑学"。

小类2:义前音后词。写义部分在前,写音部分在后。如"冰淇淋""苹果派"。

⑤ **写音兼译义词**。旧称"音义双译"。在语音转写的同时将全词意义也译了出来。或者说在将这个词翻译引进的时候有意使用了与原词相似的读音。这种词十分难得,甚至可遇而不可求。这也是我们的分类中唯一使用"译"字的术语,因为它译的是整词。如"引得""俱乐部""乌托邦""绷带""佃农"。也有与③结合的,如"踢踏舞""拖拉机"。

⑥ **写音附义词**。这一类词与上一类有些相似,因此有人也称作"音义双译词",其实两者不同,"音义双译"的"义"是原词所有的,而这一类词的"义"是附加上去的,并不是原词所有的。又可分为几类:

小类1:语义相连。转写语音的各字连起来仿佛像个有意义的词。如"盖世太保""的确凉""可口可乐""披头士"。电影《魂断蓝桥》(*Waterloo Bridge*)以"魂断蓝"三字转写"Waterloo",与"Bridge"的意义正好合成"魂断蓝桥",恰似妙语天成,天衣无缝,其实用的也是这个手法。这个办法与③结合,就成了**写音附义加义类词**,如"爵士乐";与④结合,就成了**写音附义加写义词**,如"霹雳舞""迷你裙""嘉年华会""弹性女郎""咸水妹"。

小类2:语义恍惚。转写语音的各字连起来意义在似有若无之间,如"浪漫""幽默""香槟""芒果""图腾""雷达""纱丽""巧克力""逻辑"。

小类3:精选字义。转写语音的各字连起来不成义,但用字显然都经过精心挑选,往往是一些表美好的字眼,如"梵婀铃""康乃馨""安琪儿""雪碧"。也可与④结合,如"芭蕾舞""霓虹灯"。包括外国人起汉名。

小类 4:习惯译名。希腊、罗马神话或《圣经》中人物旧有习惯译名,如"夏娃"。

说明:"语义相连""语义恍惚""精选字义"这三小类与第①类"纯写音词"的区别:"语义相连"比较好理解,指写音用的字连起来读仿佛是有意义的。"精选字义"与"纯写音词"可说正好相反,一个是几乎不考虑写音用字的字义(至多是避贬义,如 Kenia 译为"肯尼亚",不译为"怯尼亚";Mozambique 译为"莫桑比克",不译为"莫三鼻给"等),一个是几乎字字用心,挑选"好"的、"雅"的、"美"的字眼,包括以前所译的、我们今天已经习焉不察的"美利坚""英吉利"等;人名翻译中刻意表示出男名、女名的区别也属此类,如同一个英文人名 Evelyn,在作男名和女名时分别译成"伊夫林"和"伊芙琳"等。"语义恍惚"介于"语义相连"与"精选字义"之间,如果"精选字义"选出的字连起来正好有意义,那就是"语义相连"(如果这意义与原词差不多,更成了"写音兼译义");但这种情况并不常见,有时意义在似有若无之间,如"芒果"并不是一种有"芒"的"果","雷达"也不是"雷电"可"达"的,但"芒果"与"果"、"雷达"与"雷"和"达"之间又好像有一种说不清道不明的关系,不像"芭蕾"一看就知道是硬找两个字凑起来的。因而我们称之为"语义恍惚"。

C. 写义外来语。旧称"仿译",或"借译"(罗常培)、"摹借"(王力)、"拟造语"(张世禄),也有人称之为"义译"。

这是外来词研究中争论最激烈的一类词,一般外来语词典均以为是"义译词"而不收,但我们认为应该收。理由是:一、根据我们区别外来语和非外来语的标准,是否外来语看其是"翻译"还是"转写"。"翻译"是就语词整体而言的,"转写"是就部分而言的。就整体翻译的是非外来语,因此一般的"意译词"如"煤油""自来水"等不是外来语;就部分转写的是外来语,因此"马力""蜜月""热狗"一类是外来语。二、"转写"有"语形转写""语音转写",当然也应有"语义转写",缺少这一方面的外来语研究在理论上就是不完整的。三、这一类词有非常明显的"外来"痕迹,如果贸然否定,就等于否定了一大批中外语言文化的交流现象,这与外来语研究的宗旨是不合的。

反对将这类词列入外来语的还有一个理由,是觉得这类词数量太大,不好控制。如按此标准,则"黑板""女朋友"等也变成"外来语"了。我们认为可以提出一个标准，对此予以控制。这个标准就是前引胡以鲁的话中提出过的，看"揆诸国语"是否能读通，也就是，**看其分解后的意义叠加起来是否合于汉语的搭配习惯，词语的整体意义是否直观，能望"词"生义**（可以由正常逻辑思维自然推导出来的意义）。如果是，就不看作外来语；如果不是，就是外来语。"黑板""女朋友"这种搭配汉语也有，而且有许多这类词，有时真难说清是汉语先用，还是从外面引进的。"马力""蜜月""热狗"这种搭配汉语却不会有，或者虽然有，也不是外语词的原义（如"马力"不是一般的"马的力量"）。

由于这类词在原外语中可能是词，也可能是短语，如"白色恐怖""武装到牙齿""以眼还眼，以牙还牙"等，因此我们主张扩大外来"词"的范围，称之为"外来语"，使之也能包括这些单位。更进一步，有些更长的结构，甚至是句子形式，其语义搭配对汉语来说也是新鲜的，如"一石二鸟"(Kill two birds with one stone)、"血浓于水"(Blood is thicker than water)、"沉默是金"(Silence is golden)、"条条道路通罗马"(All roads lead to Rome)、"双鸟在林，不如一鸟在手"(A bird in the hand is worth two in the bush)、"一（独）燕不成夏（One swallow does not make a summer)"等。这些说法引入汉语，也是文化交流的结果。

① 写义外来词

② 写义外来语

"词"和"语"的区别是从汉语着眼的。

2. 使用层的分类

在中外文化交流的过程中，外来语的进入并不是一次就完成的事情。在运用过程中还会有许多的变化，同时影响到中国人自己的语言使用心理。其结果是产生了上述分类无法概括的，而与外来语使用有关的现象，其间更生动地反映了当代中国社会语言使用的情况。如果我们把上述外来语统称为"单纯型外来语"的话，则我们还可分出另外两类与"外来语"使用有关的现象来，从而将整个外来语使用分成三个大类：

（1）**单纯型外来语**。即上面所分析的。

（2）**混成型外来语**。可分成以下两类：

D. 类缀式外来语

指外来语构词成分与汉语构词成分混合而成的词语。其中外来构词成分在原文中是"语缀"。

① **类前缀**。如"前—""后—""超—""反—""非—"等。

小类1：外来类前缀+外来构词成分。如"后现代""非会员"。

小类2：外来类前缀+汉语构词成分。如"后邓小平时代""非汉语"。

② **类后缀**。如"—学""—性""—度""—领""化""族""主义"等。

小类1：外来构词成分+外来类后缀。如"上班族""工业化"。

小类2：汉语构词成分+外来类后缀。如"傍款族""年轻化"。

E. 类素式外来语

指外来语构词成分与汉语构词成分混合而成的词语。其中外来构词成分在原文中是实体语素或独立的语词。这种构词成分用多了,在汉语中的感觉就像成了新的"语缀"。

① **整素式外来语**。外来成分是原文中的完整的语素或词,如"卡""领""吧""电"等,可以只作构词成分。如"交通卡""内胎";也可以独立使用,如"刷卡""作秀"。

小类1：整素+外语构词成分。如"信用卡""白领"。

小类2：整素+汉语构词成分。如"交通卡""陶吧"。

② **零素式外来语**。外来成分只是原文转写过来以后的一个字,如"的"(来自"的士")、"模"(来自"模特儿")、"佛"。可以只作构词成分,如"面的";也独立使用,如"反恐"。

小类1：外语构词成分+零素。如"打的""男模"。

小类2：汉语构词成分+零素。如"残的""中巴"。

混成型外来语中,不管是类缀式还是类素式,理论上是"外来构词成分"+"汉语构词成分",但实际上也有"外来构词成分"+"外语构词成分"。严格地说,"外来构词成分"+"外语构词成分"不是混成型外来语,放在这里说只是为了方便起见。

说明：一、"外来构词成分"+"汉语构词成分"与"外来构词成分"+"外语构词成分"的区别：指有没有外语对应说法。如"信用卡""白领""打的""男模"分别可说成"credit card""white collar""take a taxi""male model",但"交通卡""陶吧""残的""中巴"却没有相应的英语说法,这些只是"—卡""—吧""—的""—巴"的汉语化用法,远远超出了其在外语中的用途。

二、"类素"+"外语构词成分"与"写义外来语"("外来构词成分"+"外语构词成分")的区别：从本质上说,"类素"+"外语构词成分"也是写义外来语,因此上面说它"不是混成型外来语"。之所以将它们单列,实际上是因为这一段开头说的:"这种构词成分用多了,在汉语中的感觉就像成了新的'语缀'",不但可跟外语构词成分结合,还可跟汉语构词成分结合,如"信用卡""刷卡""打卡""买卡""交通卡""银行卡""金卡""贵宾卡"等,有时甚至很难分清究竟是外语中也有的说法,还是只有汉语中才有。在外来语辞典的编纂中应该把有关说法尽量收齐,尽量标明是外语中原有的说法还是汉语的用法。这些材料收来后,全部作为辞条,也许会感到不胜其烦。这时不妨采用集中收在附录里的办法,而在辞典正文中收一条最典型的,注明是"类缀式"或"类素式",并提醒读者参看后面的附录。至于有人把"卡""吧""的"等也叫作"词缀",那是不妥的,因为在所来自的外语中它们并不是词缀,无法对应。

(3) **自创型"外来语"**。

改革开放以来,中国社会的语言生活变得十分丰富多彩,由于中外文化的交流,语词的使用中你中有我、我中有你的情况看得人眼花缭乱。加上由于汉语拼音方案采用了拉丁字母,有时跟英文字母混在一起,使人难辨"中""外";而商业大潮的来临,对洋品牌的追捧,又时不时冒出一些"似洋而实中"的商标或店招。街头巷尾,眩人眼目。尽管多数还没有取得正式的"词"或"名称"的地位,而有的影响已很大,使人很难忽视其存在。社会语言学的研究者尤其应对之加以关切。汉语外来语特别是其动态的研究者,也应关注其生存状态及它所造成的社会语言生活的变化。

F. **汉语拼音字母词**

由于汉语拼音方案的法定地位,有人认为汉语拼音字母词应看作"纯汉语词",但看来也有问题。表现为这类词里的汉语拼音字母都是按英文字母读的,从来没有人会按《汉语拼音方案》规定的方式去读。例如"HSK"中的"H",全国的汉语教学专家都会读成[eitʃ],而没有人会按汉语拼音的要求去读成[xa]或[x ɣ];GB("国标"即"国家标准"的缩略,不是英文 Great Britain"大英帝国"的缩略)更不会读成[gɛpɛ]。这也是个"外来影响"造成的读法。

小类 1:纯拼音字母。如"HSK""RZ""YZ""GB"。

小类 2:拼音字母加汉字。如"HSK 考试"。

G. **汉语英译缩略词**

外来的字母词是"外来"的,而这类字母词是"自产"的,如"CCTV"。CCTV(中央电视台)与 HSK 不同,它不是从汉语拼音来的,而是中国人自译的英文名称的缩写。外文的字母词往往有全球性,而中国产的英文字母词使用范围有限,但其数量不可小觑。特别是互联网普及以后,在人们还不习惯使用中文域名的情况下,英文域名往往采用或汉语拼音、或英文译名的缩略。有的在一定范围内还相当为人熟知,如华东师大之称为 ECNU。

H. 国产品牌名称"外来语"

中国生产的商品、地地道道的中国商家,却要起个洋名,这是改革开放以来的新事物。其中有两个情况。一种是在国内"消化"的,主要是在改革开放初期,迎合某些人的崇洋媚外心理,起个仿洋名,在国内人士看来像个外来语似的。另一种是中国经济发展以后,中国商品要走向世界,为了跟国际接轨,必须起一个适合外国顾客心理的名字,而为了同时开发国内市场,这类名称往往是中外并举,有谐音互通的关系。不少品牌在中国人眼里,也像个洋品牌,是从外文转写过来的。笔者在《中外命名艺术》的"求洋命名法"和"中国商标的国际化命名"等章节里(潘文国,2007:276-278;347-365)对此有过详细的分析。从这些"国产外来语"的构成看,除了采用字母式文字外,用汉字构成的有这些方式:

小类 1:连读成义的。如"稳得福""避风塘"。

这些名称似乎有些怪怪的,有些像汉语,也有些像外来的。其实是命名者结合中英文同时考虑的,先想好一个英文意思,再按其谐音找几个汉字,使之连起来似乎有意义可寻。像这样,"稳得福"是一家烤鸭店的名字,谐音英文 wonderful;"避风塘"是一家茶室连锁店,英文名 Be for Time。又如"美加净"(Maxam)(牙膏名)、"昂立一号"(Only One)(补品名)。最后一例又写音,又写义,可以在前面找到相应的方式,正好像是当作外来语来处理似的。

小类 2:精选字义的。如"智恒""易趣"。

如果英文想好了,中文却没有合适的字可以连读成义,那就尽量挑一些"好字眼"或能吸引顾客的字眼。"智恒"是一家房产中介的名字,英文是 Cheer Home,真是个好字眼。"易趣"是中国最早的网上交易网站,英文名 Each,意思是 from each, to each(来自众人,去向众人);中文名其实也有意思,是交"易"的乐"趣",但字面上不易为人猜知,因此我们放在这一类。

小类 3:纯"写音"的。如"派力司""雅戈尔"。

如果连合适的字也找不到,就随意找些字来拼凑,主要用些经常用来拼外国人名的字，先混个洋味儿再说。化妆品市场、服饰鞋帽市场那些中外莫辨的商标最容易找到这些名字。其中有的已经成了名牌，如"雅戈尔"（英文名称是 Youngor）。

以上这些，当然不是外来语，有的甚至连"准外来语"也说不上。但它们确确实实是在中外交流的过程中，在"外来影响"下产生的。这些词语的能产性很强，特别是中国越来越多的名牌商品，如果真的走向世界并在国外立足，那时真的会是华洋莫辨了。语言学研究者有责任关注这些现象。

3. 外来语分类总表

根据以上分析，我们在此提出一个外来语的分类总表，共33类：

表一　汉语外来语结构分类表

一级分类	二级分类	三级分类	四级分类	举例	代码
单纯型外来语（A）	写形外来词（X）	日语汉字词（1）	纯日语词（1）	场合；景气	AX11
			汉字日语词（2）	科学；主观	AX12
			汉语回归词（3）	革命；民主	AX13
		字母词（2）	纯字母词（1）	WTO；OK	AX21
			字母基础词（2）	T恤；B超	AX22
		引进词（3）		PowerPoint	AX30
单纯型外来语（A）	写音外来词（Y）	纯写音词（1）		沙发；坦克	AY10
		写音兼造字（2）		氖；硼；咖啡	AY20
		写音加义类词（3）	义类在后（1）	卡车；啤酒	AY31
			义类在前（2）	酒吧；车胎	AY32
		写音加写义词（4）	音前义后词（1）	因特网；剑桥	AY41
			义前音后词（2）	冰淇淋；苹果派	AY42
		写音兼译义词（5）		引得；俱乐部；拖拉机	AY50
		写音附义词（6）	语义相连（1）	可口可乐	AY61
			语义恍惚（2）	幽默；逻辑	AY62
			精选字义（3）	康乃馨；雪碧	AY63
			习惯译名（4）	夏娃；耶稣	AY64
	写义外来语（Z）	写义外来词（1）		牛津；蜜月	AZ10
		写义外来语（2）		一石二鸟	AZ20

续　表

一级分类	二级分类	三级分类	四级分类	举　例	代　码
混成型外来语（B）	类缀式外来语（X）	类前缀（1）	类前缀+外（1）	后现代；非法	BX11
			类前缀+汉（2）	后文革时期	BX12
		类后缀（2）	类后缀+外（1）	工业化；长度	BX21
			类后缀+汉（2）	绿化；宽容度	BX22
	类素式外来语（Y）	整素式外来语（1）	整素+外（1）	白领；灰领	BY11
			整素+汉（2）	陶吧；网吧	BY12
		零素式外来语（2）	零素+外（1）	打的；的哥	BY21
			零素+汉（2）	残的；摩的	BY22
自创型"外来语"（C）	汉语拼音字母词（X）	纯字母词（1）		HSK；GB	CX10
		字母加汉字（2）		HSK考试	CX20
	汉语英译缩略词（Y）			CCTV	CY00
	国产品牌名称"外来语"（Z）	连读成义（1）		避风塘；新浪	CZ10
		精选字义（2）		易趣	CZ20
		纯"写音"（3）		雅戈尔	CZ30

四、对编辑新《外来语大辞典》的期望

外来语的研究，归根到底要落实到辞典编纂上，这样既能检验研究的结果，又能最大限度地发挥研究的作用。人们在面临"外来语泛滥"时呼唤一本新的外来语辞典，是有来由的。辞典编纂，可说是外来语研究的方法论或实践论。

我国的外来语词典，自1984年高名凯、刘正埮先生等的《汉语外来词词典》和岑麒祥先生序于1984年、出版于1990年的《汉语外来语词典》以后，再没有出版过。意大利学者马西尼和香港中国语文学会编写的两本词典性质有些相似，但都以考释词源为主。由于历史的原因，这几本词典收词都较陈旧，许多词现在早已废弃不用；岑先生的书里更收了大量的人名、地名等专名，冲淡了外来词的实用功能。改革开放30年来，中外交流的广泛程度和深入民间的程度超过以往任何一个时期，外来词语通过各种途径如潮水般地涌进来；网络的四通八达更使人时刻

感到生活在"世界"之中。新生外来语层出不穷,在外来语影响下的当代中国语文生活更加丰富多彩。时代在呼唤一本新的外来语大辞典的诞生。对此我们也充满着期待。

我们希望这本新的外来语大辞典,能具有以下特色:

第一,起点新。

我国的外来语研究如从胡以鲁算起,已有近百年历史,如从罗常培算起,也已有50多年历史。社会在发展,时代在前进,语文生活的新变化要求我们对外来语要有新的认识、新的定位。编一本新的外来语辞典,对"外来语"进行界定是免不了的。我们希望以此为契机,对近百年来关于外来语的争论作一个阶段性总结,对诸如"意译词"问题、日语回归词问题、字母词问题、外来"语素"问题等提出一个比较明确的意见。事实上,如果不对这些问题有个明确的界说,辞典收词的范围就决定不下来。因此辞典编纂应以学术研究为先行,就如先有高名凯、刘正埮先生1958年关于外来词研究的专著,后有他们1984年的《汉语外来词词典》一样。由于时代和语言观的发展,我们特别希望这一研究能一建立在历史和现代相结合、静态和动态相结合、描写和生成相结合、总结和展望相结合的基础上。

第二,断代性。

一般来说,一本新的,特别是规模较大的辞典的编纂,总希望"集古今之大成",兼收并蓄,成一部旷古绝代的著作。但我们却希望这一本新的外来语辞典改变这一传统,着重从当代社会的需要出发,以当代应用性为主,以历史继承性为辅,编出一本"断代性"的著作。这是因为,高、刘、岑等先生有筚路蓝缕之功,对古往今来凡典籍出现过的外来词,搜罗赅备。珠玉在前,我们没有必要再从头做起,古代的一段自可略去。就好比有了《史记》在前,写《汉书》的时候就不必再从三皇五帝讲起了。我们建议新辞典不妨以20世纪80年代为界,主要收录其后产生的外来语,在此之前的只收在汉语社会中还在使用的。这样既是对高、岑之作的最好继承,也使两者之间有了明确分工,更使编者不必为是否需要全部抄录前人著作而费心。至于对高、岑等书的补充、考证,可由别的研究来完成,就如马西尼和香港学者已经完成的工作那样。

第三,实用性。

强调当代性,也就是强调"实用性"。高、刘和岑先生的词典有学者著书之风,收录务从赅广,前者尤重溯源,从英文而追踪至阿拉伯语、拉丁语等,令人赞叹。

新编词典既以 80 年代以后为主,重点自然落在英语来源上,考证相对比较容易,编者的关注点应放在实用上,要使辞典的问世,能切切实实地给今天的读者以帮助。所谓实用性,应体现在以下几个方面:(1) 特别关注社会用语。着眼于现代,着眼于这 30 年来出现的新事物、新用语,特别是那些引领新潮的科学家、追逐时尚的青年人、翻新求变的文学家嘴边笔下指尖的那些用语。关注那些在现代汉语中有生命力的外来词语。(2) 突出对"外来成分"能产性的关注。不拘泥于传统对"外来词"的狭隘定义,关注对当代中国人语文生活有影响的"准外来语""仿外来语"的收录整理,对于动态性的成分可采用附录方式,与正文互相配合。例如可设以下几个附录:a. 有能产性的外来构词成分一类表;b. 准外来语表;c. 仿外来语表;d. 字母词表(包括外来字母词和汉语拼音字母词)。(3) 大量收录以往外来语研究不够重视,但其数量和影响远大于狭义外来语的"写义外来语"。随着语言文化对比研究的深入,越来越显示出狭义外来语的主张带来的弊病,即缩小、模糊、掩盖了中外文化交流的现实。近年来有不少论著将"黑名单""白色恐怖"等与"black list""white terror"等相提并论,以为这反映了中英思维方式的共同性,就是这类模糊造成的后果。造成这种模糊,外来语研究者是有责任的。如果研究外来语,只关注"沙发""啤酒"之类,中外文化的交往未免就太单薄了。

第四,规模性。

由于人们对新的外来语辞典盼望已久,只出一本收录几千词的小册子可能满足不了人们的期望,因而新辞典应能体现一定规模。规模之"大"可通过以下办法来实现:一是"新",大量收集 30 年来涌进的新词语;二是"广",收录的学科范围广、媒介范围广(如包括网络)、来源广(希望包括港台与海外华人社会);三是"宽",不仅有"词",还有"语";更重要的是四,要在严格甄别以后,收录确实是来自外语的"日语汉字词"和"写义外来语"。我们相信,这样做既反映了中外语言文化交流的真实情况,也会大大扩充辞典的容量。

第五,兼顾性。

改革开放以来,中外交流频繁,涉及领域众多。从专业角度讲,每一个领域的外来词语都几乎是一个天文数字(只要看看篇幅越来越大的《英汉科技大词典》和各类专科词典就可以知道),而作为一本通用性的外来语辞典,又不可能包容万象,最终成为一本"百科大词典"。当初,岑先生的词典收了过多的人名、地名,解释又过详,就受到过后人的诟病。因此,新辞典的编纂必须在"通用性"和"专科性"，或者说"一般"和"专门"之间寻找一个平衡点。我们建议从最广大的读者面出发，编成一本以"一般"为主，兼顾"专门"的辞典。具体来说，对社会、人文方面的条目适当从宽，而对专业性过强的科技性条目从严。当然这也不能一概而论，因为人文社会方面也有远离民众生活的（如许多语言学术语），科技，特别是新科技方面也有非常贴近民众的，都需要在编纂前制定一些必要的原则，编写过程中遇到具体问题再个别处理。例如，对数量庞大的人名、地名就不妨采取这样几条原则：（1）按一般语音转写办法的不收，因为这已有专门的人名、地名译名辞典可用。（2）下面三种情况的人名可收：a. 外国人取的汉名，如"高本汉""傅兰雅"。b. 已产生通名用法（单位名、器物名、品牌名等）的人名，如"牛顿""卡路里""施乐"。c. 特别著名的人物，有人甚至有多种语音转写法，如"里根-雷根"。最后一条在操作时会有争议，因各界界定的"名人"不同，可立足于"在当代仍有影响的"。地名同样只酌收特别著名且有习惯转写法的，如"牛津""剑桥""枫丹白露"等。史有为先生（2000：158）曾把外来语分为语词类和专名类，认为后者无概念内容，只具有指称价值，一般不列入外来语中。但我们觉得这不能一概而论，有的专名，例如相当一部分公司商号名和商品商标名，特别是化妆品、药品这些名称跟现代人生活息息相关，如果不收就体现不出时代气息，还是应该积极收集。

第六，结合语料库建设。

当代语言研究的一个重要特色是关注语料库的建设，大规模的，特别是资料性的研究尤其如此。工具书的编纂既应立足当前，又应兼顾未来，要为后人的继续研究和利用提供方便。以前由于技术性的限制做不到这一点，今天我们有了前人无法拥有的条件，则应从一开始就将辞典的编纂、设计与语料库建设结合起来。考虑到外来语研究和使用的实际需要，我们建议在语料库设计中应包括如下字段：（1）外来语辞头；（2）汉语拼音；（3）原文及来源；（4）结构类别；（5）意义类别；（6）在汉语中的意义；（7）原文意义；（8）必要例证；（9）是否已有义译词；（10）互参辞条；（11）本辞条出处；（12）备注。

其中第 4 条"结构类别"指的是类似本文 3、4 节所做的分类，可用代号表示。列出这一类是为后人的进一步研究提供方便。第 5 条指的是意义分类，许多词典（如陆谷孙主编的《英汉大词典》）都标出语词的意义类别，这利于人们了解有关词语的使用范围。外来语中也有这样的问题。但高、岑的两本词典都没有这类标注，史有为最早注意到这一问题，而且提出了外来语可从意义上分成 14 类（2000：

162)。钟吉娅(2003)的研究分成了 27 类。我们不妨在他们的基础上进行调整。第 11 条是注明辞条来源,最理想的当然是该词语首次出现的场合,这有点类似于词源考证。开始当然不可能做得很理想,但如果人们在编辞典时都能有意识这么做,日积月累,到若干年之后,其价值将不可低估。

以上只是我们的一些设想。希望经过大家的共同努力,早日见到这一辞典的编纂成为现实。

参考文献

岑麒祥,1990,《汉语外来词词典》,北京:商务印书馆。
高名凯、刘正埮,1958,《现代汉语外来词研究》,北京:文字改革出版社。
胡以鲁,1914,"论译名",《庸言》第 2 卷第 1－2 期,第 1－20 页。又收入胡以鲁《国语学草创》,上海:商务印书馆,1923 年。
刘涌泉,2001,《字母词字典》,上海:上海辞书出版社。
刘泽先,1952,"音译、意译和形译",载《科学名词和文字改革》,北京:文字改革出版社,1958 年,第 28－32 页。
刘正埮、高名凯、麦永乾、史有为,1984,《汉语外来词词典》,上海:上海辞书出版社。
吕叔湘,1979,"汉语语法分析问题",《吕叔湘文集》(第二卷),北京:商务印书馆,1990 年。
罗常培,1980,《语言与文化》,北京:语文出版社。
马西尼,1997,《现代汉语词汇的形成》,上海:汉语大词典出版社。
宁　榘,1956,"略论词典编纂中如何处理词汇的问题",《中国语文》1956 年第 3 期,第 42－46 页。
潘文国、叶步青、韩洋,1993,《汉语的构词法研究 1898－1990》,台北:学生书局。
潘文国、叶步青、韩洋,2004,《汉语的构词法研究》(简体增订本),上海:华东师范大学出版社。
潘文国,2007,《中外命名艺术》,北京:新世界出版社。
潘允中,1957,"鸦片战争以前汉语中的借词",《中山大学学报》1957 年第 5 期,第 98－113 页。
史有为,2000,《汉语外来词》,北京:商务印书馆。
史有为,2004,《外来词:异文化的使者》(增订本),上海:上海辞书出版社。
孙常叙,1956,《汉语词汇》,长春:吉林人民出版社。
王　力,1943－1944,《中国现代语法》(上、下),上海:商务印书馆。《汉语语法丛书》本,北京:商务印书馆,1985 年。
王立达,1958,"现代汉语中从日语借来的词儿",《中国语文》1958 年第 2 期,第 3－15 页。
王宗炎,1950,"音译和义译",《翻译通报》第 1 卷第 5 期。转引自张岂之、周祖达主编《译名论集》,西安:西北大学出版社,1990 年。
吴文祺,1982,"重印前言",见朱起凤《辞通》,上海:上海古籍出版社,1982 年。
香港中国语文学会,2001,《近现代汉语新词词源词典》,上海:汉语大词典出版社。

姚德怀,2000,"序",载香港中国语文学会《近现代汉语新词词源词典》,上海:汉语大词典出版社,2001年。
张清源,1957,"从现代汉语外来语的初步分析中得到的几点初步认识",北京大学《语言学论丛》第一辑,第 149-169 页。
张世禄,1957,《普通话词汇》,上海:新知识出版社。
张振民,1915,"译名",《甲寅》杂志第 1 卷第 6 号通讯,第 15-16 页。
钟吉娅,2003,《外源词研究》,华东师范大学博士论文。
周定一,1962,"音译词和意译词的消长",《中国语文》1962 年第 10 期,第 459-466 页。

(原载《中国语言学》第一辑,济南:山东教育出版社,2008 年,第 61-78 页)

潘文国汉语论集 下

潘文国 —————————————— 著

华东师范大学出版社

语法

汉语语法特点的再认识

一、认识汉语语法特点的重要性

研究现代汉语语法的人都很重视并且强调认识汉语语法特点的重要性,因为正确地认识汉语语法特点是建立正确的汉语观的前提;而正确的汉语观是建立符合汉语实际和需要的语法体系和语法分析方法的前提。这个问题本来似乎是不必再言的,但是有两个情况又促使我们重提这个问题。

一个情况可以说是"负面"的。一些搞理论语言学的同志提出,中国语言学的当务之急不是汉语的个性研究,而是中西语言的共性研究(参见申小龙,1993:606-608);更有一些同志指出:"我们迄今引进的概念、方法无一不在国外有过详尽的讨论,用于汉语,非常成功。这说明汉语跟其他语言有共性,对我们来说,更有意义的是语言的共性,而不是汉语的特点。"(同上,573-574)其实这倒从反面向我们提出了问题:我们都知道近几十年西方在语言学理论上争得不可开交,为什么这些势不两立的观点、方法到了汉语中却都能服务得很好?汉语的这种宽容性或者可塑性是否本身也值得作为一种"特点"来加以研究呢?还有一些从事英汉语法比较的同志,经过他们的研究,得出了英汉语之间,"主要是同,而不是异"的结论(任学良,1981);或者"汉语与英语语法的共同点比我们过去所认识的要多得多"(傅新安等,1993:前言)。值得注意的是,持这种观点的往往是一些学过一点外语的搞汉语的同志,资深的英语学者和翻译家却往往持相反的观点,如英语语法界前辈许孟雄先生把英汉两种语言称作"Poles-apart languages"(极端地相反的语言),说:"It is generally agreed that no two languages in the world are more different from each other than Chinese and English."(人们都同意世界上没有两种语言比英汉语之间的差别来得大。)(见张今,1990:许序)

另一个情况我们姑且说是"正面"的。更多的现代汉语语法著作或汉外对比语法著作现在在一开头就大讲特讲汉语的语法特点,有的归纳出五条,有的归纳出六条。据说有人统计过,各种书上讲到的汉语语法特点加起来有十四五条(一说二十几条,因忘了出处,无书可查)。这就产生了两个问题。第一,这些所谓的

"汉语特点"是否都是正确的、真正是汉语的特点,而不是牵强附会,把别的语言也有的,甚至更突出的方面也派作汉语的"特点";第二,这些特点中,哪些是本质性的,哪些是一般或者枝节性的。我们总不能期望学习汉语的人记住一大撂"汉语特点",却说不清哪个是最本质性的。所谓本质性,就是要能解决我们上面提出的汉语观的问题,回答汉语是什么样的语言。在汉语特点的问题上,申小龙的提法最扼要,也最鲜明。他认为汉语的最主要特点在于它的人文性。但"人文性"这一术语会引起歧解,遭致的争议太大。而且他也没有明确回答汉语是什么性质的语言这一问题。如果把汉语定义为"人文型的语言",把西方诸语言定义为"科学型的语言"或"非人文型的语言",显然更多的人,甚至绝大多数的人都会不同意的。这样看来,汉语特点的问题实有重新讨论的必要。

二、什么是特点?

吕叔湘先生说:"一种事物的特点,要跟别的事物比较才显出来……要认识汉语的特点,就要跟非汉语比较。"(吕叔湘,1977:21)中国古代几乎不讲什么汉语特点,就是因为缺少跟别的语言比较的缘故。一旦有了这方面的条件,就必然会产生相应的想法。除此之外,特点还是一个相对的概念,跟某一种外语相比是特点的东西,跟另一种外语相比就未必是特点。这也是我们必须牢记在心的。

1. 助词不是汉语"所独"

中国现代谈论汉语特点最早的大约是马建忠指出的"助字者,华文所独"(马建忠,1898:323)。这是马建忠把汉语与泰西诸语言相比找出的特点,这个"特点"就只具有相对性。因为其时马建忠并没有考虑到日语,如果考虑到日语中的大量助词,尤其是终助词,恐怕他就不会说助字(语气助词)是华文所"独"的了。

2. 词序和虚词不是汉语的特点

《马氏文通》之后,谈得最多的汉语的"特点"是所谓词序和虚词。其实词序和虚词也不是,或主要不是汉语的专利。词序作为一种语法手段是英国语法学家斯威特(Henry Sweet)首先提出来的。而他之所以强调词序,是为了把英语与其他形态丰富的印欧语言如拉丁文、梵文等区别开来,换言之,词序是作为现代英语的一个重要特点出现在语法理论史上的。把词序和虚词看作汉语语法主要手段在历史上也是斯威特第一个提出来的,以后经过刘复和金兆梓等人的引进和宣扬才成为汉语语法学家的共识。但现在有的语法研究者数典忘祖,居然在比较汉语和英语的异同时把词序和虚词看作是汉语区别于英语的"特点",这就使人感到有点好笑了。

其实词序作为一种语法手段是各种语言都有的[1],包括形态变化起主要作用的古代拉丁语及现代俄语、德语等。只是复杂的形态变化掩盖了这一简单事实。现代英语在发展过程中,形态简化,分析性加强,词序问题便突出了,成了斯威特强调"英语特点",反对仿效拉丁语法的锐利武器。词序被承认为一种语法手段,是经过了一番斗争的,其中斯威特的功绩不可抹杀。

至于虚词,更谈不上是汉语特点。当初马建忠讲"助字者,华文所独",只是没有考虑到日语等语言,同西方语言相比则基本上是事实。后来不知什么时候起,"助字"变成了"虚词"。虚词成了汉语的主要特点,这就大谬而不然了。各种语言都有虚词,相比起来,汉语的虚词可说是最少的。连首先提出汉语语法主要靠词序和虚词的斯威特也指出汉语的小词和助动词数量很少(Sweet,1899:64)。他还举了一个有趣的例子:《千字文》的编纂,只能使用一千个字,每个字,包括最常用的小词,都只能使用一次。除了汉语,大约没有别的语言能够想象这么做,可见汉语能够完全不用虚词,仅靠位置来表示语法关系(同上,183-184)。现代汉语的情况与古汉语有些不同,有的虚词是必不可少的,如"他不在"和"他不在了",意思完全不同,但汉语虚词数量比大多我们熟悉的语言如英语要少得多,却仍是个基本的事实。英语介词数量之多、意义之复杂、使用之灵活,恐怕举世的语言中罕有其匹,但不见有说虚词的使用是英语的特点的。讲虚词的使用是汉语的特点,言下之意是别的语言不用或少用虚词,这是完全不合客观事实的。

3. 词、短语、句子采取相同的结构方式不是汉语的特点

20世纪七八十年代以来,关于汉语特点又有一个流行的说法:汉语的构词法和造句法是一致的;词、短语、句子的构造方式相同;这是汉语语法简易性的表现。这一说法里有很多合理的因素,因为词作为语言组织的细胞,其结构确实可以反映某种语言在组织上的特性。但笼统地谈汉语中三级单位结构的"一线制",却又有些问题。

---

[1] 在汉语中,如梁刘勰《文心雕龙·章句篇》言"搜句忌于颠倒",今人认为是古人重视语序之始。考其来源,未始不是受了当时佛经翻译中发现"胡语尽倒"(晋释道安《摩诃钵罗若波罗蜜经钞序》中语)的启发。佛经的翻译家们发现了不少梵文句法中的特点,如上述文中道安还指出"胡经委悉,至于咏叹,叮咛反复,或三或四,不嫌其烦"及"(胡语)事已全成,将更旁及,反腾前辞,已乃后说"等。

第一，不完全符合甚至相当不符合事实。这一说法两头都有些问题。词与短语这一头，由于词的构成不光只有复合法，还有其他方法，如双声叠韵及加词头词尾等，与短语的构成就没有共同之处；复合词中的并列与短语中的联合性质也很不相同。短语中由实词和虚词构成的短语也难与词的构成类比。在短语与句子这一头，问题就更大。只要指出一点就可以了：在提出三级单位"一线制"的时候，汉语句子是"话题——说明"型而非"主语——谓语"型的说法还没提出。现在在这一理论得到越来越多的人赞同的时候，说"话题——说明"构造的句子与"主谓""动宾"等构造的短语有一致性，这合适吗？持此主张者还喜欢说短语是静态单位、备用单位，句子是动态单位、交际单位，短语加语调就成了句子。我们姑且认为这种说法有道理，但反过来我们能不能说句子减语调就是短语呢？恐怕不能。

第二，从三级单位构造方法一致的认识出发，把汉语中短语和词的构造都看成是句法问题，甚至提出所谓"句法构词"问题，更值得商榷。我们承认某些复合词、某些短语、某些句子在结构上有相似之处，但这究竟是句法问题还是语义问题？这个问题从汉语中找不到答案，"地震""突破"，看作句法问题或者语义问题好像都可以；但看看英语就清楚了。英语中下面这些词都被看作是"句法构词"：

主谓：earthquake, daybreak; glowworm, watchdog; cleaning woman, firing squad

动宾：haircut, dress-design; housekeeping, sightseeing; language teacher, stockholder; drawbridge, scarecrow

状动：diving board (dive from a board)
　　　sewing machine (sewing with a machine)
　　　sun-bathing (bathe in the sun)
　　　daydream (dream during the day)

等等(Quirk et al., 1985: 1570 - 1578)。但实际上其关系都是从语义着眼的，因为按英语句法，earthquake 要说成 the earth quakes；watchdog 要说成 a dog watches (the house)；haircut 要说成(someone) cuts (somebody's) hair 等，在复合词中，句法中要求的人称、数、时态等的变化都不见了。"状动"结构中省掉的成分，在正式句子中都是不能省的。由此可见，所谓"句法"构词，实际上不是句法关系而是语义关系。只是因为汉语没有形态，蒙上了一层薄雾而已。把"句法"用到构词上是不妥的。

4. 主语经常不用不是汉语的特点

近年来出版的几本书又有主张把汉语省略较多、主语经常可以不出现看作汉语的特点。这一主张大约是出于这样的考虑，即英语句子的核心是主谓对待，两者缺一不可，而汉语却可以经常缺少其中之一。他们没有考虑到：

第一，世界上的主要语言并不只有英语一种，不说北美印第安人的多式综合语中，各种句子成分都混沌一起，就是在印欧语中，拉丁语、俄语中都常有主语不出现的句子。罗马大将恺撒（Caesar）战胜 Pontus 国王 Pharnaces 后所说的得意洋洋的话 Veni, Vidi, Vici，相当于英语的 I came, I saw, I conquered（我来了，我见了，我胜了），就是主语、谓语混在一起，分不清彼此的。表示自然现象的句子如"刮风了、下雨了"，英语中一定要用无人称主语 It，俄语却同汉语一样不需要主语。

第二，就是在英语中，主语也不是非有不可的。古英语和中古英语都根据语气把动词分成直陈式、祈使式和虚拟式三大类，各有不同的形态变化。现代英语中前两式的区别已消失了，但祈使句却变成以主语不出现为常式，这样，英语中三分天下有其一的句子是没有主语的。虚拟式中，以 Wish 开头的句子通常主语无需出现，甚至连 Wish 也可省掉，成为单成分句，如：Wish you good luck! —— Good Luck! 等。即使在直陈式中，现代英语的发展趋势之一也是在非正式英语（如日记、熟人间的通信等）中不使用主语，直接以动词开头。

第三，英语除了爱用形式主语外，还爱用形式宾语，如 to fight it, to foot it, to king it 等，汉语中无一例外是不用的。岂但如此，英语中的人称代词宾语，译成汉语时也常略去，如"This is a good film, I love it very much."译成"这部片子不错，我很喜欢"可以，译成"这是一部好电影，我很喜欢它"就有浓重的翻译腔。甚至与古代汉语相比，现代汉语也表现出不爱用代词宾语的趋势。例如《诗·大序》中的这一段："……情动于中而形于言，言之不足故嗟叹之，嗟叹之不足故永歌之，永歌之不足，不知手之舞之足之蹈之也。"译成现代汉语大约这些"之"字都是不需要的，那么我们是否也要据此认为不爱用代词是现代汉语的一个特点呢？

5. 人文性不是汉语的特点

20世纪80年代后半期兴起的文化语言学对我国主流语言学发起了一股颇为强劲的冲击，其中尤以申小龙为代表的本体论者对现代汉语语法学的冲击为甚。应该承认，申小龙对90年来汉语语法研究的反思和抨击有许多合理之处，他在建立汉语语法新体系上也作了十分可贵的努力。但是，他把东西方语言研究的不同传统归结为人文主义和科学主义的对立,把汉语的根本特点归结为人文性,却是不妥的。

第一,"人文主义"和"科学主义"这两个词本身的含义不清,如许多同志批评过的会引起概念上的混乱。

第二,人文主义和科学主义是否构成对立?即主张人文主义,就一定不需要科学主义;或主张科学主义,就一定丧失人文主义?结论恐怕是不言而喻的:两者都是科学的研究所不可缺少的。

第三,人文性是否汉语研究所特有的传统?恐怕不是。凡有悠久历史和文化的语言都有浓郁的人文性,也许我们可以说,由于历史的原因加上汉字的特性,比起别的语言来,汉语的人文性更显得强烈,但不能说汉语是唯一有人文性传统的语言。事实上,英语的人文性就非常强。我们看到遍布英国城乡有上千年历史的 Grammar School,也许会感到非常奇怪:这个国家怎么会这么重视语法?实际上,从语源来看,根据 *New English Dictionary* 的解释,在古希腊和古拉丁文里,Grammar 一词的意思除了学习希腊语和拉丁语之外,还指循序渐进地学习古代经典,包括名物训诂、美学批评、文学史的考察和典故的阐释等等。事实上,其内涵相当于现在所说广义上的"语文学",与中国传统的训诂学非常接近。这样一种学校,这样一种学习方法,其"人文性"不是很明显吗?正是由于在中世纪,Grammar 几乎成为"学问"一词的同义词,而学问又为特权阶级所独享,因此他们要把培养自己子弟的学校叫作"Grammar School"。20 世纪以来,西方的语言研究特别强调形式,这不是"科学主义"在起作用,而是结构主义带来的偏差。

以上我们分析了一些汉语的所谓"特点",其实多数并不能算"特点";有的虽然在汉语中表现比较明显,但由于不是汉语所特有的,我们也难以把它叫作汉语的特点。看来,对汉语的特点问题,确实有重新认识的必要。

三、寻找汉语特点与语言学发展的背景

回顾中国语法学家寻找汉语特点的过程,我们发现了一个有趣的事实。即它是与普通语言学理论的发展及其在中国的影响相始终的,每一条"特点"的提出,背后总闪烁着一种理论的影子。中国寻找汉语特点的历史,从其中最有影响的几条来看,经过了四个阶段:

1. "助字者,华文所独"

其理论背景是西方从古代直到19世纪末的词类本位语法理论。马建忠在仿照泰西"葛朗玛"建筑起汉语的语法大厦,并将汉语的词一一纳入西方的词类体系以后,发现有一类根本无法安置,便将它抽出来另列一类,并将它叫作"助字",认为是华文的"所独"。这个"所独"是跟泰西诸语相比而言的。

2. "词序和虚词"

其理论背景是句本位学说。西方以句本位代替词本位的语法革命是从斯威特开始,到斯威特的学生叶斯柏森(O. Jespersen)、克鲁辛加(E. Krusinga)、普茨玛(H. Poutsma)手中完成的。斯氏的《新英语语法》一、二卷分别出版于1891年和1898年,而马建忠在欧洲游历是19世纪七八十年代,未能来得及看到。斯氏的影响是通过刘复传到中国的。汉语的语法手段主要靠词序和虚词也是斯氏提出的。

3. "汉语的词、短语、句子采取同一结构方式"

其理论背景是词组本位。词组本位在国内是郭绍虞、朱德熙两先生提出来的(两人的命意并不相同),但其真正的根源是西方的结构主义。第一个提出词和词组服从相同规则是结构主义的鼻祖索绪尔(F. Saussure)。他说:"……从功能的观点看,词汇的事实可能跟句法的事实混同。另一方面,任何词,只要不是简单的、不能缩减的单位,都跟句子成分、句法的事实没有本质上的区别。这些词中各个次单位的排列和词组的构成都服从相同的基本原则。"(Saussure,1916:188)最早把句法原则用于汉语构词的始发端于瑞典汉学家高本汉(B. Karlgren),而系统地采用则见于旅美中国语言学家赵元任的 *Mandarin Primer*(1948)一书(参见潘文国等,1993:40-41)。后书由于中国科学院语法小组《现代汉语语法讲话》的采用而在中国产生了很大的影响。

4. "汉语缺少严格意义的形态变化"

这个特点是最早发现的,却是最晚得到确认的。中国语法学在这个问题上兜了一个圆圈。早期的语法学家陈承泽、金兆梓、黎锦熙等,稍后的语法学家王力、高名凯等,都明确主张汉语没有形态。但到20世纪50年代,由于苏联语言学的影响,批判"汉语无形态"论,前述黎、王、高等人都被迫作检查或修订自己的著作。同时,整个50年代出现了寻找汉语形态的高潮。直到"文化大革命"后,汉语语法学家才有机会重新考虑这个问题。自从吕叔湘在《汉语语法分析问题》中提出"汉语缺少严格意义的形态变化"这一说法以后(吕叔湘,1979:487),这一直是在汉语特点问题上的最权威说法。

这一说法的得以确立是由于两方面的合力。一方面,是由于20世纪30年代,特别是50年代以来,西方形形色色的语言学理论风起云涌,70年代以后,更是瞬息万变,得时和失势往往只是一个晚上的事情。不比20世纪初,一种新理论出来,马上受到普遍的欢迎。在这样的形势前面,汉语语言学被迫要冷静地考虑自己的位置,发掘真正的汉语特色。作为第一步,便是用形态这一标准与西方语言划清界线。另一方面是吸取了几十年来汉语研究正、反两个方面的经验教训。因此,这个圆圈实际是汉语研究走向成熟的结果。

但是这一提法是有缺点的。第一,这个提法仍然以西洋语法作为参照坐标,因为形态正是西洋语法的核心和灵魂,把有无形态作为"特点",实际是把自己放到了从属的位置,而忘掉了汉语研究的本体地位。第二,这是一个消极被动的提法:西洋语法是在形态基础上建立起来的,因此有语法;汉语"缺少严格意义的形态变化",那么汉语究竟还有没有语法?这个提法本身没有回答。第三,加上"严格意义的"这个定语,也许是出于谨慎,因为国内有一些学者主张"广义形态",也就是非"严格意义"的形态。由于作者的身份和地位,这样说是可以理解的。但是我们仍然要指出,"广义形态"的说法是不可取的。首先,为什么一定要提"形态"?难道不提"形态"就不能讨论语法了吗?其次,"广义形态"主要指的是所谓"搭配功能",搭配问题从语法理论上来说是一个选择性问题,从内容来看是一个语义问题,确实都与"严格意义"的形态挂不上边,既然如此,为什么一定要叫"形态"呢?此例一开,词序问题、虚词问题、节律问题……何一不能说是"广义形态"?

四、汉语语法的特点

那么,汉语语法的特点究竟是什么呢?我们认为,在主要是与西方语言相比较的前提下,从最本质的角度看,汉语语法的主要特点是两条:

1. 汉语语法是隐性的,西方语法是显性的

这是翻译理论家刘宓庆先生提出来的(刘宓庆,1991:8-9)。这句话与汉语"缺少严格意义的形态变化"本质上并无二致,但比后者要合理。

第一,它回答了汉语有没有语法的问题,是在肯定汉语有语法的前提下再讨论特点的。

第二,它也指出了汉语语法的基本特点——隐含性。这也就是"缺少严格意义的形态变化"的意思,但换了个角度,没有从形态出发,就掌握了主动。

2. 汉语语法是柔性的,西方语法是刚性的

提出这一主张的学者较多。最早可以追溯到郭绍虞和王力所说的"弹性"[1](郭绍虞,1938;王力,1944:197)和王力所说的"人治"(同上,64)[2]。近年来则有史有为反复呼唤的"柔性"[3]。比较起来,法治和人治的说法不很妥当,因为这会造成两种错觉:一、汉语语法没有"法";二、汉语语法可以由某人说了算。史有为的柔性说范围过广,而且,明明主要说的是汉语,却要推广为整个语言。我们采用史有为的术语,但接受郭绍虞和王力两家的观点。汉语的柔性包括郭氏所说的语词(或可谓之词法)及王氏所说的句法。

汉语语法的特点也许还可以提出其他一些,但我们觉得这两条是最根本的,因为它决定了汉语的性质。

五、由汉语特点得出的汉语观

正如本文开头指出的,讨论汉语特点问题有一个根本的目的,就是为了建立正确的汉语观,亦即正确理解汉语是一种什么性质的语言。因此,汉语特点的提出不在于多,而在于精要,在于能说明问题。我们认为,我们在上节所指出的两条已足以说明汉语是一种什么性质的语言。

1. 汉语是一种语义型语言

汉语的第一个特点告诉我们,汉语有语法,但它不像西方语言那样有显露的外在形式,而是隐含在语言内部的。它不是通过形式(form)或形态(morphology)来表示语言成分间的关系,而是让语义本身来体现这种关系的。因此,汉语可以称作是一种语义型的语言,以与西方形态型的语言相对待。

语义型语言的概念是徐通锵先生提出来的(徐通锵,1992:176)。但徐先生把与之对待的语言叫作语法型语言,我们认为不如叫作形态型语言,因为第一,语法是指语言的组织规律。语义型语言也有自己的语法。第二,西方语言,包括形态

---

1 郭绍虞的"弹性"指的是语词的构造,王力的"弹性"指的是句子的构造,两者稍有不同。
2 王力:"就句子的结构而论,西洋语言是法治的,中国语言是人治的。"
3 史有为于 1992 年出版了一本语法论集,书名即为《呼唤柔性》。但史的柔性是一种泛语言观,并不专指汉语。

已大大简化了的英语,本质上也还是一种形态语言。英语从综合型走向分析型,与英语是否已脱离了形态型,这是两件事情。

对于语义型语言来说,语义结构的研究远比形式结构来得重要。事实上,我们以前在汉语语法上进行的研究,凡属切实有用的,多数是语义研究;我们所分析的"语法"错误,多数是语义搭配上的错误,只是人为地套上了西方的语法术语,才徒增了许多纷扰。

2. 汉语是一种节律型语言

汉语的第二个特点告诉我们,汉语的音节和节奏在汉语的组词造语乃至构建句子中有重要的作用,大概远比我们所认识和所承认的要重要。从理论上来说,一种语言的组织,总有一种规律在起基本作用;但如果只有一种规律,语言就会显得单调,因而总会有另一种或几种规律来起协调作用,从而使语言的组织变得多姿多彩。拿英语来说,它起基本作用的规律是形态,随着形态简化,词序和虚词起了重要的调节作用。在汉语中,起基本作用的规律是语义组织,或者说语序。但语序的背后是逻辑,纯粹按逻辑组织的语言在世界上可以说是不存在的。那么,汉语靠什么来打破逻辑的呆板次序,造成丰富多彩、有声有色的语言的呢?就是靠音节和节奏。大概没有一种语言像汉语这样依赖音节和节奏,从这个意义上,我们可以说汉语是一种节律型语言。

早期的中国语法学家如马建忠、刘复、金兆梓等都曾提到过音节在构词造语中的作用。但在这个问题上观察得最仔细、发挥得最淋漓尽致的是郭绍虞。他在1938年发表的《中国语词的弹性作用》,可以说是这方面的一部杰作,可惜半个多世纪来继者寥寥,几成绝响。1963年,吕叔湘先生发表《现代汉语单双音节问题初探》一文,才又一次把这问题推向高潮,并引起了汉语语法学界的重视。

音节和节奏是语法问题,还是修辞问题?在吕先生文章发表之前,恐怕多数人看作是修辞问题,郭绍虞先生甚至主要被当作一位修辞学家。现在大家都承认音节和节奏在汉语语法中有重要作用,但是不是把音节和节奏看作同形态、词序、虚词一样是重要的语法手段,恐怕仍会有不同意见。当初斯威特为确立词序的语法地位曾付出了巨大的努力。由于词序不像形态那样显而可见,他不得不一再强调:"In fact, word-order is the most abstract part of syntax, just as word-order is the most abstract grammatical form."(事实上,词序是句法中最抽象的部分,也是最抽象的语法形式。)(斯威特,1899:124)比起词序,音节和节律可能还要抽象,因此我们也许正面临着斯威特当时所处的同样局面。越过了这一步,汉语语法研究必将取得重大进展。

六、从汉语观到汉语语法研究

不同的语言观决定了不同的语法研究方向。在把握了汉语特点并由此而确立了我们的汉语观之后,我们觉得有必要对汉语语法研究的理论、方法和原则进行调整。

语义型语言是与形态型语言类型完全不同的两种语言,而迄今为止我们所熟悉、所使用的却多数是在形态型语言基础上建立起来的语言分析方法,对语义型语言往往并不适用。举例来说,徐通锵(1992:176)认为语义型语言的基本结构框架是"话题——说明"而不是"主语——谓语",这个问题就值得花大力气去研究。又比如,语义型语言的最重要语法手段是语序,但很长一段时间里,语序却只被用来确定形态型语言所重视的句子成分。能不能摆脱成分名称的纠缠来认真研究一下语序问题呢?看来这是摆在我们面前的又一重要课题。

节律型语言的研究更是一个全新的课题。节律型语言的研究从何着手?我们认为可以从两个方面考虑。第一,从音义结合着手,由小到大,看音节和语义如何联手,支配和制约着汉语语词和句子的组织构造;第二,从虚词着手,看汉语的虚词如何兼具着音节和联系的双重功能,灵活地调整着汉语的语句结构,起着别的语言的虚词起不到的作用。作为前提,恐怕先要摆脱形态型语言的语法先入为主地加在我们身上的对虚词的认识,把虚词的作用放到节律型语言的地位中去考察。

参考文献

Quirk, R. et al., 1985, *A Comprehensive Grammar of the English Language*, London & New York: Longman Group Ltd.

Saussure, F., 1916, *Cours de Linguitique Generale*, 中译本,高名凯译,《普通语言学教程》,北京:商务印书馆,1980 年。

Sweet, H., 1899, *The Practical Study of Languages*, London: Oxford University Press, 1964.

傅新安等,1993,《汉英语法比较指南》,上海:上海交通大学出版社。

郭绍虞,1938,"中国语词的弹性作用",见郭绍虞《照隅室语言文字论集》,上海:上海古籍出版社,1985年。
刘宓庆,1991,《汉英对比研究与翻译》,南昌:江西教育出版社。
吕叔湘,1977,"通过对比研究语法",载杨自俭、李瑞华编《英汉对比研究论文集》,上海:上海外语教育出版社,1990年。
马建忠,1898,《马氏文通》,北京:商务印书馆,1983年。
潘文国等,1993,《汉语的构词法研究:1898－1990》,台北:学生书局。
任学良,1981,《汉英比较语法》,北京:中国社会科学出版社。
申小龙,1993,《文化语言学》,南昌:江西教育出版社。
王　力,1944,《中国语法理论》,南昌:商务印书馆。
徐通锵,1992,"语义句法刍议",载《世界汉语教学》《语言教学与研究》杂志编辑部编《80年代与90年代中国现代汉语语法研究》,北京:北京语言学院出版社,1992年。
张　今,1990,《英语句型的动态研究》,郑州:河南大学出版社。

(原载戴昭铭主编《建设中国文化语言学》,哈尔滨:《北方论丛》杂志社,1994年,第247-256页)

汉语研究：世纪之交的思考

历史已经进入了 21 世纪。站在世纪之交，人们总免不了要对过去的百年作一番历史的回顾与总结，从经验和教训中探索今后前进的道路和方向。汉语研究也不例外。

学术研究从来不是孤立的，它受着历史和文化因素的制约，更受着哲学和社会思潮的左右。研究 20 世纪的语言研究史，包括汉语的研究史，也离不开世界发展这个大背景。只有把学术研究放到整个社会进步的大环境中去，才能看出它真正的价值和趋势。

一、20 世纪汉语研究的成就

20 世纪的汉语研究取得了空前的成就。要完整全面地对之进行总结，不是一两个人的事，甚至也不是一两本书可以解决的。本文并不专门研究这个问题，只是想以此为引子，探索一下我们面临的任务，因此只拟作一些粗线条的概括。我们认为，20 世纪的汉语研究，至少有如下这些方面将永远载入史册。

一、以《马氏文通》的出版为标志，汉语研究进入了"现代"期。

二、汉语研究进入了世界语言研究的轨道，成为人类语言研究的一部分。

三、涌现了一批世界级的语言，特别是汉语研究大师，如马建忠、赵元任、王力、吕叔湘，他们都达到了他们所处时代的高峰，而为后人所难以企及。

四、各门分支学科从无到有，日趋成熟。

五、在语言的描写等方面出现了一批历史性的成果，是留给后人的宝贵财富。特别是在古籍整理、方言研究、实验语音学，以及工具书编纂方面。

六、语言研究的理论和方法受到前所未有的关注。

这些方面都是彼此相关的，其中《马氏文通》的出版尤其是一件划时代的大事，其余的一些，可以说是《马氏文通》出版而带来的语言研究面貌的更新所导致的自然而然的结果。《马氏文通》只是一本语法书，以一本语法书而引起了石破天惊的后果，改写了整个汉语研究的历史，其意义在历史上大约只有许慎《说文解字》的发表可以比拟(形成对照的是,许书的划时代意义远得不到马书那样的历史评价)。这个问题是值得深思的。其根源即在于它提供的不仅是一本语法书,而是语言观和语言研究理论与方法的彻底更新。

在中国历史上,马建忠第一个把汉语研究纳入了世界语言研究的共同轨道,使汉语研究成了世界语言研究的一部分、全人类语言研究的一部分。马建忠引进了到他那个时代为止(或者确切地说,到他于19世纪80年代末从欧洲回国、开始写他的著作时为止)世界上最先进的语言理论,把它运用到汉语理论的建构上。就在他回国后不久,1891年,英国语言学家亨利·斯威特的《新英语语法》第一卷出版,标志着国际上语法研究乃至语言研究的又一场变革,而马建忠已经来不及看到了,更不用说在他的书里有所反映。有的时候我们难以抑制地想象,要是马建忠来得及看到斯威特的书,能用新的目光来构架他的《马氏文通》,可能这本书完全会是另外一种格局,而汉语语法研究的历史可能也会是另外一种面貌了。可是当然,历史是不能假设的。因此我们只能怀着深深的遗憾看着当时马建忠的十年落伍,以及由此而带来的对汉语研究根深蒂固的、长达整整一个世纪的影响。

马建忠当时引进的语言观,质言之,就是普世语法观,这是从柏拉图以来,经过17世纪波尔·罗瓦雅尔语法,在西方世界占统治地位的语言理论。根据这一理论,"各国皆有本国之葛郎玛,大旨相似,所异者音韵与字形耳。"(马建忠,1898:15)凭借这一理论,"依西文已有之规矩",马建忠轻而易举地构建起了汉语葛郎玛的大厦,以一个与西方语言(尤其是拉丁语与英语)一一相对应的标目、相类似的术语、相一致的体系,开始了与世界语言研究的对话。这一意义确实是不可小估的。

马建忠"革命"(如果我们可以称之为"革命"的话)对汉语研究的最大影响,在于从根本上改变了汉语研究的格局,颠倒了音韵文字与语法的位置。中国传统两千多年的语言研究,核心就是音韵文字;语法的地位,不客气地说,连"附庸"都算不上。但到了普世语法观的马建忠的头脑里,各国"大致相似"的只是"葛郎玛","音韵""文字"既然各国相异,便没有很强的普遍性意义。加上文字、音韵易变而语法"历千古而无或少变"(马建忠,1898:后序),于是从马氏以后,传统的文字中心不得不退位,语法研究一变而为语言研究的绝对中心。虽然其后有语音、词汇、语法三分,或语法、修辞、逻辑三分,或语音、语义、语法三分,或各种《现代汉语》教材的语音、文字、词汇、语法、修辞等的五分,但谁都知道,其中的中心是语法。搞

"现代汉语"、搞"现代语言学"而不搞语法,那始终进不了语言研究的核心层,只能在周遭打转;至于文字更入了另册,在大半个世纪里,它是革命的对象。人们通常把《马氏文通》的出版看作是汉语研究现代化的开始,但《马氏文通》研究的仍是文言,不是白话,因而这一"现代化"的本质,从上面所述便可知道,其实是以语法中心取代了文字中心。由于中心的变更,带来了语言研究全局的变化,各项具体研究都要重新定位,寻找自己在新的语言研究格局中的地位,在新的学术"范型"里谋求生存与发展。

马建忠的书被人们"忆了万万千,恨了万万千",是20世纪汉语学界提得最多的名字。对这本书的功过不是几句话可以说清楚的。我们在后面还会有机会讨论,但马建忠的创新之功是谁也无法抹杀的。

中西语言文字之交并不始于马建忠,早在明代就有过法国传教士金尼阁的《西儒耳目资》这样的汉语研究著作,但他是以"西"就"中",又没有带来什么先进理论,因而影响不大。马建忠以"中"就"西",并以语法为突破口,把汉语研究带上了世界语言研究的轨道。此后,汉语研究的"现代化"就是在不断与西方"接轨"、以西方模式来进行改造的过程中运行着。

继语法之后,汉语研究的第二件世纪性成就是对旧音韵学的改造,建立了"现代"意义的汉语音韵学。这一成就的标志是瑞典汉学家高本汉的《中国音韵学研究》的出版,其核心就是用西方语音学的元音开口度理论去解释中国传统的等韵学说,用"国际语音总表"的模式去解释为表现《切韵》系韵书而作的宋元等韵图,并借用欧洲历史比较语言学的方法和理论实现了对汉语中古音乃至后来对上古音的构拟,以其体系的严密与完整为汉语研究树立了又一个样板。

语法学与音韵学的成功使汉语研究者尝到了体系的甜头。本来,中国古代不乏体系完整严密、博大精深的著作,例如《说文解字》。至于南北朝时梁刘勰的《文心雕龙》,更是体大思精、超绝今古的文论巨著。但毋庸讳言,中国古人最拿手的做学问方法是点评式的评注,兴之所至,点到为止。这种方法的好处是不受形式束缚,便于发挥,往往观察精细而剖析深刻,但缺点是没有一个事先设好的框架,更不一定有完整严密的理论体系,可以经得起逻辑的推导或编成教科书教人。于是从现代看惯西方近代动辄几十万言的煌煌巨著、学科规范的人看来,就觉得自惭形秽。因而在学术研究上学习西方之长,建立一个个学科体系就成了20世纪学术研究一个显著的特色。"五四"新文化运动请来了"德先生"和"赛先生",注重建立各种体系,就是"赛先生"的功绩。语言研究上也不例外。各种在20世纪之前零散不成气候的研究到了20世纪都逐渐冶铸成了各种"学"。就是连中国传统最看重的音韵文字研究,以前也只有专书没有专学,只有《说文》《尔雅》《广韵》《方言》以及各种《笺疏》《疏证》《义疏》《校注》之类,而文字"学"、音韵"学"、训诂"学",都是到20世纪才成为有理论、有体系的"学"的,遑论原先就不甚受重视的"方言学""修辞学""理论语言学""语音学""语法学"以及"词汇学""语义学"了。与此同时,是各种"概论""学史"的泛滥,堪称20世纪汉语研究的一大景观,其中尤以历史最短的语法为最甚。

至于"五四"前后"德先生"对语言研究带来的影响,也绝对不可小看。在世纪初的学人们看来,要实现民主,首要之务是"开启民智",开启民智最重要的手段是教育,而教育的基础是语言文字。为了普及教育,就必须对中国的语言文字进行改造。马建忠的《马氏文通》只是对语言学习方法的改造,与之并行而手段更为激进的是清末开始的拼音切字运动,和"五四"前后的白话文运动。20世纪中国的社会改革,居然是从语言革命开始的。20世纪下半叶人们所津津乐道的"语言学是领先科学",在这里又可找到一个证据。"德先生"对汉语研究带来的积极影响,是使人眼睛向下,注意民众的需要;而其负面,则使汉语研究,特别是其中的汉字改革问题,带上了过强的政治色彩。例如拼音切字运动进入20世纪以后,由于政府部门的重视,就演变成了一浪高过一浪、波澜壮阔的汉语拼音化运动,成了政府行为。一度曾提出的最高目标甚至竟是取消汉字,"走各国共同的拼音化道路"。把近百年来中国国势积弱,倍受列强欺凌的根源算到了汉字头上。直到临近世纪末,这认识才得以纠正,但还带有不少后遗症。

一门学科在草创之初,是最需要人才,也最能出人才的时期。汉语研究在20世纪突然进入"现代期",旧的需要改造,新的尚未建立,一下子出现了许多领域的"真空",这是一个呼唤大师也造就大师的时代。这一百年来在汉语研究上也确实涌现出了一批这样的大师,其成就既辉煌于当时,也成为我们现代人的骄傲和榜样。其中最值得我们自豪的几位是马建忠、赵元任、王力和吕叔湘。

马建忠前面已提到。这里我们要强调的是尽管他自称"以西人已有之规矩",其实并未一味照搬。如同后来吕叔湘在重印《马氏文通》的前言中所说,马建忠在古文例子的收集上下了极大的功夫,他的举例之丰超过了他之后直到今天的所有古汉语语法研究著作;而且马建忠从不回避问题,各种矛盾和复杂现象如实摆出,不比后来有些研究者为了自己的方便而"藏起来了"(吕叔湘,1983:序 5)。我们觉得马氏的功底之实和治学之严是一个方面,更重要的是他的一些发现和创见之深刻,恐怕至今还没有得到充分认识,例如他的关于"助字者,华文所独"的价值,和关于"顿"的理论,恐怕有不少是被曲解的。

赵元任是少见的举世公认的语言大师,他曾担任美国语言学会主席一职就是明证。赵氏的伟大不仅在于他是最早翻译介绍(和李方桂、罗常培一起)高本汉的《中国音韵学研究》给中国,并对原著作了不少订正的人,不仅在于他的《现代吴语之研究》奠定了现代汉语方言学的基础,不仅在于他在汉语语音语调及实验语音学方面的开创性贡献,不仅在于他的 *Mandarin Primer* 和 *A Grammar of Spoken Chinese* 分别在 20 世纪 50 年代和 80 年代对中国大陆汉语语法研究所产生的决定性影响,更在于他一生追求真理的矢志不渝的精神。他早年信奉美国描写语言学,是美国结构主义在汉语研究中的代表,70 年代又成为社会语言学在汉语研究中的领军人物,他晚年对"字"的重新发现又启发了 90 年代汉语研究的新思路(赵元任,1976:233-234;徐通锵,1994a,1994b)。可以说从 20 世纪 20 年代到 90 年代这长达半个多世纪中,汉语研究中始终感觉得到赵元任的存在。

王力是另一位全才型的语言学大师。20 世纪新诞生的汉语研究的许多"学",其中不少要写上王力的名字。例如"文法"之称为"学"始于他的《中国文法学初探》和《中国语法理论》。他还写了《汉语音韵学》《汉语史》《汉语诗律学》《同源字典》等著作,无一不是该领域的首创。他还主编了高校至今长用不衰的《古代汉语》教材,建立了古代汉语教学的新体系。但同样,王力的伟大也不仅仅在于他开创了这么多新的学科领域,写下了真可谓"等身"的学术著作(加上他的散文和文学翻译,可说语言学界无人能出其右),而在于他的不断探索、不断进取的精神。语言学界有少数人对王力的多"变"颇有微辞,其实"变"正说明了他的不断思索的过程。在学术上,敢于提出新理论、新见解,是不容易的,然而敢于承认自己的不足,随时加以修正,甚至全部推倒、建立新的框架,就更不容易,更需要大智大勇。这才是真正的学者的风范。王力的语法思想,在 20 世纪三四十年代与 50 年代相比,有很大的不同,排除掉迫于当时政治形势所说的一些违心的话,我们可以看出,在 50 年代,他是真心地企图运用苏联语言学理论,对汉语作出新的解释的。王力的音韵学思想,特别是对《切韵》体系性质的认定,从《汉语音韵学》到《汉语音韵》,再到《〈经典释文〉反切考》凡三变,经历了从单一体系说到较彻底的综合体系说的转变,更是几十年苦苦求索的结果。与 50 年代搞语法不同,在这方面他完全没有政治上的压力,完全是学术研究的升华。因而它对后人的启示也特别之大。

与赵、王相比,吕叔湘的研究领域比较单一,主要是语法;大部头的著作也不多,主要只有一部《中国文法要略》。但吕氏自有他的特色。其一,在 20 世纪纷纷致力于建立语法体系、成一家之说的学术背景下,吕氏表现出少见的冷静;而且越到晚年,越不主张急于建立体系,认为当前重要的是发掘汉语的事实。他身体力行,发表了许多小得不能再小的"补白"式文章,但有趣的是,在中国语言学界,没有人敢于小看这些"补白"文章,因其文章虽小而涉及的问题不小,往往会对各种现有理论或体系形成冲击。其二,吕氏的英语极佳,不只是"通",知其然,而且是"懂",知其所以然。因而在英汉对比领域常有鞭辟入里的分析。第三,如果说王力长在"广博",令人惊讶的博学与富有才气,则吕叔湘长在精审,极其冷静的学者头脑。吕氏在 20 世纪 60 年代后长文不多,但每一篇出,都会在语法学界引起震动,无论是"自由—粘着"说还是单双音节论,莫不如此;《汉语语法分析问题》更成了一段时期的指导性纲领。其观察之精细,剖析之精辟,20 世纪学者中鲜有出其右者。因此,整个 20 世纪下半叶,将近半个世纪中,吕叔湘被国人及世人视为汉语语法学、汉语语言学巨擘,不是没有道理的。

如果我们要在这几位"现代汉语研究"大师间寻找共同点,以与传统汉语研究大师如乾嘉诸老及清末的章太炎、黄侃等相区别,并与当代的汉语研究者相比较的话,至少可以有两条初步结论,也就是高本汉说的:

> 中国的新兴的一班学者,他们的才力学识既比得上清代的大师如顾炎武、段玉裁、王念孙、俞樾、孙诒让、吴大澂,同时又能充分运用近代文史语言学的新工具。(高本汉,1940:著者赠序)

这就是说,第一是出色的外语,及因而形成的世界的眼光;第二是出色的传统汉语与文化的修养。第一条与前人划清了界线,第二条则为后人所不逮。马建忠是清末外交官,是少数几个"睁眼看世界的人"之一。《清史稿·马建忠传》上说:

> 建忠博学,善古文辞;尤精欧文,自英、法现行文字以至希腊、拉丁古文,无不兼通。(赵尔巽等,1977:12483)

赵元任长期生活在美国，用英文写作，外语之好自不必说，更值得一提的是他有学语言的天赋，各种方言土语一学就像，他之所以走上语言学道路就是因为替英国来华的罗素作巡回演讲的翻译，在各地学方言学得惟妙惟肖而致。王力留学法国，精通英、法语，20世纪五六十年代学过俄语、越南语，晚年还在孜孜学习日语。吕叔湘英文造诣之高，国内语言学家中可谓首屈一指，并受到英汉翻译界的普遍推崇。出色的外语修养使他们比20世纪以前的学者多一副"旁观者"的眼光，能把汉语放到世界语言的大背景中，由外至内地来重新审视。马建忠研究汉语语法，占据了一个高起点。他的《文通》以拉丁文为范本，曾使许多人不解，以为放着国内外流行而人们普遍熟悉的英语不用。其实他是在掌握了多种欧洲语言之后，发现它们的语法都大同小异（所谓"大旨相似"，当然是经过一番观察与比较的），而且都来自于共同的祖先——拉丁语法，因而他的采用拉丁语法为典范，实际上是一种正本清源，取法乎上，从立论上说要比后人棋高一着（当然这是在普世语法观的前提下，到了强调语言的民族性的时候，拉丁语就没有什么优越性了）。赵、王、吕几家的汉语研究都是立足于普通语言学的高度，理论上比马氏更自觉，也站得更高。

如果说出色的外语和普通语言学的修养使这些大师要高于历来的汉语研究者的话，那么，另一方面，坚实的古汉语根柢和传统文化素养又使他们为我们今天的研究者所难以企及。说到底，尽管现在的汉语研究以现代汉语为主，但现代汉语是古代汉语的继承和发展，不是无源之水、无根之木，研究现代汉语而不了解古代汉语及汉语所植根的传统文化，是很难达到真正的高度和深度的。旧学基础，马建忠不用说，其他几位也都上过私塾，受过它的薰陶；而且他们的语言研究成就本身就兼括古今。集古今大成的王氏之外，赵氏的音韵学、吕氏的文言虚字与近代汉语，都跻身一流学者。因此我们说他们是时代造就的大师，19世纪的学者无其外语，20世纪下半叶的学者，在海外的则无其汉语（国外治汉语者，即便是华人，也大多出身外语系，汉语基础，特别是古汉语基础往往相当薄弱），在国内的则有时两者皆无，既没有古文底子，外语又不过关，要产生重大的突破实在很难。

20世纪的汉语研究与以前相比还有一个特点，就是研究人数的众多以及在此基础上有望进行以前无法想象的大规模的集体项目。中国历史上重要的汉语研究成果包括资料的整理，大约除了《康熙字典》之外，都是个人的著作。个人能力再强，但精力毕竟有限，有时穷其一生也只能完成一项研究，如段玉裁一生只完成了一本《说文解字注》,王念孙的主要精力写了一本《广雅疏证》等。有的工作,特别是大型工具书的编纂,靠个人力量是不敢想象的,而这些工作往往是研究的基础。清代阮元完成的《十三经注疏》和《经籍纂诂》及20世纪丁福保完成的《说文诂林》都是个人完成的了不起的成就,但比起20世纪的一些大项目就显得逊色了。如哈佛—燕京学社编的群书引得,新旧《辞海》《辞源》《汉语大字典》《汉语大词典》《金文大字典》,新近问世的《现代方言大词典》、《古文字诂林》等。这类汉语研究者梦寐以求的语言资料库,靠一个人或几个人的力量是绝对无法完成的。到了20世纪末,随着科技的发展,过去十分恼人的这类工作现在变得轻而易举,刚刚隆重推出的《四库全书》光盘版,可由电脑进行全程检索。这些必将对新世纪的汉语研究产生积极的作用。

对于理论和方法的重视是20世纪汉语研究的又一重要特色。几乎伴随着《马氏文通》诞生的,便是语法体系之模仿与反模仿之争。其后语言学界的种种论争几乎贯穿了整个20世纪的始终。举人们耳熟能详的,便有20年代前后的文白之争、30年代的文法革新讨论、拼音方案"国罗"与"拉化"之争,50年代的词类问题、主语宾语问题讨论,60年代的语言与言语问题、《切韵》音系的性质问题、单句复句问题讨论,80年代的析句方法讨论、关于文化语言学的论争,90年代的"三个平面问题""字本位"问题等。其他还有"文法"与"语法"之争,语法与修辞宜合宜分之争等等,非常热闹。自30年代起,国外的语言学理论一拨又一拨地引进,传统语言学、新语法学派、索绪尔的结构主义、美国描写语言学、欧洲功能语言学、苏联语言学、乔姆斯基转换生成语言学、后乔姆斯基的种种理论(如法位学、格语法、生成语义学、蒙塔古语法等)、认知语言学、心理语言学、社会语言学、人类学语言学、韩礼德的系统—功能语法等。国外争论不休的问题到国内以后,结合汉语的例子,又如此这般地再争论一遍。这种种对理论的热情是20世纪以前从不曾有过的,当然这也跟世界范围内语言学发展的大背景有关。但从研究者本身来说,这体现了一种学术的自觉,是十分可贵的。20世纪语言学的成绩,应该为此写上一笔。

二、20世纪汉语研究的失误

上面我们概要地叙述了20世纪汉语研究取得的成绩,下面我们要着重探讨

20世纪汉语研究的不足,或者说得重一点,失误。总结历史,躺在成绩或功劳簿上洋洋自得,是没有什么意义的,更重要的在于发现前人在研究中存在的问题,从而明确我们今天所面临的任务和今后努力的方向。我们敢于这样做,并不是我们自以为比前人高明,前面说过,20世纪几位汉语研究大师所达到的高度,是我们这些后人所难以企及的。而我们之所以能指出前人包括大师们的不足,是因为时代前进了、学术研究深入了,我们是站在巨人的肩膀上,自然有可能比前人看得更广、更远。因此可以说,正是前人研究的成就本身为我们提供了条件,去研究他们的不足。

必须说明,我们即将指出的不足,是我们自己从总结历史中概括出来的,不但不是定论,而且很可能引起争论。说不定我们所说的"失误",在有的人看来,还正是了不起的进步与成就呢。但是真理越辩越明,我们希望通过对20世纪汉语研究功过的共同总结,来寻找更加适合我们的道路。

如同20世纪汉语研究取得成就的条件是历史提供的一样,20世纪汉语研究的失误也是历史为之提供了条件。有时同样一个条件,既提供了取得成就的可能,也埋下了导致失误的隐患。科学的辩证法就是如此。

1. 失误之一:普世语法观

我们要提出的第一条失误就是普世语法观的影响。本来,关于共性与个性问题是语言学界争论不休的老问题,时至20世纪末,普遍语法观更成了国际语言学研究的"主流",多少人趋之唯恐不及,我们凭什么把它说成是20世纪汉语研究的失误,而且是第一条失误呢?我想,我们可以从几个方面去看。

第一,从根本上说,共性和个性互相依存,脱离个性的共性,与脱离共性的个性一样,都是不存在的。从来没有什么个性研究者会完全否认共性,也没有什么共性研究者会完全无视个性。但是,认为学术研究需从共性入,还是需从个性入,却体现了一种价值取向,体现了一种研究追求的终极目标。

前面说过,马建忠的《马氏文通》就是以普世语法观为其指导思想的。马建忠生当清末,面对国势积弱、列强欺凌的现实,是一个有志于学习西方、振兴中华的维新自强之士。他之接受普世语法观,并在此基础上写出中国第一部语法书的心态与背景是,首先,普世语法观是当时国际语言学界的主流。他在欧洲游历的十几、二十年间,西欧各国语法体系都还没有摆脱拉丁语法的影响,可说是拉丁语法的一统天下,他没有也不可能接受别的语言学理论。其次,他以拉丁语法为范本,写了一本汉语语法,"证明"了汉语并不劣于欧洲诸语言,中华民族并不劣于西洋诸民族。这在当时,对于提高民族自信心、提高汉语乃至中华民族的国际地位,是有重要意义的。汉语既然可以与西方诸语言平起平坐,中国人也可以与西方诸强平起平坐。这在马建忠当时,是一种积极的、爱国主义的心态。马建忠急于在汉语和欧洲诸语言(师从拉丁语而不仅仅是英语,可见他的眼光不仅仅是英国,也不仅仅是语言)间寻找共同点,是为了让中华民族加入国际大家庭创造一个基础。从这方面看,他是成功的。我们不想说所有的学术研究都有政治背景,但在特定的历史条件和特定的人物身上,我们很难不作如是想。马建忠便是一例。

对于汉语研究来说,《马氏文通》的诞生是幸事,又是不幸。说幸事是使汉语研究比较快地汇入了世界语言研究的洪流。说不幸是这一汇入在相当程度上是以牺牲汉语的个性为代价的。马建忠回国后不久,斯威特出版了他的《新英语语法》第一卷。这是新的语言学革命的一个先声,是英语语法,也是欧洲各国语法开始摆脱拉丁语法影响的一个开端。如果说,拉丁语法的独霸天下是以普世语法观为其基础的,那么,反抗这一独霸的利器就是民族语言观。斯威特就是这么做的,他特别强调英语(对于拉丁语来说)的特殊性,并在此基础上提出词序与虚词也是语法手段的重要语法理论。斯威特开创了英语语法研究的新时代,也开创了20世纪奉为重要成就的描写语法的新时代。而其理论基础即是普世语法观的对立面,民族语言观。斯威特的学生叶斯柏森将之成功地运用到英语研究,他的《英语的发展与结构》一书就是一部专门研究英语特点,并分析其发展过程及在英语结构中的意义的代表作(见Jespersen, 1938: 1)。也是在这一思想的影响下,20世纪40年代,中国出现了汉语语法三大家的著作。可惜的是,汉语民族语言观抬头只有在这前后的短短十来年。在此之前人们一直未能跳出《马氏文通》为汉语范定的基本框架(刘复在《中国文法通论》中尝试了一下,而到《中国文法讲话》时又缩了回去;黎锦熙的《新著国语文法》则是取其貌而遗其神,注意到了"句本位",而在模仿的道路上比马建忠走得更远),50年代起又开始进入某种形式的"普世语法",直到近十年才有所改变。

如果说,在马建忠的时代,接受普世语法观,既情有可原,又势所必然;那么在马建忠之后,特别是今天,在汉语研究中继续强调普世语法观又有什么必要性呢?我们今天还想通过它来追求什么终极目标呢?

必须指出,今天在全世界甚嚣尘上的普世语法观是美国人提出来的。美国的语言共性研究有以格林伯格为代表的多语言归纳派和以乔姆斯基为代表的单语言演绎派(Ferguson,1978:7-33;Comrie,1981:1-2),但后者的影响是前者无法比拟的,后者实际上代表了这几十年美国的"正统"语言学。这两者的最大区别之一在于,前者主张搜集多种语言样本,而乔姆斯基等人却认为,了解语言共性的最好方法是对一种语言(实际上就是英语)作详尽的研究(同上)。这一点非常重要。从英语角度出发与从其他语言角度出发来谈普世语法,其终极目标是很不一样的。从英语角度出发的,意思就是说,我这里研究出来的语法规律,就是全人类的语法规律;我所提到的语法规则,全人类各种语言都应该有,尽管表现方式可能有所不同。说明这种思想的一个最好例子,是我一个现在在澳大利亚国立大学作研究的学生提供的。她说,有一位美国语言学家遇到她,谈起某种语法现象,问她汉语里有没有,她说没有,那人说,你再仔细想想,普通话里没有,方言里有没有?她仔细想了想,说还是没有。那人很失望,说,不对啊,应该是有的嘛。后来别的朋友谈起,他们也被问到过类似的问题。什么叫"应该有"?言下之意就是,在英语中推导出来的这一法则,"应该"放之四海而皆准,你的语言里没有,不是我的理论不对,而是你们没发现或者语言本身错了。我们无意把学术研究与意识形态联系起来,更不想给某些人戴上诸如"语言学霸权主义"之类的帽子,但有人说话的口气实在让人听了不舒服。而从非英语角度出发接受普遍语法观的,就是承认英语研究,特别是美国人的英语研究的绝对权威,因为普遍语法的种种规则,美国人已经研究好了,你只要搬过来,解释自己语言中的现象就可以了。换句话说,别的语言已不需要研究自身语言的特殊规律,只要跟在美国人发现的"普遍语法"后面跑就可以了。我们今天的汉语研究,如果再赞同普遍语法观,是否要达到这样的终极目的呢?如果说在马建忠时代,赞同普世语法观还是为了提高汉民族的自强、自尊的话,在世纪末的今天,赞同普世语法观,就是在咄咄逼人的美国语言学前面彻底缴械,自动放弃了汉语语言学自身规律的探索。

第二,普遍语法这个东西到底有没有?从理论上来说,应该是有的。因为人类认识世界就是不断抽象的结果,越高的抽象,其普遍意义也越大。有各种各样的人,男人、女人、大人、小人、黑人、白人、中国人、外国人、穷人、富人、古代人、现代人等等;但一个"人"字便把它们抽象出来了。人类语言作为一个整体,也应该而且必然会有一些共同的东西。普遍语法从理论上来说应该是存在的。但这种普遍语法的被认知,肯定是归纳的结果。正如美国描写主义语言学的大师布龙菲尔德所说：

> ……不过不论怎样，有些特征倒是广泛存在的，这一事实值得注意，并且需要解释。等到我们已有很多语言的大量材料以后，我们就必须回到普通语法的问题上来解释为什么有这样的异同；不过，最后做这种研究的时候，将不是推论而是归纳。（布龙菲尔德，1980：21）

我们了解的语言越多，这一最终归纳也就越为可靠。但现在的普遍语法论者走的不是这条路，他们标榜而且坚持在走的是演绎法道路，演绎而且是作为一条最基本的方法论原则出现在他们的理论中的。他们认为从英语中演绎出来的一套语法规则就足以运用到各种语言中了，别的语言的研究剩下来的只是怎样根据这些"普遍"的法则，来寻找其在本语言中的表现而已。正如福格森所批评的：

> （乔姆斯基等人认为）……致力于个别语言，特别是英语的研究，就能达到对语言进行充分描写的目标……人们感到，他们更关心的是建立一些语法形式或称语言共性而不是收集大量语言的样本来对其特征进行描写。（Ferguson，1978：18）

拿这种方法推广到全世界，就有点强行把一种观点、一种体系、一种理论、一种价值观，强加于人的味道了。我们前面说过，我们不想把学术研究与意识形态简单地联系起来，我们更不想说美国的普遍语法理论在客观上同美国的全球霸权主义是一致的。但我们也说了，学术研究不能完全脱离其所处的时代，不能免除历史和文化的影响。要不然，为什么在第二次世界大战前后，美国还是描写主义的一统天下（其观点可以以上引布龙菲尔德的话为代表），而普遍语法观的提出与强化，正是与第二次世界大战后美国逐渐发展成世界上独一无二的超级大国的过程是同步的呢？为什么新的普世语法观是在英语中提出，而不是在别的较小语种如什么斯瓦希利语、土耳其语，或甚至是别的较大语种如法语、西班牙语、阿拉伯语中提出来呢？为什么没有从汉语的研究中提出普遍语法的观念来呢？从历史上来，提出普遍语法似乎是强势语种的专利。13、14世纪时是拉丁语，17世纪时是法语，现在是英语。我们记得20世纪50年代的俄语在"社会主义阵营"中，也有点"普世语法"的味道。当时的"苏联老大哥"到中国以后教训我们：

> 长期在汉学界里占优势的汉语单音节性和没有形态性的错误观念使汉语遭受到很大的损害,它引起汉语的"没有语法论",同时长期地妨碍了这种语法的科学探讨。(康拉德,1952:26)

从而否定了将近半个世纪的中国学者自己对汉语的探讨,而掀起了一阵在汉语中寻找形态的高潮,同时迫使中国第一流的语言学家如王力、黎锦熙等纷纷作检讨。其结果如何呢? 结果是在将近30年后,吕叔湘在《汉语语法分析问题》中再次重申：

> 汉语缺少严格意义上的形态。(吕叔湘,1979:487)

历史同我们开了个不长不短的玩笑。总之,我们认为,普遍语法这东西可能是有的,但现在提出,条件还没成熟。硬要把英语中总结出来的模式说成是全人类语言的共同规律,这就同近半个世纪来,硬要把美国的生活方式、美国人的价值观推广为唯一合理的生活方式、唯一共同的价值标准一样,是难以使人接受的。在临近世纪末的今天,世界正面临单一文化与多元文化的激烈冲突。随着科技的发展,特别是信息高速公路的建设,整个世界已变得越来越小,整个世界已成了一个"地球村"。但在世界上的很多地方,"现代化"往往意味着"全球化",而"全球化"往往就是"美国化"的代名词。可口可乐、麦当劳快餐,就像好莱坞电影一样,遍及全球的每一个角落。民族文化、民族特色,正在急剧地失去。世界各地有眼光的政治家和各方面的学者、专家,正在以各种方式呼吁,提倡多元文化,保留和抢救民族文化。而在这些地方,例如澳大利亚和法国,"普世语法论"也往往最没有市场(要是我们联想起17世纪的法国,是当时的普遍语法的发源地,就更发人深思)。在这样的情况下,我们觉得汉语学界尤应警觉："'普遍语法',且暂缓行!"

第三,撇开上面的不谈,单就研究方法上来看,是研究共性更有现实意义呢,还是研究个性更有现实意义? 当然,在实际上,这两者是难以截然分开的,你中有我,我中有你,互为依存,互相转化。但在分析时,我们却不妨暂时分开看,并且走得极端一些。这样一看,就会发现,共性研究,特别是演绎式的共性研究,其最高

"成就",无非是"你有的,我也有"、"人家有的,我也有",或者"应该有的,我也有"。当初《马氏文通》不就是这样的吗?无非是证明了各国皆有之"葛郎玛",在汉语中也有而已。孙中山先生早就一针见血地指出了这一点:

  然审其(文国按:指《马氏文通》)为用,不过证明中国古人之文章,无不暗合于文法。(孙中山《建国方略·以作文为证》,1918 年。转引自陈望道,1938:15)

  马建忠当时的潜台词是"汉语不比西方语言低级,中华民族也不比西方列强逊色",但就中西语言本身来说,对两种语言的交流、学习来说,他却没有提供很多新东西。他的书的最大价值倒是在他讲到"个性"的方面,诸如"助字者,华文之独"之类。

  从近百年汉语研究的历史看,凡是强调共性,即普遍性的时候,往往是最没有起色、最为后人诟病的时候;凡是强调个性,即民族性的时候,往往是汉语研究取得突破的时候。吕叔湘、王力、高名凯三大家语法著作出版的时候,是 20 世纪汉语语法研究最辉煌的时刻,就是因为他们特别强调发掘汉语特点。与之相反,50 年代苏联语言学摆出一副"唯我正确"的架势及随之而来的政治上的压力,七八十年代国外的语言学理论、方法眼花缭乱地一个接一个引进,语言研究拼命地与国外"接轨",但汉语研究没有取得什么引人注目的成就。

  再从语言比较的角度看,强调共性的,如 80 年代初出版的几本英汉比较语法著作,它们得出的结论是在英汉语之间,"主要是同,而不是异"(任学良,1981:后记)。然而这些书却未能给人留下什么印象;而强调在对比中注意差异的,从 30 年代林语堂的《开明英文文法》、40 年代吕叔湘的《中国人学英文》,到 90 年代初刘宓庆的《汉英对比研究与翻译》,却无一不使人受益多多,印象深刻。

  以上是问题的一个方面。另一方面,共性研究往往要进行溯源,因为在现实世界已经相差很远的东西,要寻求它们的共同点,只有从历史上去找。但这种发现,对错且不论,其现时价值是很可疑的。举一个身边的例子来打比方,现代西方人(欧美及世界大多数地方)吃饭用刀叉,东方人(中国、日本、朝鲜、韩国、越南等)吃饭用筷子。从现时的角度看,这两者的差别太大了,简直毫无共同点可言。但是如果进行溯源研究,我们可以发现,这两类工具也有"共性":说到底它们其实都是手的延伸。筷子是五个手指的简化（从"夹"的功能看，主要是拇、食二指）；叉是四个手指的简化（不包括拇指），而刀是模仿手掌的边缘。这样就可以为它们找到共同点。但这样的"共同点"，除了增加茶余饭后的谈资之外，在实际生活中说不上有什么用处，既不能帮助中国人学会使用刀叉，也无助于西方人学会使用筷子。语言研究上与此类似，溯源式的共性研究很吸引人，但实用意义并不很大。19世纪的历史比较语言学是这类研究的一个典范，其结果是建立了印欧语系，及由此而产生的语言的谱系分类法或发生学分类法。但其实用意义却很有限，既不能帮助说法语的人学英语，也不能帮助说英语的人学德语。把印度的梵文拖入印欧语系，并不能增加印度人对欧洲的认同感，也不能免除印度在19世纪沦为英国的殖民地。有人认为，这种研究有助于研究语言发展历史和语言发展规律，其实也未必。例如，高本汉等人"考证"出上古汉语是一种形态语言，即使这是真的，那又怎样呢？他们既无法解释为什么上古汉语"丰富"的形态从什么时候起、为什么原因会消失得无影无踪，又不敢提出人类语言的发展规律是由形态语言到非形态语言，因为那就会同20世纪初曾经提出过的一条语言发展"规律"——即人类语言是从孤立语向屈折语发展，屈折语是人类语言发展的最高级阶段——一样荒谬，迟早会贻为人们的笑柄。

更重要的是，这类溯源性的"共性"研究无法彻底进行。最彻底的"溯源"无非是"考证"出人类世祖亚当和夏娃——或者按照最新的人类起源学说，热带非州的某群类猿人——说的语言，并把现代人使用的各种语言，曲曲折折地都与它挂上钩，但其结果，仍然是解决不了现代世界上语言和方言分歧的情况，无法帮助哪怕是山东人学会说普通话。

当然，我们无意全盘否定历史比较语言学工作者所做的工作，我们想说的是，这种工作的人类学意义和生物进化论意义，恐怕要远远大于语言学意义，它不应该成为语言学追求的目标。

有意思的是，我们写到这里，正好读到了两本书名就与夏娃有关的学术新著，一本是1998年刚出版的，书名叫《夏娃说话了——人类语言和人类进化》；另一本是1997年出版的，书名叫《教育夏娃——关于"语言本能"的论战》。前者是一本从脑科学、脑生理学、进化生理学等真正的自然科学角度出发，来考察人类语言起源的专著。但可能会令普遍论者失望的是，这也是一本从自然科学角度彻底否定乔姆斯基普遍语法假说的专著。它指出语言并不存在于乔姆斯基所相信的人脑的某两个特定区域(Broca 区和 Wernicke 区)里,而是在脑电路中(见 Lieberman, 1998:ff. 98):

> 有充分的证据证明,脑电路调节大多数人类行为的能力不是先天固有的,而是在后天特定的或"关键"的时期学会的。(同上:122)

引用乔姆斯基另一位追随者 Jackendoff 自己承认的话说:

> 过去几十年里全世界成千位语言学家在试着找出存在于各种语言语法模式背后的共同原则——但迄今没人能找出这种能说明一切语言的完整的心理语法。(Jackendoff, 1994:26,转引自 Lieberman, 1998:125)

从而得出结论:

> 显然,过去四十年的乔姆斯基语言学,其实只是某种玩具语言学("toy linguistics")。(同上:125)

而后者更对从 20 世纪 60 年代到 90 年代以乔姆斯基为代表的本能派(他称之为 Nativism)进行了总清算,揭示了这一理论产生的社会原因、政治原因、学术原因,把这理论嘲之为"皇帝的新衣"式的寓言,并指出这种理论实际上是想把全世界所有语言都看作是某种语言的方言(Sampson, 1997:158-159)。

总的来看,在 20 世纪的 100 年中,汉语研究以普世语言学开头,在其末尾又面临着新的普遍语法的压力,中间又有几十年为这样那样的普世语言理论所左右,真正较好地摆脱其影响的只有三四十年代的那十几年,和 80 年代下半叶开始的近十年。汉语研究要在 21 世纪得到发展,必须从认真总结这方面的经验教训着手。

2. 失误之二:语法中心观

前面说过,《马氏文通》带来的最大变化,也是造成汉语的"现代研究"与"传统研究"最大区别的,是"语法中心"取代了"文字中心"。100 年来,无论是从论著发表的数量看,还是从研究者队伍的庞大看,语法都占了压倒性的优势。时至今日,可以说在汉语,特别是现代汉语研究中,十之七八是主要或者兼搞语法研究的;搞理论语言学的,主要兴趣也在语法。说"语法中心"是20世纪汉语研究的一大失误,是要冒着犯众怒的危险的。但是我想,在学术研究上,应该没有禁区,特别是在总结长达一个世纪的汉语研究的得失时,我们应该有足够的冷静,心平气和地对100年来的事实进行考察和思索。我们思索的结果,当然不是说研究语法错了,或者说不需要研究语法,甚至也不是说语法研究不应该在汉语研究中占据重要的位置,而是想探讨一下语法在汉语研究中地位的这种改变究竟带来了什么好处,或者说是否达到了主张者当日期望的目标。这样一想,我们就觉得问题真不那么简单,有些想法也就如同骨鲠在喉,不吐不快了。

第一,语法研究没有达到预期的目标。

马建忠编写《马氏文通》时,是踌躇满志的,也充满了自信。他信心百倍地提出,有了他这本语法书之后:

> 童蒙入塾能循是而学文焉,其成就之速必无逊于西人。(马建忠,1898:后序)

他和后来的许多语法研究者都相信,语法为语言学习提供了一条捷径,可以使人更快、更好地掌握语言。中国以前识文断字的人不多,语文教育不普及,学习本国语所花时间要比外国人多得多,就是因为没有语法。好了,现在有了语法,语文教育的速度和质量应该大大提高了。可是一百年来的事实告诉我们,情况并非如此。太早的私塾因为我们没有亲身经历,无法比较,20世纪50年代以后的这半个世纪却是我们所熟知的。如果说,50年代之前语法主要还是学者们和大学课堂里的事的话,50年代以后可真的深入到中小学教学了。到了今天,小学里讲名动形、主谓宾,中学里已基本上学完了现代汉语语法的主要内容。可是语文教育的质量和速度提高了没有呢?不客气地说,这50年的语文教育质量可以用一句话来概括:每况愈下。以至于到了世纪末,语文教育质量下降成了人们最愤慨的社会话题之一。造成这一结果的原因当然是多方面的,语法教育不应承担也无力承担主要责任,但是语法教育的无能、无效,却是明摆着的。究其原因,恐怕马建忠本来的认识就是错误的,只是一种一厢情愿的美好愿望。当时他和其他一些语文

改革家对西方语言的认识其实是理想化的,例如他说:

> 吾观泰西,童子入学,循序而进,未及志学之年,而观书为文无不明习;而后视其性之所近,肆力于数度、格致、法律、性理诸学而专精焉。故其国无不学之人,而人各学有用之学。(马建忠,1898:后序)

劳乃宣更言之凿凿地说:

> 英国百人中有九十余人识字,是以民智开通,雄视宇内。(劳乃宣,1908:336)

其实欧美等国今天也未必达到这个水平(记得看到过一份资料,说现代美国有多少人不识字,一时找不到,但有一本英汉翻译著作引了一个例句,说美国有四分之一的青年人没有阅读能力,可见不是空穴来风,见陈定安,1990:70-71)。事实上,英国学者斯威特早在1899年就指出,"学语法为了更好掌握本国语,纠正方言土风及其他不良语言习惯",是一种"陈腐见解"(参见潘文国,1997b:97)。美国在19世纪50年代、英国在20世纪30年代、我国在20世纪80年代,都曾发生过要不要上语法课(我国称之为"淡化语法")的讨论(参见同上),其基本认识就是语法对学习本国语无用。目前世界各国对本国语的语法教育普遍淡化(说句笑话,今天一个普通中国中学生的英语语法知识,可能比一个英美大学生的还要多)。1983年在昆明全国电大汉语教师培训工作会议期间,有些教师向张志公先生请教"学语法究竟有什么用"的问题,张先生回答说(凭笔者记忆,大意如此):"这是一种知识体系,是一种知识素养。我们在学校学的东西并不都是为了实用。很多人在中学学了物理、化学,学了植物学,但大学读了文科,这些知识就一点派不上用处。语法也是如此,原来认为学习语法可以提高写作水平,现在看来未必,但语法知识是作为现代大学生必备的素养。"可见经过了多年的实践与失败之后,连专业语法学家对语法功用的信心也动摇了。

在语言学的紧邻文学界,对语法的排斥一如既往。几十年前,曾经有人责难说,曹雪芹、鲁迅又没有学过什么语法,不是照样写出漂亮的文章来?语言学家的回答是,曹、鲁是在实践过程中不自觉地掌握了汉语组织的规律,而我们现在有了自觉的认识之后,就能有意识地写出那样的好文章。几十年过去了,或者说,100年过去了,汉语语法已经成了"自觉"的认识,但似乎仍然没有什么人是在考虑了语法之后进行写作的,包括语法学家自己。"自觉的认识"和"不自觉的写作"仍是统一在他们身上的。刘勰的《文心雕龙》是一部讲文学写作的书,但是撇开他的文学理论不谈,这部书本身就是出色的文学作品,其文辞之美足可使他进入当时一流的骈文作家之列,刘勰以他的实践为其理论提供了最好的注脚。而我们现在的语言学家,除了极少数如吕叔湘先生之外,多数人的文字十分平庸,有些更堪称为汉语的劣作。这怎能使人对你所鼓吹的语法建立起信心呢?

第二,语法研究的"投入"与"产出"不成比例。

前面说到,20世纪以来的汉语研究中,人们最关注、投入力量最多的是语法,当然发表成果最多的也是语法。百年来语言学界一些轰动性的大事,除了甲骨文出土和敦煌抄卷的发现外,可说多数都与语法有关。但偏偏是语法研究的成就最为可疑。在汗牛充栋的语法论著中,到了世纪末回过头去看,真正给人以启发的还就是世纪初的《马氏文通》,40年代王力、吕叔湘的那几部及60年代赵元任的《中国话的文法》。语法学界津津乐道的几次"大论战",其实一个问题也没有解决。无论是50年代的词类问题、主语宾语,60年代的单句复句,80年代的析句方法,热闹了一阵子之后,统统没有了下文。更形成讽刺的是,以前遭到否定的一些观点,如高名凯先生的汉语实词不能分类等,到世纪末却获得了越来越多的同情和理解。语法研究100年,对外没有解决好与语文学习的关系问题,对内没有解决好自身体系的建设问题,就在体系之争、术语之争、方法之争中吵吵嚷嚷地度过了。50年代搞了个"暂拟系统",后来被指责为"不成熟""不符合汉语实际",但经过一番争论,80年代却搞出了个更不成熟,更不符合汉语实际,因而在学术界和教育界都更不受欢迎的"试用提要"。这不能不使人怀疑,20世纪汉语研究中形成的这种不合理的布局,是不是一种失误?

第三,对语法及其作用的再认识。

"语法中心观"的形成同样有其历史与文化原因,对这个问题的认识也需要一个过程。在19世纪及以前的西方诸国,还是拉丁语的一统天下,各民族语言的语法虽已产生,但无不以拉丁语法为指归、以拉丁语的语言观为观察问题的指针。拉丁文是一种形态非常丰富的屈折语言,有繁复的形态及形式变化,不了解这些变化,不掌握这些规则,拉丁语的学习就无从谈起。因而学习拉丁语,就意味着学习和掌握这些规则。但是可以想见,当拉丁语还是活语言的时候,使用拉丁语的罗马人是并不需要记住这些规则再去使用的,就好像现在,无论在外族人看来多么困难、多么不可理喻的语言,本族儿童学习起来毫不费力。可是在将近 1000 年间,对于欧洲人而言,拉丁语既是他们必须学会的共同语言,同时却又是一门外语。拉丁语的种种语法变化规则对他们来说,都是必须死记硬背的东西。这就形成了欧洲人的语法中心传统。

斯威特发起的语法革命,敏锐地觉察到语法在学习本国语和学习外语中的重要性是不同的,学习本族语不需要什么语法,语法主要是为学外语用的(参见潘文国,1997b:81)。马建忠编写《马氏文通》的宗旨有两条。一条如上所引,是为了本国儿童掌握本国语,这已证明是不正确的。另一条是可以帮助中国人学外语:

> 将由是而求西文所载之道,所明之理,亦不难精求而会通焉。(马建忠,1898:后序)

笔者在几年前撰写《汉英语对比纲要》一书时,对马建忠的这一条及斯威特的观点,还是相当赞同的,并且认为汉语的这套语法,对中国人学汉语用处不大,但在对外汉语教学中还是很有用的。"语法中心"在本族语学习中不成立,在外语学习中还是个法宝。

但是两年来的实践与思考,使我对这一条也产生了怀疑。首先,我在国内、国外都接触了不少学习汉语的外国学生,从小学生到研究生都有,但他(她)们告诉我语法对其学习汉语用处并不大,相反,那些语法术语令人很烦。在澳大利亚教中小学生汉语的老师告诉我,她们教汉语从不教语法,而且对小孩子也没法教语法;而在中国学习的外国大学生、研究生告诉我,他们刚学习汉语时对语法还有点兴趣,越到高年级越没有兴趣,而且发现许多现象一想就懂了,而在语法书里却找不到答案。中外学生(除了成年学生的第一、二年)对汉语语法的反感如同一辙,这是很令人深思的。

开始我还以为这是汉语语法独特的问题,因为汉语没有形态,形式上的东西也很少,强行对汉语的词进行分类及在句子分析时贴上主语、谓语的标签,由于没有形式作依据而显得像是从外面附上的一张皮。对于有形态的语言例如英语等可能未必如此。可是我又错了,这是在读到了英国学者写的一本书,了解了这几十年国外的动向之后。英国语言学家 John Honey 在 1997 年出版了一本 *Language is Power*(《语言就是力量》),其中有一段说道:

> 学习标准英语的孩子必须努力学会使用标准语的丰富资源,诸如含义丰富的语词、复杂得多的句子、明确的语法形式,以及多姿多彩的风格等,必须经常接触书面语,听高雅的谈吐,接受明白的教育。怎样让他们做到这一点,特别是,能不能通过教给他们明确的语法规则来做到这一点,这是过去几十年里在教育家和英语教师中争论不休的问题,而现在主导性的意见是,语法没法教会,只能在接触好的榜样中自己去领会。(Honey,1997:52)

方才知道当今英语教学的潮流,已经公认语法教学不再是一种有效的手段,语文教学需要大量阅读、大量实践,从优秀的范文中自己去体会。这同中国传统的"多读多写"、所谓的"读书千遍,其义自见",何其相似乃尔。

这使我们联想到,随着形态已经大大简化了的英语取代拉丁语成为西方世界最有影响的语言,"语法中心论"在西方也正在慢慢退位,语义的内容逐渐增强,阅读的要求不断增加。在这样的情况下,本来就是以语义为主的汉语,如果再继续乞灵于语法中心,恐怕更不会有太大的前途;而英语教学的重新强调阅读训练,反过来又促使我们对传统的汉语教学法作认真的思考。

其实,语法说到底是个事后归纳的东西,是先有了语言事实再归纳出若干规律,而不是先有了规律,再以此来进行语言活动。因此,离开语言实践,无论是学本族语还是外国语,语法都没有太大用处。这个道理,20 世纪初我国语法学的另一位先驱严复早就看到了,他说:

> 庄周曰:"生于齐者,不能不齐言;生于楚者,不能不楚言。"小儿之学语,耳熟口从,习然而已。安有所谓法者哉!故文谱者,讲其所已习,非由此而得其所习也。……诚欲精通英文,则在博学多通,熟之而已。使徒执是编以为已足,是无异钞食单而以为果腹,诵书谱而遂废临池,斯无望已。(严复,1904:151-152)

有意思的是,他把语法叫作"文谱",不禁使我们想起了《钦定词谱》以及种种棋谱、菜谱,其性质确有不少相似之处。

细读严氏《英文汉诂·叙》,可知其语言观、语法观与马氏截然相反,许多看法今日读来仍觉亲切,而 100 年来搞语法的,却只记住了个马建忠,几乎不知有严复,岂不是很值得深思的吗?

3. 失误之三:重语轻文和重音轻字情结

20 世纪在中国大陆的汉语界,其实不光是汉语界,而是整个汉语社会,发生了两件不可逆转的大事,将在历史上永远留下记念。一件事是"五四"前后的白话文取代文言文;另一件事是 50 年代后大陆地区普遍推行简化汉字。说这两件事不光是汉语界的事,因为从性质上来讲,前一件是整个民族的文化运动,其来势汹涌澎湃,不可阻挡,顺之者昌,逆之者亡。语言学家在其中起不了多少作用。正如这场运动的领导者之一胡适所说:

> 国语不是单靠几位言语学的专门家就能造得成的,也不是单靠几本国语教科书和几部国语字典就能造成的。若要造国语,先须造国语的文学。(胡适,1922:83)

文学上取得了成功,白话文就站住了脚。第二件事本来应该与语言学家有关,但在中国发展的结果却变成了主要是政府行为。

这两件事的意义究竟如何?历史将会作出结论,也许再过几十年会看得更清楚。在分别过了将近一个世纪和半个世纪的今天看来,这两件事,特别是前一件事,应该说是适应历史潮流的,但两件事可能都有些过了头。在文白之争中,从最激进的陈独秀,到最"保守"的林纾,中间依次站立着钱玄同、胡适、刘半农、蔡元培,以及"学衡"派诸人,各派人物的态度,简直可以形成一条光谱,当时哪怕采取一条稍微中间的路线,今天的结果很可能就会不一样。然而历史选择的偏偏是最激进的陈独秀的主张(参见陈独秀,1917:40-41;胡适,1924:14),结果是白话文一枝独秀,文言文彻底垮台,从而造成了中国文学乃至文化在发展上的一个断层,因为随着绝大多数人不能写文言文、大部分人读不了文言文,用这种文体记载的中国文学和中国传统文化就将会在年轻人以及更年轻的一代又一代人的头脑中逐渐消亡。这本来就是当时激进者所希望看到的结果,所谓:

> 我们既已主张国语的文学,——未来的新文学,——对于已往的文学,还要顾惜吗?(傅斯年,1919:308)

但等到时过境迁,头脑冷静下来之后,人们发现把孩子和洗澡水一起倒掉的结果是传统文化难以继承、传统文化所拥有的民族凝聚力大受影响时,情况已很难挽回了。简化字是更激进的废除汉字、推行拼音文字的主张的第一步。简化过程中本来还有一个更"左"的方案,这就是所谓"二简"方案。从这个方案自称"二简"只是开头,汉字"还要不断简化"看来,这种思潮在某些部门甚至学术界的部分人中都还有市场。但从近几年在这个问题上不算充分的讨论中可以看出,即使在"一简"中,已经有了许多思虑不周的地方,为汉语的研究、使用,及汉字的信息处理留下了隐患。"简化字"的功过暂且不论,但其结果是在一定程度上造成了第二个断层,却是难以否认的事实。如果说第一个断层还主要是历史的,则这个断层还包括了地域的。在20世纪50年代中期以后接受教育的大陆一般文化程度的人,已经看不懂,或者要费很大的劲才能看懂50年代以前出版的和在港台出版的白话文书籍。

短短的一百年里接连发生这样两件大事,这速度是惊人的。对于已经造成,并且随着时间推移将越来越明显的这样两个断层,究竟该怎么解决,这是历史的事情,这里暂且不论。我们想探讨的是,语言学及汉语研究在这两件事上所应负的责任和所能起的作用。

我们认为,语言学和汉语研究在这两个问题上起了推波助澜的作用,为之提供了理论"依据"。这就是我们要说的20世纪汉语研究的第三个失误:"重语轻文"和"重音轻字"情结。"重语轻文"就是重口语轻书面语,"重音轻字"就是重语音轻文字。之所以称为"情结",是因为这两个观念在某些人头脑中已根深蒂固,挥之不去,成为他们认识语言问题的基本"常识",至今还对汉语研究产生着影响。

我们并不想否认口语对于书面语以及语音对于文字的重要性,这个重要性的发现,本来就是20世纪语言学的重大成果之一。从唯物主义的基本原理来看,口语和语音都是第一性的,而书面语和文字都是第二性的,前面的决定后面的,就好像存在决定意识一样。然而辩证唯物主义又告诉我们,尽管存在决定意识,但意识对存在有强大的反作用。作用和反作用是不可分割的,只强调其中之一就叫作只知其一,不知其二。片面强调存在的决定作用的是机械唯物论,片面强调意识的反作用的是主观唯心论,只有同时顾到两个方面的才是辩证唯物主义的能动的反映论。这个话说起来容易,但在实际操作上很难不犯片面化的毛病。而20世纪的语言研究(不仅仅是汉语研究)却偏偏都犯了"只知其一"的毛病。

提出区别口语与书面语,强调口语研究与口语教学的,始于英国学者斯威特,他于1895年出版了一本《英语口语读本》(*Primer of Spoken English*),是为现代口语教材之滥觞;其后,他的学生帕尔默等于1924年出版了《英语口语语法》(*A Grammar of Spoken English*),这书名使我们很容易联想起赵元任的《中国话的文法》(英文书名 *A Grammar of Spoken Chinese*,吕叔湘译成《汉语口语语法》),实际上是开了口语研究的先河。斯威特对口语重要性的强调,是他领导的语法革命的一个组成部分,其背景就是以活语言(英语)使用的实际情况,去反对死语言(拉丁语)所设定的条条框框,提倡描写语法,反对规定语法。这无疑有积极的意义。但这个理论发展到极端,就会发展到处处以口语为上,否认书面语的进步性,否认书面语对口语的指导作用,否认语言规范化的意义。在文白之争的时候,人们对白话表示了相当的信心,原因之一就是相信文言文是言文不一,而白话文是言文一致的,可以"嘴上怎么说,手上就怎么写",再加上废除汉字,采取拼音,说得出,就写得出,那普及教育、普及文化简直是指日可待的事,尽管当时就有人指出,采用拼音文字的国家如俄国、德国等也有大量文盲,说明说话同写文不是一件事,但人们似乎不愿相信这一点。而老百姓口中说的话又是天然合语法的,瞿秋白在20世纪30年代关于翻译的论争中说:

> 如果写的的确是现代中国文(嘴上说的中国的普通话),那么自然而然不会有不顺的事情,所以根本不成问题。(瞿秋白,1931:280)

就是这种思想的流露。

有意思的是,在20世纪六七十年代以后的英、美,也出现了一种思潮,其集中表现就是否定标准英语的权威,提倡社会的、地方的、土俗的方言。美国社会语言学家拉波夫写于1972年的名作《非标准英语里的逻辑性》(William Labov, *The Logic of Non-standard English*),就是通过对两个录音谈话的分析,"证明"一个没有文化的黑人帮会青年说的黑人英语土话,比一个受过高等教育的中产阶级黑人说的标准英语"更有逻辑性"(关于拉波夫此文的观点及其在方法论上的错误,参见 Honey，1997：23-29）。近年来，英美语言学家对标准英语的攻击越来越激烈，如说标准英语是"一小撮自私自利的知识精英的权威制作"（Deborah Cameron，1995）、是"十六世纪时政府职能部门与知识阶层一群自命不凡的精英分子的创造"（Leith，1983），标准英语并不是为全社会服务，而只是为社会统治阶级服务，以加强其文化、经济与社会特权，它"不但现在是，而且一直是一种阶级语言"（Deborah Cameron，1995），"是权力精英阶层用来不让少数民族充分接触主流文化的工具"（Robert St. Clair，1982），"标准英语形成过程就是一小撮排他的精英分子操纵权势，利用在首都的条件刻意制造的结果，它本质上是一种阶级方言，强加在经常怨恨但有时不知所措的大众身上"（Leith，1983），美国标准英语则是白人优越主义的外衣，要黑人学标准英语是"另一种方式的剥夺，另一种方式的强迫黑人按白人的愿望行事"（James Sledd，1969）等等（以上均转引自 Honey，1997：53-56）。

我们不厌其烦地引用这些话，是因为这些攻击标准英语的人所用的语言与当年人们抨击文言文的用语太相似了，我们只要引一句话就足以说明问题：

中国的文言文，这是"士大夫民族"的用语，与我们小百姓不相干。
（瞿秋白，1931：282）

在 20 世纪 50 年代批判苏联马尔学说的时候，我们得到的一个重要认识是，语言是没有阶级性的。"五四"前后人们当然没有这样的认识，但现在呢？英、美这些鼓吹语言有阶级性的"最新学说"，促使我们不得不重新去评价发生在第一个四分之一世纪的这一场论争。

声音是语言的符号，而文字则是符号的符号，这观点是 20 世纪初瑞士语言学家、号称现代语言学之父的索绪尔提出来的（参见索绪尔，1980：47-48），被认为是语言学的一条基本原理。其实究其源，在西方可以上溯到两千多年前的古希腊哲学家柏拉图（参见褚孝泉，1991：50-51）和亚里斯多德（参见 Derrida，1967：24）。在中国，也可上溯到两千多年前的孔子，《周易·系辞》上引他的话说："书不尽言，言不尽意"（见阮元，1980：82），这句话从正面来说就是唐代孔颖达所解释的"言者意之声，书者言之记"。（同上，113）后来刘勰也明白地指出："心既托声于言，言亦寄形于字。"（见周振甫，1986：421）但得到强调是在 20 世纪接受西方语言理论之后，梁启超（1931：61）、傅斯年（1919：308）、胡以鲁（1923：101）、钱玄同（1926：222）都说过类似的意思，但归结为"符号的符号"这一简洁新颖表达的，据我们所见材料，最早的是魏建功：

> 留形的符号本是把留声的符号由嘴里写到纸上而已，所以文字原本是将语言记到纸上的东西。文字简直是符号的符号。（魏建功，1925：230）

（前此胡以鲁的说法是："语言为思想的代表，文字更是代表的代表"，可见此说法在当时之深入人心。）这个见解成了攻击乃至主张取消汉字，鼓吹不断简化以至采取拼音文字的理论武器。例如，魏建功在上面一段话后面接着就说：

> 符号的运用要怎样方便就怎样运用，所以符号的规定是非常活动，随时可以修改，修改的次数越多，简便的程度越深。<u>语言不绝的进化，文字也不绝的进化。我们不能逆着进化的趋势，所以我们不能不说汉字是应该废除的！</u>（同上，下划的着重线是原有的）

钱玄同则说：

> 文字是语言的符号，听了语言的音能够了解说的是什么意思，则看了拼音的文字同样也能了解写的是什么意思。（钱玄同，1926：222）

对于后来在拼音化运动过程中最令人感到棘手的同音字问题，他认为根本不是问题，因为：

> 三千多年以来用字都是主音而不主形的。用字既然主音而不主形，则造字时尽管用衍形法，实在毫不切于实用，若改用衍音法造字，不但是可能，而且只有便利适用，因为汉字的同音字如此其多，在实际上就等于一个音弄成许多符号，这实在太眩人耳目了，若干脆采用罗马字，一个音只用一个符号，岂不省事？（同上：219）

他甚至直截了当地说:"文字就是音标。"这实在是后来汉字简化过程中大量采用同音替代法("二简"尤为严重)的理论"根据"。

但其实,"'文字是符号的符号'说"如果对于西方拼音文字的语言来说是正确的话,对汉字却并不适用。索绪尔提出这个说法时,本来就没打算把汉字包括进去。他认为有"两种文字的体系",即表意体系和"表音"体系,并举出汉字作为表意体系的经典代表,说汉字"这个符号却与词赖以构成的声音无关"。他还特别强调:

> 我们的研究将只限于表音体系,特别是只限于今天使用的以希腊字母为原始型的体系。(索绪尔,1980:50;51)

我国第一本普通语言学著作的作者胡以鲁对汉字和西方文字的区别有着非常清醒的认识,他说:

> 吾国文字何为而作者?曰自然发生,未尝作也。缘何而自然发生乎?曰绘画也而适于用,习用之而形态简略,遂发达而为文字耳。故吾国文字发生之当时,代表事物之本体,非直接代表特定音声也。(胡以鲁,1923:89)

尤其难能可贵的,是他早就认识到语言、特别是中国的书面语对概念所起的反作用,说:

> 由表象而成概念,由概念而生语言,此语言之先天发展也。其后先有语言,由语言而得概念,即无形之事物不能直接经验者,先从语言会得其概念,然后想见相当之表象,此语言之后天发展也。吾国文字,尤能助长其后天之发展。(同上:95)

但如同人们不注意严复一样,胡以鲁根据中国自身语言研究传统(如《周易·系辞》和《说文解字·叙》)提出的观点,并不能引起20世纪汉语研究者的重视。看来归根结底还是普世语言学的影响,认为只有采纳了西方语言学的体系的,才是

"科学"的语言研究。

从人类发展的历史看,当然是先有语言,语言(狭义的语言,不包括蜜蜂跳舞那种"语言")是人区别于动物的最重要的标志之一。语言历史比文字历史要长得多,文字产生是相当晚近的事,以汉字为例,从半坡陶文至今也不过 6000 年左右。然而文字的产生对人类有极重要的意义,因为只有有了文字,人类才进入了文明世纪。没有文字的语言不能成为研究对象,不但史前语言是如此,就是现在,在研究没有书面形式的语言如美洲印第安人和澳洲土著人的语言时,我们也只有把它先变成某种书面形式(如用记音符号等)才能进行,同时还得利用另一种有成熟的书面形式的语言(如英语)作为工具。如果像那些鼓吹口语绝对至上的人那样,完全不需要文字和书面形式,那就等于要这个部落的印第安人去分析另一个部落的印第安人的语言一样。一边享受着文字之赐,一边却在想方设法加以贬低,这就是 20 世纪某些语言学家的奇怪逻辑!其实被引来作"文字是符号的符号"说倡导者的索绪尔,对此倒是看得非常清楚的,他说:

> 我们一般只通过文字来认识语言。研究母语也常要利用文献。如果那是一种远离我们的语言,还要求助于书写的证据,对于那些已经不存在的语言更是这样。(索绪尔,1980:49)

看!这种既知其一、又知其二的学者,才是真正的大师!

口语和书面语的关系也是这样。口语当然是第一性的,但第一性不等于是最重要的;在人们的实际语言活动中,书面语的地位远比口语要高。不必引"口说无凭,立字为证"这样的俗语,就拿人人希望识字受教育(英语叫 learn to "read and write",也是指学习书面语)这个全世界最普遍的事实来说,真要像某些理论家说的书面语如何如何不如口语,那学校干脆就别办了。书面语和口语之间的相互影响,甚至文言与白话之间的相互影响,都是前者要大过后者。正如张中行先生所说的:

> 文言和白话并存,难免互有影响。可是影响力量的大小不同:文言大,白话小。以国际贸易为喻,文言对白话是出口多进口少,白话对文言是出口少进口多。(张中行,1988:160)

前面说过,我们绝不想否定语言对于文字,以及口语对于书面语的第一性的作用,绝不想贬低这一认识在哲学上和语言学上的意义,但万事得有个度。客观的事实是,20世纪以来在这方面的过分强调已经严重影响了我们的语言教学、语言研究甚至语言决策,以至于我们不得不冒天下之不韪把这个问题提出来。

4. 失误之四:"科学主义"迷信

20世纪80年代后期至90年代初,中国大陆关于文化语言学的大讨论中,有人提出了一个很尖锐的口号:"人文精神,还是科学主义?"(如申小龙,1989)作者的意思我们是很清楚的,但由于他对"科学主义"没有精确定义,而且举了个概念更不明确的"人文精神"来作为其对立面,因而引起了许多本来可以避免的争论。我们现在仍然要借用这个术语,但先要作一番解说。我们用来作为"科学主义"对立面的,不是别的什么主义,而就是"科学"本身。"科学"与"科学主义"的不同,就好比"形式"与"形式主义"的不同。"形式"是普遍需要的,但一成为"形式主义",就不是好东西了;同样,"科学"是我们提倡的,但成了"科学主义",或者说一种科学拜物教,那就会走向它的反面——迷信。这种打着科学旗号的迷信,就是我们要说的20世纪汉语研究的第四个失误。

"科学主义"有以下几种表现:

第一是对所谓学科体系性的迷信。

什么是学科的体系性?我们想借用邵敬敏先生的一段话来说明这个问题。邵先生在讨论汉语语法史分期时说:

> 《马氏文通》之前的汉语语法研究并没有提出一个完整的汉语语法体系来。没有系统的科学的语法理论作指导,也没有形成独特的研究方法……这种缺乏独立性、系统性、理论性的研究,还不足以建立一门"汉语语法学",所以我们把这一时期划在汉语语法学史之外。(邵敬敏,1990:7-8)

这就是说,在20世纪学者的心目中,学科的体系性就表现为"独立性""系统性""理论性"这三"性",没有这三"性",就是不科学的,就没有成为学科的资格。其实在这三"性"中,他们更强调的是"独立性",因为"系统性"无非是讲单位及其层级,以及事物间的网络式联系。1000多年前,刘勰就提道:

> 夫人之立言,因字而生句,积句而成章,积章而成篇。(见周振甫,1986:306)

其单位及层级性何其明晰! 清代古音学家孔广森等提出的"阴阳对转"学说(孔广森,1983:卷一,1),其网络性何等强烈! 但在现代学者看来,这些都只是"前科学"。至于"理论性"更不好说,《马氏文通》之前固然没有什么"系统的科学的语法理论作指导",《马氏文通》也没有,他的"普世语法观"还是后人从他的字里行间总结出来的。只有"独立性"最容易得到强调。所谓"独立性",就是能够与其他学科划清界线,划得越清楚越好。首先,语言学应该与其他学科,如文学、史学、哲学、心理学、社会学等划清界线;其次,在语言内部,各个平面也应界限分明,例如,语法就应与词汇、修辞、逻辑等划清界线,更不要说与音韵、文字了。索绪尔在此认识基础上提出的"内部语言学"与"外部语言学"的区分、"历时语言学"与"共时语言学"的区分,就成为 20 世纪"现代语言学"成立的标志;美国描写主义者则进一步主张在语言内部严格划分音系、形态、句法、语义等等"平面",分开来进行研究(参见 Moore & Carling,1982:30)。这一主张到乔姆斯基鼓吹的"纯语言学"发展到了极限。可以说 20 世纪大半个世纪的语言研究,包括汉语研究在内,是在这一认识的框架下进行的。研究的成绩、研究的局限,都与之有关。

执迷于"独立性",带来的是两个弊病。其一是,过分强调独立必然自缚手脚。世上的事物本来就是彼此联系、难以孤立的,特别是与人类社会有关的语言,如果非要把它当作物理或化学实验室里的对象,求其纯而又纯,像乔姆斯基所希望那样的"理想的完美语言社团里的理想的说话人和听话人"(Chomsky,1965:3),是难以办到的。20 世纪最后四分之一的时间里,世界范围语言研究的进展,就是通过对这种"独立性"的突破取得的,在语言之外,是各种带连字符的语言学的提出;在语言内部,是各种交叉研究(interface)的提出和强调。80 年代后半期以来汉语文化语言学的兴起及"三个平面"等理论的提出,是汉语研究也走上了这一条道路的标志。"体系性"的另一个弊病是极易削足适履。中国传统的评点式,与西方所爱好的构建体系式,应该说是可以互补的两种学术范型。评点式即兴而发,不求其全,也不怕自相矛盾,汇总起来,有时反而得其全;在构建体系时尽管贪大求全,但要使各个细节都能在体系中找到自己的位置,却并不容易。特别是有时遇到某些看来自相矛盾的事实,设计者有时就不得不去其一,这样就难免削材料之"足"

以适体系之"履"。仅仅把这两者之一看作是"科学",而藐视另一种,这反而是不科学的表现。吕叔湘晚年以他的特殊身份和地位开创了"补白"这一实质上的评点式,但这种方式如何能为大多数人所用还是个问题。

第二是对所谓"科学方法"的迷信。

科学方法有许多种,这里讲的是最根本的一种,亦即提倡科学与民主的"五四"运动领袖之一陈独秀所解释的那种。陈独秀在回顾"五四"运动的"新文化运动是什么?"一文中对"科学"作了解释:

> 科学有广狭二义:狭义的是指自然科学而言,广义的是指社会科学而言。社会科学是拿研究自然科学的方法,用在一切社会人事的学问上,像社会学、伦理学、历史学、法律学、经济学等,凡用自然科学的方法来研究、说明的都算是科学;这乃是科学最大的效用。(陈独秀,1934:1)

可见在"五四"人的心目中科学就是自然科学,社会科学只有采用了自然科学方法后才能成为科学。与之相呼应,"五四"的另一位领袖人物胡适所鼓吹的实证主义,就是来自物理学的研究方法。西方的语言学,从诞生的那天起,就深受自然科学的影响。人们习惯上把19世纪以前的语言研究叫作语文学,而把19世纪历史比较语言学开始的语言研究叫作语言学,而比较语言学显然受到了植物学的启发和影响。19世纪末发展和成熟的语音学则是物理学和生理学引进语言学的结果。20世纪以来,以美国语言学为代表,语言学越来越向自然科学的方向发展,凑巧的是,美国描写主义语言学的理论基础也是实证主义,布龙菲尔德被他的追随者说成是"语言学中的牛顿"(参见 Moore & Carling,1982:21)。从布龙菲尔德开始,哈里斯、布洛赫、特拉格、霍凯特、裘斯这些结构主义的大师,直到乔姆斯基及其后的蒙塔古等人,无一不在致力于使语言学数学化、形式化。受其影响,汉语研究中的形式主义之风也愈来愈盛。80年代后半期中国的文化语言学的兴起正是对这一思潮的反拨,他们大声疾呼的"人文精神,还是科学主义?"实际上所质询的就是是不是应该用自然科学的方法来研究汉语,是不是应该把汉语当作一种自然科学来研究而远离其人文社会背景。撇开这一点而在其他方面纠缠是没有意义的。

这场争论其实还有更普遍性的意义,即人文社会科学(人文学科与社会科学不同,但陈独秀是把它们放在一起讲的,为方便起见,我们也放在一起讲)是不是只有采用自然科学的方法才能成为其科学?人文社会科学自身有没有科学性?再有,自然科学的方法是不是都适用于社会科学?我们认为,自然科学的方法确实对社会科学的发展起了重要作用,但自然科学与社会科学既然是两种科学,它们在有相同点的同时就必然会有不同点,因而需要采用不同的方法去研究。如果片面强调自然科学方法的"科学"性,否认或忽视社会科学自身的特点和规律,就必然会在社会科学研究中导致"科学主义",而这正是20世纪汉语研究中的失误之一。

自然科学式的研究要有两个前提,一是对象明确而且能够清晰地加以表述;二是研究对象越纯越好,要求尽量减少对象以外的因素对对象的干扰。拿语言来说,第一个前提要求语言中的语素、词、短语、句子,或者名词、动词、形容词等,都要有明确的定义而且彼此的疆界清楚;第二个前提要求在语言研究中尽量不要涉及语言以外的因素。美国的描写主义和乔姆斯基语言学就是这么做的。由于英语经过传统语法的长期薰陶,第一个前提大体存在,唯一模糊和不确定的因素是意义,因此美国结构主义和早期转换生成语言学无不排斥意义,认为意义是语言研究走向"科学化"的障碍;后期乔姆斯基语言学引进了意义,但那是经过改造并纳入了它的语法结构框架的"句法语义"。而汉语中第一个前提根本就不具备。第二个前提实际上要求在语言研究中排除使用语言的人和使用语言的社会文化环境,而这实际上已被证明是不可能的。因而英国语言学家摩尔和卡琳断然指出,乔姆斯基等人所主张的自然科学方法不适合像语言学这样的人文学科,因它既离开了研究的本体——语言,又离开了使用语言的人(Moore & Carling, 1982: 20)。其结果是研究者的兴趣越来越从对语言本质的探讨转向对理论模式的建立,而对语言感兴趣的各种人,如心理学家、教师、社会学家、计算机专家和哲学家等,对这些语言学家的理论却越来越疏远(同上: 3;1)。近几十年汉语研究的命运大约与之相去不远。20世纪初汉语研究的两门显学语法学和音韵学到了世纪末,越来越变成像圈内人的自说自话,尽管自以为搞得热闹非凡,圈外人却一概报之以冷淡。

以音韵学为例。在传统汉语研究中,音韵学是最实用的一门入门工夫,所谓:

> 音韵明而六书明,六书明而古经传无不可通。(段玉裁,1981:805)

清代的学者们因为音韵学的昌明而使他们的学术成就超过了历史上任何一个朝代。但 20 世纪以来音韵学"科学化"以后,研究重点从"音类划分"转向"音值构拟",而且越拟越精细,对几千年以前的语音构拟的精密度甚至超过了当代的活语音。而其结果却是越来越多的人对之不感兴趣,连它昔日的"天然同盟军"文字训诂学家,也纷纷离之而去。现在的音韵学之所以在汉语研究中还有一席之地,主要是靠方言学家在支撑着。然而形成讽刺的是,方言学家所利用的,更多的还是传统的音韵学。究其原因,就是因为"现代"音韵学的创始人高本汉在构建汉语音韵学体系时,同样犯了用自然科学方法研究人文学科的错误。在语言学中,语音学比较接近自然科学,而汉语音韵学是一门人文学科,高本汉用语音学的方法研究汉语音韵学,自然不能得出正确的结果。而他的研究方法和结论对 20 世纪的汉语音韵研究,却有着极其巨大的影响(关于高本汉在汉语音韵学研究上的错误,笔者有过详细论述,请参看潘文国,1986;1997a"后记"。这里不拟展开)。

第三是对所谓"科学规律"和"理论"的迷信。

有理论癖的人最喜欢讲"规律",动不动就提出一条什么规律来,而我们的人也真容易轻信。这种事在 20 世纪发生得太多了。在 19、20 世纪之交,就有人提出过什么语言发展的规律是从孤立型经黏着型向屈折型,形态最丰富的拉丁文是最高级的语言。这种"理论"曾压得汉语抬不起头来。后来高本汉从上古汉语是屈折语的观点出发、斯威特从英语形态简化的事实出发,又提出了一条相反的"规律",认为汉语是最发达的高级语言(参见张志公,1980:434),这又着实让说汉语的人们高兴了一阵子。而对 20 世纪汉语研究影响最大、时间最长、为害也最烈的是所谓人类文字发展的规律,这条"规律"认为人类文字是从表形文字经表意文字向表音文字发展,而表音文字中又以音素文字最为"先进",从而宣判了汉字的"死刑",出现了长达一个世纪的、举国上下对本民族的文字(往往还波及本民族的语言)大张挞伐,非欲去之而后快,以"走世界各国共同的拼音方向"这种世界历史上罕有其匹的现象。以上这些"规律",现在当然都已成了历史陈迹,没有人再会相信,但痛定思痛,想起中国人民和汉语语言学因为这些"规律"而备受折腾的那些年月,我们实在不敢不对突然流行起来的什么"规律"保持警惕,否则吃亏的定然还是我们自己。

这里我们要对近年来颇为流行的"语言研究规律"表示我们的怀疑。这条"规律"就是,语言研究是从"规定性"向"描写性",现在又向"解释性"发展,"解释性"

是研究的最高层次。

最早听到国内学者谈这条规律是在20世纪90年代初,其实这是又一次"迟到的时髦"。50年代以来,由于长期与外界隔绝,我们接受国外的信息总要比人家慢几拍。最可悲的是80年代初关于析句方法的论战,其时在美国连乔姆斯基学说都已开始走下坡路,而我们还在兴致勃勃地把20多年前就被乔姆斯基们攻得体无完肤的美国结构主义作为先进武器。其后各种新式理论潮水般地涌了进来,这场争论也就不了了之了。"解释性"的提法在国外也早已不新鲜,我们却到80年代末、90年代初才恍然大悟似地"发现"了这条"规律"。这却不能用闭关守国来解释了,而是因为信息不灵、外语太差!其实"解释"是乔姆斯基理论的一个核心部分,他光以"解释"为标题的论文就发表过两篇,分别是1962年的《语言学中的解释模式》("Explanatory Models in Linguistics")和1970年的《语言学中的解释问题》("Problems of Explanation in Linguistics")。说语言研究是从"规定性"到"描写性"到"解释性","解释性"的层次最高,等于说语言学发展是从传统语言学到结构主义语言学到转换生成语言学,而转换生成语言学的层次最高。对于这样的"语言研究规律",到了90年代,我们还能接受么?这样自吹自擂的"规律",能认为是"科学"的么?

看来,20世纪的汉语研究中还有一个弊病,就是对理论,尤其是洋人提出的理论的盲目崇拜。有人甚至这样说:

> 我们迄今引进的概念、方法无一不在国外有过详尽的讨论,用于汉语,非常成功。这说明汉语跟其他语言有共性。(见叶蜚声,1989:72)

读到这样的话,心里总有一种说不出的滋味。且不说国外引进的理论是不是都"非常成功",单说"在国外有过详尽的讨论"以后,有的理论被驳倒了,有的理论暂时取得了胜利(而过了几年之后又被驳倒,这在美国已司空见惯),还有更多的理论干脆是昙花一现。这些"前仆后继"的理论用到汉语都能"非常成功"? 拿理论语言学最繁荣的美国来说,那里的理论兴替有一个特色,就是每一个后起者都喜欢彻底否定前人,描写语言学对传统语言学是如此,转换生成语言学对描写语言学是如此,后乔姆斯基的种种语言学对乔姆斯基理论亦复如此。如果这些彼此敌对的理论用到汉语都能"非常成功",那汉语成了什么怪物了?

我们当然不会一概反对引进外来的理论，重新走上闭关锁国的道路。恰恰相反，我们要密切注意国外语言学研究的动向，取人之长，补己之短。汉语研究要在同外语的比较中才能深入，同样，汉语语言学只有放到普通语言学的大背景下才能得到发展。但是，由于以前的教训，我们在引进一种理论之前不得不先思考下面几个问题。

第一，要问这个理论是在什么背景下提出来的，为了解决什么问题。凡理论都有针对性，没有万试万灵、包打天下的什么理论和方法。例如，美国描写主义语言学的背景是调查和"抢救"美洲印第安人的语言，而在第二次世界大战中得到了发展，因为美军要派到世界许多地方去作战，因而必须迅速学习那里的语言。转换生成语言学的背景是在第二次世界大战以后，美国坐稳了资本主义世界老大的宝座，美国人学外语的兴趣锐减，而把英语作为第二语言向世界推广成了语言界的一个重要任务。了解了这些背景，我们就可以知道某些理论产生的原因，例如描写语言学为什么那么强调"发现程序"？因为它面对的是一种谁也不懂的印第安人语言。为什么要提出"分布理论"？因为在一大堆没人懂得的语言材料面前，只有这样才有可能找到一些规律性的东西。为什么强调直接成分分析法而不用传统语法的句子成分分析法？因为后者面临的句子本来就懂而对前者却一无所知，只能采取层层两分这种谨慎的做法。甚至为什么传统语法中的语言基本单位是词和句子，而美国结构主义特别重视语素和短语，也能从这里找到原因：因为传统语法面对的是熟悉的语言，词和句子都是显而易见的单位，而美国结构主义面对的材料开始时可说是混沌一片，连哪里开始、哪里结束以及从哪里动手切分都不知道！知道了这样的背景，我们在把美国描写主义的一整套理论引进时，就要冒把汉语当作谁也不懂的印第安语那样的语言的危险，我们当时有过这种思想准备没有呢？同样，转换生成语法是在美国对于世界各国、英语对于世界其他语言都占有一种优势的背景下提出来的，它的宗旨，就是要建立以英语为基础的"普遍语法"。在接受这样一种理论的时候，我们也得想一想我们是否准备接受这一前提。理论的产生从来不是凭空的，它必然受一定的历史与文化的制约。同样在美国，相隔不过几十年的描写主义语言学和转换生成语言学，一个主张用归纳法，一个主张用演绎法，也同其产生背景有关。在面对几十、几百种各不相同的语言的时候，没有人会赞成用演绎法（在今天的澳大利亚，关注几百种土著语言的语言学家，没有人会采纳演绎法，是同样的道理）；但在别人都想方设法学习、适应自己的语言而自己却没有必要去学习其他语言的时候,从自身的语言出发去"演绎"出"普遍"规律,实在是最简便的方法。

第二,要问这个理论究竟是什么内容,不要望文生义,谬引知已。譬如"描写性"就有两种,斯威特、叶斯柏森主张的是一种,美国描写主义所主张的是另一种。斯氏和叶氏的"描写性"是针对欧洲传统语法的"规定性"提出来的,主张按语言的本来面目对语言进行描写,尊重语言的事实,反对用死的语法条条去限止语言的使用。事实上,我国 20 世纪 40 年代吕叔湘、王力、高名凯的三大巨著都是在这种理论指导下写出来的,都可以说是描写性的语法著作。至于美国描写主义(注意:有"主义"二字),虽然也注重对语言进行描写,但他们更重视的是一套操作程序,从而形成了我们上面介绍的理论体系。在我国,很多人赞同的是斯威特等人的描写方法,但他们到 70 年代自觉、不自觉地接受的是美国描写主义的理论。与此类似,早在 40 年代,吕叔湘就提出了"转换"的概念(见吕叔湘,1941:114 - 123),但他只作为一种研究方法,与乔姆斯基的转换生成语法把"转换"看作他的理论体系中的重要组成部分,看作实现"普遍语法"的手段也不是一件事。因此,当"解释性"刚出现在国内时,许多人,特别是一些没有接触过原著的人,是从字面上去理解的,觉得"解释"不是很好吗? 正好与"描写"相辅相成,而且确实比"描写"进一层:"描写"是"知其然",而"解释"是"知其所以然"。作为一种方法或目标,"解释"确实很容易得到人们的认可。他们可能不知道的是,"解释"其实就是乔姆斯基的整个理论体系,它以演绎法为手段,以"普遍语法"为指归,有一套比结构主义还要复杂的法则(如"论元结构"[Argument Structure]、"论旨角色"[Theta-Role]、"投射原理"[Projection Principle]、"X-杠结构"[X - Bar Structure]等等),和类似数学那样精密的运算方法,通过"参数""变量"等,把世界上复杂的语言现象,都"解释"为"普遍语法"的各种变体。在我们看来可以互补的"描写"和"解释",在他们那里是水火不相容的,如结构主义者就反对解释,霍凯特公然宣布"语言学是分类的科学"(Hocket,1950:96),分类是其最终目标;裘斯认为"解释不是语言学的任务"(Joos,1942:349)。真不知我们怎样把这些根本对立的语言学理论都运用到汉语,而且都"非常成功"!

第三,要问我们引进某种理论究竟想达到什么目的。为此,我们要知道国外的理论研究有几种不同的目标。美国学者豪斯霍德在谈到英国人对理论语言学的实用态度时说过:"欧洲人问的是'是真的吗?',美国人问的是'能自圆其说吗？'，而英国人问的是'能派上用处吗？'"（"The European asks,'Is it true?', the American,'Is it consistent?' the Englishman,'Will it help?'"）（Householder，1949）这段风趣的话简单明了地说明了欧洲大陆、英国人和美国人从事学术研究的一般倾向（当然不可能是所有人）：欧洲人讲思辨，英国人讲实用，美国人则讲求理论的自我完美，只要能自圆其说，可以不考虑或少考虑实用价值。这种研究风气的形成，与各民族的传统与文化有关，也与特定的研究环境有关。在美国大学工作的朋友告诉我：美国大学的竞争十分激烈，为了争得和保住某个位置，就必须隔三差五地不断发表学术著作和论文，由于论著的评审委员会不一定都是某专业的内行，为了保证"质量"，就只能采取两个彼此心知肚明的标准，一要标新立异，二要自圆其说。至于观点是不是正确或者是不是实用，那是顾不上也没法顾上的。这种研究方法的好处是可以最大限度地发挥想象力，往往在匪夷所思的奇想中真的诞生非常有价值的东西；但其缺点也是显而易见的，容易导致从理论到理论的空谈。乔姆斯基的理论是这种"自圆其说""首尾一致"的最好典范。他的"生成语言学"宗旨是要研究"人为什么会说话？"在经过了几十年之后，他的学生，也是最忠实的追随者平格得出了结论："因为语言是人的本能。"（Pinker，1994）这等于是说："人为什么会说话？——因为人会说话！"他的"普遍语法"说也是如此。他先提出人类头脑中有一个普遍语法的假设（否则无法解释不同种族、不同民族的孩子在不同的环境中，能学会人类的任何一种语言这一事实），然后主要是从英语的研究中提出一系列"法则"，再用这些法则去"解释"人类各种语言（如果不合，就通过各种"参数""变量"进行"转换"），最终发现人类各种语言的背后"果然"存在着一种"普遍语法"！无可否认，乔姆斯基和许多信奉他的学说的语言学家几十年来在研究过程中做了很细致的工作，确实有一些有价值的发现，但从更高的角度来看，乔姆斯基学说确实在"画圆"，在兜了一个圈子以后，又回到了出发点，实际上没有解决任何具体问题。

我们不妨举一个具体的例子。在近年获得美国语言学博士学位的大陆学者中，冯胜利无疑是一位佼佼者。他的《汉语的韵律、词法与句法》一书，尽管只是薄薄的一本，却是笔者最欣赏的、近年来国内外关于汉语研究最有价值的著作之一。该书的前五章都写得非常精彩，唯独第六章，不但是"蛇足"，而且甚至可说是败笔，令人至为扼腕。而这一章就完全是在"普遍语法"的理论指导下写的。这一章（应该说"这篇文章"，因为其与全书显然不协调）的目的是要证明，"研究语言特殊性必须从一般入手,抓住它们在'可变参数'上的细微差别,才能进而解释语言貌似'差之毫厘',实则'去之千里',以及表面'毫不相干'反却'同出一源'的自然现象"(冯胜利,1997:151)。他研究汉语的被字句,结果发现汉语的被字句与英语的被动句不同,却同英语的"硬移位"(Tough Movement)同属一类,从而证明了"汉语也是受语言规律控制的",证明了"束约理论(Binding Theory)的三项定则是自然语言普遍遵循的一般定律"(同上:175)。然而他又承认,他的论点若要成立,需要有一个前提,即必须把"被"字分析成动词而不是介词!如果我们注意到汉语的词类之分问题、动介区别问题,乃至"被"字的词性归属问题都还是汉语语法研究中没有解决的问题的话,那么我们只能得出这样的结论,在这篇文章以及与之类似的其他研究里,不是理论为实际服务,而是实际为理论服务;或者说,不是以履就足,而是削足适履。其过程就是从"普遍语法"出发,经过种种转弯抹角的巧说,最后"证明"了"普遍语法"的正确。整个过程和结论没有解决任何实际问题。譬如就"被动"这个题目而言,英汉被动句的翻译问题是翻译界一个棘手的老问题,因为并不是所有的英语被动句都能译成汉语的被字句,也不是所有的汉语被字句都能译成英语的被动句的,其间的规律不易说清。那么,现在通过新的理论知道了汉语的被字句与英语的"硬移位"相当,是否可以说,被字句可以都译成"硬移位"句呢?可惜的是,对诸如此类的具体问题,"理论"语言学是一概不管的,要问,得找"应用语言学"去!但应用语言学家却往往并不领教这类高超的理论。语言学家常常自负,"语言学是领先学科",现在连最起码的、本来应该属于份内的语言应用(包括语言使用、语言教学、语际翻译等)都"领先"不了。这样的语言学其价值何在呢?

还必须指出,以演绎法为基本内容的"解释"语言学在实际操作过程中,培养和造就了一种非常不好的研究风气,就是不愿作艰苦的"田野"工作,只想靠灵感、拍脑袋,"急功近利"式的出"成果"。同样,在美国研究汉学,搞文学、史学、哲学的,都很注重读元典,没有听说过没细读过李白、杜甫、王维的人可以搞唐诗研究,没有读过《明史》的人可以搞明史研究,或者不通读孔、孟、老、庄的人可以搞哲学研究,唯独搞语言学的,除了几十年前的高本汉等少数人,几乎没有人认真读元典。这不能不说是拜乔姆斯基语言学之"赐",不能不说是拜把语言学自然科学化之"赐"。2000多年前孔子就说过:"学而不思则罔,思而不学则殆。"而解释论者就是只需要"思",不需要"学",不需要学问的积累。至今没有见过哪个解释论者认真钻研过一部元典或专书,然后对之进行解释;相反,我们却看到连《聊斋志异》《古文观止》都未必能读懂的人,谈起汉语语法发展规律来,却一开口就是甲骨卜辞怎么说,《尚书》《易经》怎么说。说穿了,他们的例子都是二手货,无非是把别人的几篇文章、几条例证,炒来炒去,拼凑一个新理论。20世纪上半叶的汉语学者有个很好的传统,就是"例不十,法不立",在他们看来这些都是过时的"归纳法"。他们的"研究",只要灵机一动,想出一个观点,然后构建一个体系,在框架的每一点上只要有一两个例子撑住就行了,就"自圆其说"了。上面引到的美国人要从我的学生那里找到汉语的某个例子,其实就是为了填充他的理论框架中的某个"点"。只要能找到一个例子,他的框架就成立了。对于这样"研究"出来的"理论",我们能信得过吗?

因此,我们在引进一种新的理论时必须考虑我们的目的。如果我们的人力、财力确有富余,可以有人搞搞空对空的猜测,进行一番"智力操练",也未尝不可。但是目前汉语中待解决的问题太多,我们实在没有精力去"陪太子读书",花大气力去"证明"本来就无需证明的问题。

三、建立汉语自己的本体语言学

现代汉语的研究已经有了一个世纪,站在新世纪之交回顾,我们在为100年来取得的成就骄傲的同时,也为汉语研究中存在的问题深感焦虑和不安。最大的问题是,迄今我们还没有自己的本体语言学,还没有自己的语言理论。放眼四望,许多民族都有自己的语言学:英国有英国的语言学,法国有法国的语言学,俄国有俄国的语言学,至于美国就不用说了,但目前我们所看到的汉语语言学,从理论到方法,几乎都是外来的。古今汉语研究被分割成几乎不相干的两块,传统的小学研究被撇在语言研究之外。究其原因,过多地关注、而且不断地引进(这当然是需要的)国外的理论与方法是一个,但更重要的是,我们在引进过程中不断放弃了自我。从前面的分析可知,《马氏文通》的最大功绩同时也是最大失误,不在于引进,也不在于模仿,而在于改变了整个汉语研究的格局,从传统的"文字中心"转变为西式的"语法中心",从而把自己绑上了别人的战车,经过了多年的适应之后,已变得身不由己。《文通》之后的发展更加变本加厉:先是从章士钊(1907:1)起,强调"字""词"之分,从而把汉字一脚踢出了语言研究的殿堂;接着是一浪高过一浪的文字改革浪潮,非要把汉字消灭而后快。

"现代语言学"的创始人索绪尔告诉我们:

> 对汉人来说,表意字和口说的词都是观念的符号;在他们看来,文字就是第二语言。(索绪尔,1980:51)

大师明明已经在告诉我们,汉人有两种语言,一种是口说的语言,一种是用汉字书写的语言。这在世界上是非常独特的,说明汉人研究语言学有一个得天独厚的条件,如果充分加以利用,汉人应该能够对世界语言理论的发展作出较大的贡献。然而百年来长时间把汉字只看作待消灭的对象的结果是,我们放弃了自己的优势,弃己之长,而在自己的"所短"上与人相争,于是永远只能跟在别人后面!

总结历史是为了将来,汉语语言学要发展,首先要确立自己的主体地位。有了以我为主的"本体",别人的理论和方法才能为我所用。就上面说到的几种国外语言学理论来说,我们都能从中找到我们所需要的东西。我们无需在自己熟悉的汉语上搞什么"发现程序"和"分布理论",但我们不妨吸收结构主义的尊重语言实际、注意客观描写的精神,以及大量掌握事实、进行科学归纳的态度。对于乔姆斯基语言学,我们不一定接受他那套模式的"普遍语法",但可以学习他对人类语言共性的关注,善于从差别中寻找共同点的眼光,以及多角度变换的视野和方法;对"解释"我们也可以故意取其貌而遗其神,不进行他那种画圆式的自我论证,但取其探索事物所以然的求索精神。就是对这两家共同批评得一无是处的传统语言学和规定性语法,我们也不要跟在后面一味指责,而可以从中吸取合理的内核。例如"规定性",并不必然是个坏东西,教学语法就应该是规定性的,否则语言教学无法进行!此外,语言规范化、推广民族共同语等,我们都需要有一定的、有时甚至是严格的"规定性"。中华民族本来就是一个善于融合、善于吸取各家之长的民族,在语言研究中也必然会如此,但其前提必须是以我为主、以汉语为主,而不是拿形形色色的外语理论往汉语上套。

从汉语出发,20世纪给我们的一个深刻教训是必须还汉字以应有的地位,必须尊重汉字作为汉语的"第二语言"的地位和特色。事实上,只有从汉字出发,才能打通古今汉语以及古今汉语的研究。传统的文字、音韵、训诂是建立在"字"的基础上的,我们越来越发现,现代汉语的研究,恐怕也还得建立在"字"的基础上,只有这样,才能打通语音、文字、词汇、语法、修辞等等"平面"。岂但如此,在 20 世纪末的今天,人类已进入了电脑世纪,正面临着新的科技革命的挑战。汉语与信息工程的结合,就现在所能见到的成就,都是以汉字为基础的。看来,不论是过去、现在,还是未来的汉语研究,都离不开汉字这个既老又新的话题,这将是一种综合性、立体性的研究,这种研究,我们不妨叫它"以汉字为本位的汉语研究"。21 世纪所需要的,就将是这种"字本位的汉语研究"。

参考文献

布龙菲尔德,L.,1980,《语言论》,中译本,北京:商务印书馆。
陈定安,1990,《翻译精要》,香港:商务印书馆(香港)有限公司。
陈独秀,1917,"文学革命论",载张若英编《中国新文学运动史资料》,上海:光明书局,1934 年。
陈独秀,1934,"新文化运动是什么?",载张若英编《中国新文学运动史资料》,上海:光明书局,1934 年。
褚孝泉,1991,《语言哲学:从语言到思想》,上海:三联书店。
段玉裁,1981,"寄戴东原先生书",载段玉裁《说文解字注》,上海:上海古籍出版社。
冯胜利,1997,《汉语的韵律、词法与句法》,北京:北京大学出版社。
傅斯年,1919,"汉语改用拼音文字的初步谈",载李中昊编《文字历史观与革命论》,北平:文化书社,1931 年。
高本汉,1940,《中国音韵学研究》,赵元任、罗常培、李方桂译,上海:商务印书馆,原著出版于 1915－1926 年。
胡　适,1922,"建设的文学革命论",载张若英编《中国新文学运动史资料》,上海:光明书局,1934 年
胡　适,1924,"文学革命运动",载张若英编《中国新文学运动史资料》,上海:光明书局,1934 年。
胡以鲁,1923,"国语学草创",载李中昊编《文字历史观与革命论》,北平:文化书社,1931 年。
康拉德,N.Y.,1952,"论汉语(下)",彭楚南译,《中国语文》1952 年第 11 期,第 22－26 页。
孔广森,1983,《诗声类》,北京:中华书局。
劳乃宣,1907,"进呈简字谱录摺",载李中昊编《文字历史观与革命论》,北平:文化书社,1931 年。
梁启超,1931,"从发音上研究中国文字之源",载李中昊编《文字历史观与革命论》,北平:文化书社。
吕叔湘,1941,《中国文法要略》,上海:商务印书馆,1953 年。
吕叔湘,1979,《汉语语法分析问题》,载吕叔湘《汉语语法论文集》,北京:商务印书馆,1984 年。
吕叔湘,1983,"重印《马氏文通》序",载《马氏文通》,北京:商务印书馆,1983 年。

马建忠,1898,《马氏文通》,北京:商务印书馆,1983 年。
潘文国,1986,"评高本汉为《广韵》拟音的基础——四等洪细说",《语文论丛》第三辑,上海:上海教育出版社。
潘文国,1997a,《韵图考》,上海:华东师范大学出版社。
潘文国,1997b,《汉英语对比纲要》,北京:北京语言文化大学出版社。
钱玄同,1926,"历史的汉字改革论",载李中昊编《文字历史观与革命论》,北平:文化书社,1931 年。
瞿秋白,1931,"再论翻译",载罗新璋编《翻译论集》,北京:商务印书馆,1984 年。
任学良,1981,《汉英比较语法》,北京:中国社会科学出版社。
阮　元,1980,《十三经注疏》,北京:中华书局。
邵敬敏,1990,《汉语语法学史稿》,上海:上海教育出版社。
申小龙,1989,《人文精神,还是科学主义?》,上海:学林出版社。
索绪尔,F.,1980,《普通语言学教程》,中译本,北京:商务印书馆。
王　力,1956,《汉语音韵学》,北京:中华书局,原名《中国音韵学》,上海:商务印书馆,1935 年。
王　力,1963,《汉语音韵》,北京:中华书局。
王　力,1984,"经典释文反切考",中国韵学研究会编《音韵学研究》第一辑,北京:中华书局,第 23-77 页。
魏建功,1925,"从中国文字的趋势上论汉字(方块字)的应该废除",载李中昊编《文字历史观与革命论》,北平:文化书社,1931 年。
徐通锵,1994a,"'字'和汉语的句法结构",《世界汉语教学》1994 年第 2 期。
徐通锵,1994b,"'字'和汉语研究的方法论",《世界汉语教学》1994 年第 3 期。
徐通锵,1997,《语言论》,长春:东北师范大学出版社。
严　复,1904,"'英文汉诂'叙",载王栻主编《严复集》第一集,北京:中华书局,1986 年。
叶蜚声,1989,"十年来汉语语法研究的回顾与前瞻",《外语教学与研究》1989 年第 1 期。
章士钊,1907,《中等国文典》,上海:商务印书馆。
张中行,1988,《文言和白话》,哈尔滨:黑龙江人民出版社。
张志公,1980,"语法和语法教学",载《张志公语文教育论集》,北京:人民教育出版社,1994 年。
赵尔巽等,1977,《清史稿》第 41 册,卷 446,列传第 223,黎庶昌传附,北京:中华书局。
赵元任,1976,"汉语词的概念及其结构和节奏",中译本,载袁毓林编《中国现代语言学的开拓和发展——赵元任语言学论文选》,北京:清华大学出版社,1994 年。
周振甫,1986,《文心雕龙今译》,北京:中华书局。
Bloomfield, Leonard, 1933, *Language*, New York, Chicago, San Francisco, Toronto: Holt, Rinehart & Winston.
Derrida, Jacques, 1967, *De la Grammatologie*, translated by G. C. Spivak into English as *Of Grammotology*, Baltimore and London: The John Hopkins University Press, 1976.
Chomsky, Noam, 1965, *Aspects of the Theory of Syntax*, Cambridge Mass.: MIT Press

Comrie, Bernard, 1981, *Language Universals and Linguistic Typology*, Oxford, England: Basil Blackwell Ltd.

Ferguson, Charles A., 1978, *Historical Background of Universal Research*, in Joseph H. Greenberg (ed.), "Universals of Human Language", volumn 1, Method and Theory, Stanford, California: Stanford University Press.

Hocket, C. F., 1942, *A System of Descriptive Phonology*, in M. Joos (ed.), Readings in Linguistics, New York: American Council of Learned Societies, 1957, 97–108.

Honey, John, 1997, *Language Is Power — The Story of Standard English and its Enemies*, London, Boston: Faber and faber.

Householder, Fred Walter, 1949, *Review of Jones 1949*, International Journal of American Linguistics, 18: 99–105.

Jackendoff, Ray, 1994, *Patterns in the Mind: Language and Human Nature*, New York: Basic Books.

Jespersen, Otto, 1938, *Growth and Structure of the English Language*, Ninth edition, 1978, Basil Blacjwell Oxford.

Joos, M., 1950, *Description of Linguistic Design*, in M. Joos (ed.) Readings in Linguistics, New York: American Council of Learned Societies, 1957, 349–356.

Lieberban, Philip, 1998, *Eve Spoke: Human Language and Human Evolution*, W. W. Norton & Company, Inc.

Moore, Terence & Christine Carling, 1982, *Understanding Language: Towards a Post-Chomskyan Linguistics*, London: The Macmillan Press LTD.

Pinker, Steven, 1994, *The Language Instinct: How the Mind Creats Language*, New York: William Morrow.

Sampson, Geoffrey, 1997, *Educating Eve — The "Language Instinct" Debate*, London and Washington: Cassell.

Sweet, Henry, 1891, *A New English Grammar: Logical and Historical*, Part I, Amen House, London: Oxford University Press.

(原载《语言研究》2000年第1期,第1-28页)

从"了"的英译看汉语的时体问题

一

汉语的时体问题是当今汉语语法研究的一个热点。时体,作为西方形态语言如英语的一个集中表现,它在汉语中的面貌究竟如何,这对于认识汉语的特性、认识汉语与世界其他语言的异同、认识语言研究的个性和共性,有着重要的意义。其中,对于"了"字的讨论尤其热烈,在某种程度上甚至可以说,汉语时体的研究就是建立在"了"字研究的基础上的。

在汉语语法研究史上,对于"了"的性质,有过三种意见,即:(1) 表"时"(如龙果夫,1958);(2) 表"体"或"态"(如 Li & Thomson, 1981);(3) 既表"时"又表"体"(如陈立民,2002)。其中表"体"的意见在相当长的时间里占了主导地位,从而形成了汉语有"体"无"时"这样一种认识,并认为这是汉语与西方语言的重要区别之一。

而研究汉语时体包括"了"字性质的方法,据我们看来,也不出三种。即:(1) 在西方语法框架下套用,如任学良(1981)参照英语,竟得出了汉语也有 16 种时态的结论;(2) 从共同的语法范畴出发,如先从理论上讨论何为"时制",再看其在各语言,特别是汉语中的表现;(3) 从纯粹汉语的材料中总结归纳。许多从事中西语言比较的人采用的是第一,少数也有第二种方法;大多汉语学者采取的是第三,间或也有第二种方法。三种方法当然各有长短,第二种方法理论性还更强一些,但这三种方法也有一个共同的短处,即往往在研究之前已有了一个先验的观点,以后的研究只是以材料证实其观点而已。本文想采取一个完全不同的方法。与上述三种方法的不同点在于:(1) 在中西语言的比较上,方法一是由西到中,而本文是由中到西;(2) 在理论和材料关系上,方法二是从理论到材料,而本文纯从材料出发,从材料得出结论;(3) 与方法三的不同在于本文不纯在汉语内部作比较,而以外语(英语)的译文作为重要参照手段。

二

在研究过程中本文较多地利用了翻译手段。这就是吕叔湘先生多年前(吕叔湘,1942)主张的:"一句中国话,翻成英语怎么说;一句英语,中国话里怎么表达,这又是一种比较,只有比较才能看出各种语文表现法的共同之点和特殊之点。"翻译方法曾为语法研究者所批评,如戴浩一先生(1987)说:"用翻译作为一种启发,没有什么不对。要不得的是研究汉语语法的人,包括当前的管约派在内,只是把英语的结构架在被看成英译的汉语句子上面,难怪结果是汉语呈现出与英语基本相同的特点。"其实这不是方法本身的问题,而是运用者的问题。若干年前,笔者(潘文国,1997)曾提出有"两种翻译"的观点:"教学翻译和实用翻译。教学翻译是配合第二语言教学而作的翻译练习,是'语法—翻译教学法'的一个组成部分,是基础教学和大学精读课的教学内容之一;实用翻译是翻译工作者的具体实践,以及为此而作的准备(如以篇章翻译为主的专设翻译课)。""这两种翻译的最大区别在于教学翻译不是独立的,它是依傍于语法教学的,学生在练习过程中要紧贴原文的句型或句式,以强化对原文的理解……实用翻译更带有一种'再创作'的意味,让不懂原文的读者阅读和欣赏原文的精彩,这时译文的地道更加重要,意义的正确传递更加重要,而不必拘泥于字句的对应。"据此,笔者强调对比研究必须借助于实用翻译而不能是教学翻译,同时强调要"换一个方向来运用翻译法",即从汉到英的研究。本文可说是这种研究的一次实践。

我们采用的方法,一是由汉到英,二是一定范围内的穷尽分析。为什么要"穷尽分析"? 因为第一,只有这样,才能照顾到实际看到的所有的事实,而不会为了论证自己的观点而对材料本身有所取舍;第二,穷尽研究是一种定量的研究,而在人文社会科学研究领域里,定量研究是观察事物发展趋势的最重要的手段之一。至于"一定范围"该多大,当然是越大越好,但有时,适当的量也足以说明一些倾向性的问题。

我们的具体做法是,以张培基先生译注的《英译中国现代散文选》为范本,选用其中11位作家的14篇散文为原始材料,摘出其中所有含有"了"字的句子,观察它们在英译时的情况,并与英语的时体作比较。这些作家和文章是(括号内是本文引用时用的简称):鲁迅《螃蟹》(鲁)、许地山《落花生》(许)、胡适《差不多先生传》(胡:差)、胡适《不要抛弃学问》(胡:不)、夏丏尊《我之于书》(夏:我)、夏丏尊《中年人的寂寞》(夏:中)、叶圣陶《我坐了木船》(叶)、朱自清《背影》(朱:背)、朱自清《匆匆》(朱:匆)、巴金《木匠老陈》(巴)、冰心《笑》(冰)、郭沫若《墓》(郭)、老舍《想北平》(老)和萧红《永远的憧憬和追求》(萧)。本来还可以多选一些,但这14篇文章中已经出现了210个"了"字,作为小范围的初步考察,我们想已经足够了。这11位都是中国的"经典作家",其文章都是"典范的白话文著作",我想是没有异议的。至于为什么选张培基先生的译文,除了方便之外,更主要的是译文译得地道,是真正的"实用翻译",而不是死扣原文字句、拘谨得难以卒读的"教学翻译"。

三

教学翻译和实用翻译在语言对比中的不同运用,可用下面的例子来说明:
从英到汉的教学翻译:

I *have finished* the homework. 　　　　我已经做完了功课。
He *is reading* a book in the library. 　　他正在图书馆看书。
I *have been reading* the book in the library. 　我一直在图书馆看书。

由此"证明"汉语中也有"现在完成时态""现在进行时态"和"现在完成进行时态",并各有相应的语法标志"了""正在""一直"等。

由汉到英的教学翻译:

我功课做完了。　　　　　　　I *have finished* the homework.
他在图书馆看书来着。　　　　He *is reading* a book in the library.
我一直在图书馆看书。　　　　I *have been reading* the book in the library.

实际上,举例者在寻找汉语的例子时,脑子里已经先有了英语的译文。这正是戴浩一先生所批评的那种"英译的汉语句子"。

由汉到英的实用翻译,如张培基先生书中的例子:

还有盗匪——实在是最可怜的同胞,他们种地没得吃,有力气没处出卖,当了兵经常饿肚皮,无奈何只好出此下策。(叶)

To complicate matters, there are bandits lurking around — those pitiful fellow countrymen who, unable to ward off starvation by farming or soldiering or whatnot, have been reduced to the disreputable business as a last resort.

"种地没得吃"和"当了兵经常饿肚皮"译成"unable to ward off starvation by farming or soldiering","有力气没处出卖"干脆省成了"or whatnot"。又如：

这些日子，家中光景很是惨淡，一半为了丧事，一半为了父亲的赋闲。（朱：背）

Between grandma's funeral and father's unemployment, our family was then in reduced circumstances.

"一半""一半"译成了"Between"。按照教学翻译的标准，这种译法都是不怎么合格的，特别是当我们要考察原文的"了"（"当了兵""为了"）时，发现根本找不到比照的对象。因而人们常认为这种与原文不一一对应的译文不能用于语言对比研究。我们的观点与之不同。我们认为，这样的翻译，从个别句子来看，由于没有做到字字对应，在进行对比时确实会发生一些困难；但正由于翻译者在翻译时并不考虑字字对应，而只考虑如何用最地道的目的语传达出原文最好的效果，其用语正好处在最自然的状态。而只有处在最自然状态的语言才是最确当的比较对象，这比那种做作的句子所反映出来的语言面貌要真实得多。选用不同的翻译材料在语言对比研究中总得有失，"教学翻译"是得少失多，而"实用翻译"是得多失少。与总体语言现象的"自然""可信"相比，个别的字找不到对应点带来的困难就微不足道了。而且我们有足够的信心，完全找不到对应的毕竟是少数，不可能句句如此、篇篇如此。只要材料积累到了一定的量，肯定会说明一些问题的。

四

我们正是本着这样的精神，考察了这14篇文章中的210个"了"字在相应的英语译文中的表现。据我们的统计，这210个"了"字中，"罢了"有2处，"因了"有2处，"为了"有5处，"过不了"有1处，这10个"了"都组成了词语，有一定的习语性，与"时""体"关系不大，因而可以略去。剩下的200个"了"字中，正好是100个

"了₁",100个"了₂"。"了₁"与"了₂"之分,我们采用的是通常的标准,即位于动词后的是"了₁",位于句末(不管是整句还是零句)的是"了₂"(有时还在心中用苏州话的"仔""哉"来印证,与前者相应的是"了₁",与后者相应的是"了₂")。

五

由于与"了"最有关的是"时"与"体",我们首先就带"了"字的句子在英语译文中使用的时态进行了统计,其结果如下:

表一 "了"与英语的时体

原文	英语时	英语体	数量	例子
了₂	过去	进行	2	他哭了。(巴)He was crying!
了₂	现在	进行	2	我掩着面叹息。但是新来的日子的影儿又开始在叹息里闪过了。(朱:匆)I heave a sigh, my head buried in my hands. But, in the midst of my sighs, a new day is flashing past.
了₁	过去	完成	6	决定了之后,有两位朋友特来劝阻。(叶)After I had made up my mind, two friends of mine came to dissuade me.
了₂			6	呀!凉云散了,树叶上的残滴,映着月儿,也似萤光千点,闪闪烁烁的动着。(冰)Ah, the rain clouds had vanished and the remaining raindrops on the tree leaves glistened tremulously under the moonlight like milliards of fireflies.
了₁	现在	完成	3	于是人人都成了一个差不多先生。(胡:差)So everybody has become a Mr. Cha Buduo.
了₂			8	找着了,言明价钱,多少钱坐到汉口,每块钱花得明明白白。(叶)Once you have located it, you will know what the fare is from Chongqing to Hankou, and every dollar will be paid for what it is worth, no more, no less.
了₁	过去	一般	40	我赶紧拭干了泪,怕他看见,也怕别人看见。(朱:背)I quickly wiped them away lest he or others should catch me crying.
了₂			34	我们都答应了。(许)We all agreed.

续 表

原文	英语时	英语体	数量	例 子
了₁	过去将来	一般	2	一块粗糙的木头经过了斧子劈,锯子锯,刨子刨,就变成了一方或一条光滑整齐的木板。(巴) A piece of coarse wood, after being processed with the hatchet, saw and plane, would become pieces of smooth and tidy wood, square or rectangular in shape.
了₂			1	其实那年我已二十岁,北京往来过两三次,是没有甚么要紧的了。(朱:背) As a mattr of fact, nothing would matter at all because I was then twenty and had already travelled on the Beijing-Pukou Railway a couple of times.
了₁	将来	一般	2	抛弃了学问便是毁了你们自己。(胡:不) Forsaking learning, and you will ruin your self.
了₂			12	在北平,有温和的香片茶就够了。(老) The mild beverage of jasmine tea will be more than adequate for dwellers of Peiping.
了₁	现在	一般	23	书籍到了我的手里,我的习惯是先看序文,次看目录。(夏:我) As soon as a new book comes to hand, I always read the preface first and then the table of contents.
了₂			26	他们有的年龄大过了我,有的小我几岁,都是中年以上的人了。(夏:中) Some of them are older than I am, and some a few years younger. But all of us are in late mid-life.
了₁	未译成定式动词		24	我常在这时感到一种快乐,同时也感到一种伤感,那情形好比老妇人突然在抽屉里或箱子里发见了她盛年时的影片。(夏:中) Often at this moment, I'll feel at once happy and sad — like an old lady suddenly fishing out from her drawer or chest a photo of her taken in the bloom of her youth.
了₂			9	现在,他们接到我平安到达的消息了,他们也真的安慰了。(叶) Now, the subsequent news of my safe arrival in Hankou must have set their minds at rest.

含"了"的句子译成英语,除了未译成定式动词、因而看不出时态的例子(即前面所举无法一一对应的例子)之外,竟有 8 种时态之多,几乎英语常用的时态都在里面了。在"时"上,过去时和现在时较多,将来时较少,过去将来时更少,这也与

英语一般的情况相同。只是"了"有可用于"将来"的情况,说明它未必只是个表示"完成"的助词。在"体"上,"一般"体要远远多于"完成"体和"进行"体(上表中非完成体与完成体的数量之比为 144:23,即 6:1 强),说明许多学者(如刘勋宁,1988)认为"了"不表示"完成"是有道理的。

六

我们还可从另一个角度来证明"了"不是表示"完成"的必要手段。在这 14 篇译文中,我们发现有 26 个地方,英语用了完成体,而在相应的汉语原文中却并没有用"了"字,而用了别的手段。统计情况如下:

表二　不用"了"的英语完成体

英语时态	原文手段	数量	例　子
过去完成	没有＋过	2	我没有看见过,也没有听见人说过。(巴)I had never seen it happen, nor had I ever heard of it.
	/	2	他还告诉我他在他从前一个徒弟的店里帮忙。(巴)He had told me that he was now working at the shop of a former apprentice of his.
现在完成	没有	1	我一向没有对于任何问题作高深研究的野心,因之所买的书范围较广。(夏:我)Since I have never entertained ambition for making a profound study of any subject, the books I have acquired cover almost everything.
	过	2	这笑容仿佛在那儿看见过似的。(冰)I seem to have seen the same smile before.
	没有＋过	3	我就没有见过木匠跌下来。(巴)I've never seen a carpenter fall down.
	已(经)	2	在默默里算着,八千多日子已经从我手中溜去。(朱:匆)Couting up silently, I find that more than 8,000 days have already slipped away through my fingers.
	终于	1	但最近两年的不见,他终于忘却我的不好。(朱:背)However, the separation of the last two years has made him more forgiving towards me.

续　表

英语时态	原文手段	数量	例　子
现在完成	以来	1	在我自己的交游中,最值得系念的老是一些少年时代以来的朋友。(夏:中) Of all my friends, those I have known since childhood are most worthy of remembrance.
	/	11	快快长吧!长大就好了。(萧) Grow up quick, poor child! You'll be all right after you've grown up.
现在完成进行	/	2	近几年来,父亲和我都是东奔西走,家中光景是一日不如一日。(朱:背) In recent years, both my father and I have been living an unsettled life, and the circumstances of my family going from bad to worse.

七

在论证了"了"不表示"完成"之后,有人(刘勋宁,1988)主张"了"的语法意义是"实现","了"是"实现体"的标志。这个观点现在得到了很多人的赞成。从汉语发展史来看,"了"的作用在许多情况下与古汉语的"矣"相当,如果"矣"的基本语法意义是"出现新情况"(参见郭锡良等,1983),则把"了"的意义概括为"实现",从语法发展的继承性角度看似乎更有说服力。

但这里也有一个困难,即古汉语中的"矣",只相当于现代汉语中的"了$_2$",而与跟在动词后、因而处于句子中间的"了$_1$"并不相当。"了$_1$"的产生及其与古代、近代汉语中相应成分的联系,将是汉语史研究中一个棘手的问题。

由于在英语中不存在"实现"这种"体",我们无法依据上面的办法,利用英语译文来进行考察和比较,只能凭主观感受,看哪些"了"字含有"实现"义,哪些没有。考察的初步结果是:

表三　"了"与"实现"义

"了"	是否表实现	数量	例　子	"了"可不用
了$_1$	不表实现	15	他跑来跑去的寻。他想寻一个窟穴,躲了身子,将石子堵了洞口,隐隐的蜕壳。(鲁)	5
了$_2$		18	那么,人要做有用的人,不要做伟大、体面的人了。(许)	1

续　表

"了"	是否表实现	数量	例　　子	"了"可不用
了₁	表实现	76	我便拣了一块白石来写上了我自己的名字,把来做了墓碑。(郭)	19
了₂		79	从今以后,你们可以依自己的心愿去自由研究了。(胡:不)	9
了₁	可疑	9	这不但是辜负了北平,也对不住我自己。(老)	2
了₂		3	不说我自己犯不着,人家也太费心了。(老)	2

从以上情况看来,表示"实现"意义的"了",数量相当大,这是颇令人鼓舞的。但存在着数量不小的不表"实现"或难以确定的情况,也使人有些沮丧。因为这就使"了"作为体标志的身份变得难以确定。加上上面的统计过程中主观性极强。换一个人,甚至同一个人换一个时间或场合,得出的结果可能都不会相同。主张"了"是体标志,这是一种形式化的研究,而如果这个标志难以捉摸,那提出来又有什么意义?

英语没有"实现"体,无法作直接的比较,已如上述。但我们在观察中,发现有一对现象可以帮助我们考察动词反映的动作"实现"与否,即:是把"了"译成"after",还是译成"with"或现在分词?一般来说,译成"after",说明动作已经实现;译成"with"或现在分词,说明动作与主动词伴随发生,则动作未必"实现"。相关的例子如:

译成"after":跑了不知多少趟,总算有眉目了。(叶) *After* making you don't know how many visits, there eventually appear signs of a positive outcome.

译成"with":老陈常常弯着腰,拿了尺子和墨线盒在木板上面画什么东西。(巴) He often bent over drawing something on a plank *with* a ruler and an ink marker.

译成现在分词:我常在这时感到一种快乐,同时也感到一种伤感,那情形好比老妇人突然在抽屉里或箱子里发现了她盛年时的影片。(夏:中) Often at this moment, I'll feel at once happy and sad — like an old lady suddenly *fishing* out from her drawer or chest a photo of her taken in the bloom of her youth.

根据我们的统计材料,译成"after"的只有 4 例,而译成"with"和译成现在分词的分别有 2 例和 9 例,可见"了"是否表"实现",也不易断定。

表三中最右面一栏的数字,提出来的是另外一个问题——我们发现,"了"字,同汉语的其他许多虚字一样,其使用在很多场合并不是强制性的,往往可有可无,或者可以用其他字来代替。这里略举数例如下:

我再向外看时,他已抱了朱红的橘子往回走了。(朱:背) "抱了"也可说"抱着",两者的区别在哪里呢?

其实那年我已二十岁,北京往来过两三次,是没有甚么要紧的了。(朱:背) 句末"了"字可不用,意义不变。

但是有些记忆经过了许多时间的磨洗也不会消灭。(巴) "了"也可不用。

再会了!(胡:不) "再会了"与"再会"有什么区别? 这与"别了"不能说成"别"不同,其中有韵律的因素。

这不但是辜负了北平,也对不住我自己。(老) "了"可不用。

至于三十岁四十岁以后的朋友中间,颜色分子愈多,友谊的真实成分也就不免因而愈少了。(夏:中) "了"可不用。

至于没有"了"而可加上"了",意义不变甚至更清晰的,例子更多得无法枚举。这里只举一例:

快快长吧! 长大就好了。(萧)Grow up quick, poor child! You'll be all right after you've grown up. 从英语译文看,说成"长大了就好了"意思只有更明确,但原文却没有用第一个"了"。

仔细观察上面这些例子,我们还发现,这些句子中的"了"字大多不表"实现"。这一系列现象,对研究"了"字的性质有什么意义呢?

八

　　总结上文考察的情况,我们可以得出一些初步的结论或者说体会。

　　(1)"了"字有表时的因素,也有表完成体的因素,但其比例都不足以达到成为"时标志"或"完成体标志"的起码要求,因此可以认为这两种观点都不能成立。

　　(2)从汉语表示"完成"义,除了"了"外,还有"没有""过""没有+过""终于""以来"等多种手段看来,"了"在这个意义上,与其说是个语法手段,不如说是个词汇手段。

　　(3)"了"表"实现"义的说服力比表"完成"义要强。但是要承认这是一种"体标志"仍有着一些困难:①"实现"的意义很难把握,如果包括"将要实现""可能实现",则几乎无一个动词不带"实现"义;②"了"并非表示"实现"义的必要与充分条件,带"了"的未必都表"实现",不带"了"的未必不表"实现";③还无法从理论上解释,为什么汉语中需要有"实现"这样一个"体"范畴,与之对应配套的又是什么范畴呢?

　　(4)上条第三个原因具有普通语言学的意义。一般来说,一种语法范畴在某种语言中的存在,常常不会是孤立的现象,而是一个系统的组成部分。例如,英语的"时""态"都分别形成了一个系统。汉语中如果有"体",则必然要有一个"体"的系统,否则便没有什么意义。

　　(5)要区别词汇现象与语法现象。个别事实的发掘如果没有系统的意义,则往往只能看作词汇现象。例如,英语的"数"之所以是一个语法范畴,因为它具有系统的意义,名词"数"的变化要求谓语动词"数"的变化与之相配;而汉语的"们"尽管具有复数的意义,但无法形成"数"的语法范畴,因为它不具有系统的价值。"了"以及相关的"着""过""起来""下去"等,究竟是词汇现象还是语法现象,需要从全局出发、从系统上去考虑。

　　(6)语言的研究,存在着从理论到事实(演绎法)和从事实到规律(归纳法)两条途径,对于汉语这种远没有研究透的语言来说,后者也许更重要。从本文的考察过程来看,这一研究困难也更大,更需要花气力去进行。

　　(7)斯威特(Sweet,1899)认为,母语的研究要在普通语言学的指导下,参照外语来进行。事实证明,这是种有效的研究手段,但利用外语有从外到汉和从汉到外两种途径,由于汉语与西方语言的重大差别和汉语语法研究史的短暂,后者看来更值得重视。这也是本文的出发点和理论背景。

(8) 与之相关的是语言的共性和个性问题。我们越来越感到,语言的共性不是个抽象的东西,需要从各种,尤其是类型学上差别大的语言中去发掘与总结。而且,即使这样总结出来的语言共性,也不可能是"普降甘霖",在各种语言中平均分配的。语言共性的研究必须结合各语言的个性,只有这样,才有真正的实际应用价值。

参考文献

陈立民,2002,"汉语的时态和时态成分",《语言研究》2002年第3期,第14-31页。
郭锡良等,1983,《古代汉语》,北京:北京出版社。
刘勋宁,1988,"现代汉语词尾'了'的语法意义",《中国语文》1988年第5期。
龙果夫,1958,《现代汉语语法研究》,上海:科学出版社。
吕叔湘,1942,《中国文法要略》,北京:商务印书馆。
潘文国,1997,"'换一种眼光何如?'——关于汉英对比研究的宏观思考",《外语研究》1997年第1期,第1-11页。
任学良,1981,《汉英比较语法》,北京:中国社会科学出版社。
张培基,1999,《英译中国现代散文选》,上海:上海外语教育出版社。
Li, Charles, N. & Sandra A. Thomson, 1981, *Mandarin Chinese, A Functional Reference Grammar*, Berkley, Los Angeles, London: University of California Press.
Sweet, Henry, 1899, *The Practical Study of Languages*, reprinted, London: Oxford University Press, 1964.

(原载《华东师范大学学报》2003年第4期)

论音义互动

一、问题的提出

音义关系是语言研究一个很老的题目,按照一般的理解,语言就是音义的结合体,研究语言就是研究音义关系。但到目前为止的对于音义关系的研究,大多限于研究音义之间的静态关系:某某音反映了某某意义,某某意义是由某某音来反映的;或者争论音义之间的关系究竟是任意性的呢,还是有理据性的。很少有人谈到音义之间的动态关系,更没有人谈到过"互动"这样一个题目。而本文更关心的是音义之间的动态关系,特别是互动关系,即义的变化怎么会引起音的变化,而音的调整又怎么会引起义的变化?此外,我们还要更进一步探讨这种音与义之间的互动关系,在普通语言学上有什么意义?由于我们讲的音义互动主要是在汉语的范围内,我们还要进一步探讨这种音义互动的研究,对于人们常说的汉语研究要对世界语言学作出贡献又有什么价值。

这里所说的"音",是取其广义,不但包括一般所说的音段成分如元音辅音、声母韵母,包括一般所说的超音段成分如轻重音、声调、长短音,还包括在这些以外的停顿、音节性(syllabicity,主要指音节的数量),以及由此而造成的节奏。这些都在汉语的语言组织中起着至关重要的作用。在比较汉英语的特点以及给汉语定性的时候,我们曾提出过,汉语是一种语义型语言,汉语又是一种音足型语言(潘文国,1997:116-117)。第一句话有很多人说过,第二句话是我们首先提出来的。我们的基本想法是,一种语言的组织,一定有一种规律在起基本作用,但任何语言,不可能只有一种规律在起作用,它必然有另一种规律在起辅助的、次要的,然而又是不可缺少的作用。例如在英语中,起主要作用的是形态,起次要作用的是词序和虚词。在这一点上我们与有些语言学家的认识不同。他们认为,随着英语越来越走向分析型,形态已显得越来越不重要,起主要作用的是语序和虚词。这是没有从本质上去看问题的结果。从本质上看,决定英语语言构造的主要手段还是形态,特别是其中的主谓一致关系及与之相配的名词、动词残留的形态变化。英语句法构造的灵魂和无可取代的核心是主谓一致,去掉了这一点,英语就不成其为英语。在汉语中，许多人都认识到词序和虚词起着重要作用，认为这是汉语最重要的，甚至是唯一的语法手段。但这个说法是有问题的。第一，汉语虚词的作用并没有人们想象的那么大。虚词的大头是介词，但汉语的介词与英语相比根本不成比例，由于汉语没有形态，连介词与动词的界限都划不清楚。此外，介词也好，其他虚词也好，在汉语中的使用都不像在英语中那样有着强制性，在很多情况下似乎是可有可无的，而"可有可无"与"最重要的语法手段"之间就又形成了悖论。第二，汉语的语序确实很重要，但世界上没有只靠语序一个手段便能进行组织的语言。语序的背后是逻辑，世界上也不可能有纯粹按照逻辑来组织的语言。即使我们同意语序是汉语主要的语言组织手段、主要运动规律，但必然还有另一种手段、另一种规律在起辅助而又不可缺少的作用。这个手段就是音节和节奏，这个规律就是我们要说的音义互动律。正是在这个认识的基础上，我们认为光说汉语是一种语义型语言是不完整的，世上不可能存在纯语义型的语言。完整的说法应该是，汉语是一种语义型语言，汉语又是一种音足型语言。其中音义互动在语言组织中起了十分重要而关键的作用。

请注意，我们在上面用的词是"音义互动律"，这就是说，我们是把它当作一种规律来看待的，不只是一般的方法或技巧，也不仅仅只是什么修辞手法的问题。这是一种语法手段，一种语言组织的规律。在人类语法研究史上，最早发现的语法手段是形态，包括屈折形态和粘着形态。西方古典语法的研究几乎无一例外，都是在形态的基础上进行的，因而其研究重点始终是词法，当今世界上看作语法研究中心的句法，在那时根本就没有地位。词序在语言组织中的作用，最早是19世纪的洪堡特在观察汉语的过程中发现的，但他并没有将之看作是语法手段。将词序看作语法手段是19世纪末英国语言学家斯威特的功劳，为了使这一观点为语言学界所接受，他作了不懈的努力。由于词序不像形态那样显而易见，因而他不得不一再强调："事实上，词序是句法中最抽象的部分，也是最抽象的语法形式。"(Sweet, 1899：124) 如果说，发现形态是语法规律研究的第一阶段，主要是从古印欧语这样的屈折语中总结出来的；发现词序是语法规律研究的第二阶段，主要是从英语这样的分析型语言中总结出来的话，那么，现在我们很可能正处在语法规律研究的第三阶段，即把音节、节奏，或者我们说的音义互动看作是语法手段，而这很可能首先要从孤立型的汉语中总结出来。这很可能是汉语研究有可能对人类语言组织规律研究作出的巨大贡献。当然，比起词序来，音义互动显得更为抽象,因而我们很可能要比斯威特当年花费更多的精力,来说服人们接受这一点。

音义互动的规律最早是郭绍虞先生发现的,他称之为"汉语语词的弹性作用";接着,吕叔湘先生在《现代汉语单双音节问题初探》一文中进一步阐述了这一思想,并将之正式引入语法研究;再后来,赵元任先生更将这一现象提到哲学的高度,说:"音节词的单音节性好像会妨碍表达的伸缩性,但实际上在某些方面反倒提供了更多的伸缩余地。我甚至猜想,媒介的这种可伸缩性已经影响到了中国人的思维方式。"(赵元任,1975:246-247)再后,郭绍虞于1979年提出:"汉语对于音节,看得比意义更重一些。"(郭绍虞1979:444)这就把音节对于汉语组织的意义,提到了一个新的高度。进入新时期以后,冯胜利(1997;2000)、叶军(2001)、吴洁敏和朱宏达(2001)对韵律与语法的关系都作了进一步的探索,其中冯胜利更将郭、吕等的理论进一步拓展到了句法。

二、音义互动的动力

音义互动作为一条语言组织规律,可能是各种语言都有的现象,但在汉语中体现得最明显,也最有可能首先从汉语的研究中得到发现和总结。为什么呢?这是由音义互动的动力决定的。各种语言音义互动的动力并不一定一样,对于汉语来说,这个动力来自两条:(1)汉语、汉字的特点;(2)口语和书面语的矛盾。

所谓汉语的特点,主要是指汉语的孤立性,也就是缺少乃至于没有什么构词、构形形态;所谓汉字的特点,是指造成这种孤立性的一字一音一义现象。

口语和书面语的矛盾,是凡具有这两种形式的各种语言中都可能有的现象,但在汉语中却表现得特别强烈。在汉语里,从基本的语言单位起,从使用语言进行交际的第一步起,口语与书面语、语言与文字便会发生冲突。

这番话说得似乎有点耸人听闻。为什么说从交际一开始,汉语与汉字两者就出现了矛盾?郭绍虞先生首先对这个问题作出了回答。他认为,汉字(书面语)的单位是单音节,汉语(口语)的单位是双音节,说:"中国的语言文字,究属于单音呢?还是属于复音呢?这是一个长期争论着的问题。大抵以前之治语言文字学者以'字'为本位,所以多觉其为单音,现在之治语言文字学者以'词'为本位,所以观其为复音。还有,从口语讲,由于同音语词的增多,语言本身不得不增加连缀的词汇,所以有趋于复音的倾向,不能承认为单音的语言。但从书面语讲,目治的文辞不怕同音语词的混淆,为了要求文辞之简练,有时并不需要复音的词汇,依旧停留在单音阶段。这在文言文中尤其是如此。由于这两种关系,所以词本位的口头语虽有趋于复音的倾向,而在字本位的书面语中,依旧保存着较多的单音语词,这就引起了语词本身的不固定性,这不固定性即是我们所说的'弹性作用'。"(郭绍虞,1938:73)

郭先生的这段话发表已经60多年,但似乎没有引起足够重视。究其原因,恐怕是因为他没有从理论上加以说明,也许人们认为这不过是他个人的观察经验,是登不了语言理论的大雅之堂的。幸好,当今西方的交际理论为这个观点作了一个最好的注脚。

西方现代交际理论把交际过程简化为如下一张图:

（参见Cruce,2000:5）

图一　交际过程示意图

其中最值得注意的是所谓"噪音"。现代信息学认为,信息在传递过程中会发生各种变化,主要是由曲解、无关信息的干扰、因信息减弱造成的损失等引起的,这些统称为"噪音"。由于噪音的存在,接受者得到的信号绝不可能与发射信号完全相同。要是发射信号中的每个细节都十分重要、十分关键的话,那交际成功恐怕完全要靠运气了。为了使交际有效,人类语言就采用了一些补偿办法,来弥补传递过程中信息的流失,其主要办法就是提供一定量的冗余信息。也就是说在信号中信息重复出现,或者信号中的别的信息会对该信息提供一些预示。这样,即使经过了传递过程中的信息损失,接收者仍可以将原来的信息重新组织起来。"据说语言中的冗余信息占了50％。"(同上:6)

我们知道,在汉语可知的历史上,人们是通过创制文字来进行交流的。汉字具有象似性,尤其在创制之初,象形、指事、会意等,多与概念直接相联系,因而形成了一个概念、一个字形、一个音节的传统。这样浓缩的信息在书面传递上是不成问题的(因而形成了汉语书面语以单音节为基础的传统),但在口头交际上就会出现上文克鲁斯所说的"交际成功要碰运气"的情况,因为"噪音"的存在会造成部分信息的丢失,而对转瞬即逝的一个音节来说,部分丢失等于全部丢失。这种交际成功的可能性是很小的。因此中国人之间交谈,如果只说一个字 A,对方肯定紧接着会问:"什么 A?"或"A 什么?",可见单音节在口语交际中是有困难的。为了弥补信息的损失,就必须进行补偿,增加冗余信息。而按照上面所说的冗余信息占 50% 这样一种比例,两个音节看来是最合适的。这就是为什么汉语口语常以双音节为单位,而双音节的意义又往往只相当于一个音节的字的原因:原来其中一个音节的任务,在许多情况下,主要是为了传递冗余信息。例如,加"阿""老""第""子""儿""头"之类构成的合成词,在语义和语法上往往并没添加什么,只是增加了一个音节("阿姨" = "姨","桌子" = "桌"等);并列复合词中的同义、近义、偏义等其中一个音节在意义上都是多余的("危险" = "危" = "险","国家" = "国","动静" = "动"之类);甚至偏正式词中的"咸盐""乌鸦""苍蝇""麻雀"之类,其中前一成分也只具有音节意义;在实际语言使用中,双音节的意义只相当于其中一个音节的情况就更多了。例如,辛弃疾《菩萨蛮·书江西造口壁》上阕结尾是"西北望长安,可怜无数山",下阕开头是"青山遮不住,毕竟东流去","青山" = "山"。这正是汉语的单双音节可以根据需要进行调整的基础。

这样,我们就从信息论和交际理论的角度,证明了郭绍虞先生的论断是有道理的,了解了汉语与汉字在使用中必然会发生矛盾的原因。

汉语和汉字发生矛盾还有另外的原因,主要是在韵律上的。因为一个音节构不成节奏,造成一个音步至少需要两个音节(中国的诗律中有一个音节的音步,那是因为这个单音节的后面其实还有一个休止音节,从时值上来讲"单音节 + 休止音节"还是两个音节);而至少两个音步以上才能造成韵律起伏。

汉语和汉字的矛盾是个客观存在,我们很难说它是好事还是坏事,但至少它形成了汉语、汉字在使用过程中的一大特色。富有聪明才智的中国人充分利用这个特色,创造了汉语所特有的语言应用技巧和策略,以至于到了今天我们已经可以把这些技巧作为语言规律来研究。这个规律,郭绍虞叫作"汉语语词的弹性作用",并且认为主要适用于文言文。我们的研究进一步发现,在用现代汉语写的文章中这种现象仍是大量存在——在汉语中,几乎每一个概念都可以有两种说法,一种用单音字,一种用复音(主要是双音)辞。原本是单音的,有办法造一个双音的供临时用;原本是双音的,也有办法只用其中一个字,使用时完全为了适应文章节奏韵律的需要。这恐怕是汉语书面语的一个根本特色。不了解这一点,恐怕根本无法用汉语写出符合汉族人语感的文章来。因而这个规律也可推广一步,不仅仅适用于语辞,而是从语辞开始直到整个篇章,是调节整个汉语组织的最重要规律。这个规律,就是我们说的"音义互动律"。

三、音义互动律的基本内容

音义互动律的基本出发点,是不简单地只把语言看作是一种交际工具或认知工具,而把语言看作是"人类认知世界和进行表述的方式和过程"(潘文国,2001),也就是说,不把语言看作一个静态的供分析的系统,而看作是人们的一种活动方式和过程,强调语言的动态性,强调语言的生成和变化。具体到汉语,我们接受清代小学研究的优秀成果,强调摆脱字形束缚,从音义互动关系上去把握汉语的词汇系统;我们还接受传统句读学和当代语言学中的某些优秀成果,强调汉语各级组织单位的"可伸缩性"(赵元任语,见上文所引)。音义互动律的基本活动单位是"字",或者说"带义的音节",基本活动方式是单双音节的互动,进而至二、四音节的互动,单、多音节的互动,由此而生出种种变化,造成千姿百态的汉语存在形式。

一种语言的组织规律或者说语法,说到底是两个内容,一个是基本单位之间的聚合关系,一个是基本单位向上的组合关系。在英语中,基本单位是词,聚合关系就是词法,组合关系就是句法;在汉语里,基本单位是字,聚合关系就是字的同义、异义、类义种种变化;组合关系就是由字向上直到语篇的组织。在这两个方面,音义互动律都发挥着重要作用。

1. 聚合关系

聚合关系是语汇的研究,由于在这过程中还创造了新词,因此也包含了构词法的内容。在语言的三大部门语音、语汇、语法中,语汇的研究一向是薄弱的环节,这是因为语音、语法等容易整理出一套系统来,而语汇看起来就像一盘散沙,系统的研究不知从何着手。20世纪现代语义学的发展,在语汇研究的系统性上比以往有了很大的进步,但还有进一步发展的余地。

从目前的语义学理论来看,语义研究的系统性体现在三个方面:第一,逻辑的语义系统。这主要表现在语义场理论,从上到下,从大到小,建立各种语义场、语义分场。第二,心理的语义系统,又可分横向的和纵向的两种研究。纵向的是研究从本义到转义的各种引申,当前的一个热点是隐喻理论;横向的是建立同义、反义、对义等各种类义系统。第三,结构的语义研究。又分三个方面,一是仿照句法结构,建立语义的各个层次,从义素、义位、词义、义丛、句义,直到句群义和语篇义,目前做得比较引人注目的是义素分析法;二是研究语义搭配;三是研究成分间的语法关系。后两项还受到了语法学者的重视,形成了现在颇热的句法语义研究。

但据我们的看法,这一研究格局里还缺少了重要的一块,即从语音出发的语义系统研究。本来,音义关系是语言研究中最重要的关系,从语音出发的语义系统研究理应成为语义系统研究的重要组成部分,但是由于"现代语言学"片面强调音义关系任意性的结果,这一研究没有引起足够的重视,而中国传统在这方面的丰硕成果也一直不为现代语言学家所关注。我们认为,以语音为轴,建立近义和类义的语义语汇体系,正是中国训诂学最重要的成就之一,也是中国古代语言研究对世界语言学的巨大贡献。

近义体系:即凭借音义关系建立同义词和近义词系统。汉语在发展过程中,由于时代和地域的原因,产生了很多意义相同相近而音、形俱不相同的词语,然而学者经过研究,发现其语音之间的联系有一定的规律,或者说,其语音的运动有一定的规律。这个规律,经汉代扬雄提出,到清代戴震总结为一个"转语"理论:"凡同位为正转,位同为变转。凡同位则同声,同声则可以通乎其义;位同则声变而同,声变而同则其义亦可以比之而通。"(《戴东原集·转语二十章序》)"同位"即今天说的发音部位相同,"位同"即今日所说发音方法相同。后来的学者简化为"一声之转",是训诂学中"因声求义"的重要理论依据。中国训诂学发展到顶峰时期,其研究几乎无一不是循着这条路在走。王念孙的《广雅疏证》是这方面的一部力作;20世纪朱起凤作《辞通》,收词四万余条,更是运用音韵知识解决古汉语连绵字问题的宏大著作。"一声之转"是中国学者千百年语言研究的可贵总结,也正是音义互动律的自觉运用,尽管当时并没有提出这一名称。

类义体系:汉语中音义之间的关系不但可解释同义词、近义词,还可解释意义相关的一群群词,从而建立一个个类义词体系。其理论根据是王国维提出的"同类之异名"和"异类之同名"学说——"凡雅俗古今之名,同类之异名与夫异类之同名,其音与义恒相关。同类之异名,其关系尤显于奇名……异类之同名,其关系尤显于偶名。"(王国维《观堂集林·尔雅草木虫鱼鸟兽名释例》)

王国维举的"奇名"例子,如"苔",开黄花的叫"薰",开白花的叫"芨";"檥",大的叫"栱",小的叫"閤";虫,食苗心的叫"螟",食根的叫"蟊";天气下地不应叫"雺",地气发天不应叫"雾"等。更典型的见于王念孙的《释大》:"冈,山脊也;亢,人颈也;二者皆有大义。故山脊谓之冈,亦谓之岭;人颈谓之领,亦谓之亢。彊谓之刚,大绳谓之纲,特牛谓之牨,大贝谓之魧,大瓮谓之亢瓦,其义一也。冈、颈、劲,声之转,故彊谓之刚,亦谓之劲;领谓之颈,亦谓之亢。大索谓之緪。冈、緪、亘,声之转,故大绳谓之纲,亦谓之緪;道谓之垣,亦谓之田亢。"(《高邮王氏遗书》第三册,《释大》第八)

王国维举的"偶名"例子,如虫的"果蠃"、草的"果蠃""栝楼"都有圆而下垂之意;草的"萧童"、虫的"蟠蝀"、虹的别名"蟠蝀"都有长义等,而最典型的可以程瑶田的《果蠃转语记》为例:"双声叠韵之不可为典要,而唯变所适也:声随形命,字依声立。屡变其物而不易其名,屡易其文而弗离其声。物不相类也而名莫不得不类,形不相似而天下之人皆得以是声形之,亦遂靡或弗似也。"全文共收入"转语"300 多条,均由"果蠃"音转而得,如"果蠃(穗)、栝楼(实)、蝸蠃(细腰土蜂)、果蠃(鸟名)、锅䥤、瓠瓜(瓜)、蛞蝼(蝼蛄)、蝼蟈(蛙)、鞠轆(舟名)、疴傁(丈人)、岣嵝(山名)、胊腴(笑貌)、枸篓(轱辘)、拘留……"。王念孙跋此文曰:"盖双声叠韵,出于天籁,不学而能,由经典以及谣俗,如出一轨。而先生独能观其会通,穷其变化,使学者读而知绝代异语,列国方言,无非一声之转,则触类旁通,天下之能事毕矣。故《果蠃转语》,实为训诂家未尝有之书,亦不可无之书也。"(《石臞先生遗文》卷四,《程易畴〈果蠃转语〉跋》)

以《果蠃转语记》和《释大》所体现的语言研究思想可说是有清一代词汇研究高度发展的结果。清代小学的巅峰之作,人们一般推为段玉裁的《说文解字注》,特别是王念孙的《广雅疏证》,实际上其发展并没有到此为止。王念孙的《释大》作于晚年,是一部未完成之作,从方法论来讲,它正好与《广雅疏证》互为补充:《广雅疏证》是从义到音,从一个个字出发,研究音义的联系;《释大》则是从音出发,从更广泛的层面推断音义的联系。从义出发,意义无限;从音出发,声音有限。因而从音出发的研究更具有总体把握性,是王念孙在研究方法上的一个升华。《果蠃转语记》在程瑶田生前未来得及出版,也是王念孙校订后才得以于 1830 年付梓,其时王念孙已 87 岁高龄。讲这两部书凝聚了作为中国训诂学最杰出代表的王念孙的一生最后的心血,可能并不为过。它使人们看到,汉语的词汇不是一盘散沙,而是有着强烈的理据性和系统性,可以以音韵为主轴,将它串联成一个个体系。如果认真加以梳理,我们就能对汉语中古今方俗的词语,如何因义的变化引起音的变化,如何因音的变化造成义的变化,作出合理的解释。

从"同类异名、异类同名"的原理推论开去,人们发现这一原则不但可以用来解释连绵字,还可以用来解释单音字。古人造字,对于有关的概念,往往用声音上有关的字来表示,如"天地""阴阳""男女""人民""王后""干戈""父母""晨昏""乾坤""死生""始终""爱恶"等,相对的概念均有音同音近或双声叠韵的关系,其实这就是语言发生发展过程中的语音语义的双向互动:义的需要引起了音的变化,音的调整适应了义的发展。如果说"以形构义"是语言"象似性"在汉语中的一个体现,那么这种音义互动是其又一表现。认识到这一规律,有时我们就可利用语音反映的关系,来推断有关字义。如"好"表"喜爱"义时与"恶"相对,表"美貌"义时与"醜"相对,但"好""醜"叠韵,可见貌美义产生得更早。再如"穷""通"叠韵,"贫""富"同为唇音,而"穷""富"语音上无关,可见,"穷""富"作为反义词是后起的,等等。

2. 组合关系

组合关系是更直接的语言组织规律的研究,又可以分为两个部分来进行。第一个部分是构词造语过程中的音义互动,这是对语言组织材料本身的研究。第二部分是造句组篇中的音义互动,这是对语言组织过程的动态研究。

第一部分研究的理论依据,我们可以用2000多年前的荀子的两句话来概括,即:"单足以喻则单,单不足以喻则兼。"(《荀子·正名篇》)在这里,"单""兼"指的是音节,"喻"指的是意义。这句话基本上总结了古汉语中音节语义互动的规律。现代汉语中由于时代发展,长句、长辞多了,我看再加一句"兼不足以喻则再兼"也就大体够了。"单"是单音节,"兼"是双音节,"再兼"是四音节,这些音节与语义的配合互动,基本上可以说明汉语在运动中的构词造语规律。郭绍虞先生在这方面作了很深入的研究,他把汉语语词的弹性作用概括为四类,我们简单归纳如下:

(1) 语词伸缩,即语词成语的音节长短,可以伸缩任意,变化自如。

① 重言伸缩　ⅰ重言单用(即变双音为单音)"燕燕(居息)"→"燕(居)"

　　　　　　ⅱ单字衍为重言(即变单音为双音)"燕"→"燕燕(于飞)"

② 连语伸缩　ⅰ徐言疾言(徐言为双,疾言为单)"茨"="蒺藜","奈何"="那"

　　　　　ii 双叠单用（即变双音为单音）"犹豫"→"豫"，"玄黄"→"玄""黄"

　　　　　iii 名词割裂（复音据需要改单或双）"先生"→"生"，"将军"→"将"

　（2）语词分合，即单音语词可任意与其他语词结合或分离，复音语词则可分用如单音。

　　① 助词作用　　i 语缓增字（古代加"发声""收声"；现代加"词头""词尾"）

　　　　　　　　"夏"→"有夏"，"谁"→"阿谁"，"尚"→"尚然"，"去"→"去来"

　　　　　　　　ii 语急减字（减双为单）"不敢"→"敢"，"岂得"→"得"

　　　　　　　　iii 重言连语借助词而单用（同是双音，但节奏感不同）

　　　　　　　　"穆穆"→"穆如（清风）"，"婉娈"→"（静女）其娈"

　　② 非助词作用　　i 同义复词（变单为双）"孰"→"庸孰"

　　　　　　　　　　ii 偏义复词（变单为双）"失"→"得失"，"急"→"缓急"

　　　　　　　　　　iii 复音语词的割裂作用（指缩略语）

　　　　　　　　　　"管婴"＝"**管**仲"＋"晏**婴**"，"骠卫"＝"**骠**骑将军霍去病"＋"大将军**卫**青"

　　③ 增加助词分用词语　　i 分用重言连语（变双为四）

　　　　　　　　　　　　　"微微"→"式微式微"，"猗那"→"猗与那与"

　　　　　　　　　　　　　ii 分用并行连语（变双为四）

　　　　　　　　　　　　　"居处"→"爰居爰处"，"沈浮"→"载沈载浮"

　（3）语词变化，即重言、连语任意混合，形成新语词。

　　① 连语延长为复合的重言（变双为四）"委蛇"→"委委蛇蛇"

　　② 复合重言缩为连语（变四为双）"（意气）懃懃恳恳"→"懃恳"

　　③ 连语缩合成另一连语（变四为双）"激切明朗"→"激朗"，"音问消息"→"音息"

　　④ 连语重言相混（变双为三）"纷纷"＋"纷乱"＝"乱纷纷"，"兢兢"＋"战兢"＝"战兢兢"

　（4）语词颠倒。即双音辞字序颠倒，此与音节、意义均无涉。（参见郭绍虞，1938：75-100）

　　他是从语词弹性的表现方式进行归纳的。我们从音节性出发，在两、三、四，乃至更多的音节条件下,对之进行了讨论。(详见潘文国《字本位与汉语研究》第十章)为什么同样的意义需要不同数量的音节？这是语言表达的需要；为什么不同数量的音节可以表示同样的意义？这是汉语语词的特点所在。因而这个方面是汉语音义互动的极好例证。郭绍虞先生举得较多的是古汉语的例子,其实现代汉语还是如此,除了前面说到过的复合词之外,短语要不要加"之"、加"的",如何加"之"、加"的"是个最明显的例子。

第二部分研究的理论依据,我们可以用1500年前刘勰的一段话来加以概括:"夫人之立言,因字而生句,积句而成章,积章而成篇。篇之彪柄,章无疵也；章之明靡,句无玷也；句之清英,字不妄也。振本而末从,知一而万毕矣。"(见周振甫,1988:306)

刘勰的这段话,有三个地方值得注意。第一,刘勰的"章句",与我们现在一般的理解不同。据我们考证,唐以前的"章句"就相当于唐以后的"句读"(潘文国,1997:194),因此,刘勰的层级体系,其实应该是"字、读、句、篇"。其中的"读"特别值得重视,因为这不是一个单纯的语法或语义单位,而是一个语音语义结合的团块。后来《马氏文通》把"读"更多地比附为西方的短语,又把传统的"读"改称为"顿"。从字到顿、从顿到句的构造,都不能用现代的语法理论来解释。为什么？因为其中涉及音的因素,是现代语法所没有的。郭绍虞先生将从顿到句的过程解释为"积音句而成义句"(郭绍虞,1978:331),他的理解是对的。"顿"是汉语语句组织的灵魂,不了解"顿",就无法造出符合汉族人语感的句子。而"顿"正是由"字"(音节)组成的。

第二,一般人引这段话往往只到"积章而成篇"为止,后面一部分是不引的,大概以为是同义重复。其实后面这一番话同样重要。如果说由"字"到"篇"是个逐层生成的过程,那么,由"篇"到"字",则是个逐层调节的过程。这说明,刘勰的语言组织思想,是个双向的动态过程。这正暗合了1000多年后西方施莱尔马赫等提出的"阐释学循环"理论,比现代某些或是只看到从上往下的分析、或是只关心从下往上的生成的单向性语法理论就要高明。刘勰既顾到生成,又顾到调节。如果"生成"更多地考虑到义的话,则"调节"更多地考虑到音节。这正是个音义互动的过程。

第三,这段话中的最后两句,说明这一规律是个汉语组织的普遍性规律,是真正"执简驭繁"的规律,了解了这一点,千变万化的汉语组织就尽在掌握之中了。

刘勰的这段话,其实提出了与现代从西方引进的语法学完全不同的汉语组织规律,它告诉了我们两点:第一,中国古人是有自身的对语言组织规律的认识的,用这一规律同样可以达到执简驭繁这一语法研究的根本目的;第二,不用主动宾、名动形这些术语,不等于就是没有语法(如果我们给语法下的定义是"语言的组织规律"的话)。如果有什么全人类的"普遍语法",那它一定不是在主动宾等这一层次,而是在更高的层面。

汉语的组织规律确实有与印欧语很不相同的地方。要理解为什么刘勰的体系比现代语法学家的一些体系对汉语更有解释力,我们要从汉语使用的实际情况去看。从汉语的实践看,我们注意到,在汉语语句组织中至少有三种现象,是汉语以外的语言中少见的:

第一,"句限"不清。几乎所有人写文章都有过这样的经验,即不知道句号放在哪里好。有的人是一逗到底,一个段落完了才来一个句号;受过西方语言训练的人仿照英语句子来点句号,结果句子往往显得太密,读起来一顿一顿,很不自然;还有的老手点来似乎恰到好处,自己满意,别人看了也舒服,但却说不出这样标点的原因。实际上,汉语句子的点断,是跟着心中的节奏走的,汉语老到的人,根据意义的需要,在行文时跟着心中的节奏(古人叫"文气")走,该逗则逗,该句则句,舒展流畅,如行云流水。这种说法,从"现代语言学"的眼光来看,似乎太过"玄虚"。但汉语句子的"句限"不清,有很大的主观性,却是个不争的事实。同样一段话给十个人点,很可能会点成十个样子(请注意,这里讲的是现代汉语,不是古文标点),不管理论上对此怎么不满的人,他自己下笔写起文章来,照样句限不清。看来重要的不是急急对之进行否定,而是想法对这现象进行解释。

第二,容纳不了长句。西方语言的句子可长可短,严复(1898)说是少则两三个词便是一句,多则几百个词才是一句。虽然有时代风尚的不同,例如现代英语喜欢短句,维多利亚时代的人却爱用长句,甚至长到一页才一句,也不是不可能的事。但汉语的句子却造不长,稍微长了一点,譬如说超过了一行,就觉得"气"有点接不上,要赶快在中间找个什么地方加个逗号,歇一口气。这讲的是"读"。"句"也是如此,要是四五行了还没有一个句号,读文章的人也会觉得坐不住。这是什么原因呢?

第三,语序的灵活性。人们都说语序与虚词是汉语最重要的语法手段。但是语序与虚词在汉语中的作用体现在哪里呢?或者说,是怎么起作用的呢?老实说，这个问题是经不起推敲的。讲语序在汉语中最重要，无非是汉语的语序更固定、更机械(丁声树的《现代汉语语法讲话》就主张以语序来确定句子成分)，但我们发现事实并非如此，汉语的语序并不比英语更固定，许多情况下甚至更灵活。笔者(潘文国，1997：270-271)曾经举过一个例子，同样一句话，在英语中只有一种说法是最好的，如：

A man was killed by a bus on ×× Road yesterday evening.

换一种说法就比较少见：

A bus killed a man on ×× Road yesterday evening.

再换一种就更不自然了：

Yesterday evening on ×× Road a man was killed by a bus.

但同样的话到了汉语中，却可以有许多说法：

昨晚××路上一个人被汽车压死了。
××路上昨晚汽车压死了一个人。
汽车昨晚在××路上压死了一个人。
一个人昨晚在××路上被汽车压死了。

如果我们把"昨晚""××路上""一个人""压死""汽车"看作 a、b、c、d、e 五个板块，上面四例分别是 abced、baedc、eabdc、cabed 四种排列，我们还可再颠来倒去，排成 bacde、aebdc 等，除了语义重点不同外，哪一种也不见得比别的说法更正式、更标准。至于汉语虚词的丰富程度与英语不可同日而语，前面已经说过了。因此，与英语相比，汉语的语序和虚词根本算不上什么重要规律。那么，汉语的组织规律体现在哪里呢？

这三个现象告诉我们，对汉语语法(语言组织规律)的解释，到目前为止的西方语言学理论、西方语法学理论是不够的，必须另辟蹊径。赵元任(1968)通过主要是对汉语的研究，提出节奏与停顿是语法手段，实际上已经指出了这条新的途径，但没有引起足够的重视，至少还很少有人把它当作汉语主要语法规律来研究。其根本原因在于，在词本位的基础上，是不可能把节奏与停顿真正作为语法规律来研究的，因为汉语的词不可能作为节奏的基本或者起始的单位。只有在字本位的基础上，我们才有可能充分研究节奏和停顿在汉语语句组织中的核心作用。同时,对汉语来说,也只有节律的研究才能真正打通古代的"文法"(作文之法)和现代的"语法"(语言组织之法),改变那种古今汉语研究各自为战、而现代语法研究没有实用价值的局面。

因为,只有从节律出发,我们才能真正解释古代似乎很玄虚的"文气"说。"文气"是什么?说穿了,就是节奏,就是人的呼吸造成的抑扬起伏。凡人类都有呼吸,因此"节奏"问题其实也是个语言共性问题。但是,"共性"不等于在各种语言中都平均分配,或者都有一样的表现形式;各语言对属于人类共有的东西吸取得有多有少,吸取的方法不同,这就形成了各自的"个性"。语言研究应该兼顾共性与个性,但必须更注意个性。

拿节奏来说,英语也有节奏,而且也十分重要。英语节奏的基本单位,以前一般叫"意群"(Sense Group)、"呼吸群"(Breath Group),现在倾向于叫"语调单位"(Tone Unit)(参见 Crystal, 1969:204-205)。"呼吸群"的名称使我们想到,节奏确实是语言组织适应呼吸的结果。从韵律的角度看,英语的组织也可以说成是"积意群以成句",每个句子都可以分解为几个意群,在朗读时这种感觉分外明显,写得地道的英语句子,意群分配得好,朗读起来是一种享受。但是英语的"积意群以成句",与汉语的"积顿以成句"在重要性上并不一样。英语句子的首要规律不是"积意群",而是形态,或者具体地说是"主谓一致"原则;"意群"是句子的下位划分,是在句子内部的韵律调节。从某种角度看,英语的句法和节律走的是"双轨制";而汉语的"积顿以成句"是汉语句子组织的首要规律,因为没有凌驾在它之上的什么更重要的句法规则,汉语的"积顿以成句"和在语义的基础上组句,走的是"一线制"(就是我们讲的音义互动)。

有一点是英语的意群和汉语的顿相似的,即由于呼吸的关系,每个顿或意群的长度是有一定限制的,大致来说,一个顿或一个意群就是一口气发出的音节。英语的每个意群一般只包含两到三个重音,由于每个意群后都有潜在的停顿,因此英语句子再长,读起来也不会吃力。它的句子就完全可按语法的要求来组织。汉语的顿,在诗歌中,每句的理想长度是四拍,散行可能会允许多一些,但估计也多不到哪里去,因为太长的"读"汉语会感到受不了,这个"受不了",其实就是呼吸接不上。这是汉语的"短句"特别多的原因。如果不考虑这一点,光凭语义,甚至光凭从西方引进的周密的语法来组织句子,造出的句子就会拗断人的嗓子。在长句中,汉语尤其难以容忍的是长主语和长定语,从节律的角度看,就是因为汉语在主语结束前一般不允许有停顿(赵元任指出过,汉语在主语后有一个潜在的停顿,可见在主语之前理论上是不应该有停顿的,见赵元任,1968;又按传统句读理论,主语后往往是第一个"读"之所在,此前也不可能有停顿);而定语作为修饰语要紧贴中心语,与之连在一起,也不可能因停顿而搞得支离破碎。批评文言文的人往往讲文言是"目治"的语言,白话文才是口说的语言,但很多文言散文读起来抑扬顿挫、声韵铿锵,一些蹩脚的白话文,特别是深受西洋句法影响的欧化文却上不了口。其原因何在呢?岂不是以字为本位的文言反而注意到了语言的音义结合的本质,而以词为本位的欧化文反而忘掉了这一基本原理,把白话文变成了目治的语言?

汉语章句组织中的节律因素,还有一点可以提及的,就是骈偶的问题,也就是刘勰所谓的"支体必双"。这说明汉语的组织与呼吸的配合更紧密:一呼一吸就是"双",再呼再吸就是"四",所谓汉语组织中追求的"四平八稳",其实就是节律调整的结果。

上面讲的也许有点抽象,下面我们举个翻译的例子来说明。

Rocket research has confirmed a strange fact which had already been suspected there is a "high temperature belt" in the atmosphere with its center roughly thirty miles above the ground.

译文一:用火箭进行研究已证实了人们早就有过怀疑的大气层的一个中心在距地面约 30 英里高空的"高温带"的这种奇怪的事实。

译文二:人们早就怀疑,大气层中有一个高温带,其中心在距地面约 30 英里的高空。利用火箭进行研究后,这一奇异的事已得到证实。

原文是一句,中间没有停顿,译文一也是如此,语法上正确无误,语义上字字对应,语用上也是目前科技翻译论著中并不罕见的。译文二译成了两个句或五个"读",中间有四个停顿,与原文已不对应;语法上前一句"应该"进一步断成两句(因为从"其……"开始主语变了),而后一句从理论上说是"病句"(因为主句的主语"事"不可能做前一分句中动词"进行研究"的主语)。然而人人都会同意,译文二符合汉族人的语感,而译文一是个"翻译腔"极重的句子,根本无法卒读。其原因就在于译文二符合"积顿以成句"的音义互动组织句子规律,而译文一只符合西方语言的"语法"。

这个例子从深层去看,会提出更发人深省的问题:究竟什么是语法?音义互动究竟应看作是修辞现象,还是语法规律?如果我们承认"翻译腔"符合西方语言的语法而不符合汉语的语法,这个问题的解决就要顺畅得多。这也正是我们提出音义互动律是汉语最重要的组织规律的根本原因所在。

四、音义互动律对一些汉语现象的解释

运用音义互动理论,我们可以对汉语中很多习焉不察的现象作出解释。这里试举一些例子。

1. "双音化"

几十年来,有许多人在谈论汉语词汇的所谓"双音化"的规律问题。我们认为,汉语双音词的增多是一个事实,但"双音化"不是一个规律。真正的规律是单双音节的配合使用。"双音化"是这条规律的结果,而不是原因。更重要的是,"双音词"由于其相对凝固性,可以收入辞典等工具书,但决不能认为在使用中也必须定型。在使用中,单音词也好,双音词也好,服从的仍然只是单双音节调配的规律,双音词重新拆单使用可说是非常正常的现象。另外,从意义上不能解释为什么是"双音化"而不是多音化,因为随着时代发展,意义愈趋精密复杂,其合理推论应该是多音词不断增多,但汉语却总是设法控制在双音以内。可见音义互动律对于汉语之重要。

2. 离合词

与"双音化"有关的是汉语中所谓的"离合词",这是近一、二十年汉语研究的又一热点。人们正确地指出了这是汉语中一个特殊的现象,但这现象用现行的词汇、语法学说来解释是颇为勉强的,甚至"离合词"这个名称都有问题:一种语言里的词应该有相对的稳定性,如果"合"着是词,"离"了也是词,那它还有什么稳定性可言?而从上面我们对"双音化"的分析可知,"双音化"本来就不是什么规律,"离合词"也未必是词,它们都是在音义互动过程中产生的一些阶段性结果。由于音义互动的基本表现之一是单双音节的调配,因而双音词的拆单使用,和离合词的或离或合都是汉语中极为正常的现象。就好像汉语的"词"和"语"永远难以划清界线一样,"离合词"也永远不可能编出一部完备的词典。现在有许多人在作这样的尝试,搜集了许多这样的事例,汇编成书,但我们希望编写者和使用者都有这样

的认识,即这种工作是不可能穷尽的,也没有必要穷尽;尤其不能用僵化的、固定的模式去看待这样编出来的词典,认为就是这些词是离合词,必须死记硬背了才会运用。其实,了解了这不过是汉语语言组织规律的反映,人人都可以在一定条件下大胆地使用,根本不必依赖什么词典。

3. 成语

提起成语,很多人马上会联想起两样东西:一是这必定是在古书上出现过的;二是四字的整齐形式,而且其组成部分是定型的,不能随意更改。《辞源》上对"成语"的定义就是这样下的:"习用的古语,以及表示完整意思的定型词组或短句。"(《辞源》第二册,第1186页)但这个定义经不起推敲,很多问题由此而生。例如,(1)"古语",那"今语"算不算?"鼓足干劲""力争上游","百花齐放""百家争鸣"是不是成语?(2)什么叫"习用"?使用到多大比例才叫"习用"?对此理解不一,就造成了各种成语词典收条不一的情况。(3)什么叫"表示完整意思"?在语法中,"表示完整意思"的起码是句子,成语中如"愚公移山""精卫填海"也许符合这个要求,但绝大多数成语只相当于一般说的一个词,如"克勤克俭""井底之蛙"等。(4)"定型",但我们又知道,"成语的活用",是成语使用中的一个常见现象。我们提出以上这些疑问,目的不在于否定这个定义,而是想透过它来探讨汉语成语的真正性质。事实上,成语不一定非要古书上出现过的,不一定非要经过"习用"的阶段(试问第一个使用者用的叫什么?),不一定非常"定型",不一定是短句,也不一定是四个字。上述定义中剩下的,只有个"词组"。问题在于,这是个什么样的词组呢?凭直感,我们觉得汉语的成语与英语的所谓"idiom"或"proverb"不一样,其不一样又在哪里呢?如果运用音义互动的理论,就可以知道,成语是在"因字而生句(读),积句(读)而成章(句)"的过程中形成的,实际上是一"读",是语音停顿的产物,正因为如此,它与音节、节奏有密切关系,这是它常用四音节形式的主要原因。而成语之"成",其实是"现成",在组语造句过程中,运用一个现成的说法或格式(后者是成语"活用"或"新创"的基础),往往可以收到言简意赅的效果。由于"因字而生句(读),积句(读)而成章(句)"的造句过程只发生在没有形态的汉语里,在依靠形态造句的英语里不可能有,因此我们找不到汉语成语在其他语言中的对等物。

4. "说文解字"式的释义方式

打开任何一本汉语词典,我们都可能发现一种在别的语言里不大可能有的释义方式,即"说文解字"式。一个双音词,可以通过分别解释其组成部分的意义变成一个四字词组。更有意思的是,这个四字词组中的两个组成部分还可用此法进一步转相引申,从而形成一个有趣的序列(有时会回到出发点,成为一个循环圈)。例如:"骄横"——"骄傲专横","专横"——"专断强横","强横"——"强硬蛮横";"娇柔"——"娇媚温柔","温柔"——"温和柔顺","柔顺"——"温柔和顺";等等。这种拆二为四、拆四为八的过程可以一直进行下去;反过来,我们也可把汉语的双音词看作是四音词组的浓缩。可见前文郭绍虞提到的一些现象在现代汉语中同样存在。复合词与词组之间的这种弹性是非常中国式的,同样以复合词丰富著称的语言如德语,就不可能有这种弹性的方式;反过来,汉语也无法容忍德语中那种长长的,甚至长达一行的复合词。任何根据意义需要组合的词语一超过四个音节,只要有可能,在使用时几乎肯定会缩略成两个音节。在这种情况下,双音词中的一个组成部分与其说是代表了一个"语素",不如说是代表了另一个词或者更大的成份(例如,"政协"的"协"代表的是"协商会议",而"协商会议"不可能是"协"这个"语素"的意义)。

5. 四音组合的重要性

四音组合在汉语中的重要性在固定结构中表现得最明显,汉语中存在着大量凝固的四音节结构,有的是成语,有的是不是成语很难说,如"颠三倒四""横七竖八""糊里糊涂""乱七八糟"等;还有一些从临时组合到日趋固定,如中共中央拟作为三个干部教育培训基地的办学方针是如下 20 个字:"艰苦奋斗,执政为民,与时俱进,开拓创新,实事求是";中国申博过程中催生的"申博精神"主要表现为:"胸怀祖国,不负使命"的信念,"万众一心,顽强拼搏"的作风,"顾全大局,团结协作"的风格,"精益求精,追求卓越"的品质,"自信从容,博采众长"的风范。这中间很多并非成语,但一无例外用了四字形式。对于这些结构究竟是看作词还是短语是有不同看法的,用过的一些称呼有"固定词组""固定短语""固定结构""四字词组""四字短语""四字格""四字语"等。之所以会有这种种说法,原因就在于对这种结构的性质没有把握。从用法上看吧,好像是一个词;但从结构上看吧,却又比通常理解的词复杂得多。例如,"天高地厚""花好月圆"就像并列的复句,"亡羊补牢""人云亦云"像偏正复句,而"优哉游哉"只能算是词,"逃之夭夭"简直说不上是什么。而从汉族人的语感看,正如吕叔湘所说,双音节的多少像"词",四音节的多少像短语。

我们觉得这个问题固然可以从结构上去看,从语义上去看,但更重要的恐怕还是从音义互动的角度去看。前面我们已经看到,汉语的构词造语,不完全是出于意义上的需要,有的时候,甚至可说更多的时候,节律上的考虑更加重要。双音节、三音节、四音节都是如此。汉语的所谓"词""语"(成语、惯用语),其构成与西方语言很少共同之处,大多是在使用过程中凝固而成的,是"积字成读"的结果。只要翻看一下《辞源》,就可见此言不虚。同样的"读",用的人多了,就慢慢固定了,其中最多的是双音节和四音节,前者就被看作"词",后者就被看作"语"。用现代的语法术语去分析,会把这些"词""语"搞得非常复杂。

但四音组合的重要性不仅在此,还在于它在整个汉语组织中的枢纽地位。

第一,如果说双音节是汉语节奏的基本单位,那么四音节可以说是汉语节奏运行的最简单形式。我们不妨回顾一下近体诗与骈文的格律。近体诗的例子如:(—表平声,│表仄声,加点的表示节奏点)

无边落木萧萧下,— — │ │ — — │
不尽长江滚滚来。│ │ — — │ │ —

骈文的例子如:

关山难越,谁悲失路之人;— — │ │ ,— — │ │ — —
萍水相逢,尽是他乡之客。│ │ — — ,│ │ — — │ │

我们看到,它们并不是以一个单音节的声调作为基本单位进行变化的,而是以一对双音作为基本单位去变化。这就与西方诗律以单音节为单位、以轻重或长短音节的交替去变化的情况不同。以双音为单位,最简单的变化当然就是— — │ │或│ │ — —这种四字形式了。这种形式使人感到一种满足与稳定。

有人认为这种情况只存在于古诗文里,现代汉语并不如此。这种看法恐怕是简单化的。一种语言的"动力特点"(dynamic features,萨丕尔语,见 Sapir, 1921:230)是不会轻易改变的。白话文与文言文固然在形式上已经有了很大区别(与骈文这种人为的文体相差更大),但即使在今天,四字结构仍是汉语最稳定的形式,特别是一句话的结尾,如果是四字结构,就给人一种稳定感;否则就给人一种不稳定感。我们把这个叫作"尾重心原则"。这可以说是现代汉语造句作文的秘诀之一。近年来,有些搞翻译的人竭力反对在译文中用四字格,认为用多了会使译文不像译文;这固然有一定道理,但是如果不懂得用四字格和四字尾,就会使汉文不像汉文。两者相比较,恐怕译文首先应该像汉文,其次才是像译文,因此四字结构的重要性是不待言的。

第二,汉语以单音节的"字"为本位,带来的在语言组织上的另一个特点是对偶性(Parallelism)。双音节、三音节中已经有了对偶性(双音节的并列式其实就具有对偶性),但因为双音节本身只有一个节拍,三音节只存在于 2 + 1 的前一个节拍内部,也只是一个节拍,因而都引不起变化("东方红,太阳升"是在"读"以上的层面,而且有了六个音节)。只有四音节才是体现对偶性的最小最合适形式。对偶性是汉语节律的又一种表现形式,其中也是节律的需要胜过语义的需要。

第三,汉语的组织规律,四音节是条界线,语义组合、音节调整,以及音韵配合,都已得到了丰富的体现。古代语文教学教对对子,只到四字为止,以后的千变万化,不论多长的句子,都可以分解成双、三、四音节等的组合,再进行分析。对对子就是古代的语法教学,张志公先生说:"总起来看,属对练习是一种不讲语法理论而实际上相当严密的语法训练。"(张志公,1992:100)这是真正的执简驭繁。语法研究的根本目的是为了执简驭繁,如果说学习英语,可以从掌握七个基本句型着手的话;学习汉语,就可以从掌握四字结构的变化着手。现代汉语中长的语词、长的句子更多了,但其语言组织规律的基础还是如此。

五、要重视书面语语法的研究

前面我们说到,音义互动律的动因源于口语和书面语的矛盾。那么接下来的问题便是,这条规律究竟是属于口语的,还是属于书面语的?这个问题恐怕很难回答。对于汉语这样一种既有成熟的口语、又有成熟的书面语的语言,这实际上已是个先有鸡还是先有蛋的问题。在书面语中,我们既能看到上古文献中便有"满招损,谦受益""昔我往矣,杨柳依依;今我来思,雨雪霏霏"这样的"千古对句之祖";在口语中,我们也能听到现代农村中一字不识的老太太也满口掉文,甚至说出"鉴貌辨色"这种一般大学生也未必能懂的大量的四字格。从刘勰说的"造物赋形,支体必双""奇偶适变,不劳经营"(周振甫,1986:314)来看,他认为这种能力甚至是天赋的。但对于我们今天来说,恐怕更应重视的是书面语语法的研究以及它对口语语法的影响。

我们这样主张的原因有三条:

1. 比起口语来,书面语的语法更复杂;而且,语法的复杂化,往往是从书面开始,而流向于口语的

这是美国语言学家佩伊的观点,而我们认为他说的是对的。佩伊说:"与文化程度高的相比,普通人的语法是最初步的;口语的句法通常不如书面语复杂。句法最终弄得这么复杂,是政治家、文学家、科学家需要精密的语言学上的区别来表达他们复杂的思想。当西塞罗和维吉尔在炮制他们那些转弯抹角的演说辞和诗歌的时候,罗马大街上的老百姓恐怕说的是最简单的短句,不会用那些复杂的修饰语和冗长的从句。因而与音系和词法不同,在句法上更需要区别常识低的与学识高、口语的和文学的。我们现在从拉丁语和英语语法中学来的那些复杂的句法并不是日常用的,而是书面上的、读书人用的,乃至诗歌上的。"(Pei, 1965:141)汉语在历史发展过程中形成的这种音义互动律,最初可能是从自然的口语影响到书面语的,但后来书面语经过了穷凶极恶的发展,以至于形成了四言、五言、七言各种诗体,辞赋、骈文、词曲、对联、八股这些汉语独特的文体,以及双音词、四字语这些独特的语言建筑材料,对口语组织的影响绝对不可小觑。

2. 从实际的情况看,是书面语对口语的影响大于口语对书面语的影响

这是当代著名学者张中行的观点,而我们也认为,他说的是对的。张中行先生曾经分析过现代汉语书面语不可能同口语一致的几个原因:① 口和笔的不同。"口散漫,笔严密,口冗杂,笔简练,口率直,笔委曲,出于口的内容大多是家常的,出于笔的内容常常是专门的"。② 执笔为文常经过修改或修润,"事实上总是越求好,文的气味越重"。③ 作文的人学文而不学语。"执笔为文,总是通文的人。通文,旧时代的,脑子里装满庄、骚、史、汉,新时代的,脑子里装满鲁迅、巴金,自己拿起笔,自然就不知不觉,甚至心摹手追。"④ 口语的地域、年岁、阶层等造成的方言土语的不同,"学用官话或普通话写,许多人是只能通过书面语……上者是鲁迅、朱自清等,下者是书刊上的流行文字"。⑤ 欧化句法本来不是口语所有。"执笔为文,表现新时代的新意,就不知不觉也会欧化,或不能不欧化。"⑥ 还有故意远离的。"有些人似乎坚信,既然是文,就不能不远离口语。"(张中行, 1988:167–170)一些"现代语言学"家把口语和书面语的关系想得过于简单,好像书面语只是口语

的记录,仅此而已。而我们认为,口语诚然是第一性的,书面语来自于口语;但书面语一旦形成,就有了自身的发展规律,并不始终与口语的发展同步,甚至可说往往是不同步的。口语与书面语的分离,可说是各种语言的共同现象,只是程度不同而已。在一种成熟的、有悠久历史与文化的语言里,书面语与口语之间,是一种你中有我、我中有你、彼此渗透、彼此影响的错综复杂的关系。而且这种相互影响,比较起来,还是书面语影响口语的成分多一些。

3. 20世纪以来的"现代语言学"轻视书面语的偏见,已经影响了语言研究的深入

这是英国当代著名语言学家、《剑桥语言百科全书》的编者克利斯托尔教授指出的,而我们也认为他说的是对的。克利斯托尔说:"从科学的角度看,我们对书面语的了解远不如我们对口语的了解,这主要是由于20世纪语言学对口语研究的偏向造成的。这种偏向直到最近才开始得到纠正。"(Crystal,1997:179)应该承认,20世纪以前,世界各国的语言研究,重点都在书面语上,忽视了口语,这是个不好的偏向;而在20世纪初"现代语言学"诞生之后,语言研究又一窝蜂地拥向了口语,书面语受到了极度的冷落,以至于有人觉得似乎从事书面语的研究,就不能算语言学的研究似的。这是另一个不好的偏向。极度冷落书面语的结果是,在结构主义时期,人们只对没有文字,甚至濒临死亡的语言感兴趣;而在生成语言学时期,人们只想从身边几个最简单的例子入手,来"解释"全人类的语言。如果说20世纪以前的偏见造成的后果是规定主义、墨守陈规,则20世纪新的偏向带来的后果是不重视语言实践,以及全球性的阅读能力和写作能力的下降,在对书面语依赖比较严重的语言如汉语里,这种情况更加严重。幸而如克里斯托尔指出的,近一二十年以来,人们已经注意到了这一点,而且正在纠正这种偏向。可以期待今后的语言研究与教育将在这两者之间取得更好的平衡。

参考文献

冯胜利,1997,《汉语的韵律、词法和句法》,北京:北京大学出版社。
冯胜利,2000,《汉语韵律句法学》,上海:上海教育出版社。
郭绍虞,1938,"中国语词之弹性作用",载郭绍虞《照隅室语言文字论集》,上海:上海古籍出版社,1985年,第73-111页。
郭绍虞,1978,"汉语词组对汉语语法研究的重要性",载郭绍虞《照隅室语言文字论集》,上海:上海古籍出版社,1985年,第327-336页。

郭绍虞,1979,《汉语语法修辞新探》,北京:商务印书馆。
吕叔湘,1963,"现代汉语单双音节问题初探",载吕叔湘《汉语语法论文集》(增订本),北京:
    商务印书馆,1984 年,第 415-444 页。
潘文国,1997,《汉英语对比纲要》,北京:北京语言文化大学出版社。
潘文国,2001,"语言的定义",《华东师范大学学报》2001 年第 1 期,第 97-108 页。
潘文国,2002,《字本位与汉语研究》,上海:华东师范大学出版社。
吴洁敏、朱宏达,2001,《汉语节律学》,北京:语文出版社。
叶　军,2001,《汉语语句韵律的语法功能》,上海:华东师范大学出版社。
张志公,1992,《传统语文教育教材论》,上海:上海教育出版社。
张中行,1988,《文言和白话》,哈尔滨:黑龙江人民出版社。
赵元任,1975,"汉语词的概念及其结构和节奏",载袁毓林主编《中国现代语言学的开拓和
    发展——赵元任语言学论文集》,北京:清华大学出版社,1992 年,第 231-248 页。
周振甫,1988,《文心雕龙今译》,北京:中华书局。
Chao, Yuen Ren. , 1968, *A Grammar of Spoken Chinese*, Berkley, California: University
    of California Press.
Crystal, David. , 1969, *Prosodic Systems and Intonation in English*, Cambridge:
    Cambridge University Press.
Crystal, David. , 1997, *The Cambridge Encyclopedia of Language*, 2nd edition,
    Cambridge: Cambridge University Press.
Cruse, Alan. , 2000, *Meaning in Language: An Introduction to Semantics and
    Pragmatics*, Oxford: Oxford University Press.
Pei, Mario. , 1965, *The Story of Language*, New York and Scarborough, Ontario:
    Meridian.
Sapir, Edward. , 1921, *Language, An Introduction to the Study of Speech*, New York:
    Harcourt, Brace & World, Inc.
Sweet, Henry. , 1899, *The Practical Study of Languages*. London: Oxford University
    Press, 1964.

(原载北京大学《语言学论丛》第二十九辑,北京:商务印书馆,2004 年)

汉字

序

汉字的音译义

古代汉语的词义研究设立三个层次：本义，引申义，假借义（见王力主编《古代汉语》教材）；现代汉语的词义研究只设立两个层次：基本义和转义（包括引申义和比喻义）（见黄伯荣、廖序东主编的《现代汉语》教材）。这两套系统在本质上很不相同。第一，古汉语学者说的"本义"不同于现代汉语学者说的"基本义"，因为前者重视的其实是汉字的"造字本义"，通常可以通过字形的分析来求得；而后者指的是词在使用中所体现出来的最基本的含义，是词的转义所由产生的出发点，一般并不以字形分析为依据。第二，现代汉语词义系统中没有古汉语中的"假借义"这一层次，而假借义通常是由于读音相同或相近而通过字形与"本字"建立联系的。由此可见，古汉语中的词义系统是建立在汉字字形的基础上的，严格地说应该叫作"字义"系统，以与现代汉语的"词义"系统相区别。或者换一句话说，古汉语学者采用的是一种"字本位"的词义研究，而现代汉语学者采用的是一种"词本位"的词义研究。两者的出发点并不一样。

这两种不同体系的研究各有各的用处，在不同的场合，为不同的目的，不妨交替使用。值得注意的是，由于现代汉语中双音词及多音词占了相当大的比例，人们对现代汉语中以字为本位的词义研究往往重视不够，甚而认为现代汉语中不存在"假借义"。这恐怕是一种误解。近年来，越来越多的学者从理论上证明了，汉字与汉语是相适应的，不仅对古代汉语如此，对现代汉语也是如此。只要汉字存在一天，我们就不能拒绝利用汉语的字形来为汉语的教学与研究服务。事实上，不但是中国儿童的识字教学，就连对外汉语教学中的汉字教学，也越来越多地利用了"说文解字"的手段，利用了汉字的偏旁部首；同时，越来越多的外国朋友，在学习了一定数量的汉字以后，也对汉字的分解及偏旁部首的意义越来越感兴趣，认为这些知识有助于他们掌握汉字。这一形势必然会促使我们对字形能反映字义的汉字的重视，但另一方面，对那种字形不能反映字义的种种现象我们也必须予以充分的注意。其中之一，就是现代汉字中的"假借义"。

现代汉字中的"假借义"大抵有三种情况。第一种，是用汉字记录方音而造成的。由于很多方言词"有声无字"，用书面语记下来的时候就不得不借用现成的汉字,例如"麻雀",宁波话中读作"麻 jiang",写下来成了"麻将",通行全国的"麻将牌"其实应该是"麻雀牌","将"字的"雀"义就是一种"假借义"。这种情况在方言作品中很多,有的甚至已进入了全民语言。例如吴方言中的"寿"(义为"傻")、"耐"(义为"你")、"荡"(义为"逛")、"崶"(义为"好")等。假借是创造新字的桥梁,古代如此,现代也是如此,如"嗲""汰"等。广州话中这种字更多,因不便排印,此处从略。第二种情况,是用俗字记录难字而造成的,这与古代"通假字"产生的情况类似。如把"蹄髈"的"髈"写作"胖",把"老闆"的"闆"写作"板"等,从而使"胖""板"等字取得了假借义。汉字简化过程中有一个重要的方法是"同形替代",即是利用了这一手段,如以"面"代"麵"、以"腊"代"臘"、用"别"代"彆"、用"台"代"臺"等。这种办法的使用需要取得有关权威机构的承认,否则会造成语言文字使用的混乱,例如现在民间有用这种方法乱用字的,就只能叫作"错别字",应在纠正之列,如以"九"代"韭"、以"旦"代"蛋"等。第三种情况,是用汉字记录音译外来词的。这种情况其实也是"古已有之"的,如用"师"(后来专门造了"狮"字)、"站""禅"来音译外语的"ser""jam""dhyana"等,只是 19 世纪以来随着中西交流的日趋频繁不断增多,尤其值得我们注意。

对于音译外来词,人们关注较多的是多音词,如古代的葡萄、琉璃,近现代的沙发、咖啡、迪斯科、康乃馨等。多音词中各个汉字都只表示读音,与它们自身的意义没有关系,但这还不是字的假借义,因为这些字都不能脱离所在的多音词单独存在。只有当多音词中的某个字能够脱离其产生背景单独存在表义,或者作为语素与其他成分合成新词新语,我们才认为它取得了"假借义"。为了与传统的假借义相区别,我们专门取了个名称叫"音译义",以引起人们对这一现象的足够重视。单音的译音词,当然都有"音译义"。

字的音译义是现代汉语在使用过程中的一个重要现象。根据使用的情况,我们把音译义分为三类。第一类是在音译过程中还专门为之造了新字的,如"泵""啤""镑""吨"等。其中最大量的是化学、医学、纺织等学科的术语,如"氮""氖""钠""硒""胺""烯""腈"等。这类汉字的字义都为音译义是显而易见的。第二类是地名、人名等,其中有的字已脱离其产生的环境产生了音译义,如地名中的"亚""非""欧""美""英""俄",人名中的"卡""瓦""安""伏"等。需要注意的是,用于人名、地名音译的字不少,但产生音译义的并不多,因为很多字还无法脱离其生存的环境。如地名中的"阿",我们见到"中阿关系"这组词,知道"阿"为译音词,但只有看了上下文,才知道这个"阿"指的是"阿尔巴尼亚",还是"阿尔及利亚",还是"阿富汗""阿曼""阿拉伯联合酋长国"等;"日""法""德"等指代比"阿"明确,但还离不开"中×关系""×侨""×租界"等几个有限的组合,不像"英""美""俄"等指代明确,使用场合又多,如"英"有"英制""英尺""英里"等,"美"更有"'美籍华人'和'华籍美人'的联姻"这样的双关用法。人名中,尽管"马""列"等使用相当频繁,但都无法单用;其他人名译名如只用一个汉字,往往需要加上一个"氏"字(个别可加"翁"字)以示其为人名,如"斯氏"(斯坦尼斯拉夫斯基)、"高氏"(高尔基)、"莎翁"(莎士比亚)、"托翁"(托尔斯泰)、"萨翁"(萨马兰奇)、"托派"(托洛茨基)等,真正取得独立使用资格的只有作为科学单位的少数人名,如上举的"卡"(法语 calorie—卡路里—大卡、千卡)、"瓦"(英语 Watt—瓦特—六十瓦、千瓦)、"安"(英语 Ampere—安培—微安、毫安)、"伏"(英语 Volt—伏特—二百二十伏、百万伏)、"赫"(德语 Hertz—赫兹—兆赫、千赫)等。这一类里还可加上利用现成汉字来音译单位名称的那些字,如"打"(dozen)、"克"(gramme)。又如"码",原来用来义译英美长度单位 yard,1"码"等于 3 英尺,足球场上罚 12 码点球即用的这个含义,但因为在其他场合,中国人不常用这个单位,而汽车行业的发展却异常迅速,于是在许多汽车司机口里,"码"字已用来音译 mile 一词,汽车开到 60 码,即将近每小时 100 公里,这样就使"码"字取得了新的音译义。

第三类是本文要介绍的重点。有些词本来是一般的外来词,在音译的过程中产生了音译字。在长期的使用过程中,音译词中的某个音译字逐渐取得了独立性,或者可以单独使用,或者可以组成新词新语。我们就认为这些字产生了新的字义,亦即音译义。这是当代汉语在发展过程中的一个特殊的现象,如果说前两类音译义还有人注意到的话,那么这一类还未见人专门研究过。我们近来注意搜集了一部分例子,现列举如下,供有志研究这一现象的朋友参考。

1. 巴

译自英语 bus,音译词为"巴士",因一部香港电影《巴士奇遇结良缘》而流行国内。取得音译义后可组成"大巴""中巴"等。

2. 吧

译自英语 bar,音译词为"酒吧"。取得音译义后可组成"吧台""吧女""咖啡吧""氧吧"等。

3. 宕

译自英语 down,此词是桥牌专用术语,义为"失""输"等,在打桥牌时使用相当活跃,如可说"宕墩""打宕了""宕了几副牌""宕了若干分"等。

4. 的

① 译自英语 taxi,音译词为"的士"。取得音译义后可组成"面的"(作出租车用的"面包车")、"残的"(作出租车用的"残疾人用车")、"打的"(坐出租车)、"的来的去"(坐出租车来回)等。

② 译自美国英语 Dacron,音译词有二:"的确良"或"涤纶"。作为音译义,"的""涤"可以相通,见"涤"字条。

③ 英语 Disco 汉语通常译作"迪斯科",但香港、广州有译成"的士高"的,作为音译义,"的""迪"相通,可组成"迪(的)舞""迪(的)厅"等。

5. 涤

译自英语 Dacron,音译词为"涤纶"。取得音译义后可组成"棉涤""毛涤""丝涤""涤丝""涤上涤下"(指上下身均穿的确良衣料的服装,在 20 世纪 60 年代初是颇时髦的)、"涤卡"等。

6. 碟

译自英语 disk,音译词为"碟片"。取得音译义后可组成"光碟""磁碟""影碟""影碟机"等。此用法来自港台,国内通常意译为"盘",相应地称为"光盘""磁盘""视盘""光盘机"等。

7. 卡

① 译自英语 car,音译词为"卡车"。这个词译得有些奇怪,因为在英语中,car 一词从来没有过汉语中"卡车"(实为货车)的意义,"卡"的原义只存在于上海话"拉司卡"(last car,最后一辆汽车、最后一个)中,其他场合只有"三轮以上机动货车"的含义。取得音译义后可组成"三轮卡""摩托卡""十轮大卡"等。

② 译自英语 card,音译词为"卡片"。取得音译义后可组成"借书卡""电话卡""信用卡""IC 卡""金卡工程""磁卡""病历卡""贺年卡""圣诞卡""生日卡""取奶卡""游戏卡""贵宾卡""胸卡""索引卡"等,异常活跃。

③ 译自英语 khaki,音译词为"卡其"。取得音译义后可组成"纱卡""线卡""的卡"等。

④ 译自英语 cassette,音译词为"卡式录音机"。这个音译词很有意思,"卡式"

本来是"cassette"整个词的音译,但人们误把"式"当作"式样"的"式",把"卡式"录音机看成与"台式"录音机相对待的另一种式样的录音机。取得音译义后可组成"单卡""双卡"等。

⑤ 译自英语 casserole,音译词为"卡式炉"。这个音译词还要有意思,"卡式炉"是 casserole 全词的音译,但因为"式""炉"在汉语中都有意义,加上 casserole 正好是一种炖煮食物的炉子,因而人们以为"卡式炉"是一种式样别致的新式炉子。这里的"卡"还没有取得音译义,但容易被人们看作有一种音译义,因此附在这里。

8. 拷

① 译自英语 copy,音译词为"拷贝"。取得音译义后可单用,如说:"拷一份给我""把这篇文章拷成一式三份"等。

② 译自英语 call,音译词即为"拷",打电话可说"拷",如说:"有事拷我"。但该词现主要用于有关传呼机的场合,"拷我"常被理解为打我的传呼机。"拷"字取得音译义后可组成"拷机"等,还可说"没事不要乱拷"。

9. 啤

译自英语 beer,音译词为"啤酒"。这个汉字是为这个意义专造的。取得音译义后可组成"黑啤""黄啤""生啤""熟啤"等。

10. 胎

译自英语 "tyre",音译词为"车胎"。取得音译义后可单独使用,如:"胎爆了!""旧胎不行了,你得去买个新胎。"也可组成新词新语,如"轮胎""自行车胎""内胎""外胎""备胎""破胎""补胎"等。

11. 听

译自英语 tin,音译词即为"听"。作为音译义,可组成"饼干听""糖果听""听头""听装食品"等。

除了这些字之外,还有一些以前不拆开的字现在也开始单用,逐渐取得了音译义,如"模"(来自 model,音译词为"模特儿"或"模特",现在有"名模""模界"等说法)、"秀"(来自 show,"作秀""脱衣秀"等说法均源自香港,现有向内地渗透趋势)、"密"(或作"蜜",来自英语 Miss,音译词是"密斯",近来北京人爱把老板出行随带的青年女子称为"小蜜")等。还有一个专做构词元素用的译音字"纶",其意义也相当固定,为"某种衣料",其组合如"氯纶""涤纶""腈纶""胺纶""沃纶""特丽纶"

"锦纶"等,其中有的是英语后缀-ron或-lon的音译,有的是中国纺织专家的自创。如果"nylon"一词不是早已译成"尼龙",恐怕早晚也会译成"尼纶"。与上面不同的是,"纶"字不能单用,因此我们另列在这里。

(原载香港《词库建设通讯》1998年12月总第18期,第26-30页)

"规范"与"规范词典"

由《现代汉语规范词典》出版和江蓝生委员的提案而引起的关于"规范词典"的讨论很有意义,对我国词典的编写及词典学的发展会有积极的影响。《中华读书报》编辑部为使讨论深入,有意设计了一些问题,邀请一些专家回答,以期展开更加针锋相对的争论,这一做法更值赞许。我虽不在词典编纂专家之列,但也被邀请,深感荣幸。

对这场讨论的情况,我主要是通过阅读《中华读书报》和北大中文论坛上的一些帖子了解的,在阅读的过程中也产生了些想法,觉得有些情况不利于讨论的深入。在回答问题之前,我想先把这些想法说出来,作为我对这场讨论本身的建议:第一,发表意见必须排除个人因素和情感因素。两部词典涉及两个所和两家出版社,如果过多地考虑与两所两社,尤其是其中的人事关系,就难免会说出一些违心或不公正的言语。我想我们都应尽力避免这一点。我自己在两所两社中都有一些朋友,有的还是我的师长一辈,但我想声明,我的意见不是针对任何个人、任何具体单位的。第二,不要过多纠缠于两部词典的具体内容,特别是一词一义解释之短长。这场争论实际上涉及的已不是一部词典本身的对错得失,而是词典编纂和词典学理论的一些更广泛的原则问题。英语词典学先驱约翰逊博士说得好:"词典就像手表,最差的也比没有要好;最好的也别指望它走得分秒不差。"《现代汉语规范词典》的编纂历时十余年,其成就,特别在推动规范化方面的成就不容置疑;但具体释例中难免也会有一些瑕疵。然而这与词典之能否命名为"规范"是两回事:其成就既不能说明规范词典之必要,其瑕疵也不能说明规范词典这一设想本身之谬误。我想,讨论还是首先集中在理论层面上为好。

下面是我对《中华读书报》编者提出的问题的回答。

1. 如何理解现代汉语"规范化"? 从语言学和词典学来看,"现代汉语规范化"如果是一个行政行为,是否存在一定的限度? 这个限度是什么? 这个限度应该怎样操作,才能既不影响现代汉语规范化,又不阻碍现代汉语的发展? 关于"现代汉语规范化"的行政规范与学术规范是一个怎样的关系?或者说,从学术规范来看,关于"现代汉语规范化"的行政规范应该如何来贯彻?

第一个问题其实包含了好几个方面,如什么是"规范"?"规范化"有没有限度?行政规范与学术规范的关系如何?规范与发展的矛盾如何处理?等等。我认为其中最核心的是对"规范"这个词的意义究竟应该如何理解。这个问题解决了,其他问题也可迎刃而解。

"规范"这个词的意义是什么?结合其英文翻译,我认为至少有三种。第一种意义,相当于英文的 standard,"规范"就是"规定"(行政规范)或"标准"(学术规范)。《现代汉语词典》对"规范"下的定义就是"约定俗成或明文规定的标准",讨论中多数人对此是作这种理解的。依此,"规范化"就是"标准化","规范词典"就是设立标准的词典,要求人们处处遵守,不得违犯。问题是,一种语言,例如现代汉语,能不能做到"标准化",一本词典能不能事事处处做到"标准化",不犯一丁点儿错误,这在理论上并没有经过论证,在实践上也未必能彻底实行,因此,以这样的"规范"为标榜,其遭到批评是必然的。而同时,在词典编写指导思想上,如果以设立标准为前提,就必然导致采用"规定性"(prescriptive)而不是"描写性"(descriptive)的原则。"规定性",在理论上必然会引起争论,在实践中也常会受到有意无意的抵制。可见,将"规范"理解为"标准"是有问题的,以此为基础去编写现代汉语词典是要碰壁的。

"规范"的第二个意义,是英文的 model,亦即"模范"之意。本来,"规范"由"规""范"二字组成,"规"是"规定、规则","范"是"典范、模范",而"现汉"给"规范"下的定义只考虑了"规"而忘掉了"范",因而是片面的。如考虑到"范"的意义,则"规范化"就不是定下僵死的规则强迫人遵守,而只是在多种选择中树立典范、榜样、模范(当然必定带有某种主观性),让人们效仿,起的是一种引导作用,而不是教导作用。以此为原则编写词典,采用的就会是"描写性"(descriptive)而不是"规定性",尽管在这"描写性"中有着强烈的"倾向性""导向性",它是希望靠"诱导"而不是"规定"来完成"规范化"的任务。现在有些词典是以"模范"命名的(如《作文模范词典》),其编写意图想必就是如此。如果以这种理解来编写"规范词典",其遭到的批评大概就会少得多。

"规范"的第三个意义,是英文的 norm,这也许还是"规范"的最标准英译。Norm 的真正含义许多人并不一定清楚,以为就是中文的"标准"或"规范",因而对我国师范院校的"师范"一词译作 normal 总感不解,包括一些英美人也觉得应该译成 teachers'。其实这两种译法都不能算错,只是侧重点不同而已。"师范"一词,包括"师"和"范"两个意义,所谓"学高为师,身正为范",一强调治学,一强调做人。两种翻译法各只侧重了一面,从中国传统强调做人重于治学来看,normal 应更贴切些。这里 normal 的意思也是"模范、楷模",与上一种理解差不多。但近十余年来对 norm 有了新的解释。国际翻译理论家图里(Gideon Toury)创立了翻译学的"规范"(normal)学派。他对 norm 的解释就是,社会文化对翻译(我们可理解为"语言")的约束力,它处于两个极端之间,一个极端是"规则"(rules),另一个极端是"独特性"(idiosyncrasies),norm 是个程度不同的连续体,在约束力强时就像是"规则",反之就是"独特"。Norm 有主观性,又有相对性。如果我们能从这个意义上去理解 norm 或"规范",我们对"规范词典"的编写就会采取更灵活的态度。至少我们会想到,"规范"是为了适应社会,而不是让社会来适应"规范"。这可能是进入 21 世纪我们对"规范"的新认识。

对"规范"的三种意义我们还可以从另一个角度去认识:学科不同,对"规范"的要求也不相同。大体说来,自然科学的要求严一些,这时"规范"就相当于"规则、标准";社会科学就不宜这么死板,可以更强调"规范"的"模范、示范"作用;而人文科学由于受文化的制约,宜采取更变通的办法,把"规范"看作连续体中的一个恰当的"平衡点"。对于语言来说,读音、字形的自然科学性强一些,不妨采用第一种办法,强制的成分多一些,约定俗成也好,"积非成是"也好,不妨作一些硬性规定,甚至通过行政手段来推行(当然在此之前要经过尽量充分的论证);词汇的问题与社会性有关,特别是词的定型问题,同义词、近义词的取舍问题,词义的发展线索问题,定于一尊是有困难的,不妨采取"推出样板"、进行导向的办法;语法问题的文化性、民族性更强,文化对语法的干预经常通过修辞来实现,更要求我们在语言使用过程中,在语法和修辞间找到一个较佳的平衡点。在这方面,宜采取更为变通的办法,对有关问题如标注词性、离合词等更不宜作出硬性的规定。吕叔湘先生在《现代汉语规范字典》的序中说:"但词义的发展脉络,词性的标注等问题,却不简单。他们也自知当前不能做好。"现在的情况也许比当时好一些,但总的情况并无大变,词典编写在这些方面作"尝试"是可以的,但作为"规范"是冒险的。

"规范"的意义既定,其他问题也就好回答了。"现代汉语规范化"作为一种社会行为,应按"规范"的第二种理解去实行。作为政策性的"行政规范","规定"性很强,因此主要应针对语言中自然科学性强的方面,如读音和字形,其他方面不宜过多干预,更不宜强作规定,而且即使在可以进行"规定"的方面,事先也应经过充分的论证。对于受社会文化影响更深的方面,与民族语言使用习惯联系更多的方面、与修辞更密切的方面,如词性标注等,则不但不宜作"行政规范",甚至不宜作"学术规范",让社会在使用中自行达到其"规范"(作为平衡点的规范),当然学术界可以作一些调查和研究,但不宜以"规范词典"的形式表述出来,以免引起不必要的混乱以至误导。

2. 同类词典是不是两本比一本好?如果是,这两本词典的关系会是怎样的?如果是两本不同的词典,它们的不同一般可能表现在哪些方面?如果两本词典都以现代汉语规范化为目标,它们的不同将对现代汉语的使用造成怎样的状态?它将是促进现代汉语的规范化还是其他什么?这种状态将给一个民族的语言统一工作带来什么样的结果?

"同类"是指在什么层面上同类?一般来说,每本词典的编写都有其不同的指导思想,体现不同的语言现,针对不同的对象,采用不同的体例,突出不同的重点,进行不同的详略处理。如果在这六个方面(也许还有,我暂时想到了这六点)完全相同才叫"同类",我认为这样的词典没有必要编两本;如果有,也无非是增加使用者的麻烦,使之无所适从而已。如果上述六条中有一条不同,则就不能称作完全"同类"的词典。例如,即使别的方面都相同,只是释义详略不同,也可以适用于不同对象,有其存在价值。但在词典的出版和宣传上必须恰如其分,是在哪个层面上不同就是哪个层面上不同,不能明明是在 A 层面上不同却说成是 B 层面上不同,这样就有可能对读者产生误导。拿讨论涉及的《现代汉语词典》和《现代汉语规范词典》来说,与《现代汉语词典》相比,《现代汉语规范词典》有很多特色,特别是提示辨异部分,但这只是重点和体例方面,并不是在指导思想方面;如过于标榜自己的"规范"性,甚至把同样以"规范"作为指导原则的《现代汉语词典》作为批评的标的,这就会引起误导。

"同类"的词典会有历史先后的不同。比较理想的是,同类的词典最好出于同一套班子(或有承续关系的班子)之手,如英国的《牛津词典》和美国的《韦伯斯脱词典》,这可以保持各种指导原则和处理手段的一贯性。

"现代汉语规范化"是国家的重大行为,既然是政府行为,就最忌讳政出多门。如果两本,甚至更多的词典都声称以此为目标,对读者带来的就只会是混乱。《现代汉语词典》没有以"规范"为名,但实际上做的是"规范"的工作(与此类似,《牛津词典》《韦伯斯脱词典》在西方都被称作是 normal dictionary);《现代汉语规范词典》以"规范"为标榜,其实做的是同样的工作。这两者可说是基本"同类"的词典。从讨论中的情况看来,两者瑕瑜互见(当然是以瑜为主)。作为读者,我们希望的是双方能坐下来,互助取长补短,共同编出一本更适合读者需要、更有利于现代汉语规范化的词书,嘉惠士林;有关出版社也可以坐下来共同协商,在社会利益和商业利益上取得最佳平衡。

3. 当前有一种观点,认为 50 年来基本词典只有一部,是一个民族的文化没有发展的表现。作为词典学专家,你们是如何看待这个观点的?

此言差矣。如果以"规范化"为"基本词典"的定义,则只要"规范化"的标准没有变,则一部词典足矣。岂止是 50 年,再长一些也无妨。例如中国古代韵书,从公元 601 年陆法言的《切韵》,到公元 1008 年陈彭年等的《广韵》,历时 400 多年,由于编写的指导原则基本没变,因此都被称为"《切韵》系韵书",起了很好的"规范"作用。我们并不嫌其少,也不会认为,由隋至宋我们的"民族文化"没有发展。倒是由《切韵》到《广韵》的不断增广补苴过程给了我们很大启示,即一部"基本词典"编完后并不能一劳永逸,还必须不断增订补充,与时俱进,使之更加完善。英美的"基本词典"如《牛津词典》《韦伯斯脱词典》等也经历着类似的过程。至于讨论中有人提到的英国的几大"系列"词典,我并不认为为"基本词典"增添了什么。不少词典的出版恐怕不能排除有关出版公司的利益驱动。作为消费者,我们不可能在案头备上几种不同的"基本词典"的。如果我们买了几种不同系列的词典,那也是因为出于不同的需要,也就是说,我们并不把它看作"同类"的词典。比如笔者常用的几种英语词典,《简明牛津词典》(COD),看中的是它的词源功能;《牛津高级英语词典》(OALD),看中的是其为学英语的外国人提供的便利;COBUILD,则是其在造句中释义的特色。因此,词典编纂可以百花齐放,事实上我国在改革开放后确实出现了百花齐放的繁荣局面,但真正的"基本词典"却只需要一种,当然在其基础上根据不同对象和需要可以化生出很多种。

4. 有一种观点认为,"词典"前面加上"规范"一词本身就不规范,因为"词典"的"典"字就有"规范"的意思。作为语言学专家和词典学专家,你们是如何看待这个观点的?这种观点所说的现象在语言学中属于什么性质?"规范词典"与"现代汉语规范化"在理论上可能是一个什么样的关系?在实际作用中又可能是一个什么样的关系?假如"规范词典"成立,或者说促进现代汉语规范化确实需要一部具有行政功能的词典,一部词典需要经过怎样的过程才能正式获得这种功能?从词典学来看,刚诞生而未经不断修正的词典能否直接获得这种行政性功能?

上面我们列了"规范"的三个英语释义:"standard""model"和"norm(al)",在我的印象里,"standard dictionary""model dictionary"的名称都见人用过,但"normal dictionary"的名称却不见有人用过。是否因为 dictionary 本身就含有 normal 之意不得而知,但 normal dictionary 指的是从约翰逊博士的《英语词典》到《牛津词典》等是确凿无疑的。在中国历史上,"字典"的名称最早见于《(康熙)字典》(开始时并没有"康熙"二字),"典"字本身确已含有"典要、规范"的意思,在"字(词)典"上再加"规范"确有叠床架屋之嫌。但为了强调,我觉得也并非完全不可加,语言中这种情况多得很,如汉字中许多后起形声字,形旁不乏叠床架屋,如"暮"下之"日"、"燃"旁之"火"等;又如"莽"字有了两个"艸"不够,还要说成"草莽"等。问题在于要给"规范"给出确切的定义,对词典所能达到的、不能达到的、仅作为建议存在的,各自作出明确的说明。总之,"规范词典"除了落实"行政"已经"规范"的字音、字形(也要随着学术研究的深入不断修正)外,在其他方面只能起"规范"的第二义、第三义的作用,有的是提倡的,有的是建议的,切莫因为名称用了"规范",就以"标准"和"权威"自居,对实际使用中有争议的问题(数量非常庞大)以"词典"的名义定于一尊。规范词典可以起推动、促进语言规范化的作用,即使是刚诞生而未经不断修正的词典也是如此,例如陆法言的《切韵》和约翰逊的《英语词典》就起过这样的作用。但规范词典不可能在已有的行政规范之外增加未经讨论通过的新的什么行政规范,它是在"描写"过程中以自己的倾向性来推动规范,在帮助人们对语言的动态使用中达到相对的平衡。

(本文是 2004 年 5 月 3 日回答《中华读书报》编辑部的书面采访)

从语言学角度谈汉字规范研究[*]

《规范汉字表》的研制工作到现在,许多意见已经比较充分地提出来了,特别是偏旁有限类推、妥善处理一简对多繁等问题,从看到的一些文章来看,意见似乎已经渐趋一致。当然意见一致,不等于对涉及的所有字的处理意见也完全一致,这还有待于课题组成员在最大程度上集思广益,提出一个能为最大多数人所接受的方案来。

这里我想换一个角度来谈这个问题,希望有助于拓宽研究者的思路;同时希望其中涉及的有些问题也能在这次规范汉字表的研制过程中得到某种程度的解决。这个角度,就是语言学的角度。

有人会感到不解:汉字规范不就是文字的问题吗?与语言学有什么关系?问题就在这里。毋庸讳言,百年来的汉字改革运动,包括汉语拼音化、汉字简化,乃至现在的汉字规范研究,其前提或者说理论基础都是文字与语言的二项对立,如有的学者所归结的:"语言是语言,文字是文字。文字不等于语言,这是常识。"[1] 正是在这一思想指导下,文字被看作"外衣",看作"伪装",看作只是记录语言(应读作"语音")的"符号的符号"[2],看作语言之外无足轻重的东西。因而可以人为干预,"随时可以修改,修改的次数越多,简便的程度越深"[3]。汉字改革中出现的某些偏差多与这一指导思想有关。而目前的规范汉字研究,在很大程度上恐怕也还没有脱离这一指导思想。

然而我们要问,难道这种二项对立是天然合理、普遍适用的吗?难道汉字问题就真的只是同西方拼音字母一样的文字问题?汉字改革真的就好比俄语那样用一套斯拉夫字母去换一套拉丁字母,或者像德语那样用罗马字体去替换哥特字体?引起我们思考的不是别人,正是最早提出"文字是符号的符号"的现代语言学

---

[*] 本文写成后,承费锦昌先生和詹鄞鑫先生阅过并提了不少建议,在此表示感谢。
[1] 参见任瑚琏:《字、词与对外汉语教学的基本单位及教学策略》,《世界汉语教学》2002年第4期。
[2] 参见索绪尔:《普通语言学教程》,第56页;第47页。又见魏建功:《从中国文字的趋势上论汉字(方块字)的应该废除》,1925年,载李中昊编《文字历史观与革命论》,北平:文化书社,1931年,第230页。
[3] 魏建功:《从中国文字的趋势上论汉字(方块字)的应该废除》,1925年,载李中昊编《文字历史观与革命论》,北平:文化书社,1931年,第230页。

大师索绪尔。索绪尔在他著名的《普通语言学教程》里既提出了"符号的符号"说，又意味深长地指出："对汉人来说，表意字和口说的词都是观念的符号；在他们看来，文字就是第二语言。"[1] 我们感兴趣的是，为什么索绪尔要把汉字称作汉人的"第二语言"？"第二语言"意味着什么？与"第一语言"的关系如何？与称不上"第二语言"的文字关系又如何？这些问题，似乎还没有人认真思索过。有人觉得这也许不过是索绪尔随意用的一个比方，那我们要问：除汉字以外，还有别的文字被"比方"作"第二语言"的吗？或者说，从古到今，还有什么别的语言的文字也曾经，或者有可能被比作"第二语言"吗？如果现代的各种拼音文字语言没有这种可能，那么古代的美索不达尼亚文字、埃及文字、玛雅文字等"表意文字"能看作是"第二语言"吗？我们还要进一步问：为什么汉字能够几千年来一直使用到今天，适应着社会生活日新月异的变化和科学技术高度现代化的需要，而别的古老文字都无一例外地消亡了呢？难道完全是因为政治、军事的原因？如果在此之外还有文字本身的原因，那么，同样作为表意文字的汉字与这些文字之间有什么区别呢？这样一问，会使我们想到，汉字真是个特殊的东西，它既与现代的西方各种拼音文字不同，也与古代除汉字以外的各种表意文字不同。因而，把汉字看作汉人的"第二语言"，恐怕并不仅仅是个比喻，而是有着重要的理论语言学上的意义。文字和语言之间恐怕并不是简单的非此即彼的二元对立关系，而有可能存在着第三种情况，存在着介于文字和语言间的"第二语言"的情况。正是在这一认识的基础上，我们提出了"字本位"的思想。所谓"字本位"理论，就是以汉字这个汉人的"第二语言"为出发点的语言学理论。我们希望透过这个问题的研究，更好地发掘汉字和汉语的本质，发现汉语与世界语言间的共同点和不同点，从而为全人类的语言研究作出我们的贡献。由于这个"第二语言"的研究，既涉及语言问题，也涉及传统认为属于文字的一部分问题，因此我们特别关注汉字的规范化研究，希望能够从"第二语言"的角度对这个问题有一个新的认识。

从语言学角度来看待汉字规范问题，我们就不希望把汉字的规范化研究看作是个别、孤立、局部问题的一个集合，而希望在这过程中更强调整体性、体系性、全局性。因为这种只管局部、不顾整体的态度就是把文字看作外衣，看作可以随意处理的东西的结果。当初汉字简化时就有过这种例子，例如把"楷书草化"作为一

---

[1] 索绪尔：《普通语言学教程》，第51页。

种简化原则，就是违背整体性的极端例子，用这方法造出的字如"书""长""兰""应""当"等完全脱离了传统汉字的系统，成了纯粹的"记号"。不过由于这些字没有造成一对多的情况，恐怕也不会在这次规范字研究的范围之内。但诸如此类的草率做法是应当避免的。

汉字的语言学性质主要体现在三个方面：系统性、分析性、表意性。这是我们将汉字与西方古代表意文字和西代现代拼音文字作综合比较后得出的认识。汉字的系统性表现在汉字内部是个颇为严密的系统，以几百个"文"（独体字）为基础，可以将数万个汉字纳入一个系统；汉字的分析性表现在每一个汉字可以一步步分析为更小的单位，从偏旁直到部件；汉字的表意性表现在不光整个汉字是表意的，在分析过程中产生的每一个部件实际上都是有意义的。有人把汉字称作"语素文字"，认为是"语言中最小的有意义的单位"，其实汉语中"最小的有意义单位"是汉字的部件。正如英语的"语素"比词要小一样，汉语的部件（我们叫"形位"）比字要小。[1] 通过比较我们可以发现，同时拥有这三个特点的只有汉字。西方现代文字有系统性、分析性而表意性有赖于语音，西方古老文字有表意性而系统性、分析性不足，因而它们都没有能发展成"第二语言"。

这里我们要着重强调汉字的可分析性。与其他古老文字相比，汉字有两个特点特别值得我们注意，我们甚至认为这是汉字之所以成为汉字的关键。第一个特点是汉字的层次性，可以从整字开始，经过偏旁、部件一直分析到笔画，这个特点大概是汉字"隶变"以后最终完成的，它对造成汉字的"语言"性有很重要的意义。一方面，这是造成汉字系统性的基础：汉字可以拆成部件，这是从整到零；部件又可以组装成汉字，这是从零到整。因此汉字作为"第二语言"，实际上拥有两个"库"，一个是整字的"库"，另一个是部件的"库"。这就好像西方语言中，单词是一个"库"，"语素"是另一个"库"，两相结合，才形成了"词法学"的系统。西方古老文字只有整字一个"库"，另一个"部件""库"即使有也没有发展成熟，因此很难说是一个"系统"。层次性另一个方面的意义是造成了可传授性。作为一种"语言"应该便于传授，可分析性为此带来了莫大的方便，而笔画的成熟更为书写的传授带

---

[1] "语素"是从英语 morpheme 翻译过来的，我们觉得这个译法并不妥当。Morpheme 是 morphology（形态学、词法学）的基本单位，实际上是"形态素"或"形态位"，我们觉得应该译为"形位"。相应地，我们把汉字向下分析得到的基本单位、习惯称作"部件"的单位也称作"形位"（形体位），把这一研究也称作"形位学"。这样可以建立起中西语言间的对应关系。参见潘文国：《字本位与汉语研究》，第六章"形位学"。

来了方便。否则的话,要是一个字永远像一幅图画,而每幅画没有起笔落笔和方向之分,那是无法进行"规范",也很难进行传授的。因此对于汉字,我们不光要看到它形成了自己的可分析的形音义系统,更在长期的实践中,形成了它自身学习和传授的传统。[1] 西方的古老文字几乎都没有发展到这一阶段,因此即使没有其他政治或军事因素,其衰败也是难免的。在汉字改革过程中曾经给汉字戴上过几顶帽子:"难读""难写""难认""难记"等,其实这些帽子只适合于缺乏系统性、分析性的文字,对东西方的古老文字来说也许是如此,对隶变后的汉字并不完全适合。

汉字与西方古老文字相比的第二个特点,据我们看也是汉字成为汉人"第二语言"的关键是"转注"造字方法的产生。转注是汉字研究史上最众说纷纭的一个术语,我们这里采用的是我们自己的理解。简单地说,转注和形声是两种相辅相成的造字方法(《说文解字·叙》上所谓"形声相益"),造成的都是现在所谓的形声字,但形声的造字法是先形后声("以事为名,取譬相成",即体现了这一先后次序),这样造成的字并不多,只有"鼻""齿"(在"自"和牙齿的象形字上加上声符"畀"和"止")等少数几个;转注的造字法是将类别字加在同义字上("建类一首,同意相授",据我们的理解就是:"建立一个意义类别,用一个部首去表示,授给表示同一意义的字"),用现在的话来说,是用不同的类别字去分化同义词。例如"农"的基本意义是"浓厚",这个字在使用过程中在基本义不变的情况下产生了很多附加义,后来就加上了一些不同的类别字去加以分化,从而造成了"浓""脓""秾""襛""醲"等新字。对于转注作这样的解释,人们可能并不完全同意[2],但是现存汉字中绝大多数是按这一方法,而不是按先形后声的方法造出来的,我想谁也不会否认。但是人们可能未必都意识到,这个方法的重要性不仅仅体现在所造成汉字的数量上,更体现在这个方法的性质上。这是中国最有特色也最体现汉字本性的造字方法,也是汉字区别于所有其他古今文字的"独门之秘"。中国一些从事比较文字学研究的学者往往喜欢说,汉字的"六书"不只属于中国,也属于世界,"六书"理论也适合于分析西方古老文字。我认为这个说法是粗糙的,是从表面上而不是从本质上去看问题的结果,因而看不到两者的根本差异。诚然,我们可以在钉头文字、圣书文字、玛雅文字等古文字中,找到类似于象形、指事、会意、形声、假借等造字方法,但是"转注"呢?谁能说西方古文字中也有我们所说的转注,或者是可

---

[1] 一个经典的例子是清代王筠编的《文字蒙求》。
[2] 孙雍长先生也持这一观点,见所著《转注论》,长沙:岳麓书社,1991年。

以与之类比的造字方法？而正是转注造字方法，才是汉字延续至今，并且取得"第二语言"资格的关键。[1] 根据我们的研究，汉字在发展史上经历了三个阶段，第一个阶段以象形、指事、会意为主，是表意为主的阶段。这同西方古老文字基本上处于同一个层面。第二个阶段以假借为主，实际上可看作是表音或准表音阶段。这时的汉字面临着两种选择，一种是继续往前走，成为纯粹的表音文字；一种是返回到表意上来。西方的古老文字发展到后来其实也面临着这样的两种选择。选择的结果是西方走了第一条路，而汉语走了第二条路。这一不同选择跟政治、军事的因素很有关系。从某种角度看，西方的选择是被动的，而中国的选择是主动的。西方古代文字的"假借"或者被借用是跟军事征服、民族兴亡相联系的，借用文字的往往是军事上强大、文化上落后的异族，需要借用他族的文字来记录本族的语言，因而被借用文字中"义"的成分就被无情地抛弃了，它不可能也不需要被利用；而汉语中运用假借方法的仍是汉族人，文字表意的理据和需要还在，即使在"假借"最盛行的时候[2]，其他造字方法的原则和结果都还在，并且在影响着人们的文字心理。在这样的情况下，汉字便走上了第二条路。但这第二条路不是第一阶段表意的简单重复，而是经过了第二阶段表音洗礼的更高阶段的"表意"，我们可以称之为"表音基础上的表意"。而这种"表音基础上的表意"造字法，就是"转注"。它可以是本义基础上的转注，也可以是假借义基础上的转注[3]，后者的语言学味道就更浓了。因而汉字的第三阶段是转注和形声、而以转注为主的阶段。中西古文字在发展过程中的不同选择，使我们看到了"自源文字"与"他源文字"区别的理论意义和历史意义。

如果说"表意"更多地具有自源文字的性质，"表音"更多地具有一般语言的性质，那么，这种"表音基础上的表意字"就兼有了自源文字和语言的性质，而以这种办法造成的字占压倒优势的汉字就与西方古老文字有了本质上的区别，也使汉字终于成了"汉人的第二语言"。这种"第二语言"，也许可以定性为"自源文字语言"，以区别于没有文字或使用他源文字的语言。对这种"语言"亦即对汉字的任何研究，也就不能光从文字学上着眼，而必须考虑到语言学的因素。

---

[1] 我们这里强调"转注"造字法，目的不是为了名称上的标新立异，而是希望纠正以前对"形声"的片面理解，严格区分"形上加声"和"声上加形"这两种不同的造字过程和方法。后者才是占绝大多数的汉语形声字的本质。"以形为主"或者"声旁、形旁平等对待"都不能正确反映汉语绝大多数形声字的本质。
[2] 姚孝遂认为是在殷商时期，其时假借字在甲骨刻辞中的比例在70%以上。见姚孝遂：《古汉字的形体结构及其发展阶段》，《古文字研究》第四辑，北京：中华书局，1980年。
[3] 例如在"辟"的假借义基础上造出"避""臂""壁""躄""劈""譬""璧""擘"等字。

从语言学的立场去考虑,我们就会对汉字改革过程中产生的一些问题有新的理解。从大的方面说,我们懂得了为什么汉字很难走上拼音化的道路,因为它在历史上已经选择了一条既不同于西方古文字,也不同于西方现代拼音文字的道路,同时在这过程中取得了"第二语言"的地位。今天我们使用的汉语是第一语言(口语)和第二语言(在汉字基础上成熟起来的书面语)共同发展的结果,两者之间你中有我、我中有你,谁也离不开谁,走拼音化道路,实际是要放弃第二语言,回到纯粹的第一语言的道路上去,这是汉语汉字历史所无法接受的选择。从小的方面说,我们也明白了,汉字简化的结果为什么会造成某些尴尬？这是因为没有考虑到汉字的语言学因素,简化中的某些原则和方法,如过多的"同音替代"和减少偏旁,正好是逆"转注"之路而行的,也正好与索绪尔所归纳的"第二语言"的优点("在谈话中,如果有两个口说的词发音相同,他们有时就求助于书写的词来说明他们的思想"[1])背道而驰,从"文字"的简化上看是"成功"了,从"语言"的表意明确性上看却是失败了。对于这一做法造成的后果,我想,除了在实际中结合这次规范汉字的制订尽可能予以修正,更重要的是在理论上汲取教训,也就是说,一定要把汉字问题当作语言问题来认识和处理。

　　把汉字问题当作语言问题来认识和处理,最重要的就是要强化上文说的汉字的三个性：系统性、分析性和表意性。具体来讲,我们认为规范汉字的制订,要有利于汉字系统的建设,包括"整字"系统和"形位"(即一般说的"部件",但我们更倾向于使用这一语言学术语)系统。整字系统已有人不少学者提过,这里我着重说一说形位系统。

　　汉字形位系统的建设,一是要加强汉字的可分析性(对于历史造成的不可分析性如"寒""鱼"等字我们当然无可奈何,但最好不要再增加新的不可分析字如"兰""当""壳""虽"等);二是要加强形位的表义性,尽量减少不表示任何意义、只具有"记号"价值的笔画组合,创造条件,以便在需要的时候,开发、研制汉字的形位系统,为汉字的教学和计算机化服务。[2]

1　索绪尔：《普通语言学教程》,第 51 页。
2　实际上,前人已经开了很好的头,如朱骏声的《说文通训定声》、沈兼士的《广韵声系》、传教士马希孟(Joshua Marshman)的《中文语法要素》(1814)等。在上述最后一本书里,马氏从 25000 个字里析出了 3867 个"字元",认为除几百个独体字外,所有的汉字均由这些字元与《康熙字典》的 214 个部首拼合而成。当前也有些学者,特别是从事对外汉语教学的学者在从事这一类"形声字的整体研究"。我们希望规范汉字的研制要有利于促进这类研究,而不要像某些简化字那样损害这类研究。

应该看到,在简化字制定过程中,我们也有过这方面的教训。人们常举的例子是记号"又"和"×"的无限制滥用。如:

凤(鳳)邓(鄧)观劝权欢(觀勸權歡)叹汉(歎漢)轰(轟)聂(聶)鸡(雞)仅(僅)树(樹)双(雙)对(對)圣(聖)戏(戲)泽(澤)

风(風)、冈岗纲(岡崗綱)区(區)网(網)卤(鹵)赵(趙)

一个"又"代替了14个形体,而且没有一个共同的意义可以归纳("又"表"手"义还可见于"取""友"等传承字);一个"×"形也代替了6个形体,同样无可归纳。[1] 如果汉语的形位都像这样变成毫无意义的笔画组合,那形位学就很难建立,汉字的"第二语言"地位就很难得到发展,汉字的教学和传承就会带来很大的困难。我们都知道,汉字的教学是建立在形体分析的基础上的,传统汉语有王筠的《文字蒙求》,现代小学语文有所谓的"组字游戏",对外汉语教学有法国白乐桑教授的"字本位教学法",如果我们的汉字研究和汉字规范不能促进形位学的建设,反而人为阻断、破坏原来就有的形位系统,原来用来攻击汉字的危言耸听的四"难"(难读、难写、难认、难记)[2]问题就会真正成为问题,弄得不好还会更严重。那就会对汉字的未来带来严重的影响。

为了说明这一问题的严重性,我们从《简化汉字表》中搜集了一些过于强调形体简化,而忽视了形位表意性的例子:

(1) 一个记号表示三个以上形体

云:云(雲)昙(曇)坛(壇、罎)层(層)偿(償)尝(嘗)酝(醞)运(運)会(會)

力:边(邊)历(曆、歷)穷(窮)伤(傷)

卜:卜(蔔)卜(卜)补(補)朴扑仆(樸撲僕)

庄:庄(莊)脏赃(臟贓)脏(髒)桩(樁)

"兴"字头:兴(興)誉举(譽舉)学(學)应(應)

办:办(辦)苏(蘇、嚛)协胁(協脅)(但"荔(荔)")

---

[1] "赵"简化为"赵"尤其使姓赵的人丧气,有人开玩笑说,"在我姓上打个叉,好像我不配姓赵似的。"同时也使一些重要的历史事实分析变得困难,例如宋遗民画家郑思肖的名字就变得不好分析("思肖"即"思赵",以示不忘宋室之意)。

[2] 四"难"问题并不是并列的,"难认"未必"难记","难写"未必"难读",甚而可能相反。当时有些认识未免有些以偏概全。

丁：灯（燈）厅（廳）宁（寧）
尤：忧（憂）优扰（優擾）犹（猶）
用：拥（擁）佣（傭）痈（癰）
头：头（頭）实（實）卖（賣）
占：战（戰）钻（鑽）毡（氈）

(2) 一个记号表示两个不同形体

巳：导（導）异（異）
尔：尔（爾）称（稱）
不：怀坏（懷壞）还环（還環）
示：标（標）际（際）
介：价（價）阶（階）
切：彻（徹）窃（竊）
京：惊（驚）琼（瓊）
下：吓（嚇）虾（蝦）
先：选（選）宪（憲）
由：庙（廟）邮（郵）
中：钟（鐘鍾）肿种（腫種）
与：与（與）写（寫）
乙：艺（藝）忆亿（憶億）
丿：师（師）归（歸）
丬：乔（喬）齐（齊）

(3) 与上面相反，同样一个部件在不同的字里，简化时却用了不同的记号。如：

韋：韋（韦）衛（卫）
登：鄧（邓）證（证）燈（灯）
畾：纍（累）壘（垒）疊（叠）畾（儡）

詹：擔膽（担胆）澹（淡）

闌：闌（阑）蘭（兰）攔欄爛（拦栏烂）

（4）还有更复杂的，是一个记号表示几个形体，而同样的形体在别的汉字里又可能用别的记号来表示，从而形成"几对几"的情况。

如"比"表示两种形体：毕（畢）毙（斃），而"敝"有时不简写（"蔽撇"），有时干脆写成一撇："币（幣）"。再如：

只：织炽帜职识（織熾幟職識）只（祇、隻）积（積），而"绩（績）蹟（迹）"

西：晒洒（曬灑）牺（犧），而"丽郦鹂骊俪（麗酈鸝驪儷）"

更复杂的是：

户：沪（滬）护（護）炉庐芦驴（爐廬蘆驢）

获（獲、穫）卢颅鲈轳泸舻鸬（盧顱鱸轤瀘艫鸕）

同样，下面几个字的关系更错综复杂：

千：忏歼（懺殲）千迁（韆遷）　纤（纖、縴）

签（簽、籤）仙（僊）　　　　牵（牽）

佥：剑脸检（劍臉檢）

（5）与（4）相反，一个形体多种简化，但其中之一又有别的处理方法。如：

襄：襄（襄）讓（让）醸（酿），而"良"又用于"粮（糧）"

冓：溝構購（沟构购）講（讲），而"井"又用于"进（進）"

臣：坚监贤（堅監賢）鹽（盐），而以"监"作声符的"艦（舰）"

以上这些例子，证明了当初简化的时候有时确实缺少通盘考虑，因而不免头痛医头、脚痛医脚。这些现象的存在，对汉字的传承和教学带来了一定的问题。这些问题，解决比提出要难。要全部解决只有全部改回去，但这恐怕并不现实。从现实的角度看，我想提出三个解决办法：

第一，一个部件对多个部件，乃至几对几的情况要着重处理，可以参照整字简化一对几的办法。如"闌"字有"阑""三""兰"三种简化法，最好只用一种（建议统一用"阑"）；"只"用作了"戠"的简化，就不要再用作"責"的简化，因而应恢复"积"字（可类推简化）。同样，同一个"盧"字有"户""卢"两种简化，应该取消一个（建议保留"卢"，即"炉""庐""芦""驴"四字的"户"均改为"卢"）。"襄"简化为"上"（让）和"良"（酿），但在"让"字里"上"并不表音，不如恢复为"讓"。事实上，从"襄"的字极大部分没有简化(如"壞""攘""囔""勷""鑲""驤""穰""禳""曩""蠰""禳""瀼"),包括很多常用字,"釀"字单独简化理由也不很充分。

第二,简化字里,如果原来形体的笔画较繁,而简化形体有表音作用,则整字仍具有可分析性,可以考虑保留。如从"用"、从"庄"、从"占"、从"先"、从"中"、从"乙"的一些字["拥(擁)佣(傭)痈(癰)";"庄(莊)脏赃(臟贓)脏(髒)桩(椿)";"战(戰)钻(鑽)毡(氈)";"选(選)宪(憲)";"钟(鐘鍾)肿种(腫種)";"艺(藝)忆亿(憶億)"]等。但"脏"字和"钟"字不能用作两个字的简化字,各宜恢复一个。前者建议恢复"髒"字,后者建议恢复"鐘"字(因为有大量从"童"的字没有简化),但由于剩下来的"鍾""钟"意义不同,因而也必须恢复。

第三,个别问题个别考虑,这也是对应于原先简化时就事论事的处理办法,通过解决局部问题来解决原来遭到损害的系统性问题。例如,取消"舰"字,改为"从舟从监"的类推简化;"縴"字恢复繁体(可类推简化),让"千"字主要负责"韱"旁;恢复"匋"字;恢复"徹"字(因为从该字右旁的其他字都没有简化),等等。

最难办的是从"又"、从"×"、从"云"的字。一些用惯繁体字的人批评简化字"没有文化",其实主要指的就是这类没有章法的字(当然也包括楷书草化及过多的同音归并)。我个人的想法是能恢复的尽量恢复,不知诸君以为何如?

参考文献

潘文国,2002,《字本位与汉语研究》,上海:华东师范大学出版社。
索绪尔,F.,1980,《普通语言学教程》,中译本,北京:商务印书馆。

(原载《语言文字应用》2008年第1期,第126-130页)

汉字是汉语之魂
——语言与文字关系的再思考

"汉字是汉语之魂"这个命题有点跟现行语言学理论唱对台戏。有人马上会质问：语言和文字的关系你懂不懂？"语言第一性，文字第二性"，"文字是符号的符号"，这是现代语言学的常识、语言学 ABC 的第一课。"符号的符号"能够成为"符号"的灵魂吗？

如果捧着一本现行语言学教材，对这样的质问我们当然没法回答。但如果有人从另一个方向来提问题：假如没有汉字，假如中国这块土地上从来就没有出现过汉字，汉语还成为汉语吗？或者至少，汉语还能成为我们所知道的汉语吗？我们怎么回答呢？我们可以展开丰富的想象力去想象，可以设想古代遗留下来的浩如烟海的文献突然全用拼音文字去拼写了，我们还能读得懂吗？可以想象人们初次相识，再也不会问"贵姓 zhang，是弓长张还是立早章"了，我们再也不会有建立在汉字基础上的诗词歌赋、骈文对联、灯谜酒令，乃至摩崖石刻、楼堂匾额了，所有建立在汉字一音多形基础上的汉语"谐音文化"也将全部崩塌，汉语自古至今、滋养了千百代儿童的文字游戏（因为汉语实在很少不涉及文字的"语言游戏"）也将不复存在了，汉语的修辞格的相当一部分（诸如拆字、回文、飞白、歇后、双关、顶真等）也将变得毫无意义了。总之，一部中国文化史恐怕全部得重新写过。当然，这还是就其小而言之。如果就其大而言之，我们甚至还可想象，中国会不会分裂成欧洲那样几十个国家，彼此说着相似而不相同的语言？这并非不可能，因为西方的语言学家至今还在说："Chinese is not really one but several languages held together by a common script."（"汉语实际上不是一个语言，而是同一文字形式掩盖下的若干种语言。"）他们不接受汉语的方言是方言的说法，认为这是被汉字掩盖的不同语言，那么一旦失去了掩盖，方言还会是方言吗？而失去了方言的汉语还是今天那样的汉语吗？

双方互相责难的问题，一个似乎是理论上不证自明的"公理"，一个是不敢想象的可怕事实。事实和理论在这里发生了矛盾。是坚持理论，回避事实呢？还是根据事实，修正理论？这就是我们想要探讨的问题。事实上，我们想做的，就是根据汉语汉字的事实，结合国际上语言文字学理论的新发展，重新思考现行语言学教材中的一些"常识"性问题。

一、汉字是符号的符号吗？

我们要问的第一个问题是，汉字是符号的符号吗？国内出版的几乎所有语言学教材上都说，文字是"符号的符号"。汉字既然是文字，当然也是符号的符号。一些人还以不容置疑的口气说，这是"现代语言学"的常识。慑于"现代语言学"的权威，这句话很少有人怀疑过，甚至没有什么人作为问题提出过。但是如果我们认真问一句：汉字真的跟西方拼音文字的字母一样，是符号的符号吗？我们就会发现，我们只能给出一个否定的答案：否！汉字不可能是语音的符号！随便举个例子，"日"这个汉字是记录普通话 ri 或者上海话 nie 或者广东话 jat 或者我们构拟的随便哪个系统古代读音的符号吗？当然不是。"日"这个汉字跟任何读音没有关系。不但汉字中象形字、指事字、会意字跟读音没有关系，形声字里尽管有着读音的成分，但形声字的本质与其说是记录读音，还不如说是利用偏旁的意义来对读音进行分化。只有假借字可以说是记音的，但由于假借字既无章法可循，又不能自成系统，实际上是一盘散沙，它既不能单独用来表现汉语，也根本没有发展成表音文字的可能，只能作为整体不表音的汉字体系的补充，起少许辅助作用。因此，汉字不是语音的符号，不是"符号的符号"，这是明摆着的事实。这个问题我们还可以从反面去看，如果汉字本来就已经是语音的符号，那人们还要费心费力，花100多年的时间去追求汉语的拼音化干嘛？对汉语拼音化的孜孜以求，本身就说明汉字不是表音的；既然汉字不是语音的符号，那么，"符号的符号"说在汉语中就不能成立，在引进、介绍或谈论西方语言学的这个理论的时候，就必须从汉语出发作重要修正，以正视听。可惜的是，国内出版的语言学教材，至今还在振振有词地鼓吹着"文字是符号的符号"这种根本不符合汉语的理论，误导着莘莘学子和社会大众。如上所说，"符号的符号"说与汉语拼音化道路是自相矛盾的，汉字如果是符号的符号，就不存在要推行拼音化的前提；如果需要追求拼音化，就说明汉字不是符号的符号，两者只能取其一。我们不能又要维护"文字是符号的符号"这一"常识"，又要追求汉字的"拼音化"，还要证明两者同时都是正确的。

再有，"文字是符号的符号"真是"现代语言学"的常识吗？恐怕也不是。据我们调查的结果，这个观点不是"现代"语言学提出来的，而是"古代"以及"近代"语言学提出来的。这个观点的两个最明确的主张者,在古代是亚里士多德,在近代是黑格尔。亚里士多德提出了"口说的词是心理经验的符号,书写的词是口说的词的符号"这个命题,黑格尔更把它归结为"符号之符号"(aus Zeichen der Zeichen)这个术语。[1] "现代语言学"呢? 它的创始人索绪尔说过一段话:"语言和文字是两种不同的符号系统,后者存在的唯一理由是在于表现前者。"[2] 很多人把它当作"符号之符号"说的现代版,认为索绪尔也是主张"符号之符号"说的,因而这是现代语言学的"常识"。其实索绪尔与亚里士多德他们有根本的不同,第一,他根本没有过"文字表现语音,语音表现意义"这样一种表达,因而不应该把他的话归结为"符号之符号"说;第二,他也没有用"是"这个动词,而只说"表现"(represent,也可译为"代表")语言,不像亚里士多德他们说得斩钉截铁。由于语言有音、义两个方面(索绪尔叫作"能指"和"所指"),因而"表现"语言也可以有表现语言的"音"和表现语言的"义"两种方式,从而造成两种不同性质的文字,这就是索绪尔在另一个地方说的,只有两种文字体系,一种是表音文字,一种是表意文字。[3] 这是索绪尔的真正意思。主张"符号之符号"说,是不可能提出"表意文字"这个概念来的,这是索绪尔与亚里士多德的根本不同。也就是说,提出文字可以表意,实际上就是对"符号之符号"说的否定。这是"现代语言学"在文字理论上的一大进步、一大发展。这也说明,我们一些教科书上,打的是"现代语言学"的牌子,实际上主张的是在西方也已经过时的观点。

二、汉字是记录汉语的符号吗?

我们的第二个问题是:汉字是记录汉语的符号吗? 大概看到露骨地说"汉字是语音的符号"实在太不符合汉语的实际,因而有些书上避开直接谈语音,改说"汉字是记录汉语的符号"。从表面上看,这个说法没有强调语音,但实际上是故意用模糊的说法,造成歧义,引起有利于自己的联想,本质上仍在维持"符号之符号"的观点。如上所说,"现代语言学"认为语言有"音、意"两个方面。"表现语言"由表音为主还是表意为主可以产生表音文字和表意文字两大体系。只说"文字是

---

1 两段话分别引自 Derrida, Jacques. 1967. *De la Grammatologie*. Translated into English by G. Spivak as *Of Grammatology*. Baltimore and London: The John Hopkins University Press, 1976: p. 30; p. 24.
2 索绪尔:《普通语言学教程》,高名凯译,北京:商务印书馆,1980 年,第 47 页。
3 同上,第 50—51 页。

记录语言的符号"故意不明说是表音还是表意,但根据西方语言学传统和世界上大多数语言的实际情况,人们是很容易朝表音方面想的。因而说"文字是记录语言的符号"的人,实际上是希望人们理解为"文字是记录语音的符号",亦即"符号之符号"。何况20世纪不少人对"语言"的理解就是口语,表现语言就是表现口语,也就是表现语音。因此,这句话在本质上跟上面一句话并没有很大的不同。而如果真正按照索绪尔的意思,就应该严格区分两种文字体系,表音文字和表意文字,表音文字的代表是古希腊以来的欧洲语言文字,而表意文字的经典代表就是汉字。说文字是表现语言的,下一步就应该结合具体语言(例如汉语)讨论表现的是语言的哪个成分,是音还是义?形成的是哪个体系?这件事上不应该采取模糊手法。索绪尔在这方面应该说是很认真的。他在说了只有两种文字体系之后,马上声明他的研究只限于表音文字,特别是以希腊字母为原始型的体系[1],也就是说,他是明确说明把对汉字和在此基础上的汉语的讨论摒除在他的普通语言学之外的。我不知道中国的语言学著作里在讲到"文字表现语言"时想到的是表音还是表义?恐怕多半是前者,因为我们语言学研究的整个体系是建立在以索绪尔为代表的"现代语言学"上面的,索绪尔明说了他的研究只限于表音文字体系,而我们自觉地、不加修改地将之套用于不是表音文字的汉语上面,不就是默认把汉字当作表音文字处理吗?因此光说"汉字是表现汉语的符号"是不够的,必须明确指明它表现的是语言的音还是义。如果是音,那就是错误的;如果是义,那更进一步的是,必须拿出与研究表音文字语言不同的表意文字语言的研究体系来,补充索绪尔所欠缺的这一部分,丰富"普通语言学"的内容。这才是对现代语言学精神的最好继承。

三、文字是语言的符号吗?

承认汉字是表意文字,在汉语学界特别是汉字学界很少异议,尽管人们并没有想到,这是同普通语言学的所谓常识"文字是符号的符号"根本违背的。这也说明我们有些研究者是实用主义的,在讨论某个问题时赞成一种说法,在讨论另一个问题时又可以赞成另一个说法,不管它们实际上是不是矛盾打架。承认汉字是表意文字在普通语言学上其实具有革命性的意义,即它推翻了"文字是符号的符

---

1 索绪尔:《普通语言学教程》,高名凯译,北京:商务印书馆,1980年,第51页。

号"这种片面的说法。这其实是索绪尔的现代语言学在文字问题上对他前人的一个飞跃。可惜索绪尔在跨了一大步后很快止住了脚步，把他的研究局限于从希腊文字发展来的现代欧洲文字。这就使他的革命意义非常有限，读书不细的人往往会忽略过去，依然沿着老路走，甚至把索绪尔也归到"符号之符号"说的主张者之列，这是索绪尔的不幸，也是中国语言学的悲剧。由于中国当时的国际地位以及汉语的不为世界上多数人所知，我们可以理解索绪尔的做法。但在今天的条件下，我们就有可能在索绪尔的基础上再往前走，看看承认了文字有表音以外还有表义有什么更进一步的意义。因而我们要问的第三个问题是直接针对索绪尔的，或者说，是直接挑战以他为代表的"现代语言学"的，那就是：文字是语言的符号吗？或者更直接地说，文字的存在，只是为了表现语言吗？索绪尔对此的回答当然是肯定的。事实上，从亚里士多德到索绪尔，整个传统西方语言学，其提法有所不同，但在文字相对于语言的次等地位上却是一致的。国内的语言学教材也告诉我们，语言是人类最重要的交际工具，文字只是辅助性的交际工具，文字的产生就是为表现语言服务的。但这个问题实际上并不那么简单。从现在语言文字的使用情况来看，特别是在言文一致的语言里，文字似乎确实主要是表现语言的，但是不是在文字产生之初就是如此呢？这就需要认真思考了。这里涉及语言和文字的发生学问题，即语言，特别是文字，究竟是为何以及如何产生的？我们发现，历史条件不一样，得出的看法就不一样。亚里士多德没有看到过汉字，他的文字理论其实只来自对希腊字母的认识，提出"符号之符号"说是完全不足怪的。索绪尔看到了汉字，也许还看到了关于其他古老文字的一些记载，因而提出了表意文字和表音文字的两分。但是他却过于把注意力放在西方表音文字上，没有从表意文字再往前走一步。其实这一步很容易走：既然文字可以直接表示意义，不必借助语音形式，那么它的产生和存在就未必，甚至根本不是为了表现语言，而是有着其自身的原因。当代文字学的一个新进展是区分了自源文字和他源文字。但我们很快发现，自源文字和他源文字的区分，与索绪尔关于表意文字和表音文字的区分，两者基本上是重合的，也就是说，凡自源文字几乎都是表意文字[1]，凡他源文字则几乎全是表音文字！而在文字发生学问题上，真正有意义的是自源文字。从自

---

[1] 说"都是表意文字"是从整体上或者体系上看的，不是就这个体系内的一个个具体字而言。就像汉字体系中有假借这种只跟语音有关的文字一样，其他古老文字中也有只为读音而造的字，但这并不改变整个文字体系的表意性质。

源文字都表意可以看出，文字的产生，并不是为了记录语言、表现语言，而是有着别的目的。我们知道，语言的产生，是为了人们面对面交流的需要，它也只能满足这一需要。脱离了面对面，语言就无能为力了。而面对面的交流，是根本不需要文字的。因此文字的产生，是为了用于不能用语言交际的场合，用现在的话来说是为了用于超时空的场合。这种场合，我们容易想象为给远方的亲人写信啊，或记录文献作品流传到后世啊等等。但实际上在原始时期，最重要的超时空可能不是这些，而是人与神的交流。宗教在原始人的精神生活中占据最主要的地位，宗教主要体现为人与神的交流。对于一般人来说，人神交流的方式可能是各种宗教仪式、娱神的舞蹈、供献祭品等，但对氏族首领或其他上层人士而言，他们还需要跟神作一些秘密的、个人的接触，以制造和维持自己的特殊地位。但他跟神既不能面对面地说话，而且即使能的话，他也不愿意使用一般人也能懂的语言，因而他必然要求助于一种语言以外的办法，这就是文字。我们看世界上已知的一些古老文字，大多与宗教及人神交流有关。苏美尔文字、埃及圣书文字、中国的甲骨文等都是如此，连后来的玛雅文字和中国境内的纳西东巴文字，也都掌握在祭司等宗教人士手里；从后世中国道教的符箓，我们更可以猜想到初始这种文字的形式取向。因此，在远古时期，大多数人不需要，也不懂得文字，也是可以理解的了。文字为更多人所学习和掌握，是文明程度提高以后的事。因此，当代西方语言学家如牛津大学前语言学系主任罗伊·哈里斯就提出，文字的产生，并不是为了记录语言，文字和语言是两个平行的系统。这样看来，西方的文字理论，实际上已经经过了三个阶段。第一阶段，以只看到希腊等欧洲文字的亚里士多德为代表，提出"符号之符号"说[1]；第二阶段，以看到了汉字的索绪尔为代表，提出表音、表意两大文字体系说；第三阶段，从布拉格学派的叶姆斯列夫、伐切克开始到当代学者哈里斯，在对现存语言和文字进行充分研究的基础上，先后提出了语言、文字自主说和语言、文字平行说的主张。哈里斯更强调作为编码系统，文字要远远胜过语言。

四、书面语是口语的记录吗？

哈里斯的著作名叫《文字再思》(*Rethinking Writing*)，出版于 2000 年，其中有

---

[1] 据哈里斯考证，亚里士多德正好出生在古希腊重要的文字改革（用 Ionic 字母取代雅典的 Attic 字母）约 20 年之后，特别感到文字犹如衣服，可以爱脱就脱、爱改就改，只是语音的附属品。见 Roy Harris, *Rethinking Writing*, London: Continuum, 2000: 35.

许多发人深省的思考。但通观全书,我们发现他没有提到自源文字和他源文字的区别。考虑到这一区别,结合汉语汉字发展的实际情况,我们还可以从哈里斯的观点出发再往前走一步。这就是我们要提出的第四个问题:言文一致是语言使用的必然规律吗?书面语只是口语的记录吗?由于言文一致曾经是"五四"前后打倒文言文、提倡白话文的主要理由,因此这个问题也包含了对这个事件的反思。哈里斯对这个问题的回答是否定的,他并且进而主张书面语作为编码系统要高于口语。这体现了国外语言学界对语言文字问题的新认识。但如果从文字发生学的角度出发,我们还可作更深一步的分析。

首先我们发现,文字与语言的关系不等于书面语与口语的关系。文字是单独的个体,而书面语常常以篇章面貌出现。即使文字表现语言可以成立,也并不能引申为书面语就只能是口语的记录。但不少人却想当然地把文字研究的结果引申到篇章上:既然文字记录语言,那么书面语就必然只是口语的记录,"我手写我口"就是书面语的最高理想。这是没有根据的。文字研究与篇章研究应该分开来进行。如果第一步我们区分了自源文字和他源文字,那么接下来我们要分别考虑自源文字形成的篇章和他源文字引成的篇章,以及各自的发展过程。这两者也必然是不同的。在他源文字的语言里,由于文字被借来的目的就是为了记录本语言的语音,因而肯定会以能记录语音中尽可能多的成分为目标,最理想的书面语应是事无巨细的全景式记录。因而其书面语的最初或理想的形式必然会以追求言文完全一致为最高目标。这可以说是一种"语言文字化"的过程。但在自源文字的语言里,这一过程要复杂得多。因为在这一环境里,语言文字开始时是平行发展的,后来出现了交融的需要。但这一交融不会以牺牲已有的表意文字作为代价,而必然是一个双方互相利用、互相让步、互相磨合的过程。首先发生的可能不是"语言的文字化",而是"文字的语言化",即表意文字取得一定的读音,变成真正的文字。有人不相信可以存在没有读音或没有固定读音的文字。其实这是可能的,在现代仍可以体会得到。例如,中国道士们画的符箓就是有意义而没有读音的"文字",阿拉伯数字"1234"等便是没有固定读音的"文字"。当然这样的文字不能算是真正的"文字",必须"语言化",即在某一语言系统内取得相对固定的读音,才能成为可以用来交流的工具。在这一过程中,文字并不是语言的记录。另一方面,即使在自源文字的语言里,也会有"语言文字化"的过程。因为"文字语言化"的过程使已造出的文字——有了语音的表现,成了可以被书写、被交流的工具,但语言中还有不少没有文字形式，也不便用表意文字形式表现的东西，如一些虚词及表示语法意义的语音成分等，它也会要求用文字形式表现出来，"假借"可能就是其中一个重要方式。正是在这样一种互动过程中，文字形式变得越来越成熟。但这样的文字与纯粹记音的表音文字有着很大的不同。

然而这还只是文字语言磨合的过程，文字组成篇章又是另一个过程。上面说到，在他源文字的语言里，文字就是表现语言的，因而其篇章也以最大限度地表现语言为满足，所以言文一致很容易成为一种共同接受的理想。但即使在这样的语言里，书面语也不可能完全记录口语，总有遗漏和省略乃至无法记录的部分（如声调、语调的起伏变化等）。在其后的发展中，由于文字产生后有其自身的发展规律，总有一种与语言保持若即若离的趋势，既使言文一致成为不可能实现的理想，又如哈里斯所说，使书面语最终高于口语。书面语与口语的距离主要表现在三个方面。一是文字的稳定性与语音的易变性，文字永远跟不上语言的变化，变得不能够精确表音，越是历史悠久的语言越是如此。索绪尔痛感文字成了"假装"[1]，篡夺了语言的重要地位。但索绪尔没有想到的是，正是这种"假装"，让文字摆脱了语音的羁绊，真正成了超时空的交流工具，而这正是人们需要文字的原因。当初，拉丁系的各语言脱离拉丁文而独立，曾被认为是语言发展进步的表现；但现在欧盟统一的最大障碍之一就在于无法统一的各国语言。当今英语成了国际上的准共同语，也是以文字和书面语的大体相同为基础的，如果按照各地英语的不同读音，采用严格的表音文字来记录，恐怕拉丁语的遭遇会在今天各英语国家重现。二是文字按照书面语的要求自行发展，不但不理睬读音，还要求读音与其配合，这最典型地表现在英语的一些首字母缩略词。其是否发音、如何发音，不是由语言决定，而是由书面语提出、口语执行的。如 GDP 要求按字母发音读，UNESCO 要求拼读，St 在使徒名字前要求读为 saint，在街道名后要求读为 street，prof 却读成 professor，而 wkdys、hrs 又要读成 weekdays 和 hours。书面语在那里自行其是地缩写，语音不得不按它的要求走。三是由于文章组织的精密化，出现了口语中不可能有的复杂的语法形式。语言学家 Mario Pei 早就说过[2]，英语中复杂的语法规则，特别是长句的组织规则，都是先在书面语中形成，然后才用到口语中去

---

[1] 索绪尔，1980 年，第 56 页。
[2] 参见 Pei, Mario, 1965, *The Story of Language*. Philadelphia: Lippincott. Reprinted by New York: New American Library, 1984.

的。因此哈里斯认为，书面语是更重要的交际手段，其表现力比口语要强有力得多。

而在自源文字的语言里，由于文字本来就不是为了记录语言而产生，那么由文字组成的书面语（所谓篇章）就更加不可能亦步亦趋地跟着语言走，在其组织过程中必然会积极发挥文字自身的优势，如简约和会意，前者是充分条件，由必要的文字提供最不可少的信息；后者是必要条件，这些文字的组织方式要能传递出希望传递的信息。我们看东西方一些古老文字的文献，凡成篇的记载，差不多都有这样的特点。如周有光《世界文字发展史》[1]"东巴巫师的创世经文"（第36页）和"埃及帝王名字解读举例之二"（第83页）。前一例周先生说是图画字，但作为经文，显然已表达了明确的意义。后一例只用了五个词，周先生说是"托勒密、生、永、神、爱"，其意思是"托勒密，永远健康，天神保佑"，但这个意思是我们从这五个词的组合中领悟出来的，并不是这一句话或这两句话的实录。可见书面语并不记录口语，与口语也不相应。王元鹿《普通文字学》[2]第51-52页举了纳西东巴经《白蝙蝠取经记》78节的例子，直接指出："文字符号与语言单位对应关系不一致"，表现在：一、口语中有的一部分词在书写时没有记录下来；二、经文中有的字（如"蛙"字）在读经时却不读出来，可见是口语中没有或不需要的；三、书写顺序与语言顺序是不一致的。何丹在分析了苏美尔文字系统中语法形态记录的"缺位"特点后指出："自源文字系统还有一个特点，即它对语言系统的记录，只限于词汇层面，而无法兼顾到语法层面。"[3] 可见在自源文字或表意文字的前提下，书面语与口语从一开始就不一致，也不必一致。在后来的发展中，语言与文字逐渐合流，但自源文字的书面语仍然时时体现出其"自主"的特色。一方面，原先的简约、会意的风格得到了保留。如唐代张若虚的名诗，其标题为"春江花月夜"，五个字五个名词五个意象，其间的意义联系全靠读者的想象去补充（从这个标题英译时所需增添的介词可以提供其需补入内容的信息），这与周先生所举托勒密的例子正相似。许多书上举到的汉语的意象叠置句，如"鸡声茅店月""枯藤老树昏鸦"等都不是口语中会出现的句子，只有书面语中才有。而另一方面，书面语传统形成之后，还会沿着自己的规律朝前发展，而很少顾及同时的语言的发展状况。结果使言文不一

1　周有光：《世界文字发展史》，上海：上海教育出版社，1997年。
2　王元鹿：《普通文字学概论》，贵阳：贵州人民出版社，1996年。
3　何丹：《图画文字说与人类文字的起源》，北京：中国社会科学出版社，2003年，第384页。

致的情形在这种语言里变得更加突出。清代学者阮元对书面语有意要离开口语发展的原因作过一个推测,他说:"古人以简策传事者少,以口舌传事者多;以目治事者少,以口耳视事者多。故同为一言,转相告语,必有愆误。是必寡其词,协其音,以文其言,使人易于记诵,无能增减。"[1] "文其言",即对语言进行人为加工,就是书面语发展的自身规律。因此作为自源文字语言的汉语,在一开始就表现为言文不一致(今人认为甲骨文或《尚书》《诗经》记载的是当时口语,只是一种猜测。事实上,《诗》《书》都是经过明显加工的),经过几千年的发展而变本加厉,到了20世纪初,就几乎成了互不相干的两种语言,正如郭绍虞先生所说,语言是声音语、文辞是文字语[2],强调其组织形式不一样,这可说是特别针对汉语这样的自源文字语言而说的,在他源文字语言中就不可能存在这样尖锐的对立。"五四"前后的人们以西方语言学为指导,强调"我手写我口",企图扭转这个局面,用意当然是好的。但他们没有想到,由于文字起源和书写传统的不一样,汉语不可能走向完全的言文合一。当今的"普通话"由于不是建立在具体方言的基础上,实际上更是从书面语走向口语的[3],几乎它的每一个新词语、新形式(特别是外来语和外来形式)的产生都是从书面语中开始的。在这样的事实面前,为了理论上的逻辑合理而鼓吹"口语第一性,书面语第二性",同时强文就语的结果,导致书面语越来越不受重视,冲击和破坏了母语教育的传统,改变了语文教育的导向,从而导致中小学和整个社会语文水平持续下降,直到今天出现了几乎难以挽回的颓势。从这方面说,20世纪的现代语言学,尤其是中国的现代语言学,具有难以推卸的责任。[4]

现在可以回到标题上来了。为什么说汉字是汉语之魂?因为不但汉字不是符号的符号,由汉字组织起来的汉语书面语在其产生和发展过程中也不仅仅是为

---

1 阮元:《文言说》,转引自郭绍虞《语文漫谈》,1951年,载郭绍虞《照隅室语言文字论集》,上海:上海古籍出版社,1985年(183-210),第208页。

2 见郭绍虞:《中国语言所受到的文字的牵制》,1946年4月22日《新闻报》,载郭绍虞《照隅室语言文字论集》,上海:上海古籍出版社,1985年,第112-114页。

3 普通话"以北京语音为标准音,以北方方言为基础方言,以典范的现代白话文著作为语法规范",由于"北京语音"和"北方方言"的吸收都是有条件的,因而实际上提出的是一个书面语规范。在实际推行过程中也是如此。

4 德国汉学家顾彬(Wolfgang Kubin)指出:"中国的现代可以被定义为一种从本质上因翻译而生的现代。翻译的艺术不仅对中国精神和中国社会的发展发生了作用,而且还直接影响到标准国语的形成。"见顾彬:《二十世纪中国文学史》,范劲等译,上海:华东师范大学出版社,2008年,第4页。他的话是有道理的。

了表现汉语的口语。[1] 汉语历史上走着一条言文分家的道路有其文字发生学和篇章发生学上的根源。口语和书面语在发展过程中互相影响、互相渗透，但由于文字是更高的文化形态，可以突破时空局限进行传播，又可以人为干预、人为规范，因而书面语对口语的影响要远远大于口语对书面语的影响。我们现在所看到的汉语，其规范程度越高，书面语程度也就越高；今天的汉语口语，在相当程度上甚至可说是书面化的口语。[2] 而汉语书面语的特点在很大程度上是由汉字的特点规定的。20世纪以来在西方语言学影响下，轻视汉字、轻视汉语书面语，带来了中文水平下降的严重后果。[3] 语文教育界和对外汉语教学界正在反思这个问题，对外汉语界在国际汉语教育飞速发展的大好形势下，更把汉字和书面语教学，看作是必须突破的瓶颈。从所有这些方面看来，尽管我们无意否认在他源文字语言里语言先于口语的事实，也无法确证在自源文字的汉语里文字、语言到底孰先孰后，但我们可以肯定地说正是有了汉字，才使汉语成了我们现在所看到的汉语；没有汉字，也就没有今天的汉语。汉字、汉语已融成了一个生命的整体，彼此不可或缺。基于他源文字的语言理论把汉字看作外衣，可以爱脱就脱、爱改就改的主张，已经为历史所否定。而百余年来在学习、掌握、研究、运用汉语等方面的经验和教训也告诉我们，轻视汉字就要受惩罚，只管在理论上追求自我满足，结果会让社会和后代子孙在实践上付出代价。汉字在汉语中实在应处于核心地位，是一个"纲"，纲举才能目张。这样重要的东西，不叫"灵魂"，实在无以名之。

（原载《华东师范大学学报》2009年第2期，第75-80页）

---

1 郭绍虞先生分析过汉语史上言文不一致的原因：(1) 因为这是符号不是语言，所以可以回到原始的图画文字，只把几个足以代表形象的符号堆砌起来，像图画一般，也就足以表达意思了（例如"枯藤老树昏鸦"等通篇不用一个动词，"其实只是利用汉字的符号作用，以发挥原始文字形象的表现法而已"）。(2) 因为不是语言，所以可以变更组织，自矜新格（如"红豆啄余鹦鹉粒，碧梧栖老凤凰枝"等在口语都是不容许的）。见《语文漫谈》，1951年8月8日起《大公报》，载郭绍虞《照隅室语言文字论集》，上海：上海古籍出版社，1985年，第183-210页。
2 这一点有许多人不会相信，他们觉得中国古代和现代都有这么多的文盲，大字不识几个，其语言怎么会受书面语影响呢？其实向往读书受教育是每一个人的天性，更是中国自古以来社会上的普世价值。文盲虽然不识字，在心目中却是以能识文断字的人为榜样，一有可能就会在口吻上加以模仿。加上中国传统的蒙学教育以口诀式的文字为主，特别利于口头传诵。因此，"三、百、千"中的名句、《增广贤文》和《俗事农谚》中的书面色彩的文字，在旧时农村不识字人的口中，也时不时会蹦出两句。20世纪以来，从鲁迅和茅盾等的小说中可以知道，社会上流行的新潮词语很快就会传到最偏僻的乡村，挂在目不识丁的农民的口中。中国文盲口中书面语之多恐怕是西方拼音文字语言的文盲难以想象的。普通话推广开以后，可以说人人嘴上的口语都绝大部书语化了。这一事实恐怕是理论家们没有想到的。
3 参见潘文国：《危机下的中文》，沈阳：辽宁人民出版社，2008年。

对症下药医汉字

沸沸扬扬的"44个汉字整容"闹剧收场了,原来社会上争论得异常激烈的繁简字问题在这场闹剧中并没有触及,而是被刻意冲淡了。其实这个问题不想正视也不行。

一、百年来对待汉字的态度

百年来对待汉字的态度,经历了三个阶段,现在正在进入第四个阶段。

第一阶段是"批判汉字",时间从晚清到20世纪30年代,在"五四"前后达到高潮。其最极端的言论体现在钱玄同、瞿秋白、鲁迅的言辞里,核心观点就是对汉字彻底否定,必须改造成拼音文字。

第二阶段是"改造汉字",时间从1935年公布第一个简体字表到1986年"二简"方案的收回。"改造汉字"的努力在"批判"期就已开始,但直到1935年才真正成为政府行为。现在一说到繁简之争或汉字拼音化,总以为只是50年代以来的事。其实50年代提出的文字改革三大任务(简化汉字、推广普通话、制订汉语拼音方案)只是三四十年代政策的继续。1935年,国民政府教育部公布的第一批简体字表共324字,就是解放后汉字简化表的前身。1944年教育部又推出"国语运动五条纲领",其中前三条(① 实行国字读音标准化,统一全国读音;② 推行国语,使能通行全国,并作为外国人学习汉语的标准;③ 推行注音国字,以普及识字教学)与50年代三大任务的后两条并无二致。

第三阶段是"争论汉字",时间从1986年文字改革委员会更名语言文字工作委员会开始,到这次规范汉字表的出台并收回。争论焦点有两个:一是要不要继续推行拼音汉字,二是繁简汉字之争。不要以为1986年以后想走汉字拼音化道路的人就没有了,他们的力量大得很,而且一有机会就会跳出来。繁简之争则自1986年"二简"被终止以来一直没有停息过,只是随着改革开放的深入变得更强烈而已。《通用规范汉字表》的出台可以理解为官方对这一事件的最新表态,同时有关负责人也已明确表示不会考虑恢复繁体字。这就意味着今后一段时期,民间的讨论再热烈,政府也不会予以理会。因此我把这件事看作是第三阶段的结束。

第三阶段结束了,但汉字问题依旧,在客观和主观上我们都不得不进入第四阶段。第四阶段叫什么呢？我建议叫作"整理汉字"。其核心是要跳出繁简之争的思路,对汉字进行全面整理。

二、没有处理好字种字体关系是汉字混乱的最根本原因

做事要有依据。"批判汉字"和"改造汉字"的依据是西方传来的"表形——表意——表音"的文字发展三阶段论。"争论汉字"却没有什么明确的理论,因此争来争去,只能各说各的,有时理由甚至十分可笑。这样的争论再争也不会有结果。

整理汉字的依据是两条公理。第一,一种语言只应有一套文字。第二,所谓"一套"文字,指的是一套"字种",而不是一套"字体"。

字种和字体是一对重要的概念。"字种"是指为不同意义或读音所造的不同的字,例如"中""国"就是两个字种;"字体"是同一字种下的不同变体,例如"国"这个字种可以写成"国"这个字体,也可以写成"國""囯"等另两个字体。字种和字体的关系,就像语音学中音位和音素的关系。字种相当于音位,是各种字体的综合;字体相当于音素,是字种的各种具体表现。西方文字中,"A"是一个字种,它可以表现为不同的字体,如印刷体大写 A、印刷体小写 a、手写体大写 $\mathcal{A}$、手写体小写 a 等,还有意大利体、哥特体等。这些 A 的字体再多,但没有人会说是不同的字母。同样,在汉字中,一个字种可以有许多字体,不仅是繁体和简体,而且包括甲、金、篆、隶、真、草、行各种历史演变的字体,宋、仿、楷、黑等各种书写的字体和电脑创制的各种美术字体,还包括异体和俗体。显然,没有人会认为,用宋、仿、楷、黑等不同字体打出的字是不同的字;也没有人会认为,异体字的两个形式(如"蘇"和"蕬","够"和"夠")属于不同的字种。

这样,问题就清楚了。"一种语言只能有一套文字",指的是只能有一套"字种",繁简两套字体如果能合一,也只能合到一套字种里,作为其不同变体而存在。事实上,在字种辨清之后,不要说两套字体,就是再多的字体也可以存在。

汉字之所以会发生繁简之争一类的混乱现象,没有处理好字种字体关系是最根本的原因。其中既有历史的,也有现实的。

从历史上看,几千年来,我们从来没有认真区分过字体和字种,甚至连这两个

概念都没有。人们关心的只是"字数":《说文》收了多少字,《玉篇》收了多少字,《广韵》《集韵》《康熙字典》又收了多少字。直到今天,我们会说《汉语大字典》收了多少字,CJK 大字库收了多少字,但没有人能说清这些字中,字种有多少? 同一字种的不同字体有多少? 我们有过异体字的概念、俗体字的概念,也知道《集韵》收了许多这样的字。但没有人进行过认真的梳理。几千年来这方面是一本糊涂账。

从现实来看,"五四"以来的简化字运动又进一步打乱了汉字的体系。如果说几千年汉字"种""体"不分是无意造成的混乱,那么"五四"以来在错误理论、错误方法指导下的简化运动却是对汉字体系有意的破坏。这个理论和方法是当时最重要的语言文字学家钱玄同提出来的。他在 1923 年发表的《国字革命》一文中说:

> 汉字的变迁,由象形而变为表意,由表意而变为表音。表音的假借字和拼音文字,只差了一间:就是(1)还没有把许多同音的注音字母并用一个;(2)还没有把这种注音字母的笔画改到极简;(3)还没有把同声的字归纳为一个声母,同韵的字归纳为一个韵母。所以假借字还只是一种未曾统一而且不甚简便的注音字母。只要"百尺竿头再进步",则拼音文字就可以出世了。

这里他就把西人提出的"表形——表意——表音"三阶段论汉语化了,不但把"六书"理论纳入了三阶段说,还对"假借"表音作了发挥,说还得经过同音字合并、笔画改简、声韵分析三个过程才能达到世界上拼音文字的水平。一百年来中国的文字改革,包括汉字简化,就是沿着他指出的这条路线在走。由于把汉字简化纳入了汉字拼音化,因而就完全改变了其性质。不过历史上的简体字与 20 世纪的简化运动是完全不同的两回事。历史上的简体字主要是笔画减省,它是作为"字体"存在的,主观上并不想打乱"字种"之间的界线。20 世纪的简化运动由于以消灭汉字为目标,减省笔画就不可能成为主要手段,而前人少用的"同音合并"就成了最重要的手段,因为这样才可以有效地减少字种数,达到"同音的只用一个字表示"的目标,以为汉字拼音化开路。1923 年,钱玄同在《汉字革命)中提出了简化的两个基本原则:

(1) 写破体字。凡笔画简单的字,不论古体、别体、俗体,都可以用。

(2) 写"白字"。这所谓写白字，是把国音同音的字少用几个，拣一个笔画较简而较通行的字来代表好几个笔画较繁而较罕用的字，总期易识易写罢了。

这两个主张的核心就是字种归并，从而彻底打乱了字种间的界线。钱玄同还把他的两条原则具体化为"八法"，向国民政府提出。1935 年的简体字采用的就是他的方法；50 年代简化汉字沿用的也是他的方法。所增加的只是一个"符号字"，即"把原字笔画繁难的部分，用简单的笔画代替"，这就是近年来备受指责的用"又""×"等纯符号代替许多偏旁的做法的来源。1977 年提出的"二简"方案沿着这些方法走向更极端，结果超越了人们接受的极限，也为自己敲响了丧钟。

三、对汉字问题对症下药

正由于指导理论和简化方法的错误，导致了本来应该属于字种内部的繁简选择变成了字种之间的大混淆。这就是今天汉字问题的症结所在。找到了病症，就可以对症下药。这里提出下面两个建议供参考：

1. 严格区分字种和字体，变字体之争为字种之辨

汉字是中华文明的载体，更是我们的生存家园。但是几千年来我们始终没有很好理清过我们的"家底"。我们到底有过多少汉字？光是统计字典上的字数是没有意义的。我们需要知道，在这么多字里，有区别意义的，即造成不同"字种"（或字位）的字到底有多少？哪些字只是同一字种的不同变体，可以分别归到各个字种下？字种不明，字体就没有归属。当然，字种和字体的界限有的时候并不容易划清，这就需要我们认真调查、仔细研究。不久前公示的《通用规范汉字表》重新恢复了 51 个异体字，这说明我们以前处理异体字也有不当之处，把很多字种的问题误作字体处理了。这些都需要重新审定。

2. 在厘清字种的基础上整理字体

一提字体人们想到的就是繁体和简体，实际上，字体的问题比繁简之别丰富得多。"繁体""简体"是一对区别，"正体"与"俗体"、"正体"与"异体"（或"别体"）是另两对区别。此外，前面提到的历史上的各种字体、书体，电脑上已经造的、正在造的和还没造出来的各种美术和变异的字体，甚至包括"90 后"爱用的"火星

文",都属于字体的问题。50年代文字改革有一个做法是以前没有的,这就是简体字和异体字分别处理。这一区分隐含了一种观点:异体字问题是字体问题,而简化字问题不属于字体问题。这就为打乱字种埋下了伏笔。

字体整理需要做三件事,第一是区别字体和书体,各种字体都可以用各种书体来书写。以前那种通过"草书楷化"创造新的字种的办法今后要尽量避免。第二是要确定一种字体为"正体",其余的字体可通称为"变体"。我们主张用"正体""变体"的名称而不用"繁体""简体"的名称,原因有三。首先是在确定正体字的过程中,需要对目前的繁简字作一番甄别和选择,正体字可能是现在的简体字,也可能是繁体字,原先的繁简之别将被打乱。其次是繁简之别不能涵盖字体的复杂情况。如异体字也是变体之一,与繁简字在本质上没有什么区别。此外,繁简的名称并不准确。繁体是相对简体而言的,没有对应简化字的字就不好叫繁体,"人""口""刀""手"等字有人叫作"传承字",这是个不清晰的概念。因为繁体字也是传承字,简体中那些取自古体、俗体、异体、通假的字,甚至楷化的草书如"书""当"等字也是传承字。"正体"这个名称古已有之,并不是新近的发明。"正"的意思是使用于各种正式场合,如官方文件、新闻出版、影视媒体、学校教材以及重要公众场合。第三,在字体整理过程中,要建立正体字和各种变体字的一一对应关系。这个工作有点类似于今天电脑设计的种种书体,对电脑来说应该是不难的。

(原载于 2009 年 12 月 3 日《社会科学报》第 5 版)

变字体之争为字种之辨
——跳出繁简之争，走汉字整理之路

前不久，期盼了多年的"规范汉字表"终于拉开了羞答答的面纱，向社会露出了真容。没料想很快演变成该不该为"44个汉字整容"的闹剧，黯然收场。有人似乎感到兴高采烈，以为这是"民意"的胜利，我却不以为然，我认为这是一个"三输"的局面，其中根本没有赢者。"专家"们被搞得灰头土脸，有苦难言；主事者无功而返，脸上无光；而民众其实也没有胜利。因为规范汉字表的出台本来并不仅仅是为了解决几个字的笔形问题，而是对多年来汉字问题种种责难的一个回答。问题在于，社会上议论最多的是繁简字问题，近几年两会人大代表、政协委员提出的也是繁简字问题，公示表却以汉字整容问题转移了人们视线，模糊了社会关注的焦点，使人们非常失望。事情过后，更觉得有种被玩弄的感觉，原先关注的问题根本没触及，更谈不上解决，转了一圈又回到原地。也许有人就希望看到这样的"维持现状"。然而我们要想到，没有解决的问题，将永远是问题，并不因为你不想解决、不去解决，就变得不是问题。繁简字以及整个汉字面临的问题，就是这样一个问题，并不会因为被"整容"议题一冲，就变得不存在了。可以预期，明年两会、后年两会，还会有人提出类似议案，只要不解决，会有人一直提下去，让那些采取"拖"字诀的人去头疼。为什么？因为这问题不仅涉及海内外十几亿华人的文字使用，也涉及中华文化的传承和弘扬。而汉字目前的状态，显然无法适应中华民族伟大复兴这一需要，越拖下去，我们背负的包袱会越重。正因为如此，我仍想冒着有些人不爱听的风险，说说我对这个问题的思考。

我认为，我们所面对的，其实不仅仅是繁简字问题，而是两个更大的问题：

第一，我们要一套文字还是两套文字？第二，如何实现一套文字？

在提出第二个问题的时候，我实际上已经回答了第一个问题。也就是说，一个国家，一种语言，只能有一套文字，不能有两套文字。这个认识是繁简之争的前提，也是繁简之争的归宿。如果争到后来，变成了两套文字并存，使用各随其便，爱简用简，爱繁用繁，或者这个场合（如网络）用简，那个场合（如古籍）用繁，这个结果便不是"双赢"而是"双输"，因为没有一个国家、一种语言承担得起用两套文字(还不算某些人千方百计想挤进来的拼音文字),其社会成本、教育成本、推广成本实在太大。不要以为这个问题不会有两种回答,事实上,就如同有人主张"一语两文"(方块汉字和拼音汉字"并存""竞争")一样,也有人明确主张"一文两字"(繁简字并存),对此我在《危机下的中文》一书里曾展开过论述。而要是在这个问题上也不能取得一致意见,那繁简字也好,所有语言问题也好,根本就不必讨论,"危机"也不必去消除,就让它永远存在下去好了。

在第一个问题有共识的前提下讨论第二个问题,我们马上又发现面临着一个根本无法解开的死结:如果"繁""简"真是两套文字,两套变一套就意味着必须放弃一套接受另一套,也就是讨论的双方必须有一方认输。那问题也不会有解决的可能,因为双方谁也不会让步。一方说用了50多年了,一方会说历史有3000年了;一方说13亿人已习惯了,一方会说还有港台和全世界的6000万华人呢;一方说适合于现代人的交际,一方说还承载着数千年的中华文明呢。谁想否定对方的观点都会引来一场口水。事实上,取消哪一套似乎都不合适。在这种情况下,继续争论谁是谁非不会有结果,要解开这个死结,只有另辟蹊径。

这个"蹊径"就是跳出繁简字"字体"之争,首先考虑汉字"字种"之辨,不强求谁取谁舍,而先从整体上对汉字进行整理。为此,我们先要确立一对概念:字体和字种。所谓"字种",是为不同意义(有时还有不同读音)所造的不同的字,例如"中""国"是两个字种;所谓"字体",是同一字种下的不同变体,例如"国"这个字种可以写成"国"这个字体,也可以写成"國""囯"等另两个。字种和字体的关系,通俗地说,就像语音学中音位和音素的关系。字种是音位,是各种字体的综合;字体是音素,是字种的各种具体表现。例如在西方文字中,"A"是一个字种,它可以表现为不同的字体,如印刷体大写A、印刷体小写a、手写体大写 $\mathcal{A}$、手写体小写 a 等,还有意大利体、哥特体等。这些A的字体再多,但没有人会说它们是不同的字母。同样,在汉字中,一个字种可以有许多字体,不仅是繁体和简体,而且包括甲、金、篆、隶、真、草、行各种历史演变的字体,宋、仿、楷、黑等各种书写的字体和电脑创制的各种美术字体,还包括异体和俗体。显然,没有人会认为,用宋、仿、楷、黑等不同字体打出的字是不同的字,也没有人会认为,异体字的两个形式(如"蘇"和"蕛"、"够"和"夠")属于不同的字种。

这样,问题就变得清楚了。"一种语言只能有一套文字",指的是只能有一套"字种",繁简两套字体如果能合一,也只能合到一套字种里,而不是要泯灭其本身的区别。事实上,在字种辨清之后,不要说两套字体,就是再多的字体也可以存在,适应不同的需要。因此,强调繁简之争,不会有赢家;强调字种之辨,不会有输家。字种辨则字体问题迎刃而解。

这个回答看似简单,但却是长时期思考汉字问题的结果。汉字之所以会发生繁简之争之类的混乱现象,没有处理好字种字体关系是最根本的原因。其中既有历史的,也有现实的。

从历史上看,几千年到现在,我们从来没有认真区分过字体和字种,甚至连这两个概念都没有。人们关心的只是"字数":《说文》收了多少字,《玉篇》收了多少字,《广韵》《集韵》《康熙字典》又收了多少字。直到今天,我们会说《汉语大字典》收了多少字,CJK 大字库收了多少字,但没有人能说清这些字中,字种有多少?同一字种的不同字体有多少?我们有过异体字的概念、俗体字的概念,也知道《集韵》收了许多这样的字,因而短短二、三十年里收字量比《广韵》猛增近一倍,但没有人进行过认真的梳理。几千年来我们是一本糊涂账。

从现实来看,"五四"以来的简化字运动又进一步打乱了汉字的体系。如果说几千年汉字"种""体"不分是无意造成的混乱,那么"五四"以来在错误理论、错误方法指导下的简化运动却是对汉字体系有意的破坏。现在谈繁简之争的总是只简单地追溯到 20 世纪 50 年代,以为一切都是 50 年代才开始的,其实 50 年代提出的文字改革三大任务(简化汉字、推广普通话、制订汉语拼音字母)只是三四十年代政策的继续,早在 1935 年,当时的国民政府教育部就公布了第一批简体字表共 324 字,只是因国民党元老戴季陶等的强烈反对而终止。1944 年教育部又推出了"国语运动五条纲领",其中前三条(① 实行国字读音标准化,统一全国读音;② 推行国语,使能通行全国,并作为外国人学习汉语的标准;③ 推行注音国字,以普及识字教学)与 50 年代三大任务的后两条并无二致。再往前追溯,发现其源头还在"五四"时期。我们承认当时那批知识分子的爱国热忱,但也不得不指出,由于时代的局限,他们所接受并奉行的语言文字理论是错误的,他们根据错误理论设计的汉字改造方法也是错误的,其中作为"五四"时期最突出的语言文字学家钱玄同,更负有主要的责任。错误的理论是他演绎的,错误的方法也是他提出的。虽然哲人已逝,但是重新回顾他当时的一些言论及对后来产生的影响,对看清今天问题的由来也许还是有意义的。

所谓错误理论,主要是从西方引进的"从表形到表意,再到表音"这一条"人类文字发展规律"。这一理论是 19 世纪中叶西方庸俗进化论的产物,本来在西方也就说说而已,没有人真当一回事,更没有人会拿国家、民族的语言去"以身试法",来"验证"这条理论。只有在中国人们把它当了真,钱玄同更结合他对几千年汉字发展的了解,把这条规律具体化,而且中国化了。他在 1923 年发表的《国字革命》一文中说:"汉字的变迁,由象形而变为表意,由表意而变为表音。表音的假借字和拼音文字,只差了一间:就是(1)还没有把许多同音的注音字母并用一个;(2)还没有把这种注音字母的笔画改到极简;(3)还没有把同声的字归纳为一个声母,同韵的字归纳为一个韵母。所以假借字还只是一种未曾统一而且不甚简便的注音字母。只要'百尺竿头再进一步',则拼音文字就可以出世了。"这里他实际指出了汉字的发展路线:象形、指事是"表形"阶段,会意、形声是"表意"阶段,假借是表音阶段。但这个"表音"跟世界上的拼音文字还有距离,不彻底,因此还要经过三个阶段:① 把所有的同音字合并成一个字(例如"工、功、公、攻……"等用一个字表示就可以了);② 把表音的汉字笔画改到极简;③ 对这些极简的表音汉字进行分析,析出声母和韵母来(如从"工、古、高……"中析出"巜"声母,从"古、苦、乌……"中析出"ㄨ"韵母)。这里他还没有提到,最后的声母、韵母用什么符号去表示,几年后,1927 年,他在《历史的汉字改革论》一文中说:"汉字的同音字如此其多,在实际上就等于一个音弄成许多符号,这实在太眩人耳目了;若干脆采用罗马字母,一个字只用一个符号,岂不省事?"就正式提出了用罗马字的建议。实际上,100 年来的文字改革,包括汉字简化道路,就是按着这条线在走的。现在我们已经清楚,所谓"表形——表意——表音"这条规律根本就是杜撰出来的,事实上并不存在,在人类历史上也从来没有看到过哪一种语言的文字经历了这样三个阶段。从理论上说,凡文字都是表形的,"表形文字"的说法根本不通。世界上所知的古老文字都是表意的,表音文字产生于公元前 13 世纪的腓尼基,但那是腓尼基人借用了埃及文字,并不是埃及文字自动演进、"发展"成的。因此我们说这是一条错误理论。由于古代的表意文字除汉字外都已死亡,要证明这条"文字发展规律"只有让汉字发展成拼音文字。而要让人们接受汉字必然会"发展"成拼音文字又只有接受这一条"理论"的指导,因而两者成了并生并荣的"双生子",谁缺了谁也不成。这也就是为什么这条"规律"在中国特别有市场的原因。

由于钱玄同等人把汉字的简化纳入汉字拼音化,作为其中的一个环节,因而就完全改变了汉字简化的性质。在繁简之争中有些人爱说什么简体字唐代就有,并且胡诌出什么"从简从俗"是"汉字发展的规律"云云。其实要说简体字,岂止是唐代,可说秦汉,甚至商周甲骨文的时代就已有了。但历史上的简体字与 20 世纪的简化运动完全是两回事。历史上的简体字主要是笔画减省,它是作为"字体"而存在的,主观上并不想打乱"字种"之间的界线。至于客观上也出现了一些混乱,那是不慎所致。而历史上自唐代起的"匡谬正俗"实践和科举考试政策也有效地制止了字种的淆乱。20 世纪的简化运动不一样,由于以消灭汉字为目标,减省笔画就不会成为主要手段,而会以前人很少用的"同音合并"作为最重要手段,因为这样才可以有效地减少字种数,达到"同音的只用一个字表示"的最终目标,以为汉字拼音化开路。1923 年,钱玄同在《汉字革命》中提出了简化的两个基本原则:"至于这筹备期内,既然不能完全脱离汉字,则对于汉字的补偏救弊的办法,也应该积极去做。我主张——(1)写'破体字'。凡笔画简单的字,不论古体、别体、俗体,都可以用。(2)写'白字'。这所谓写白字,是把国音同音的字少用几个,拣一个笔画较简而较通行的字来代表好几个笔画较繁而较罕用的字,总期易识易写罢了。"说穿了不是同义归并就是同音归并,从而彻底打乱了字种间的界线。同音假借其实就是写别字,俗字和减笔字中不少以前要被视为错字。把这些字"扶正"的最大伤害不在字的本身,而在人们对汉字的敬畏心理,从而为错别字的流行大开了方便之门。钱玄同把他的两条原则更具体化为"八法",向当时的国民政府提出,并为 20 世纪 50 年代的汉字简化方案所沿用,所增加的只是一个"符号字",即"把原字笔画繁难的部分,用简单的笔画代替",这就是近年来备受指责的用"又""×"代替许多偏旁的来源。1977 年提出的"二简"方案实际是沿着这些方法走向更绝端,结果超越了人们所能接受的极限,也为自己敲响了丧钟。当前我们国家语文水平出现了大滑坡,最典型地表现在错别字泛滥上,这可以说是对敬畏之心丧失的惩罚。当代和今后的文字研究,如果不能恢复人们对汉字应有的敬畏之心,无论说得如何动听,我都将视之为失败。

正由于指导理论和简化方法的错误,导致了本来应该属于字种内部的繁简选择变成了字种之间大混淆。这就是今天汉字问题的症结所在。我们现在提出要整理汉字,其起点就在这里。相对于字种混乱这个大问题,繁简之争实在微不足道。

找到了病症,就可以对症下药。我们提出下面两个建议供参考:

1. 严格区分字种和字体,变字体之争为字种之辨

汉字是中华文明的载体,更是我们的生存家园。但是几千年来我们始终没有

很好地理清过我们的"家底"。我们到底有过多少汉字？光是统计字典上的字数是没有意义的。我们需要知道，在这么多字里，有区别意义的，即造成不同"字种"（或字位）的字到底有多少？哪些字只是同一字种的不同变体，可以分别归到各个字种下？字种不明，字体就没有归属。当然，字种和字体的界限有的时候并不容易划清，例如"坤一堃"和"俯一頫"分别是一个字种还是两个字种？从意义来讲，似应是一个字种，但从名字的专用性来讲，又宜算作两个字种。这就需要我们认真调查、仔细研究。不久前公示的"现代规范汉字表"重新恢复了51个异体字，这对我们有启发，说明我们以前处理异体字还有不足，很多字种的问题也误作字体处理了。这些都需要重新审定。

理清字种只是第一步，之后必须给字种分等级。这是当代西方许多实用词典十分重视的。分级可从不同角度进行。首先是使用频度，可分成若干个等级，以便教学。此外还可以从构词频度等等来分级，还可以单列"人名地名特殊用字"。但是否需要把"现代汉语"与"古代汉语"的字表分列，像上次公示的那样，还值得认真研究。个人感觉似乎不宜。

如果我们真的能做好字种的清理工作，弄清我们的家底，这将是一件对中华民族功德无量的大好事，也是对几千年祖宗的一个交代。

2. 在疏清字种的基础上整理字体

汉字整理应以理清字种为主，在字种不乱的情况下对字体可以持一种充分开放的态度。因为现代电脑的发展，在需要转换时只要一键便可搞定。其实，字体的问题不仅仅是繁体和简体，还有前面提到过的许多字体，包括从古到今的各种字体、书体，异体字、俗体字、别体字，电脑上已经造的、正在造的和还没造出来的各种美术和变异的字体，甚至包括"90后"爱用的"火星文"。字体整理需要做两方面工作，一是要在所有这些"体"中，确定一种字体（用一种或几种书体）的字为"正体"，把其余的通称为"变体"。我们主张用"正体""变体"的名称而不用"繁体""简体"的名称，除了别的原因之外，还因为它们不能涵盖字体的复杂情况。例如异体字其实也是变体的一种，与繁体、简体间就存在着复杂的关系。原先把异体字和繁简字作为两种不同情况处理的办法是不妥的，因为它们本质上没有什么区别。另一方面，繁体是相对于简体而言的，没有简化的字就不好叫繁体，如"人""口""刀""手"等。有人把它叫作"传承字"，这又是个不清晰的概念。因为繁体字也是传承字，简体中那些取自古体、俗体、异体、通假的字，甚至楷化的草书如"书""当"

等也是传承字。"正体"这个名称古已有之,并不是新近的发明。"正"的意思是使用于各种正式场合,如官方文件、新闻出版、影视媒体、学校教材以及重要公众场合。而在"正"的范围之外,字体的使用应该放开,不但"繁简由之",爱用异体字、怪体字,甚至"火星文"也可悉听其便,不必加以干涉。这也许可以叫作"识正用变",而且具有可操作性。另一件工作是建立正体字和各种变体字的一一对应关系。这个工作有点类似于今天电脑设计的种种字体,对电脑来说应该是不难的。

(原载《佛山科学技术学院学报》2010年第5期,第1-6页)

"汉字"的译名问题

一、"汉字"译成 Chinese Character 及带来的问题

"汉字"英文译成 Chinese Character，不知最早是谁，也不知是从什么时候开始的，但现在好像都这么说，似乎已经约定俗成了。但细细想来，这个名称并不妥当。原因有二：

（1）不像一个术语名称。术语名称，特别是重要术语名称，最好是一个单词。用短语方式组成的合成词一则看起来不像术语，二则使用起来不太方便，在说"字音、字形、字义、组字成词……"等很简单的词语的时候，左一个 Chinese Character，右一个 Chinese Character，会显得很不严谨。在汉字没有受到足够重视的时候还情有可原，到现在汉字越来越受关注，汉字研究的学科性越来越受到重视，不仅有传统的汉字学，而且还产生了新兴的字本位理论的时候，没有一个术语性的名称很不方便，比如说把"汉字学"说成 Studies of Chinese Characters，把"字本位理论"说成 Theory Based on Chinese Characters，听起来总觉得不像学科名称或理论名称，对它们的"科学性"是有影响的。

（2）更重要的是，character 一词容易引起误导。Character 是什么意思？我们查了两本词典，一本是 COD，一本关注语源的词典。上面的解释是：distinctive mark，或者是 inscribed letters or figures，来自于希腊语的 kharakter，在希腊语中的意思是 stamp，impress。另一本是 Merriam-Webster 的网络版，这是当今最大的词典。上面说得更详细，给出了八组意义，第一组应该是原始义，包含了六个义项：*a*：a conventionalized graphic device placed on an object as an indication of ownership, origin, or relationship；*b*：a graphic symbol（such as a hieroglyph or alphabet letter）used in writing or printing；*c*：a magical or astrological emblem；*d*：alphabet；*e* writing or printing；*f*：a symbol（such as a letter or number）that represents information。它的同义词是 icon，sign，symbol。总体来看，character 一词的原始基本意义是印记、图形、符号、象征等，例如字母、数字、象形文字等。也就是说，都是单一、不可分割的图形或符号。把这个词给了汉字，体现了西方人

对汉字的最初认识,即汉字就像个不可分割的图形。在西方人见到汉字之初,有这个印象是可以理解的。但把汉字译成 character,进一步把 character 原带的基本含义给了汉字以后,就会导致一系列误解,产生一系列后果,有的一直影响到现在。试举数例如下:

① 误认了汉字的性质,把汉字类比于西文的字母。这是汉字落后论的来源,直接导致了现在已被否定的汉语拼音化道路。

因为在西方的语言文字背景里,character 是相当于字母、阿拉伯数字、标点符号那样的"文字",把这些联想加到汉字上,就认为汉字相当于英文字母。于是,在相当长的一段时间里,在语言文字学家的著作里,把汉字与英文字母相提并论的说法不绝于耳,诸如"英文只有 26 个字母,汉语却有几万个字,因此难认、难学、难写、难记"。其结论当然是"汉字必须改革,走世界共同的拼音化道路"。而荒唐的"文字发展三阶段论"一直到现在还有一定的市场,在这种理论里,汉字还是与拼音文字的字母等量齐观的。

② 忽视了汉字的可分析性,使外国人认为学一个字就像学一幅图画,从而产生畏难情绪。

把汉字比作图画,从美学角度看,当然是令人高兴的事;但从学习角度看,却不是一件好事。汉字之所以成为古老文字中能够流传下来、至今尚有生命力的最重要原因是它的科学性,而科学性的最主要表现是可分析性。Character 本义是不可分割的图形,用它来翻译汉字就会使西方语境下的人认为汉字是不可分割的图形,是不可分析的。学习一个个汉字就像学习一幅幅图画,其困难是可以想象的。这是汉字难学论的根本原因。直到现在,在某些对外汉语教材里,还是把汉字附属于课文,采取随文识字的方法,也不重视对汉字字形的分析,尤其没有成体系的分析。学生只能一个个孤零零地学。越学越感到难学,越难学就越不想学,恶性循环就此形成。追溯其最初的原因,就是对汉字的错误翻译和理解。直到现在,才有越来越多的人认识到,汉语教学的突破口在汉字教学,而汉字教学的关键在对汉字可分析性的理解和利用。

③ 导致了"汉字=语素"说,从而取消了汉语语法中真正对应于西方词法的汉语字法(我称之为形位学)的研究。

在字本位与词本位之争中,有的词本位主张者提出,如果你们同意字就是语素,那么字本位的观点我就可以接受。我回答说,我就不能同意字等于语素。为此我专门写了一篇文章《字与语素及其他》(收在周上之、张秋杭编《汉语独特性研究与探索》里，2015年)，系统论述这个问题。为什么会有人认为汉字等于语素呢？其实还是来自 character 所反映的不可分析性。语素是西方语言语法中不可分析的最小单位，汉字是汉语语法中不可分析的最小单位。是因为他们认为语素是语言中最小的音义结合体，两者就有了等同性。而实际上呢？语素确实不能再分析了，再往下就只有音素和字母；但字还是可以分析的，可以分成"文"和其他有意义的部件，再往下才是没有意义的笔画。认为汉字像西方语素一样不能再分析，就否定了以《说文解字》为代表的汉语文字学的价值，文字也就理所当然地被踢出了汉语语言研究的大堂。而我们在引进西方理论建立的汉语语法也就成了拐腿：只有句法，没有相对应的词法。而由字到词、到短语、到句子其结构形式相同，又成了"汉语的特点"。殊不知这本来就都是在句法里面。而如果真正认识到"字"不是词，也不是语素，而是与英语 word 一样的语法基本单位，才能建立与西方语法相应的句法和字法(形位学)研究。

二、"汉字"英译的种种选择

既然译成 character 不妥，那"汉字"应该如何翻译呢？有五个选择：
（1）译成 writing；
（2）译成 script；
（3）译成 graph；
（4）译成汉语拼音 zi 或其他罗马拼法；
（5）译成 sinogram 和 sinograph。

"文字"在英语里有几种表达法，一种是 writing。英国语言学家 Roy Harris 写过一本书，叫 *Rethinking Writing*（2000），可译成《文字再思》，是对文字问题的重新思考。但直接用 writing 来翻译"汉字"是不妥的。因为 writing 的基本意思是 something written，即写下来的东西都可叫 writing，小到一个字母，大到一部作品，都可叫 writing。用这个词的话，其术语性是不足的。

另一个说法是 script。这个词也确实常用来指文字，讲 Chinese Script 或 Chinese Script Studies 好像都可以。但 script 更强调"手写""手抄本""手稿"，在文字学里更多地用来指文字的字体，如英文字母的罗马体（Roman Script）、斜体

(Italic Script)、草体(cursive Script)等。用它来翻译一种语言的全部文字也不妥。实际上我们经常用它来翻译汉字的"书体",如"篆书""隶书""行书""草书""行书"的"书"一般就译成 script。

还有一个说法是用 graph。Graph 也有"图形"的意思,在希腊语中常作后缀,表示"画下来或写下来的东西",如 lithograph(石版画)、monograph(专著)、telegraph(电报)、calligraphy(书法)等。单用时也常表示文字的意义,在普通文字学里更用 graph 作为文字的专名,并派生出一些学科的名称,如 graphics(文字学)、graphetics(字体学)、graphology(字系学)。但我们觉得用来翻译"汉字"还是不妥,因为 graph 从其本义可知,它更强调的是文字的"形"的方面,不涉及"义"的问题。如 graphetics 和 graphology 分别相当于语音研究里的 phonetics 和 phonology 两个学科,与意义是不相干的,而汉字作为形音义的统一体,与西方只管"形"的研究的 graphics 不同,不能丢开其"义"的因素不管。

这也不行,那也不行,有人觉得既然"汉字"在英文中找不到对应词,为了体现汉语的特殊性,干脆音译成 zi 算了。这当然也是一个办法,但并不算一个好办法。理由是,第一,为了强调汉语和中国文化的特殊性,近年来中文概念外译时采取音译方法有泛滥之势,凡是觉得翻不出、不好翻的,一律以音译出之。"道"不好翻,音译;"仁"不好翻,音译;"大妈"不好翻,音译。好像一音译,任务就完成了。其实这是一种不负责任的态度。说到底,正如胡以鲁所说,翻译是意义的转达,"音译"并不是翻译,它没有把意义传达过去,只是把本来应该由翻译者完成的任务推给了读者而已。因此我在《外来语新论》(已收入本书)这篇文章中,干脆取消了这个名称,改成"语音转写",以反映其本质。"语音转写"于翻译而言,是万不得已而为之的办法,不可随意用,更不应滥用,这应成为术语翻译的一条原则。第二,即使采用语音转写,我们也要照顾到译入语的语音习惯,尽量不要把发音太困难、难以转写的音素掺入译入语系统,造成发音的困难。在上面几个例子中,"道"和"大妈"是比较容易转写的。"仁"的声母比较难,但英、法语可勉强转换成[r]或[j]。而 zi 这个音节,不论是其声母[ts]还是其韵母[ɿ]对欧美人来说都是比较难发的。事实上,[ɿ]、[ʅ]这两个元音本来就是 20 世纪大汉学家高本汉为汉语向国际语音学会建议的,因此尽管国际语音总表上有这两个音,其实真正会发的也就是中国人,外国人无一例外感到困难。含有这两个元音的 7 个音节([tʂʅ][tʂ'ʅ][ʂʅ][ʅ][tsɿ][ts'ɿ][sɿ])通过直接转写的方式,是很难融入英语以及绝大多数外语的语音系统的。因此即使要"音译",也应该尽量避免。而不幸,"字"正好在这 7 个音节里面。

既然上述四种方式都不合适,看来只有采用 sinogram 和 sinograph 一法。而这正是我们的主张。

三、"汉字"译成 Sinogram、Sinograph 的合理性及其分工

我不知道最早使用这个译法的人是谁,我本人 20 世纪 90 年代初写《汉语的构词法》及后来的《汉英语对比纲要》时就考虑需要为"汉字"专门造一个词,我把它叫作 Sinigram。大约是受了 sinicize 一词的启发,我采用了 sini- 这个前缀而没有用 sino- 这个更广为人知但却不是前缀的前缀。之后在给研究生讲课时我多次使用了这一词,2002 年出版《字本位与汉语研究》时正式建议把它作为"汉字"的译名。后来我偶然发现英国汉学家梅维恒(Victor Mair)在他于 1994 年出版的 *The Columbia Anthology of Traditional Chinese Literature* 一书的前言中提到 "Chinese characters (i. e. sinographs)",感到"吾道不孤",而且觉得把两者结合起来,可以更好地表现"汉字"的含义。

首先,sino- 或 sini- 都表示"中国"的意义,-gram 有"基本单位"的意思,-graph 有"文字"的意思。用 sinigram 和 sinograph 都可以表示"汉字"的意思是没有问题的,而且词的构造简单明白,不会造成歧义,用来作专门术语是合适的。而且其构造符合英语构词法,能够轻松融入英语的语音、词汇和句法系统。

为什么将两者结合起来更能体现汉字的特色? 因为西方的文字是单重性的,只有文字学的意义,中国的汉字是两重性的,或者说,有两种"汉字":语言学的"汉字"和文字学的"汉字"。而用这两个译法可以分别承担两个方面的任务。

Sinogram 用来翻译语言学中的"字",作为语言结构中承上启下的枢纽,向上,是章句学(相当于西方语法的句法学加篇章学)的最小单位,"因字而生句,积句而成章,积章而篇";向下,是形位学(相当传统的文字学)的最大单位,由字而偏旁、部件,直到形位。形位是形义结合的最小单位,相当于传统文字学中不能再分析的独体的"文",或者西方语言学中最小的音义结合单位"语素",因此我们也译为 morpheme。形位学就是传统的"说文学",就是由"字"到"文"的研究,相当于西方由 word 到 morpheme 的构词法研究,我们译作 sinogramical morphology。

Sinograph用来翻译文字学中的"字"。这里的文字学指的是西方意义的文字学，即只管形体、不管意义的文字形体学。中国古代的"说文学"没有这样的研究，对文字笔画的研究古代是放在书法里的，如"永字八法"，讲的就是笔画（在《说文》里"、""丿"等都是有意义的构件，不仅是笔画）。汉语文字纯形体分析也是以汉字作为最大单位向下分析，其开始几步与形位学有重合之处，也可以分析到部件、形位等。但这时我们更关注的是文字的形体，而忽略其意义。采用不同的译法可以体现我们关注点的不同。从形位往下的纯形体分析传统说文学是不管的，因而也不再有语言学的意义，它的最小单位是笔画或叫字位，我们译作 grapheme。这部分纯形体的研究我们叫作 graphology。

在字本位讨论中，有人批评字本位者不该把文字引入语言研究，其实是他们不懂得汉字的两重性。利用不同的译法，我们可以把纠缠在汉字和汉字教学中的两种"文字"概念区别开来，凡与形义结合、形音义结合有关的汉字研究，其基本单位是 sinogram，对应的研究领域是 grammar；凡属纯形体的汉字研究，其基本单位是 sinograph，对应的研究领域是 graphics。

（载许钧主编《翻译论坛》2017年第4期，南京：南京大学出版社，第1-4页）

汉字： 华文教育的重中之重

随着中国经济的发展，华文教育已渐成燎原之势，在世界各地得到了普遍的推广。尽管与英语等全球性语言相比差距尚大，但较之十几、二十年前，已不可同日而语。但令华文教育人士焦虑的是，华文之推广，自中国政府以至于各国民间人士，不可谓不力，但华文教育的质量则始终难以令人满意。我有一位来自韩国的博士生曾经感言，说他的祖辈、父辈学中文，没几年都能诗善文，而到他这一辈，尽管在同侪中已算学得很好的了，但只能说几句流利的汉语口语而已，至于诗、文，那是不敢想象的了。当我告诉他，中国现在的报纸、杂志，常是别字连篇，更不要说荧屏上。一些"文化人""翻译家"常常连文字也写不通，至于大学中文系的毕业生、教授、博士，不会写作诗文那更是常态，与五六十年前完全无法比时，他惊讶得简直说不出话来。

一方面是中文逐渐"热"起来，令中国人和世界各地的华人感到扬眉吐气；另一方面是中国内外华文和华文教育质量越来越让人难以恭维，这问题究竟出在哪里？

教学有问题，人们首先想到的是，可能教学方法不对头。于是，在"对外汉语教学"成为一门"学科"之后，教学法的研究理所当然地成了研究的核心。第二次世界大战以后起源于西方的语言教学法理论，从语法翻译法开始，什么直接法、程序法、听说法、视听法、认知法、功能法、模仿法、交际法等等，直到前不久所谓的"任务型教学法"，一个个引了进来。引进来时，介绍者都信誓旦旦，似乎某一方法一引进并应用，"对外汉语教学"就会立即有起色，面貌大为改观。但可惜的是，改观并没有出现，因此热潮一过，人们的眼光又投向了国外出现的教学法新理论。人们也许甚至没有来得及细想：国外的教学法为什么要像走马灯似地翻新？其实就是因为原先提出的方法不解决问题嘛。既然原先的方法不解决问题，你能保证新提出的方法解决问题吗？更何况，连方法的提出者在他们自己语言的教学实践中都不能保证一定有用，我们急急忙忙地把它引进到华文教学中来，能保证它一定成功吗？

几十年来教学法研究的无效说明语言教学的关键并不在教学法。相反，它证明了教学法研究的两个误区。第一,误认为教学法是普世的,一旦从某种语言教学中(现在往往是英语教学)被提出来,就一定能适用于别的语言例如华文的教学。事实证明未必如此,甚至必非如此。第二,以教学法的研究代替了"教学"自身的研究,因为"教学"不仅仅是教学法。目前英美语言教学界也对"教学法研究"感到了失望,在"任务型教学法"红极一时之后,"后方法"时代悄然来临。所谓"后方法",就是"无方法",就是不承认任何教学法的权威性和唯一性,强调语言教学要不同的教育者针对不同的教学对象、教学目标、教学内容等采用不同的教学方法。"后方法"宣告了语言教学中方法论的破产,而同时却把球踢给了教师本身。因为"后方法"只是一种哲学、一种理念,具体如何实行这种"无方法"的方法还在于教师自己。因此,综观这些"后方法"的论文,可说什么都说了,也可说什么都没说。

语言教学涉及的无非是三个方面:教学者、教学对象和教学内容。前两者处在恒动之中,因此不可能有普适的方法可以遵从,那么只有从教学内容着手,这也就是我们熟悉的"语言本体"研究。就中国而言,为"语言教学"而进行的"本体研究"还在方法论研究引进之前。具体来说,是从《马氏文通》开始的。《马氏文通》研究的目的,首先就是为了母语教学:"童蒙入塾能循是而学文焉,其成就之速必无逊于西人";其次是为了中国人学外语:"微特中国之书籍其理道可知,将由是而求西文所载之道,所明之理,亦不难精求而会通焉"(均引自《马氏文通》后序)。

然而,语言教学法没有普适性,语言研究就有普适性吗?世界语言学家对此有两种回答,可以分别以美国的乔姆斯基和德国的洪堡特为代表。以乔姆斯基为代表的普遍语法派,认为世界语言,共性是主要的,语言研究就是对共性的研究。而以洪堡特为代表的"语言世界观"论者,强调共性与个性并重("全世界只有一个语言,每个人都有一个语言,这两句话同样正确。"——洪堡特),但更强调个性("每一个语言里都包含了一个独特的世界观。"——洪堡特)。什么样的语言观决定了什么样的语言教学观。说到底,语言教学法上的普适论来自于语言观上的普遍论。中国的语言教学者们为什么那么热衷于引进西方语言的教学法?因为在他们看来,语言理论是普适的,语言教学法也必然是普适的。即使产生于与中文截然不同的英语教学基础上的语言教学法,也必然可以应用到华文教学。现在,教学法的普适性在研究教学法理论最起劲的母国都遭到了否定,那么,作为其基础的语言理论普适性还应该坚持吗?

很可惜,在基础的语言观上,中国的主流语言学坚持的正是这一立场。而这一立场是从马建忠时开始形成的。马建忠受当时在欧洲占主导地位的语言理论影响,认为语法是普适的,因此他编写《马氏文通》的方法,就是"因西文已有之规矩,于经籍中求其所同所不同者,曲折繁引以确知华文义例之所在"。而这一传统被中国语言学家坚持到现在。一百多年来,汉语的本体研究可说一直是在走一条"因西文已有之规矩",在华文中"曲折繁引",以证明其"义例"的道路。用一句大白话说,就是,用西方理论,找中国例子。与语言教学法理论相似的是,"西方的理论不断在那儿翻新,咱们也就跟着转"(吕叔湘语)。其结果,是直到今天为止,语言学界始终没有找到一条研究华文自身的路子。语言学家们一听到"中国特色的语言研究"就"感冒",而我们所见到的"汉语本体研究"却几乎都是这种"英语特色的汉语研究"。理论上越来越艰深,但实际上已走到不食人间烟火的地步,因为对解决汉语实际问题几乎毫无用处,更无法指导华文教学的实际。"汉语本体研究"与"华文教学"实际上是两张皮,这就是华文教育面临的另一个现实。

如果"后方法"的崛起使我们看到了以往"教学法"研究的无效与失败,则这种"英语特色的华文研究"使所谓的"本体研究"成了一块鸡肋。

怎么办?"齐一变而至鲁,鲁一变而至道。"从对教学法研究的痴迷到对汉语本体的关注,这是"齐一变而至鲁";而从普遍论指导下的"华文本体研究"转到"语言世界观"论指导下的"华文本体研究"就是"鲁一变而至道"。从某种角度看,"后方法"论强调语言本身的特色,所处的语境,以及该语言背后的文化,与"语言世界观"论在精神上也是契合的。因此,华文教育的真正重点,应该是关注自身特色的华文研究。

而华文的最大特色,就体现在汉字上,可以说,没有汉字,就不可能形成现在我们所见的华文。因此我们要提出"汉字:华文教育的重中之重"这样一个命题。

为什么这是"重中之重"? 我们先从理论和历史上来作一番分析。

第一,语言类型的特殊性。与普通语言学同时诞生的世界语言类型学,把世界语言分成三类或四类,但汉语不管在哪种分类里,都牢牢占据其中一席,或称孤立型,或称词根型,或称分析型,且是该类型的典型代表。但吊诡的是,由于语言理论的提出者都来自西方,因此所有的理论对汉语几乎都只是在总论上简单一笔,从未有过认真的叙述和描写,对汉语采取了回避态度。"现代语言学之父"索绪尔甚至明确宣示:"我们的研究将只限于在希腊文字基础上形成的语言。"这一明显不"普通"的普通语言学执世界语言学研究之牛耳长达百年,连中国自己的语言学家也安之若素,因之他们面对的对象尽管是汉语,但始终将汉语当作外语去研究,以西方语言理论之是为是,以西方语言理论之非为非。

第二,文字类型的特殊性。从文字发生学看,文字的产生有两条途径,一种是自源文字,即文字是某语言社团在没有受到任何外来影响下自发产生的;一种是他源文字,即是在已有文字基础上发展而成的。世界最古老的苏美尔文、埃及文、汉字的前身甲骨文等以及美洲的玛雅文都是自源文字,而如今还有生命力的只剩下汉字,可说是世界古文字的活化石。而从希腊文开始的、现在可见的世界上所有其他文字都是他源文字。从文字功能学上看,凡文字都是用来记载语言的。但文字记载语言有两种方式,一种是直接记录语言的意义,一种是通过记载语言的读音间接地记载语言的意义。索绪尔把前者叫作表意文字,把后者叫作表音文字。他认为世界上绝大多数语言的文字都是表音文字,而表意文字的经典代表就是汉字。由于时代局限,也由于他本人力有不逮,他把表意文字基础上的语言排除出了他的"普通语言学"。但我们今天还应继续这么做吗?

第三,语言与文字的关系。语言与文字的关系一向是语言哲学研究的一个重要内容。表音文字语言中的文字由于其表义的间接性,因此常常可以忽略不提,但表意文字的语言中,其文字的语言学地位究竟如何?这是个索绪尔回避,而后人不再涉足的问题。包括中国自己的语言学者在内,也轻率地接受了西方语言学者提出的命题,认为文字只是"符号的符号",因此在语言研究中没有地位。他们却忘了索绪尔提出的另一个重要观点:"对汉人来说,文字就是第二语言。"能够有资格被称为"第二语言"的文字在全世界可能别无二家,那么,对这种文字(汉字)的研究是不是语言研究? 这个应该由中国语言学家回答的问题却被中国语言学家轻轻地放在一边了。

第四,语言研究的传统。中国有2000多年研究语言的历史,西方也有2000多年研究语言的历史。本来都是东西两大民族值得自豪的传统和成就,应该好好继承并发扬广大之。然而到了20世纪西学东渐乃至"全盘西化"之后,中国的语言传统却被消解了。为什么? 因为中国传统的语言研究是以汉字为中心的,对文字之"体"的研究形成了文字学(包括研究字义的训诂学、研究字音的音韵学和研究字形的说文学),对文字之"用"的研究形成了文章学。到了"现代语言学"传入之后,文字被踢出了语言研究的殿堂,因此两千年来形成的语言研究传统一朝崩塌,被打得七零八落：文字学被踢出语言研究的殿堂，音韵学被改造成历史语音学，训诂学被肢解，分配到词汇学、语义学、修辞学、风格学、方言学、语法学、语用学等等里面，待到语料换成"现代汉语"之后，训诂学连痕迹都找不到了。文章学则被打入冷宫，直到20世纪末西方语言学开始关注"篇章研究"后，才时而有人提起。而西方以语法学为中心的语言研究传统在进入中国之后就不断发扬光大，牢牢占领了语言研究的核心领域和主战场，谈到语言研究，就是语法研究。如果不搞一点语法，不玩弄点语法名词，都不好意思说自己是研究语言学的。而语言教学研究，也万变不离其宗，始终围着语法打转。若干年前，我曾说过一句话："一百年来，我们是在用教外语的方式教母语。"就是指这种围着西方语法传统转的中文教学，这种教学，不仅是在母语教学领域，而且进口货再出口，用在对外国人的汉语教学上。这一历史教训告诉我们，丢掉了字，也就丢掉了2000多年中文的研究与教学传统。

  当前的华文教育，不论是作为母语，还是作为外语，普遍效果不佳，根源究竟在哪里？就在于我们丢掉了以字为中心的语言研究与教学传统。先是自绝经脉，然后把自己的发展建立在从别人那里嫁接来的理论和方法上，那鲜有不出问题的？几年前我也说过，当前对外汉语教学形势很好，但在发展中遇到了两个必须破解的瓶颈，一个是汉字教学，一个是汉语书面语教学。这两个问题不解决，中文教育也许在一定阶段在量上会得到发展，但难以持久，难以深入，更难在质量上有所突破。这一观点得到了许多人赞同。我为什么这么说呢？事实上，这一主张是建立在2000年华文研究与教学的实践上的。在研究上，上面已经指出，中国传统的语言研究是以文字为中心的，一头是文字学，一头是文章学。而传统中国的语文教育，按张志公先生的总结，"其实并不复杂，就是抓两件事，一件是识字，一件是写文章。"我们今天的华文教育，如果真正能够在这两件事上下功夫，一定会事半功倍。

  在识字教学上，一定要认识到，传统华文为什么把文字当作一门学问去研究？这是建立在字可以分解的基础上的。"说文解字"，"说"的是不可再分解的"文"（现在叫独体字），要充分利用汉字以形构义的特征，适当利用古文字知识和传统文化让他们在学生头脑里扎下根。这部分字其实也就几百个，但是是学习汉字乃至汉文的基础。而"解"的是可分解的"字"（现在叫合体字），传统的会意字、形声字，以及一部分指事字都是可分解的。要充分利用汉字的偏旁、部首，及造字的文化心理。识字教育完全可以做得生动有趣，这比"现代语言学"硬把字看作一个个无法分析的最小音义结合体"语素"，甚至把汉字比作西方的"字母"让人死记硬背要有效得多。

而传统文章学的灵魂其实就是刘勰在《文心雕龙》中说的一句话："因字而生句，积句而成章，积章而成篇。篇之彪炳，章无疵也；章之明靡，句无玷也；句之清英，字不妄也。"我们可以把这句话分成两部分。前一部分我叫它"生成论"，即汉语文章的构成，是在"字"的基础上开始逐步形成句、章、篇的。为什么强调以字为基础而不是以词为基础？因为语法中的"词"是分析出来的单位，在词典里也许有固定的意义，但在华文造句时却是不稳定的，中国人心里想的也许是一个"词"，但到说或落笔时可能只需用一个"字"。比方我心里想说"马来西亚航空公司"，但说出来时却成了"马航"。"马"在这里既不是一个词，也不是一个"语素"，它就是一个"字"，是用来代替"马来西亚"的。"航"也是同样。这是字本位的华文与词本位的英文的最大区别。比如 American Airlines 你在任何场合都不能只说其中一部分，如用 ame 来代替 American。事实上，汉语中许多所谓的"词"都是这样用"字"而不是"语素"造成的。刘勰那句话的后一部分我叫它"调控论"，这是中国文章学的精髓，即中国式的"篇章语言学"是以"篇"为本位的，从"篇"的整体要求出发，对章、句、字进行调节。而调节的手段主要是节律。所谓节律，就是念起来是否顺口，是否"舒服"。中国人写的是书面语，但非常强调"读"的感受。为了读起来顺口，有时这里要减几个字，那里要加几个字，而这个增加或删节甚至跟意义完全无关。这是中国文章学与西方语法学的区别。为什么文章学也要以字为基础？因为节律，说到底是通过音节数即字数体现出来的。

由于篇幅关系，关于字本位的华文研究理论和教学理论这里无法完全展开。但希望这篇简单的论文能够开拓大家的思路，逐渐摆脱目前在研究和教学上的非华文思路。

（原载叶新田主编《2014年世界华文教育论坛论文集》，吉隆坡：马来西亚新世纪学院，第455-460页）

从字本到文本： 华语教学的新思路

一、说"汉语教学"

我们都在说"汉语教学",但"汉语教学"其实至少有四种不同的对象:汉族学生、中国少数民族、外国人、海外华人子女。

如果加以细分,这四种对象还可细分为八种,甚至更多。例如,汉族人本身可根据家乡方言细分,其中南方,特别是闽粤背景的与北方话背景的在学习上的困难也不可同日而语。少数民族可以根据汉化程度进行细分,有的像回族、满族已经完全汉化了;有的还保留着自己的语言文字,但汉化程度不同,有的如壮族,汉化程度很高;有的如维吾尔族、藏族等汉化程度就较低;还有的跨境民族,如朝鲜族、俄罗斯族、南方靠近越南的京族等,他们处在中国的环境里,学习汉语的条件与境外不同。外国人则可细分为有汉字文化背景的外国人和没有汉字文化背景的外国人,前者如日本人、韩国人,放宽些还有越南人,因为越南完全取消汉字不过 70 来年;华人子女可细分为家庭有汉语背景的和家庭没有汉语背景的,前者的父母会说中文,后者的父母本身已经是第二、第三代华人,家里已经不说汉语了;等等。再往下还可有第三层次的划分。比如同样是西方人,可分为日耳曼语背景的(如英语、德语、荷兰语等)与罗曼语背景的(如法语、西班牙语、意大利语等);同样是亚洲语言,可分为印欧语系背景的(如印度语、伊朗语等)、南亚语系背景的(如马来语、印尼语)、汉藏语系背景的(如缅甸语、泰语等)等等,其学习中碰到的困难和问题也会不同。这样的分层还可进行下去。这么多不同的对象,用一套教材、一种教学方法行吗? 肯定不行。因之,这一事实自然而然地使我们得出一个结论:不能笼统地讲"汉语教学",必须区分不同的教学对象,从而针对不同的对象,研究不同的教学方法和学习方法。

这样一个结论看似简单,其实却挑战了语言教学界一个常识:半个多世纪以来,或者说,自从有教学法理论的研究以来(这个历史不过只有 100 多年,据我的研究,最早的一本是英国 Henry Sweet 发表于 1898 年的 *The Practical Study of Languages* 和 1905 年丹麦人 Otto Jespersen 的 *How to Teach a Foreign*

Language),特别是从第二次世界大战后以来(那是外语教学的勃发期),凡谈教学法的,内心都存了个"普遍适用"的心思。研究者都信心十足,认为只要提高到"科学"的高度的教学法,必然适用于所有的语言的教学,不但是外语,甚至包括母语;学习者则以为学了这些方法,就能运用到自己的教学实践上去。这是半个世纪以来在语言教学上所产生的各种问题之源。中文教学是个重灾区。在中国,不仅教外语(以英语为代表,因为多数教学法理论都出自英语教学界)的时时紧跟英语教学法理论转,教对外汉语的也奉如圭臬(对外汉语教学法理论几乎就是对外英语教学法的翻版),甚至连教母语的、教少数民族汉语的,无不受其影响。多年前,我接受过一家报纸的访谈,提出了一个命题:"100年来,我们是在以教外语的方法教母语。"[1] 标题有点耸人听闻,但我认为是事实。一个世纪来中国人的中文水平不断在下降,原因很多,教学上的"科学"化,实质上是母语教学的外语化,是一个重要原因。我听说印尼一些华语教师对印尼的华语教学现状忧心忡忡,我非常理解。原因有二,一是国际上语言教学方法论发展的大趋势,大家都跟着英语教学的路子走,认为这是唯一正确的路子、唯一正确的方向。第二就是中文母国教学理论对海外的影响。中国越来越强大,对海外,特别是海外华人的影响也越来越大,结果是,母国的东西,都一概受到欢迎,包括那些本来就不妥当,甚至有错误的观点和理论,都受到了不应有的吹捧。事实上,文科的东西是很难定于一尊的,需要百家争鸣。教学法的问题尤其需要有针对性,要经过试验,证明行之有效,或者相对来说比别的方法更有效,才能加以推广。而且即使这样,在推广中还需要不断地总结经验,以利改善和改进,切忌一刀切。

二、语言教学·语言理论·语言观

为什么语言教学的问题变成了教学法问题?因为语言教学,除了教者和学者两个参与者之外,无非是两个方面的问题:"语言"和"教学",对前者的研究是所谓本体的研究,对后者的研究则是所谓方法论的研究。本体研究涉及所教学的对象,因语言而异,个性很强,不容易在各语言间取得共识;而方法论问题可在一定程度上忽略具体语言,容易抽象出共同点来,因而被认为具有普世性。一种语言

---

[1] 潘文国:"100年来,我们是在以教外语的方法教母语。"《南方周末》第1215期,2007年5月24日,27版。

的教学法提出来了，很容易被推广到其他语言的教学上去。但我们必须注意到两个问题：第一，国际上教学法的研究，包括教学法研究成为语言教学主要内容和潮流，是伴随英语的全世界推广而产生、发展和变化的。这些教学法理论无不以英语为默认的教学对象，但适用于英语的教学法是否适用于所有语言并没有经过论证。何况这些教学法是否适用于英语也是个问题，要不然不会年年在那儿翻新。因为一种真正成功有效的教学法或教学原则是不需要经常翻新的。例如孔子说的"因材施教"这一原则，历 2000 余年仍是颠扑不破的真理；而教学法中从直接法、结构法、听说法、视听法、认知法、功能法、模仿法、交际法等等，直到"任务型教学法""沉浸式教学法"，都被证明不是万能的。跟着转的结果只能是疲于方法的实验而忘了教学的根本目标，以至于最近人们对方法的研究感到疲倦，要主张"后方法"，也就是没有定法，要因材施教。（有没有回到 2000 年前的孔子的感觉？）因而说是想做纯方法的研究，其实还是躲不开本体问题。第二，教学其实有"教"和"学"两个方面，但迄今为止的教学法理论，基本都只讲教，不讲学。这也是有原因的。因为教学法研究起源于 19 世纪末以来的对外英语教学，而对外英语教学是从英国国内开始的。那时的教材可以以 C. E. Eckersley 编写的 *Essential English*（第一册初版于 1938 年）为代表，其特点是教师是英国人，教材包括注释是全英语，学生是完全不懂英语的外国人。在这样的教学环境中，目的语是一切，学生的母语完全不予考虑是必然的。第二次世界大战之后，英语教学推向全世界，而这样的模式也推向全世界。因此，现在的二语教学法理论有个天然不足的前提，就是不考虑学习者的母语，不考虑"学习者"的差异因素，这是完全跟"因材施教"对着干的。现在的方法论研究，学生往往成了试验品，这是必须引起我们注意的。

把英语作为默认的教学目的语，在此基础上开展教学法研究，并进而以这样研究出来的方法推广至各种语言的教学，背后隐含了一个前提，即语言的普世性：因为语言具有普世性，因此语言教学法也具有普世性。因而大谈教学法，本来是想避开语言本体这个具体的问题来谈共性，但结果还是离不开语言本体这个根本问题。这就使我们得出第二个结论：即不但对象不同，要采用不同的教学方法；语言本身不同，即不同的语言本体，更与语言的教学法密切相关。谈教学法必须联系具体语言，否则只能是空谈。

而在语言本体研究的背后，有个更加根本的语言观问题。在语言和语言教学问题上，我们有一个基本思路，即语言观决定语言本体研究，语言本体研究决定语言教学法研究，然后针对不同的教学对象，采用对症下药的具体教学方法。其中，语言观问题是最根本的。许多在一线工作的语言教师对语言观不感兴趣，认为这是理论界的事，其实不然。因为所有的方法论都不是凭空出现的，背后都有语言观的影子。

　　语言观就是怎么看语言的问题，100多年来，世界上的语言学家对语言提出了种种看法，形成了几十种语言的定义。但我们经过仔细观察，发现这种种定义其实可以归纳为四种语言观。其一是把语言看作一种结构，代表人物是瑞士语言学家索绪尔（Ferdinand de Saussure），这是结构主义的语言观。我们强调语法分析的教学法，背后就是这种理论。其二是把语言看作一种交际工具，这一观点可说起于法国哲学家卢梭（Jean-Jacques Rousseau），20世纪为英国功能语言学家弗思等继承，这是功能主义教学法（如情景法、交际法，直到现在的沉浸法）背后的理论依据。其三是把语言看作人生来就有的本能，是一种先天就有的机制，这是美国语言学家乔姆斯基（Noam Chomsky）提出来的，是普世语言观的理论基础。这一理论没有为语言教学提供什么方法（早年曾被用来作为机器翻译的理论基础。它提出语言有深层结构和表层结构，深层结构是所有语言都相同的，表层结构则各种语言不同。只要找出各种语言表层结构与深层结构的联系，则通过由深层结构向表层结构的转换，就可解决机器翻译的问题。当然，这一想法最后是落空的。现在的机器翻译并不是按这一思路走的，而是根据统计原理，采用大数据，现在更在利用人工智能Artificial Intelligence的方法），但却为语言教学法的普世性提供了理论背景。其四是把语言看作一种文化，不同语言代表的是不同语言的民族精神。这一理论最早是德国哲学语言学家洪堡特（Wilhelm von Humboldt）提出来的，得到了20世纪美国语言学家萨丕尔（Edward Sapir）和沃尔夫（Benjamin Lee Whorf）的支持，他们还共同提出了人们称之为Whorf-Sapir Hypothesis，也称为语言相对论的假设。[1] 这一理论在很长时间里充满争议，但现在得到了越来越多的人的支持。在教学法上，它主张对比法，通过外语与学生母语的对比来教学。而在中国国内的母语教学上，这一理论反对外语式的母语教学，强调汉语特点，从汉语特点出发开展教学。近年来国际上影响很大的认知语言学，其哲学背景也是沃尔夫的语言相对论。

---

[1] 以上诸说参见潘文国：《语言的定义》，《华东师范大学学报》2001年第1期。

论述以上这些理论性的问题是想说明：第一，语言教学法背后是有理论，甚至哲学问题的。第二，我们现在强调依据中文自身特点进行教学与流行的一些教学法不仅是具体方法的不同，而且是理论背景上的不同；不仅有方法论的意义，而且有本体论的意义；不仅有本体论的意义，还有哲学上的意义。在以上四种语言观里，我们支持的是第四种。因而我们主张的教学理论和教学法，也与前三种不同。我们主张发掘中文特点进行教学，而不要盲从别的语言观和语言理论对汉语的看法来进行教学。

三、汉语与其他语文的最大差别

那么，中文与世界上大多数语言的最大差别在哪里呢？这就要通过对比来认识。对比要一对一地比，比如，中文与英文比，中文与法语比，中文与印尼语比，中文与越南语比，等等。但我们还可以非常肯定地拿中文与世界上所有其他语言比，这种以中文为一方，以几乎所有其他语言为另一方的对比，凭的是什么？就凭世上独一无二的汉字。这是中文与世界上"所有"其他语言最大的不同，其他一切问题，同也好，异也好，优点也好，缺点也好，都从这里生发。从这点可以看出汉字对于汉语的重要性。没有汉字，就谈不上汉语。汉字是汉语的根本所在，我叫它"汉语之魂"[1]。全世界说种种语言的人，凭什么来认识中文，就凭汉字。全世界的华人、华裔凭什么来实现对母国的认同？就凭的是汉字。在全世界所有地方，看到了汉字，就会油然而生对祖国的亲切感。没有汉字，中国就会沦为古代的罗马而四分五裂。20世纪中国语言学界的最大问题是汉语拼音化，或者说"去汉字化"；目前汉语教学上的最大问题是"非汉字化"，或者如我说的，把汉语当作英语来教。只有看到并承认这种差别，才能看到在此基础上中文与其他语言的差别，如词汇（构词方式不同，以复合为主，没有词缀；构词结果不同，强烈的双音节化倾向，不但是 1+1=2，而且是 3－1=2，如"落花生—花生""英吉利—英国、美利坚—美国"；4－2=2，如"抗日战争—抗战""劳动模范—劳模"；n 压缩为 2，如"中国共产党—中共""人民代表大会—人大""中国人民政治协商会议—政协"）、语法（最重要的是没有形态，西式语法到中文发现"例外"比"规则"还多）、文学形式（诗词、对

---

[1] 见潘文国：《汉字是汉语之魂——语言与文字关系的再思考》（原载《华东师范大学学报》2009年第2期）。

联、骈文、八股文等)。

　　从汉字与字母文字的差异往回追溯,我们还会发现一个巨大差异,而这影响产生了不同民族的思维方式。世界上的文字,从发生学的角度看,归根到底只有两种,一种是自源文字,一种是他源文字。自源文字是不受影响、自发产生的,他源文字是受其他民族文字影响产生的。汉字,还有比它更古老的苏美尔文字(Sumerian Cuneiform)、古埃及象形文字(Egyptian Hieroglyphs),也许还有比它晚的中南美洲的玛雅文字(Maya hieroglyphs),都是自源文字,但其他三种都已死了,汉字是生存至今的唯一自源文字。世界上其他文字都是他源文字。例如在苏美尔文和埃及文字基础上产生了腓尼基文字(Phoenician),这基本是现代所有文字的祖先。其中又形成了两支,向西是希腊文、拉丁文一支,向东是阿拉伯文、波斯文、梵文一支。自源文字和他源文字有什么不同？前者是真正的文字,是为了纪录对世界的认知,也就是意义与字形直接相连,与语音并无必然联系。而他源文字是借用他民族文字来纪录自己的语言,文字是为语言(实则是语音)服务的,文字要通过语音才跟概念发生关系,因此是纪录语音的符号。也可以说,这种所谓的"文字"其实只是语音的附属品,不是真正的文字。这一重大差别对两种语言的发展也有很大影响。其他语言的文字只是语言的纪录,两者关系非常近。虽然书面语形成之后,为了华丽和装饰,变得比较复杂,从而与口语有了一定的距离,但大体言文是保持一致的。而在汉语这样的语言里,文字虽然后来与语言合流,但文字在一定程度上仍然独立发展,而书面语主要是在文字基础上形成的。《文心雕龙》所谓"因字而生句,积句而成章,积章而成篇",中国人的"文章"是"做"出来的,相对于口语保持了一定的独立性。因此自古以来,汉语的言文从来没有一致过。不但在古代是如此,在经过了大力鼓吹"言文一致""我手写我口"的白话文运动后,言文的距离还是跟其他语言不一样。而且越有文采的文章,与口语的距离越大。因此索绪尔说,汉人有两种语言,一种是口语,一种是用汉字记载的语言,他叫作"汉人的第二语言"。这造成了汉语与其他语言相比的另一个重大特点:言文不完全一致,学会了口语不等于学会书面语;学习书面语要下更多、更大的功夫。

　　关于汉语与其他语言的比较研究,100多年来国内外都做了不少。但中国在汉语拼音化的氛围下,排斥汉字,贬低汉语,看不到汉语的根本特点,因此尽管在语音、语法等细节上做了一些工作,但从根本上来说,基本上没有比到点子上。而在国外,三代著名汉学家却作出了几乎相同的结论(实际上从200年的时间跨度来说，应该有六七代，我只是为了方便说"三代"，举三位著名的代表人物），第一位是200年前的德国语言学家洪堡特，他在1826年写了 On the Grammatical Structure of the Chinese Language；第二位是100年前的瑞典汉学家 Bernhard Karlgren，他在1923年里写了 Sound and Symbol in Chinese；第三位是现在还活跃在汉语教学第一线的法国汉语教学总督学白乐桑（Joel Bellassen），他在1997年发表过一篇文章《汉语教材中的文、语领土之争：是合并，还是自主，抑或分离？》。三个人，三篇论著，相隔200年，但有两点他们却不约而同地提到了（说"不约而同"，是因为没见他们引用，我不能保证后来的两位是否看过前人的论述），那就是学习汉语最重要的两件事，一是汉字，二是汉语书面语与口语的差异。再回顾中国历史上自己的语文教育，中国人自己是怎么学汉语的？中国现代语法的奠基人之一张志公先生晚年对现行汉语语法体系失去了信心，转而研究中国传统的语文教育，写了两本书，一本是《中国传统语文教育初探》(1962)，一本是《传统语文教育教材论》(1992)。他经过多年的调查研究，发现："宋代以下，传统语文教学的头绪很简单，一点都不复杂。一共干两件事：一是花大气力对付汉字，一是花大气力对付文章。"这是古今传承和中外对比得出的最重要的结论，而这正好是跟我们所发现的汉语特点是吻合的。因此，我们现在可以大胆地说，语言不同，应该有不同的教学理论，采用不同的教学方法。对汉语来说，既然最重要的因素是汉字和文章，那么，最合适的教学理论一定是关于汉字和篇章的教学理论，最需要的方法一定是关于汉字和汉语书面语的教学方法。这两个问题解决了，汉语学习的根本问题就解决了。我们应该从这两个方面去重新研究我们的教学思路。我的标题《从字本到文本》就是这个意思，就是我们在汉语的教学中，有两个"根本"，一是要抓住汉字这个根本，二是要抓住文章这个根本。所有的研究都要围绕这个来进行，才能收到最好的效果。现在有的地方对汉字这个"本"已经有所认识并开始重视，需要在此基础上进一步强调书面文章这个"本"。

四、汉字教学问题

关于汉字和汉语书面语的具体教学，因为对象不同，很难有定于一尊的方法。但有一些基本原则是可以讨论的。

例如在汉字教学中可以研究几个问题。一是汉字与汉语拼音的关系，二是汉字是随文教学还是集中教学的问题,三是字汇量和词汇量、汉字与汉语词汇的问题。

汉字与汉语拼音的关系包含三个小问题。第一个小问题是要不要学汉字?外国人中有这个问题,华裔子女中也有这个问题,他们认为我又不想移民到中国,去中国也只是旅游或者做生意,只要学会说几句简单的话就行了,没必要花力气去学汉字。对此我的看法是,什么叫学语言?为什么要学语言?这个问题需要弄清楚。在原始社会学语言,也许只要学会说话就行了,社会发展到现在,任何一个文明社会的语言都包括口语和书面语两个方面,缺少任何一个都是不完整的;相比起来,书面语还更重要。在母语环境下,只会听说不会读写的叫作文盲,消除和减少文盲是所有国家政府努力在做的事情。学外语也是如此,只会听说不会读写,那等于是外国文盲。我们学语言总不会满足于学成一个文盲吧?汉字是汉语的载体,我们看到的所有使用汉语的材料都是用汉字书写的;汉语拼音只是记音的工具,其本质相当于英语的国际音标。不可能有什么用汉语拼音书写的材料,就好像不可能有什么英文文章是用国际音标书写的。第二个小问题是先学汉字还是先学拼音?拼音是学习汉语的"拐棍",学习汉语,掌握这个"拐棍"是有用处的,但不能喧宾夺主。先学汉字和先学拼音就是一个宾主问题,先入者为主。我叫他"第一口奶"问题,这对学习者在心理上的意义是很重大的,特别是小孩子。如果他一开始接触的是汉字,留下的印象就是汉语是使用汉字的;相反,如果一开始先教汉语拼音,学习者在心理上就会认为汉语是用这个东西记载的。到后来要他学汉字就会产生抵触情绪,觉得汉字是额外加给他的负担,不想学,不好好学。事实上,为什么会有只要学拼音不需要学汉字的主张?就是因为开始阶段学了拼音,认为拼音已足够使用,因而视汉字为多余的。这使我想起了一个笑话。一个富翁请了个家庭教师教儿子念书。第一课,老师教他,"一"字就是一画,"二"字就是两画,"三"字就是三画。儿子学了这三招就急急忙忙跑到父亲那里去说,我全学会了,可以不用老师了,于是父亲就把老师辞退了。过了些日子,富翁请客,要儿子写请柬,请一个姓"万"的客人。儿子答应到书房去了,但快到中午了还没出来,富翁到书房一看,只见一地的纸。儿子说,那客人什么不好姓,偏要姓"万"。我从早画到现在,只写了两千画,还有八千画呢!认为学了拼音不用汉字与这个小孩也差不多。事实上,这个问题在国内也有争论。自从《汉语拼音方案》推出以后,先教什么一直是个问题,一些地方还进行了"注音识字,提前读写"的实验,推广先学拼音。我在近10年前就提出了要先学汉字、解决"第一口奶"的问题。直到去年，全国中小学语文教材改革才明确提出必须先教汉字。第三个小问题是如果先学汉字，则拼音什么时候切入？怎么切入？这当然要应人应地应环境而异，上海有的小学要求先学会2000汉字再学，英国外交部汉语培训班的实践是两个月之后。至于切入的方法当然可以单独教，但吕必松先生的建议[1]是利用汉字教拼音。这又是一个具有颠覆性的大胆设想，完全可以进行实验推广。

汉字是随文教学好还是集中教学好？这个是两大教学法的分野。西方的语言教学，生词都是随课文出现的，教材的编写非常强调生词的重现律；而汉语传统教学强调集中识字，"三百千"都是识字课本，其中《百家姓》最典型。我们见到过有把《三字经》《千字文》翻译成英语的，但有谁见过把《百家姓》翻译成外语的？没有，也不可能有，因为这是一本纯识字的教材，也是只有汉语才能有的教材，所有语言都不可能有。为什么？因为汉语基本的构词原理跟绝大多数语言不一样。以英语为例，英语是有限的词根词素和词缀词素组成无限的词，但词根词素本身不能独立使用，无法单独学习。汉语是有限的字组成无限的词，而这些字往往又是基本词、常用词，本身就有意义。因此自古以来，汉语采用了集中识字教学的办法，首先学会2500左右的常用字，之后几乎全是生词熟字。集中识字可以大大缩短词汇学习的时间。这是英语等无法学习的。这也造成了英语的词汇学习永远在路上，而汉语的词汇学习在经过了集中识字的痛苦阶段之后，便可以逸待劳，以后的学习会很轻松。

这也就同时回答了字汇量和词汇量的问题。学习任何语言，都有个词汇量的问题，学习掌握了多少词就算达到了学会这门语言的要求。仿照外语教学，对外汉语教学以前也搞过一个8800多词的"词汇量"，事实证明没有太大的意义。因为对汉语来说，更有意义的是"字汇量"，也就是你识字的多少。中国自古对识字量很关注，1988年公布现代汉语常用字为3500字，其中常用字2500字，覆盖率为97.97%；次常用字1000字，覆盖率为1.51%；两者合计覆盖率为99.48%。而识字量则对不同学习者有不同要求，一般都参考了字频。根据字频统计，前500字覆盖率为77.419%，前1000字为90.817%，前1500字为95.898%。因此国家汉办研制出了《汉字等级大纲》，其中甲级字800，乙级字804，丙级字601，丁级字700，共2905个字。各国根据实践，会有2000、1500、1000等不同的提法。有的还

1　见吕必松：《汉语语法新解》，北京：北京语言大学出版社，2015年。

编写了《现代千字文》等，作为外国人学汉语的基本要求。

另一点很重要，汉字可以采用随文学和集中学两种办法，而汉语词只能通过随文来学，不可能集中学。因此强调词汇量的一般不会太重视汉字教学。

汉字与词汇的关系，则要充分利用以字带词的方法，在认字的过程中扩大词汇量，同时体会汉语构词的特点。这主要就是具体教学技巧的问题了。

五、汉语书面语教学问题

汉语书面语的教学也有几个问题可研究。一是口语与书面语教学的关系，二是阅读的量，三是阅读的质，四是阅读与写作的关系，五是怎么教写作，等等。

口语与书面语的问题与教学对象特别相关。最明显的，教外国人的教材通常注重会话，教本国人的教材通常注意阅读。这是由教学对象的性质决定的。教外国人第一步要使他能开得了口，过于书面化的教材对他不合适。以前有很多汉学家研究中国文化的水平很高，甚至比中国人钻研得还深，可惜说不了中国话。这是由于没有学好口语。同样，很多中国人学英语，已做到能翻译很深奥的科技书籍了，也是开不了口，人称"哑巴英语"，也是因为不重口语的缘故。与之相反，教本国人要注重书面语，因为本国人说话已经没问题了，学习是为了提高语文水平，因此要强调学书面语，因为书面语比口语更成熟、更精致、更优雅。本国人学语文过于口语化，过于浅白，就会造成语文水平的下降。中国"五四"以后强调白话文，仿照学英文的口语教材，编出诸如"大狗叫、小狗跳"这样的浅白教材，流行几十年，造成国人语文水平下降。这就是我批评的"把母语当外语教"的意思。这些都是以往的教训。除了这两种典型的情况，还有两种教学对象与口语、书面语的处理很有关系。第一种是中国国内方言地区的学生，尤其是与北方话区别较大的闽粤地区。由于国家强调以北方话为基础的普通话，方言地区的人学习普通话是个很大的负担。再由于汉语书面语全国基本一致，因而语文学习在相当程度上成了"推普"的代名词。"普通话考核"的严格要求在一定程度上冲淡了书面语的学习。另一种就是国外的华人及其子女。他们的家庭语言背景各不相同，有讲普通话的，有讲广东话、福建话和客家方言的，还有完全不会讲汉语的，他们对口语和书面语的要求就与前面讲的不同。更大的区别在于，三种不同的家族语言背景，即使有时说说汉语，但对他们生活来讲仍不是主流，他们日常使用更多的还是所在国的语言（例如印尼语）以及主要外语（例如英语），他们即使有学习汉语书面语的要求，也不可能花上像中国国内学生那样的时间与精力。因此教材中口语和书面语的比例和安排是个非常微妙、也非常重要的问题。与之相关的还有学习的目标，是阅读一般中文书报还是希望做写作、翻译等更需要文字功力的工作？这恐怕也只能说需要因时因地因人而异吧。

  阅读的量也是一个值得研究的问题。最近中国国内语文教学界在讨论的一个热点问题就是语文课阅读的量。几乎有一个共识是，语文不是靠学习教材上几篇课文就能学好的，需要课外的大量阅读。其实学外语也是如此，光靠教材里有限的几篇文章是学不好的。人们还谈到在英美，母语课的学习常常是一学期要读好几本原作，而中国国内很少有这样的要求。其实中国传统学习的量也是不少的。《四书》《五经》，说起来很轻松，但中国现在的学生，直到大学毕业，即使是中文系、历史系、哲学系毕业的，也没有几个完整读过的。而以前却是从小就要求背熟的。杜甫说："读书破万卷，下笔如有神"，如果你读书只"破"了1卷，或者10卷，就希望能学好一门语言，说出流利的话，写出通顺美丽的文章，那是不可能的。我们有时会奇怪，中国古代强调大量阅读，西方现在仍在强调大量阅读，我们从什么时候开始认为不需要大量阅读就可以学好一种语言了呢？说起来令人难以置信，这还是一种把母语当外语教的结果。大家都知道学语言要学语法，但你知道语法是干什么用的吗？语法从来不是为教本国人做准备的，从古至今，学本族语不需要学语法，都是在浸润中潜移默化地学会的。语法是为学外语、教外语准备的。因为外语和本族语的结构不同，因此需要讲清一些规则，这是入门的起码条件。世界上最早的语法、古希腊特拉克斯 Dionysius Thrax（170 - 90 BC）的《语法术》(*The Art of Grammar*)，就是为了教罗马人学希腊语而编写的。后来的语法几乎都是为了帮助人们学外语而写的。语法要求实用，不能太繁琐，必须要有以简驭繁的功能。久而久之，语法的信奉者们就认为不需要大量语料，只要掌握语法的有限规则就能迅速学会一种语言了。教外国人的教材就是按照这个设想编纂的。它在有限的课文里集中讲授了这门语言最基本的语法规则。学语言就是学语法，语法讲完，语言也就学好了。认为学了课文就能学会语言的想法就是这么来的。而这种学外语的方法用到母语身上，就认为学有限的课文就能学好一门课程。比如，学了几首《关雎》《七月》《氓》，就认为《诗经》学好了；学了一部《中国文学简史》，就认为中国文学都学过了。20世纪以来，学习外语的大普及是件好事，但是对于真正学语文却是个很大的冲击。

阅读的质包括两个方面,一是读什么?二是怎么读?当然这里的"读"指的是课外阅读,要视学习者的语文背景和学习程度而异。如果课文学来都有困难,则只有先对付好课文再说了。对于有课外阅读能力和需求的人来说,读什么还是需要进行选择的。现在出版业、媒体、网络发达,要读什么几乎没有搞不到的。这时保持一种定力(anchoring force)非常重要。"吾生有涯而知无涯",一定要把有限的精力放在值得读的东西上面。我的建议简单言之,就是读经典。所谓经典就是经过历史选择下来的东西,其语言也往往经过千锤百炼。经典里面还有古典和今典的问题。古典要读,今典也可以读,今典是已有历史定评的作品,如鲁迅、朱自清等。怎么读?读书有精读、泛读之分。培根(Francis Bacon)在《论读书》(*Of Study*)中说的对我们还是有启发的,他说:"(Some books are to be tasted, others to be swallowed, and some few to be chewed and digested; that is, some books are to be read only in parts; others to be read, but not curiously; and some few to be read wholly, and with diligence and attention.)有的书可以浅尝辄止,有的可以囫囵吞枣,有的则须细嚼慢咽。亦即,有的书只须跳着读,有的书可读而不必求甚解,有的书则须通读、细读、全神贯注地读。"前两种就是所谓泛读,最后一种是精读。什么叫"全神贯注地读"?就是读得很细,把每句话、每个字都要弄懂。为什么要泛读?这是为了以量求质,培养语感。为什么要精读?这是为了领悟一种语文真正的妙处。精读的最好办法,也是最笨的办法是抄读,这是古人屡试不爽的经验,包括苏轼这样过目不忘的大才子也是如此。他还抄出了经验,据说他有"三遍抄读法",一部书要抄三遍,而且一遍比一遍少。比如说抄第一遍他用三个字为题来概括一段文章,第二遍用两个字,第三遍只用一个字。但这些字是全书的萃要。据说有次他拿他的笔记给人看,别人看了不知所云;他说你任提一个字,别人一提,他就滔滔不绝地背下去。[1] 我们可以从中体会苏轼的学习方法。对于外语来说,还有一个极好的读书方法,就是翻译法,把读的书翻译一遍。那就读得更精

---

[1] 这个故事见宋人著的《西塘集耆旧续闻》。部分内容是:"(朱司农拜访苏东坡,坐定后)公请曰:'适来先生所谓"日课"者何?'对云:'钞《汉书》。'公曰:'以先生天才,开卷一览可终身不忘,何用手钞邪?'东坡曰:'不然。某读《汉书》到此凡三经手钞矣。初则一段事钞三字为题;次则两字;今则一字。'公离席复请曰:'不知先生所钞之书肯幸教否。'东坡乃令老兵就书几上取一册至。公视之,皆不解其义。东坡云:'足下试举题一字。'公如其言,东坡应声辄诵数百言,无一字差缺。凡数挑,皆然。公降叹良久,曰:'先生真谪仙才也!'"

细了,任何细节都不可能放过。

阅读与写作的关系。古人强调多读是写的基础。"读书破万卷,下笔如有神。""熟读唐诗三百首,不会作诗也会吟。"这些话人们说得已经很多,这里我想提出我自己的一个主张。这主要是针对母语是汉语的人学中文的。这个主张就是"读文写白"[1]。这四个字包含了下面三层意思。

第一,学习中文,读写为主。谈到学习语言,有人就想到听说读写"四会"。其实学习母语与学习外语不一样,学外语要"四会",学母语主要是"两会",甚至是"两精"。听说能力是在学校环境以外习得的,进学校主要是学读写。所谓中文能力,主要是读写能力。口若悬河、滔滔不绝的人当然有,但我们会说他"口才好",不会说他"中文水平高",可见这是两回事。

第二,读以文为主,写以白为主。"读文写白"的"文"指文言文,"白"指白话文。阅读和写作训练的重点并不一样。为什么阅读要以文言为主?因为文言文凝聚了历代中国人的聪明才智,是经过千锤百炼的成熟的文体,有许多精品,学习文言文可以领略到中国语言文字的魅力;而白话文还处在成熟和发展阶段,甚至很少有公认的白话文的样板。为什么写作要以白话为主?因为白话文是近一个世纪来我们运用的主要文体形式,我们写作运用的主要也是白话文。从某种角度看,所谓中文写作水平主要体现为白话文的写作水平。

第三,读文写白,一以贯之。"读文"和"写白"本质上不是两件事,而是为达到同一目标的一件事,"读文"是为"写白"服务的:非"读文"不足以提高中文的修养,非"写白"不足以强化现代文写作的能力,而"读文"得到的修养必须"内化"为驾驭语言文字的功力,通过"写白"体现出来。

上面是"读文写白"的三层主要意思。此外还有两点小的补充。

第一,有"为主"就有"为辅"。因此第二条的"读文写白",完整的解释应该是:"读以文为主,以白为辅;写以白为主,以文为辅。"就是说,读的方面,也有白话的材料;写的方面,也有文言的练习。但那都是"为辅"的。"主、辅"的比例是多少?在我编的《翻译专业用中文读写教程》教材中,是 3∶1。即,读的方面,文言有三册,白话只一册;写的方面,白话占三册,文言只一册。有人问,文言也有需要写的方面吗?当然有。因为文言并不像有人认为的那样是死语言,它至今还有许多元

---

1 参见潘文国:《"读文写白"是提高中文水平的根本途径》,《中国外语》2010 年第 4 期。

素活跃在我们的语言里，一些文体，如传统书信、诗词对联等，至今还为人们所喜用。作为今天的"文化人"，对此我们可以茫然无知吗？

第二，读以文为主还有一个理由，即白话文太浅白，缺少难度。而缺少难度是编写教材的大忌，因为教师会觉得没有什么可讲，学生会觉得没有什么可学，大家都提不起兴趣来，这门课的效果就不会好。为什么这些年来的中学语文课越来越不受欢迎？原因之一就是文章太浅，没什么好讲。为了上足一门"课"，编者、教者就挖空心思，在文本以外大做文章，什么作者简介、时代背景、中心思想、段落大意、写作特色啦，什么结构分析、歧义辨异、修辞手段啦，等等，老师讲得辛苦，学生背得痛苦，但学过、考过以后对文本反而没有了印象。读文言文会有一些难度，但可以迫使教师、学生把学习重点放到文本本身，就更容易达到语文学习的效果。

读文写白，也是对百年来人们语文学习和使用经验的一个总结，是许多优秀的作家、翻译家多年实践的甘苦心得。白话文是胡适、鲁迅他们提出来的，为什么从来没写过白话文的他们，一出手白话文就写得那么好？是天赋才能吗？不是，这要归因于他们深厚的古文功底。为什么周作人和汪曾祺的散文、沈从文和金庸的小说、朱生豪和傅雷的翻译那么隽永耐读？同样，这也归功于他们深厚的古典文化包括文言文的修养。可以说，他们的成功正是"读文写白"的光辉榜样。事实上，他们从理论上也为"读文写白"作过一些论证。限于篇幅，这里只引一段大翻译家傅雷的话。他是把它作为"一个原则性的基本问题"提出来的：

> 白话文跟外国语文，在丰富、变化上面差得太远。文言在这一点比白话就占便宜。周作人说过："倘用骈散错杂的文言译出，成绩可以较有把握：译文既顺眼，原文意义亦不距离过远。"这是极有见地的说法。文言有它的规律，有它的体制，任何人不能胡来，词汇也丰富。白话文却是刚刚从民间搬来的，一无规则，二无体制，各人摸索各人的，结果就要乱搅。[1]

最后一个问题，怎样教写作？外语式的教学法与传统中文教学法也不同。大概我们从小学语文的方法都是从造句开始，给你一个词，名词或者动词，或者成

---

[1] 见怒安：《傅雷谈翻译》，沈阳：辽宁教育出版社，2005年，第27-28页。

语,或者甚至所谓"关联词语"("因为……所以""不但……而且"等),要你造一个句子。对此我们大概已经习惯了。可能没有人想到,对中文来说,这也是外国式的。因为学习西方语文如英语主要通过语法,而英语语法的核心是句法,基础是句本位,词的意义和功能、形态变化要在句子中才能实现,因此造句是最好的手段。学中文使用这种方法,唯一的好处是语法意识加强了,例如句子要造完整,句子要有主语、谓语,其实真正的汉语并不如此。关联词语对中文来说更是可有可无,甚至不用的情况还更多。造句练习的结果是让学生学会了用英式语法造汉语句子。我们常感到,句子造对了,但汉语的味道没有了。就是这种训练的结果。在西式语法引进之前,我们从没听到过"造句"这类训练方法。那么,中国人是怎么学写作的呢?很简单,是对对子。陈寅恪先生[1]和张志公先生[2]都非常推崇对对子的方法,陈先生认为这是对西洋语法最好的替代物。张志公先生认为这是音韵、词汇、语法、修辞、逻辑的综合训练,还包含了文化因素。对对子在古代是作文的基础,学会对对子,以后作诗词歌赋、骈文、八股文都不是问题,而且语文修养会得到切实提高。如果跟造句相比,更可见出其优越性。造句时一无依傍,有时很难造出符合要求的句子,只好现编无意义或者说了等于不说的句子。如"××这个词很难"等等。而对对子实际是仿作,前面有个榜样,你可以依样仿作。而且由于既有参照物,又变化无穷,也便于评判和比较高低。这个方法丢弃已久,但现在新课改又有一些老师开始提倡并实践。我个人是非常支持的。以前经过对对子训练的人文字功夫都非常老到。现在的人学了一大堆理论,临了过年过节、婚丧喜庆,连个会写对联的人也没有。更不用说为新造的园林亭馆写记命名了。不会对对子,就没有了传统文化的底子,传统文化也只能无可奈何地丢失。

其实对对子的过程,在困难中还有很多乐趣,有许多书讲到一些有趣的对联故事,还涌现出很多才子神童,如解缙、徐文长、纪昀等。推开去,古代有很多有趣的文字游戏,字谜、成语接龙、诗钟、酒令等,读书是一件非常有趣的事。而我们小时候觉得最有趣的语文课,现在成了小孩子的噩梦,实在不应该。我希望在海外还保留有中华文化传统的地方,千万不要把这些传统丢了。

---

1 见陈寅恪:《与刘叔雅论国文试题书》,1933年,载陈寅恪《金明馆丛稿二编》,上海:上海古籍出版社,1980年。
2 见张志公:《传统语文教育教材论》,上海:上海教育出版社,1992年。

（2017年11–12月我应邀到印尼访问，作了七场演讲，其中五场涉及语言和语言教学。这篇文章是为演讲预作的功课。实际上真的演讲时不可能全讲，只能择要谈几点。需要用英文讲时更是需要临时作"视译"，则更只能挑着讲。这里可说是几次演讲最完整的"话本"。）

《汉语拼音方案》的回顾与思考

《汉语拼音方案》颁布60年了,这是中国人语言生活中的大事。千百年来,不表音的汉字,在经过直音、反切、注音符号等种种努力以后,终于有了一套规范、简单、容易掌握的标音工具,为规范汉字读音、推广普通话、普及全民教育起了不可估量的作用。1982年之后,汉语拼音走向国际,更成了汉语与世界交流的重要工具。

《汉语拼音方案》虽然是在1958年正式颁布的,但在此之前经过了仁人志士多年不懈的努力,由草创到定稿过程中也经历了无数次讨论和修改。就在正式发布之前还在征求各界意见。作为一个中学生我也有幸亲历了这一过程。我最早学习汉语拼音是在1956年。那年是语文教改史上的重要一年,中学实行汉语、文学分科,汉语课有语音、文字、词汇、语法等内容,就像后来大学的"现代汉语"课,语音部分我们学的就是那时刚刚发表征求意见的"《汉语拼音方案》草案"。这个草案与1958年正式颁布时有不少地方不一样,记忆中至少有两条,一是j、q、x的j用的还是俄文字母Ч;二是韵母ao、iao后面用的不是o而是u。说明这一年多征求意见不是摆样子,而是实实在在的,其间可能又经过了我们所不知道的激烈争论。

回顾这个过程一是为了说明《汉语拼音方案》来之不易,凝聚了多少代人多少年的心血;二是想说明任何成功事物的推出都不是一蹴而就的。《汉语拼音方案》的正式颁布结束了之前的争论,但不等于说已经完美无缺、尽善尽美的了,只是后来的主要精力放在宣传、推广和应用上,无暇顾及方案本身的调整。这是可以理解的。如今60年过去,随着中国进入新时代,有必要对这60年的经验进行回顾和总结,使之在新时代能发挥更大的作用。我想就此谈几点看法。

第一点是一个纯技术方面的问题,非常容易解决,而且在实际中已经默认使用了,但需要一个明确的说法。例如元音a和辅音g,规定必须采用手写体,不能用印刷体。当时的考虑是为了帮助劳动大众减少写的困难,当然无可指责。但其结果是手写体和印刷体的混淆。在早就实现机械化、电子化的今天,这已不是方便,而是麻烦了。因为在电脑普通键盘里,这两个字母是打不出来的,要到备用字库里去找，有时还不好找。这个是简单的。也有稍困难的，如元音字母 ü，也不容易从键盘上打出来，而且破坏了文字体系内部的一致性，在拉丁字母中掺杂了日耳曼字母。但如果改为跟国际音标更接近的 y，会与现有的拼写法冲突。把 y、w 定为半元音，在读音上认为与 i、u、ü 等价，实际上也是不对的。汉语中"衣"和"移"、"威"和"伟"、"妪"和"羽"的不同实际上是声母的不同，古代分别属于"影"母和"匣、喻"母，前者是纯元音，后者才是半元音。但现在的设计把这区别泯灭了，这对于理清汉语语音的继承和发展脉络不利。

第二点是关于《汉语拼音方案》的定位问题。10 年前我（2008：53－57）曾经说过，《汉语拼音方案》的制定实际上是两种努力合力的结果，一种是两千年来为汉字寻找合适注音工具的努力，或称"注音派"；另一种是百年来在注音基础上创制拼音新文字以取代汉字的努力，或称"文字派"。两者在"拼音"上有交集，但终极目标并不一致。这个又同又不同的矛盾反映在拼音方案的研制过程和结果上。1958 年 1 月，周恩来总理在《当前文字改革的任务》的报告中曾明确指出："首先，应该说清楚，汉语拼音方案是用来为汉字注音和推广普通话的，它并不是用来代替汉字的拼音文字。"但实际结果却是两种主张的妥协而且是以文字派为主，正如胡明扬（2004：164）指出的："汉语拼音方案最初是作为《汉语拼音文字方案》来设计的，因此没有严格贯彻一音一符、一符一音的原则，而根据拼音文字的需要增加了隔音符号和一些变读变写规则。单纯作为一个拼音方案来考虑，这些不必要的隔音符号和变读变写规则完全是蛇足，反而使学习和运用这个方案增加不少困难，应该说是一个缺点。但是作为一个拼音文字方案来考虑，那么这些附加符号和拼写规则还是完全必要的，并且设计得很合理，很经济，应该说是一个优点。"这个矛盾甚至反映在 2000 年制定的《国家通用语言文字法》里，此法第十八条规定："国家通用语言文字以《汉语拼音方案》作为拼写和注音工具。""注音"就体现了"注音派"的主张，而"拼写"则含混地反映了"文字派"的主张。而从 1982 年开始研制，到 2012 年由国家技术监督局批准、发布的《汉语拼音正词法基本规则》，更是"文字派"主张的直接结果，完全是为拼音文字服务的。《规则》的基本原则有二：一是"以词为拼写单位"，二是"按语法词类分节规定分词连写规则"。我们知道，"注音"是为文字服务的；"拼写"可以为文字服务，也可以为语言服务。而"语法"和"分词连写"就是语言问题，只有把拼音当作文字来使用才会有这样的问题。而"词儿连写"是汉语研究搞了 100 年都没解决的问题。早在 60 年前，陆志韦（1957：

序言)就指出:"20 年代以来,构词法问题总是结合着拼音文字提出来的。"而 1986 年后汉语拼音化道路之所以叫停,主要也是因为解决不了分词连写这个根本问题。这个问题在理论上可以说出许多条,但一到实际上,就会碰到很多难题。《正词法》研究迎难而上,当然是值得赞许的,但这个问题实际上并没有解决。最明显的表现就是网上最近盛传的冯志韦教授(2018)作的演讲的 PPT 里,在国际标准 ISO 7098:2015 的讨论过程中,会议只同意"在汉语拼音中,对于人名、地名、语言名、民族名、宗教名这 5 种命名实体,都要按词进行连写",而没有接受《正词法》提出的希望规范动词、名词、形容词、动宾结构、动补结构、数量结构、代词,特别是"行末尾的连字符使用规则"等连写的意见,因为这完全进入语言了。面临这样的矛盾,我们确实需要为"汉语拼音方案"认真定性、定位,究竟是作为文字的注音工具,还是作为语言的拼写工具,还是像目前这样含混的"拼写、注音"工具?"拼写"的界限在哪里?词?短语?句子?语篇("行末尾")?不同的选择都可能需要对《汉语拼音方案》作出调整。比方说,如果作为纯粹的注音工具,那胡明扬先生提出的"使学习和运用这个方案增加不少困难"的"隔音符号和一些变读变写规则"就需要认真考虑和解决。

第三个是《汉语拼音方案》的应用及范围扩大问题。

对于《汉语拼音方案》的应用,《国家通用语言文字法》提出了两条,一条是"中国人名、地名和中文文献罗马字母拼写法的统一规范,并用于汉字不便或不能使用的领域",另一条是"进行汉语拼音教学"。前一条的前一半在"国际标准 ISO 7098:2015"中已经得到了体现,尽管执行起来具体还会有许多问题,包括看似简单的地名问题。限于篇幅,这里暂不讨论。而后一半的"汉字不便或不能使用的领域"目前还缺乏界定,需要进一步作出法律解释。而后一条"初等教育应当进行汉语拼音教学",看似没有问题,在实践上却有着不同路子之争,至少有着"文字派"的路子和"注音派"的路子。按前一种路子,潜意识里拼音就是汉字的替代品,由于拼音相对来说简单易学,因此小学或者幼儿园从一开始就必须教汉语拼音。拼音过关了,再慢慢过渡到汉字。这方法还被用到对外汉语教学上,至今还有只学拼音、不学汉字的汉语教学主张。而后一种路子认为,既然拼音只是工具和拐杖,不能代替汉字,那么从一开始教学就应从汉字着手,而以拼音作为辅助工具。这就好像在英语教学中,肯定是从字母、单词着手,而不可能从作为注音工具的国际音标着手。两条路子之争由来已久,实际上从 1958 年之后,前一条路子是主流,

"注音识字，提前读写"的教学实验还一再被推广。直到近十来年在语文教学界和对外汉语教学界才开始出现不同的声音。去年北京和上海等地实施先教汉字、后教拼音，引起了不小反响。这个问题也需要从理论上进行论证。

《汉语拼音方案》应用范围的扩大可能是个新问题，但可能会反馈到拼音方案本身。在谈到《汉语拼音方案》的局限时，周有光（2010）曾有个"三是三不是"的观点："不是汉字拼形方案而是汉语拼音方案，不是方言拼音方案而是普通话拼音方案，不是文言拼音方案而是白话拼音方案。"显然，这是在考虑到《汉语拼音方案》作为汉语拼音文字前身的前提下提出的。如果我们更多地考虑到方案作为"注音"工具的因素，那我们完全有需要也应该突破这一限制。作为注音工具，它应该不但能够为现代汉语普通话注音，也能在一定程度上为汉语古音和汉语方音注音（是体现在方音里的古音，而不是理论家们构拟的"古音"），因为社会上有这种需要，不希望在讲到普通话时用汉语拼音，在讲到方言和古音时就被迫用国际音标。此外还有国际交流问题。从这些方面看，汉语拼音也有明显的不足。最大的问题是全世界几乎所有的语言和中国绝大多数方言都用 b、d、g 表浊音，p、t、k 表清音，只有《汉语拼音方案》采用了刘孟扬 1908 年首创的用 b、d、g 表不送气清音，p、t、k 表送气清音的方法，其原因只是从设计角度可以减少 ph、th、kh 这样的双字母或送气符号，考虑的只是"国语"系统。周有光先生显然不同意这种做法，他（2005）说："我把读音分为三个层次：第一层次是'基本音域'，第二层次是'引申音域'，第三层次'罕用音域'。例如：BDG 读浊音属于基本音域，读清音属于引申音域。"b、d、g 表浊音，对使用汉字的中国方言区人来说影响还不大，但对世界绝大多数国家的人学习汉语带来了很大的混乱和不便。在汉语走向世界的今天实在应该引起我们的重视。至于在方言中的应用，首先是入声和尖音。b、d、g 表浊音，不但影响了外国人学汉语，也给方言（如粤语）表入声带来了困难。而目前 zi、ci、si 的拼音形式，又使利用汉语拼音表达全国多地存在的尖音成为了不可能。这些问题今后似也可研究。

参考文献

冯志韦，2018，"汉语拼音 60 年：回顾与展望"，《汉语堂》微信公众号 2018-03-09。
胡明扬，2004，"汉语拼音方案和汉语拼音文字"，载陆俭明、苏培成主编《语文现代化和汉语拼音方案》，北京：语文出版社。
刘孟扬，1908，《中国音标字书》，北京：文字改革出版社，1957 年。

陆志韦,1957,《汉语的构词法》,北京：科学出版社。
潘文国,2008,《危机下的中文》,沈阳：辽宁人民出版社。
周有光,2005,"旧事重提谈拼音——预祝《汉语拼音方案》公布50周年",《群言》2005年第12期。
周有光,2010,"汉语拼音方案的三原则",周有光的博客,http：//blog. sina. com. cn/s/blog_68b18fa90100l2yh. html

（本文为2018年在教育部、国家语委纪念《汉语拼音方案》颁布60周年座谈会上的发言）

中文危机与对策

危机意识、语言与文字
——《中文危机与对策》系列讲座之一

从今天起开始的一个演讲系列,标题叫《中文危机与对策》,内容是讲当前中国语文生活所面临的种种问题,以及我们可能采取的对策。由于有的问题还相当严重,因此我把它叫作"危机"。今年(2008年)一月份,我在辽宁人民出版社出了一本新书,书名就叫《危机下的中文》,这一系列演讲,基本上是在那本书的基础上准备的。由于书出版以后,我接受过媒体的采访,也听到了一些反映,觉得还有些话要说,因此能够有这个机会到超星网的"名师讲座"来讲这个题目,我觉得非常高兴。

我有一个想法,我觉得人文社会学者,不应该关在书斋里做纯粹的"理论研究",而应该关注社会,关注人生,关注社会的热点问题。对于社会上人们普遍关注的热点问题,人文社会学者不应该置身事外,而应该投入其中,想人民之所想,急人民之所急,提出自己的方案和解决办法,如果不能直接产生作用也可以供政府和有关部门作参考。这是一个人文社会学者应尽的社会责任。人每天都要说话、听话、看书、写文章,语言学与人们日常生活是最贴近的,语言学者尤其要关注与语言有关的社会热点问题,而不应该躲在象牙塔里孤芳自赏。这个问题我以后还要专门谈,今天先提一提。

这个题目我打算讲十讲,分别从语言与文字、英语热与电脑技术、普通话和方言、文言和白话、汉字和汉语拼音化、简繁体字、社会语言文字运用、翻译与欧化、语文教学、语言研究等角度来探讨中文面临的危机以及我们可以采取的对策。作为第一讲,今天我想就讲座标题的两个关键词——"中文"和"危机"——先做一个解释,以说明整个系列讲座的意图。然后就语言和文字的关系问题作一番阐述。

标题中的两个关键词,第一个是"中文"。前几年文化艺术出版社出版过一本书,是朱竞女士编的,书名叫《汉语的危机》,当时在社会上很引起了一番轰动,但在语言学界却几乎没有引起什么反响,可说是波澜不惊。什么原因呢?是因为那本书中所收文章的作者中没有一个是搞语言学专业的,语言学家们觉得你是外行,不值得跟你计较。从这个角度看,我以语言学者的身份来讲这个题目,是要被有些人看作"吃里扒外"的。当然也有人会认为,我搞的不是"正宗"的语言学,他们几十年来前仆后继、世代相传的才是"正宗"的语言学。这个问题我们以后要讨论,今天且不管它。这里想说的是,朱竞的书叫作《汉语的危机》,而我们在谈"中文的危机","汉语"和"中文",这两者有什么不同吗?粗略地看,这两者当然没有什么根本的不同。汉语、中文,译成英语都是 Chinese,就好像英语和英文都叫 English 一样。但从历史上、从实际使用上,这两者的不完全相同还是显而易见的,至少,两者的侧重点是不一样的。"语"和"文",从字面意义看,一侧重口语,一侧重书面语,在"语""文"大体一致的语言里,比如英语,也许差别还不大,但在"语""文"不一致的语言例如汉语里,其差别就不容忽视。称"语"还是称"文",对有些学者来说还是涉及原则性的大问题。例如上海复旦大学老校长、著名语言学家陈望道先生终其一生坚持称"文"不称"语",甚至还挑起了一场"语法""文法"之争。直至去世,他始终把他从事的研究称作"文法"研究,而不是"语法"研究(而跟他年龄相仿的一批学者如黎锦熙、王力、吕叔湘等,却先后把"文法"改称为"语法")。更有甚者,他把他创建的上海语言学者的学术团体命名为"语文学会",在全国各地竞相成立"语言学会"时仍坚持不改,时至今日,成为全国各省市唯一的"语文学会"。从历史上来看,以前多强调"文",因此上面提到黎锦熙、王力、吕叔湘几位早期的书都叫"文法"(黎有《新著国语文法》,1924 年;王有《中国文法学初探》,1936 年;吕有《中国文法要略》,1942 年),强调"语"是改革开放以后语言学地位上升的产物。例如对于外国人的中文教学,在"文化大革命"以前都是"语""文"并提,如清华和北大先后办过"外国人中国语文专修班"。只是到了"文化大革命"以后,为了与国际接轨,仿照英语 Teach English as a Foreign Language(简称 TEFL,"把英语作为外语的教学")造出了一个新名称 Teach Chinese as a Foreign Language(简称 TCFL,"把汉语作为外语的教学",简称"对外汉语教学"),对外教学的重点突然放到了"语"即口语上(这一名称上的变化所带来的实质上变化的情况,我们后面还会谈到)。与此同时,国际上语言学地位大大提高,以前重视书面语研究的传统被贬为"语文学",成了一种"前科学",因此追逐潮流者避"文"字唯恐不及,"中文"也在不知不觉中几乎被"汉语"全面取代。用"汉语"取代"中文"的另外一个原因是有人认为"汉语"只是汉族人使用的语言,称作"中文"是把一个民族的语言强加在整个国家头上,有"大汉族主义"的嫌疑。我佩服这些人分析问题的精细,但也非常怀疑,少数民族人们的神经就这么脆弱,看到"中文"二字就感到了"大汉族主义"的压迫？也许只是有些人自己没事找事而已。按照他们的逻辑，"中医""中餐"是不是也该改为"汉医""汉餐"啊？

如果我们用"汉语"和"中文"分别指称汉语的口语和书面语，那么我们将会看到，就"危机"而言，更多地是存在于"中文"里而不是在"汉语"里。现在的学者一般把"汉语"等同于"现代汉语"，把"现代汉语"等同于"普通话"。如果这两个"等同"能够成立，那么汉语确实没有什么很严重的"危机"。相反，"普通话"可能正处在历史上最好的时期：从中央到省市、各级政府，乃至各大专院校都成立了语言文字工作委员会，其工作主要就是不遗余力地推广普通话；普通话三等六级的考试已成为许多行业的准入门槛，远比英语四、六级更权威；随着经济的发展和中国国际地位的提高，普通话不仅攻克了原先方言势力顽固的堡垒如广东、福建，还成功地普及到了香港，在香港掀起了一波又一波的"普通话热"。香港特区行政长官曾荫权改变了几十年的语言习惯，在短短几个月里学会了普通话，更被看作是推普工作的胜利。在国外，普通话则推广到了新加坡；而当前方兴未艾的国际"汉语热"也无不以普通话作为媒介。普通话正在一路高歌猛进，当然不存在什么"危机"问题。朱竞的书出来以后，得到了一些赞同，也有很多人不以为然，这就是一个原因。当然，对于普通话来说，也有一种危机感，那就是各地方言的"回潮"。这样看来，"汉语的危机"其实主要不在"汉语"，而在"中文"，我们换一个说法，希望使讨论问题时主题更加集中。

标题里另一个关键词是"危机"。什么是危机？"危机"有两个意思，一个是指潜在的危险，一个是指当前就已经面临的巨大危险。我们用这个词可说两者兼而有之，也就是说，我们认为中文的危机，既是潜在的，又是现实的，因此必须正视，认真对待。把中国语文所面临的情况叫作"危机"，很多人可能不赞成。搞语言研究的人不赞成，他们认为一个多世纪来，特别是近几十年来的汉语研究取得了骄人的成就，说汉语存在危机，不是对他们工作的否定吗？搞语言推广的人不赞成，他们认为汉语推广已经走向了国际，全世界已建立了300所孔子学院，讲汉语有危机不是闭着眼睛说瞎话吗？总之，他们认为，汉语的发展势头很好，即使遇到一些问题，也不该用"危机"二字。认为中文面临"危机"，这是"危言耸听"！这个问题就很值得讨论。我认为这里面实际上有两个问题。第一个比较宏观、比较抽象，是总体上的，或者说，是战略上的：对待我们的事业，对待我们的工作，我们要不要有、应该不应该有"危机"意识？第二个是比较具体的，就是针对具体的对象，例如中文（或汉语）在目前遇到的问题，可不可以叫作"危机"？

事实上，我最担忧的是第一个问题：对待我们的事业要不要有危机意识。我们一些同志习惯于过歌舞升平的日子，在他们眼里，形势总是一派大好，问题嘛，当然会有一点，但那是前进中的问题，随着形势的发展会自己解决，因此问题不必提，也不需要提。如果有人要提，那就是与大好形势过不去。在语言学界尤其如此。我曾说过，在中国学术界，语言学界是最不喜欢反思的，岂但自己不反思，而且反对别人反思。在世纪之交，语言学家们撰文总结20世纪的语言学史，就是一派歌舞升平气象，处处都是成绩，年年都在进步。就是我这个人不知趣，发表了一篇长文大谈问题，引起人们不快不说，还累及了发表我文章的刊物主编。还有人专门替我作了统计，说28页的文章，成绩只讲了5页不到，问题倒讲了23页。我却至今未悔，我认为，成绩当然要讲，讲成绩是鼓舞士气的；但问题更要讲，看不到问题，就看不到前进的方向，就失去了前进的动力。比较起来，问题比成绩重要得多。问题意识、忧患意识、危机意识，是前进的根本动力，不但在有问题的时候需要有危机意识，在"形势大好"时尤其要有危机意识。居安思危本来就是中华民族的优秀传统。早在先秦时期，孟子就提出了"生于忧患，死于安乐"的命题。宋代范仲淹主张"先天下之忧而忧"，在别人还没有看到问题的时候，他已经"忧"起来了，这就是危机意识。《新唐书》上说："思所以危则安，思所以乱则治，思所以亡则存。"温家宝总理在2006年"两会"记者招待会的开场白上就引用了这句话，强调"形势稍好，尤须兢慎"。胡锦涛总书记在2007年十七大报告中也指出："我们一定要居安思危，增强忧患意识。"讲"危机"，正是头脑清醒的表现。一个看不到"危机"的民族是没有前途的民族，一个看不到"危机"的学科是没有前途的学科。清末郑观应曾写过一本书叫《盛世危言》，极大地鼓舞了一批有志之士，包括毛泽东在内都深受此书的影响。因而我认为现在提出"危机"问题完全不是"危言耸听"，而是"危言警世"，值得所有关心这一问题的人关注。

那么，中文存不存在"危机"？前面我们说过，如果我们仅把"汉语"理解为"现代汉语"，进一步理解为"普通话"，那么"危机"的问题恐怕还不那么强烈。但这个前提是错误的。第一，"汉语"不等于"现代汉语"。把汉语分成"古代汉语""近代汉语""现代汉语"（现在还有人提出"当代汉语"），本身在学术上就是一个可争议的问题，以后我们要展开讨论。但即便此说成立，进而把汉语只理解为"现代汉语"也是不妥的，因为"古代"汉语和"现代"汉语之间并没有一条明确的界线，把

"古代汉语"踢出"汉语"的范畴,本身就昭示着"古代汉语"正面临着被人们遗忘、被人们否认的危机,而这对于中文的发展来说是致命的。第二,"现代汉语"也不等于"普通话"。现在很多"现代汉语"教材对"现代汉语"下的定义就是对"普通话"的定义:"以北京语音为标准音,以北方方言为基础,以现代典范的白话文著作为语法规范。"这个定义不说错误,至少是片面的。试问:在这样的"定义"之下,现在中国境内,特别是南方各省一大块地区人们还在使用的方言是不是属于"现代"的"汉语"?既然没人会说方言属于"古代"或"近代",也没人会说汉语的方言不是"汉语",那么,把"现代汉语"等同于"普通话"是不是本身也已经隐含着汉语方言发展的"危机"?至于改"文"为"语"所隐含的汉语书面语(为了强调,我们可以叫作"中文")的危机,这问题就更严重了。

下面我们要说一说语言和文字的关系问题。这是语言研究一个重大的理论问题,对汉语来说是一个核心问题。对一般民众来说,这也是一个重大的现实问题。从20世纪七八十年代起,我们就不时地听到语文教学质量下降的说法。开始我们还以为这问题仅仅是中国的,是"文化大革命"的遗留问题,后来发现这几乎是一个全球性的问题,从欧洲到美国,不光是第三世界国家,一些发达资本主义国家也出现了语文水平普遍下降的问题。这就不是一个孤立的现象了。我们知道,语文教学只不过是台面上的事,它背后是有东西的,语文教学背后是语文教育观,而语文教育观的背后是语言观。对语言有什么样的认识就会产生什么样的语言教育思想,然后才是具体的语文教材编写和语文教学方法等过程,最后体现在受教育者的语文水平上。反过来,语文教学质量不仅反映语文教学方法的是否得当,最终也反映出语文教育观和语言观的问题。如果我们承认,现在全世界都出现了语文教学水平下降的问题,那其背后的问题就不会仅仅在语文教学法层面上,而涉及了语文教育观和语言观。而据我们的观察,正是20世纪的语言观出现了偏差。这个偏差,用一句话来说,就是重语轻文和重音轻字。也就是片面地重视口语,轻视书面语;重视语音,轻视文字。这是中文面临危机的最深层次原因。

20世纪世界上的语言研究高潮迭起,重要的有四次,但几乎每次都加强了我们上面所说的那个偏差。第一次是20世纪一二十年代在欧洲语文运动基础上升华产生的索绪尔学说。他提出语言是音义结合的符号系统,文字只是外衣,是"符号的符号",语言学只研究声音的符号系统,文字是没有地位的。索绪尔被称为"现代语言学之父",他的这些观点为20世纪以来的整个语言研究定了调。第二次高潮是二三十年代美国的"抢救印第安语运动",在这基础上产生了美国的描写主义语言学。美洲印第安语是没有文字记载的语言,在这一过程以及由此而产生的理论中重语轻文、文字和书面语毫无地位是可想而知的。第二次世界大战以后描写主义语言学得到了很大的发展,因其程式化的结构分析方法(从音位到语素到词到短语到句子)而得名结构主义,其背景是美国作为大战硕果仅存的超级大国在全世界扩张势力,美国军队到世界各地去,需要学习那里的语言。那种语言学习当然主要也是口语,只有极少的学者才会有学习、研究殖民地半殖民地的书面语的兴趣和愿望。这个时期开始,外语教学得到了很大的发展。而学习外语必须从语音、从口语开始,这也就强化了重语轻文的观念。第三次高潮是50年代美国的"乔姆斯基革命"和几乎与其同时产生的社会语言学。乔姆斯基的名声很大,可能很多不搞语言学的人也听说过。因为除了是语言学家,他同时还是一位著名的国际政治活动家,以反对美国政府的各种国际政策而闻名。但他的语言学研究与他对国际政治的关心正好形成极大的反差。如果说他对国际政治的热心体现了他对人类的关怀,则他的语言学研究则几乎是不食人间烟火的,因为他关注的只是语言的本原问题:人为什么会有语言?人是怎么学会说话的?因而与其说他是语言学家,不如说他是哲学家。与乔姆斯基语言学几乎同时诞生的社会语言学正好走向了另一极,特别关注人们日常的语言使用问题,但其研究基本上是循着"口语至上"的路子往前走的,因而有时会得出一些我们意想不到的结论。比如有一位著名的语言学家经过分析,"证明"一个没有文化的黑人帮会青年说的黑人英语土话,比一个受过高等教育的中产阶级黑人说的标准英语"更有逻辑性"。我们当然不怀疑他的结论的正确性,事实上我们有时也可发现,周围有些文化不高的妇女说话能力特别强,可以几个小时不停地说,别人根本插不进嘴去,吵起架来几个"文化人"都不是她的对手。但承认生活中有这样的事例是一回事,把这种事例采入严肃的学术著作又是另一回事,因为其背后隐藏的思想就是,没有受过教育的比受过教育的要高明,口语比书面语要高明。用咱们中国人一度曾听惯的话来说,就是"卑贱者最聪明,高贵者最愚蠢",以及"知识越多越反动"之类,它对书面语的伤害是难以想象的。第四次高潮则是80年代以来的认知语言学,在某种程度上,它是对此前的语言研究的一种反拨。它在摆正语言与文字、口语与书面语的关系上能走得多远,我们还在拭目以待。

其实在索绪尔提出重语轻文主张之后,国外学术界就一直有着不同的声音。

布拉格学派的伐切克(Josef Vachek)从20世纪30年代到80年代,在整整半个世纪里不遗余力地主张,从功能的角度看,口语和书面语是两种不同的语言规范(Language Norms);语音先于文字,只具有历时的意义,从共时的角度看没有什么优越性,相反,书面语对口语的规范却具有重大的作用。英国牛津大学前语言学系主任哈里斯(Roy Harris)提出,文字并不只是为了记录语言,文字与语言是两种平行的符号系统,从交际的角度看,文字远比语音更有权势。在这些主张基础上,著名语言学家克里斯托尔(David Crystal)指出:"从科学的观点看,我们对书语的了解远不如我们对口语的了解,这主要是由于20世纪以来语言学研究中过于注重口语的偏见,这一偏见直到最近才开始得到纠正。"

中国2000多年来一直有着重文轻语、重字轻音的传统,这一传统到了"五四"时期遭到了彻底的颠覆,其背景就是当时从国外引进的"重音轻字、重语轻文"这一当时国际最"先进"的语言学理论,加上第一次世界大战后在欧洲兴起的民粹主义。以后几十年来愈演愈烈,到了今天更成了语言学的基本"常识"、任何人不得冒犯的"金科玉律"。在炮制这一观点的西方学术界开始反思,准备转向的时候,我们国内一些人却还死死抱住不放。可以说,这一理论是导致各国语文水平下降、中文更面临着"危机"的一个总根源。这个根源一天不消除,中文的危机就一天没有彻底消除的可能。这里,我们也要从总根源上对语言文字关系作一番探讨。

语言和文字的产生,是人类发展历史中的两次飞跃。语言使人告别了动物,而文字更进一步使文明告别了野蛮。有人甚至说,文字是人类历史上最早、最伟大的发明,当今所有的发明,跟它比起来都要黯然失色。直到今天,尽管我们可以无数遍地强调语言的重要性:"没有语言,就没有文字";"人可以没有文字,但不可以没有语言";"世界上现在还存在没有文字的民族,但不存在没有语言的民族";等等,但我们无法否认这样一个事实:没有文字的民族是相对不开化的民族,他们还生活在"前文明"时代。由此可见,语言和文字对于人类来说都是十分重要的,但在文字产生之后,它的重要性迅速超越了语言。上面引的两位西方学者的说法是有道理的。中国人还有一句更平凡的话说出了这个真理:"口说无凭,立字为证",话说得再天花乱坠、信誓旦旦,但都不能作数,有法律效果的只有文字。这最浅近地说明了书面语的重要性。当今世界上尽管录音、录像的设备日趋完善,但重要的文件都还离不开书面的文本。

伐切克和哈里斯都强调语言和文字是两套具有不同功能的系统。语言的重要性在于它是人们进行日常交际的工具,没有语言,人类的生活就很难进行。而文字的重要性在于它不仅是日常交际的工具,还是记载经验、传承知识、创造未来的工具。语言的使用要受到时间和空间的限制:话只能面对面说,隔壁房间的人就听不见;古人说的话,我们听不见,我们说的话,后人也听不见。当然现代科技的发展在一定程度上有所改变。而文字则突破了这一限制。我们中国人对此可说最有体会,如果掌握了几千个字,那么几千年以前的圣哲名言,我们读起来就跟听老爷爷说话一样亲切。记载经验就是历史,传承知识就是教育,创造未来需要科技,这些都需要通过书面语来进行。只有有文字的民族才能进行这些活动,而现代意义上的所有知识、各门"学科",记载的无非是这些活动。没有文字的民族也有"历史",但那只是传说;没有文字的民族也有"教育"和"科技",但那永远只是个别经验的重复而已。也因此,古往今来,任何国家,任何有文字的民族(没有文字的民族甚至不会有国家、民族这些概念),要生存,要发展,都会重视书面语的教育。中国人用一句最朴素的话说明了这个道理:上学就是"读书"。"书"是什么?书面语呗!英国人说,上学是"learn to read and write","read"和"write"的对象是什么?书面语呗!这可以说是东西方的人都想到一起、说到一起去了。而"现代语言学"理论教导我们书面语是不重要的、不值得研究的。相信这个理论,上学也就不需要学书面语,只要学口语、学说话就行了。可笑的是,我们解放以后的语文教育,有时就真的在向这个方面努力。好在我们还有个要推广普通话的重要任务,对于极大多数非北方话地区的人来说,学口语、学说话的任务确实很重,要不然,我真不知道我们的语文课还能教什么!

认识到语言和文字虽然同属语言,但实际上是两个系统,这是语言观的升华。前面说过,认为语言就只是口说的话,文字只是口语的记录,这是 20 世纪语言学的偏见,在这个偏见下形成的关于语言的定义,"语言是音义结合的符号系统",也是片面的。现在我们根据新的认识,修正了语言的定义,认为"语言是人类认知世界和进行表述的方式和过程",可以比较好地说明这两种不同而又紧密相连的系统。在开始的时候,初民分别用声音或图像、记号记下他们对客观世界的认知,也就是说,语音和文字是各自独立与外部世界发生关系的。看到太阳,发出"sun"或者"ri"的读音,这是语言;看到太阳,画一个圆圈,中间加一个点(甲骨文的"日"),那也是语言。这时的图形并不与特定的声音相联系("日"可能念"ri",可能念

"nie",在方言中还有更多念法),更不是对声音的记录("日"字不是为记录"ri"这个音造的,看到"日"字也读不出"ri"这个音来)。后来语音和文字合流了,成了广义的语言。但是书面语和口语还是两个系统,它们承担着不同的任务,口语主要用于当面交际,书面语的用途要广得多,包括记载经验、突破时空限制传达信息,以及更复杂地表述情感等等;同时也有着不同的发展方向的手段。一般来说,口语要讲究得体、讲究场合、讲究礼貌等,这就是西方会话理论等等在研究的东西。而书面语更要求精致,讲究组织,也有各种修辞手段、各种形形色色的形式上的要求,如文体、风格、诗词格律等,比口语要复杂得多。当然,尽管是两个系统,但两者之间仍是有交流的。书面语从口语中吸收有用的东西来丰富自己,口语从书面语中吸收精致的东西来提高自己。口语对于母语使用者来说是在自然状态下习得的,根本不需要刻意去学。但书面语即使对母语使用者来说,也需要花大气力才能学好。因此正常的本族语文教育,无不把精力放在书面语上。对于汉语这样一种有着几千个汉字、几千年文章学传统的语言来说,更要花极大的力气才能学好。因此毛泽东在延安整风时期说:"语言这东西,不是随便可以学好的,非下苦功不可。"作为运用中文进行写作的大师,他的话是有感而发的。

而在重语轻文的新理论指导下,书面语变得不重要了,人们对掌握语言的要求变得越来越低。文体的意识没有了,我们发现很多大学生、研究生,连简单的应用文都不会写,写信连基本格式都不懂。比方说有人给我写信,信封上写"潘文国教授收",却把"教授"两个字用括号括起来。我看了真是又好气又好笑:"他是不是在怀疑我这个教授的资格啊?"文章越来越千篇一律,句子写得越来越白、越来越水(像自来水),或者似通非通(那是模仿翻译文章),都似乎没有人管,错别字也是睁一眼闭一眼。在这样的情况下,语文水平不下降才奇怪呢!有人曾经感慨地说,旧时代的教育,各方面的条件都比现在差得多,但当年小学毕业生的语文素养,却比现代的大学生还要高。他想问,这是什么原因?我来回答,原因之一就是对书面语、对文字的忽视、轻视、蔑视,甚至仇视!

我们国家有着悠久的历史文化传统,人们谦让有礼,好学能文,曾经是我们的骄傲。而现在随着语文水平的下降似乎人也变得越来越俗气,越来越粗野。"文化大革命"中曾经有人以"大老粗"自居,以"大老粗"为荣;现在似乎又以另一种形式在表现出来:以粗俗、野蛮、不讲文化为时髦。因而,中文的危机不仅仅是语言文字的危机,而是国民形象、国民素质的危机,素质是和文化连在一起的,文化是和文字连在一起的。因而中文危机问题确实不容小觑。

　　当然，我们一再强调，讲"危机"的目的是为了警世，为了在"稍好"的形势下保持清醒的头脑。当前，汉语和中文的发展正面临着历史上最好的机遇。对外汉语教学事业的发展把汉语（中文）推向了世界的舞台，世界上越来越多的人在学习汉语、关注汉语，也关注着汉语背后的中华文化。在这一形势下，我们尤其有必要反身自顾，看清我们自己存在的问题，看清我们面临的"危机"，找到解决问题、克服危机的办法和措施，让中文在中华民族复兴和走向世界的过程中发挥更大的作用。

　　（本文为 2008 年在超星网的"名师讲座"作的系列讲座的讲稿，共 10 讲。后面不再说明。）

全球化、英语强势和电脑技术
——《中文危机与对策》系列讲座之二

中文当前面临的危机,在许多方面都有表现。我们把它概括为四个方面:生存方面、发展方面、教学方面和研究方面。这一讲我们先讲生存方面的两个问题。生存问题就是"活着还是死去"的问题,或者像哈姆莱特说的"To be or not to be"的问题。说汉语面临着生死存亡问题,有人觉得未免有些危言耸听。确实,作为全世界使用人口最多的语言,在汉语普通话一路高歌猛进、汉语国际推广正在方兴未艾之时,说汉语有生存的危机,确实有点不识时务。这也是我们强调中文的危机而非汉语危机的一个原因。但"人无远虑,必有近忧",看不到不等于不存在,目前没有不等于将来也没有。从长远看,甚至从当前看,中文的生存确实存在着危机。

生存需要环境。环境有内部环境和外部环境。在中国还是闭关锁国、几乎与世隔绝的时候,外部环境对汉语的生存当然没有什么影响,更不用说压力了。但现在的环境变了,我们已经成了国际大家庭的一员,世界离不开中国,中国也离不开世界,我们已经无法离开世界而"独善其身"了。世界已缩小成了一个地球村,其中的成员必须彼此协调、彼此磨合,才能共同生存。"全球化"已成了一个难以抗拒的趋势。但是,正如许多人说过的,"全球化"是把双刃剑,一方面,它正在缩短着人们之间的距离,引领着世界走向大同;另一方面,可能更可怕的,是某种强势价值观会吞噬全球人的意志,各国家、各民族的特质文化会逐渐消亡。

在今天,全球化说到底就是美国化。美国作为世界上有史以来最强大的、在当今甚至是唯一的超级大国,正以其强大的经济和军事实力,操控着、主导着全球化的方向和进程,威胁着一切非欧美,甚至非美国的文化的生存。我们说"非美国",是指西方世界中的其他国家,包括法国,甚至包括英国。它们也无时无刻不在感受着来自美国价值观的巨大压力。

美国的强大,不仅体现在硬实力,也体现在软实力上。硬实力就是指经济、军事等,是可以用具体的指标来衡量的;软实力就是指文化和高科技。文化的集中体现是语言,高科技在今天的主要表现是电脑化和网络化。而中文生存当前面临危机也与这两个方面有关:"英语热"和电脑技术。

先说英语。首先我要声明,我并不完全同意有些人的观点,认为汉语如果有危机,那主要是由于弥漫全国的"英语热"引起的。原因在于,第一,"英语热"和"汉语冷",这完全是两码事,其间并不能划等号,也就是说,"英语热"并不必然导致"汉语冷"。把中文和汉语的问题完全推给英语,这是在推卸责任,把本来应该由自己负的责任推到别人身上去。如果说"英语热"导致了"汉语冷",那么反过来,"英语冷"会不会造成"汉语热",解决中文当前面临的种种问题呢?有人会说这是无法假设的,在可见的将来,"英语热"好像没有什么消退的迹象。但我们可以倒转几十年去看,在"文化大革命"及以前,那时中国与外界几乎是隔绝的,英语不但不"热"甚至非常"冷","冷"到了到"文化大革命"期间不学外语反成了英雄的地步。那时不是有一句著名的口号吗?"不学 ABC,照样干革命!"可那时的汉语"热"了没有呢?没有。那时的全民中文水平也是无可奈何地在下降。第二,正如毛泽东说过的,事物变化的根本原因是内因,不是外因,外因必须通过内因才能起作用。"英语热"真的要影响到汉语的发展乃至生存,那是中国人自己的因素造成的。而正是这方面的问题引起了我们的忧虑。

我们忧虑的是这么几个方面:

第一是英语独大的局面。我们现在谈"英语热",不仅仅是从中国着眼的,而是从"全球化"的角度去看的。事实上,不仅在中国,在世界上许多国家和地区都出现了"英语热",我们的邻居韩国就是一个例子,那里的"英语热"恐怕一点不亚于我国,也是培训班遍地开花、幼儿班趋之若鹜。我们前面说,全球化就是美国化,"英语热"背后折射的就是"美国热"。学英语已经远远超过了一个语言的问题,而是一个文化心态的问题。从语言的角度看,英语只不过是世界上几千种语言中的一种,无非是比较重要,或者说最重要的一种,但是,当"学英语"全面代替了"学外语",似乎英语之外的语言都不是外语、都不值得学的时候,英语就不仅仅是个语言问题了。"英语热"意味着美国文化(我甚至不能说"英美文化",因为连英国也感受到了美国文化对年轻人的强大影响)的强势入侵和我们的自觉接受,意味着多元文化的消解和世界文化的趋同化。这是对全世界除英语和美国文化之外的语言和文化的威胁。从这个角度看,不仅汉语和中国文化面临着危机,世界其他语言和文化都面临着危机。

英语独大带来的后果是显而易见的。一个最讽刺的后果是"英语学习者"的过剩和外语人才的奇缺。这里我把"英语"和"外语"对提,因为在很多国人的心目里,英语似乎不再是"外语"了,那么真正的"外语"就只能是英语之外的其他外国语言,例如法语、德语、日语、韩语等。像法语、德语这样在世界上还相当有影响、其应用范围比汉语要广得多的语言,在我们国家很可笑地被叫作"小语种"。现在,"小语种"以及其他更"小"的语种的人才的缺乏已成了我国一个很大的问题,就以即将召开的北京奥运会和上海世博会而言,参加这两个盛会的有来自世界一两百个国家和地区的人,说着几十种不同的语言,但在我们的志愿者招募中,说英语者过剩,而说"小语种"的人却远远满足不了需要。有人会说,那就多培养一些吧。说起来容易,实际情况是,一些招收"小语种"的专业面临着"分配难"的窘况,学法语、德语,特别是俄语的人纷纷"改行"教英语。更令人感慨的是,曾经的中国第一"大"外语语种俄语,现在到了青黄不接的地步。

我们忧虑的第二个方面是全民学英语到了匪夷所思的狂热地步。

不知大家注意到了没有?刚才我在将"外语"和"英语"并提的时候,在"外语"后面说的是"人才",而在"英语"后面用的是"学习者"。这是有意的。"外语"亦即"小语种"学习的人少,供不应求,偶有所成的,都成了抢手货,因而都是"人才"。而学英语者的数量实在太庞大。我们这里没有精确的数字,但由于英语是从中小学起必须开设的必修课,我们从中小学生的数量可以大致估算出学过英语的人数。有人根据人口普查中自报初中以上文化的人数,估算出1964年以来中国大约有4亿人学过英语。这还不算小学开设英语的人数。但光这个数字已经超过了英美两国的总人口,占了中国人口的将近三分之一。这是一个相当可怕的数字。如果这么多人都学英语而且都学好了的话,我看将来美国人和英国人可以把英语改成"中语"了。只可惜盛名之下,其实难副。足球界有个说法,叫"足球人口",说中国足球上不去,是因为中国的国家人口虽多,但"足球人口"太少,与全国人口不成比例。我们借用这个说法,现在中国的"学英语人口"不光是绝对数还是相对数,恐怕不是世界第一也居各国前列,中国的英语人才应该跻身世界一流了吧?但大家都知道,实际上,不但远谈不上是世界一流,连"一般"都未必说得上。还是那份指出中国有4亿人学过英语的材料,它同时指出,这4亿人中,真正具有英语交际能力的也许最多不超过2000万人。2000万比4亿,就是说只有5%的人学了英语可以派上用处,而其余95%的人的时间、精力、金钱等都白花了。既然这些人的英语其实派不了用处,当然不能叫作"人才",因而只能叫"英语学习者",也就说，只不过是学过英语，或者在规定时段上过英语课而已。我国的英语教育实际上是"广种薄收"，多数人说是在学英语，实际上老是在低水平徘徊，哑巴英语、"高分低能"的事屡见不鲜。即使托福、雅思考了高分，到国外听不懂课，没法跟外国同行交流的情况还是时常发生。说的、写的是一些中国人看来是外语，而外国人看来是汉语的东西。一方面是"全民学英语"，一方面是绝大多数人并没有学好英语，而实际上我们国家也未必需要这么多英语人才，但这个"英语热"就是降不下来。什么原因呢？我认为这种不能真正反映需求关系的"热"是虚假的"热"，是某些利益集团炒作或运作的结果，多数"英语学习者"只是身不由己，被迫裹胁在这股滚滚洪流中间。

　　首先是利益的趋动。英语培训和考试背后有着巨大的经济利益。把英语教育作为国家"支柱产业"之一起始于英国。第二次世界大战中，英国遭受了重创，从昔日的"日不落帝国"沦落为一个二流国家，随着美国的崛起和英语的走向世界，英国人找到了一个重要的收入来源，这就是出口英语，英语教育迅速成了外汇收入的重要来源。后来，一些英语国家如美国、澳大利亚，乃至新加坡，都开始把英语教育推向了国际，并在国外形成了巨大的国际市场，其中中国可能是最大的国际教育市场，年产值高达数百亿人民币，为国民生产总值的1％。除国内收入之外，更有大量金钱源源流入了英、美、澳等国家。以至英国人自豪地称，只要出口英语，便足以保持对华贸易的平衡。在国内，英语教育、英语培训、英语考试有着各种冠冕堂皇的理由，但多数是背后有利益在驱动。当今社会已经是个高度商品化的社会，做什么事都要讲个投入产出比。学习英语5％的成功率，对于国家来讲，绝对是投入产出不成比例的，是不合算的。如果国家是一个个人，是一个老板，他肯定要考虑改变这一个做法，采取一些措施。但可惜国家不是一个个人，而是由许多具体的部门、具体的个人组成的，这些部门、个人为各种具体的利益所趋动，被迫或自愿地你推我、我推你，相互制约，相互裹胁，共同酿成了这股大潮。而社会上的各种机构、各种单位个人，从商业利益出发，也起着推波助澜的作用。因而社会上的"英语热"不但不降，反而越来越变本加厉，欲罢不能，市面上流行的英语考试多到了难以尽数的地步。仅以上海地区为例，除了"大学英语四六级考试"和"职称英语考试"外，影响力颇大的考试就还有"全国英语等级考试""剑桥商务英语证书考试""二级、三级翻译专业资格考试""剑桥少儿英语考试""上海市通用英语水平等级考试""上海市通用少儿英语口语水平考试""托福考试""雅思考试"

"GRE 考试""GMAT 考试"等。与英语"考试热"相映成辉的是社会上的"培训热"。北京、上海都有几千家社会力量办学机构,其中绝大多数开办英语培训,参加的人有几十万人次,市场年消费额达几十亿元。

其次是被迫下的无奈。如果光是经济利益驱动倒也罢了,毕竟还有不愿为五斗米折腰的人。可怕的是很多事情已经制度化。比方不管什么具体条件,一刀切地规定必须从小学几年级开始学英语;比方人为赋予英语的高贵身价。英语实际上成了各类各级学校"主课中的主课",就好像英语已不再是外语一样,它已不再是一门课程,而是一门有着特殊地位的"超课程",其他学科,包括以前被誉之为"走遍天下都不怕"的数理化,甚至包括高校的专业课,现在都已沦落为"小语种",作为英语的陪衬了。不少高校的研究生招生,最后拿来划线定高低生死的竟是外语,专业反而降到了次要地位,实际上是使英语拥有了"一票否决权",这固然令人羡慕,也令人愤慨,使人难堪:一个堂堂正正的大国,它的国民的升学、考研、求职,还有晋升职称,居然要以一种不属于自己的语言来作最后的标准,决定最后的命运。现在虽然有的已有了松动,例如四六级考试成绩、职称外语考试成绩等。但效果如何还要观察,许多事情不是说要脱钩就脱得了钩的。例如四六级成绩,学校说不与毕业挂钩了,但招工单位还在挂钩,学生能有什么办法? 在这种种规定之下,学生除了把全副精力扑到英语上,没有别的办法。中国外语教育研究中心 2004 年 10 月对几千名非英语专业的大学生做了一次英语学习时间的调查,结果是,几乎占据上大学全部时间的有 19%,占大部分时间的有 56%,占正常时间的占 16%,占很少时间的只有 9%。还有人对不同学习时段的中国学生花在英语学习上的时间作了个估计,小学阶段花的时间占全部学习时间的 1/4,中学阶段占 1/3,而大学阶段占 1/2。研究生第一年,更可能在一半以上。这些数字并不能说明我们这些学生真的心甘情愿地放弃专业学习的时间来学外语,而是在压力面前不得不应付。这也是从另一方面说明了英语学习为什么如此高投入、低产出的原因。这种教育体制造成的后果是极其严重的,它既损伤了包括中文在内的所有其他学科的教学,甚至也伤害了英语教育自身。我们现在看到有些汉语学者在指责"英语热",说它造成了中文水平的下降。其实所有学科的学者都有权利这样来指责,因为英语教学,至少从其所占的时间和精力来讲,所冲击的远不止中文一科,而是几乎所有学科。但许多人可能没有想到的是,英语教师也高兴不起来,在这虚高的"英语热"下,英语教育也受到了很大的损害。

对此有人可能不相信，说你是站着说话不腰疼，在"英语热"中，英语专业应该是最大的受益者，怎么也成了受害者了呢？其实英语专业也有说不出的苦。一是在全民学英语的情况下英语专业的特色体现不出来，学生在就业时体现不出优势，学校在培养时就拼命向别的专业靠，培养所谓的"复合型人才"，结果英语专业本身无法向纵深发展。"全民学英语"的结果是平庸者多，出挑者少，优秀的高端人才尤其少。上面说，我们缺少"小语种"的人才，其实我们同样缺乏英语专业的高端人才。过于重视日常交际口语的结果是会说几句家常话的人很多，而真正从事专业型、学术型的外语人才很少。专业书没人翻译，就是译出来也是佶聱难读，让人怀疑他是否看懂了原文。中译英的人才更是奇缺。我这两年参与了一些学术期刊中译英的稿子的审读，发现在全国范围内，真能胜任愉快地从事人文学科学术论文英译的人少之又少。一些辛辛苦苦在从事这项工作的人，有的已是博士、教授了，但其翻译的质量实在不敢恭维。像林语堂、钱锺书、杨宪益这样精通双语的大师在我们这一代再也找不到了。即使在口语领域，合格的会议翻译、法庭翻译等专业翻译人才也非常短缺。同声传译的价码已升到了 5000 元一场，但仍然应者寥寥——不是不想赚这笔钱，而是没有这个能力。

我们忧虑的第三个方面是英语教学的低龄化，正在危害着我们的下一代。

上面说到"英语热"的问题，有相当一部分是体制造成的。俗话说："上有所好，下必甚之。"上面有了各种鼓励、推动、强制学英语的政策，下面有人"瞄准商机"，变本加厉地进行，就是可以理解的了。这种推波助澜主要表现在两个方面：一个是名目繁多的培训班和证书，以及各种稀奇古怪的速成方法的出笼；还有一个更要不得的就是英语学习的低龄化。所谓"城中好高髻，四方高一尺；城中好广眉，四方且半额；城中好大袖，四方全匹帛。"你要从中学开设英语课，我就从小学开；你从小学开，我就从幼儿园开。以至于现在在一些大城市如北京、上海等，在幼儿园开设英语课已是司空见惯了。两相结合，各种专门针对少儿的英语考试现在也层出不穷，除国际性的牛津、剑桥少儿英语考试、洪恩少儿英语等级考试等外，国内还有"清华少儿英语等级考试"（Tsinghua Children's English Proficiency Test，简称 TCEPT）、"上海市通用少儿英语口语星级考试"等。这些所谓的特色班、双语班，各种考试，据我看，基本上都是利益在驱动。但主张者却振振有词，或说这是因为学外语要从少儿抓起，"不能输在起跑线上"；或说，4-6 岁是学语言的最佳时期。我认为，这些观点都是似是而非的。

第一,所谓"不能输在起跑线上"。抓幼儿教育、"早期教育"、儿童"智力开发",并不自今日始,也不自英语始。幼儿学钢琴、学绘画、学书法、学唐诗、学下棋、学台球、学打高尔夫……早已不再新鲜。其理由无一例外都是为了使自己的孩子"不输在起跑线上"。这似乎已成了中国家长们的"共识",因此宁肯可自己省吃俭用,"再苦不能苦孩子",于是相互攀比,你的孩子学钢琴,我的孩子就要学小提琴;你的孩子在学绘画,我的孩子就要学芭蕾;你的孩子在学外语,我说什么也不能落下……结果使中国的孩子成了全世界最痛苦、最没有童年的孩子。我认为光是"不能输在起跑线上"这一念头,跟世界各国,特别是发达国家相比,就已经输在了起跑线上。人的一生有各个阶段,每一阶段各有其应该完成的任务,童年有童年的事,青年有青年的事,硬要在童年的时候强迫他去完成少年甚至青年阶段的任务,那不说是摧残,至少也是揠苗助长。我每到国外去,看到那里的中小学生(更不要说学龄前儿童)的快乐情况,总是无限感慨:中国的孩子太苦了,中国的孩子简直没有童年,小小年纪往往承担着太多责任,被寄予太多的厚望。中国的家长,特别是那些在"文革"中被荒废了青春的家长,往往把自己一辈子,甚至两辈子也完不成的事,全部寄托在幼小的孩子身上。现在的一些什么"幼儿热",其实并不是幼儿在"热",而是家长在"热",更是社会在"热"、社会背后某些利益集团的驱动在"热",他们完全不考虑或很少考虑儿童自己的需要和愿望。这是我们真正需要担忧的一点。一个没有童趣、个性没有得到充分发挥的孩子,长大了会是一个思想正常、精神健康的人吗?因此,要不要让孩子学,让孩子学什么,一定要根据实际的需要和可能,其前提是:一定要让孩子享有一个天真、快乐的童年。

第二,所谓"4-6岁是学语言的最好时期"。这句话我相信并不错,因为这是许多心理学家、语言学家、语言教育家经过科学实验得出的结论。我想指出的只是,这里的"学语言",首先指的是学母语。4-6岁是学习、发展母语最好的时期,我们应该利用这个时期首先让孩子学好母语,完成他的语言根基。因为任何语言不可能比母语更重要,"语言是人类的家园",如果不趁最好的时期学好母语,将来在语言上会终身是个漂泊之人。我有时觉得我们中国人有时真的很奇怪,在教母语的时候,他采用的一些方法倒好像是在教外语似的;而谈到学语言,又把学外语当作学母语。我在前面说过,母语是在自然的环境中习得的,4-6岁的时候,如果我们能够给孩子创造一个最好的母语环境,他就能在自然的状态下达到最好的习得效果。4-6岁当然也是学习外语的好时机。但问题在于,那也必须是在自然的环境中去习得,我们能创造一个像母语一样的英语学习环境吗? 你能让他周围所有的人,爸爸妈妈、爷爷奶奶,家里和周围所有人见到他都能说英语吗? 如果做不到,那么"一人傅之,众人咻之"(意思是一个人教他某种语言,而其他人用别的语言去干扰他),孩子的自然选择会转向多数人说的话。实际上,中国许多家庭让孩子学英语,除了浪费时间、金钱外没有任何效果,这是一个重要原因。其次,这个阶段的"学语言"主要是指口语,你能不能保证教他外语的老师的口语一定很纯正? 如果做不到,那我建议千万不要凑热闹去学,因为根据我多年的经验,在学外语入门阶段发音没学好的人,终其一生也不可能改过来。这样爱之反而变成害之,孩子以后是要怪你的。但不管怎样,幼儿时接触的第一语言对一个人终生的发展是有重要意义的,说到"英语热"对中文的冲击,或者中文在"英语热"前面临的生存危机,这才是最根本的。儿童是祖国的未来,也是我们民族的语言和文化的未来。我们实在不能为了追逐区区的蝇头小利而忘了国家和民族的根本大义。

英语的全球化趋势还表现在网络上,由于电脑技术首先而且主要是在美国发展起来的,英语在电脑语言和网络上就占据了天然的优势。这一优势同样在威胁着、挤压着各种非英语的语言。如果说以前还存在过可与英语有得一拼的"竞争语言",如法语、俄语、阿拉伯语等的话,进入电脑时代以后,可说它们全已心不甘、情不愿地退出了这一竞争,不是不想竞争,而是根本没法竞争。联合国有六种官方语言,以前法语还能与英语平起平坐,现在联合国各种场合中使用的语言,95％都是英语,法语地位大大低落。汉语更不用说,其使用率还不到1％。互联网上,网络世界更是英语的天下。据统计,目前全球互联网中,85％的网页是英语网页,78％的电子邮件是用英语写的;汉语网页数不及英语的一个零头。有人说,能否在互联网上取得生机,将决定一个语言的未来。这是我们不得不面对的现实。

但同样,网络世界对语言的冲击是全方位,并不是专门针对汉语的。所谓对中文生存造成威胁的还有另一个因素,那就是信息技术。这是其他拼音文字语言感受没有那么强烈的。为什么我们这里特别要把中文(书面语)和汉语(口语)分开来说呢? 因为互联网的发展,首先受到冲击的是书面语,如果语音、文字(我们可以用更"科学"的术语说是"空气中的声波"和"纸上的物理划迹")是语言的两种"载体"或存在形态的话,那么,电脑上用光电显示的"文字"可说是语言存在的第三种形态。从口语进化到书面语是文明的一大进步。那些不能适应这一进步,也就是没有进化到采用文字形式的语言慢慢就落伍了,许多语言就此消失在历史中,那些幸存到今天的语言也正在被人们遗忘,慢慢进入历史,除了有特殊研究需要(如人类学的考察等)以外一般不会引起人们的兴趣。从书面语进入到"光电语"可以说是科学技术或文明的又一次进步,电子作为载体比起纸质载体来有很多优点,如更便于保存,传播更快,信息量可以浓缩,还能结合声音图像等。当然,它能否完全取代纸质材料目前还有争论,但是作为一场信息载体革命,其意义是不容低估的。能不能进入电脑,能不能用计算机进行处理,可说是对世界上所有现存语言的又一场严峻考验。"适者生存"的自然规律是难以违背的。可以说,不能进入电脑、不能用计算机处理的语言就没有未来。这个话说得有点危言耸听,因此我们要分两步说。第一步受到冲击的是中文或者说汉语的书面语,如果我们不能把现有的书面记载的文字输入电脑并用计算机来处理,中文就没有未来。尽管这时汉语由于它数量庞大的人口基数,当然不会马上消失,但由于进入不了计算机在将来就等于退出了"流通领域",它的使用就会非常受局限,以至于在某种程度上可以类比于当今那些没有书面形式和文字载体的语言。到第二步进入历史也是迟早的事。这个是对全世界所有现存语言的共同威胁,并不是特别针对汉语的。只是汉语不能因其人口基数庞大、历史悠久和文献丰富而掉以轻心而已。

科学技术的发展对汉语汉字造成冲击这已不是第一次了,这100多年来就已发生了三次,第一次是19世纪末随着坚船利炮和先进的西方科技,"量少形简,易学便用"的西方拼音文字进入中国,挑战着古老的汉字。第二次是20世纪上半叶,机械打字技术传入中国,汉字面临着被工业化科学技术抛弃的危险。第三次即是电脑世纪的来临,再一次威胁着汉语汉字的生存。

中文信息处理的困难,是由中西语言不同的本质造成的。以英语为代表的西方语言,基本上是采用拉丁字母的拼音语言,字母的数量有限,以有限的键盘按键数量,就可以实现文字的快速处理。而汉语是以汉字为基本语言单位和书写单位的语言,汉字数量庞大,仅常用字就有几千个,古今繁简汉字加在一起,其总数超过9万。汉字的数量如此庞大,不可能实现字和键盘按键的一一对应,造成信息录入上的困难。汉字与拼音文字的这一与生俱来的巨大差异,曾被看作是不可逾越的困难。

面临这种威胁有两种态度,一种可以叫"削足适履",一种叫"改履适足"。从前有个故事,一人买了一双鞋子,回来一试,太小了,脚塞不进去,他拔出刀来把脚趾削去了一半,正好可以塞进去,于是他就得意洋洋地穿着一边还在流着血的新鞋子出去了。这就叫"削足适履"。另一种"改履适足"的办法不是"削足",而是改鞋子,或是放大,或是缩小,使它正好适合脚的大小。实际生活中,"削足适履"的蠢人当然是没有的。但是在人与技术发生激烈冲突时,是改造人以适应技术,还是改造技术使之适应人,事实上就是"削足"还是"改履"的争论。在新技术与汉字的问题上,"削足"就是改造汉字,"改履"就是改进技术。100多年来,我们就是有那么一批顽固的人,坚持要走"削足"之路,也就是把汉字改造成与西方一样的拼音文字,来适应键盘的需要。文字改革的最早呼声正是在汉字受到第一次冲击的时候提出来的,在受到第二次冲击的时候又被提了出来。幸好,一批不相信"削足"的科学家经过艰苦的努力,终于发明了中文打字机,尽管步履艰难,还要配备数千个铅字组成的大字盘,昂贵的机器成本和复杂的使用技术使其无法在大众中得到普及,但至少暂时缓解了汉字"不适应现代文明"的指责。

  第三次冲击来得更强烈。那些坚持要"削足"的人找到了更坚强的理由,又一次祭起了"汉字拼音化"的大旗,甚至将此与"语文现代化"等同起来。有一家杂志叫《语文现代化》,它的《发刊词》上就说:"文字改革就是语文现代化。也可以说,文字改革的最终目的是语文现代化,语文现代化的首要工作是文字改革。"

  在迅猛发展的现代科技前面,汉字还要不要?这是关系到中文存亡的大问题。中文危机,莫此为甚!以许多语言学家为代表的一方(往往也是不承认汉语有"危机"的一些人,甚至乐观地感到汉字改成了拼音也还是"中文")坚持要"削足",而以许多计算机专家为代表的另外一方(他们深深地感受到了中文所受到的压力和威胁)则顽强地走着"改履"的道路,试验、失败、再试验,直至成功。正是靠着后一批人30多年的不懈努力,我国的中文信息处理技术取得了许多突破和进展,开发出了多种汉字处理设备和系统,汉字信息处理的研究成果日趋成熟,汉字信息处理技术上的难题基本得到解决,汉语终于迈进了信息化的时代。汉字拼音化的呼声又一次被压了下去。

  但是中文的危机依然存在。因为有那么一批人,习惯于一看到某种新技术发明,马上就会联想到要改革汉字。既然新技术的发明日新月异,什么时候出现比现在的计算机还要先进的技术,并非是不可能的事,那么我们再一次听到有人站出来,义愤填膺地要消灭汉字,也就并非杞人忧天。这把达摩克利斯之剑可说始终悬在中文头上!

文言与方言
——《中文危机与对策》系列讲座之三

如果说英语热与电脑科技是威胁中文生存的外部环境,那么关系中文生存的内部环境便是文言与方言。这两个问题,一个关系到中文的历史继承,一个关系到汉语这个大家庭的共同繁荣。

文言文,现在人们常等同于"古代汉语",其实那是两个不同的概念。后者是20世纪50年代学习苏联以后产生的说法,在此之前,经常的说法是"文言"。文言和与之相对的白话,都是古已有之。而现在说的"古代汉语"却大体上只包括文言文,却不包括同样在古代使用的"古白话"。

文言,字面意思就是只用来写"文"而不用来口说的语言,它是在先秦口语基础上形成的书面语,为历来人们所模仿使用,是我国古代文献资料所使用的一种最基本的书面语形式,目前可见的最早文献资料是殷商时期的甲骨文,距今已有3000多年。春秋战国时期,诸子百家蜂起,记载史实和科学成果,阐发哲学、政治观点的作品大批涌现。《汉书·艺文志》中所列的596位著名作家所写的13269卷作品,大多产生在这个年代。后代的知识分子,从唐、宋直到元、明、清,他们写文章,从字法到句法都以那个时代的作品为规范,从而形成了中国独特的文言传统。文言文是一种非常稳定、成熟的文体,历经数千年变化不大。以文言写成的大量经典作品,是中国古代璀璨文明的结晶,也是中文的典范之作,无论是在思想上还是在艺术上,都值得后世继承借鉴。

白话中的"白"是说,"话"是所说,总的意思是口说的语言。由于古代没有留声机,因此真正古人说的"白话"我们已经听不到了,所谓的"古白话"其实也是书面语,是六朝以后至"五四"时期,以北方口语为基础而形成的,为历代通俗作品所使用,如唐代的变文、敦煌俗文学、宋人话本、金元戏曲、明清小说等。这些作品记载的是当时的语言,同时又跟通行的文言明显有别,语言学家们就另取了个名称叫"近代汉语"。由此可知,至少在从南北朝到清末这1500多年里,"古代"汉语和"近代"汉语是并行不悖的,两者各有其使用范围,相安无事,并不像人们想象中那样有着先后承续的关系,似乎"近代"汉语产生了,"古代"汉语就消亡了。

文言与白话对立,肇始于"五四"时期的白话文运动。在这场文化和政治运动中,白话文成为启发民智、唤醒民众的工具,完全取代了文言文,迎来了全面的胜利。白话文运动的主要倡导者胡适,主张"废弃文言,专用白话",其时并没有历史分期的概念,因为在胡适看来,文白之分既不是书语和口语之分,也不是古今时代之分,而只是雅俗之分,是民众和知识阶层的用语之分,古如《诗经》中的一些比较通俗的作品,也被胡适看作是白话文的代表,收进了他所编的《白话文学史》。而为后代知识分子所用的文言,就多数被他看作是死的语言、没有生命的语言,不应该再用。文白之分在当时完全是从政治上着眼的,体现了第一次世界大战以后的一种泛民众化思潮,认为凡是民众使用的东西都是好的、积极的、先进的,凡是统治者和知识阶层用的都是没落的、落后的、腐朽的。

回顾起来,文言和白话的区分经历了三个阶段:

第一阶段:依"五四"革命家的政治标准区分,看其是否属于"平民"。白话属于民众,是好的、进步的、该提倡的;文言属于贵族,是落后的、腐朽的、该推翻的。

第二阶段:依"语言学家"们根据20世纪语言学理论进行区分,白话是"口语",是好的、重要的;文言属于书面语,是没有语言学价值的,是不值得研究的。

第三阶段:依"语言史家"们依照西方语言的榜样来区分。既然西方语言如俄语、英语等都有"古代""现代"之分,汉语当然也有,于是,文言被派作"古代汉语",白话则区分"古白话"和"今白话",分别归入"近代"和"现代"汉语。

这三次区分,一次比一次更彻底地将文言文打入历史的"冷宫"。它既然属于"古代汉语",那就同"古英语""古俄语""古拉丁文"这些已经死亡的语言没有什么区别;再好的作品也只能看作"昨天的辉煌",留给后人去凭吊,在今天已不可能再有什么使用价值。而白话文既然得到了"现代汉语"的美名,当然是富有朝气的、活生生的语言。而既不同于"现代汉语",实际上比文言文更没有使用价值的"古白话",就被派作"近代汉语",算作是从"古代汉语"向"现代汉语"的过渡。

这样的区分,可说完全不顾历史事实,不顾文言文事实上一直到"五四"时期始终是社会的正统用语,而从南北朝到明末清初的"古白话"却是真正的死语言这一基本历史事实。(我们把下限定在明末清初,因为明代产生的白话长篇小说《三国演义》《西游记》《水浒传》《金瓶梅》等并不好懂,里面有很多词语是现代所不用的,需要专门的专家去解读。而清代的白话长篇小说如《红楼梦》《儿女英雄传》等,与现代白话就比较接近。因而,讲现代白话文产生于"五四"以后,也是不对的。)语言学家和政治活动家就这样完成了历史的合谋,宣判了文言的"死刑"。

就这样,文白对立,由政治概念,而被偷换成了"科学"概念和"历史"概念。时至今日,青年学子们包括有些"专家"们已完全不知道当初这一场争论的实质,误以为主张文言文还有使用价值,还有生命力,还值得今天的人们学习使用就是"复古",就是"开历史倒车",就是"为死尸招魂"!完全没有意识到文言文是政治斗争的牺牲品,也是语言学家罔顾中国实际、生搬硬套外国理论的结果。

当然,我们今天为文言正名,并不意味着我们不赞成白话文。由于白话文接近民众、通俗易懂,有利于文化知识在群众中的普及,在"五四"以后的历史上也确实起到了非常积极的作用,对中国的文学、政治和社会产生了深远的影响,推动了社会和历史的进步。但我们不能因白话文之"功",就原谅其粗暴否定文言之"过"。

白话文运动的先驱们主张完全废弃文言文,使白话文一下子从民间的、从属的地位,走到前台,而文言文全面退出了中国人的日常生活。几十年间,报纸、书刊、公文全部改用现代白话文,学校教育也使用白话文。"五四"运动以前,语文教材选编的课文全部是文言文,语文教学革新的先行者叶圣陶,把白话文带进了语文教学和语文教材。1922 年,叶圣陶、顾颉刚根据新学制语文课程标准编写了《初中国语教科书》六册,由商务印书馆出版。该教材总课数 260 篇,其中白话文 95 篇,占 36.5%;文言文 165 篇,占 63.5%。自此,白话文正式进入语文教学大纲和教材。此后,教学大纲对学生文言能力的要求逐步降低。1980 年的《全日制十年制学校中学语文教学大纲(修订稿)》中对高中生的要求是"具有初步阅读文言文的能力",能够初步读懂解放后出版的《孟子》《史记》《梦溪笔谈》《聊斋志异》的选注本。文言文在语文教材中的比例也逐渐下降,到 20 世纪 90 年代时,中国大陆地区语文教材中文言文的比例已减到只有三分之一左右。直到今天,还有人鼓吹"古汉语是已经死亡的语言""古汉语应该全面退出基础教育系统""语文教学'文白并重'是开历史的倒车"等。最近,持类似主张的学者推出了一套《现代语文》读本,公开与现行中小学语文教学方式和教材叫板,所选篇章全部为现代作者的白话作品。笔者翻译的赫兹列的散文《青年人的永不衰老之感》也有幸被选入这套教材的第 3 册,在感激之余,也不免有点好笑,因为笔者正是主张在翻译中适当采用文言笔法的,在收录该文的《赫兹列散文精选》里,笔者不仅提出了这一主张,还有3篇完全用文言翻译的文章。

这样做的后果是,文言文离我们越来越远。

上海宝山区一位语文教师曾在96名小学六年级学生中做过一次问卷调查,结果显示,92％的学生不喜欢文言文,54％的学生认为文言文很难,79％的学生认为学习文言文没有用,36％的学生对学好文言文没有信心。从总体上来说,现在的学生对文言文有兴趣的不多,其最主要的原因,是认为文言文学了没有什么用处,仅在于应付考试。

一位研究日本文学与翻译的学者,招收研究生时的考题中有一道要求考生把岳飞的《五岳祠盟记》翻译成现代汉语。全文不到200字,其中有一句:"今又提一旅孤军,振起宜兴、建康之城,一鼓败虏,恨未能使匹马不回耳。"有数十名考生把这句话译错;更有一名考生,独辟蹊径,居然把最后一句译为"恨不能够让一匹马回过耳朵",让人哭笑不得。这位老师后来无意中见到了一份日本"国文"高考试卷,其中有一道"汉文"题,占试卷总分的25％,选自刘向的《说苑》,难度远在《五岳祠盟记》之上。这位学者不由得发出感慨,日本人深知日本文化源于中国文化和中国古籍,日本高考的语文考试才会考文言文。与之形成鲜明对照的是,在文言文的故乡,完成了正规高等教育的考生,竟连"恨未能使匹马不回耳"中的"耳"也会理解成"耳朵"。

我们曾在某全国重点综合性大学中对非中文专业的120名二年级学生做过一个简单的调查,调查的内容是,有多少人读过中国古典文学"四大名著"。结果120人中,只有一名学生阅读过"四大名著",还有一名学生说"看过其中的三本"。有些学生反映,这样的书看了开头几页,就看不下去了。究其原因,有些是因为没兴趣;有些则说,除了《红楼梦》还可以,其他几部作品没有工具书根本看不懂。我相信,他说的"《红楼梦》还可以"里,是把其中的诗词歌赋排除在外的。可见这些学生根本就没有阅读文言文的能力。当代青少年对中国古典文学作品和文献资料的了解多是通过影视作品和"百家讲坛"之类的普及型电视节目,这类节目的定位往往是"文化快餐"。且不说那些恣意删改的"戏说"作品,就是本着严肃认真的创作态度,也难免在对原著的把握上、在对原著形象的艺术再现上,出现不同的意见,甚至出现偏差。

最近,于丹的《〈论语〉心得》火爆央视荧屏,在全国掀起了《论语》热潮。在一片赞誉声之中,也有学者撰文指出于丹对《论语》的理解有些不准确,或是有误读的地方,更有所谓"十博士"联名要求于丹下课的事件,一时间沸沸扬扬。抛开于丹这种讲述方式引发的争议和对《论语》理解上的偏差不论,《〈论语〉心得》确实广受欢迎。然而令人啼笑皆非的是,有青年人听了于丹的演讲,感叹道:原来先哲们的思想和我们的现实生活也是如此地贴近,于丹讲的东西我都能懂嘛!——就是她引用的几行《论语》我看不明白。

文言文的被冷落、被遗忘,确实是中华民族的一大悲哀,也是百年来中文遭遇的一大"危机"。世界历史上曾经出现过很多辉煌灿烂的古代文明,但有多少能像中国古代文明那样,存活到今天?古埃及、古巴比伦、古印度、古中国是历史上最早进入文明社会的四个国家,被称为世界"四大文明古国"。人类今天所拥有的哲学、科学、文学、艺术等方面的丰富知识,都和这些古代文明有直接或者间接的继承关系。然而,这些古代文明在历史长河的进程中,多已烟消云散,人们只能通过那些残存的遗迹,依稀辨认这些远去的文明,想象它们昔日的辉煌。唯一的例外只有中国。

古埃及、古巴比伦和古印度文明走向消亡,从表面看,都是由于战败造成的。而战败背后的深层原因,却是这些文明的载体——语言文字系统的消亡。这些古国被征服之后,其语言和文字也往往被禁用、弃用,很快就没人能使用这种语言,其文字也没人认识了。一旦语言文字丧失了活力,文明的传承也就此中断。

汉语和汉字是世界上历史最悠久的语言文字之一,并且是唯一历经数千年世事沧桑而沿用至今的语言文字。中华民族的发展史上,也曾被外族征服,但是汉语和汉字的使用,却从未中断过。汉语的这种延续性,是中华文明繁荣至今的一个重要原因。著名学者余秋雨曾说,今天的中国人,如果有一点文言文水平,读2500年以前孔子、孟子的书就会像读乡下的外公给我们写的信一样亲切。现代白话文的确立,至今不过百年。可以说,中国几千年的文明史,都是用文言文书写的文明史。如果我们不想让中国的古代文明离我们远去,我们就不能让它的载体——文言文远离我们。

方言问题。

我们在讲座开头曾经说过,如果把汉语仅仅理解为现代汉语,把现代汉语仅仅理解为普通话,那么汉语确实不存在什么危机。可惜汉语不仅仅是现代汉语,现代汉语也不仅仅是普通话,而这样说的本身就意味着非现代汉语的"汉语"、非普通话的"现代汉语"的生存已经面临着危机,因为人们已经把你开除出了汉语的

"语籍"。本讲前半部分我们谈的是文言文,这是两千多年来汉语和中国文化的宝贵遗产,丢弃文言文就是丢弃我们祖宗的传统。下面我们要谈谈方言问题。

中国是一个多语种、多方言的人口大国,这使我们国家的语言和文化生活异常丰富多彩。一方面,如同世界各国的语言和绚烂多彩的文化组成了世界语言和文化的大家庭一样,各民族的语言和文化组成了中国语言文化的大家庭,其中方言组成了汉民族语言和文化的大家庭。任何一种方言或民族语言的消亡都是中华民族的损失。另一方面,由于疆域辽阔、人口众多,处在不同地区的不同民族和不同方言区的人们在交际上也会发生困难,这是世界上绝大多数国家所不曾遇到的。中国人民的大智慧解决了这个问题,解决书面交际问题的是2000多年前秦始皇推行的"书同文",以及在此基础上形成的文言文,为中华民族立下了历史上堪称最伟大的丰功伟绩。解决口头交际困难的则是20世纪50年代推行的普通话。事实证明,推广普通话为维护祖国统一,增强民族凝聚力,促进社会经济、政治、文化进步发挥了与"书同文"同样的重要作用,也是构建可持续发展的和谐社会的重要基础工程。这项工作从20世纪50年代开始以来,取得了很大的成绩,但推普工作的任务还相当艰巨。据2004年12月教育部、国家语委公布的"中国语言文字使用情况调查",我国能使用普通话人口的比例,全国为53.06%,城镇为66.03%,农村为45.06%。这样的现状与我国的目标——2010年达到75%的人在公共场所使用普通话,2050年基本普及普通话,即95%的人在公共场所使用普通话——尚有很大距离,普通话的推广工作仍有很多工作要做。

但另一方面,在一些推普工作开展得较早和较快的地区,却出现了我们事先所没有料到的情况:方言的萎缩和消亡。本来,推广普通话的目标并不是要消灭方言,但事实上,近年来,随着经济和社会的快速发展,跨地区经济往来越来越频繁,人口流动不断增加,人们使用普通话来进行交际越来越自觉,越来越习惯。不知不觉间,方言就越来越淡出了人们的生活,年轻人更是在学校、社会甚至家庭等多种因素共同作用下,自觉选择从小不说家乡话。方言的萎缩已成为事实。

方言的萎缩最典型地表现在小孩子不会说家乡话。上海人、杭州人、苏州人、宁波人都有这种感觉。一次全国性的少儿英语比赛中,一位少年选手的英语十分流畅,评委看来很有好感,问她是哪里人,选手说是上海人,评委就请她用家乡话向观众问声好,我们坐在电视机前的人都以为这是送分的题目。不料小选手又是英语、又是普通话说了一大串,就是没有用家乡话问好。幸而评委不依不饶,又重提了这个问题。这个孩子只好承认她不会说上海话。据说,上海滑稽剧团、上海沪剧院招收了上海土生土长的新演员后,首先要进行上海话的正音培训,因为现在年轻人的上海话发音普遍不准确。据上海方言研究专家、上海大学中文系教授钱乃荣统计,上海话中有很多有特色的、而在普通话中没有的单音动词,其中有74个词在现今大学生一代中已消失不再用了。上海的年轻人之间讲话,即使是上海话,也会夹有大量的普通话词汇;如果在公交车上有一位十几岁的少年口吐"邪气""交关"等上海土语,定会引得周围的人侧目而视,认为不正常。类似上海话的这种状况,在全国各地普遍存在。浙江金华市曾经做过一个金华方言的调查,在6岁到14岁孩子中,几乎所有的人都会说普通话,但52.03%的人完全不会说金华方言,能用金华方言较好交流的仅占22.65%。

　　方言萎缩的另一个表现是地方戏曲的萎缩。方言是地域文化的基础,中国数百种地方戏曲和说唱艺术形式都是以当地方言为依托的。以方言为基础的声腔特性是各类地方戏艺术风格的立身之本,各类地方戏都是在一定方言基础上"字腔关系"多年调谐磨合的产物。"唱念做打"是各种地方戏的主要艺术表现形式,而其中"唱"和"念"更是集中体现地方戏特色的精髓所在。"念"是方言的音韵,"唱"是便于方言音韵表情达意的声腔体系。在许多地方戏的演出中,听不懂方言就不能感受到演剧的趣味和魅力,也难以捕捉到其声腔中包蕴的微妙情感。2005年,国家重点科研项目"全国戏曲剧种剧团现状调查"的统计数据正式对外公布,结果显示我国传统戏曲艺术在许多省份正以每年至少消失一种的速度锐减。如有"戏曲之乡"美誉的河南省,原有地方戏曲剧种约65个,目前仅剩30余个剧种,除豫剧、曲剧和越调仍广泛流传外,其余30多个剧种已濒临灭绝。辽宁现存的四种地方戏也面临着种种问题:海城喇叭戏目前专业演员不足5人,而且没有专业的演出团体;我国唯一的蒙古民族戏曲剧种阜新蒙古剧,剧团已经解散,演员也越来越少,而且都是在业余状态下进行演出;辽剧剧团仅有两家,并且经营状况不容乐观;唯一火爆的二人转,随着赵本山的走红在全国范围内产生了较大的影响,但是如今的二人转却失去了以往的味道,变成了综合性的晚会演出,专家担心这对二人转的发展未必是件好事。沪剧、昆曲、评弹、上海滑稽戏原来是在江浙一带广为盛行的地方曲剧,也正在逐渐丧失其文化地位,甚至与年轻一代"绝缘"。

　　面对地方戏的困境,有些剧种作出了一些革新。比如闽剧推出了普通话版本,演员的唱腔念白改成普通话,以期能适合不懂福州话的观众,扩大观众面。对于闽剧的"变脸",有些专家持谨慎的态度。认为闽剧的音乐声腔等都是建立在方言的基础上,其文化内涵和戏曲的韵味也包含在其中。闽剧相对于别的剧种,在表演上的特色不是很突出,真正的特点表现在方言和音乐上。另外,福州话有八个声调,普通话只有四个声调,闽剧不能单纯地用普通话来取代。如果改成普通话,将大大减少闽剧自身的特色。部分老戏迷也感到这样的改变有些难以接受,认为闽剧不用方言,就和歌剧差不多了。

面对着方言快速流失的情况,国家也采取了一些相应的保护对策。但我国目前保护方言的办法,只是组织人力进行调查研究,采用录音、记录的方法,用音档的手段保留下来,送进资料室和博物馆。这样把活生生的语言变成了自然博物馆里的标本,到底能起多少作用是大可怀疑的。在这种条件下,方言的消亡几乎是不可逆的,而一旦某个方言消失了,就再也无法恢复了。

推普工作和保护方言有时似乎处在尴尬的矛盾之中。有时方言的使用受到相当大的限制,例如在上海,有人指出,上海话的使用环境受到诸多的限制:上海方言文章不能上报纸杂志,一个时期内还曾停止上海话的广播,不准发行上海话歌曲磁带,不准播放讲上海话的电影、电视,不准演出方言话剧。上海话只能用在几乎没有文化层次的吃饭、睡觉之类日常生活的狭小范围内,使用的范围越来越窄。其他方言的情况大概也相去不远。而如果不加控制地鼓励方言的使用,又似乎与推普的大政有违。

近几年,国家似乎放宽了对方言使用的限制,结果一夜之间,方言节目突然走红长城内外、大江南北,到处可以听到风趣、生动、亲切、活泼的方言土话。据2006年4月新加坡《联合早报》报道,四川省会成都的《阿聪读报》《吃在成都》等四川方言节目,已占到节目总量的2.5%;宁波方言新闻节目《来发讲啥西》自2005年2月1日开播以来,收视率节节攀升,已成为当地有史以来收视率最高的电视节目;广东电视台属下有广东卫视、珠江频道、体育频道、公共频道四个台,除广东卫视属于普通话频道外,其余都是粤语频道;广州电视台的粤语新闻,平均收视率达到9或10,而普通话新闻最高收视率只有1.6。

除了电台、电视台的新闻综艺节目,方言电视剧或加入大量方言成分的电视剧也红红火火。几年前沪语版的《孽债》、四川话版的《傻儿师长》、陕西话版的《12.1大案》和东北话版的《东北一家人》都在当地深入人心。2006年火爆央视的《武林外传》适时运用方言,广受观众欢迎。有人买断了《猫和老鼠》各地方言版的版权,制作了包括普通话版和陕西话、河南话、上海话、天津话等在内的 5 个方言版本,各方言版本的销售业绩,都好于普通话版本。

受到全国观众喜爱的喜剧、小品中,也大多融入了浓厚的方言色彩。以赵本山为代表的东北方言小品在全国,特别是中国北方地区受到了广泛的欢迎,赵本山的小品连年当选春节联欢晚会"观众最喜爱的节目"。另外,赵丽蓉的唐山话、郭达的陕西话、大兵的湖南腔、严顺开的上海话,都给人们留下了深刻的印象。

方言版的网络产品也受到广大网民的追捧。雪村的《东北人都是活雷锋》红极一时,方言版的搞笑手机彩铃、flash 也常在点击率排行榜上占有一席之地。有一篇文章提到,《十面埋伏》刚刚播映,"《十面埋伏》之飞刀门东北话版"就上了手机彩铃排行榜:"大侠你好,欢迎致电飞刀门,找帮主请按 1,找章小妹请按 2,找金捕头请按 3,找刘捕头请按 4,谩骂编剧及导演请按 5。"

但在热热闹闹的方言节目背后,是汉语方言逐渐衰落、流失的事实。活跃在小品中的方言,其搞笑成分多于交际功能。有专家指出,方言节目当前其实更多的是"市井化的调味品",以其"离谱"和另类、平民化和娱乐性、搞笑与原生态,借助现代传媒"复兴"。当前的"方言热"只是表象,方言成为搞笑的工具,实际上正表明了方言的衰落。

事实上,方言和普通话的关系是不容完全割裂开来的,方言为普通话提供了丰富的养料。至今,普通话还在不断地从方言中吸收各种词汇,使其表达更加丰富生动。比如来自北京方言的"抠门儿""哥们儿""盖帽儿",来自吴方言的"尴尬""噱头",来自粤语的"埋单""打的",来自东北话的"忽悠""猫腻儿",等等。汉语方言还滋养了一大批中国现当代作家。倘若老舍离开了北京话、贾平凹脱离了陕西话、王安忆没有了上海话,他们的作品还会那么引人入胜吗?胡适曾不无遗憾地说:"我常常想,假如鲁迅先生的《阿 Q 正传》是用绍兴土话做的,那篇小说要增添多少生气啊!"近些年涌现出了一大批加入了方言成分的文学作品和影视作品,如韩少功的《马桥词典》、张炜的《丑行或浪漫》、阎连科的《受活》受到关注;电影《没事偷着乐》(全剧天津话)和《手机》(加入大量的四川话和河南话)广受欢迎;北京人艺的陕西方言话剧《白鹿原》在京城取得空前的成功。大多数受一方水土滋养的文艺创作者,其文学或文化作品都摆脱不掉方言的影子。方言是汉语宝贵的语言资源,失去了方言滋养的普通话,将会失去其生动鲜活的神韵。如何使方言和普通话并存共荣、共同发展，是摆在全国人民和语言学者前面的一大难题。

2007年在应邀参加一档电台节目时，我曾提出，生活在国际大都市的21世纪的上海人，要学会说三种话：第一是上海话，这是他的母语；第二是普通话，这是他的国语；第三是英语，这是当今的国际通用语。但真要做到这一点，可说谈何容易！

汉字与拼音
——《中文危机与对策》系列讲座之四

我们把中文生存方面的危机归结为外部因素和内部因素,其中英语强势的挤压和电脑技术的挑战是外部因素,而文言和方言的存废问题则是内部因素。语言文字社会运用问题、翻译和外来语对汉语的影响问题等,我们把它看作是中文发展方面的问题,放到以后去讲。还有两个与生存和发展都有关系的方面,我们放到这一讲和下一讲来讲。这两个问题,一个是所谓"一语两文"的纠缠,一个是所谓"一文两字"的纠缠。今天先讲第一个:"一语两文"的问题。

所谓"一语两文","语"是语言,这里指的当然就是汉语;"文"是文字,"两文"就是"两种文字",指方块汉字和拼音文字。

一般来说,一个国家只有一种正式语言,一种语言只有一种正式文字。2000年底颁布的《中华人民共和国国家通用语言文字法》第二条规定:"本法所称的国家通用语言文字是普通话和规范汉字。"这里没有提到汉语拼音,可见汉语拼音不是文字。那么汉语拼音是干什么用的呢?该法的第十八条明确规定:"国家通用语言文字以《汉语拼音方案》作为拼写和注音工具。"可见汉语拼音的用途就是用作拼写和注音的工具。汉字和拼音的关系应该说是明确的,也不应该有什么纠缠。之所以我们这里把拼音列为两"文"之一,并要讨论它与国家法定文字——汉字间的"纠缠",就是因为有人直到今天还是或有意、或无意,始终想把汉语拼音当作一种文字,与汉字平起平坐,甚至取而代之,从而在使用上、在教学上造成了一些混乱。这种混乱,会影响汉语的学习和使用,而国家的语言文字政策,在执行中受到硬性或软性的抵制,或在执行中走样,这些都是不能允许的。因此我们要把它列为"危机"之一,希望引起全社会特别是有关方面的重视,采取果断和明确的措施,以正视听。

为了全面认识汉字和拼音的关系问题,我们要回顾一下历史。

本来,汉语拼音作为注音工具和汉语拼音作为文字,这是两个不同性质的问题。一个是辅助性的,只是作为汉字的补充;一个却是正式文字,要取汉字而代之的。由于特殊的历史原因,这两个问题在历史上曾经混淆过。我们现在所看到的汉语拼音，其实是历史上两种努力合流的产物。

第一种努力是为汉字寻找一个合适的注音工具。汉字是一种建立在象形基础上的表意文字，虽然后起的形声字可以在一定程度上启示发音，但从总体上说，汉字是不表音的。这就对学习汉字汉语带来了一定的困难。从东汉起，我们的祖先先后发明了"直音"和"反切"等为汉字注音的方法。直音，就是用同音字来标注所注汉字的读音，我们今天有时还会使用，比如说"獭，音塔"；反切，就是用两个汉字来给另一个汉字注音，反切上字与所注字的声母相同，反切下字与所注字的韵母和声调相同，比如"宗，作冬切"，就是用"作"的声母和"冬"的韵母与声调拼出"宗"的读音来。这两种注音方法，用起来都不大方便。直音是因为有的字没有同音字或者同音字比要注的字更生僻。反切是要扔掉上字的韵母和下字的声母，这对一般人来说是有点难度的。明朝末年西方传教士来中国传教，为了学习汉字，他们开始用拉丁字母来拼写汉语。1605年，意大利耶稣会传教士利玛窦在北京出版了《西字奇迹》，其中有4篇汉字文章加了拉丁字母的注音。这是最早用拉丁字母给汉字注音的出版物。1626年，法国耶稣会传教士金尼阁在杭州出版了《西儒耳目资》，这是一本用拉丁字母给汉字注音的字汇。1867年，英国大使馆秘书威妥玛出版了北京语音官话课本《语言自迩集》，他设计了一套拼写法，用拉丁字母来拼写中国人名、地名和事物的名称，叫作"威妥玛式"。此外还有方言教会罗马字，在南方的通商口岸传播，主要用来传教。这些用拉丁字母拼写汉字的方案，为以后的汉语拼音方案提供了最早的经验。

受传教士的启发，中国人自己也开始了用拼音方法为汉字注音的努力。这个运动最早是从清朝末年的切音字运动开始的。1892年，卢戆章在厦门出版《一目了然初阶》，公布了他创制的"中国切音新字"，用拉丁字母及其变体来拼厦门音，从此开始了延续20年的切音字运动。几乎每隔一两年就有新的切音字方案出现，如吴敬恒的《豆芽快字》、蔡锡勇的《传音快字》、沈学的《盛世元音》、王炳耀的《拼音字谱》、王照的《官话合声字母》、劳乃宣的《增订合声简字》等。这些切音字方案多数是汉字笔画式的，大多数只在小范围内传习，没有广泛推行，只有王照的官话字母和劳乃宣的合声简字推行较广。1913年，民国政府教育部召开读音统一会，议定了"注音字母"，并通过了《国音推行方法七条》，费了许多周折，才于1918年由北洋政府教育部正式公布"注音字母"。1920年，全国各地陆续开办"国语传习所"和"暑期国语讲习所"，推广注音字母，全国小学的文言文课一律改为白话文课,小学教科书都在汉字的生字上用注音字母注音。北京还成立了注音字母书报社,印刷注音字母的普及读物,还办了《注音字母报》。1930 年 4 月,国民政府发布关于改"注音字母"名称为"注音符号"的第 240 号训令,认为"教育部前颁注音字母","惟其功用,亦不过或注字音,或注语音,足当音注而已;与假名相同,仅适注音,不合造字;称为'字母',徒滋歧误,所以应改称为'注音符号',以副名实"。从 1920 年到 1958 年,注音符号在我国使用了近 40 年的时间。直到现在,还在我国台湾地区使用。

1923 年 8 月,教育部召开国语统一筹备会,决议组织"国语罗马字拼音研究委员会"。1925 年 9 月在北京的部分委员和一些语言学者自动组织"数人会"(这个名称一般人看了会有些奇怪,其实口气很大,出自隋朝陆法言《切韵序》的"吾辈数人,定则定矣"),提出了《国语罗马字拼音法式》。1926 年 11 月,经教育部批准,教育部国语筹备统一会发出布告,确定印发《国语罗马字拼音法式》,并宣布"定此国语罗马字拼音法式,与注音字母两两对照,以为国音推行之助。"这就是国语罗马字运动。但是,国语罗马字始终没有走出知识阶层的圈子,没有在社会上普遍推行。

1958 年以后,中国政府推出了《汉语拼音方案》,先后取代了注音符号和威妥玛式,成为目前国家认定、国际上承认的汉语拼音和注音工具。

《汉语拼音方案》自制订以来,得到迅速的推广和应用。从 1958 年秋季开始,全国小学的语文课本采用汉语拼音给汉字注音,扫盲课本也采用汉语拼音注音。在推广普通话和帮助外国人学习汉语方面,《汉语拼音方案》也起了很大作用。1978 年 9 月,国务院批准《汉语拼音方案》作为我国人名、地名罗马字母拼写法的统一规范。1982 年 8 月,国际标准化组织(ISO)采用汉语拼音作为文献工作中拼写有关中国的词语的国际标准。1986 年全国语言文字工作会议的主题报告《新时期的语言文字工作》指出,《汉语拼音方案》"在其他许多方面也得到了应用,如编制索引、拼写我国人名地名、制定产品代号、设计手旗灯光通讯、制定聋哑人汉语手指字母、用于拼音电报,填补了汉字不便使用或不能使用的某些空缺,起到了汉字难以起到或不能起到的作用"。此外,汉语拼音字母用于字典、词典的注音、排序,成为我国少数民族创制和改革文字的共同基础。汉语拼音在电子计算机输入和输出汉字方面的应用也已取得了很大成功。

从东汉的直音、反切到《汉语拼音方案》的确立,持续了 2000 年,可说体现了中国人为汉字寻找注音工具的不懈努力。

　　第二种努力则不仅仅是要创造一种新的注音方式，还要创制一种采用拼音方式的新文字，来取代方块汉字。这一努力，就是我们一般说的汉语拼音化运动或文字改革运动。它只有100年左右的历史，从卢戆章"中国切音新字"到"国语罗马字"，其实都还是"坐而论"的阶段，真正"起而行"的阶段是从苏联指导下的拉丁化新文字运动开始的。中国的拉丁化新文字是20世纪20年代末30年代初在苏联创制的，其目的是在苏联远东的10万华工中扫除文盲，今后在条件成熟时，用拉丁化新文字代替汉字。最早的拉丁化新文字是由瞿秋白倡议设计的，于1929年和1930年分别发表《中国拉丁式字母草案》《中国拉丁化字母》。1931年9月26日在海参崴召开的中国新文字第一次代表大会上，又通过了书面方案《中国汉字拉丁化的原则和规则》，其内容是：一、中国拉丁化新文字的原则（13条）；二、中国拉丁化新文字的规则（包括1.字母；2.拼写规则；3.写法规则）。于是，拉丁化新文字运动正式开始。拉丁化新文字传入国内后，1935年12月，蔡元培、鲁迅、郭沫若等688位文化界进步人士联名发表积极拥护拉丁化新文字的意见书《我们对于推行新文字的意见》，这是拉丁化新文字运动的一份宣言书。

　　拉丁化新文字与日后的《汉语拼音方案》有着更直接的联系，当时的重要领导人吴玉章等也是后来制订《汉语拼音方案》的主要负责人。拉丁化新文字运动一直延续到1958年《汉语拼音方案》公布时为止，历时近30年。而其核心的指导思想——用拉丁化的文字来取代汉字——也对后来《汉语拼音方案》的制订和实施有着重要的影响。

　　从文字改革委员会的名称及《汉语拼音方案》形成的整个过程来看，这一方案的制订确有把汉语拼音当作汉语新文字的意思，至少在相当一部分人包括这一运动领导人的心目中是这样想的，表现在推广《汉语拼音方案》的过程中有些人实质上是将其作为一种文字来推行的。因此，《汉语拼音方案》的通过，也被人看作是第二种努力的成果。

　　正因为《汉语拼音方案》是2000年来第一种努力（我们暂且称作"注音派"）和一百年来第二种努力（暂且称作"文字派"）交织的共同结果，那么，从哪一种角度去理解这一成果，就形成了我们这里所说的"纠缠"。说得更明确一点，就是在从1958年到2000年这40多年里，"注音派"和"文字派"各行其是，都在按着自己的理解推广《汉语拼音方案》。尽管早在1958年，周恩来总理就强调："首先，应该说清楚,汉语拼音方案是用来为汉字注音和推广普通话的,它不是用来代替汉字的拼音文字。"但由于历史的原因,在实行过程中,"文字派"的势力要更大一些。然而形势的发展并不以人们的主观意志为转移,经过几十年的实践,理论和实践都证明汉语"拼音化"道路走不通,因而 2000 年公布的《国家语言文字法》明确规定《汉语拼音方案》的作用只是"作为拼写和注音工具"之后,也就是从立法上确定了一种语言、一种文字,否定了"汉语拼音"作为一种文字的可能性。此后,如果还有人抱着"文字派"的观点、沿用 40 年甚至是 100 年来的"文字改革"思路,在理论和实践上把汉语拼音当作文字来对待,就会造成"一语两文"的混乱现象。

  理论上的表现主要是坚持文字改革的理论依据,即西方传人的"文字是符号的符号"论和"世界文字的发展规律"论。前者是西方学者在拼音文字语言基础上提出的理论,他们认为在概念、读音、文字三者关系上,与概念直接联系的是读音,文字只起把读音记下来的功能。读音是概念的符号,文字只是符号的符号。既是只是符号的符号,那就是不重要的,而且为了便利起见,是随时可以根据需要来改变的。据此,文改家们认为,我们要改革的只是文字,不是语言,用汉字和用拼音写出来的都是汉语。直到现在,我们的语言学教科书里,还充斥着这样的完全无视汉语汉字实际情况的教条。我们在第一讲语言文字关系中对此已有过讨论,这里不详谈。第二条理论,也是西方使用拼音文字语言的学者提出来的,说人类文字的发展要经过三个阶段,先从表形文字发展到表意文字,再从表意文字发展到表音文字;而表音文字又有音节文字和音素文字之分,其中音素文字是最先进的。这些术语可能大家不一定熟悉,我们可以举几个例子。表形文字例如两河流域、埃及和中国的古文字,表意文字例如汉字,音节文字例如日本假名,音素文字例如拉丁文字。很明显,这种"理论"里有很强烈的"西方优越感",是西方帝国主义、殖民主义分子贬低东方民族、贬低汉语汉字而炮制出来的理论,根本没有什么科学性可言。例如日语采用了一种混杂性的文字,其中的汉字属于这一理论中的表意文字,假名属于这一理论中的音节文字,都比西方式的音素文字要"落后",因此第二次世界大战日本战败后,美国占领军总司令麦克阿瑟曾强令日本采用罗马字拼音。结果如何呢?结果是日本一从战败的元气中恢复过来,马上恢复了西方人看不上眼的那种杂合文字,而且这并没有影响日本成为世界经济最发达的国家之一。而在 20 世纪初,我们的一些忧国忧民之士就真的接受了这种无稽之谈,认为是最先进的"科学理论",以致于心甘情愿地承认汉字落后,需要改革,从而掀起了一浪高过一浪的文字改革运动。到了 80 年代,事实已经证明此路不通了,有些人还是不肯死心,就是相信他们信奉的是"科学",是"真理";国家表示文字改革不再搞了,他们认为只是暂时性的,有朝一日终究会回到这条"正确"的道路上来的。现在要做好准备,等待时机,等待人们的"觉悟",等等。

  实践上的表现。我们举几个例子来说明,并不是人人都同意仅把汉语拼音作为"拼写和注音工具"来处理的,有意无意间,人们还会把它当作潜在的文字来对待。

  一个例子是"汉语拼音正词法"的研究。很多人没有意识到,"正词法"的问题其实是在研制拼音文字的过程中产生的,1984 年 9 月成立语言文字应用研究所,语用所为自己提出六项任务。其第二条是:"研究解决《汉语拼音方案》在实际应用中的问题(如正词法、同音词问题,拼音电报等),在《汉语拼音方案》的基础上,研究实验汉语拼音文字。"这就是最好的证明。说明即使在文字改革委员会解散、文字改革工作宣布停止之后,一些人还是在继续研究从《汉语拼音方案》过渡到"汉语拼音文字"的工作,正词法、同音词问题、拼音电报等就是他们的切入点,因为这些都涉及分词连写的问题。只有考虑把拼音当作文字来使用,才会出现要不要连写及如何连写的问题;"拼写和注音"只是为一个个的汉字解决拼写和注音,根本不存在分词连写问题,确定什么是词、什么不是词是语言研究和语法研究的问题。研究汉语拼音的正词法主要就是研究分词连写问题,这实际上已经超出了把汉语拼音作为"拼写和注音"工具的范围,是越俎代庖。实际上,分词连写问题本来就是汉语拼音化过程中的瓶颈问题之一,汉语拼音化之所以被宣布此路不通,不能解决同音字问题和不能解决分词问题是两个关键。我们看到,即使像越南语那样由于历史原因已经被迫采用拼音文字的语言,由于它历史上采用的是汉字,又同汉语一样是所谓的"孤立语",因而至今没有尝试去搞什么"分词连写"或"正词法",越南语至今还是一个音节、一个音节分别拼写的。我们 1996 年通过的《汉语拼音正词法基本规则》,是当时在"文字派"导向下的一个阶段性产物,虽然作出了一些规范,但在实践中还是遇到了许多问题,实行起来有不少困难。其制定规则的原则是:"以词为拼写单位,并适当考虑语音、语义等因素,同时考虑词形长短适度。"其中"适当考虑"和"同时考虑"都是弹性标准,而"以词为拼写单位"看似硬性标准,实际上这是个汉语语法搞了一百年都没能解决的问题,一碰到具体情况往往难以落实。事实上,目前汉语拼音在分词连写上使用相当混乱,就是因为这些标准难以掌握。如果我们换一个思路，真正从"拼写和注音"工具这个角度出发，也许会发现所谓"正词法"只是一个伪命题。现在的"纠缠"之处就在于，一方面，我们肯定了汉语拼音只是个"拼写和注音工具"；另一方面，又制定了只有正式文字才需要的正词法规则。一个是人大常委会通过的正式法律，一个也是国家技术监督局发布的国家标准，两者都是权威。尽管两者是有抵触的。例如《国家语言文字法》第十八条规定："国家通用语言文字以《汉语拼音方案》作为拼写和注音工具。《汉语拼音方案》是中国人名、地名和中文文献罗马字母拼写法的统一规范，并用于汉字不便或不能使用的领域。"法律只规定汉语拼音用于"拼写和注音"，以及作为"拼写法的统一规范"，"用于汉字不便或不能使用的领域"，但《汉语拼音正词法基本规则》远远超出了这一范围，实际上是在研究汉语拼音作为正式文字使用可能遇到的种种问题。例如，《汉语拼音正词法基本规则》的"内容包括分词连写法、成语拼写法、外来词拼写法、人名地名拼写法、标调法、移行规则等"；适用范围是"文教、出版、信息处理及其他部门，作为用《汉语拼音方案》拼写现代汉语的统一规范"；其制定原则是"以词为拼写单位"，"基本采取按语法词类分节叙述"。而在其具体的规则和举例中早就突破了"词"的范围，不乏句子和短语。更成问题的是，在实践中依照这个规则我们又无法完全解决正词法上的问题，结果在实践中我们不得不面临"一语两文"的混乱状况。

　　第二个例子跟语文教育有关。《国家语言文字法》上规定："初等教育应当进行汉语拼音教学。"小学要教拼音，那是肯定的，问题是怎么教？什么时候教？是按"文字派"的思路教呢，还是按"注音派"的思路教？按"文字派"的思路，潜意识里拼音就是汉字的替代品，比较起来，当然是拼音又"简单"又"好学"，因此小学甚至幼儿园从一开始就先要教汉语拼音，拼音过关了，再慢慢过渡到教汉字。而按"注音派"的思路，既然拼音只是一个工具、一根拐杖，汉语拼音不能代替汉字，那么儿童从一开始接受母语教育就要从汉字着手。从古代起，一直到1958年，我们的初等教育都是直接从汉字着手的，从来没有成过问题；但是从1958年以后，由于"文字派"的主导，我们的初等教育逐渐变成了先教拼音，后教汉字。1982年，黑龙江省几所学校开始进行"注音识字，提前读写"的实验。这项实验的经验迅速推向全国，逐渐形成了一个不同于两千年语文教育的新的传统。如果现在有人提出学汉语可以从汉字直接开始，人们甚至会觉得诧异。即使在《国家语言文字法》颁布、确定汉语拼音的作用只是作为注音工具之后，这一教学上的习惯套路也被绝大多数学校和教师遵循着。

但这却引起了我们的思考：当作文字和当作注音工具，其教法是一样的吗？譬如英语中，用字母拼写的是文字，注音的工具是国际音标。我们在学校教小孩英语的时候，是直接教他字母拼成的单词呢，还是强令他一定先要学会国际音标？我相信不论在英语的母国英、美等国家，还是在学习英语的大国如中国等，没有一个学校的一年级（更不要说是幼儿园小朋友）小学生在学英语时是先要求他学会国际音标的。那么为什么到了学习我们自己母语的时候，我们就必须先学习跟我们的正式文字距离更远的、相当于音标的拼音呢？注音工具必须先学，法定文字却要后学，这是我们所说的又一个"纠缠"。孩子从入学第一天所接受的文字概念就是混乱的，这对他将来的语文发展会产生什么影响呢？

这个问题正引起越来越多的人的关注。2006年4月，第二届识字教育国际研讨会在首都师大国际会议交流中心召开。会议由中国中央教育科学研究所主办，中国香港大学教育学院协办。会上，与会专家就汉字识字教学与汉语拼音方案的学习问题提出了自己的看法。原浙江省教育厅厅长邵宗杰在《语文教学的起点在哪里？》中提出："目前的中小学语文教学，不再以教儿童识汉字为起点，而是以教儿童学汉语拼音方案，学拉丁字母为起点了。教学中忽视民族传统的教学经验的继承，以及受汉字难学，走拉丁化道路等主张的干扰和影响，严重影响着教学效率和教学质量的问题"，并指出"字，单音节的、拼形的、表意的方块文字，是汉语文的'细胞'和'基石'。研究、了解汉语文的特点和规律，应从研究、了解汉字入手，学习和掌握汉语文首先应认识、掌握汉字；教语文的，应从教人认识这单音节的、拼形的、表意的方块汉字开始。"目前，小学语文教学中过分强调甚至依赖拼音是非常有害的。尤其是课文，千篇一律地以汉字在下、拼音在上的形式出现，对孩子认读汉字非但没有一点帮助，反而增加了他们对拼音的依赖，大大减慢了学习汉字的速度，造成从意识上对汉字的隔膜。

由于50多年的实践，"注音识字法"被认为是唯一科学的汉语启蒙教学方法，以至于最新通过的小学语文教育课程标准还是坚持了这个做法。而同时，一些新的坚持以汉字为本的启蒙教育新主张也正在提出，并且以十余年时间、十几个省的广泛实验成果作为支撑。我们相信在这个问题上也有得一辩。

第三个例子跟电脑输入有关。在电脑普及的今天，汉语拼音在解决中文信息输入方面发挥了非常重要的作用。但是，与五笔等字形输入法相比，拼音输入法在提供便利的同时也产生了许多消极的影响。2005年10月,某报对两年来该报刊出的所有《错误与更正》作了分类统计。在对这些文字错误进行量化分析之后,得出了一个惊人的结果:"拼音输入法"的错误率是"字形输入法"的9倍。统计显示,该报20个月中因电脑录入造成的错误共1896处,占错误总数的50%左右。而在与输入法相关的错误中,因"同音输入"造成的错误,如"突破"误为"图破""重点"误为"终点"等,共有1703处,占90%;因"字形相近"造成的错误,如"紧"误为"紫""租赁"误为"租凭"等,共有193处,占10%。鉴于这一统计的时间跨度长、范围广,且具有连续性,可以认为,其结果基本反映了拼音输入法和字形输入法造成中国出版物文字错误的比例。

如果说因电脑录入造成的错误多少和输入者认真与否有关的话,那么"提笔忘字"就和态度没有什么关系,而是一个尴尬的事实。中央电视台《东方时空》栏目曾就这一问题联合新浪网做过一个调查,一共有4102人参加。问题:写字的时候,经常觉得很费劲吗?答复:偶尔觉得很费劲,48%;经常觉得很费劲,28%;还有24%的人从来没有感到很费劲过。可见有近八成的人写字出现过费劲的情况。

第二个问题是,如果觉得费劲,是因为什么原因?调查统计结果是,在提笔写字觉得费劲的人中,37%认为自己经常提笔忘字,很多不难的字都忘了怎么写;22%承认自己想写东西的时候,就想找电脑,而不是笔;16%坦言自己除了名字写得还行,其他字写出来根本没法看;13%在写手机短信,或者是网上发帖子时,明知道是错别字,依旧照发不误;还有13%的人在听课或者开会时,最怕就是用笔来记笔记。有这么一件事,有一个公司职员乘飞机到上海出差,刚一落地,他发现自己的手机上传来一条信息,一看是老板发的,上面写着:"速回坐机"。于是,他马上就坐飞机又回去了。回去以后,老板一看他就急了,你刚去怎么又回来了?"你不是让我回来吗?"老板看了短信则说,"我什么时候让你回来了,我是让你回我的座机电话!"

看了这样的调查结果,有人也许会不以为然:我现在处在一个电脑时代,我在电脑上打字,我不用写字,它不碍着我交流啊。的确,在计算机时代,键盘输入取代人工书写已是一个不可逆转的趋势。对于母语是英语等拼音文字的人来说,长期使用电脑输入文字来代替手写不会造成"提笔忘字",因为拼音文字的电脑输入和用笔书写是完全一致的,输入的时候是按照从前往后线行排列去输入,写的时候还是按照这样一个顺序。而我们使用"拼音输入法"输入汉字的情况则不同,输入的顺序并不是书写的顺序。越来越多的人提笔忘字,甚至不会写字,这是千百年来中华文化中从未有过的一件怪事,这种现象与"拼音输入法"可说大有关系。而"网络语言"之产生,也与汉语拼音输入法有关:由于汉语的同音字、同音词太多,一键键敲下去,有时会出现很多匪夷所思的汉字组合,就正好被爱好新奇的"大虾"们用上,一个个怪词就出来了。这就造成了"用汉字、输拼音"而又"输拼音、造汉词"的第三种纠缠。

有人说,造成这一危机的根源,就是把拼音字母当成了思维和书写的载体,而汉字的笔画和结构,却变成思维和书写的客体,汉字因此蜕变成了汉语的"第二层衣服",亦即成了拼音字母的衣服。这种主客易位、本末倒置的做法,是对汉字的自我疏远,是对运用汉字能力的销蚀。汉语中不计声调的有效音节只有 400 多种,而最基本的"国家标准汉字集"的字数是 6763 个,其中读"yi"音的字有 101 个,发"li"音的字有 88 个,拼音与字形根本不能一一对应。汉字的"音"是衣,"形"才是身。"弃形留音",等于"舍身存衣"。"拼音输入法"离开了对汉字造字元素的直接思考和运用,结果使汉字本身所固有的文化遗传基因逐渐变得淡漠。

经过一代人的努力,我们终于突破了汉字输入电脑的瓶颈,汉字也没有在电脑时代被宣判"死刑"。但是,为了所谓的"不用学习"而盛行的"拼音输入法",实际上正裹挟着汉字在"拼音化道路"的道路上继续前行。这是值得我们注意的。

随着中国综合国力的增强,汉字正走向国际,欧美多个国家已出现了"汉语热"和"汉字热",常可见到外国人在"米"字格上练习写汉字,其认真、其执着,的确令"提笔忘字"的中国人感佩。"拼音输入"的错误率竟然是"字形输入"的 9 倍。这个惊人的数字带给我们的启示是什么?

简体与繁体
——《中文危机与对策》系列讲座之五

"一语两文"指的是汉字和汉语拼音的纠缠,"一文两字"则指的是简体字和繁体字的纠缠。繁简字问题恐怕是当代中国语文生活中人们最关注的话题之一。前不久召开的全国两会上,郁钧剑、宋祖英等一批文艺界全国政协委员提出要在小学中开展繁体字教学的提案,又一次把这一问题推到了风口浪尖。谈中文的危机,这是个避不开的问题,也是一个必须认真对待的大问题。

世界上恐怕没有别的语言像中文一样,在同一时期拥有两套文字体系,给中文的使用和推广带来了极大的麻烦。别的不说,一些国家比如日本制造的家用电器,在它的说明书上,"中文繁体"和"中文简体"赫然是与英文、法文、日文、韩文等并列的两种文字,不知各位看到的时候心里是种什么感觉?我想一定非常不是滋味。

另一方面,说繁体字和简体字是"两套"文字体系,那也不尽然。真的是互不相关的"两套",倒也好办了。例如像英文的大写和小写,或者印刷体和手写体,就是互不相关的"两套"。这反而没有什么问题,可以明确加以区分,各派各的用处。例如英文的大写字母用在句子开头或专有名词等。中文的"两体"中却是你中有我、我中有你,两者纠缠在一起,难以分清。

《中华人民共和国通用国家语言文字法》中对文字部分是这样规定的:"第二条:本法所称的国家通用语言文字是普通话和规范汉字。""第十七条:本章有关规定中,有下列情形的,可以保留或使用繁体字、异体字。"语言文字法里没有定义什么是简体字,只说了"规范字",但从第十七条把"繁体字、异体字"作为"规范字"对立面的角度看,实际上"规范字"指的就是"简体字"加上没有简化的字。一般认为,目前中国大陆和新加坡使用简体字,港台地区使用繁体字,其实两者共同的即"没有简化的字"部分占多数,达70%-75%,真正不同的只占25%-30%。但就是这25%-30%造成了麻烦,或我们所说的"纠缠"。

纠缠之一,是造成了历史和地理的两个断层。所谓历史的断层,是指在1956年以后接受教育的大陆年轻人基本上不认识繁体字,从而不能直接阅读几千年留传下来的典籍,要了解古代的东西,要么就是接受别人的解释、今译,要么就是阅读采用简体字的选读本。这两者都在原作与读者间砌起了一道墙,从此典籍对年轻人失去了亲切感。这在心理上的损伤是极难弥补的。当前年轻一代反复质疑古书有没有用,有关部门和人士对中小学教材中文言文的各种反对意见,其实都与这种断层感大有关系。所谓地理的断层,是在大陆和港台间造成了隔阂。本来,"书同文"是几千年来中华民族保持团结的强大凝聚力,但现在,生活在同一时代的中国人读彼此的东西却要隔一层,老实说,这只会加强疏远感而不是亲近感。几十年来文字问题的政治化又使得繁简字问题成为两岸政治的角力。

纠缠之二,是在汉语国际传播中人为制造一个新的麻烦。当前全世界出现了"汉语热",学习中文的外国人越来越多,对于用惯拼音文字的人来说,中文和汉字本来就不好学,如果加上中文本身就有两套,更会使很多外国人无所适从,或者增加他们的学习负担,或者吓退一部分潜在的学习者。对此有人简单地想,现在大陆的影响比台湾地区要大得多,世界上学习简体字版中文的人也越来越多,繁体字版中文的影响会越来越小。但实际并不如此简单,第一,简体和繁体都是中文,学简体、学繁体都是学中文,两岸本来在这方面完全可以合作,共同弘扬中华文化,但现在却变成了一个"内耗"的场所;第二,从海外的汉语教学市场来看,目前繁体字版(包括我国台湾、我国香港、美国、澳大利亚等地出版的)的中文教材已形成了自己的市场,强行抑此尊彼有害无利,反而会使外国人感到不可理解;第三,对于能够理解简繁字背景的外国人,为了实际需要(例如与大陆、台湾都要做生意)就不得不学两套文字,增加了他们的学习成本,也增加了汉语走向世界的困难。

纠缠之三是在实际上,即使在中国大陆地区,繁体字也未绝迹,而且不可能绝迹。《国家通用语言文字法》规定了可以保留和使用繁体字和异体字的六种情况:"(一)文物古迹;(二)姓氏中的异体字;(三)书法、篆刻等艺术作品;(四)题词和招牌的手书字;(五)出版、教学、研究中需要使用的;(六)经国务院有关部门批准的特殊情况。"凡事一有例外,就很难贯彻到底。而且这几条包含的范围极广。而且既然"保留"了,就会要求辨识,例如"文物古迹"中的繁体字,我们就不能说只准有关"专家"去研究,而不准一般人染指。事实上,现在很少年轻人会去参观西安碑林那样的地方,因为大多数字不认识,参观已没有了意义。第三条、第四条,既然有人要写,就希望别人都能认,一家商店的招牌总不希望没有人认识上面的字吧？第五、第六条更是灵活，尤其是第五条，实际上使现在的繁体字以及异体字使用没有也无法绝迹。古汉语、古代文学、中国历史、中医学的教材需要出版繁体字本，否则不利于培养学生阅读古籍的能力；而重要的古籍或者不是普及本的古籍，在出版时还必须用繁体字甚至用影印本，这倒不完全是为了"照顾"一部分熟悉繁体字的读者，而是简体字本来就不是为古籍设计的，由于繁简字的不完全对应，使得古籍的简体字本会引起误读的地方很多，许多必须使用古籍的人对简体版的古书普遍有一种不信任感，从心理上排斥。由于这样，客观上造成了繁简字并存的局面，而且不可能消失。

纠缠之四是目前有关方面拿不出解决这一问题的办法。随着社会的发展包括科技的进步，原来推行简体字的理论基础（如汉字难学、难认、难记、难写，汉字数量太多、笔画太繁，汉字无法机械化、电脑化等）受到了越来越多的质疑。有位学者指出，简化字的设计和推行，存在着两个问题：一是急于求成，匆匆忙忙用行政手段推行，结果一时的成功，带来长时期纠缠不清的矛盾和麻烦。二是简化在理论上是有缺陷的。理论错觉之一，是认为文字的历史发展趋势就是从繁趋简，加速简化是顺应历史发展的潮流。殊不知文字发展的趋势是遵循着从简趋繁和从繁趋简这两个相反相成、矛盾统一的规律，并不只是单方向的从繁转简。有人专门研究从甲骨文到现代的文字演变历史，发现从简趋繁的字竟然多于从繁改简的字，与简化字的理论恰恰相反。理论错觉之二是混淆了看字和写字的区别。一个人的一生中，总是看字（书籍、小说、报纸、杂志、广告、影视等）的时间远远多于写字的时间。看字和写字是完全不同的两回事，看字要求字体印刷清楚，不要出现错别字、容易混淆的字。汉字是方块形的，看时的视力是"聚焦"式的，看简体字和繁体字，所花的时间、目力同笔画多少无关（英语的拼音字是线形的，视力是扫描的，所花的时间因字的长短而异）。简化理论所忽视的又一事实是，汉字的手写和印刷是两回事，印刷体与笔画多少无关，手写体汉字，除特别场合需要笔画端正，日常应用的文字如信件、稿子、笔记等，并不需要端端正正、一点一划地写。任何笔画多的繁体字，手写时都变成连贯优美的线条。识字、认字、写字是个教育普及的问题，而非汉字本身的问题。简化字的理论基础受到了质疑，而回到繁体字又基本上没有可能。一是因为汉字简化已推行了50年，只认识简体字的人已成了当今社会的主体，他们是反对回到繁体字的一股强大力量。前不久，国内各大媒体纷纷报道了"超女"张靓颖"不识繁体字，颁奖礼上乱念字引争议"的消息。据报道,张靓颖作为香港金像奖的颁奖嘉宾,在颁奖时被拿到的获奖名单难倒。名单上赫然写着"鄒志盛"和"佘國亮"两个名字,张靓颖却屡屡念错,甚至连"國"都不认识,现场哗然,事后很多网友指责张靓颖"没文化"。其实,任何在简体字教育环境中长大的中国人,尤其是年轻人,都有可能遭遇这种"没文化"的事儿。这并不是张靓颖一个人的问题。二是繁体字本身确实也有自身的问题,当初推行简化字不能说完全没有一点道理,不能因为现在发现简化带来了很多麻烦,就毫无保留地完全支持简化前的繁体字。这两个因素,就使得有关方面十分为难,进也不是,退又不能,想搞一个折中的"规范字"方案,也迟迟难以出台。

纠缠之五是从最现实的角度看,由于各种原因(如考虑到长期旅居海外的华侨,《人民日报》要出海外版;港台影视、歌曲与大陆的交流;历史题材影视剧中的背景等),需要进行繁简对换,各种问题层出不穷。主要是以下两个方面:

1. 简化方案中以"一简对多繁"

汉字简化方案在制定时,是被当作汉字"拼音化"的准备工作来做的,当时充满了一种拼音化即将实现的乐观气氛,因而简化仅被看作是一种权宜之计、一种临时性的过渡。方案中也就主要着眼于当代,特别是民众的运用,很少考虑某些汉字在古代的特殊用法。作为向拼音文字的过渡,简化方案制定过程中,大量使用了"同音代替"的简化方式,结果就产生了"一简对多繁"的问题,亦即一个简化字对应两个或两个以上的繁体字。有人做了统计,在 GBK(国际扩展字库)的20902个字中,存在着1065对一简对多繁的情况。这些被合并的字有些意义相差很大,甚至毫不相干,给人们带来了一定的困扰。比如"餘余""雲云""後后""裏里""鬆松""穀谷""鬥斗""幾几""徵征""麯曲""豐丰""錶表""衝冲""葉叶""種种""儘盡""發髮""歷曆""幹乾干""復覆複""雕凋彫"等。一位网友说:"我小时候一直很奇怪,为什么十二生肖要把牛叫作'丑',可它并不丑啊。后来读了一些专门的文献才知道,原来我们常用的'丑'字是子丑寅卯的丑,长相难看之'丑'有专用字'醜'。"我国著名哲学家冯友兰之女、现代作家宗璞,本名冯锺璞。实行简化字后,"鍾""鐘"二字都简化为"钟"。于是,"鍾天地之灵秀"和"做一天和尚撞一天鐘",成了一回事,颇令宗璞感到不悦,于是改用笔名"宗璞"。著名学者钱锺书毕生不肯把自己的名字写成钱"钟"书,更是大家熟知的事。同音合并在本质上是以拼音文字的规则来对待汉字,一对多的简化方式造成的一个后果,就是现代人对汉语字义辨别笼统,模糊、粗糙而不讲究,不能区分文字的精确意义。另一个后果是,在需要把简化字转化成繁体字的时候,很多人不知道该转换成哪个字,电脑也无法识别这个需要转化的简体字应该转为哪个繁体字。例如"范"字转换时,可能转换成"範",也可能仍用"范"。"范"的义项较窄,而"範"使用较广。如果我们按常用原则,将"范"转换成"範",则会出现"範成大""範仲淹"等笑话。又如"发"对应两个繁体字"發"和"髮",街上随处可见"發廊""美發"的招牌,画家程十发(髮。《说文解字》:"十髮为程。"这个名字是有典故的)成了"程十發"。"農曆"写成了"農歷"。天台山、天台宗也常被一些繁体排印的书籍报刊印成"天臺"。"慈禧太后"转换成"慈禧太後";"星转斗移"转换成"星轉閗移";"莫干山"转换成"莫幹山";"万里长征"变成"萬裏長徵"。一位书法家给河南朱仙镇岳飞庙题字,误以为"岳"是简化字,特意把它恢复成繁体"嶽飛"。南开大学中文系教授宁稼雨说,他有时遇到台湾学者,对方往往不知道该如何称呼他的姓,因为"宁"对应两个繁体字,既可能是读二声的"寧",也可能是读四声的"甯"。目前,繁简转换软件的正确率还比较低,有人说:"一旦要在电脑上将一篇文章由简体转成繁体,那简直是一场灾难。电脑无法识别一个简体字应该转成哪个繁体,最后出来的结果必然是一片狼藉。"

2."类推简化"带来的问题

我国推行的《简化字总表》分成三个表。第一表列出350个不作偏旁用的简化字。第二表列出132个可作偏旁用的简化字和14个简化偏旁,这些简化字和简化偏旁构成了汉字简化的类推规则。第三表收入类推出来的简化字1753个,类推的范围为《新华字典》中的8000多个汉字。当时对扩大类推范围后产生的问题缺乏研究和估计,总表注明了"未收入第三表的字,凡用第二表的简化字或简化偏旁作为偏旁的,一般应该同样简化"的说明。类推简化原则的确定,给现行的汉字体系造成了一定的负面影响。比如,号称集古今汉字之大成、1716年问世的《康熙字典》共收录了47000多个汉字,经过200年,1915年出版的《中华大字典》收字48000多,才增加了1000多字。而根据类推简化的原则推行简化字之后,汉字的数量激增,目前最大的汉字字库,已收入有出处的汉字91251个,其中相当大的部分恐怕就是类推出来的简化字。汉字简化,原想减少汉字总量,结果适得其反,反而加重了需要学习者的负担。此外,实行类推简化之后出现了一批同形字;有些繁体字类推简化后,原字的结构被破坏,影响了字形的美观。另外,由于存在一表和二表两种不同的简化方式,影响了汉字简化的系统性。如"腦""惱"分别简化为

"脑""恼",但"瑙"却没有简化;又如"蘆""爐""廬""驢"简化为"芦""炉""庐""驴",而其他从"盧"的字则将所含的"盧"类推简化为"卢",如"颅""泸""轳""鲈"。

客观地说,繁体字和简体字各有优劣,而且已经形成了并存的现实。而长期以来的纠缠不清,也给中文的使用和推广带来了巨大的问题。

如果说"一语两文"问题由于国家规定了汉字的法定性和汉语拼音的从属性,还比较好解决的话,"一文两字"问题则由于国家规定的空隙太大,特别是还涉及两岸三地的文字应用问题,而变得更加棘手。当前,随着中国经济的发展和中华民族的复兴,全世界出现了学习汉语、学习中国文化的热潮,并且在不断升温。而"一文两字"的现实使得外国人无所适从,这实际上已成了汉语和中文走向世界的最主要瓶颈,也是中国文化几千年来遇到的最大尴尬。妥善解决这一问题,已成为中国语言文字研究的当务之急,再也不能拖下去了。由于简体字的推行本来就是政府行为,解铃还需系铃人,政府部门责无旁贷,当今应该集中精力,解决这一事关中华民族发展的大问题。我们希望政府必须有所作为,首先是在这一问题上有所作为。因为这一问题靠民间、靠专家是解决不了的。专家和民间只能提出建议,而最后决策要由政府来做。

政府可以做什么呢?我们提出以下几个建议。

1. 改变思路,变政治优先为文化优先

第一件事要改变思路,变政治性思路为文化性思路,要让繁简字问题回归到文化层面上来。繁简字问题产生和发展的历史打上了太深的政治烙印。不必讳言,简体字的推出在某种程度上是政治强行干预学术的结果,在此之前的"学术讨论"是在"一边倒",甚至"大批判"的过程中进行的,其政治代价是一批反对简体字的学者如陈梦家等被打成"右派",被宣判了政治上的死刑。20世纪50年代一路走来,凡提出重新讨论繁简字功过的几乎无不首先从政治上予以否定。直到今天,在繁简字问题上倾向于繁体字的仍不容易在大陆的媒体上得到发表,结果许多人选择到香港"上市"。1988年7月,国民党元老陈立夫在台湾提出"文化统一中国"的提案,主张两岸互信合作,在繁简字问题上则主张"文字解严""繁简由之",引起海内外的很大共鸣。90年代初,从美国归来的华裔学者袁晓园提出"识繁写简"的建议。这本来为两岸共同合作,实行"书同文",解决繁简字问题提供了难得的历史契机。但是当时在政治化考量之下,主张"识繁写简"的意见被指责为与台湾人士一唱一和,共同反对国家的语言文字政策。自此专家学者在繁简字问题上更加噤声。直至近些年来才又比较宽松,但"政治化"大旗被现在的台湾当局举得更高,两岸合作解决这一问题的前景变得更加遥远。这是一个深刻的教训。

为此,我们希望政府在这个问题上做的,实际上就是以"不作为"作为"作为",汲取教训,不要再在这个问题上设置政治化的障碍。这包括学术界或者两岸学者合作讨论的结果,可能是支持简体字的,可能是支持繁体字的,可能是执中调和的,在任何情况下,都不要认为是哪一方"取得了胜利",我们只能认为,一旦两岸及全民取得共识,这是中国文化的胜利,是中华民族的共同胜利。否则的话,如果抱着政治上的输赢观不放,不要说现在两岸没有坐下来谈的可能性,即使以后两岸统一了,我们也不能强使台湾接受大陆的文字方案,因为这不能使台湾的学者和民众心服口服。

2. 从文化角度重新考虑繁简字问题

变政治性考虑为文化性考虑,就要真正从文化角度来思考简化字推行的功过得失。周有光先生说:"汉字简化的好处是明显的,但是汉字简化的好处是有限的,不宜夸大;汉字简化有副作用:旧书新书不同,海内外不同,从国内外整个汉字流通地区来看,旧的'书同文'破坏了,新的'书同文'还没有建立起来。"

这还是就事论事的讨论。实际上,从简体字推行的来龙去脉看,还有更深层的文化问题。从"五四"时期起,简化字、白话文、汉字改革、拼音化,甚至为白话文建立量身定制的语法,实际上都是同一件事,或者说,是为了同一个目标,其核心就是汉语拼音化。包括白话文运动的目标也为此。胡适说得很清楚:"凡事有个进行次序。我以为中国将来应该有拼音的文字。但是文言中单音太多,决不能变成拼音文字。所以必须先用白话文字来代文言的文字;然后把白话的文字变成拼音的文字。"

20世纪50年代初提出文字改革三大任务:简化汉字,推广普通话,制订《汉语拼音方案》。其核心也是汉语拼音化。推广普通话是实现汉语拼音化的前提,这道理其实"五四"先贤们也提到过,如傅斯年说:"制定国语之先,制定音读,尤为重要。音读一经统一,自有统一之国语发生,初不劳大费精神。"1944年国民政府教育部制订五条《国语运动纲领》,前三条即是:(1)实行国字读音标准化,统一全国读音;(2)推行国语,使能通行全国,并作为外国人学习国语的标准;(3)推行注音国字,以普及识字教学。解放后我们所做的,只是以政府之力,使这件事变得容易了。

简化汉字是实行汉语拼音化的第一步。"五四"先贤们在西方语言理论影响下，相信文字只是用来记录语音的，汉语用这么多汉字去记录同一个语音，实在是愚蠢，因此钱玄同说："汉字的同音字如此其多，在实际上就等于一个音弄成许多符号，这实在太眩人耳目了，若干脆采用罗马字，一个音只用一个符号，岂不省事？"因此，简化字就是"一个音弄成许多符号"的现行汉字与"一个音一个符号"的罗马拼音字之间的过渡阶段。简化汉字过程中大量采用"同音替代""同音归并"的方法也就不难理解了，因为这是向一音一符的拼音文字靠拢的必要步骤。"二简方案"在这方面走得更远，完全超过了汉语的承受程度，遭到唾弃也就是必然的了。

大量采用同音字的结果必然是造成传统的规范失效，使错字，特别是别字的存在合法化。我们知道，汉字以形体为主，一点一划、一个偏旁，包括其位置上下、左右长短，都具有重要的意义，在汉族人的心理上确立了不可动摇的地位，甚至形成了程度不等的"汉字崇拜"。汉字简化大量采用俗体字、草体字、简笔字、同音字，还有自造的简化字，结果使汉字原来在中国人心目中的神圣感轰然倒塌。在讨论繁简字优劣的问题时有人举出很多例子，说明绝大多数简体字都是古已有之，并不是今人的发明，例如今人议论得最多的"發""髮"都写成"发"早在秦汉时就已如此，用"复"代"復""複"，"干"代"乾""幹"更是先秦时就已有了。但问题不在于这些字何时开始使用，而在于这些字在以前都是作为不规范字被记载下来的，有的先起字，在历史发展过程中被"后起字"取代了就不再成为规范字，唐宋以后的俗体字更是只存在于非正式的手写本、抄卷等里面，在正式严肃的著作中是没有它们的地位的。简化字方案把原来那些随手写的错别字赋以正体字的地位，它在心理上的杀伤力远比改变几个字形要大得多。我们之所以希望把繁简字问题提到文化层面上来考虑，就是因为这不仅仅只是语言文字问题，而是文化，甚至是深层次的文化，民族的心理、信仰、价值观等问题。如果说19世纪我们在经济上、在军事上、在科学技术上受尽了帝国主义的欺凌，则20世纪以来我们这个民族在精神上、在心理上遭到了很多的打击，而且这些打击往往还是来自自身："五四"运动把传统以为最有价值的东西打倒在地，从此传统文化在许多中国人心目中变成一片虚无；之后几十年在这一道路上越走越远。在这些打击中，简体字对汉字神圣感，连带对文化、对传统的敬畏感的伤害只是其中不大不小的一个。汉字不再神圣，错别字已无需受到惩罚，则传授汉字的教师、教科书、字典的权威也轰然倒塌。对用汉字记载的文献，人们也不再有敬畏感。有位语言学家曾经举过一个例子，中国书店简体字横排版的《新刊四书五经》在出版说明中强调："几个过去本不同形的汉字经过简化同形，比如：後、后，今都作后；闢、辟，今都作辟。底本中的'後同后''辟音闢'本书中就印成'后同后''辟音辟'，这种情况书中还有一些……特别提醒读者阅读中注意。"

这简直让人哭笑不得。读者在阅读中还要自己注意去区别"後后""辟闢"这些字，那就等于是说，只有本来就熟悉这些字的人才可以去读这些书（也许是为了给老夫子们作"简体字教本"吧？），那印这些书有什么用！这就造成了很多人（包括笔者在内）在查阅古籍时只看繁体字本，因为他们对简体字排印的古籍没有信任感，更不要说敬畏感。但这样一来，就苦了那些不识繁体字，而又有阅读需要的人。我想，在讨论繁简字得失问题时必须要充分考虑到这种文化心理。毕竟，当今世界的共识是，文化才是民族立足之本。

3. 繁简字的问题需要加速

上面的意见并不是要完全回复到繁体字。事实上，这个问题现在变得异常复杂，要考虑到的因素很多，繁体字既不可能全部恢复，简体字也不可能全废，中间还有很多技术处理问题。但是，时不我待，这个工作现在是非抓不可了。我们建议可以从这些工作开始：

（1）组织调查，了解繁简字在中国大陆及港澳台地区的使用现状。繁体和简体客观上给两岸三地交流带来一定的障碍，但随着两岸三地的联系日渐密切，港澳台地区的人们对简化汉字的亲和度已有提高，相当多的人已能做到"用繁识简"，大陆也有很多人可以"用简识繁"，这就为双方的交流建立了一个很好的平台。

（2）作为过渡，能不能先不考虑繁简取舍，而允许繁简在一段时间内共存？如果台湾能做到"繁简由之"，大陆能否在确定简体字的规范字地位的同时，相应给繁体字以同样的尊重和扶持，同时让接受人文学科高等教育的人重新认识繁体字，以利于传统文化的传承和发扬？同时，两岸三地能否共同探讨，在制定简体字规范基础上，制定共同遵守的繁体字规范？

（3）共同研究繁简对应及互换技术的规范。首先解决在使用中人们意见最大、目前也已研究得相当透彻的一对多问题。主要办法是恢复一部分繁体字。这样做，对海峡两岸的现行文字体系触动都不大，是比较稳妥的。同时，也可作为文字统一和规范的一种试金石。可能我们要放弃"毕其功于一役",一下子拿出一个完整方案来的不切实际的做法,容易做的先做,同时给群众以可以看得到的进步。

(4) 鉴于海峡两岸在繁简字使用上的隔阂乃至对立。从中华民族共同文化的立场出发,大陆相关部门应该有更开阔的胸襟,做到对繁简字的兼容并蓄。毛泽东曾经说过,我们要随时准备坚持真理,我们也要随时准备修正错误。坚持真理和修正错误的目的就是一个,看如何对国家和民族的事业更加有利。我们要有这样的气度。

(5) 规范字的制定要走群众路线。目前,有关方面正在研究制定《规范汉字表》,这是关系到国家民族前途和未来的大事,需要慎重对待。第一,对"规范字"要有明确的界定,《国家通用语言文字法》在这方面的规定有点模糊,这是特定历史阶段的产物,可以理解。但是从整个形势的发展看来,那种只把简体字和"传承字"(未经简化的通用汉字)界定为"规范字"、把被简化掉的繁体字暗示为"不规范字"的看法和做法应该取消。第二,"规范字"的制定要走群众路线,语言文字的使用关系到国家和民族的未来,也与每一个中华儿女切身相关,应让尽量多的中国人包括海外华人有表达自己意见的机会,而不能把规范字的制定仅仅看作是少数专家的事。目前"规范字"的研究进度缓慢,甚至有搁浅的态势,可能与这一工作的过度神秘化有关,连许多语言文字工作者都蒙在鼓里,一般群众又如何知道这件事?与其让不成熟的方案拿出来遭到七嘴八舌的批评乃至抵制,不如在进行过程中就充分听取各方面的意见和建议。第三,《规范汉字表》的制定可以分步骤进行,不求一揽子解决。如果规范汉字要制定一套完全新的汉字规范,从体系的完整起见,当然以提出一揽子解决方案为宜;但如果是繁、简两套方案互相折中,向中间乃至偏繁体字方面靠拢,则不必等全部成熟了再出台,可以分期分批,成熟一批,公布一批。当初"简体字"不也是分批公布的吗?到最后再出来一个《简体字总表》问题也就解决了。当然,现今的"规范字"研究要做得更慎重、更周密,拥有更广泛的群众基础——包括全球华人的参与!有人担心频繁地改字会给汉字的电脑化带来麻烦,其实这是多虑,因为一,依现在的计算机技术,这种困难并不像想象的那么大;二,所谓分步走,也不是无休止地改个没完,也就是分几批而已吧。

总之,在这一问题上,有关部门要切实负起责任,迅速做出决断。人民群众在看着你们,海峡两岸和全球华人在等着你们,全世界准备学习中文的人们也在期盼着你们!

翻译与欧化
——《中文危机与对策》系列讲座之六

前面我们说到,"英语热"和以电脑技术为代表的现代科技的发展,是压迫着中文生存的外部因素。其实,它们对中文的影响,还不仅仅是"外部"的,几十年来,它们已经在不知不觉中渗入了中文的内部,影响着、改变着中文的面貌,甚至在一定程度上左右着中文的发展。这些影响有正面的、健康的,它推动着汉语的发展,丰富着汉语的表现力。比方说,我这里用的"什么什么着"这样的说法在文言文和明清的白话小说里都是没有的,"改变着、影响着、推动着、左右着汉语的发展"这样连续几个动词带一个宾语的用法以前也是没有的,但我们现在都用得很自然,也觉得这种说法很有力。这些都是积极的影响。但另一方面,"英语热"和科技的发展也带来了一些消极的、负面的影响,如不加以正确引导,会影响汉语和中文的健康发展。当然,"正面"和"反面",其间并没有一条明确界线,也许在我们看来是反面的,在有人看来还是值得鼓励的正面影响;也许今天认为是反面的,明天会看作是正面的。我们不想断然说什么好、什么不好,只想指出一些正在销蚀着汉语规范的现象,请大家共同来正视、来对待。

出于"英语热"影响的,是翻译带来的汉语欧化问题;出于科技发展带来的,主要是电视、网络等引起的社会用语中的失范现象。我们分别进行讨论。这里先讲前一个问题:英语对汉语本身的渗透以及由此而引起的汉语面貌的变化。这个变化表现在两个方面,一是词汇和构词法方面,主要表现为外来语的问题;二是句法或语言组织法的问题,主要表现在中文在不同程度上的欧化。外来语的引入和新型表达法的产生,并不都是坏事情,但从"危机"的角度看,我们要着重指出其不好的方面。因而我们的标题是有针对性的,希望这一点不要引起误解。

对于外来语,我们的标题是:"荒腔走板的外来语";对于欧化汉语,我们的标题是"漫无节制的翻译腔"。我们认为,这才是值得我们警觉的方面。

一、荒腔走板的外来语

首先要说的是外来语的荒腔走板。本来,任何一种语言,只要不是在真空中发展,吸收外来语是很自然的事,但吸收使用外来语有一定的成规,就如戏剧唱段中的"行腔"和"板眼"。所谓"荒腔走板"就是离开了腔和板,也就是失控,是不遵循外来语正常规范的胡编乱用,直至"伪外来语"的泛滥成灾。

汉语在历史上有过四次大规模吸收外来语的过程。第一次是两汉时期与西域的交流,从现今的新疆和中亚地区吸收了很多外来语,如"狮子""苜蓿""葡萄"等;第二次是东汉到唐宋的佛经翻译,从梵文等吸收了外来语,如"世界""塔""菩萨""定力"等;第三次是明末至清末民初的西学东渐,外来语有借自西方的"咖啡""沙发""苏维埃""幽默""浪漫"等,也有很多借自东瀛日本的汉字词语,如"景气""解剖""经济"等。改革开放以后可说是第四次。这次的来势更加汹涌,全球化、英语化和网络化助推了铺天盖地的外来词语涌入汉语,其中包括大量的字母词,如:PC、CD、WTO、DVD、E-mail 等。

与西方拼音文字语言间互借外来词往往就是整词的移植不同,汉语的外来语通常必须经过不同程度的"汉化",学者们提出过从完全的义译到纯粹的音译的一个译借外来语的方法的系列,例如义译(如 train—火车、telephone—电话)、仿译(如 honeymoon—蜜月、Oxford—牛津)、音译加义译(如 apple pie—苹果派、Mickey Mouse—米老鼠)、音译加义类(如 beer—啤酒、tire—轮胎)、音义双译(如 index—引得、break dance—霹雳舞)、纯粹音译(如 sofa—沙发、stick—斯的克)等。其中最接近西方外来语标准,即进行语音模写的音译外来词也具有鲜明的汉语特色,亦即第一,语音只能近似,不能精确;第二,绝对纯粹的表音极其罕见。这是因为,与西方拼音文字用字母去记音不同,汉语用汉字去记音,由于汉语语音系统简单且没有辅音连缀或词尾辅音,因而记音往往不准;另一方面,汉字顽强的表意性即使在音译词中也往往会体现出来,有些我们以为是随意的译音词,其实当初用字都经过了仔细的选择,如英吉利、美利坚、意大利等。除此之外,还有转借自日语的词语,包括日本人给中国固有词赋以新义(如"经济"从中国的"经世济民"用来译英语的 economy),用汉字译新词(如用"瓦斯"译英语的 gas、用"俱乐部"译英语的 club 等),用汉字造新词(如"手续""景气"等)。外来语引进的一个总趋势是从音译走向义译。一些早期采用音译的词,后来都为义译词所取代,如"德律风"变成"电话""斯的克"变成"手杖"等。

以上这些可以说是汉语借用外来语的"腔"和"板"。100 多年来,甚至上溯到汉代的 1000 多年来,外来语借用大体都在这个范围内。如果不合上面这些规律,就有点"荒腔走板",其中问题有严重程度大小的不同。

　　一种情况是全新的形式,即外语词的原装引进,有人叫作字母词,如上面举到的 E-mail 等,这情况以前虽也偶然有过,但大量出现确是改革开放以来的事,因为新事物、新概念来得太快,有时来不及用各种形式进行翻译,只好先搬用进来再说,如 TOEFL、GRE、WTO 等。时间长了,这些词往往会有义译形式产生,这时就在汉语中落地生根了,如托福考试、因特网、世卫组织等。但有时就一直没有合适的中文译法,只好原模原样地使用,如 IT 行业、FLASH 等。一些在外企工作的年轻白领尤其喜欢这么说、这么用。一些以年轻人为对象的都市小报更是充斥了这样的字眼。以至于一向被视为最注重汉语规范的《现代汉语词典》也在 1996 年的修订本中首次收录了西文字母打头的 38 个词,2005 年出版的第五版更将常见的"西文字母开头的词语"增补到 181 个。其中英文缩略词 140 多个,英语词 3 个(E-mail、FLASH 和 Internet),甚至还有 4 个汉语拼音缩略词(GB、HSK、PSC 和 RMB)。这个现象是祸是福,学界意见分歧,说好说歹的都有。但不管怎样,它对传统中文的视觉产生了很大的冲击。试看 2006 年 6 月 6 日的《环球时报》上登载的这么一段典型话语:"APEC 的记者招待会后,我约了 CCTV 的朋友和一群 MBA、MPA 的研究生,讨论中国加入 WTO 后 IT 业前景,以及 IT 业对 GDP 的影响。随后,我们去 KTV,大唱卡拉 OK。"只有 46 个汉字,竟有 29 个字母,它是纯洁的中文吗?虽然这里的 9 个字母词都是报纸上很常见的,但恐怕未必人人能全部说准它的中文称呼或确切含义。外文字母的使用确实也是一件需要区别对待的事情。一方面,有的外文字母或符号比汉语简洁,例如阿拉伯数字和数理化等一些学科用的一些字母和符号。现在开始引进一些字母缩略词,如 WTO、APEC 等,数量不多,也确有其简明及方便之处。有人担心引进这些词会破坏中文排版的美观,这也还在其次;还有人担心如果这种现象不加制止地蔓延,若干年后,汉语就不再是"汉语",而变成汉语和英语的混合体,甚至可能成为以英语为主导的语言文字了,我看也不见得。最大的问题是字母词即使在英语的母体中也是一把"双刃剑",字母词的海量喷发,在英语中也只是第二次世界大战以后的事。开始虽有简洁迅速之效,数量一大,人们已不知道某些字母组合代表什么了,"撞车"的事时有发现,如 PPA,是两个词的缩略:"吡哌酸"和"苯丙醇胺",都是化学名称,但性质不同,一些制药厂就得特别声明:"本厂生产的抗感冒药绝不含 PPA(苯丙醇胺)。""此产品是抗腹泻药 PPA,非彼 PPA(苯丙醇胺)。"你看累不累?一些用得经常的字母组合如 ABC 更可能有十几个意思，在不同的上下文里会有不同的解释，而且人们还在不断随意增加新的意思，因为在英文里要把 A、B、C 开头的词找出三个，凑出一个意思来，实在是太容易了。简明变成了晦涩，简单变成了繁杂，一些最爱使用字母缩略词的文体如新闻、广告变得越来越难以阅读。英语中的缩略词成千上万地增加，缩略语词典越编越厚，已超过了一些中型词典，越来越变成英语使用者的一个负担，许多英美人士为此叫苦不迭。我担心的是，字母缩略词在汉语中的使用，就好像中国的汽车行业一样，一开始人人都叫好，以为方便快捷，是"现代化"的标志（现在一些人们包括一些政府部门还乐此不疲），等到空气污染、交通阻塞等各种"都市病"大量爆发，再来治理，恐怕就困难了。大量英语字母词的侵入汉语，情况正与此同，它将造成的是汉语的"交通阻塞"，严重影响汉语的发展。难道我们一定要等到像现在的北京交通一样再来整治吗？

从外来语的理论来看，这是把西文间的词语互借方式搬到了汉语中，由于西文都是拼音文字语言，借用外来语词并不显得十分突兀，而中文和西方字母是完全不同的形式，看上去就十分刺目。而且发音也是个问题，一般来说人们均喜欢按英语字母的发音来读，甚至连产自汉语的字母词也是如此（如 HSK），但实际上，我们看到中央电视台的播音员读 CCTV 时却又完全按普通话的发音来念。这方面的问题还没有规范化。

直接搬用西文原词是西式的外来语借用，用汉字去摹写外文读音则是中文式外来语借用。由于汉语一音多字的情况，同一个音就会被一系列五花八门的汉字去记读，如 ammonia，就有"阿摩尼亚""阿莫尼亚""亚摩尼亚"等写法，早期引入的词如"玻璃""玻琍""玻瓈"等也是如此。人名如莎士比亚、雨果等都有许多不同译法。这些都是在西方语言的借词中看不到的。加上如果翻译者用自己的方言时，就更难以为别地人甚至借出语的人所理解，如用上海话翻译的"沙发"用普通话读起来与原词（sofa）就相去甚远。用广东话转写的"菲林"（film）、"的士"（taxi）也是如此。这些在以往都在一定程度上造成了混乱。此外，外来语引进在方法上的多元化也会产生一词多译，如"新西兰—纽西兰""三藩市—旧金山—圣佛朗西斯科"等。由于汉字每个字都有意义，进入新的组合后有时会引起不同的联想，其间很难统一。例如"新西兰"中的"新"表新旧的"新"义，而"新加坡"中的"新"却没有这个意思。英国有个郡叫"约克"（York），而据此得名的美国地名 New York 却不叫"新约克"，而叫"纽约"。再如"南斯拉夫""白俄罗斯"中的"南""白"，许多人也搞不清楚它到底是音译的一部分呢，还是取"南方的""白色的"之意。同样，不熟悉的读者也许会以为"欧佩克"指的是某个欧洲组织呢。这一些，有许多是在历史的发展过程中无意形成的，我们对此正面临着规范它们的艰巨任务。但如果到了今天，在历史上已有的不同译法的基础上，如果有人不嫌其烦，还要新创译名，或者把已经被历史淘汰的旧音译再找回来，为译而译，那就是在有意添乱了。例如有了"巧克力"，非要造个"朱古力"甚至"茱古力"；有了"伊丽莎白"，还要来个"伊俪纱柏"。有的则是在明明已经有了义译词的情况下，非要找回原先有过的音译词，以显得"洋气"，如把饼干叫"克力加"，把话筒叫"麦克"，等等，这就是个心态问题了。

这一种办法走到极端，便是把明明不是翻译过来的词语也采用外来语音译的办法，造得像一个舶来品。我们把它叫作"假译名"。一些商店商标的名称特别喜欢这种"假译名"，如莱福(Life)、喜乐(Cheerio)、娜伊丝(Nice)、贝斯特(Best)、施玛尔(Smile)、斯梦(So many)、亨纳斯(Highness)等，可说乐此不疲。对于这类"假洋名"，如果真的是为了参与国际品牌的竞争，便于国产品走向世界市场，采用外国商标的命名方法和规律，例如像"雅戈尔——YOUNGOR"倒也罢了，可惜像上述这些多数不符合国际商标法的规定，根本成不了国际品牌，只能骗骗国内老百姓，那就有点为商不仁了。

还有与假译名同一种思路，也是为了迎合国内某些崇洋媚外人士的名称，我们叫它"仿译名"，或者是"国产外来语"，也就是明明是一个国产品牌或商店，却要弄得像一个外国货似的。这倒也是中国的特产，是充分利用了汉语汉字的特点。中国在翻译外来人名的长期实践中产生了一些字，其基本功能就是用在译名里，平时不大有别的用处，如"娜""娅""茜""莎""莱""菲""蒂""萝""莉""妮""丝""伊""蓓""迪""奥""维""克""蒙"等，把这些随意拼凑起来，就会造成一种洋名的感觉，如"蕾茜""梦娜""蓓蒙""奥迪斯""芙莉娜""梦丝莉"等。因而假洋名最典型地发生在商业领域，在商品、商标、商店字号等上面表现得特别恶俗，尤其是化妆品、服饰商店和面向儿童的食品，近些年又扩大到了楼盘名称。有时人们会纳闷：什么时候似乎整个西方世界都搬到了中国？因为你在中国，几乎可以找到欧、美、澳、加所有有名的地方。这一类词，制定规范的《现代汉语词典》当然不会收，就是各种"外来语词典"也不可能收。但不收不等于这种现象不存在，相反可以说是已经漫山遍野。我们现在走遍中国的大街小巷，还不仅仅是沿海发达地区的大城市，甚至到偏僻小县城,都可以看到到处都是这种视觉污染。这些土生的"外来语"影响的还不仅仅是汉语,对中国人,特别是儿童心灵的杀伤力尤其不可低估。

二、漫无节制的翻译腔

什么是翻译腔?翻译腔就是在翻译时刻意模仿原文句式而造出来的严重欧化的句子。我们先举一个例子,来感受一下欧化汉语的滋味。这是台湾思果先生故意用"译文体"将《红楼梦》加以改写造出来的,目的是为了让人们意识到"畸型欧化"这一问题的严重性:

在看到她吐在地上的一口鲜血后,袭人就有了一种半截都冷了的感觉,当她想着往日听人家说,一个年轻人如果吐血,他的年月就不保了,以及纵然活了一个较长的生命,她也终是一个废人的时候,她不觉就全灰了她的后来争荣夸耀的一种雄心了。

余光中附议说:"这样作践《红楼梦》,使人笑完了之后,立刻又陷入深沉的悲哀。这种不中不西不今不古的译文体,如果不能及时遏止,总有一天会喧宾夺主,到那时,中国的文坛恐怕就没有一寸净土了。"

翻译腔有各种表现。我们这里举几个例子:

一是不合中文行文节奏,爱造长句,读起来令人上气接不上下气,例如:

译文1:用火箭进行研究已证实了人们早就有过怀疑的大气层的一个中心在距地面约30公里高空的"高温带"的这种奇怪的事实。

译文2:人们早就怀疑,大气层中有一个"高温带",其中心在距地面约30公里的高空。利用火箭进行研究后,这一奇异的事已得到证实。

(原文是 Rocket research has confirmed a strange fact which had already been suspected there is a "high temperature belt" in the atmosphere with its center roughly thirty miles above the ground.)

对比两个译文很容易发现,译文2读起来要比译文1顺畅许多,因为它更符合汉语句子的基本组织规律,即以短句为主,多停顿断句,注重文气节奏。译文 1 则读来令人有接不上气来的感觉,带有浓重的翻译痕迹,属于典型的翻译腔译文。这种译文在很多领域的外译汉中都存在,其中新闻界的外汉翻译堪称罹患此症的"重灾区"。翻译时时急天天急,要数新闻翻译。每天电讯雪片似地涌来,大量挑选,大量译出。只要比较《参考消息》和《人民日报》,不难看出前者在汉语句法方面与后者有着明显的不同。新闻文体,尤其是有关国际报道的,已深受外语语言表达习惯的影响,沾染了浓重的洋腔洋调。余光中说得一针见血:"文坛和学府的洋腔洋调,来自外文书籍的翻译;报纸的洋腔洋调,则来自外电的翻译。翻译外电,为了争取时间,不能仔细考虑,如果译者功力不济,就会困在外文的句法里,无力突围。"譬如以下这一段:

  欧洲共市的华而不实的环境专员卡路伟巴戴梅拿于这个星期的简短英国探访中提倡他个人对绿化欧洲城市的看法。在伦敦及格拉斯哥的会议席上,他为了那份主要是鼓励欧洲十二个会员国重整市中心及削减全球污染的欧洲议会对市区环境的绿皮书解释。
  卡路伟巴戴梅拿在由内伦敦社团所组织的观察伦敦的会议席上发言谓在伦敦居住的人和其他二十五千万居住在市镇及城市和欧洲居民一样面对同一的困难。

  由于翻译任务往往都很急,译者没有更多的时间去琢磨,因此翻译腔的第二种表现就是按着原文的形式顺下来,成句即可,不加推敲。
  第三种表现是生造及硬译的名词特多,故弄玄虚,浅入深出。如德里达的《书写与差异》中,北京三联版的译文就出现了诸如"意谓""存有论""元在者""元力主义""在者性""哲学素""语义素"……等等生造的汉语词汇。下面这一段译文出自布迪埃的《遏止野火》,《东方早报》2007 年 11 月 1 日转载了,认为"用最简练的方式反映出布迪埃的观点":

  问:你刚才提及了柏拉图。社会学家的态度应该靠近哲学家的态度吗?
  布迪埃:社会学家跟哲学家一样,都是质疑显然之理,尤其质疑呈问题形式的显然性,这与"舆论术士"正好相对。正是这一点让舆论术士深为不快。他们把拒绝政治隶从、拒绝不假思索地接受"人人皆曰"看作是政治偏见。在亚里士多德的意义上,指那些人们用来论证但对其本身并不论证的概念或观点。

试想,当这种经典性的著作被广泛引用之后,大量不知所指的概念被奉为玄奥的思想标识,其结果,自然是汉语被轻易地扭曲和改写,并日益失去其思想表述和逻辑演绎的功能。

第四是长定语、长状语。英文的定语如果是单词,一般放在被修饰词前面,如果是短语或者分句,就放在被修饰词后面,汉语却习惯于将所有定语放在被修饰词前面。由于英语中用长定语是常事,如果汉语同样的把定语译作定语堆在中心词前面,就会令人难以忍受。2006年4月19日的参考消息中有一句译文,读后让人几乎喘不过气来:

……对身为前欧盟委员会主席,并且以引导意大利采纳欧元为自豪的他来说……(原文是 As befits a former head of the European commission who prides himself on having overseen Italy's adoption of the euro, Prodi …)

同一天的《参考消息》上还有这样一句,同样令人难受,这次是长状语:

……当时在巴黎,赖斯围绕伊战存在严重分歧时候如何修复美欧关系发表了演讲。(原文是 Ms. Rice …, when she delivered a speech in Paris about American rapprochement with Europe in the face of vehement disagreements over the invasion of Iraq.)

第五是英语句式的活剥乱套。

洛德(Robert Lord)和邹嘉彦曾对香港的汉语异化现象作过专门研究,其中的一些例子很有代表性,如:

(1)"整座建筑物像监狱多于旅馆""场面似政治集会多于选美会""看来要成为《百万富翁》是讲实力多于运气"。

(2)"击落多一架来历不明的飞机""发射多一枚飞弹"。

(3)"还留在世贸中心三小时""他鲜有逗留在同一个地方两天""可以生活在环境恶劣的地道内两年"。

(4)"有需要向李文和进行全面调查""市民暂时没需要注射炭疽菌疫苗""直升机当时并未需要进行搜救"。

(5)"发言人说,现在是时候对人身安全提高警觉。""我和你的母亲已不再年轻,你是时候照顾自己,重新做人了。""虽然现在儿子仍年幼,对金钱的概念仍然十分模糊,但我认为是时候让他开始学习认识金钱。"

上面的五组句子显然是对英语的"活剥式"照搬。例如,(1)显然是套用了英语的"more A than B"。(2)可视为"one more"的翻版。(3)源于英语的"动词+宾语+时间或频率状语"结构,如:He has been to Beijing many times。(4)取自"There is a need to do something"句型。(5)最为奇特。是把英语中的"it is time (for someone) to do something"和"it is time that-clause"两种句型改为了"someone is time to do something"。还有一个典型的例子是对"有"字的乱用,如,"双脚有肿胀""有出庭应讯""至少有找到六十二具尸体",再看"禽兽业联会顾问郭志有表示"一句,恐怕没有谁会想到这位顾问其实"姓郭名志","有"字纯属多余。

翻译腔还有很多表现,这里不多举了。

翻译腔是怎么形成的呢?除了刚才讲的时间紧迫、译者功力不济等原因以外,还有几个更深层次的原因。

一个是白话文鼓吹者有意的提倡。我们要知道,文白之争,并不是拿传统的白话文(如《红楼梦》的叙述语言)去反对传统的文言文,而是要拿倡导者心目中的白话文去取代文言文,这个白话文,其实就是欧化文。傅斯年说得很清楚,做白话文只有两个诀窍:"一是留心说话,二是直用西洋词法。"前一条没有什么可讨论,后一条是可以有操作顺序的。他提出了四个步骤,要"请有志做白话文的人,随时做去":

一、读西洋文学时，在领会思想情感以外，应当时时刻刻，留心他的达词法（Expression），想法把他运用到中文上。常存这样心理，自然会使用西洋修词学的手段。

二、练习作文时，不必自己出题，自己造词。最好是挑选若干有价值的西洋文章，用直译的笔法去译他；迳自用他的字调，句调，务必使他原来的旨趣，一点不失。这样练习久了，便能自己做出好文章。这种办法，不特可以练习作文，并且可以练习思想力和想象力的确切。

三、自己做文章时，迳自用我们读西文所得，翻译所得的手段。心里不要忘欧化文学的主义。务必使我们做出的文章，和西文近似，有西文的趣味。

四、这样办法，自然有失败的时节，弄成四不像的白话。但是万万不要因为一时的失败，一条的失败丢了我们这欧化文学主义。总要想尽方法融化西文词调为我所用。

这就是说，当时的人们是把直译的方法当作白话文教科书的。鲁迅可说是一个忠实的实践者。他希望通过翻译来改造汉语，不但输入新的内容，而且输入新的表现法。只是他的译文并不成功。下面是他译的一个句子：

内容上虽然不相近，而形式底地完成着的作品，从受动底见地看来，对于劳动者和农民，是只能给与半肉感底性质的漠然的满足的，但在对于艺术底化身的深奥，有着兴味的劳动者和农民，则虽是观念底地，是应该敌视的作品，他们只要解剖地加以分解，透澈了那构成的本质，便可以成为非常大的教训。

确实是生涩难懂、佶屈聱牙。就连鲁迅的亲密战友瞿秋白在这个问题上也与他有很大的分歧，他主张的"大众语"，其实有的就是针对鲁迅的。如下面这一段：

革命文艺的作品，必须用完全的白话，必须用完全的现代中国文的文法来翻译。这虽然是最浅近的最明显的问题，但是现在不但有许多曲译原文的翻译，而且有许多文白夹杂的、中国文法和外国文法瞎凑的翻译。这当然是违背大众化的原则的。

由于历史的原因，鲁迅一度曾被神化，他的"硬译"实即硬性欧化主张也受到了一些人的吹捧。到了近些年更与西方凡努蒂主张的"异化"论相类比，实质上对翻译实践起了不好的导向作用。这是我们无法"为尊者讳"的。

外来语和翻译腔给我们的启示是深刻的。一方面，世界上没有哪一种语言可以做到自给自足，不同的语言从互相接触中汲取养分，是必然的规律。通过翻译，引进新的词语和表达法，给汉语注入新鲜血液，能够提高汉语的表现力；但另一方面，任何一种语言都有其自身的组织规律，外来的成分必然要经受语言内在规律的检验，合适的，会留下来，不太合适的，有的经过了修正保留了下来，而有的就被时间淘汰了。

社会用语的失范
——《中文危机与对策》系列讲座之七

这个"范"字有两个意义。一个是"规范","失范"就是失去规范,用字用语变得不标准、不规范了。另一个是"示范",也就是引领作用,"失范"是没有了示范的榜样,结果人们变得不知道是非美丑,甚至以丑为美,还洋洋得意。我们这里讲的"失范",两个方面的意义都有,由于前一个是国家语言文字部门主要在抓的工作,如推广普通话、检查社会用字,乃至收集整理新词、新语等,因此我们着重讲的是后一个,也就是现在社会上的用语已经失去了引领的榜样,失去了判别美丑的能力。这是中文在发展中遇到的一个主要的危机。实际上,只要一提起中文或汉语的危机,人们马上会想到的就是社会上语言文字使用的这种无序和低俗化,给人的感觉是似乎中国人正变得越来越没文化,"诗书传家久"这个传统似乎离我们越来越远,与我们这个有着几千年历史的文明古国的名声越来越不相配。这不能不引起有关人士的忧虑。本讲就来分析一下这些失范的种种表现。

社会用语的失范与科技的发展很有关系。这么说,当然不是说科技不该进步,而是说,科技进步有两重性,在满足人们精神生活需求的同时,它以其急速的变化、更广的受众面、令人眼花缭乱的传播手段和无处不在、无远不届的传播效果,影响着语言文字的使用。同样,其中有积极的方面,也有消极的方面。而如果不注意从积极的方面引导,消极的方面就会成为主导。

一、广告语言:语不惊人死不休

广告自古就有。但在真正进入商业社会之前,我们恐怕还没有切身体会到广告的威力。进入现代社会以来,广告的载体随着科技的进步遍及了各个角落,从平面媒体到户外媒体,从纸质媒体到声光电俱全,从电视到电脑,从地面到空中,处处在"吸引"着人们的眼球。人们也从来没有像今天这样挖空心思地在广告语上下功夫,以取得新奇和哗众取宠的效果。利用人们熟悉的诗词名句、成语、谚语、歇后语等,然后有意加以误用,就是其常用手段之一。

平心而论,汉语音节简单,同音字多,利用谐音双关来增强语言表现力符合汉语的传统习惯,本来无可厚非,有些用得巧妙的广告也确实生动活泼,令人难忘。如:"一明惊人","明"谐"鸣",治疗眼病的器械果能令患者视力复明,说是"惊人",也不为过;"别具一革","革"谐"格","我的皮革是与众不同",也昭示了这家皮革制品公司力图从浩瀚的市场海洋中脱颖而出的努力。但什么事一旦做过了头就会适得其反,惹人生厌,并且遗害无穷。从开始时的一两个巧妙的点子,到现在简直成为某些商家创制广告语的唯一策略,几乎没有成语不可拿来乱改,而且许多跟商品并非太大的关联,语音、语义上也很难引起相应的联想,简直是为改而改,那我们只能把它归为有意破坏成语、破坏语文使用规范了。例如"蔚然晨风","晨"谐"成",读音并不相同,你知道推销的是什么产品?"烧(稍)胜一筹"呢?"咳(刻)不容缓",这样的药是止咳还是使咳嗽更加严重?"一不(步)到胃(位)"能治胃病吗?"鳖(别)来无恙",自然是卖甲鱼的,但讲这个甲鱼"无恙",是不是有点"此地无银三百两"的味道啊?"有痔(恃)无恐""有痔(志)不在年高",你是帮人家治痔疮,还是鼓励人家生痔疮?下面这些广告,读者不妨看看有多少是在正面宣传产品,还是只是生拉硬扯、莫名其妙,甚至是故意恶俗地颠覆了成语:"油(有)备无患""与众不痛(同)""无鞋(懈)可及(击)""步步为赢(营)""酒(久)负胜(盛)名""天尝(长)地酒(久)""有杯(备)无患""妹(魅)力无穷""喝喝(赫赫)有名""鸡(机)不可失""百衣(依)百顺""衣衣(依依)不舍""穿(川)流不息""食(十)全食(十)美""洗(喜)出望外""一网(往)情深""净(尽)如人意""别无锁(所)求""盒(合)情盒(合)理""首屈一纸(指)""无胃(微)不治(至)""无可替带(代)""信誓蛋蛋(旦旦)""琴(情)有独钟""一见钟琴(情)""智者见质(智)""随心所浴(欲)""终生无汗(憾)""以帽(貌)取人""步步糕(高)升""乐在骑(其)中""触幕(目)惊新(心)""锅(国)色天香""百闻不如一键(见)""喝酒必汾,汾酒必喝(合久必分,分久必合)""石(时)来运转""治(志)在四方""众口一瓷(词)""千里音(姻)缘一线牵"。下面这些更是鼓吹赤裸裸的拜金主义和享乐主义:"投笔从融(戎)""与食(时)俱进""饮(引)以为荣""精益求金(精)""股(古)往金(今)来""谈股(古)论金(今)"。我们有意多举了一些例子,可以看到,这种乱改成语的广告"创意"已经泛滥到何种地步,几乎覆盖了各行各业。面对这么多铺天盖地的恶俗广告,我们实在是"牙口无炎"(哑口无言,某牙膏的广告)了。广告界和语言学界都有一些为乱改成语广告辩护的人,但这样的广告词既于产品无益,又会误导消费者,对正处于识字阶段的少年儿童为害更烈。某初中生在一篇作文中就把"刻不容缓"写成了"咳不容缓"。这位学生还不服地说:"电视里也是这么写的呀!"去年开始,浙江省政府、北京市工商局等已经发文对这种谐音成语广告语叫停,我们认为这是正确的。

还有些商品为了提高其高技术含量,有意引进或生造科学术语,从而形成了当前广告语言的又一特点。像"维他命原B5""保湿因子""数字化""纳米""贝质素""不含PPA"……诸如此类的字眼随处可见。当这类科学术语失去了其固有的语境,在日常语言的范围内任意使用时便造成了对语言规范的一种强暴。而听到或看到这些广告的普通老百姓有几个能懂呢?也许广告商要的就是这种效果,因为普通人只会以为不懂是自己无知,而很少想广告只是在故弄玄虚,抬高身价。

还有相当一部分广告普遍存在着用语虚妄的现象。如某一产品为了特别强调其知识含量,宣传道:"6位博士、12位硕士、24家世界著名科研机构、48位科学家呕心沥血研制的成果。"这则广告读起来琅琅上口,但结果却很容易弄巧成拙,人们不免会问:这些科研机构和科技人员的数字咋就这么凑巧构成一个等比数列呢?

目前房地产业俨然成为中国许多地方的"第一支柱"产业,霸气和牛气十足,广告语对汉语产生的负面影响在如今的房地产广告中也可谓最集中,我们注意到网上还不时在评选最佳房地产广告,但就是这些"最佳广告",也有不少是汉语的糟蹋源,那些等而下之的就更不用说了。

有的是赤裸裸地鼓吹拜金主义、享乐主义,炫耀财富、超前消费,在语言上用尽最高级的形容词。有人说,走在北京的大街上,随处可见标注着"奢华""豪宅典范""上流人家""世家""公馆""皇家""至尊""国际高尚住宅""高尔夫"等用词的户外广告牌,上面往往还有美轮美奂如天堂般的效果图做注脚。而打开报纸杂志,一些广告中也不乏"正统龙脉""稀有尊贵生活""现代新贵生活主张"等充满诱惑力的词语。网站上的房产广告用词就更花哨了,"百里黄金动脉,操纵城市繁华""熙来攘往,只为仰视那无限尊崇时刻""品位,源自尊贵血统"等词语,伴随着flash做的盛景,张扬着奢华与富贵。其中一个做法是将房子与"高尔夫""欧洲""皇家""贵族""庄园"等联系在一起,广告中打出"意大利雕塑庄园""高尔夫公园""好莱坞贝弗利山庄""巴黎卢浮宫"等概念,而用的广告图,则往往是一些世界级风景名胜地的图画。还有些楼盘会以"洋名字"打广告,如"柏林""德国""莱茵""加州""英格兰"等。

更多的是用暧昧或莫名其妙的话语：

例1：都市的精神造访、城市的味蕾天堂

例2：××，袭击北京
　　　××，亲吻北京地产
　　　　　××，撞击了休闲生活
　　　　　当休闲遭遇××

例3：××，是深圳滨海人家的心灵家园。
　　　是××，第一次创造性地用建筑语汇和语素去再现海的律动
　　　和神韵，
　　　去诠释海洋文明的底蕴。
　　　大海把它的根永恒地留在了××，
　　　留在××人的心底；
　　　自从××一期在后海登陆，
　　　从此海的蓝色，蓝透了每一户窗里的风景，
　　　蓝透了每一颗褶皱的心灵。
　　　蓝色，从此成为深圳地产的主色调；
　　　蓝色的咏叹，从此成为深圳地产的主旋律。

何谓"精神造访"？什么是"味蕾天堂"？什么叫"亲吻北京""撞击了休闲生活"？什么又是"用建筑语汇和语素去再现海的律动和神韵"或者"蓝透了每一颗褶皱的心灵"？像这样随意地堆砌辞藻，生造词组的"创意"，人称之为颠三倒四、不知所云的胡话，恐怕并不过分。可怕的是，房地产广告文案的从业人员正把它渐渐地发展为一门新兴的"文体"。这种情况，无疑是所有合格的中小学语文老师的噩梦！

在广告语的急速泛滥，特别是在语义的极限用法中，我们似乎可以清晰地辨别出一个相反相成的趋势：一方面，广告在语言的魅力发掘上可谓登峰造极，各种新的语言花样层出不穷；另一方面，广告语的实际召唤力和作用力则在明显下降。而其对汉语的基本规则的肆意破坏和践踏，并以其财大气粗之势，强制性地灌输给每一个受众（大家都记得那个"今年过年不收礼，要送就送×××"，历年排在恶

俗广告之首,但并不妨碍它至今在摧残着人们的神经),形成对汉语文规范的强烈冲击。

二、从"通俗化"到庸俗化

传媒的大众化、娱乐化,家用电器的普及化、微型化、多功能化、便捷化、"傻瓜"化,使人人都有可能成为时尚的参与者、制作者、发布者、传播者,因而"流行"一词今天才真正有了它原本的意义。一个新词语、新用法一出现,瞬息间传遍世界各个角落,这是以前难以想象的。而另一方面,流行文化正在低俗化、快餐化,也是个不容忽视的事实。切口行话似的词语"酷""炫"一时,覆盖着流行文化的各个方面:流行歌曲、影视节目、畅销书籍、手机短信……而作为文化载体的汉语,在这些俗文化的强大攻势下也正在渐渐变得花哨了起来。

流行歌曲自 20 世纪 90 年代以来逐渐成为流行文化的重要组成部分,它和铺天盖地的晚报以及喋喋不休的电视连续剧一起,构成社会文化转型期的三大件。这三大件都是利用明星机制来运作的:晚报推销专栏作家,电视剧包装演员,流行歌曲制造青春偶像。其中流行歌曲在青少年中有着最大的市场。

流行歌曲,包括其歌词,曾经是一种美妙的艺术享受。20 世纪 30 年代上海的一些后来被批判为"靡靡之音"的歌曲,现在已成了一种新的"经典",就是一个证明。改革开放之初,一些清新的台湾校园歌曲如《童年》《外婆的澎湖湾》等以及一些健康的港台歌曲如《我的中国心》《阿里山的姑娘》等也曾风靡大陆,直到 90 年代初,流行歌曲多数还是颇受人们喜爱的。但是近些年来,随着商业味的加浓,"包装""炒作"的盛行,流行歌曲越来越变味,过去国内流行音乐的市场比较小,要求也高,一年不见得能出一个专辑。"现在的问题是,太多的人急功近利,创作歌曲时首先想的是怎么能出名,所以不惜用低级的方式来迎合一部分受众的关注。"由于有争议就能吸引关注,有些创作者干脆怎么有争议就怎么写。一旦引起争议,歌火了,创作者也就赚足了,管它歌词写得怎么样。结果,流行歌曲的名称如今越来越粗俗。《咬文嚼字》杂志一篇文章总结说:一、庸俗的市井语言和痞子语言显现其中:"马桶""垃圾车"出现不久,又涌出了《谁动了我的炸酱面》《老婆老公我爱你》等歌曲,这些歌名似乎在有意贴近大众,但由于过于直白和浅薄,而显得粗俗。二、污言秽语变成歌名:《王八蛋》《犯贱》《算你狠》这样的歌匪气十足,唱的全是社会的阴暗面，人们如果跟随了这样的流行，会走向哪里呢？三、以暧昧的语言为歌名：《恋上你的床》《做我的情人》《爱我就给我》，其中对情色的暗示，撩拨着听众的神经。歌名本身是一种语言现象，是整个社会语言现象的缩影，歌名的粗俗浅薄，从一个侧面显示了现代汉语中存在的"粗俗化"的趋势。这类流行歌曲的歌词，要么爱来爱去，要么说上几句大实话。火风唱"老婆老婆我爱你"，谢雨欣搭一句"老公老公我爱你"，任贤齐唱"你是我老婆"，杨臣刚又唱"我是你老公"，颠来倒去了无新意。不管是把好好的话用大舌头满拧着唱，还是把两句大实话絮叨出口水来，都暴露出歌词的贫乏、精神的贫乏。长此以往，歌词在音乐中还有什么地位呢？流行歌曲的歌词是配乐的，有很多很烂的歌词，因为配上了好的或者至少是青少年喜欢的旋律，就很快流行开来，很多人跟着唱。这种破坏汉语的歌词对青少年的危害最大，因为他们对语言的好坏缺乏判断力。那些垃圾歌词在他们看来还是好的语言，这个毒害就大了。

流行歌曲之外，流行读物的泛滥也对汉语造成了极大的冲击。有专家认为，现在人们所处的是一个"读图"时代，图像文化的负面影响将是深刻而久远的。除了受影视文化的冲击外，在书籍的阅读上，人们也特别热衷于图像读物，尤其是正处于语言学习阶段的中小学生，对看漫画书的兴趣浓厚，而对看文本读物却兴味索然。有学者曾对一所小学的中高年级学生进行了随机调查，94.9％学生对搞笑的漫画书《老夫子》很感兴趣；87.6％学生看过图像读本《乌龙院》。现在，各类大小书店的儿童读物书架上无不充斥着一些从日本引进的图像儿童读物，如《网球王子》《多啦Ａ梦历险记》《名侦探柯南》等；国产的如《侦探学园》《折纸战士》《冒险小虎队》《糖果子》也大行其道。很多的图像读物格调低下，内容庸俗，甚至不乏描绘色情、宣扬暴力的内容，这对青少年无异于精神鸦片！

除了流行歌曲、流行读物之外，还有一种更为流行的东西正在改变着我们的交际生活，这就是伴随着网络的高速发展进入人们生活的手机短信。当它刚刚出现时，谁也没想到小小的短信会悄悄地改变传统的人际关系。而仅在短短的两三年内，手机短信就得到了"爆炸式"发展。如今，随时随处都可以看见有人边走路边按手机；手机短信已经成为不少人常用的通讯方式，被人称为"第五媒体"。

从语言运用的角度来看，短信作为一种新兴的沟通方式已经促成了一种独特的文本风格的产生。大多数短信轻松、活泼、睿智，带有浓郁的"休闲"味道。除了灵活俏丽的文字，还有活泼多样的图案、声音。但正如它的产生是网络发展催生的结果一样,短信用语似乎也深得网络语言的"真传",在语言使用方面出现了很多违背汉语规范的用语表达,如:"请你邦(帮)我到羔(糕)点店定(订)一个旦(蛋)糕。"一些用拼音写短信的人,为了图方便,常使用谐音字来表达意思。与此同时,一些网络语言也在短信中大行其道:"7456"是"气死我了","偶"是"我","伦"是"人","粉"是"很","LG"是"老公","PLMM"是"漂亮美眉",等等。

更令人担忧的是,短信用语已经呈现出泛化趋势,渗透到了人们的日常用语之中,甚至出现在了学生的试卷和作业中。对此,一些语言学家担忧地指出,这些非标准的语言将会破坏语言的规范性,必将对人们正常语言习惯的养成产生负面影响。对于中小学生来说,在未掌握语言规范之前就过多地被不规范语言所熏染,对其今后的成长十分有害,甚至会影响他们的心理健康。一些教育专家也认为,过多使用短信会导致年轻一代的心理低龄化,影响学生的正常用语习惯。

综上所述,各种盛行的通俗文化都对汉语产生着直接或间接的影响。长期浸淫于其中会造成人们思维能力的浅化和弱化,进而导致语言表达能力和创新能力的直线下降。试想,一个只会用"爽""超级"或者"哇塞""吔"来形容自己情感的人,一定是词汇贫乏的,他们讲究不起文字,也舍不得在文字的精致上花精力。由于想不出恰当的词语来传情达意,人们就会从日常生活接触最多的一些语言来源中任意套用和篡改:流行歌曲、通俗读物、媒体广告、手机短信等等都助长了人们说话不动脑子的言语惰性。结果,垃圾语言泛滥成灾,套话空话不绝于耳。文字思维的"短路"会使口语理直气壮地出现在文本中,并以"通俗易懂"或者"大众喜闻乐见"为最冠冕堂皇的存在理由。而对文字的讲究和推敲反倒成了"脱离市场""落后于时代"的证据,这样形成的一种时尚,自然迎来的是中文的危机,汉语言的纯洁性与独特性也在渐渐销蚀。现在,中华民族优秀的传统文化正面临着这种浅俗文化的严峻挑战:社会交往中书信让位于手机短信,硬笔书法让位于电脑录入,图书出版中文学经典让位于"速成"的励志书……凡此种种都正在使汉语变得越来越接近大众,变得通俗,甚至庸俗了起来。这不仅造成了汉语书写语言的失范、生活用词的平庸乏味,也让汉语中独特的文化意韵在我们生活中日渐消退。

20世纪的最后30年,是流行文化一步步攻城略地,直到彻底征服中国的30年。流行文化自然有其积极的一面,它植根于大众,以娱乐大众为己任,为国人的文化生活增添了不少色彩。但是我们也不能忽视其中存在的问题:其一,我们当下的流行文化,几乎都是舶来品,似乎中国无法生产自己的流行文化,欧美音乐、韩剧、日本动漫争相登上了中国的流行舞台,本土的明星也以撇上一口"港台腔"为荣;其二,流行文化中透露出一种不分好坏、不辨真伪的"从俗""从众"心理,似乎流行的、大众的就是好的,就应该跟风儿上。这实在应该引起我们的重视。"通俗"这一原来不坏的东西逐渐演变成"浅俗""庸俗""媚俗""恶俗"。而随着西方解构主义的传入,国人没有从中吸取积极的因素,却与港台的"戏说"和"无厘头"之类的"文化"相结合,以消解崇高、解构严肃为乐,以此来博取一些受众的掌声。正如鲁迅说的:"主张什么都要配大众的胃口","迎合大众","故意多骂几句,以博大众的欢心","看轻自己,自以为是大家的戏子",结果是成为"大众的新帮闲"。近些年更发展到了自贬自贱的地步,似乎越下贱,越能受到大众的欢迎。因而香港学者许子东有一次在电视节目里,直斥这种文化是"贱文化"。我对此非常赞同。我们现在语言使用中有许多现象,现在已不能只是用"从俗"甚至"媚俗"这些话来解释,而是骨子里的一种"贱文化"。这才是最可悲,也最令人忧虑的。一个社会如果"黄钟毁弃,瓦釜雷鸣","俗"字当头,好坏不分,甚至发展到"以丑为美","以贱为乐",这是一件非常可怕的事情。

三、从"网络语"到"火星文"

当前,计算机和互联网的全球普及速度正在加快。据最新报道,中国的网民总数已达 2.21 亿人,超过美国,成为世界第一。而统计数据显示,中国超过 80% 的网民是 35 岁以下的年轻人。中国已经进入了"网络时代",还催生了一个副产品——"网络语言"。网络时代是一个彰显个性的时代,虚拟世界是一个自由的世界,网络语言则是缺少规范制约的语言。网络语言的影响力不容小觑。首先,网民大多数是青少年,有不少还是中小学生,他们对新奇、有趣的事物容易接受,也容易受到外界因素的影响。另外,网络由于速度快、受众多、影响范围广,大大地提高了网络语言传播的速度,扩大了网络语言的覆盖面。而今,网络语言不仅在网民中广泛流行,还逐渐渗透到大众传媒,甚至出现在中小学生的作文里。一方面,网络语言结合了字母、数字、符号和文字,形式多样、活泼生动,减少了规范的束缚,给了年轻人张扬个性的空间。另一方面,网络语言随意性大,受众面相对有限,如果任其泛滥,容易引起交流的障碍,甚至对语言规范产生一定的破坏作用。

大致说来,网络语言是指出现在网络上的、网络上常用的以及跟网络有关的语言。但若进一步细分,还可以有广、狭不同的含义,有人甚至把"网络语言"分成七类:(1)泛指网络传播的一切表现手段,包括网页上的图像、符号、文字等;(2)泛指出现在网络上的言论,多指在网络上传播的反主流的、叛逆的、黑色幽默的言论,如:"兄弟我先抛块砖,有玉的尽管砸过来""如果有钱也是一种错,那我情愿一错再错""有困难要帮,没有困难制造困难也要帮"等,以及一些不负责任的胡扯甚至谩骂;(3)指网络特有的支离破碎的语言表达,这种"语言"随意泼洒,前言不搭后语,符号图形夹杂其间,很难说清楚表达一种什么意思、什么情绪;(4)指网络技术语言,如:最初的 CGI,后起的 ASP、PHP,以及一些功能强大的 JAVA 语言等;(5)泛指网络技术所带来的文化、思维方式等;(6)指网络上所使用的(不同民族的)语言文字,如英语是第一大网络语言;(7)特指用电脑输入的出现在网络上的话语,如网络上的电子公告牌、聊天室里"即时性"很强的、对话式的话语。这一分类为我们的讨论提供了方便,其中的(1)(5)(6)是一般用语,(4)是技术性用语,而我们所关心的只是(2)(3)(7)三种,因为正是这三种"网络语言"对汉语产生了强烈的冲击和影响。

"网络语言"的形成和网络本身的发展有很大关系。首先,网络刚兴起时,高昂的上网费用以及有限的网速,使得网民们不得不想尽办法提高输入效率,在最短的时间里发送最多的信息,其结果是出现了大量经过改造的汉语和英语词汇,同时还派生出很多以前所没有的缩略语如 asap(as soon as possible,越快越好)等和各种表情符号。其次,网民们在网上都是以隐匿的身份出现,他们的话语在网上发布不会被任何人追究,因而可以随心所欲地使用陌生新奇的语言形式来释放在现实世界中积累的疲惫与愤懑、茫然与空虚,这就使得网络语言良莠不齐,一些格调不高、粗俗的词语也时有出现。

网络的自由,造成这种以简洁直观为最大特点的语言超常地发挥,在一定程度上可以说也丰富了汉语的表现力。古老的汉字似乎一下子变得调皮起来,与数字、字母、标点、图形等结成同盟,极尽所能地帮助网民们表达各种各样的情意。然而在这过程中,我们不无遗憾地发现,在网络语言面前,中文所付出的代价却远远大于它所能汲取的"营养",它受到的甚至是"伤害"。

网络语言造成的第一个伤害是对汉语所承载的民族传统价值观念的颠覆。网络的发展使得文化间的交流接触变得异常便利与轻松。轻点鼠标,尽览全球,人们在通过网络获取西方先进的技术文化的同时,不知不觉间也接触了他们的思维方式、行为方式和价值观念。随着网络语言裹挟而来的西方的一些色情、暴力及责任感沦丧的价值观正疯狂撞击着汉语的传统堤坝。粗俗化既是网络企图摆脱传媒长期以来高高在上的语言格式化的一种努力,同时更是对主流话语进行的一个挑战,大量粗鄙化、毫无责任感、道德感的语言弥漫在整个网络世界,糜烂庸俗、怪诞不经的各种内容充斥其间,反映出了极度低沉颓唐、猥琐堕落的价值观念。

网络语言造成的第二个伤害是直接针对中文的。它将文字与图形、数字、符号等混用,虽然在虚拟空间中可以更为简便快捷地完成交际,但却极大地破坏了现实世界中语言文字的使用规范,使人们,尤其是正处于语言学习阶段的年轻一代渐渐地疏远了蕴含着自己民族根基的母语,而只把它当作一种简易的"工具"而肆意滥用,随心所欲地将各种语言材料组合、嫁接,出现了许许多多不符合规范的别字、生词和句式,突出体现在两个方面,一是词语的畸型变异,如"粉"就是"很","素"就是"是","酱紫"就是"这样子","酿紫"就是"那样子","偶/藕"代表"我","稀饭"代表"喜欢","什么"则被写成"虾米/啥么四",更费解的还有连♯、@、& 等各种符号都被用了上去,表达着一般人无法理解的各种意思。二是对传统语言习惯的背叛,如"非常××",其意义有时令人百思莫解。网络语言还出现普通话、方言、英语混用的情况,如"发呆 ing"将英语时态的表达法移用到汉语中来;"jokingde"这个短语的意思是"开玩笑的","开玩笑"用了英语单词"joke"的现在分词形式"joking",而助词"的"又用了汉语拼音。生造词语和语法杂糅的大行其道,使网络语言体现出极大的随意性。如果说这些语言表达方式仅仅是在网上使用倒也罢了,但可怕的是,它已经被中小学生用在作文写作和日常对话中了。一家报纸曾举过一篇中学生作文中的例子:

"昨晚,我的 JJ 带着她的青蛙 BF 到我家来吃饭。饭桌上,JJ 的 BF 一个劲地对我妈妈 PMP,说她年轻的时候一定是个 PLMM。真是好 BT 啊,7456……"(JJ 指姐姐,青蛙指丑陋的,BF 指男朋友,7456 指气死我了,PMP 指拍马屁,PLMM 指漂亮妹妹,BT 指变态。)

还有一名学生在题为"我的理想"的作文中有这样的语言:"偶 8 素米女,木油虾米太远大的理想,只稀饭睡觉、粗饭,像偶酱紫的菜鸟……"(我不是美女,没有什么太远大的理想,只喜欢睡觉、吃饭,像我这样子的新手……)教师或父母看到这样的作文,只能是一头雾水,不知所云。

以上这种文字主要还是流行在所谓80后的一代青少年中，人们还主要把它看作孩子气、不想长大，但一般来说，意思还能猜得出来，无非是说得比较俏皮而已。到了90后一代，"网络语"似乎又过时了。在90后一代中流行的是所谓的"火星文"，那是多数人看了觉得莫名其妙的东西。据说，火星文起源于台湾地区，如同汉语拼音输入同音字异常搭配组成新"词"一样，台湾的注音符号和其他繁体字输入法也会造成一些错别字，久而久之，人们一看到某个错别字，就能猜到原来的正字，也就懒得改了。之后随着《劲舞团》等低龄网游在内地的流行，这种"另类"的文字受到90后的热烈追捧，并结合了简体输入法得到了发挥。目前，"火星文"已成了由符号、繁体字、日文、韩文、冷僻字等组成的一套自成"体系"的文字，成了90后为主的一批人交谈的主流话语，不会用的人就会被踢出去。对于"火星文"我们实在不懂得多少，只能举报上常举的几个例子以见一斑。如"尛钕孓"（小女子）、"韓儛銹"（韩舞秀），还有上海一家商店的招牌"湳缒儛埗"（时尚舞步）之类。

　　对于这种现象，有人表示宽容和认同。如有人表示，每种新文化的兴起都会带来一些新词汇、新用法，现在的青少年是在"读图时代"长大的，他们需要更加简单、形象的交流工具。而网络语言的产生正是适应了这一需要。而且，词汇的产生与发展是不以人的意志为转移的，不应强制去规范，等等。我们认为，这一辩解是乏力的，我们要把语言的创新与滥用区别开来，诚然，网络语言中也不乏具有创新价值的东西，体现了新一代年青人的勃勃生气。但是像上面举的那些例子能算创新吗？更何况，年轻一代总要长大，要承担起国家与社会的责任，他不可能永远生活在自己创造的语言世界里。如果一个人从小接触的都是生搬硬造、只有自己周围一小圈人才懂得的语汇，对语言的使用采取嬉皮士的态度，他将来怎么与正常人进行交际？怎么能指望他会对自己的母语产生敬畏之情，并将其发扬光大呢？

语文教学的危机
——《中文危机与对策》系列讲座之八

语文的存在与发展是靠教学来传承的。如何提高语文教学的质量和效果,是百年来社会关注的焦点之一,也是语文改革的导火线和切入点。但这个问题远远不容乐观,如果将100年之前和之后作比较,甚至可以说语文教学的根本问题没有得到解决,100年前提出的目标——缩短花在语文教育上的时间——至今没有实现,有人甚至以为现在花12年时间学习语文,其效果还不如当初的私塾。我们至今没有找到一条适合中文教学的路子。母语教学、对外汉语教学都存在不少问题,说是"危机"大约也不算过分。

根据有关方面的调查,语文课已经在"中小学生最不喜欢的课程"名单上名列榜首。学生反映:喜欢语文,但不喜欢语文课。问题到底出在哪里呢?

一、何谓"语""文"?

语文教学的危机首先源于对"语""文"的不同理解。自从1949年语文作为独立课程开设以来,由于社会历史和政治气候的影响,加上汉字的多义性,围绕"语""文"的性质一直有着不同的解释。学生,甚至教师,对"语""文"的理解可以说五花八门。

"语文"这一名称是1949下半年出现的。在此以前,这门功课在小学叫"国语",其课文全部是语体文。到了中学,语体文比例减少,文言文逐步加多,因此这门课程改称"国文"。两个不同的名称给人的感觉是,"国语"的"语"是指"语体文","国文"的"文"是指"文言文",因而"语文"就应该是语体文加文言文。

但这却不是"语文"命名的真正意思。语文课的名称是叶圣陶先生定的,按他的意思,"语"应该指口语,"文"应该指书面语,"语文"是口语与书面语的合一。他曾在多个场合对此作过说明。如1960年在《答孙文才》一文中说:"'语文'一名,始用于1949年之中小学课本。当时想法,口头为语,笔下为文,合成一词,就称'语文'。自此推想,似以语言文章为较切。文谓文字,似指一个个的字,不甚惬当。

文谓文学,又不能包容文学之外之文章。"1963年在《认真学习语文》一文中说:"什么是语文? 平时说的话叫口头语言,写到纸面上叫书面语言。把口头语言和书面语言连在一起说,就叫语文。"1964年又在《答滕万林》中再一次强调:"'语文'一名,始用于1949年华北人民政府教科书编审委员会选用中小学课本之时。前此中学称'国文',小学称'国语',至是乃统而一之。彼时同人之意,以为口头为'语',书面为'文',文本于语,不可偏指,故合言之。"

1980年成立了全国小学语文教学研究会。叶圣陶在成立大会上指出:"语文"这个名称不是"国语"和"国文"的合并,也不是"语"指语言,"文"指文学(虽然教材里有不少文学作品)。这是从反面否定了"语"指语言、"文"指文学,或者"语"是"语体文""文"是文言文的观点。

依此,语文的定性问题应该早已解决,不应成为问题。

但是1956年的"语言""文学"分科再次引起了人们对"语""文"定性的讨论。既然"语文"课可以拆成"文学"与"语言"两科,可见在分立以前,"语文"就是"语言""文学"的合称。后来"语""文"分科的实践停止了,但是,把"语文"理解为"语言"加"文学"的影响却至今还在,并成为后来围绕"语""文"定性新的争议的导火索。

10年"文革"中由于经典范文都成了"大毒草"而不能入选课文,能作为课文的就只剩下领袖语录和两报一刊社论等政治文章。语文课的政治特色愈发浓郁,几成政治课、思想课、语录课。"语""文"的区别也变得模糊起来。

改革开放以后,围绕"语"与"文"的定性问题,语文教育界出现了各种不同的观点,比较典型的有以下一些:

(1) 认为语文就是语言与文章。这一观点认为,语,指语言;文,指文章。这个文章是广义文章,包括实用性文章和文学作品。进一步的说法认为,文章就是传统说的"道德文章"中的"文章",泛指学问和各种著述。这一理解把"文"的外延无限扩大,包含所有形成书面文字的东西,因而很难为多数人接受。

(2) 认为语文就是语言加文字。其根据是1963年后公布的《语文教学大纲》中出现了"理解和运用祖国的语言文字"的说法。"文"的外延只局限于"文字",不仅空间太狭窄,而且逻辑上也成问题,因为一般以为文字只是语言学科系统的组成部分。

(3) 认为语文是用语言来表述的文化。如新的《语文课程标准》把"语文"定性为"是最重要的交际工具,是人类文化的重要组成部分"。提出这种观点的理由是语文与文化有着密切的关系。但是,用"文化"来指语文的"文",范围似乎显得太广。

(4) 主张语文"除了不是语言和文学之外,怎么解释都可以"。这种说法有点让人摸不着头脑。

(5) 还有一种观点认为,名称并不重要,把"语文"这门课分别称为"语文""国语""国文"还是"汉语",其实质没有多大的变化。语文这门课的本质是什么,不能用 A+B 式的分解方法去理解"语文"的内涵,因为这会将一个构成论的回答误当作本体论的回答,造成语文本体论与构成论的双重迷失。正确的做法是,我们应该把它们当成一个整体来看待。这个观点似乎有点玄乎又有点故作深奥。

"语""文"内涵的确定,决定着语文学科的根本性质,决定着语文教育的目标、任务,教学大纲的制订和教材的编写等一系列重大问题,可说是语文教育的核心问题。但就是对这样一个重要的问题,半个多世纪来我们却一直交不出一份令人满意的答卷。在这种状态之下,语文教育要它不出现问题也难。

二、在"文""道"之间徘徊

语文课是什么,我们不清楚;学习语文课是为了什么,我们同样不清楚。按理,学校设立的各门课程都应该有十分明确的教学目标,否则教学活动根本就无法进行。而就是这样一个基本问题,语文教育界竟然长期以来给不出一个明确的答案。这就逼得语文教师们只能各显神通,按各人自己的理解在语文技能、思维训练、思想道德、人文素养等目标之间徘徊。

解放后确定开设语文课,语文课程的负责人也给出了语文课的性质就是口语加书面语这样的解释,按理语文的教学目标也就应该明确了,那就是提高口语和书面语的水平,或者说,学会读书写文章。事实上,20 世纪 50 年代初期的语文教育就是沿着这个路子走的。只是 1956 年起先是实施"语""文"分科,后又改回来,"文学"进入了语文,就使语文课的目标突然变得不明确了。文学作品当然有个思想内容问题,选什么、不选什么,就是个大问题。加上自 1959 年起,"政治挂帅"的口号越叫越响,"厚今薄古""树红旗,拔白旗"成了人们生活的一部分,语文课自是首当其冲。于是,语文教育界出现了热烈的"文""道"之争。所谓"道",是指思想教育,而所谓"文",就是语文,有人认为,"文"只是"道"的载体,语文课应以"道"的教育为最终目标。另一部分人则认为语文课只能管"文","道"的教育不应由语文课来承担。自然在当时的氛围下,后者的声音是比较小的。于是更多的人就出来打圆场,说两者都重要,"文""道"可以并重。殊不知这样一来,语文课教学目标就变得模糊了,甚至可以说,直到现在,在从事语文教育的人都还没有弄清楚。

20世纪80年代中国出现了"文化热",什么东西都要跟文化挂起钩来。这一思潮也影响到了语文课,从而出现了"人文性"和"工具性"之争。所谓"工具性",就是语文性的具体化,是关乎"语""文"本体的;所谓"人文性",仍是语文课的内容,只是因为"文革"后"政治性"不强调了,就以"人文性"来取代。"人文性"的内涵,是"提升人的人文素质,在道德、思想、精神等方面得到升华"。这样看来,所谓"人文性"与"工具性"之争,从本质上来看只是"文""道"之争的升级换代版,在新形势下的产物。

工具性和人文性的争论,可以说至今没有结束。公说公有理,婆说婆有理。最近通过的《语文课程标准》则是采取了一种折中调和的态度:"语文课程应激发和培养学生热爱祖国语文的思想感情,引导学生丰富语言的积累,培养语感,发展思维,初步掌握学习语文的基本方法,养成良好的学习习惯,使他们具有适应实际需要的识字写字能力、阅读能力、写作能力、口语交际能力,正确地理解和运用祖国语文。同时,语文课程还应通过优秀文化的熏陶感染,提高学生的思想道德修养和审美情趣,使他们逐步形成良好的个性和健全的人格,促进德、智、体、美诸方面的和谐发展。"这一"工具性和人文性统一"的"正确"结论,实际上仍然没有明确解决语文教学的目标应该是什么的问题。而在这旷日持久的争论中,语文教育在两者的夹缝中艰难地进行着。

课程性质不明确,教学目标不明确,在这样的情况之下,我们只能看着语文课年复一年地在原地兜圈子。

三、"工具性"与"工具课"

在语文课教学目标的大讨论中,很多人围绕"人文性"与"工具性"大费口舌。但我们发现,到底什么是"人文性""工具性",恐怕很多人并没有搞清楚。"人文性",有人理解为就是"思想性",遭到了人们的嗤笑。其实,多数人对"工具性"的理解也好不到哪里去。

　　主持当今语文课程改革的有不少是高校的语言学专家。也许人们没有注意到,语言学家心目中的"工具性"与语文教育专家心目中的"工具性"并不是一回事。语言学家想到的首先是20世纪以来已经视为常识的语言学基本理论:"语言是人类最重要的交际工具",他们的"工具性"是从语言文字的交际功能角度着眼的,学了语文以后,可以如何提高交际能力。他们更关心的是"语用学"的原则如礼貌啊、合作啊等等,如何以最简单的方法让孩子们掌握。这些当然不能算错。但是语文教育家在讲"工具性"的时候,还有更直接的解释。他们不大谈语文的"工具性",而非常强调语文课是一门"工具课",是学习其他课程的基础。这样的两种见解其实是大相迳庭的。前一种观点着眼于语文自身,是把语文课当作与其他课无关的独立的一门课,语文课要遵循语文课自身的特点和规律,语文课只要做好自己的事就可以了,等等。而后一种着眼于语文课在整个教育体系中的地位,语文是学好其他课程的"工具""基础",甚至"基础的基础"。为什么？因为所有其他课程的学习,前提是必须能看懂教材。一位专家写过一篇文章,非常生动地描述了"每年秋季开学,一年级的小学生怀着美好的憧憬,背着崭新的书包来到学校,走进教室,开始学习各门课程的时候,他们的一腔热情,碰到的却是一道道难以跨过的高高的'门槛'":

　　品德与生活课——首页是一封《给小朋友的信》,共246字。第一课,标题是"手拉手交朋友",在"认识你真好"的小标题下,列了6页图画,并配有文字,如"手拉手,我们都是好朋友","你认识了几个小朋友,说说他们的名字","学做名片"。还有两首儿歌,各4句。

　　数学课——第二课第一页,在一些图画下面就有文字表达的题目:"长的画√,短的画○""高的画√,矮的画○""你能在图上找一找、比一比吗?"

　　音乐课——第一课共两页。第一个页面有"有趣的声音世界""金鸟音乐厅"和"寻找生活中的声音"三个标题。第二页有一个问题:"你能模仿这些声音吗?"接着是"唱歌",歌名是《大雨和小雨》,下面是五线谱及歌词:"大雨哗啦啦,小雨淅沥沥,哗啦啦,淅沥沥,小草笑嘻嘻"。

　　要知道,在同时的语文课里汉字还没有开始教,正准备花两个月的时间教汉语拼音呢！由于不识字,孩子根本不知道怎么学这些课程,老师也不知道怎么教。

　　由此可见,至少就中文的教学而言,识字是基础的基础,不识字,任何别的课程无法有效地进行。中国古人为什么在蒙学阶段要先学"三、百、千"(《三字经》《百家姓》《千字文》),特别是那毫无内容、无法分析的《百家姓》? 就是因为看到了识字在儿童教育中的基础作用。等到"三、百、千"读完,儿童已经认识了近2000个字,再读《四书》等正式课程就容易了。中国传统是个"大语文教育",文、史、哲不分,《三字经》《千字文》里都已经贯穿了这些一体化的教育,识这些字也同时为学习古代人认为必须要学的文史哲知识打好了基础。我们现在语、数、外、品、音等分课,语文变成了"小语文"。但"小语文"仍得承担学习其他课程必需的识字教育。你不可能把这一任务交给其他课程,比如让数学老师、音乐老师来帮你教汉字。因此,不能以最短的时间、最快的手段让学生在入学伊始就大量识字,这样的语文教育就是失败的,这样的语文教育思想就是错误的,这样的"改革"就是误人子弟的,这样的"语文"教育不但要负起全民语文水平下降的责任,还要负起拖累其他课程教育、降低全民科技文化水平的责任!

有人说,我们这种分课齐进的方法是外国的先进经验,别人的语文课自顾自地前进并没有影响别的课程啊,为什么我们就会影响呢? 这就体现了中文与拼音文字语言的不同了。拼音文字语言言文基本一致,说的(口语)和读的(书面语)基本上是一致的,从会说到会看、会念比较简单。加之西方语文教育以"词"为单位,各门学科其实都承担着扩大学生词汇量的责任,分工合作,分进合击,共同承担起提高学生语文水平,特别是扩大词汇量的责任。数学老师会认为教数学方面的有关术语是他的责任,音乐老师也会认为教音乐术语是他的责任。但在我们这里,第一,听说和读写是分家的,听得懂跟看得懂、写得出完全是两码事;第二,我们的语文教育是以"字"为单位的,识了一定数量的字,各个学科都可以用。我们无法区别出数学课的专门用"字"、音乐课的专门用"字"。"字"让语文老师来教是天经地义的。识字教育完成得不好,就是语文老师的责任。谁也没义务替他分担。

从以上的分析来看,"识字量"在语文教育的初级阶段实在是基础的基础、关键的关键。识字量决定阅读量。语文专家朱旗、李一特指出:"汉语阅读的条件是认识2500个常用字","基础教育起始阶段的语文教育要以识字为重点,以八周岁能顺利阅读为核心目标。"而我们的新课标(以人教版实验教科书为例),一年级到二年级只要求能认识1800字,会写1000字。朱、李两先生分析说:"为什么《语文课程标准》在1-2年级只提供1600-1800个常用字而不提供2500个常用字呢? 原因可能有两个:一个是,编者根本就没有想到让中国的每一个八岁儿童顺利阅读的问题；另一个是，认为汉字难学。"

我们认为，这两个问题，前一个是根本的，是语文教育观的问题，是想不想提高全民素质的问题；后一个是技术性的，是可以通过研究、实验加以解决的。事实上，很多人已经进行过很成功的实验，例如中央教育科学研究所课程教材研究中心主任戴汝潜教授曾提出"科学的语文教育理念"，花了10多年时间，深入到全国各地，在"不同的经济发达水平、不同程度的办学条件、不同特点的方言地区"进行随机实验，取得了以下的成功："一年级识字突破2000个，实现了尽早阅读；二年级平均阅读量达18万-340万字以上，掌握朗读和复述；三年级语文能力迁移平行学科（数学、英语、科学等）水平惊人；四年级作文内容、质量达到或超过六年级以上水平；五年级阅读综合能力超过初中二年级的平均水平。"他的实验通过了"九五""十五"课题的验收，然而在语文新课标研究过程中，因为国家强调要"统一标准"，实验被迫下马。语文教育回到了"注音识字，提前读写"的老路上。而就在2007年秋天，上海市教委出台了《上海市小学一二年级课程调整方案》，其中"语文篇目减少35篇，识字量减少400字、写字量减少100字，2000字识字量的学习时间从2年调整为3年。"看到这则报道，我的第一个直觉就是，上海地区的"中文危机"看来还将再延续一代！从语文课本身看，我们有理由怀疑那种认为"学生在认识250-500个汉字后，会产生一定的识字障碍"的主张，没有什么科学根据，因为中国1000多年来的"三、百、千"启蒙教育，都是在不到一年时间完成近2000字的识字量（还是难认难写的繁体字！），从来也没有人发现过中间有过一个"识字障碍"阶段。而从语文课作为所有学科的工具课角度讲，由于识字少引起的阅读能力差，这将拖累小学全部课程的学习。如果从人的全面发展来看，如果专家说的"具备自由阅读能力的下限是识2500字"是正确的，而这一任务要到小学四年级才能完成，那么这就意味着小学生在四年级以前除教材外将无书可看，也许正好为网络游戏的侵入和动漫的蔓延大开方便之门，中国人的"读图年龄"将再一次往后延伸。

四、语文教学的第一步

传统的语文教学是从认字开始的，这从来不成问题。但在这样的选择和这样的教学法里含有什么道理，我们很少考虑过。现在看来，这样的"启蒙教育"方法里，体现了四个重要原则：第一，学中文从识字始；第二，集中识字；第三，大量识字;第四,读写分开,读的是"赵钱孙李""人之初,性本善",写的是"上大人孔乙己"。第一个原则,在有汉语拼音之前,当然是唯一的选择。第二个原则就很值得回味,当时蒙学用的教材教师基本不讲解,甚至无从讲解起,例如《百家姓》,可说是无意义的汉字的堆砌。你总不能给学生"分析"说,"'赵钱孙李'里,'赵'是一个姓,'钱'是一个姓……"。识字、认字是这一阶段唯一的目的。第三个原则体现在通过一年的学习,学生在学了"三、百、千"以后,可以认识将近 2000 个字。第四个原则我们从来没有当一回事。这几个道理前人没有明说过,但千百年来的实践证明其是有效的。

废科举、兴学校以后,"三、百、千"这些体现"封建主义毒素"的教材自然无法再用,《百家姓》这类必须采用死记硬背,而不能"在理解的基础上记忆"的教学法更是违背"科学",语文启蒙教育突然没了方向,于是就义无反顾地采用了西方语文教育的方法。首先改"集中识字"为"随文识字",改"读写分开"为"读写一致","会读""会写""会认"要同步。这就要求为学生编选"适合学生认知水平"的浅易教材。但很快,"学文"与"识字""认字"和"写字"出现了矛盾,因为浅易的文章不等于用字也简单,认起来快的字写起来也容易。例如 20 世纪 50 年代初的小学语文教材第一课只有三个字:"开学了",可以说浅得不能再浅了,读起来容易,认起来也不难,但"开"的繁体字 11 笔,"学"的繁体字 16 笔,要六七岁的小孩学会把这两个字写在一个小方格里那得花多少力气!于是,汉字"难学、难认、难记、难写"的矛盾就突出了,这就更坚定了人们要"改革汉字,走世界共同的拼音文字道路"的决心。因而,在《汉语拼音方案》诞生以后,有许多人开始积极推行先学汉语拼音,后学汉字的教学方法。1982 年,在中国文字改革委员会和全国高等院校文字改革学会的支持下,黑龙江省几所小学开始进行"注音识字,提前读写"实验。这项实验完全改变了传统的小学语文教学结构,变"先识字,后读书"为"先读书,后识字"或"边读书,边识字",以此解决小学语文教学中长期存在的学汉语同识汉字的矛盾。在这一经验推开以后,先学拼音,后学汉字成了中国大陆小学语文启蒙教学的不二法门。

但这一方法的改变带来了严重的问题。首先是为了适应"读写同步"与汉字难记难写的矛盾,不得不一再减低课文的难度,减少汉字的数量,其结果是:(1) 教材的深度跟不上孩子的智力发展,很大的孩子了,还不得不学一些适合幼儿的故事,因为"国外的教材都是这么编的",学生学起来没劲;(2) 对学生识字量的要求不断降低,出现了我们前文提到过的将2000字分三年完成的计划,严重地滞后了学生的语文学习;(3)"提前读写,汉字夹拼音"的方法事实上不切合实际,所谓"读写"其实只是"写",因为你可以在遇到不会写的字时用汉语拼音去代替(其实用任何符号去代替都可以,譬如20世纪50年代解放军战士高玉宝、60年代中学《毛选》的榜样顾阿桃都曾用过用图画和其他标记与汉字"夹用"的办法),但无法"读",因为在正式使用汉语的场合你永远遇不到一篇用汉字夹拼音写的文章,养成这种习惯的学生将来在中文实际使用上会碰到很大的困难。

而更大的问题在于语言心理。在入学以前,孩子的心灵可说是一个空白,因而上学的第一课、他所得到的第一印象会在他心里刻下深深的痕迹,影响他今后的一辈子生活和人生态度。如果一开始就教拼音,就会造成这些印象:(1)汉语是用拼音记载的,拼音就是记录汉语的书面形式;(2)这个汉语的书面形式是很单调、很枯燥、很乏味的,而且由于汉语拼音其实很难"拼读"的原因,学起来是很困难的;(3)后来才学的汉字是外加在拼音上的,是不必要的负担。从而对汉字产生厌学、厌记的态度,碰到有不认识的或难写的就会随意地用拼音或同音字去替代。我们可以想象,学生一旦形成这种心理,将对他今后的中文观产生多大的影响。因而我们可以毫不夸张地说,对于中文危机,小学的启蒙教育有很大的责任。

正是基于这样的认识,近年来一些语文教育专家开始对这一方法进行了根本的质疑。有的专家斩钉截铁地指出:"语文教学先学拼音再学识字是个错误!"

这一争论现在还没有结束。我们期待着它能进一步深入开展,也希望有关方面不必急于先求"一统",而要允许并支持做更多的试验。

五、"指挥棒"下的无奈

要说语文教学不知为何而教、为何而学,倒也不尽然。至少这几十年来,人们越来越明确的目的是为考而教、为考而学。高考尤其是语文教学说一不二的"指挥棒"。

平心而论,高考制度还是目前中国可信度和公平度最高的人才选拔制度,它结束了工农兵推荐上大学的闹剧,堵塞了特权之路。人们坚信高考分数是客观的,高校录取是公正的。因此,和推荐上大学比较,通过考试选拔人才无疑是社会的一种进步。但由于高考竞争激烈,不仅关系到考生之能否上大学,还涉及相关学校的升学率、评比的名次,乃至教师的晋级、职称评定、升迁等直接的物质利益,使得一切都围着高考转。教学也因之发生了严重的"异化"。按理应该是教师教什么,学生学什么,考试就考什么;而现在倒过来了,成了考试考什么,老师就教什么,学生也就学什么。结果整个教学过程围着潜在的高考试题转。一本教科书、一本教学参考书,加上一大叠"模拟"试卷,就是教师和学生拥有的全部资本。面对这样的教学,教师无奈,学生痛苦。

谈到语文高考试卷,最使人反感的是它的标准化试题。标准化考试最早在美国的托福(TOEFL)考试中采用,这种四选一的考试方式曾被当作"科学的考试方式"而传遍世界各地。1985年,我国从香港地区引进这种考试方式,把它用于语文考试。在广东试验一年后,于1986年在全国推广使用。语文采用标准化考试,其初衷是为了增强试题的客观性,应该说用意是好的,但问题是它没有考虑语文学科的特点,因为语文学科是具有模糊性的人文学科,套用适合于自然科学的标准化考试模式是不合适的。采用大量的标准化选择题的结果是,产生了许多意想不到的负面影响。在标准化考试的影响下,教师的"教"没有任何自由发挥的余地,学生的"学"也不需要任何文学感悟力或想象力。

近些年的标准化试题越来越刁钻,花样也不断翻新,答案也越来越僵硬,完全背离了语文课的本义,变成了折磨人的恶作剧。许多标准化试题,其所谓的标准答案其实并不"标准",常常是无理取闹。这种考试的最大危害就是对教学的误导,结果造成学生对母语的厌恶乃至仇恨。

语文高考试卷的第二个受到责难的方面是难度有问题,难度有余而高度不足。据统计,近几年语文高考试卷如果从150分制换算成100分制,那么考生的平均成绩就只有50分左右,这意味着,按照高考试卷的难度,全国大多数考生经过12年的学习,其语文成绩都达不到及格标准,可见,目前语文高考试题的难度的确不小。有时连阅卷教师也感叹说:这样的试卷如果让他们来做,最多也只能考70来分。问题在于试卷难是难了,可高度不足。因为有些题目其实并不难,本来只要凭直觉和语感就可以判断其是非,但一些无谓的干扰项把简单问题弄得很复杂,结果考查学生的不是他们的语文能力,而是拨开迷雾,寻求"标准"答案的能力。

第三个方面是考题烦琐,脱离生活,束缚学生语文能力的发展。一些题目表面看起来是考学生的词语理解能力,实际上却是一种人为设置的文字游戏,不仅使考生无所适从，而且更会引导学生去钻牛角尖，做一些同义词辨异、歧义句分析这样的操练，最终束缚学生真正语言能力的发展。

第四个方面，考知识点而不考语言能力。考试的重点本应该是考查学生的语文综合能力，而不是考查各种知识点。但现在的高考试卷以尽量扩大知识的覆盖面为由，随意考查些零零碎碎的知识。甚至连"作者的籍贯"和"作品发表的年代""文章选自哪里"等这些需要时查查工具书就会知道的没有多少价值的知识，也拿来考学生。这就等于暗示学生，今后凡是课文的各种注解都要背，否则就要失分。这样做的结果，会引导学生把很多精力放在死记硬背那些烦琐无用的"知识"上面，诱发出教师和学生一种急功近利的心理，为"题海战术"的运用创造条件。

第五，高考试卷的另一个弊端是考卷题量太大。也许这些年来我们已经习惯了满满的八页考题，但要是看看70年前北京大学的国文入学考题，就会知道我们的量是多大了。1936年北京大学入学的国文试题是这样的："（1）作文。叙述你平日作文所感到的困难，并推寻其困难的由来。（2）你从读书以来，对于学问的兴趣经过几次转变？试说明其经过及原因。注意：两题选作一题；作白话文，不限字数；自己分段，每段第一行低两格写；自己加标点符号。"语文考试量不大的情况就是到"文革"以前还是如此。笔者1962年参加高考时语文就考一篇作文，题目在《说不怕鬼》与《雨后》两题里任选一题。报考文科的则还要考一门文言文翻译，翻译一篇短文，没有什么"解释加点的字"之类，更没有语法分析。记得当时一张卷子笔者实际只花20分钟就做完了。

高考是"指挥棒"，因此，高考试题如果命题不当，则会误导教学，给学生造成沉重的课业负担。"文革"前的语文教学，老师和学生都感到趣味无穷，不管是平时考试，还是升学考试，学生都感到比较轻松，因为经验告诉他们，语文学习的关键是靠平时积累，只要平时认认真真地学，踏踏实实地练，则考试是不会难的，语文考试成绩也不会太差。但最近一二十年来，标准化考试的盛行，试卷难度的提高，知识题的出现，造成了对训练的空前强调，而且训练演变成了机械操练，大量做题，做各种练习题，做中考、高考模拟题，以至于不读书，只做题。在这样的教学方式下，教师的教没法"主导"得起来，学生的学也没法"主动"得起来，教师和学生在一定程度上都成为了"考奴"——考试的奴隶。

如果只是按照教学大纲和教材的要求进行各项常规训练，是远远不能适应语文高考试题的要求的。不能适应高考试题的要求，就得不到高分，也就会影响到考分和升学。学校为了提高升学率，争取得高分，就千方百计地跟高考要求对口，并采取各种措施，加强应试训练。据了解，为了应付高考，不少学校用两年时间把教学大纲规定的170篇基本课文通通"过"一遍，把中学语文教材中确定的知识点和训练点通通"扫"一遍，然后用长达一年左右的时间来进行"总复习"。这总复习要把近几年的全国语文高考题通通"练"一遍；还要把根据多方预测来年可能考查的新内容和采用的新题型以模拟考试的方式通通"做"几遍，期间还夹杂着各种各样的"摸底考""模拟考""联考""统考""月考"等等。这样一来，既增加课时，又要加重负担，正常的教学工作秩序也受到了严重的干扰和破坏。

在目前的条件下，我们不否认高考的"指挥棒"作用的存在。问题在于它的指挥是否得当，是否有利于教学活动的开展，是否有利于人才的培养和选拔。不少人提出要把"应试教育"转变为素质教育，但实行素质教学的关键在考试，只要没有"素质化"的高考模式和方法，"素质教育"就永远是一句空话。

外语与汉语教学
——《中文危机与对策》系列讲座之九

这一讲我们讲几个与外语教学有关的汉语教学问题。进入20世纪以来,中文教学的环境发生了很大的变化,最大的变化当然是废科举,从内容到形式使中文教育发生了根本性的变化,科举道路的断绝更使读书人的心态发生了翻天覆地的变化,由爱之深至恨之切,其后许多问题的根子与之有关。第二个大变化是新式学校代替了旧式的私塾和书院。在旧式教育里,语文几乎就是教育的全部,而到了新式学校里,语文只是学校诸多学科中的一科,从而产生了以前从来没有过的与其他学科关系的协调问题。此外,还第三个大变化,就是外语教学因素的渗入,中文不但不再是教学的唯一目标,也不是教学的唯一工具。周围全外语教学、半外语教学等等的环境对中文教学也产生着重要的影响。这个影响且越来越大。当然,到了20世纪70年代以后,随着中国国际地位的提高,形势产生了某种"逆转",中文和汉语突然产生了一个对外教学问题,从习惯于在外语教学强势下进行中文教学,转而要考虑以什么方式输出中文,我们是否做好了准备,并且适应这个转变?这些都是很值得探索的问题。因而在外语教学、外语教学与中文的关系问题,我们真可说是危机与机遇并存。这里我们先讨论三个问题。

一、外语式的母语教学

语文教育是母语教育,学母语跟学外语应该有很大差别,但是,100多年来我们似乎看不到这一点,"五四"以来的语文教学,采用的可说基本上是与外语教学类似的方法,这是造成语文教育效果不高的重要原因。

说我们的语文教学采用的是外语式的教学方法,首先是因为它没有处理好口语和书面语的关系。重口语和重书面语,这是学习外语和学习母语的重要区别。学习外语当然要从口语开始,没有正确的发音,不掌握正确的语音语调,就听不懂外国人说话,学习书面语也会发生很多困难。因此,听、说、读、写、译,是学习外语的正常顺序。而学习母语情况与之不同。入学之前,儿童基本已经学会了说话,他们上学的目的主要是学习书面语。这一点中外其实没有区别,中国人讲上学"读书做文章",英国人也说上学去"learn to read and write",即学习"读写"。学外语当然要采用学外语的方式,即从听说开始。中国人接触外国的语言教学,是从学外语开始的,在学外语过程中体会到了一个学习外语的规律和程序。由于"一切都是西方的先进",结果就误认为学母语也是如此,因此把从学听说开始的经验用到母语教学上。正好国家又提倡推广普通话,结果把学习普通话变成了语文学习的主要内容,把大量的时间放在学习正音、拼音,学"说话",造句,"写话"上。由于把重点放在口语上,对书面语的要求就不断放低,表现在识字量的要求逐年降低,在识字少的前提下又要鼓励"提前读写",结果只能让学生用拼音或同音字代替,从而为别字的大量出现打开了口子。

如果说重口语和重书面语是一般的外语学习和母语教学的区别,那么重拼写还是重识字是以拼音文字作为母语和以汉语作为母语的重大区别。我们看欧洲国家小孩学习母语,常要把大量的时间放在拼写(spelling)上,与之相应,汉语应该把重点放在汉字的辨析和认读上,传统的语文教育正是这么做的。然而我们的做法却是像教拼音文字语言一样,让孩子从小学甚至从幼儿园起,就学习字母,练习拼读,而且是根本不讲道理的"拼读":玻(bo)啊(a)→爸(ba),bo、a 怎么拼得出 ba 来?一定要把 bo 里的 o 先去掉。但这怎么跟小孩子讲?又能不能讲得清楚?

外语式的语文教学的另一个表现是过分注重语法知识的讲解和语法分析。许多人没有注意到,西洋式的语法是在教、学外语的过程中产生、发展的,西方的第一部语法书是为学习希腊语的罗马人编的。因为各种语言都有各自的构造特点,对于本族人来说是习焉不察而又心知其意难以口述的东西,对于外族人却是难以逾越的难关。因此学外语一定要学语法,而学习母语却无需学语法。从马建忠开始,就误认为中国人学习母语需要的时间长是因为没有西方那样的语法,因而只要引进西方的语法,中国人学习母语就可以同西方人一样快。然而西方语法引进一百年的历史却告诉我们,学习语法对学习母语没有什么大的用处,马建忠等希望通过语法提高语文教学效率的目标从来没有实现过。因而,在母语中过于注重西方式的语法分析也是一种把母语当外语教的办法。语法分析无非是把学生已经懂的东西再贴上标签,分析为主语、谓语、动词、名词,结果把本来有趣的文章变得枯燥繁琐,最后弄得学生兴趣全无。20 世纪 80 年代后出现了关于语法"淡化"的讨论,张志公先生说,讲"淡化"是客气,实际上就是不要。中小学教师在实践中也感到语法知识对于中小学生并非必要,因而最近的课改中也大大降低了它们的份量,结果引起了语法学家们的不满。这些问题恐怕有从理论上加以澄清的必要。

外语式教学方法的再一个方面是过于强调"知识点",这与母语教学强调"感悟"很不一样。外语教学是一种工具理性教育,可以把需要学的最基本内容外化为种种"知识点",由浅入深,由易而难,建立起一个个"大纲":语音大纲、语法大纲,结构大纲、功能大纲,等等;而母语教育除基本的识字做文章外,还是一种人文素质教育,人文性素质的养成是一个内化的过程,是一个"悟"的过程。这与"知识点"的分解可能正好走的是相反的路。语文教育前辈徐中玉先生说:语文课堂教学,"要让学生经过思考、讨论,最后从心里接受它,真正感悟到文本中蕴涵的价值。老师教课不要只重视'知识点',一定要启发、感悟、互相补充,通过对文学作品的热烈讨论、鉴赏,让人文素养内化为学生们自己的信念。"徐中玉先生的这段话,谈的虽然是大学语文教学,但是它对中小学语文教学同样具有很大的指导意义。知识点对语文教育的损伤现在还没有被许多人认识到。它的唯一好处是便于考试命题的人来出各种各样的"客观题",便于他们用细小琐碎而多数未必有用的"知识"来刁难学生,语文"知识"上去了,而语文"水平"却下来了。

二、所谓"双语"教学

随着中国的进一步开放和融入世界,中外交流变得越来越频繁,特别是高新科学技术的迅猛发展及电脑信息网络的日益普及,呼唤着一批既精通中文和中国文化,又通晓外语和外国文化的双语人才。为顺应这一需要,"双语教学"这一新概念随之出现并迅速引起人们的注意。

我国的双语教学最早出现在清华大学等一些理工类院校中,后来逐步蔓延至全国许多高校。目前,这一新的教学模式已经开始在一些中小学直至幼儿园中试验并推广。

对于什么叫双语教学,历来有很多争议。现在一般认为,双语教学是指通过学校教育中其他科目的非母语教学来达到帮助学习者掌握两种语言的目的。也就是说,光给中国人开设外语课不算双语教学,一定要用英语来上学校规定的其他科目如数理化或史地等,才算是双语教学。

目前,我国的双语教学尚处在探索阶段,存在着许多不完善的地方。大体有三个方面的问题。一是师资。教师本身的素质和双语能力是开展双语教学的先决条件,否则双语教学就会有名无实,但从目前情况来看,既懂某一学科知识又能熟练运用英语的教师严重缺乏。二是环境。要有精心设计的校园环境和各种形式的校园文化,让学生一走进校门,就感到换了一个语言环境,时时、事事、处处看到英语,听到英语,使用英语,从而在"自然"的环境下学习和使用外语。但有这样条件的学校不多,高校尤其不具备也不可能具备。三是教材。没有相配套的双语教材,双语教学就会流于空谈。不过,本书的重点不在讨论双语教学本身的问题,我们更关心的是它与母语教学的关系。

首先,不正确的"双语教学"观正在冲击汉语的地位。我们不反对任何旨在提高学生外语水平、加强与国外沟通能力的努力,但是反对任何借"双语教学"名义,将外语凌驾于母语之上的种种主张和做法。而现在的一些双语教学鼓吹者正是在建议这样一种模式:从传统的母语教学向双语教学过渡,最终努力达到全英语教学的目标,实现所谓的完全与国际接轨。如果这一模式真的实施,那其对母语教学的危害是不言而喻的。这不是双语教学,而是彻头彻尾的殖民化教育!

其次,在母语教学和外语教学两者的关系上,我们必须懂得一个基本的道理:时间是一个常数,在这方面支出多了,在另一方面肯定会减少,其间的平衡如何把握是一项需要认真对待的问题。根据一项统计,在目前我国还没有实现普遍的"双语教学"的前提下,学生放在外语学习上的时间与学生全部学习时间的比例,小学生约为 $1/4$,中学生约为 $1/3$,大学生约为 $1/2$。实际上外语教学已经冲击到了其他学科的正常教学。如果我们在此基础上进一步推广"双语教学",把一些本来用母语开设的课程也改用英语,那这一比例会达到什么程度,简直不敢想象。这一做法势必会凸显英语在教育中的地位,使它由"第二语言"提升到与汉语并驾齐驱直至最后取代汉语成为"第一语言"。中国的教育法第十二条规定:"汉语言文字为学校及其他教育机构的基本教学语言文字。"双语教学把本应由母语完成的教学内容改由外语来进行,这实际上是违法的。至于将双语教学的时间提前到小学阶段,则危害将更大。因为中小学生语文水平本来就不高,他们对中文的语感也没有完全形成(按照前述上海市要将 2000 字的识字教育延长到三年完成的做法来看,他们到四年级也未必有自由的中文阅读能力),让他们过早地接触英语,很可能造成两败俱伤的结果:英文学不好,母语更学不好。

有人认为，一些高新技术的行业或课程，比如说计算机技术，中文还来不及翻译，没有确切的表达法，在这情况下，直接用外语教学效果可能更好，更便于跟国外接轨。这是"双语教学"首先在一些高水平的理工科大学推出的原因。但这里会产生一些问题。第一，在自然科学领域是不是存在"不可译性"，就是说，先进的科学技术有没有办法用中文来表达？使先进的科学技术在中国落地生根的办法，究竟是使其中国化呢，还是必须带着外语的烙印？中国人除非先学好英语，否则就不配学习和掌握先进的科学技术？第二，中国要不要自主发展这种先进科学技术，即使是在外国先进技术的基础上？如果要，那是立足于本国语言呢，还是立足于外国语言？比方说，像嫦娥一号探月卫星那样的研制，我们该用中文来进行呢，还是该用英文来进行？那些鼓吹双语教育的人最喜欢谈什么"世界公民"、谈什么"科学无国界"之类，请你看看西方国家的代表美国，它什么时候做到过科学无国界了？相反，知识封锁、技术保密，这个禁运、那个不准出口，是它们惯用的伎俩，"保护知识产权"更是它们打击发展中国家的一道利器。在这样的情况下，如果我们国家的科学技术研究在某些方面取得了一些突破，我们要不要也先"保密"一下？特别是那些涉及军事、国防等国家安全的领域。如果这些高新的领域只有用外语的文献、只有用"双语教学"培养出来的人才，我们国家的高科技行业，还有国家安全可言吗？

对待吸收外国先进事物有两种态度，一种是日本式的，一种是当今一些中国人在鼓吹的。前一种方式主要是通过翻译，组织大量的人力、物力，在第一时间把外国的先进东西全翻译过来，然后在母语的基础上从事学习、研究和创新。后一种则强调原汁原味，人人都学外语，通过外语直接学习第一手材料。两种方法何种更精简、更有效是显而易见的。日本是世界上翻译做得最好的国家之一，不管是人文科学，还是科学技术，西方最新的书一出来，很快日本就有了译本，懂日语的人人都得而读之；而同时日本也是外语学得最差的国家之一（"日本英语"常常是中国人取笑的对象）。中国呢，半个世纪来已有4亿人学过英语，而据专家估计，学了能多少派上用处的大约只占5%，而这5%里，能够很好地从事翻译的更是凤毛麟角。某些高校不是在说他们拥有一流的"双语教学"师资吗？我对此非常怀疑：所谓"双语教学"师资，当然是既能用中文教，又能用英文教。但这些"双语师资"，或者只能用结结巴巴的英语，或者能用"流畅"的英语讲课，但要是你用中文问他问题，他十有八九答不上来。这样的人能算"双语"吗？而这些人不管用的是流畅的英语也好,还是不流畅的英语也好,授课时多数是拿着英文原版书照本宣科,连中文解释都不带的。这明明就是"单语教学",哪来"双语"?我认为真正的"双语"教学有个很简单的检测办法:如果是英文教材,请他用中文授课、答疑;如果是中文教材,请他用英文授课、答疑。做不到的,就不要用"双语"教学来吓唬人。

　　双语教学进入中小学,除了违反教育法之外,更会带来一些不良后果。首先是凭空增加学生负担。由于英语是"词本位"的,学习水平在很大程度上要看词汇量的大小,而不管是自然科学学科,还是社会科学学科,每门学科都有属于它自己的大量术语,如果采用双语教学,势必会大大增加学生记忆单词的负担。如果学生掌握不了,双语课程等于白白开设;如果学生拼命去记,那么可以说,对学生而言,这些单词在很长时间里是用不着的。这样的学习压力会使学生产生厌学情绪,影响其今后的发展。

　　其次,双语教学会导致学生的语言中英文夹杂,翻译腔盛行。开展双语教学表面上热热闹闹,实际上是得不偿失。在小学低年级阶段,同时学英语和汉语也许会让学生和教师都有一种新鲜感,但是一旦进入高年级,随着学科知识难度的加深,用英语进行学科教学必然会遇上难以克服的障碍,教师讲不了、学生听不懂,中文句子中夹杂着英文单词的教学语言在所难免。双语教学的老师如果是学科老师,则其很可能发音不准;如果是英语科班出身,则可能专业知识欠缺。这样由于师资方面的原因,教学语言很可能是以中文为主,同时夹杂一些英语专业术语。如果学生长期受这样的语言的影响,则他们的语言将变成中英文夹杂的洋泾浜。

　　第三,双语教学需要高投入,而这会影响到对别的课程的资金投入。上海市投资1.2亿元人民币,用于建设100所双语实验学校。目前国内还没有一本真正的双语教材。编辑或引进教材同样需要大笔的资金。我国的教育经费并不富裕,将如此大的资金投入目前教学效果还不肯定的教学项目,自然就会影响在别的课程上的资金投入,其隐性的危害是可以预见的。

　　至于有的学校、幼儿园把"双语"教学当成吸引生源的手段,我们也不赞成。尽管一时可能利用了一些家长的崇洋心理,赚到了钱,但其代价是为贬低母语推波助澜。我们认为,作为教育者,这是失职的。幼儿园和小学是人的一生中最可宝贵的时间,如果把这最宝贵的时间用来死记硬背不属于自己民族的语言和文化,这是在掘民族的根。台湾著名诗人余光中在谈到英语地位的时候曾不无痛心地说:"英文充其量是我们了解世界的一种工具而已,而汉语才是我们真正的根。"

总的来说,我们认为,轰轰烈烈的"双语教学"运动,在中小学,其实不过是玩玩而已,不必太当真,尽管它造成了大量的人力、物力、财力、心力的浪费;而在大学里却有一些重要的理论问题需要澄清。不管怎样,两者都违反了教育法,对祖国语言有着或公开或潜在的杀伤力。我们应该保持足够的警觉。

三、走向世界,我们准备好了吗?

2005年7月在北京举行的"世界汉语大会"上,60多位外国与会代表都表达了对汉语学习的强烈兴趣,并要求内地派专业教师赴海外传授汉语。大会透露,汉语正成为全球最具扩展性的语种。迄今为止,世界各地已建立了300多家"孔子学院",而且还在不断增加。对外汉语教师供不应求,一些对外汉语教师培训班办得如火如荼。2007年,国家批准设立"汉语国际教育"这一新的专业硕士学位。迅速升温的"汉语热"是中国综合国力的极好体现,对外汉语教学事业正面临着历史上最好的发展机遇。在这样的大好形势下面,我们却在讲"危机",是不是有点不识时务?或者真的有点"危言耸听"?我们却不这么以为。

诚然,对外汉语教学的形势很好。由于这一形势并非来自汉语本身,而是来自中国经济的超常发展和中国国际地位的迅速提高。只要这两个因素在持续,我们没有理由对"汉语热"持续的前景感到悲观。然而从语言和语言教学的角度看,我们却不得不看到大好形势下可持续发展所面临的困难。如果解决得不好,这股"汉语热"未必能如我们所期望的那样,迅速使汉语成为最有影响的国际语言之一。

对外汉语教学的第一个危机来自汉语自身,更确切地说,来自两岸三地用字用语的差异。如果说,"一语两文""一文两字"现象在国内还是供议论的话题的话,一放到对外教学,这就是个实实在在的困难问题。外国人没有兴趣、也没有必要参与你的这些论争,但他要求你教给他的是统一的语言、统一的文字,这个要求恐怕是合理的,也是最起码的。如果他发现在香港学的汉字,到大陆不能用;在大陆学的词语,到台湾听不懂,他会怎么想?国外在从事对外汉语教学的朋友,时常传回这样的消息,因为两岸三地语文的隔阂,常常给他们的教学和教材编写带来意想不到的困难,有时甚至为了一两个词语,教师之间、学校之间会争个不休。他们问我怎么办? 我也答不上来,只能说在走向最后一致之前,要多一点宽容,多一点包容。但我心里明白: 这个问题不解决,将永远是汉语走向世界的一大障碍。

第二个危机是来自教学的。从对中国感兴趣转而对汉语感兴趣,再转而对学习汉语感兴趣,这是一个实实在在的过程。从不会中文到学会中文,要一步一步走,也是一个实实在在的过程。不可否认,汉语和世界各语言,特别是拼音文字语言之间存在着巨大差异,对于习惯于拼音文字语言的人来说,学习汉语不是那么容易的。如果我们不能帮助他们在短时间内克服畏难情绪、找到提高学习效率的路子,那么,热情衰退、半途而废的情况并非不可能发生。而提高对外汉语教学的效率,关键在于突破两个瓶颈: 汉字和书面汉语,特别是前者。而正是在这个问题上,对外汉语教学存在着危机。而这个危机还是外国朋友提醒我们的。

法国教育部汉语总督学、著名汉学家白乐桑在《汉语教材中的文、语领土之争: 是合并,还是自主,抑或分离?》一文中曾这样说过:"笔者认为目前对外汉语教学面临着危机。……确切地说,无论在语言学和教学理论方面,在教材的编写原则方面,甚至在课程设置方面,不承认中国文字的特殊性以及不正确处理中国文字和语言特有的关系,正是汉语教学危机的根源。"白乐桑先生明明白白地提到了"危机"二字,而且提到了造成危机的两个方面:"中国文字的特殊性"和"中国文字和语言特有的关系"。这也就是我们说的汉字问题和书面汉语问题。如果对外汉语界的同仁至今陶醉在一片大好形势里,仍没有像这位外国友人那样的危机感,处在"危机"中而不醒悟,那么,我们的对外汉语教学只会在"危机"的泥潭中越陷越深。

这两个问题,一个处在汉语的入门阶段,一个处在汉语的提高阶段。如果对之没有正确的认识和相应的策略,不改变我们的教学路子,汉语的教学效率就不可能得到大范围的提高。

所幸国内对外汉语界的学者已经开始意识到了这个问题。长期担任我国对外汉语教学领导工作的吕必松教授就是一个典型的例子。他在分析对外汉语教学的失误时也尖锐地指出: 我国对外汉语教学处于"危机"之中,长期以来,我们还没有找到一条符合汉字和汉语特点的教学路子。我们对外汉语教学所采用的教学路子,基本上是印欧系语言教学的路子,现在仍然占主流地位的对外汉语教学路子的特点是: 不严格区分口语体语言和书面语体语言;按照语文一体、语文同步的模式组织教学内容和进行技能训练；把"词"和"句子"作为教学内容的基本单位；把汉字排除在语言要素之外，使其成为词汇的附属品；追求教学方法的唯一性，或主张听说法，或主张功能法，或主张结构功能法或功能—结构法；等等。这样的教学路子是否反映了汉字和汉语的特点，值得反思。有经验的汉语教师至少都有这样的体会：我们没有向学生系统介绍口语体语言和书面语体语言的区别，致使学生语体转换和书面表达能力普遍滞后；我们也没有按照汉字本身的特点和规律进行教学，这正是造成"汉字难学"的主要原因；更没有充分利用汉字和汉语某些利于理解和记忆的特点，致使教学事倍功半。努力探索新的教学路子，是提高汉语教学效率的当务之急。吕先生的话可以说是一剂清醒剂，让我们清楚地看到了对外汉语教学中的问题。

2005年召开的第八届国际汉语教学研讨会上，白乐桑先生呼吁汉语教学应该进行改革。他强烈地主张汉语教学再也不能走"以词为本位"的拼音文字的老路了。汉语在5000多年的传承发展中，早已积淀了许多宝贵的教学经验，早已形成了汉语独有的"以字为本位"的教学传统，这一传统符合汉字自身规律和汉语自身特点，被证明是有效的教学方法。汉字不同于拼音文字；汉字与汉语的关系也有自己的特点，不同于拼音文字与其所属语言的关系。因此，汉语教学的路子应当有别于使用拼音文字的语言的教学路子。因此，我们要在"认识汉字的特殊性以及汉字与汉语关系的特殊性"上下功夫，把它作为汉语教学改革的切入点和突破口。

对于"汉字难学论"，白乐桑先生也有自己的看法，他在《人民日报》的访谈录中尖锐地指出："我经常听到中文难这种说法，很奇怪，说这话的都是你们中国人。"这句话可说振聋发聩。对啊，中国人使用了几千年的汉字，从来没有感到过学习起来有什么困难；岂但如此，在过去的2000年里，汉字还跨越了国界，被其他国家和民族所借用，形成了"汉字文化圈"。这些国家和人民在使用汉字时也没有说过什么难学的话。只是从20世纪初至今，"汉字难学论"风靡世界，越演越烈，追其根，"五四"前后那些汉字改革先行者的话起了很坏的作用。他们不是把中国文盲多的原因归结为政治制度、归结为劳动人民没有机会受教育，而归结为汉字难认、难学。例如傅斯年说："中国字的难学，实在在世界上独一无二。中国人住在中国学外国文，几年工夫，总可粗略晓得些；若是外国人学中文，非到中国来不可，非终身研究不可，而且终身研究的效果还是不可期。凡些须懂得外国文的人，便知道中国文字和英法等国文字的难易，实在不可以道里计。"这种汉字难学论先是被用来吓自己，以为文字改革和汉语拼音化制造理论根据；然后是用来吓别人，搞得不少汉语学习者，谈汉字色变。许多外国留学生甚至只愿学听说，不肯学读写，甘心当文盲。国内的那些对外汉语教师一见到外国人，也先灌输"汉字难认、难记、难写"的老调。久而久之，"汉字难学"不迳而走。

除了观念上以外，"汉字难学论"盛行还有一个重要原因是我们的教学方法有问题。这就是吕必松先生指出的"语文一体，语文同步"的教学模式，这一模式是教说什么的同时就教这句话的书面形式，由于先出现的汉字往往笔画较多，结构复杂，因此无法按照由简到繁、由易到难的原则进行汉字教学。而且教师还不断灌输汉字既不严格表音、又不严格表义的观点，"字音既然离字形而独立，字形又弄的不成形，所以青年儿童必须一字一字的牢记字音和字形，必须消耗十年工夫用在求得这器具上。"（傅斯年语）因而学生总是把每个汉字看成图画那样复杂的形体，觉得毫无规则，结果形成了学习汉字的心理障碍。

在教学方法上，我们缺乏对汉语规律的探索，没有从汉语的特点出发来进行教学，而是太多地照搬了西方拼音文字的第二语言教学方法。由于西方的第二语言教学方法是建立在西方拼音文字基础上的，他们的教学研究不以汉语这样的象形表义文字为对象，因此，他们得出的结论并不完全适合于汉语作为第二语言的教学。不结合汉语的特点盲目采用西方的第二语言教学理论，不但不能解决我们的问题，而且还可能会因为教学效率低下而影响人们对汉语的学习兴趣。

吕必松先生总结40多年来从事和领导对外汉语教学的经验和教训，对影响提高对外汉语教学效率的"词本位"教学路子进行了深刻的反省，包括对自己长期以来所坚持的理论进行了否定，表现出了一个成熟的学者的风范。在进行深入思考的基础上，于最近提出了一套新的汉语理论和汉语教学理论，他把它叫作"组合汉语观"，要点有三：(1)字本位；(2)组合生成；(3)二合机制。相应的组合汉语的教学路子要点有二：(1)以"字"为基本教学单位；(2)区分口头汉语教学与书面汉语教学。可以说，这些主张都切到了对外汉语教学的要害，必将对今后对外汉语教学的发展产生重大影响。

汉语研究的危机
——《中文危机与对策》系列讲座之十

在讨论中文危机中,我们提到了四个方面,其间有着逻辑关系:"生存"和"发展"是危机的两大表现,是社会最容易看到的问题;"教学"是造成这两大危机的重要原因,而"研究"则是"教学"背后的深层次原因。我们这样说,并不是想夸大语言研究和汉语研究的能量和"威力",也无意把中文存在的危机全揽在语言学者的肩上。我们只是希望语言学者能进一步明白自己身上的社会责任,语言研究远非某些人所认为或所期望的象牙之塔,从事语言研究是"纯学术",只要追求理论和体系的"首尾一致""自我完善"就可以了。书斋里人们谈得高兴的"理论""规律",看似与社会无关,实际上会产生意想不到的后果:左右社会舆论的导向,影响教学路子的选择,甚至会影响政府部门的决策。这方面给我们的教训也不少。这里我们要从"危机"角度讨论一下汉语和语言学研究存在的问题。

一、从"领先学科"到社会"弃儿"

说汉语的研究也处于危机之中,很多语言学者可能会很不同意。在他们看来,汉语及中国语言学的研究似乎正处于黄金时期。君不见,《马氏文通》引进了西方语言学,从此中国语言学走上了"现代化"、与国际同步发展的道路;又不见,20世纪初以来,汉语语法研究成绩斐然,语法学著作出版了几百部,建国以后,更进一步开展了词类问题、主语宾语问题、单句复句问题、析句方法问题,以及文法语法问题、语言言语问题、语法修辞分合问题等多次"大讨论";还不见,波澜壮阔的文字改革运动,完全改变了现代中国人的语言生活;更不见,改革开放以后"不断引进"西方先进的语言学理论,中国语言研究出现了"多元化"的大好局面;等等。国际上,语言学正成为一门"领先的学科",国内,语言学也正在发挥着越来越大的作用。

我们不否认上面举到的一些事实,也同意100年来汉语和中国语言学研究确实取得了一些成绩。只是,这些成绩表现在哪里,我们与有些专家们却有不同的看法;而怎么评价上面提到的这些事实,我们也有不同的意见。我们认为,所有这些事实,都不能掩盖汉语研究目前所处的危机;甚或可以说,其中的某些事实,更使我们深刻地感受到汉语研究所处的危机。

第一个要说的,便是"语言学是一门领先科学"这一断论,在中国并没有得到体现,事实上,除了语言学家自己弹冠相庆之外,根本没有人感觉得到它的存在。

"语言学是一门领先科学"这一命题是西方学者提出来的。1973年,时任美国语言学会会长的葛林伯格教授发表了一篇以"语言学是一门领先的科学"为题的重要论文。20世纪80年代,这一说法引进国内,语言学界欣喜若狂。然而令人难堪的是,《马氏文通》之后的这100多年,特别是葛林伯格提出"语言学是一门领先科学"这30多年来,中国却没有出现"语言学是领先科学"这样令人鼓舞的局面。与此相反,语言研究还丧失了其在古代那样的基础研究局面,成了现代人文学科中最不起眼、最不受重视的学科之一。语言研究在很多情况下成了一项自娱自乐的玩意儿,圈内人谈得热闹,研讨会开了一个又一个,经费、项目、奖项等一一颁发如仪,但圈外人几乎一概报之以冷漠。除以语言研究为职业的人之外,几乎没有人对语言学感兴趣。在大学里,甚至在中文系里,现代汉语、语言学概论,甚至古代汉语都是学生最不喜欢的课程;在中小学,语文课早已失去了昔日的光环,变成了学生的"鸡肋"课。除了推广普通话和批评社会用字混乱,社会上几乎感觉不到语言学和语言学家的存在。有几件事社会曾是希望语言学家发声的,一件是汉语汉字的电脑化,计算机界曾对语言学界寄予很多希望,但语言学家对之几乎束手无策,他们感兴趣的是"电脑时代的到来又一次宣判了汉字的死刑",或者"五笔字型输入法破坏了汉字的科学体系"等等。还有一件是文学批评的现代化,文学家们曾期望中国的语言学家们能像国外的同行那样,提供结构主义的或什么语言学的文学批评模式,为此曾召开了几度"文学与语言学的对话",但结果也是使文学评论家们大失所望。

因而,尽管语言学家们听着西方传过来的口号"语言学是一门领先科学"而乐不可支,而在中国的实际遭遇却告诉他们,语言学在中国是最不受重视的学科,是社会同时也是学术研究的"弃儿"。一个典型的例子是上海市每年召开社会科学学术年会,在征稿启事里语言学连当个"二级专题",甚至"三级专题"的资格都没有。

还是老一辈学者肯承认这一事实。胡明扬先生就曾老老实实地指出:"语言学在中国一直处于低迷状态。"这一"低迷"应该引起语言学者的警觉。

二、语法研究，想要爱你不容易

中国现代的语言学始于《马氏文通》的出版，可以说在中国历史上马建忠第一个把汉语研究纳入了世界语言研究的共同轨道，使汉语研究成了世界语言研究的一部分、全人类语言研究的一部分，让汉语的研究开始了与世界语言研究的对话。《马氏文通》带来的最大变化是以语法中心取代了中国传统语言研究的文字中心，这也被看作是汉语研究现代化的标志。事实上，语言学家最津津乐道的20世纪语言研究的成绩也是在汉语语法上。打开任何一部现代汉语语言学史著作，语法肯定在其中占最大的篇幅。事实上，如果要统计1898年以来出版的汉语研究著作，数量最多的也非语法莫属。但实际上，语法研究是100年来汉语研究最失败的领域之一。

表现之一，是语法研究没有达到预期的目标。

现在的语法研究者已很少提语法研究的实用目标了，但我们不能因此就不追溯当初马建忠引进西洋语法时的目标，不能不检查一百年来的语法研究在多大程度上达到了当初设想的目标。当初马建忠引进西方语法的目的很简单，就是为了提高语文教学的速度和效果："童蒙入塾能循是而学文焉，其成就之速必无逊于西人。"我们不能离开这一根本目的去空谈《马氏文通》的开创性意义。事实上，100年来，在语言研究上，除了文字改革以外，我们在语法研究上投入的人力、物力可说是最大的，但其收效几乎为零。前面提到，100年来，中国的语文教学水平并没有提高（在识字方面甚至还是下降的）。我们当然不会把责任全怪在语法上，但语法对语文教学的无效或无能为力，却是谁都看得到的。现在很多人已经知道，语法对于母语学习并非必要。当初马建忠不可能有这样的认识，我们也可以理解。但是现在我们既已发现语法研究的局限性，还能如以往那样，继续无条件地把语法作为我们语言研究的中心吗？20世纪80年代，两次中学教学语法体系的主持人张志公先生坦承，以前认为语法可以提高人的语文表达水平和写作能力，现在看来是不对的。但是语法作为一种现代人的知识体系之一，还是应该具备的。这种说法已经有点强词夺理的意思了。现在的语法研究者的理由要高明得多：这是为了研究人类语言的共性，寻求解释的原理。我们这里不想讨论这种解答的对错,只想说,凭这样的解答能够使局外人对语法研究的必要性心服吗?

表现之二,是至今没能建立起一个令人信服的语法体系。

语法研究对母语教育没有什么大用处,它的作用主要体现在外语教学上(具体在中国,就是在外语教学和对外汉语教学上),这是我们在研究了西方语法学的发展史和外语教学、对外汉语教学的实践后得出的结论。既然主要作用是在教学上,语法就应该是一门工具性、实用性的学科,语法体系就不存在着什么绝对正确性或者严格的"科学性",只要于教学有用就可以了。至于从普通语言学出发,观察研究本族语的结构特性,那是另外一回事情。然而我们100年来的语法研究,却犯了一个致命的错误,那就是混淆理论语法和教学语法。一方面想寻找一个"真正切合汉语特点"的"科学的"语法体系,一方面又想使这一语法体系能随时用之于教学,不仅适用于对本族人的教学,还适用于对外国人的教学。结果常常顾此失彼:为了"科学",就不得不争论不休,同时对"规定性"的传统语法大加鞭挞;而为了教学,又常常不得不对传统语法作出让步。其结果是,时至今日,汉语研究界还没有形成一个真正意义上的一致的语法体系,对一些基本的概念,诸如什么是词、什么是句子、什么是词类、汉语的词类该如何划分、主宾语问题、汉语研究应该是从语法入手还是从语义入手,以及语法、语义、语用的意义和范围等等,都还存在诸多分歧。几次"大讨论",都不能使问题解决。1956年提出了一个折中的《中学汉语教学语法暂拟系统》,主持者张志公先生明确指出它有三个特点:"它是'暂拟'的,意思是说,它不是固定不移的,而是有待改进的;它只是适用于学校的'汉语教学'的,语法研究不受此限;它只是一个'系统',就是教学中用的这'一套'讲法,还说不上是个严密的、完善的'体系'。"但实际上人们并不仅仅把它当作一个暂拟的教学语法,而就当作正式的汉语语法,结果引起追求科学语法者们的不满,指摘之声不绝。直至1982年,在经过又一场大讨论以后提出了一个《中学汉语教学语法试用提要》。照例,《提要》的"科学性",比《系统》要强多了,但推到中学去以后,几乎遭到了普遍的反对。为什么?就因为不便于教学。《系统》的权威性是被冲掉了,但继之而起的《提要》仿佛更没有权威性。理由何在呢?因为抨击《系统》的理论武器是美国结构主义,《提要》是这一抨击的战果;然而《提要》的出台正伴随着中国的对外开放,人们很快发现,《提要》所背靠的结构主义早已是国外20多年前的"过时货"了。因而便不再有人卖力地去推销《提要》。时至今日,我们也弄不清楚,仍在教语法的中学里,用的是哪家语法,是《系统》呢,还是《提要》?

反正自那以后,也没有人认真发起建立一个能够取代这两种体系的、至少为语法学界所公认的语法体系了。20世纪90年代末以后人们把兴趣放到了引进西方语言学理论上,汉语语法本身的体系已没有什么人关心了。但我们发现新理论的引进者们在"结合"汉语时所使用的汉语语法体系是不统一的,似乎是什么有利就使用什么,有人用《暂拟系统》,有人用《试用提要》,有人干脆用比《暂拟系统》还要老的、更接近英语教学语法的黎锦熙体系。这不仅使人们对他们对汉语语法的解释感到不放心,连他们引进的语法也不敢放心了:如果一定要以合他们胃口的汉语语法体系去解释,他们想解释的那些"规则"才成立,那么那些规则还可以说是具有"普世性"的吗?在语法学界拿不出一个"统一"的现代汉语语法、理论学界随心所欲地"使用"汉语语法(所谓"随心所欲地使用",指的是他们在提到汉语的语法概念时,实际是把汉语语法看作default,即默认的、先天存在的、无需论证的。实际当然不是如此)的同时,对外汉语教学界呢,也不再理会汉语学界这几十年的语法研究"成果",而宣布要自主开发"对外汉语教学语法系统"了。我们以为这才是真正回到了语法的本用——为教学服务。

表现之三,是所有的"大讨论"都无疾而终,不了了之。

百年来的汉语研究中,可说语法研究是最热闹的了。20世纪一二十年代就有"模仿"与反"模仿"之争,三四十年代有"文法革新讨论",五六十年代有"词类问题讨论""主语宾语讨论""单句复句讨论",七八十年代有"析句方法讨论",90年代以来有"三个平面""语义句法"等讨论。一方面,这些讨论使语法研究热闹非凡,始终吸引着人们的"眼球";另一方面,我们也不无惊讶地发现,这些讨论几乎都是热热闹闹地开始,不了了之地结束。我们不能说这些讨论对语法研究的深入没有好处,但所有这些讨论如果都是以无疾而终的形式结束,我们就不得不拷问它的开始:这个讨论究竟是有意义的吗?说得严重点,即这些论题本身是不是本来就是一些"伪命题",即不存在、没必要或不值得讨论的问题。我们认为,提出这样的疑问并非毫无理由。举例来说,我们为汉语的实词能不能分类争了半天,也许汉语根本就不存在西方那样的词类范畴呢?同样,我们争了半天主语宾语问题、单句复句问题,也许压根儿汉语本来就不需要那些概念呢?事情总是先有一再有二,先有本原性的问题再有继生性的问题。如果我们当时就能从根本的问题上去思考,也许早就可以在汉语研究上深入一步了。可惜的是在那个时候,甚至在现在,人们都不愿意考虑第一和本原的问题,总以为从西方引进的概念是天经地义的,是放之四海而皆准的。如果有错,那绝对不会是引进的错,而是我们的理解有问题,甚至我们的语言本身有问题,因为我们的语言"太不精密"(鲁迅语),正需要引进西洋语法来改造。如果这一认识上的问题不解决,恐怕我们的这类"大讨论"还会不断进行下去,当然也会继续以热闹开始,以不了了之作为结局。

三、自绝经脉的"现代"研究

作为世界语言研究的三大发源地之一,中国有着悠久的语言研究传统。

早在 2000 多年前,先秦诸子关于语言就有许多精彩的见解,特别是关于"道""名""言""意"等,开创了中国传统的语言哲学,与古希腊东西辉映。秦汉以后,以词义为中心的语言研究得到了很大发展,在经义笺注的基础上出现了四本煌煌巨著。这就是可能成书于战国时期的《尔雅》、西汉扬雄的《方言》、东汉许慎的《说文解字》以及几乎同时的刘熙的《释名》,分别代表了古代训诂学、方言学、文字学、语源学的最高成就。

魏晋南北朝和隋唐时期,语言研究的杰出成就特别表现在音韵学的建立。这是由于佛教的盛行、梵文的传入、汉译的需要以及韵文的发展等各种因素综合造成的。这一时期"音韵蜂出",出现了一大批韵书和谈论音韵的书籍,其中最重要的有隋代陆法言的《切韵》、南北朝颜之推的《颜氏家训·音辞篇》和唐代陆德明的《经典释文》等。

从宋元明到清代,音韵、文字、训诂研究都在前人研究的基础上大大前进了一步,获得了前所未有的成就。特别是清代出现了一大批成就卓著的语言学家。以"戴段二王"(戴震,段玉裁,王念孙、王引之父子)为代表的乾(隆)嘉(庆)之学被誉为是中国传统语言学的巅峰时期。他们的《声韵考》《孟子字义疏证》(戴震),《说文解字注》《六书音均表》(段玉裁),《广雅疏证》《读书杂志》(王念孙)和《经义述闻》《经传释词》(王引之)等也就成了中国传统语言学最辉煌的著作。

2000 多年的语言研究,建立了语言学的中国传统,这就是,在汉字的基础上,以训诂为中心,以音韵与文字为两翼,形成一个"音"(音韵学)、"形"(文字学)、"义"(训诂学)相结合的立体综合研究模式,独立于世界语言学之林。

然而,这一份"珍贵遗产"到了 20 世纪却出现了历史性的"断裂"。这一断裂是以马建忠的《马氏文通》出版为标志的,然而可能连马建忠本人当时也未必想到他的一本著作会造成这样翻天覆地的后果。

马建忠的原意只是想写一本语法书。生当清末中国受尽列强欺凌之时,在对西方文明进行了十来年的考察之后,马建忠认为,西方之所以先进是因为科学技术发达;科学技术发达的原因是因为教育发达;教育发达的原因是因为语文学习的时间较短从而腾出了大量时间给其他学科;而语文学习时间较短则是因为西方有中国语文教育所没有的法宝——葛郎玛。经过这一番推理,马建忠义无反顾地把他生命的最后10年付给了一个事业:要依据西方各国皆有之"葛郎玛",为中文量身定制一部文法书,这就是《马氏文通》。从这过程来看,马建忠的用意是非常清楚,也是非常简单的:让中国孩童学了文法之后,缩短语文学习的过程,争取时间及早学习科学技术,以达到救国图强的目标。从中我们看到了那一代知识分子的拳拳报国之心,令人感动,令人钦佩。至于马建忠的理想,即通过学习语法来提高语文学习效率,后来并没有实现,那是后话,也绝非马建忠的本意。而马建忠的书出版以后,彻底改变了汉语研究的全局,使汉语研究走上了一条与传统完全断裂的路子,那是连他也想象不到的。

马建忠开创的新局面主要表现为:

第一,马建忠认为音韵文字易变而文法"历千古而无或少变",因而学习语言必须首先学习这种"所以集字成句成读之义"之法,并把这当作他发现的"自有文字以来至今未宣之秘奥"。他并没有主张语法压倒一切,相反,在《马氏文通》里,他还是相当注重音韵和文字的功用的。但实际上这一主张完全颠倒了汉语研究中"音韵文字"与"文法"的地位,产生了颠覆性的影响。马建忠说他是"导后人以先路",后人也确实没有辜负他的引导,追随鼓噪,文法之作连篇累牍,终于形成了20世纪汉语研究中的语法中心论。追其原始,马建忠确实是始作俑者(这里不带贬义)。

第二,中国的语言研究,由于汉字的特殊性和民族的自信心,历来很少受到外界影响。唯一一次影响过汉语的是随着佛经而来的印度的"声明学"即语音学,但汉语从中吸收的是它的思路而不是其表象:学习它声韵相拼的方法发明了反切(反切可不是拼音!);学习它的声韵分析,结合中国古来的双声、叠韵传统发明了韵部和声母;受它的"悉昙章"(印度一种拼音字母表)的启发而发明了韵图。这些都大大促进了汉语音韵学的发展与成熟。但音韵学虽受到声明学的影响,却已成了完全中国的学问。自那以后1000多年,中国与世界,特别是西方世界基本是隔绝的;对欧洲自古希腊以来的语言研究传统更是一无所知。马建忠引进了西方语言研究的核心学科,千年以来第一次在中西语言之间架起了桥,也开了中国语言研究学习、模仿西方的榜样。从此,汉语研究纳入了世界语言研究共同轨道,受西方语言研究的影响也越来越大、越来越直接,以至到现在,有些人已把学习西方作为语言研究的唯一模式,离开西方语言学那一套,他就不懂如何做研究了。

第三,从文字中心转变为语法中心不只是简单的中心之转移,而是研究全局之变化。上面说过,中国语言学传统之所以在世界语言研究中独树一帜者,是因为它建立了"形音义"综合研究的传统,训诂学、文字学、音韵学形成了稳定的"铁三角",是一个独立自主的、完整的研究体系。这个体系沿续了2000多年,完全适应并且很好地为中文的应用和教学服务。但在这个体系里,语法的地位,不客气地说,连"附庸"都算不上。马建忠把"附庸"变成了中心,从连边缘都论不上的地方走到了舞台的中央,事实上形成了对传统格局的否定。这肯定要引起全局的变化,所有的角色都必须要重新定位,以寻找自己在新体系里的位置。于是我们看到了这样的格局变化:文字学因为在西方语言学体系中毫无地位,因而在新的"语言研究"体系里成了第一个牺牲品,被踢出了语言研究的殿堂;其结果是习惯成自然,100年来连一些文字研究者自己也自觉地划定红线,自我放逐在语言学之外。音韵学因没有了服务对象(文字训诂)而又没有西方的语音学那样"精密、科学",只好放下身段,自觉接受语音学的改造,把从前富有实用意义的音类研究、"声近义通"硬生生改变为毫无实用价值的音值拟测、历史语音演变"描写",认为这才是"科学""现代";训诂学呢,因为在西方找不到对应物,结果被各取所需,打得七零八落,成了语义学、词汇学、修辞学、文体学、风格学等等的大杂烩。

第四,经过这样的变化,旧格局完全被摧毁了。如果有人以为还存在,那也只是在历史的回忆里,或者是承接着历史的余绪,在苟延残喘。其表现是在"现代"的语言学研究里,传统的研究完全没有发言权,"引进"西方语言学、"发展"中国语言学,甚至语言研究为当代社会生活服务,都没有它们的份。他们所唯一能做的,也就是守着故纸堆,或者是更老的甲骨、新发掘的竹简墓碑,作一些考古学式的研究。加上文言文已被宣判为"骸骨",传统的语言研究传统已经完全处于当代社会生活之外了。更可悲的是,不但治"现代汉语"者当仁不让地自以为是整个汉语研究的中心,治"古代汉语"者也甘心臣服,自居汉语研究的边缘。

一个国家的历史是延续的,民族是延续的,语言是延续的(文白之争没有使

"古代汉语"和"现代汉语"成为两种语言),语言研究方法、研究传统也应该是延续的。而在中国,不仅古今"汉语"被割裂,古今汉语的研究传统也被完全割裂,结果出现了这样不应该有的深深的裂痕。对中国这么一个国家来说,难道这是正常的吗?从另一方面说,这种与传统完全脱轨,拒绝任何传统研究成果的"现代汉语"研究、"现代中国语言学"研究,难道是可持续的吗?

四、乐此不疲的"跟着转"

放弃了传统(历代的研究传统),否定了当今(对文言文的彻底否定),"现代"语言学研究只能义无反顾地把头转向国外,转向西方。中国语言学就成了一张白纸,任由西方形形色色的理论来涂抹。这一情况可能不仅仅发生在语言学科,而且发生在几乎所有学科。"五四"前贤们从良好的爱国愿望出发,以"恨铁不成钢"的心态狠批传统的一切,结果完成的是类似清道夫的工作,把中国这块土地打扫干净,好让西方的一切在上面驰骋。"全盘西化"不仅仅是个主张,而是一个世纪来愈来愈明显的事实。在这方面,语言和语言学不过是又一次起到了"领先学科"的作用。语言和语言研究的"现代化",为西方的思想、观念、主张、文化,各门学科的长驱直入扫平了道路。世纪之交有些学者开始认真研究 20 世纪中国的现代化过程和"现代性"问题,但我们发现,这项研究离不开语言学的研究。没有语言的现代性,就不可能有 20 世纪中国整个社会的现代性。当然这个问题太大,这里不可能展开,我们还是把问题集中在语言和语言学自身的研究上。

既然已经全面打扫净了自家的客厅,虔诚地到西方去迎请众神,照理西方语言学应该愉快地在中国安家落户了,然而却不。中国之引进西方语言学,不可谓不虔诚,不可谓不"多元",从马建忠到 20 世纪 20 年代,我们积极引进欧洲的语法学;从 30 年代到 40 年代,我们积极地引进西欧的语言学;从 50 年代到 60 年代,我们积极地引进苏联的语言学,同时稍带在美国新产生的结构主义语言学;改革开放以来,从 70 年代末开始我们积极引进美国语言学;90 年代以后我们"全方位"地开放,引进各种西方语言学,当然重点还是美国语言学。然而奇怪的是,这些理论走马灯似地在中国进进出出,却至今没有一家能在中国落地生根,中国的语言研究出现了"与国外语言学貌合神离"的局面。这是怎么一回事呢?

张志公先生的回答是发人深省的:"从《马氏文通》直到今天,对汉语语法的研究,从概念、术语到方法,基本上都是从国外引进的。所引进的这些东西,不论是对某种语言的语法的具体论述,或是对于一般语法理论的探讨,都没有或者很少把汉语考虑在内,没有把汉语作为建立理论的基础。而汉语在世界各种主要语言中,具有较大的特殊性。"这就是问题的本质所在。

综观历史,可以看到中国现代语言学是在西方语言学的直接影响下产生的,它不忌讳西方理论的传入,"拿来主义"深入人心。100年来,中国人自己几乎从没提出过原生原长、立足本土的语言学理论,以至吕叔湘说:"过去,中国没有系统的语法论著,也就没有系统的语法理论,所有的理论都是外来的。外国的理论在哪儿翻新,咱们也就跟着转。"

如果引进理论,解决了中国的问题也就罢了。问题是,我们跟着转了100年,还是找不到"北",看不到自己的方向。原因何在呢?吕叔湘接下去说的一段话就值得我们深思了:"……这不是坏事,问题是不论什么理论都得结合汉语的实际,可是'结合'二字谈何容易,机械地搬用乃至削足适履的事情不是没有发生过。"吕先生说得客气,其实岂但是"发生过",简直就是100年来汉语语法研究的写照,要不然怎么说"貌合神离"呢?吕叔湘还说:"介绍的目的是借鉴,是促进我们的研究,我们不能老谈隔壁人家的事情,而不联系自己家里的事情。"但现在的一些语言学家们就喜欢谈隔壁人家的事情,以为这才是"科学"的语言研究。有人甚至说,引进介绍是中国语言学发展的根本动力。环顾四周,这20多年来我们介绍引进的东西已经够多了,如变换理论、特征理论、配价理论、空语类理论、移位理论、约束理论、指向理论、范畴理论、认知理论、类型理论等等,真可谓你方唱罢我登场,使我们的研究视阈不断拓宽,但与此同时也给我们带来了忧虑,因为"不断引进"背后掩盖的是本体理论的阙如,是自信心的丧失。这是我们一直无法回避而又必须正视的问题。

胡适曾说过:"历史是个任人打扮的小姑娘。"遭到很多人的讥笑。依我看,汉语研究的处境还不如历史学,因为它毕竟已经确认,任人打扮的是个"小姑娘"。而我们的汉语究竟是个什么样子,恐怕绝大多数语言学家至今还没弄清。也就是说,我们还不知道他/她究竟是男是女、是老是少、是小姑娘还是虬髯客,但我们已经不管三七二十一,心甘情愿地任人在其脸上胡涂乱抹了。外国的理论确实值得研究,值得学习,值得借鉴,值得引进,问题是我们先得弄清那是什么,而"我"又究竟是谁。世界上毕竟不可能有现成的、为汉语度身定制的理论和方法;更何况如果连中国人自己都说不清汉语是什么,外国人又根据什么来为你制定这个理论和方法呢？学习和借鉴都得有个前提,就是得为我所用。如果为学而学、见"洋"就学,同时鄙夷自身的传统,既不知人,也不知己,那这样的盲目引进,恐怕是弊多利少。

汉语知识

汉语概说

一、汉语的地位

1. 汉语在世界语言中的地位

世界上现存有多少种语言？根据国际暑期语言学院（SIL International）的统计，是6912种，不过太精确的数字往往会引起争议（后面要提到）。语言学家通常接受的是，世界语言总数在6000种左右。但这些语言的使用规模千差万别，有的语言的使用者有10多亿人，有的语言的使用者甚至已不到10个人。2009年2月19日，联合国教科文组织推出新版世界濒危语言图谱，其数据表明，按其所设定的等级量表，在目前存世的6000多种语言中，538种语言面临极度灭绝危险，502种语言面临严重灭绝危险，632种有确切灭绝危险，607种存在灭绝可能，200多种将在最近三代人的期间内灭绝。这是一个非常触目惊心的数字。在中国，这一问题同样严重。中国的56个少数民族使用着约130种语言，这些语言中，使用人口在1万人以下的占一半，1000人以下的有20多种。有的语言只有几十人会说，包括曾经显赫260多年的满语，现在只有100人能听懂，50多位老人会说。赫哲语只有10多人会说，木佬语更只有2个人会说。一些少数民族地区，如西双版纳，孩子已不说纳西语，而改说四川话和昆明话。

以往的语言学教科书上，语言学家总是乐观地告诉我们，世界上的语言一律平等，没有高下优劣之分，每一种语言都能完美地为使用它的民族服务。现在看来，这番话只说对了一半。如果语言只是一种自然物，那也许确实是这样，谁也无法说某种语言比另一种语言更高级、结构更合理。可惜语言除了自然属性之外还有社会属性，而且后者更加重要。从社会和文化的角度看，语言即使没有高下优劣之分，但确实会有重要不重要之分。重要的会受到人们的重视和使用，不重要的就会被冷落甚至被本族年轻人所抛弃，如果没有人去关注和"抢救"，就会成为濒危乃至灭绝的语言。而且这种重要与否的地位是会起变化的，举例来说，法语在18世纪时的地位，就远比现在要高；而日语和韩语的地位，最近20年来也有了很大的提升。汉语由于其使用人口高居世界第一，当然不会有灭绝的危险，但它也远不是世界上影响力最大的语言。因此,汉语在世界语言中的地位如何,以及未来可能的发展趋势,是我们应该密切关注的。

影响一种语言地位的高低,或者说重要性的大小,不止是一种因素。1997年,语言学家韦伯(George Weber)曾发表了一篇文章《世界最具影响力的十大语言》("Top Languages: The World's 10 Most Influential Languages"),提出了衡量一种语言重要性的6个因素,分别是:

① 主要使用者人数,最高为4分;
② 次要使用者人数,最高为6分;
③ 使用该语言的国家数和人口数,最高为7分;
④ 人类活动使用该语言的主要领域数,最高为8分;
⑤ 使用该语言的国家的经济实力,最高为8分;
⑥ 该语言的社会文化威望,最高为4分(联合国官方语言另加1分)。

据此他列出语言十强的排名表和得分如下:

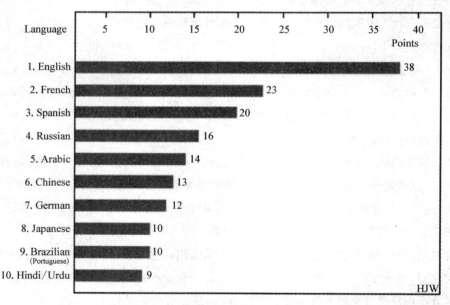

图一 韦伯:世界语言十强表

按照这一排名,汉语排在第6位,在联合国六种官方语言中垫底。从得分来看,更只有英语的1/3左右。

韦伯的量化计分标准,有的我们不很理解,因此下面我们主要采用我们自己所定的六个标准来讨论汉语的地位问题,但会适时利用韦伯所作的统计数据。

（1）自然标准：使用该语言的人口数量

下面是韦伯的数据：

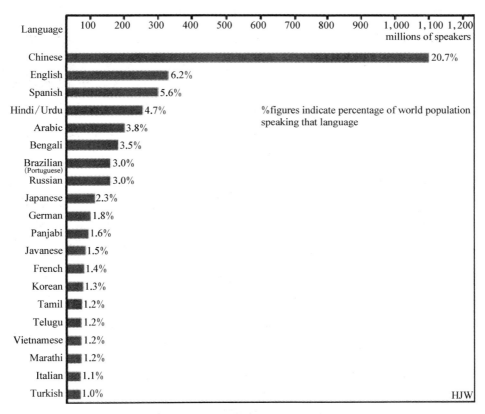

图二　韦伯：世界语言使用人数二十强

图中提供了使用该语言的人口数及其占世界人口的比例。我们看到,汉语以 11 亿人和占世界人口 20.7% 而雄踞榜首。但我们不可对此沾沾自喜,因为这无非说明了一个自然状况,与某个国家本身的人口组成很有关系。说汉语者数量虽大,但主要集中在一个国家里,在本国这个语言当然很重要,但出了国就难说了。还有更特殊的情况。上表的世界语言二十强中有几个很多人会感到陌生的语言,如排在第 11、15、16、18 位的 Panjabi（旁遮普语）、Tamil（泰米尔语）、Telugu（泰卢固语)、Marathi(马拉地语),如果不说,恐怕很多人不知道它们都是印度境内的语言,加上排在第4位的 Hindi/Urdu(印地语/乌都语,有人认为这是两种不同的语言),印度一个国家的语言就占了前20名中的5或6名,但其在本国的重要性甚至未必及得上英语,能说它们比诸如法语、韩语、德语以及意大利语等都重要吗?因此自然标准必须辅之以其他标准。

(2) 社会标准或交际标准:该语言的国际使用情况

下面是韦伯提供的一个作为第二语言使用的人口数及占本国人口数比例的统计:

在这张图中,居于榜首的是法语,使用人口将近2亿人,为其本国人口的两倍。俄语作为第二语言使用的人口也几乎与其本国人口相当。相比之下,汉语作为第二语言的影响力微不足道。这大概是这两种语言的国际影响力要大于汉语的重要原因。

与此相关的,是使用某语言的国家(和地区)的数目。下面是韦伯的统计:

他把使用某种语言的国家分成三种:核心国家,即以之为母语的国家;外围国家,即取得某种官方语言地位的国家;边缘国家,即作为重要或主要外语的国家。英语的这个数字达到了115,其中应该包括中国,因为中国也是一个以英语为主要外语的国家。而中文的国家(和地区)只有5个(中国大陆、港、澳、台,以及新加坡)。值得注意的是,汉语的"边缘国家"为零,说明还没有什么国家和地区把汉语

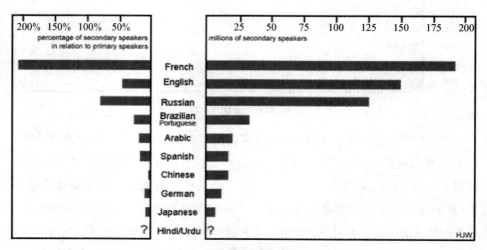

图三　韦伯:作为第二语言使用的语言十强

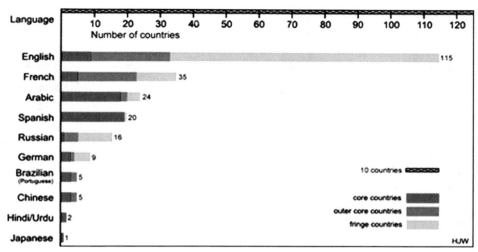

图四 韦伯：语言使用国家地区数十强

作为主要外语来教学和使用。如果说从第一个标准看，中国人还可以自鸣得意的话；从第二个标准看，问题就相当严峻。一个使用人口如此众多的国家，其语言却出不了国门，这是值得警觉的。

（3）经济标准：即该语言使用国的经济实力

一个国家的经济力量越强大，在国际贸易中占有的市场份额越大，就越能吸引别的国家的人来学习其语言。根据韦伯对20世纪90年代各国国民生产总值的统计，排在中国前面的国家有美国、英国、日本、德国、法国、俄罗斯、西班牙等，现在情况显然有了很大的变化，中国经济总量已经跃居世界第二位，世界上想学习汉语的人也随即出现了巨大增长。但正如韦伯2008年为这个统计写的一条"附记"说，进入21世纪以来，英语国家的经济发生了一些困难，但想学习英语的人并没有减少；另一方面，学习汉语的人也没有增加多少。他还引了一个材料，是对世界各国希望"儿童需要学习英语以在这个世界取得成功"的同意度的调查：

越南最高，认同度为98%，中国、印度、日本、韩国以及德国、法国等也在90%以上。这是意味深长的。说明经济因素很重要，但还不是决定性的，起决定作用的是各种因素的综合。

（4）文化标准

说到文化标准，很多中国人可能会感到自豪，认为从历史悠久、文献丰富、文

表一　韦伯："赞同"学英语是成功之路"的国民比例
Percentage of residents who completely agreed or mostly agreed with the statement:
"Children need to learn English to succeed in the world today."

country	% agree	country	% agree	country	% agree
Argentinal	75	India	93	Peru	88
Brazil	86	Italy	86	Philippines	92
China	92	Japan	91	Russia	84
Egypt	88	Kenya	75	South Korea	91
France	90	Lebanon	94	Turkey	89
Germany	95	Mexico	90	Ukraine	90
Honduras	92	Pakistan	83	Vietnam	98

[Source: Views of a Changing World, The Pew Research Center for the People & The Press, June 2003.]

化灿烂的角度来看,汉语可能是独步天下、举世无二的语言。这也许是事实,但问题在于,第一,这必须得到世界人民的公认,不是我们自己关在家里说说就可以的。世界上承认中国文化博大精深的人确实有,但那多数是汉学家和对中国真正有所了解的人,其他人未必如是想。要更多的人承认这一点,首先要大力推广、积极弘扬汉语和中国文化,这正是当今我们面临的任务。这里存在着一个"循环":要强调汉语地位必须大力弘扬中国文化,而要大力弘扬中国文化又必须强调汉语在文化上的重要性。第二,"文化"是难以量化的。韦伯的统计里,就没有以文化来排序的这一项。因为各种文化各有其强项,也都与其语言有关。例如英语、法语、俄语、德语、意大利语、西班牙语,以及东方的阿拉伯语、日语、韩语都有丰富的文学作品,意大利还以其歌剧傲然于世,以至于现在世界上的美声唱法还以唱意大利语为正宗。古代的希腊文、拉丁文和梵文,以及希伯来文,也有极其丰富的文献,汉语并非真正的一枝独秀。第三,更令人担忧的是,中国文化的博大精深,现在是否真正为中国人,特别是年轻一代所了解,已经成了一个严重的问题。20世纪以来发生在中国的、举世罕见的文化自我放逐和去传统化,已使当今中国人远离了自己的文化传统,对他们进行某种启蒙教育,恢复他们的自豪和自信,进而理直气壮地向世界弘扬中国文化,已成了当务之急。

(5)"未来"标准

百年来的中国语文,曾深受拼音化改革的困扰。改革汉字的原因之一,就是古老的汉字不能适应20世纪现代科学技术的发展,迟早要被历史所"淘汰"。每当科技发展出现了一些新发明,有人的第一个反应就是以此为例来对汉字进行攻击。在机械打字机、电动打字机、电脑输入、自动打印、信息自动处理、激光照排、互联网技术等科技进展的每一个阶段,都有人出来唱这个老调。有人振振有词地说,当今世界,只有能进入电脑的语言才会有未来,否则迟早要被淘汰。这无形中又为语言设立了一个"未来"标准。所幸的是,我们赶上了这场技术革命,目前汉语不仅已经实现了电脑化,而且网上的中文资源已紧随英语,名列第二。下面是韦伯提供的数据:

表二　韦伯：因特网使用语言十强

Language	% in Internet	Internet Users
1. English	28.9%	326781864
2. Chinese	14.7%	166001513
3. Spanish	8.9%	100966903
4. Japanese	7.6%	86300000
5. German	5.2%	58711687
6. French	5.0%	56368344
7. Portuguese	3.6%	40216760
8. Korean	3.0%	34120000
9. Italian	2.7%	30763940
10. Arabic	2.5%	28540700

〔Source：" Internet World Users by Language," Internet World Stats, 2 June 2007, Miniwatts Marketing Group, 20 June 2007 <http://www.internetworldstats.com/stats7.htm>.〕

这个统计数字可能也已经过时。2009年1月13日中国互联网络信息中心(CNNIC)在北京发布《第23次中国互联网络发展状况统计报告》。报告显示,截至2008年底,我国网民数已达到2.98亿人,稳居世界第一[1]。这也许是个令人宽慰的数字,说明我们赶上了这个领域的国际化步伐。

(6) 语言学标准

一个语言的重要与否有时还取决于它在语言学研究中的价值。迄今为止对世界的语言有过许多种的分类,诸如谱系分类法、类型学分类法、语序分类法等,但每一种都少不了把汉语作为其中一类的代表,甚至是唯一代表。事实上,离开

---

1 附注：据2018年8月20日CNNCC发表的《第42次中国互联网络发展状况统计报告》,截止2018年6月30日,中国网民规模已达8.02亿,互联网普及率为57.7%。

了汉语的普通语言学就是不完整的语言学,要真正在普通语言学研究上有所建树,离开汉语是不行的。从这个角度看,汉语具有无可替代的重要性。

2. 汉语的共同语和方言

讨论汉语的地位,有两个方面的问题需要了解。一个是对外,汉语与世界上其他语言的关系,是上节所讨论的;一个是对内,汉语内部普通话和方言的关系,是本节所要讨论的。

(1) 什么是方言

方言是语言内部的再分类,有按使用者社会阶层区分的,称社会方言;也有按使用者居住地域分的,称地域方言。一般情况下,方言主要指地域方言。方言是在历史发展过程中形成的,方言与共同语之间、方言与方言之间,在语音、词汇、语法上往往有一定的对应关系,也必然有一定的差异。差异大到一定程度就形成方言,差异再大下去就有可能形成不同的语言。方言和语言之间并没有明确的界线。汉语由于地域辽阔,使用人口又特别多,其间的差异自然不小。这个问题就更加复杂,也更引起国内外语言学家的兴趣。但一般来说,国内语言学家的兴趣在于大方言和次方言的划分,以及方言区的划界;国外语言学家更愿意争论汉语的某些方言是不是独立的"语言"。

国内的语言学家一般把汉语分为七个或八个方言区,下面是按"八大方言"的分类:

北方方言:以北京话为代表,包括华北官话、西北官话、西南官话、下江官话四个次方言区,通行于镇江以北,从东北到西北、西南的全国绝大部分地区;

吴方言:以前以苏州话,现在以上海话为代表,通行于苏南地区、上海、浙江大部、江西和安徽小部分地区;

湘方言:以长沙话为代表,通行于湖南中、南部和广西北部全州等4个县;

赣方言:以南昌话为代表,主要通行于江西中、北部和邻近省份的部分地区;

客家方言:以梅县话为代表,主要通行于广东东、北部,广西南部、福建西部、江西南部,以及台湾、四川、湖南的部分地区;

闽南方言:以厦门话为代表,主要通行于福建南部及台湾地区,以及海南岛;

闽北方言:以福州话为代表,通行于福建北部、东部;

粤方言:以广州话为代表,通行于广东中部、西南部,广西东部、南部,香港和澳门地区。

把闽南、闽北合并，就成了"七大方言"。还有人分得更细，甚至有"十五大方言"之说，这里不详谈。事实上，八大方言之分确实是比较粗的，有些方言如闽方言内部，彼此也不能通话。

外国学者则对某些方言是"方言"还是"语言"感兴趣。本讲开头提到的国际暑期语言学院(SIL International)，它的语言统计里就把上述这些方言都看作跟英语、法语一样的语言。实际上，它的"汉语语族"下面有14种语言。这是我们对它的6912种世界语言的数字不敢放心的原因。

关键在于划分语言和方言的标准究竟是什么。以前一些国外学者从口语标准出发，常以"能否听懂"作为唯一标准，既然中国的闽、吴、粤、客家等方言与北方话之间，以及它们彼此之间都不能互相听懂，那当然应该属于不同的语言。有人还因之批评中国学者把它们算作同一语言的方言是出于政治的原因。但这个批评是站不住脚的。因为世界上有一些语言，如佛兰芒语(Flemish)与荷兰语(Dutch)、卢森堡语(Luxemburgian)与德语(German)、塞尔维亚语(Serbian)与克罗地亚语(Crotian)、印度尼西亚语(Indonesian)与马来语(Malay)，其间的"可听懂度"比汉语和方言不知大多少，但语言学家们出于政治、宗教或文字的原因却把它们都列为不同的语言，在汉语问题上采取双重标准是没有道理的。当代的语言学家对此有了比以往更客观的认识，例如欧格雷蒂(William O'Grady)等著的《当代语言学导论》里，尽管把官话、吴语、闽语、粤语和客家语列为汉语语族下的5种语言，但下面有个说明："这些语言尽管彼此间不能互相听懂，但出于历史和文化，特别是文字的原因，当地的语言使用者和语言学家都把它们叫作'方言'。"可见，考虑汉语的问题，必须考虑到汉字以及由此形成的传统。

(2) 什么是共同语

共同语是一个语言学概念，也是一个历史和文化概念。共同语的形成、发展和消长变化是各方面因素综合的结果。中国由于辐员辽阔、人口众多、方言复杂，为了便于中央政府的统治以及各地经济和文化的交流，自古就有对民族共同语的要求。从周代起，就有了"雅言"的说法。"雅言"就是最早的共同语，周天子使用的是雅言，诸侯国及大夫之间说的都是雅言，这个雅言应该是以夏商周三代的统治中心、今河南、陕西一带的方言为基础的。周初分封诸侯到各地，也把雅言传到了各地。其中周文化的奠基人周公封在鲁国，孔子也是鲁国人。《论语·述而》篇上说："子所雅言，诗、书、执礼，皆雅言也。"孔子是雅言的积极推动者，经他用雅言整理后的"六经"等典籍,就成了汉语雅言的书面语典范。秦始皇书同文,统一了中国的文字,东汉许慎著《说文解字》,收字9353,使汉字有了规范的标准。东汉办太学、教五经,在"洛生咏"的基础上形成了读书音的传统,大体以洛阳语音为基础,与周秦雅言是一脉相承的。东晋南渡,建都建康(三国时改金陵,今南京),将雅言规范也带到了南京。自此直到1840年鸦片战争前,以洛阳、南京为代表的中原读书音一直是汉语共同语的基础。明末利玛窦等传教士来华,他们所编的汉语教材的读音,据考证还都是南京话。鸦片战争后各国在北京建立大使馆,新的为外国人编的汉语教材开始采用北京音(在日本,直到1876年才确定把中国语标准从南京话改为北京话)。1913年到1925年经过"国音""京音"之争后确定了北京话的汉语共同语地位。

从上面的简单叙述中,我们了解到,共同语的形成受到几方面因素的制约。第一,政治因素。政治中心往往也是文化中心,帝王都邑的语言往往是共同语的基础。历史上,西安(镐京、长安)、洛阳、南京(建康、金陵)、北京都曾发挥过这一作用。第二,文化因素。孔子编六经、秦始皇书同文、许慎著《说文》、东汉洛生咏、陆法言著《切韵》,都对规范语的形成起了有力的作用。第三,传统因素。在上述各种文化因素中,东汉洛生咏,即东汉太学生的读书音传统特别值得注意。汉语由于地广人多,方言复杂,在古代又没有今天推广普通话的条件,所谓共同语的推行实际上是通过书面语实现的。书面语的文献标准是六经,文字标准是《说文》,读音标准就是洛生咏,它是读书音的标准,通过知识分子传播到全国。这个力量之大,在于自东汉以后尽管历朝历代京城所在地会有所变迁,但共同语的标准却始终不出洛阳及其变体南京两地,直到近代才发生变化。

(3) 推广普通话和保护方言

中国是一个有十几亿人口、几千年历史的大国,光说汉语的人口就有12亿人。在这块广大的地区存在着众多的方言是自然而然的,有这么多人口要求有共同语也是必然的。方言和共同语组成了一对矛盾的统一体。在古代,一方面由于人们的交往没有像今天那样频繁,另一方面政府采取了引导和放任并举的政策;一方面通过科举考试,对共同语设立规范,如文字规范、押韵规范、书法规范、文体规范等等,另一方面,对日常用的口语采取任其放任自流、让使用者根据需要自我调节的政策,结果几千年来方言和共同语相安无事。但近百年来由于在语言文字学上一些似是而非的理论的误导,我们在方言和共同语问题上采取了一些极端的做法,致使两者之间的矛盾尖锐起来了。这一错误做法的根源是汉语拼音化的主张:为了顺利实现改汉语为拼音文字语言,首先要统一汉语的读音,因此汉语共同语的概念被换成了标准语的概念,而标准语中首先是语音标准,凡不合普通话读音的一律受到排斥。这使方言感受到巨大的压力。有些地方更采取了一些变相压制方言的政策,如不许演方言节目,不许上方言影视剧,甚至要家长"配合"不要在家里跟孩子说方言,等等,造成了很多地方方言萎缩,甚至濒临消失的境地。

直到近两年来,联合国等国际组织开始强调语言是资源,是民族资源、是文化资源,也是语言本身的资源时,我们才发现我们以往的失误。我们一直把语言当作"问题",要改造、要改革、要整顿、要"规范",对不合自己心意的语言和语言现象穷追猛打,这就好像改革开放以来,许多地方好大喜功,到处搞"破坏性开发"一样,造成了难以挽回的损失。

当今,人们普遍意识到,维护文化的多样性,离不开维护语言的多样性。语言是文化的重要组成部分,是文化最为重要的载体,故事、神话、传说、寓言、诗歌、唱词、谜语、戏剧等各类文艺作品都依靠语言来表达。语言中还积存和蕴藏着丰富的民族文化历史。无论一个民族或者一个群体,他们千百年来的知识和经验的积累,都保存在自己的语言里,并依赖语言超越时间和空间加以传播。语言是使用该语言的人类群体历史和现实一切知识的总和。人们还重新意识到美国语言学家沃尔夫多年前阐述的真理:一种语言就是一种思维方式的直接体现,语言中包括着语言使用者对客观世界的认知体系。不同语言的不同认知体系之间有共性,也有个性。一种语言的消失,会使一种认知客观世界的独特体系、独有角度随之消失,语言的高度单一化,将导致人类思维方式的退化和绝对化。不仅濒危语言需要"抢救",濒危方言也同样需要"抢救"。推广普通话和保护方言不再是对立的两极,而是互为补充的两个方面,共同组成丰富多彩的汉语语言生活。

二、汉语的历史

1. 汉语是世界上最古老的语言之一

这句话我们可能耳熟能详了,但真要理解这一点是不容易的,必须同时接受两个前提。第一,语言与人类产生并不同步;第二,讨论语言历史必须同时考虑记载这个语言的文字的历史。

(1) 语言与人类产生并不同步

第一个前提,实际上是要我们抛弃习以为常的一个假设:语言的历史同人类的历史一样古老。有很长一段时间,我们是把它作为科学唯物主义的观点接受的,所谓劳动创造人、劳动创造语言、语言使人区别于动物,等等。但这个假设会带来几个问题:

第一,使语言起源的研究被人类起源的研究所取代,失去了自身存在的意义。当我们认为最早的人类是 50 万年前的北京猿人的时候,语言的历史就是 50 万年;当我们认为最早的人类是 200 多万年前的东非猿人的时候,语言的历史就是 200 多万年;什么时候考古发现把人类产生历史再往前推,语言产生的历史也跟着往前推。

第二,它使语言"古老度"的研究失去了意义。或者说,使我们这一节标题上的话"汉语是世界上最古老的语言之一"变成了废话。既然语言跟人类同步,凭什么说汉语最古老、别的语言就不古老?按人类起源,最古老的语言当然非东非那个雌性猿人的语言(所谓夏娃语言)莫属。比较语言的古老变成了比较猿人化石发现的古老。

第三,它为我们凭空增加了一些必须解释、但实际上无可解释的难题。比如,随着东非被确认为人类唯一的起源地(据说从 DNA 研究得到了证明),人类是从东非走向世界的,那么必须接受人类语言的唯一性,同时必须要解释人类语言走向世界的途径,以及人类语言分化为目前所见的那么多语系、语族的道路和过程。事实上已经有人在"夏娃说"的基础上尝试解释汉语的起源,探索东非猿人走向中国的几条途径以及在此过程中的语言忽分忽合。问题在于,把语言起源绑架在人类起源上,就使这些解释变得苍白无力。一旦人类起源有了新发现,整个解释就必须推倒重来。比如,中国在 1996 年发现了"巫山猿人",历史也有 210 万年,直接挑战"东非唯一起源说",如果得到证实,上述的语言传播道路解释就立刻变成无稽之谈。

第四,它在语言产生和我们所看到的关于人类语言的最早记载之间开掘了一条越来越宽、而且永远无法填补的鸿沟。例如,我们所知的人类语言最早记载是苏美尔文,距今不过 8000 多年,而语言起源随着人类起源的发现,动辄是几十万年、几百万年,这漫长时期的语言状况,语言学家除了胡猜乱编,还能做什么!

因此,切实的语言研究必须抛弃这一假设,接受另一假设,即语言产生与人类产生是不同步的。这一假设的关键是重新定义人类语言,认为人类语言区别于动物"语言"的关键不在乎"交流思想",而在于能发出清晰的、能分出音节的音。动物也能发出许多声音,也能通过声音来"交流"某种"思想",但是动物发出的声音是连续的、含混的、分不出音节的。人类一产生也许就能通过发声来"交流思想",但那与动物的"语言"没有本质上的区别,只有到了能够发出成节音的时候,语言才真正产生。科学家们根据这一假设进行了研究,发现发出成节音的关键是咽腔跟口腔的分离,而这跟人的完全直立有关。四肢爬行的哺乳动物,口腔势必直接插入喉部;完全直立的人类,才在口腔与喉部之间产生了一个弯道。由于有了这个弯道,人类才有了对气流的缓冲控制能力,语音的分节才有可能;有了分节,才可能出现音素的组合。而原始人类的完全直立,发生在距今约 10 万年前。这一结论,解决了前面说到的难题:不管人类起源的时间、地点怎么往前推,对于语言研究来讲,只需要守住 10 万年前这一条底线。在这条底线下,人类语言同源说、人类语言异源说等都可有自己开拓的余地。那么,几十或几百万年前到十万年前这段鸿沟怎么填补?很简单,那只是"前语言"阶段,与动物"语言"处在相同或略高的层面上。

(2) 语言史研究必须与文字记载相结合

但上述结论并没有解决语言"古老度"的问题。怎么证明一种语言比另一种语言古老?我们总不能在"人类起源先后"竞赛之后,再来一个"人类直立先后"竞赛,看哪个地方的猿人率先实现完全直立,来确定谁的语言更"古老"。我们需要有另外的标准。这个标准,就是 20 世纪"现代语言学之父"索绪尔说的:"我们一般只通过文字来认识语言。研究母语也常要利用文献。如果那是一种远离我们的语言,还要求助于书写的证据,对于那些已经不存在的语言更是这样。"这就是说,一种语言是否古老,必须要有文献来证明,要有文字记载作证据。世界上现在还在使用的语言有 6000 多种,当然没有一个超过 10 万年的,但我们不能因此就说它们都一样古老。比较谁更古老,还是要有一个标准,那就是看文献。文献有两种,一种是传说中的,一种是实际的,如果有实物就更好。依此,《圣经·创世记》上说上帝创造世界、亚当给万物命名。后代的神学家说这事发生在公元前 4004 年,这也许可证明希伯来语有 6000 多年历史,但那只是传说。中国最早的文献是《尚书》里的《尧典》,尧的时代大约在公元前 2300 年左右,距今 4300 年,但那是否真是当时的记录还是后代的补记,也无从证明。比较可靠的是出土的甲骨文,时代比较明确,而且有实物为证。因此我们可以有把握地说,汉语的历史有 3500 年之久。这个历史与世界其他语言相比,可说是相当古老了。更可贵的是,汉语这个历史,自从春秋孔子编"六经"之后,2600 年来就没有断绝过,古老的文献现在还能阅读,这在世界上更是绝无仅有的。不像比汉语古老的一些语言和它们的文献,如苏美尔、埃及、巴比伦、印度等,或是断绝,或是无法辨读。这是汉语的得天独厚之处。

2. 汉语简史

根据以上观点来讲汉语历史,最好的办法是从商代,特别是从春秋时期讲起。尤其是孔子整理"六经"以后,语言学面貌就更加清楚。

汉语的"汉"指的是汉代,在汉以前当然不可能叫汉语,现在我们统称"汉语",只是为了方便起见。从开始形成时起,汉语就存在着共同语和方言的对立。共同语是在比较强大的、占统治地位的部落的语言基础上形成的,而方言则是较弱小部落语言的残留。到秦统一时为止,占统治地位的共同语一直是以夏、商、周为代表的北方话,其中夏、周可能代表黄河流域中、西部的话,商代表黄河流域中、东部的话;而方言中势力最大的恐怕是长江流域的楚方言。商末周太王长子泰伯、次子仲雍为顺父亲意愿,让三弟季历之子姬昌(即后来的周文王)顺利继位,带族人到江南,断发文身,建立勾吴国,从而把汉语带到长江流域下游,形成最早的吴方言。秦汉之交大将赵佗率兵平越,因朝代更替滞留不归,后在广州称王,几十万大军落地生根,为今日粤方言的祖先。这些方言的不同,表现在语音、文字、词汇上,当然也可能表现在语法上。

公元前 221 年秦王朝建立,推行了"书同文"政策,统一了文字。由于书面语言统一,限制了词汇和语法的变异。从此以后,汉语方言的差别就主要表现在语音上。

秦代以后,汉语经历了三次大的语言迁移运动。第一次是公元前 206 年,汉朝建立。这是三代以来南方楚人第一次入主中原,从而使楚文化影响了中原文化,结果产生了赋等汉代特有的文体。这是中国古代历史上南方政治势力战胜北方的唯一的一次。第二次是公元 4 世纪初,晋末八王之乱,永嘉南迁,继之以南北朝时期两百年的政局大动荡,北方少数民族(鲜卑、匈奴、羯、氐、羌)到中原建立政权,迫使汉人南下,从而发生了民族大迁移。中原人民迁到了长江流域南部以及长江中游地区,扩大了北方话的影响;而黄河流域的语言则受到了鲜卑等少数民族语言的影响。这就是所谓的"南染吴越,北杂夷虏"(北齐颜之推语)。第三次是12世纪初宋代南渡以后,辽、金、元、清等少数民族先后入主中原,又一次发生了北方文化南进的情况。这后两次变迁都是由北往南,语言上是黄河流域的语言影响了长江流域以及更南地区的语言,而黄河流域的语言又受到了更北方的少数民族语言的影响。汉语的北方是阿尔泰语系,南方是马来语系,这就使南北边缘地区不可能不受到这两种语系的影响;而由于几次大的变迁都是由北往南,因而阿尔泰语系对中国北方话的影响似乎更大,例如北京话中的轻声和儿化很可能便是在阿尔泰语的影响下产生的。

这三次语言大交融,第一次因为发生得较早,而且发生在汉语形成的时期,现在已很难说清它对汉语史的影响。第二次、第三次的影响则较大,加上"五四"运动从根本上改变了汉语的书面语体,我们可以以这三个事件为界限把汉语的发展划分为四个时期:

① 上古期　南北朝以前　　　(4 世纪以前)
② 中古期　南北朝→宋　　　(4→12 世纪)
③ 近古期　金、元→清　　　 (13→19 世纪)
④ 现代期　"五四"以后　　　(20 世纪)

从书面语体的形式,即是文言文还是白话文来看,这四个时期还可以描述为:

① 纯粹是文言的时期。
② 文言占优势,古白话开始形成的时期。
③ 文言占优势,白话文趋成熟的时期。这一时期产生的白话文著作,如宋话本、元曲,特别是明清白话小说,有的跟现代汉语已很接近。
④ 白话文取代文言文的时期。

从语言的三要素(语音、词汇、语法)来看,这几个时期的变化可见如下简表:

表三　汉语发展变化表

	语　音	词　汇	语　法	代表著作
上古	无轻唇音;无舌上音;有全浊音;有入声;单音节、声韵调相拼的格局已经形成	形音义一体的字—词体系形成;复音词很少;借词主要来自西域;植物名以"胡"为代表	基本词序已经形成;宾语有几种前置现象;虚词已形成体系;名词可直接作状语	前期:《孟子》后期:《论衡》

续 表

	语 音	词 汇	语 法	代表著作
中古	全浊音开始清化；语音系统简化；近代北方话语音系统开始形成	单音词为主，双音词增多；词头、词尾渐多；借词主要来自佛教；植物名以"海"为代表	动补结构得到发展；被字句形成；处置式产生；一批新的语气词、助词（了、着、底）产生	前期（南方）：《世说新语》后期（北方）：敦煌文学
近古	入声消失；北方话开始在实际语言中占主导地位；儿化音产生	产生了比较典范的白话文著作，使用大量接近北方口语的词汇；双音词大量增加；借词来自蒙语、满语，但主要来自西洋；植物名明代前以"番"为代表，清代以后以"洋"为代表	把字句复杂化；被字句动词后带补语；"的""吗""呢"等虚词产生。	前期：宋话本、元曲 后期：《红楼梦》等白话长篇小说
现代	以北京音为代表的汉民族共同语形成	双音词在数量上占了绝对优势，但在使用中单音词频度仍极高；世纪之交西洋名词大量涌入，其中相当数量通过日本转译；源于英语的"类词缀"大量产生	吸收了大量欧化句法（主语复杂化、并列谓语、定语加长等）；语法渐趋严密（主语用得较前增多等）；被字句不限于表不幸或不愉快的事	毛泽东、鲁迅、老舍、曹禺等的作品

[原载《中文读写教程》(1)，杨扬、朱希祥主编，上海：上海外语教育出版社，2010年，第100-113页]

汉语与汉字

一、"符号之符号"说不适用于汉语

1. 文字是"符号的符号"说基本上适合于西方以及世界上大多数语言

研究语言离不开语言与文字的关系,也离不开口语与书面语的关系。20世纪初以来的"现代语言学"强调语言只是音响形象与概念的结合,强调"语言学的对象不是书写的词和口说的词的结合,而是由后者单独构成的"[1]。这成了整个20世纪语言研究的一块"基石"。受其影响,很多中国语言学家也不假思索地把这观点套用到汉语上,认为汉字作为"文字",也应该是"符号的符号"。事实证明,这一套用是不正确的。

文字是"符号之符号"的意思最早是古希腊哲学家亚里士多德提出来的,他说:"口说的词是心理经验的符号,书写的词是口说的词的符号。"[2]这一观点2000年来在西方没有受到过质疑,黑格尔还特别创制了"符号之符号"这个术语,说:"字母文字表达声音,而声音本身即是符号,因此它实际由符号之符号(aus Zeichen der Zeichen)所组成。"[3]进入20世纪以后,索绪尔也说了类似的话:"语言和文字是两种不同的符号系统,后者存在的唯一理由是在于表现前者。"[4]

我们觉得这些学者和大师的话讲得并没有错,因为其基本上符合2000年来西方语言文字的事实,也基本上符合世界上绝大多数语言文字的事实,具有比较普遍的真理性。

2. 文字是"符号的符号"说不适用于汉语

但是,这条真理也就到此为止了,它不能再往前一步,比如说,用到汉语里。用到汉语里,这就明显是个谬误。道理很简单,因为黑格尔已经非常明确地给出

---

[1] 索绪尔著,巴得、薛施蔼编,高名凯译:《普通语言学教程》,北京:商务印书馆,1980年,第47-48页。
[2] 转引自 Derrida, jacques, 1967, *De la Grammotologie*. Translated into English by G. Spivak as *Of Grammotology*. Baltimore and London: The John Hopkins University Press, 1976, p. 30.
[3] 同上,第24页。
[4] 索绪尔著,巴得、薛施蔼编,高名凯译:《普通语言学教程》,北京:商务印书馆,1980年,第47页。

了"符号之符号"说的适用范围——"字母文字"(alphabetic writing),任何走出这一范围的引申就是误用。汉字是"字母文字"吗? 不是,这条定律当然就不适用于汉语。

举个简单例子就可说明这一点。比方要表示"大"的概念,英语的读音是[big],用英文写下来是 big,我们可以说[big]是"大"的符号,而 big 是记录[big]的符号,因而是"符号之符号"。这一说法基本成立。[1] 而汉语呢,读音是[ta],汉字写作"大",[ta]可说是"大"这个概念的符号,但能说汉字"大"是记录[ta]的符号吗?"大"字里哪一点反映出[ta]的读音信息了?"大"字在各地方言读音不同,更不是非读作[ta]不可。

其实索绪尔对此说得非常清楚:"只有两种文字体系:(1) 表意体系。一个词只用一个符号表示。而这个符号却与词赖以构成的声音无关。这个符号和整个词发生关系,因此也就间接地和它所表达的观念发生关系。这种体系的经典例子就是汉字。(2) 通常所说的'表音'体系。"[2] 他甚至说:"对汉人来说,表意字和口说的词都是观念的符号;在他们看来,文字就是第二语言。"[3] 这本来是索绪尔针对汉字汉语的情况对 2000 年来西方语言理论的一个重大突破,理应更加引起中国语言学者的注意,可惜很多人对此视而不见。

3. 误用"符号之符号"说的后果

"符号之符号"说既然不适用于汉语,将它硬套到汉语上就会带来意想不到的严重后果。实际上,它正是 100 年来一些人不顾国情、语情,硬要在中国推行"汉字拼音化"的理论根据:既然文字只是符号之符号,那就无足轻重,恰似一件外衣,可以爱脱就脱,爱换就换,爱改就改,爱怎么玩就怎么玩,从而从根本上推翻了几千年来中国人敬畏文字的传统。简化本来是在非正式场合使用正体汉字的一个补充,几千年来在民间也已习惯,但自从跟这一"理论"挂上钩以后,特别是想以"同音替代"为主去"精简汉字数量",来为"汉字拼音化""创造条件",性质就起了变化。文革后"二简"方案的推行尤其使人们对文字的敬畏感降到了冰点。"二简"背后透露出的蔑视传统、蔑视规范、对汉字粗暴草率的态度,留下了至今难以治愈的后遗症,表现在现在几乎已见怪不怪的错别字泛滥成灾。这是一个沉重的教

---

1 说"基本",是因为近 300 年来,英语读音与文字间的距离越来越大,文字已常常不能正确表示读音。
2 索绪尔著,巴得、薛施蔼编,高名凯译:《普通语言学教程》,北京:商务印书馆,1980 年,第 50 - 51 页。
3 同上,第 51 页。

训,说明语言研究不是世外桃源,不是象牙之塔,对国外理论的误认误用有时会对国家的语言和社会生活带来意想不到的灾难。

二、汉字是汉语特点的集中反映

1. 索绪尔对语言学和汉语研究的重大贡献

上一节我们引了现代语言学创始人索绪尔的两段话,一段是关于"只有两种文字体系"的,一段是关于"对汉人来说,文字就是第二语言"的。这两段话对于语言学和汉语研究有着重要的启示意义,说它是20世纪语言学研究最重大发现之一也不为过。

(1) 这是对西方两千年来语言文字理论的重大突破

上面说过,2000多年来,西方的哲人和学者一直奉亚里士多德的"文字是符号的符号"说为圭臬,一直到19世纪末都是如此。这是因为囿于他们之所见,不知道或没有看到还有"符号之符号"以外的文字存在。黑格尔的话透露了个中消息,也就是说,在他们看来,"文字"和"字母文字"是划等号的。凡文字就是字母文字,凡字母文字必表音,凡表音必是"符号之符号"。在这种情况下,索绪尔提出"两种文字体系"说,亦即在表音文字之外,还有表意文字,这就是一个非常了不起的突破,一下子把西方人创建的语言文字理论向前推进了一大步。索绪尔特别提出,表意文字的"经典例子"[1]就是汉字,这不仅是他新语言文字理论的具体化,而且是对汉语研究的巨大期许。索绪尔自己说:"我们的研究将只限于表音体系,特别是只限于今天使用的以希腊字母为原始型的体系。"[2]我们理解这句话的意思,一是出于当时主客观各种因素的考虑,他觉得有必要把精力集中在以希腊文字为母系的西方语言文字上,建起新的普通语言学的大厦;二是把建立在表意文字体系基础上的普通语言学理论的任务留给后人。大师已经指明了方向,对于处在"表意文字经典代表"祖国的中国语言学家,完全应该沿着这个方向"接着讲",从而开拓出一条索绪尔来不及开拓的道路。可惜近百年来多数的汉语语言学家采取的方法是"照着讲",也就是把索绪尔本来是为"表音体系"语言建构的普通语言学,不加区分地照搬到"表意体系"的汉语上来。百年来汉语语言学现代化道路上的各

---

1 英文是 classic example。高名凯译作"古典例子",不妥,古典应是 classical。
2 同上,第51页。

种问题,可说都是由此引起的。

上引索绪尔的第二段话,即汉字是汉人的"第二语言"说,更可以引起人们无限的遐想,因为这直接违背了他自己创立的"现代语言学"的基石——"语言只是概念和音响形象的结合"。百年来的语言学家,包括汉语语言学家对此都讳莫如深。在他们看来,这简直不可思议:文字不是不等于语言吗?怎么又来了个文字就是语言?这已经不但是在要求"接着讲",更是在要求"对着讲"了。由此确实可见索绪尔之了不起,以及他对汉语研究的极大期望。

(2) 两种文字体系体现了认识和表述世界的不同方式

索绪尔的"两种文字体系"说有很大的启发意义。首先我们想到这是人类认识世界、进行表述的两种不同途径。索绪尔说:"表意体系。一个词只用一个符号表示,而这个符号却与词赖以构成的声音无关。这个符号和整个词发生关系,因此也就间接地和它所表达的观念发生关系。"[1] 它与表音体系的不同可以简示如下:

表音体系:
观念 → 语音(符号) → 文字(符号之符号)
表意体系:
观念 → 文字(符号)

也就是说,在表意体系的语言里,文字本身就是符号,它与表音体系语言的语音处于同一地位。在这种语言里,文字的重要性不亚于表音体系语言的语音。而汉语正是这样的语言。

表音体系和表意体系反映了人类认识世界、进行表述的不同途径。

表音体系走的是曲径。看到一个事物(或概念),先想到用一个名称称呼它(语音阶段),再用文字把这个语音描述下来。例如看到太阳,先发出一个声音[sən],再用三个字母 sun 把它写下来。《圣经》"创世纪"中关于亚当命名的传说证实了这一过程在西方人心目中具有心理现实性。

表意体系走的是直径。看到一个事物(或概念),直接用文字(图形或记号)把

---

1 英文是 classic example。高名凯译作"古典例子",不妥,古典应是 classical,第 50-51 页。

它描述出来。例如看到太阳，直接用一个圆形表示出来"☉"（在后来的演进中慢慢变成了长方形"日"）。《周易·系辞》和《说文解字》中关于仓颉造字的传说证明了这一过程在中国人心目中具有心理现实性。

更进一步，我们发现，世界最古老的几种文字，苏美尔文、埃及圣书文字、中国甲骨文，以及玛雅文字、中国境内的纳西东巴文字等，都是以表意为主的文字，而这些文字都是有关民族在自身认识世界的过程中创制出来的。另一方面，世界上现在在使用的绝大多数文字都不是这些民族自己创制的，而是借用别的民族创制的文字。第一讲开始提到的韦伯的文章中曾列了一个当前世界上各种语言所使用的文字体系的统计，如下图所示：

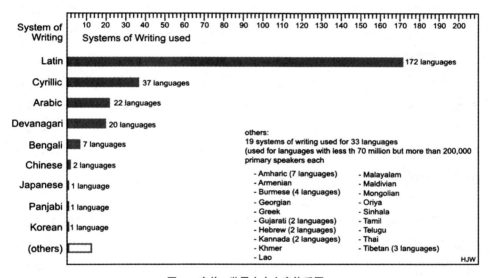

图一　韦伯：世界十大文字体系图

图中提到的"十大"文字体系实际是图示的9种加"其他"19种共28种。可以看出，除汉字外，所有的文字体系都是在借用别的文字体系的基础上发展起来的。例如使用最广的拉丁文字借自希腊文，而希腊文借自腓尼基文，腓尼基文借自古埃及文字和苏美尔文字；日文借自汉字（其假名是汉字的变体）；韩文是利用汉语音韵学原理、借助汉语方块字字形研制出来的；等等。据此，学者又提出了另一对文字学概念：自源文字和他源文字。古老的苏美尔、埃及等文字是自源文字，现代在使用的文字除汉字外都是他源文字。进一步的研究发现自源文字和表意文字、他源文字和表音文字是重合的。这不难理解，因自源文字的创造是为了直接表达对世界的认知,而他源文字是利用别的文字来记录自己对世界的认知,因而只能把文字作为"符号的符号"来记录本民族的"符号"(已有的读音)。由于从古希腊起,亚里士多德等哲人们所看到的只有他源文字的希腊文字,因而从他开始的所有西方文字理论都无法突破他源文字本身造成的局限。这个任务要到20世纪的索绪尔才得以完成。

从这一认识看,汉字是现在还在使用的文字中表意文字的唯一代表,也是自源文字的唯一代表,它对索绪尔发展普通语言学理论作出了重要贡献,对以现代精神建设中国语言学更有重要的意义。

2. 从汉字看汉语特点

讨论汉语的特点当然可以从语言自身出发。但由于汉字的存在体现了汉语和一般西方语言的根本区别,从汉字出发去看汉语特点,有时可能更简捷。

(1) 单音节

汉语是以单音节为基本单位的语言,不仅古代如此,现代汉语还是如此。这是由汉字的特点决定的。汉人以汉字作为记录对世界的认知的基本单位,形成了一个音节、一个意义[1]、一个形体的"三合一"格局。字是认知单位、使用单位,也是研究单位,在"字"的基础上形成了研究字音、字形、字义的音韵学、文字学和训诂学,形成了中国独特的语言研究传统。

(2) 无形态

世界各种语言的形态往往是在词干基础上加上额外的音节或音素组成,相对于词干,这些附加因素的碎片、零件色彩很浓,而且往往是纯语音语素,没有明确的意义。汉语中的方块字每一个字都显得堂堂正正,似乎没有一个甘于"堕落"为纯表音,作附加在别人后面的零部件,而且以汉字为单位的语文组织布局也没有容纳它们的位置。一个世纪来受西方语法影响,有不少人在致力于寻找汉语的"形态",但这些由汉字承担的"形态"怎么看怎么不像西方的形态。"的""地""得"等不像西方形尾那样如影随形、死死纠缠;"了""吗""呢"等也意义空灵,远非"形态"说可以驾驭。至于这些被称作"形态标志"的汉字,其字义还要时时流露出来,一不小心就成了实体词。如"房也卖了,车也卖了,一了百了",尽管读音不同,但前后几个"了"的意义联系还是很明显的。

---

1 "一个意义"指的是造字本义,不包括以后的各种引申、假借、比喻等意义。

（3）重意合

不比拼音文字语言由不断重复、枯燥抽象的几十个字母组成，汉字的字形有几万个，常用的也有几千个。每个字都有自己的面貌，活龙活现地呈现在你的面前。大多数汉字，见其形便能猜知其意（即使是部分的意义，如形声字）；几个汉字连在一起，还往往能让你猜出其整体表示的意义（所谓"望文生义"）。因而汉语的组织往往不需要西方语言那样的繁复手段，不但不要那些形态，连那些表示连接、表示语法关系的词语也能省则省。"意合"在别的语言里有时还要上下文提供条件，在汉语里，有时汉字本身就提供了这个可能。至于这个汉字在具体结构里表示的是其名词意义、动词意义或其他意义，两相对照，一望便知。例如"解衣衣我，推食食我"，一望便知后两个"衣"或"食"是作动词用，不但不需要在形态上有所表示，连改变读音（前人曾把后面两个"衣""食"读成去声）也显得多余。

（4）讲韵律

由于汉字一字一音一义，独立性特别强。单音节为单位特别容易造成语言的节奏。1是基础，2就是节奏单位，1与2的组合可以组成无数的韵律形式（如2＋1，1＋2，2＋2，1＋1＋2，2＋1＋2，2＋2＋2，2＋2＋2＋1……），这就使汉语组织的音乐性特别强。古人在此基础上形成了无数的中国特有的文体，如《诗经》《楚辞》、古体言诗、辞赋、骈文、律诗、词曲等，就是在今天，也是写好现代诗文的重要手段。认真的作家，写作的时候，不仅考虑到造辞遣句，还要考虑到声调节奏。

（5）贵简约

由于汉字三位一体，音、形、义都到了"1"这个最小单位，这就有可能在语言组织过程中达到最大的简约性。自古以来，中国哲学就以追求易简为目标，所谓"易简而天下之理得矣"[1]，汉字的创造充分体现了这种精神。在近百年来的语文改革运动中，有人总是有意无意地强调汉语汉字的"难"，直至今天，在汉语国际推广的热潮中，有人还作出一副无可奈何的样子说："汉字难学，总还是不得不承认的事实。"其实这个问题要看怎么看。在初学阶段，如果把字和字母作比较，那学习几十个字母当然要比学习几百上千个汉字要容易得多；而如果把字和词作比较，两者孰易孰难就不易回答，"difficult"与"难"相比，也许说不出谁更好学，但"一"肯定比"one"易学易记。到了学习的中、高级阶段，要扩大词汇量，汉字的优势更加明

1　见《周易·系辞上》。

显,汉字的组合有规律,特别是占汉字总数 90% 以上的形声字,有很强的规律性,利用偏旁部首的知识可以迅速扩大字汇量;然后再利用"生词熟字"的优势,迅速扩大词汇量。而许多拼音文字语言如英语,其单词必须一个一个死记,越学到后来,要记的单词越多,就越来越难。到了最高阶段,学习百科知识的时候,对汉语来说,不管有多少个不同的学科,汉字的总数还是那么几千个,学会后学习新单词可以通行无阻,真所谓"易简而天下之理得矣"。而拼音文字语言如英语,每进入一个新学科,意味着必须从头开始,掌握海量的单词。因而即使是英语高级知识分子,能像中国中学生那样随随便便通读百科的人几乎是找不到的。我们可以作一个更直观的数字比较(当然这是个大概的数字)学习中文和英文的难易度:在初级阶段,是 2000 个汉字与 26 个字母之比;在中级阶段,是 3500 个汉字与至少 10000 个单词之比;在最高级阶段,是 8000 个汉字与 500000 个单词之比。如果我们着眼于真正学会使用一种语言,而不总是徘徊在初级阶段的话,究竟是学汉字难呢,还是学英文单词难呢?我想谁都可以得出结论。学汉语,最初的困难也许是汉字,但学到后来,最大的便利却更是汉字。

[原载《中文读写教程》(1),杨扬、朱希祥主编,上海:上海外语教育出版社,2010 年,第 114-121 页]

汉语与中国文学

一、文学的特色在语言

1. 文学中的不可译性

美国语言学家萨丕尔说：

> 每一种语言都有它鲜明的特点，所以一种文学的内在的形式限制——和可能性——从来不会和另一种文学完全一样。用一种语言的形式和质料形成的文学，总带着它的模子的色彩和线条。文学艺术家可能从不感觉到这个模子怎样阻碍了他，帮助了他，或是用别的方式引导了他。可是一把他的作品翻译成别的语言，原来的模子的性质就立刻显现出来了。[1]

他进一步说：

> 文学这门艺术里是不是交织着两种不同类或不同平面的艺术——一种是一般的、非语言的艺术，可以转移到另一种语言媒介而不受损失；另一种是特殊的语言艺术，不能转移。[2]

这两段话具有重要的启示意义。以往人们从事语言对比，常常从所谓的语言"本体"着手，对语言的语音、词汇、语法等等"平面"一一开展比较，这样虽然也能得出一些结论，但由于过于四平八稳，不能一下子发现该语言所有而为它语言所无的特色。萨丕尔的话提供了新的可能，从文学语言出发、从文学语言的不可译性出发，是一条寻找语言特色的捷径。

这一"不可译性"，其实不仅存在于习惯所称的"语际翻译"里，也存在于语内

---

[1] 萨丕尔著，陆卓元译：《语言论》，北京：商务印书馆，1985 年，第 199 页。
[2] 同上。

翻译里。例如从文言译成白话的翻译,也可证明萨氏的明见。闻一多在讨论李白诗的英译时,曾说:"这一类浑成天然的名句,它的好处太玄妙了,太精微了,是禁不起翻译的。你定要翻译它,只有把它毁了完事!"[1]其实不但是英译,"语译"何尝不是如此,试把李白最浅易的"床前明月光,疑是地上霜"译成白话试试,恐怕也只有"把它毁了完事"。若干年前在汉语拼音化热潮中,针对人们提出如何保留古代文化遗产问题,有人曾安抚说:"汉字改成拼音文字以后,国家还要培养一部分专家,专门研究古代文化遗产,由他们把这些文化遗产,很好地翻译成拼音文字,让广大人民群众都能够学习和欣赏。所以对于这个问题,一点儿都不必担心。"[2]现在看来这番话十分幼稚。我们可以举一个例子。请看下面一首白话诗[3]:

下着大雪的夜里,桑干河进行了一场恶战;
开上战场的长安部队,回来不到一半。
第二天清早,军营中恰巧寄到大批包裹信件,
许多家信没有人看,许多棉衣没有人穿。

(倪海曙《长安集·夜战》)

读完这诗,人们会觉得作者不过是用日常语言在叙述一件事情。如果不是分行书写,还会以为是一篇极为普通的报道片段。如果再改写成汉语拼音文字,就更加平淡如水:

Xiazhe daxue de yeli,*Sangganhe jinxingle yichang ezhan*;
Kaishang zhanchang de Chang'an budui,*huilai budao yiban.*
Di-er-tian qingzao,*junyingzhong qiaqiao jidao dapi baoguo xinjian*,
Xuduo jiaxin meiyou ren kan,*xuduo mianyi meiyou ren chuan.*

---

1 闻一多:《英译李太白诗》,原载 1926 年 6 月 3 日《北平晨报》副刊,转引自《中国翻译》编辑部编:《诗词翻译的艺术》,北京:中国对外翻译出版公司,1986 年,第 41 页。
2 曹夫昂:《文字改革工作问答》,上海:上海教育出版社,1980 年,第 14 页。
3 下面的例子包括评论引自吴琦幸著:《文化语言新论》,上海:上海古籍出版社,2003 年,第 138 页。汉语拼音部分是我改写的。

然而它恰恰是从一首著名唐诗翻译过来的,据说还是译得成功的作品。原诗是:

> 夜战桑干雪,
> 秦兵半不归。
> 朝来有乡信,
> 犹自寄寒衣[1]!

（许浑《塞下曲》）

短短 20 字,字字沉重、苍凉,凝聚着深沉的感情。尤其是最后两句,把全诗的意境推向一个慷慨悲愤的天地,令人脑海中常常镌刻下这 20 个字。与白话诗相比,它省去了多少冗余笔墨,删去了多少赘词累句。译文字数三倍原文,但只是普普通通的话语,无法唤起人们新鲜的感觉。原诗的美感荡然无存！这让人怎么"学习和欣赏"呢？至于"专家"们在"专门研究"之后,在翻译中能不能分毫不差地保留原作的意思和色彩,他们自己最清楚。

白话与文言的差别有词汇的问题,有韵律的问题。认真总结,我们可以知道文言特色之所在。同样,研究中文的什么东西是无法翻译成外语的,或者即使翻译过去多少会走样的,也可以使我们知道中国文学的特色所在。

2. 汉语中的不可译特质

首先我们从汉语自身的特质来看这个问题。"特质"是特殊的物质,也是汉语自身天然存在的物质。人们可以在这些物质的基础上巧妙运用,但不能创造这些物质。当然也不能随意改变,改变了就不再是汉语。例如把方块形的汉字改写成拼音文字,那就不再是现在的汉语,而在此基础上造成的拼音汉字文学也将是另一种文学。就如上节的例子所显示的,它需要另外创造,另外总结。汉语的特质有哪些呢？

（1）方块形

前面说过,汉语的特点在很大程度上是由汉字决定的。谈到汉语自身的形态,我们首先想到的就是这个一板一眼、看上去简直有点呆板的方块形。我们常

---

[1] 《全唐诗》作"征衣",大约更不好翻译,因此译者改作"寒衣"。

说,汉字是音形义的统一体,其实英语(以及其他任何语言)的词也是音形义统一体。这两种音形义统一体的最大区别在于汉字统一体的方块形式,不管多复杂的意义、多繁复的笔画,写下来都占据同样大小的空间;而英语的词则表现为线形,长长短短,短到一个字母,长到十多个字母,由于每个字母占的空间大致相等,全词的长度就必然不等。

这是个很没有"语言学意义"的差别,但对文学的影响却是极其重要的。这使汉语文艺美学有了追求"建筑美"的可能,竖写、横写、左读、右读皆宜,从方方正正的"豆腐干体"到宝塔诗、回文诗、环形诗、织锦诗[1]等等。这些诗本身的质量如何且不说,但这种形式是绝对无法译成任何外语的。

(2) 字数

正因为一字一音一个方块,汉语的文学作品特别讲究字数。传统的诗歌常可以"言"(字数)为单位来分类,从最古老的二言诗,到《诗经》的四言诗,汉以后的五言诗、七言诗,以及六言诗、杂言诗等都是。律、绝等格律体诗每首诗的总字数都是一定的,如五言绝句20字、七言律诗56字等。词虽称"长短句",每句字数好像可长可短,但实际上每句长短不同的字数仍是规定的,整首词的字数也是规定的,甚至以字数来命名,如十六字令、百字令("念奴娇"的别名)。即使是散文,也讲究字数。《文心雕龙》作者刘勰还总结出了散文中每句字数的规律,说:"若夫笔句无常,而字有条数:四字密而不促,六字格而非缓;或变之以三五,盖应机之权节也。"在这基础上形成了讲究字数对偶的骈文。其他语言的文学很少像这样讲究字数。唯一可以类比的大约是日本的俳句。俳句又称十七音诗,每首规定只能有17个音。但由于俳句是以音数为单位,不是以假名数为单位,由两个假名组成的拗音只算一个音,而长音及促音符号又都要另算一个音,读时的感觉有时不像17个音,例如:

じょやのかねもつともちかきそぅこくじ

从假名看有18个音,这是因为じょ只算一个音,而そぅこく却要算4个音。

---

[1] 又叫"璇玑图诗",为南北朝时前秦人窦滔的妻子苏氏若兰织在一匹锦上寄给她丈夫的,图为一方阵,纵横各29字,共841字,上下左右四环往读,无不成章。据说共藏诗7958首。小说《镜花缘》载了这首诗。

日本古时作文常用汉字,如把一个汉字看成一个符号,则更没有 17 个符号了,如上面这首诗可写成:

除夜の鐘もつともちかき相国寺

那就只有 14 个符号了。最短的日本俳句有时看上去只有 9 个符号,如:

老頬に紅潮すや濁酒

长到 18 个符号,短到 9 个符号,因而日语也做不到汉语那样整齐。把中国诗歌按字数译成英语,前人曾作过艰苦的努力。有人把一个字对应为英语的一个词,那不同是显然的,例如毛泽东《十六字令》的开头"山!"译成"Mountains!"一个音节变成了两个音节,味道显然不对。许渊冲先生努力把一个汉字对应英、法语的一个音节,如《诗经·采薇》的最后一节和他的英译文[1]:

昔我往矣,	When I left here,
杨柳依依。	Willows shed tear.
今我来思,	I come back now,
雨雪霏霏。	Snow bends bough.
行道迟迟,	Long, long the way;
	Hard, hard the day.
载渴载饥。	Hunger and thirst
	Press me the worst.
我心伤悲,	My grief o'erflows.
莫知我哀!	Who knows? Who knows?

许先生作了最大的努力,但仍难完全如意,原文 8 句,译文成了 10 句,可见即使是许先生那样的高手,也无法用英语的 8 个音节来译"行道迟迟,载渴载饥"8 个

---

[1] 见许渊冲英译:《诗经》,长沙:湖南出版社,1993 年,第 320 – 321 页。

字。而且一部《诗经》305篇,许先生的实验只做到了几篇,多数还是没法做到。如《诗经·七月》的开头两句,他就分别用了8个音节来对译4个字:

  七月流火, In seventh moon Fire Star west goes,
  九月授衣。 In ninth to make dress we are told.

  问题更在于,即使音节数和字数一致了,诗行长度还是不一致。这就是前面说的方块形对线形的问题了。此外,同样的单音节,汉语由于音节构成简单有规律,其"单音节性"非常强;英语由于音节构成复杂,加上轻重音的因素,人们感受更强烈的不是音节性而是重读性,如在读 Hunger and thirst/ Press me the worst,我们感到的只是 hun-、thir-、pre-、wor-这样的重音,而不是 hung-、-er、and、thirst 那样的四个音节。

  (3) 声调

  上面提到读英语时强烈感受到的是重音,读汉语时强烈感觉到的是音节数量(以及押韵)。其实汉语中还有一个因素,现代人感觉已经比较迟钝了,但中国古人的感觉却是相当强烈的,那就是四声和平仄。

  声调并非汉语所特有,汉藏语系的其他一些语言,甚至印欧语系的某些语言如瑞典语等,也有声调,但像汉语这样整整齐齐的、可以概括为四声八调[1]并在各方言间有严整对应关系的,却是绝无仅有。萨丕尔曾对汉语声调、英语重音等因素在文学形式中的作用有过精彩的论述。他说:

    总起来说,拉丁和希腊诗依靠音量对比的原则;英语诗依靠音势对比的原则;法语诗领先音节数目和响应的原则;汉语诗依靠数目、响应和声调对比的原则。这些节奏系统,每一种都出自语言的无意识的动力习惯,都是老百姓嘴里掉出来的。仔细研究一种语言的语音系统,特别是它的动力特点,就能知道它发展过哪样的诗。[2]

---

1 指"平、上、去、入"四声各自分为阴阳调。汉语各方言间在调类上大体对应,只是在调值上有所不同。
2 萨丕尔著,陆卓元译:《语言论》,北京:商务印书馆,1985年,第206页。

从声音的四要素音质、音长、音强、音高的角度看，音质的因素在语音中体现为元音、辅音的不同读音，是各语言共同的；音长体现为长短音的对立，古希腊语和古拉丁语利用它构成了诗律的基础；音强体现为重读和非重读的对立，英语以此为其诗律的基础；高音主要表现为声调的变化，汉语以其"变"（仄声）与"不变"（平声）的对立作为其诗律的基础。"响应"（原文是 echo）指押韵，与音节数一起构成了法语诗律最重要的因素。[1] 但如上所说，作为一音一字的汉语，其音节数的意义比法语还要强得多。

实际上，声调的因素不仅影响了汉语诗律的形成，还影响到其他方面，如四字成语的规律以及并列双音词的语序[2]等，这里就不多说了。

（4）字形

英语有时也利用字母的形状来造词，例如 T-shirt、Z-turning、I-steel 等，但数量非常有限。汉语由于字量大、字形多，这方面的例子就多得多，如"T 恤衫""工字钢""丁字尺""十字路口""V 领衫"，以及"躺成一个大字""八字还没一撇"等。更重要的是汉语造字过程中从笔画到部件到整字，有非常丰富有趣的变化，这些如果用在文学作品中，都是非常难以翻译的。我们在讨论汉语与中国文化时会举更多的例子，这里暂且从略。

二、汉语的特殊表现手段

上面讲"特质"，是构成汉语的物质材料，是"硬件"；这里讲"表现"，就是这些物质条件的"运用"，是"软件"。特殊物质的"硬件"无法翻译，利用特殊物质的"软件"同样难以翻译和移植。

1."说文解字"

《说文解字》是东汉许慎编的一部书，是我国第一部以形编排的字典。但这里讲的不是这部书，而是写作中的一种表现手段，即常常利用拆解文字和词语的方法来提出观点。例如：

---

[1] 这也就是为什么英语诗可以不强调押韵，从历史上看，英诗的押韵是受了法语的影响。
[2] 成语的规律一般是"×平×仄"，如"天长地久""人高马大"等。并列双间词的语序常依四声八调的顺序（阴平、阳平、阴上、阳上、阴去、阳去、阴入、阳入），如"温暖""警惕"等，参见潘文国：《汉英语对比纲要》，北京：北京语言大学出版社，2002 年，第 278 – 280 页。

"人言为信",说明做人要讲老实话,讲老实话就是有诚信。
"止戈为武",只有用战争制止战争,才是"武"的真正意义。
"人"字,一撇是男人,一捺是女人,男人和女人一起,才是"人"的全部。
"安"字的字形是房子里面有个女人,说明家里有了女人才会安定。

又如:

有人说,这是阴谋;我们说,这是阳谋。
困难困难,困在家里就难;出路出路,出去走走就有路。

这些都是不容易翻译成外语的。

2. 联边

联边是利用同一个偏旁来造词甚至组织文辞。这办法最早起于汉赋,因为要对所赋对象进行穷尽性的铺叙描写,一些同类的事物堆在一起,无意中会发现这些字往往有着相同的偏旁,例如枚乘的《七发》中,我们就可以看到下面这些连在一起的语句:

雷霆霹雳;蚊螨蝼蚁;鹡鸰鸤鹃;蔓草芳苓;梧桐枰榈;酲醲病酒;波涌涛起……

司马相如的《上林赋》中则有:

汹涌澎湃;鲡鯦鰒鮀;鸿鹄鹔鸹;巃嵸崔巍;駃騠驴蠃;玫瑰碧琳;枇杷橪柿;俳优侏儒;妩媚孅嫋……等。

到了唐宋以后,诗人们就有意运用这个特点来进行创作,如宋代黄庭坚写过一首名为《戏题》的联边诗,诗中每句五个字的偏旁都一样:

逍遥近道边,憩息慰惫懑。晴晖时晦明,谑语谐谈论。草莱荒蒙茏,室屋壅尘垄。僮仆侍偪侧,泾渭清浊混。

这里我们不讨论作品的内容,仅就文字形式而言,这首诗是无法翻译的。

文学创作的问题比较复杂。事实上,汉语的一些双音词,包括译音外来词,也常常采用相同偏旁的方式来构成,以体现其意义信息,如"徘徊""苜蓿""葡萄""茉莉""猞猁"等,还因此造出了一些新字,如上面的几个字多数是新造的。最有名的是"狮子"的"狮",刚翻译过来的时候叫"师子",后来硬是加了个反犬旁。最有趣的则是"凤凰"的"凰"字,原本就叫"凤皇",为使偏旁趋同,给"皇"字披了件大氅。以后更附会出了"雄曰凤,雌曰凰"的说法。

3. 重言

由于汉字一字一音,为了加强语意,或为了韵律的需要,有时需要有两个音节,这时最简单办法的是叠音,古代叫"重言",即把这个字再重复用一次。名词"爸爸""妈妈""哥哥""妹妹""娃娃""姥姥",形容词"高高""大大""粗粗""细细",动词"看看""走走",量词"个个""张张""条条"等都是。其实最值得注意的是文学作品中的那些叠音描写语,或者其变体,即一个形容性的词加上一个"然""如""尔"之类的字。从《诗经》开始的这一传统,几千年来可说绵延不绝。这些描写语不要说难以翻译成外语,连译成现代白话文也不可能,只能用"……的样子"来解释,根本没法翻。要用就直接搬过来,这时也不管它文言不文言了。例如:

桃之夭夭	夭夭:桃花盛开的样子
灼灼其华	灼灼:鲜明的样子
悠悠我心	悠悠:思绪不绝的样子
淇水汤汤	汤汤:水大的样子
衣裳楚楚	楚楚:鲜明的样子
风雨潇潇	潇潇:风雨骤急的样子
渔父莞尔而笑	莞尔:微笑的样子
子路率尔而对	率尔:冒失的样子
怡然自乐	怡然:快乐的样子
孔子于乡党恂恂如也	恂恂如:恭顺的样子
与下大夫言,侃侃如也	侃侃如:从容不迫的样子

上面这些词现在多数还在用,我们如果查一下词典,还可以发现更多,如以"一然"为例,"(道貌)岸然""蔚然(成风)""爽然(若失)""超然(处之)""俨然""翩然(而来)""飘飘然""嫣然""悍然""悠然"……,都是从"古汉语"来的,但除非你不想用,否则只能照搬,成为挥之不去的"白话中的文言成分"。

4. 双声叠韵

与重言相似的是双声叠韵,说"相似",是指其性质其实是一样的,都是增加一个音节,表示语意增强或适合韵律需要。所不同的是,重言是整个音节的全部重复,双声则声不变韵变,叠韵则韵不变声变。这使得语言的运用变得更加多姿多彩。双叠的使用也是从《诗经》起就形成的传统。同样,译成外语极难,现代汉语只能照搬。下面也举些例子:

窈窕淑女	窈窕:幽闲的样子
辗转反侧	辗转:不定的样子
参差荇菜	参差:长短不齐的样子
陟彼崔嵬	崔嵬:山势高大不平的样子
搔首踟蹰	踟蹰:徘徊不定的样子
踊跃用兵	踊跃:跳跃击刺的样子
落英缤纷	缤纷:花瓣杂乱的样子
颜色憔悴	憔悴:面色不好的样子

5. 绘声绘影

重言和双声叠韵都是汉语自古以来的特殊表现手段,别的语言很难移植。到了现代白话文里,结合口语的生动表达,这些方法又有了进一步的发展。郭绍虞认为这是单音节语特有的声音美,他认为单音节的"拟声语词特别容易孳生","再加了中国语词所特具的弹性作用,可以伸缩自如,可以增减任意,极尽错综变化之能事"。[1] 他举例说,我们可以用"当""丁"分别来拟声。声音延长,则可重叠为"当当""丁丁";声有变化,则可交叉为"丁当""当丁",长言之则为"当当丁丁""丁丁当当";外界声音再复杂些,则可再加两个拟声字"玲""琅",成"丁令当琅""当琅丁

---

[1] 郭绍虞:《中国语词的声音美》,载《照隅室语言文字论集》,上海:上海古籍出版社,1985年,第131页。

玲"以至"丁玲玲""当琅琅"。声母变化一下,又可以有"听泠铛泠""亭伶宕泠""青伶昌泠""星零霜泠""砳伶砰泠""平伶彭泠""磬伶坑泠";韵变作入声,则有"滴律搭刺""铁律搭剌""迭律达剌""切律察剌""悉律萨剌""歇律豁剌""匹律拍剌""吃律揖剌""戛律聒剌""极律辖剌"。韵作阴声,则有"低黎挞拉""梯黎他拉""比黎摆拉""迷黎埋拉""挤黎斋拉""其黎辖拉"。如"当"变为"东",则有可以有"丁东""东丁""东东丁丁""丁丁东东""丁玲东珑""汀玲通珑""亭玲同珑""星玲松珑""欣玲烘珑""琴玲共珑""倾玲空珑""凭玲蓬珑""滴律笃落""铁律拓落""切律触落""悉律索落""歇律霍落""迭律踱落""必律剥落""弼律薄落""匹律扑落""戛律阁落""吃律谷落""极律搁落""低黎多罗""梯黎拖罗""叽黎咕罗"诸种变化。[1] 这些拟声语词的细微区别,特别是其变化是很难用别的语言,甚至是别的方言表达的。别的语言如英语中也有自己丰富的拟声语、拟态语的表达法,但各种语言间很少有完全对等的形式。只有学好各种语言的不同表达法,翻译中碰到相关问题时才能去作相应处理。

  王力把这种特有的表达法分成两种,一种是拟声法,同上面说的差不多。另一种他叫作"绘景法",实际上是用这种重言叠字、双声叠韵以及其他声多意少的音节组合来烘托一种气氛,把"情景绘画出来"。[2] 我们觉得这里其实没有对"景"的具体描摹,只是营造气氛,只能叫"绘影",正好与上面的"拟声"相配,合起来叫"绘声绘影"。王力把绘景分成三种。第一种是用重言叠字等烘托气氛,例如"热烘烘""黑黝黝""白汪汪""热剌剌""冷清清""黑压压""寒浸浸""热腾腾""碧莹莹""红扑扑""直瞪瞪"等;以及"生生作践""活活打死""巴巴儿地想吃""兴兴头头地找"等。第二种叫骈语法,是用成对的,而意义又不着实的字对原意加以渲染。这些成对的字有左右[3](如"左思右想")、东西(如"东张西望")、长短(如"问长问短")、这那(如"怨这怨那")、三四(如"推三阻四")、七八(如"七手八脚")、来去(如"一来二去")、天地(如"欢天喜地")、风草(如"招风惹草")等。这里的"左右""东西"等都没有实义,只是把两个音节展开成四个音节或更多音节(如"左等不来,右等也不来")来营造气氛,表达某种情感。第三种叫赘语法,指仿佛是成语,而其中总有一两个字是多余的,"无非是要凑足四个字,使语意更有力量而已。"[4] 例如"没

---

[1] 郭绍虞:《中国语词的声音美》,载《照隅室语言文字论集》,上海:上海古籍出版社,1985年,第131-132页。注意这里的例子最好用吴语读,因为其中有全浊声母,有入声,普通话读不出来。
[2] 王力:《中国现代语法》,1943年。商务印书馆《汉语语法丛书》本,1985年,第299页。
[3] 以下参考王力:《中国现代语法》,但例子有所调整。
[4] 王力:《中国现代语法》,1943年。商务印书馆《汉语语法丛书》本,1985年,第302页。

精打采""慢条斯理""糊里糊涂""胡说八道""乱七八糟"等等。这些词语的意义当然能够翻译到别的语言去,但其中的味道或者说气氛却很难转达。

马建忠的《马氏文通》里有一句名言:"助字者,华文所独。"其实华文所独的远不止"助字",上面说到的这些可说都是"所独"。即以"助字"而言,马建忠的"助字"主要指的是现在所谓的语气词,这些语气词确实也不容易在外语中表示出来。试以语末助词为例,辨析下面各句在语义上的细微差别:

来啊	来哎	来噢	来吧	来罢	来呗	来的
来啦	来了	来喽	来咧	来嘛	来吗	来呢
来呐	来喔	来哇	来呀	来哟		

相信这些也是翻译中的难题。还有一些"语气副词"也不好译,如:

难道、究竟、莫非、何尝、何必、索性、干脆、到底、简直、偏偏、岂(如"岂有此理")、可(如"你可好")、倒(如"他倒想得美")、竟(如"我竟不知道")、又(如"我又不是神仙")、并(如"我并没见过他")、就(如"就是他送来的")、才(如"我才不想去呢")

有心者可以把上面这些词译成英语试试。

6. 叠景

叠景不同于英美意象派的"意象叠加",尽管后者据说是受了中国诗歌的启发而产生的。两者的区别在于后者是一个个"意象"(image)的叠加。所谓"意象",据该流派的代表庞德(Ezra Pound)的解释,是"瞬间内表现出的智力和情感的某种集合"(An *image* is that which presents an intellectual and emotional complex in an instant of time)。[1] 它是某种构思精巧的场景的堆积。而我们这里说的"叠景"是指像搭盆景一样,把一个个具体事物堆叠起来,营造一个总体效果。"意象"可以是动词、形容词、句子,当然也包括名词的叠加,而叠景只是指名词的叠加。"大漠孤烟直,长河落日圆"属于意象叠加,但不属于叠景。"枯藤老树昏鸦,小桥流水人

1　Ezra Pound, 1913, "A Few Don'ts by an Imagiste", *Poetry*. March. From Peter Jones (ed.) Imagist Poetry, London: Penguin, 1972, p130.

家,西风古道瘦马"才是叠景。西方意象派学到的主要是前者,而后者却是汉语,甚至只是汉语书面文体的特色。如果说双声叠韵等是利用字音的因素,联边是利用字形的因素,则叠景是利用字义的因素。三者都得益于汉语的没有形态。

这种叠加手法也源于《诗经》。从发展过程来看,最早可能是并列的句子,如《卫风·硕人》的"手如柔荑,肤如凝脂,领如蝤蛴,齿如瓠犀"。后来发展成修饰语的并置,如《古诗十九首》之"青青河畔草,郁郁园中柳,盈盈楼上女,皎皎当窗牖"。到唐代,特别是近体诗中才发展成真正的名词叠加。这里主要从《唐诗三百首》的五言律绝中找出一些例子:

少妇今春意,良人昨夜情。(沈佺期《杂诗》)
客路青山下,行舟绿水前。(王湾《次北固山下》)
浮云游子意,落日故人情。(李白《送友人》)
细草微风岸,危樯独夜舟。(杜甫《旅夜书怀》)
山中一夜雨,树杪百重泉。(王维《送梓州李使君》)
楚江微雨里,建业暮钟时。(韦应物《赋得暮雨送李曹》)
星河秋一雁,砧杵夜千家。(韩翃《酬程近秋夜即事见赠》)
闲门向山路,深柳读书堂。(刘眘虚《阙题》)
雨中黄叶树,灯下白头人。(司空曙《喜外弟卢纶见宿》)
鸡声茅店月,人迹板桥霜。(温庭筠《商山早行》)
落叶他乡树,寒灯独夜人。(马戴《灞上秋居》)
乱山残雪夜,孤烛异乡人。(崔涂《除夜书怀》)
绿蚁新醅酒,红泥小火炉。(白居易《问刘十九》)
故国三千里,深宫二十年。(张祜《何满子》)

七言中也不乏其例,如杜牧《江南春》:"千里莺啼绿映红,水村山郭酒旗风。南朝四百八十寺,多少楼台烟雨中。"除首句外,三个句子都由名词叠成。宋代陆游《书愤》之"楼船夜雪瓜州渡,铁马秋风大散关"是七言更著名的例子。

叠景法使文章更加凝练,而且不著一动词,给人无限想象的空间。在20世纪初引起了意象派诗人的注意,但完全由名词堆叠在英语中非常困难。庞德最著名的一首诗《在一个地铁车站》("In a Station of the Metro")可勉强说是两个名词的并置:

> The apparition of these faces in the crowd;
> Petals on a wet, black bough

但用 apparition 这个抽象词违背了他自己的主张。[1] 其他意象派诗人也作了不小的努力，如 Richard Aldington 的一首"Images"：

> A rose-yellow moon in a pale sky
> When the sunset is faint vermillion
> On the mist among the tree-boughs
> Are you to me.

第一、第三两行勉强也可以算，不过我们观察下来，发现英语的此类句子往往少不了介词，而介词不仅带动词性，且往往是翻译时处理汉语名词堆叠的一个手段。例如张若虚的名诗标题《春江花月夜》由5个名词堆叠而成，要译成英语，就非得加上种种介词不可。

有意思的是，意象派以意象为名，却把主要精力放在对英美传统诗歌的决裂上，鼓吹诗体的完全解放，打破音步、韵脚等所有形式的束缚，开了英美20世纪"新自由诗"的先河。意象、叠景这些高浓度的表现法，在中国本是格律严谨的近体诗发展的结果，传到西方去以后，却变成了打破格律的工具；恰如"五四"时期人们将雪莱、拜伦等格律严谨的诗歌译介到中国，却催生了诗体完全解放的自由诗一样。这一二律背反的原由很值得探讨。

7. 对偶

以上是分别从音、形、义不同方面考察文学语言对汉字的运用。我们还可以综合起来看，把汉字看作音、形、义的一个综合体，看其优势和特色在哪里，又如何能为文学所用。考察的结果是发现，汉字独立自由、依附性弱、灵活婉转，易于搭配，左右逢源，特别易于造成"对"的形式。每一个汉字都可以找到一个与自己相"对"的字。这个"对"，既可以从音上看，或同为平，或同为仄，或平仄相对，或双声，或叠韵，或有其他语音上的联系；也可以从形上看，或同形，或异形，或形符相

---

[1] 庞德曾说："Language is made out of concrete things. Genreal expressions in non-concrete terms are a laziness." 参见 *Imagist Poetry*, p20.

同,或声符相同,或部首相同(但无例外的是均为方块形,高低长度相同);还可以从义上看,或近义,或反义,或对义,或相关义。近义如"先—前",反义如"是—非",对义如"南—北",相关义如"草—木";连所谓虚词,"自—从"之类也可以列入"相关义"之中。这就在汉民族中形成了一种文化心理,即《周易·系辞》上说的"一阴一阳之为道",以及刘勰在《文心雕龙·丽辞》中说的:"造化赋形,支体必双;神理为用,事不孤立。"表现在语言心理上,就是刘勰说的:"夫心生文辞,运裁百虑,高下相须,自然成对。"因而从综合角度看,汉字的最大特点是其组合的灵活性和运用的对称性。

所谓组合的灵活性,是指每一个汉字都可以以其自身为中心点,组成一个语词网络。这可以从音出发,例如与其同音的为一网络,同声、同韵或同调的为一网络,与其声韵相同、平仄相反的为一网络;可以从形出发,例如与其同形符的为一网络,同声符的为另一网络;可以从义出发,同义、近义、对义等分别组成网络。因此汉字的编排形式特别丰富,自古以来,从形编排的有《说文解字》和《康熙字典》,从音编排的有《广韵》和《同音字典》《新华字典》,从义编排的有《尔雅》和现代各种《同义词词林》中的单音字部分。这里特别强调的是"字"的网络而不是"词"的网络,一方面是因为现代的双音词绝大多数都可分解成有意义的字;另一方面是与单音的字相比,"词"在灵活性上要受到许多束缚,音、形几乎失去了意义,意义则变得狭窄,例如"精"与"致""炼""巧""要""到""细""明""怪"等都可发生联络,一说成"精怪",别的联系就只好全断了。

在运用上,一是以此为横轴,在组辞造句中自由地发挥作用;二是在纵轴上,组成各个层次的对偶,所谓各个层次,是指有其参与的对偶有从一字到多字的不同层次。以"红"字为例,红的反义是"绿""碧""翠",近义是"赤""朱""绛""殷",相关义是"白""黑",声调是平声。以红为基础与其同网络伙伴配合,在纵轴上可以组成双音词"朱红""殷红""绛红"等以及"红白"(喜事),四字格有"红红绿绿",成语有"红男绿女""灯红酒绿",句子有"千里莺啼绿映红"等;对仗则有"绿叶—红花""桃红—柳绿""红芍药—碧芙蓉""晚峰翠—夕照红""红颜少女—白发衰翁""怅望年年芳草绿—欣看处处杏花红"等等。

利用汉字的这些特性,可以迅速扩大词汇量,也可以较快地掌握组辞造句的诀窍。这是千百年来学习汉语的有效方法,也是历代文学家创制中国文学的重要手段。

三、中国文学的特殊文体

这里讲文体，以古代流传下来的为主。原因在于，一是现代中国文学的文体特点不明显，除了文言改成白话之外，所有文体都可在古代找到它的前身；二是现代文学在利用汉字汉语的特色和优势方面同样不如古代明显。了解前人曾经如何利用汉语汉字的特长，也许对发展今天乃至明天的中国文学有所启示。

我们也从形、音、义和综合几个方面来观察。

1. 利用字形的文体

所谓字形，我们强调汉字的方块形，也就是一个字一个音节。要突出的是字形数，即音节数，也即"字数"在创制中国文学时的重要性。受字数限制的文体主要有：

（1）各种齐言诗

上古的二言、三言是否有明确的规定还不知道，但《诗经》开创了以四言诗为主的诗体以后，四言、五言、七言，以后还有过六言，就成了中国历史上诗歌的主要体裁，其中五言、七言更成为占压倒优势的体裁。所谓"×言"是指诗中每一句（这个"句"只是停顿单位，跟语法无关）的字数。七言是中国诗歌形式的上限，还没有过八言以上的齐言诗获得中国人认可的。"五四"后曾有人模仿英语十四行诗（每行五音步十音节）的形式，尝试创造"十言诗"，但没有成功。

更严格的齐言诗不仅每句字数有规定，连每首诗的句数也有规定。这就是我们熟悉的律诗和绝句。绝句每首四句，律诗每首八句（科举考试的"试帖诗"有两种，或是五言十二句，或是五言十六句）。排律则句数不限，逞才的人可以写到二百韵即四百句。

（2）各种杂言诗

杂言诗就是每句字数不定的诗。理论上既然字数没有规定，作者就可自由发挥，从一字到十一字都可以（奇怪的是，没有十一字以上的）。但说是没有规定，实际上还是有默认的规定，即以五、七言为主，以其他各种言式作为点缀和补充，其目标只是要打破呆板，而不是要取而代之。其中，一、二、三、四、六言极少，八言以上都要分成两节来读（上三下五、上四下五等）。不规则中还是有规则的。如五言诗产生前的《楚辞》，其"离骚体"的不成文规定就是上七下六，其中上句第七字用"兮"字。"九歌体"相当于五言诗，只是在每句第三字后加一个"兮"字。

(3) 骈文

骈文的字数看似没有规定,但实际上有种心照不宣的规定。因为骈文在南北朝达到高潮,作为散文的代表,它与韵文相对,因而必然要以避免成为韵文为原则。韵文(主要是诗)既然以五、七言为主,因而骈文就以其所不用的四、六言为主。唐代李商隐干脆以《樊南四六》来命名他的文集。到了宋代,骈文更取得了"四六"的别名。最彻底的骈文更是通篇都是四字、六字句,当然它没有律诗那样严格。

(4) 词曲

词又叫长短句。看似句子可长可短,但长到几字、短到几字完全不能违反,整首词的字数、句数也是规定好的。曲的情况跟词差不多,只是因为曲还能唱,因而允许在规定的格律中插入一些"衬字",衬字在演唱中总是很快地一带而过,它是不计在曲谱的规定字数以内的。

(5) 对联

对联有长有短,短的每句只有两个字,如朱元璋出题、解缙对的"色难"对"容易"。长的每句几百字。所谓对联对字数的规定,是指上下联字数必须严格相等。在对联史上,只有一次是出格的,那是因为写作者别有意图。袁世凯去世后,有人送了副挽联,上联"袁世凯千古",下联"中华民国万岁"。以六字对五字,当然不能相对,因此联语的意思就是"袁世凯对不起中华民国"。[1]

(6) 八股文

八股文的总字数各朝规定不同,大体在 300 到 700 字左右。所谓字数要求是指八股文的"八股"即对仗部分,必须跟对联一样,前后股字数相同。实际上,对联是五代时兴起的,开始时有点像律诗的一联,到明清后越做越长,恐怕要感谢八股文的严格训练。

(7) 匾额和摩崖石刻

对联常伴有"横批",横批通常是四个字,是对联的组成部分。与横批相似的还有匾额,这是古代建筑本身的组成部分,在楼台亭阁、佛寺道观、厅堂牌楼的大门或正中,常会悬挂一块或多块匾,请名人或书法家来题写,这就叫匾额。匾额的内容可以跟两旁的楹联有关,也可能无关。匾额有的只是堂名、楼名,如故宫的很多匾额只是写"××宫""××殿",有的却是别有深意,甚至可说是一篇最言简意

---

[1] 此联引自甘桁《楹联百话》,上海:汉语大词典出版社,2004年,第18页。

赅的短文章。例如,南京中山陵三民主义牌坊上的"天地正气"四字题额,可说是体现了对孙中山先生的崇高敬仰;杭州岳庙的"还我河山"匾则表达了岳飞强烈的爱国主义气概和"出师未捷身先死"的悲愤心情。

在风景名胜地,这样的匾额(包括门洞上的题刻)更多。这样的题额虽然没有字数的明确规定,但心照不宣的做法是建筑名常用三字,如乾隆的"三希堂";匾额则常用四字,如上举两例。

还有一些比较随意的题刻不是挂在建筑物上,而是刻在岩石壁上或专门找来的石头上。在山崖上刻写的又叫摩崖石刻。其性质往往相当于一篇小的游记。如梁武帝萧衍浏览了镇江北固山之后,写下了"天下第一江山"六个字,就成为后人对北固山的定评;泰山顶上的"五岳独尊"石刻更成了泰山的招牌。

2. 利用字音的文体

字数问题涉及音节,其实也可算是字音问题。除此之外,汉语利用字音还有三种情况:一是押韵,二是平仄,三是既押韵又讲平仄。

(1) 押韵的文体

押韵的文体有二:

① 诗歌。包括中国古今几乎所有的诗歌,除了"五四"以后某些特别自由的新诗之外。汉族各地的地方戏曲、民歌、山歌等也都是押韵的。这可以说是中国诗歌最重要的传统之一。

② 赋。赋相当于散文诗。其形成原因是汉代建立以后,楚人入主中原,把《楚辞》的传统跟北方散文的传统相结合,又迎合了汉武帝好大喜功、喜欢歌功颂德的心理。其特点是尽力铺陈、大事夸张,而以押韵来对文章段落进行控制。六朝以后,赋的形式变得短小了,但铺陈加押韵的传统一直未变。现代的散文诗,有的押韵,那是传统的延承;有的不押韵,那是受外国的影响。

(2) 不押韵但讲究平仄的文体

主要有二:

① 骈文。在英国的传统诗歌形式中有一种叫"素体诗"(Blank Verse),不需要押韵。有人认为这种诗比较好写,更有人认为这种诗就是自由诗,可以随便写。这也是"五四"后写新诗的人认为新诗就是自由诗的原因之一。其实素体诗虽然不需要押韵,但对音步以及轻重音配置的要求一点也不比押韵的诗歌宽松,如果不是更严格的话。莎士比亚戏剧中的诗歌以及密尔顿的《失乐园》等,用的就是这

种素体诗,其格律要求很严格。骈文就有点像中国的素体诗。它不要求押韵,但对平仄、句式的要求一点不比押韵容易,甚至可以说更难。押韵不过是每隔一个时段(十个字或十四个字)要求出现一个同韵字,这在汉语这样的语言中可说轻而易举。而严格的骈文要求讲究文中所有节奏点上的字的平仄,那就要难多了。譬如同样写 200 个字,韵文如五言诗只要管 20 个字,赋就更少,而骈文却要管 100 个字左右。

骈文产生于南北朝,到唐朝达到高峰。我们只要引一段《滕王阁序》的文章及其平仄要求,就知道其格律如何之严:

披绣闼,俯雕甍,山原旷其盈视,川泽纡其骇瞩。闾阎扑地,钟鸣鼎食之家;
○●●,●○○,○○●△○○,▲●○△●●　○○●●　○●●△○

舸舰迷津,青雀黄龙之舳。云销雨霁,彩彻区明。落霞与孤鹜齐飞,
●●○○　▲●○△●　○○●● ●○○○　△○▲▲●

秋水共长天一色。渔舟唱晚,响穷彭蠡之滨;雁阵惊寒,声断衡阳之浦。
▲●△○○●●　○○●●　△○▲●△○　●●○○　▲●○○▲○

上面的符号也许让人看得有点乱,其中三角形的可不必管,那是平仄不论的。其余的,白○表平,黑●表仄。这里 80 个字,要讲平仄的倒有 64 个。其中的规律我们就不细说了。这 64 个字中,王勃只错了一个,就是"旷其盈视"的"视",是仄声,而这里按律应用平声。另外"落霞"的"落""响穷"的"响"也是应平声用了仄声,不过这两处不在节奏点上,可以放宽。这样的难度,应该说比韵文大得多。唐代古文运动,反的就是这样的文体。

② 对联

对联等于简化了的骈文。因为篇幅短小,因而其难度也相应低些。但平对仄、仄对平,上联仄收、下联平结的基本要求却是不能含糊的。现在有的人写所谓的对联,只求字数相等,完全不讲平仄,那是不对的。

(3) 既押韵又讲平仄的文体

主要有二：

① 近体诗。近体诗除字数、句数固定，押韵和平仄也有严格的要求。押韵的要求有二，一是必须押平声韵。因此，凡押仄声韵的都不能看作是近体诗。二是必须偶句押韵。单句除首句外不得押韵。其他还有许多规定，这里不详说。平仄的要求同样严到每个字。以五言律诗为例，40个字中只有8个字平仄可不论。这个难度是相当高的。

② 词曲

同样，词曲除字句数外，也有押韵和平仄的严格规定。其押韵严到有的词牌必须押平声韵，有的必须押上去声韵，有的必须押入声韵，还有的必须平仄通押，而且规定押在哪个字。韵脚位置也都有规定，丝毫不能含糊。平仄也是落实到每个字。因而词其实比诗还要难，每个词牌的格律都必须硬记。曲在字数上稍有宽松，但字调上有时比词还要严，严到在仄声中还要区分上、去声。

3. 利用字义和综合的文体

利用字义和综合的文体主要是需要对仗的文体。因为对仗包含了音、形以及义的要求。形是指字数，音是指平仄，义则要求同词性、同义类，甚至同一小义类。要求对仗的文体主要有：

① 骈文。

② 近体诗。特别是律诗，中二联必须要求对仗。

③ 词曲。每种词曲牌会要求在哪些具体的位置对仗。

④ 八股文。尤其是"八股"部分。

⑤ 对联。

以上谈到的文体有的有交叉。这些都是由于汉语汉字的特性造成的，是非常"中国性"的文体。这些文体有严格的形式要求，比起没有任何要求的自由写作当然要"难"。对待这种难有两种态度，一种如"五四"前后有些人那样，一律抛弃，扔掉拉倒；一种是认真对待，认真研究，区别良莠，批判继承，对真正的好东西还要发扬广大，推广弘扬。我们赞成后一种。但要这样做，首先要弄懂。采取民族虚无主义的态度，好像这些东西都不曾在我国的历史上存在过，那是不对的。

[原载《中文读写教程》(1)，杨扬、朱希祥主编，上海：上海外语教育出版社，2010年，第121-133；324-328页]

汉语与中国文化

汉字汉语与中国文化的关系在20世纪八九十年代曾是一个非常热门的题目。但多数论著立足于把汉字和一部分汉语词汇看作"活化石",以此来探索中国的远古文化和2000年来的社会文化制度。这些研究当然是有必要的。但有时失之琐碎,给人一种"见木不见林"的感觉。这里我们换一个角度,从宏观上来看汉字汉语对中国文化形成的影响,特别是看其与西方文化不同的特质,从而知己知彼,在跨文化交流中找到一个更好的立足点。

一、汉语汉字与中国人的思维方式

语言与思维的关系是语言学界和哲学界一个老课题。强调语言对思维影响的观点100多年来经历了一个"三起两落"的过程。19世纪前半期的德国哲学语言学家洪堡特(Wilhelm von Humboldt)最早提出了"每种语言都包含着一种独特的世界观"的命题,认为语言是各民族看待世界的方式。这是第一"起"。但洪氏的观点并没有引起人们的足够重视,随着历史比较语言学,特别是20世纪初索绪尔结构主义语言学的诞生而被人们遗忘了。20世纪上半期美国人类学语言学家鲍阿斯(Franz Boas)、萨丕尔(Edward Sapir)、沃尔夫(Benjamin Lee Whorf)等以对美洲印第安人语言的研究为基础,又一次提出了这个问题,沃尔夫更以其包括"语言决定论"和"语言相对论"的"沃尔夫假说"而名噪一时。这是第二"起"。但随着第二次世界大战后英语和英语几乎成了语言学研究的唯一对象,"乔姆斯基革命"更把人们引向以英语为基础的"普遍语法"研究,这一观点又一次遭到冷落甚至批评。20世纪80年代以来,美国的认知语言学从语言的产生、中国的文化语言学从汉语的特点出发,再一次提出了这个命题,不约而同地表达了对沃尔夫假说的某种认可和肯定,笔者更在总结中外200年来68种定义的基础上提出了"语言是人类认知与表述世界的方式和过程"这一关于语言的新定义。[1] 这是第三"起"。两

---

[1] 见《语言的定义》,《华东师范大学学报》2001年第1期,第97-108页。

落三起,不折不挠,说明无论如何,这一观点还是值得重视的。

下面我们从四个方面来看汉语汉字对中国人思维方式的影响。

1. 汉语汉字与中国人的形象思维

汉字是迄今为止人类还在使用的唯一的表意文字的代表。对于表意文字与表音文字所造成的不同思维方式,国外还很少有人研究过,就是因为没有这样的实例,在这方面汉语可说具有特殊的重要性。从汉语的角度看,表意文字的最大特点就是形象性。与之相对,表音文字的最大特点就是抽象性。人们常说,汉族人先天缺乏抽象思维的能力,汉语只是文学的语言而不是科学的语言,等等。且不管这些说法对不对,但至少是看出了不同的语言文字造成的不同思维方式。

还有人说,造字时代那是什么时候的事啦,现在的汉字早就变得既不象形,又不表意,有方的太阳("日"字)、四条腿的鱼(繁体的"魚",现在更没有了下半截)吗?其实这正是表"意"文字不同于表"形"文字之处。表意文字的"形"在发展过程中取得了约定俗成的象征性意义,不管其形体如何变化,象征性意义却牢牢存留在使用者的心理里。因而,方的太阳、四条腿的鱼不影响其为太阳、为鱼,"扌""忄""氵""亻"等也不影响其为"手""心""水""人"之义,没有一个中国人看到"扌"旁,会不想到这个字与手的动作有关的。至于某个字的意义在历史过程中起了变化(如"枪"现在一般都不再用木头制造),或者失落(如不知道为什么皇帝的自称"朕"字与"舟"有关)了,那是另一个问题,不影响汉字总体的表意性。

"六书"之外,汉字由于形体众多,有时其整体字形也会给人以某种信息。例如"高"字给人的印象就很高大,"哭""笑""胖""瘦"等字都是义如其形。因而长期以来中国人喜欢望形生义,已成了一种民族心理。说话、写文章都喜欢以形象、事例来说明。我们如果把先秦诸子的哲学著作与古希腊哲人的哲学作比较,就会发现中国哲人特别喜欢形象的比喻,庄子、韩非子更是其中的翘楚。而柏拉图、亚里士多德等的著作中则是更多抽象的说理。发展到后来,《吕氏春秋》《淮南子》《说苑》《论衡》等更是变本加厉。贾谊在《过秦论》的开头,为了说明秦国的野心,更是一口气用了四个形象的说法:"有席卷天下、包举宇内、囊括四海之意,并吞八荒之心。"而欧洲后代的哲学家,从笛卡尔到休谟,到康德,到黑格尔,一个比一个抽象,一个比一个难懂。这不能不说是不同语言造成的不同论说心理。

汉字的造字心理影响了造词,汉语的词语也特别富于形象性。例如把头叫作"脑袋",好像是装脑子的口袋,实在妙不可言。又如一个团体的最高负责人,英语叫 leader，"带领的人"，意思比较抽象，汉语叫"领袖"，就寄托了很多含义。有人说"领""袖"是一件衣服（特别古人的长袍）最关键之处，长袍不易穿著，也不易折叠，但只要一抓住"领"和"袖"，就一切妥贴了。还有人说"领""袖"是一件衣服最容易磨损玷污之处，喻指领袖人物更需洁身自好，等等。又如表示尺度的词，英语爱用 length、width、height 等抽象词，汉语却常用一对具体概念来表示，如"大小""长短""多少""高低""宽窄"等等。其他如"开关""收发""裁缝""矛盾""红绿灯"等无不体现了这种智慧。即使在理论论述如文学评论、文章组织中，中国人也不爱用抽象的名词概念，而爱用一些形象的词语和说法，诸如"文如看山不喜平""神龙见首不见尾"等，以及"开门见山""针线绵密""画龙点睛""虎头蛇尾""狗尾续貂"之类。直至今天，中国人写文章，还是喜欢形象性强的作品，一篇论文从头到尾没有一个例子，是会让人昏昏欲睡的。

2. 汉语汉字与中国人的整体思维

许多人以为系统论的思想是 20 世纪才产生，是奥地利理论生物学家 L. V. Bertalanffy 于 1968 年提出来的。索绪尔的结构主义语言学也为此作出了贡献。其实最早提出系统论思想的是中国人，五行学说就是最早的系统论理论，"相生、相克"的理论最好不过地说明了事物不是孤立的，而是存在于网络之中，受到其他事物的影响和制约。中医学说就是建立在系统论思想上的，同样，汉语汉字也为中国古人的系统论思想提供了佐证。

整体论、系统论的思想最典型地体现在汉语的造字构词上。汉字有非常强烈的整体性、系统性。汉字分两个层级，所谓"独体为文，合体为字"，独体的"文"既独立成文，又是构成合体的基础；另一方面，所有合体的"字"都能拆解为"文"，依"文"在"字"中所处地位的不同可以形成不同的系统。例如"木"是一个"文"，本身单独存在表示"树"的意思。进入合体的"字"以后，它可以作会意字的组成部分，也可以作形声字的形旁或声旁，分别构成不同的系列。

进入会意系列的有：林、森、休、果、東、束、末、本、困……

进入形声形旁的有：松、梅、树、枯、桥、材、枪、板、标、枝、栽……

进入形声声旁的有：沐、狇、烑、霂

"木"字作声旁的不多，只有上面这四个。其中"狇"只组成"狇猪"，是古代对少数民族"仫佬"族的贱称，现已不用。"烑"字也比较生僻。但有的字作声旁的很多，如：

令：岭、铃、玲、羚、龄、伶、囹、翎、领、聆、零

这就使全体汉字构成了一个严密的系统。现在尽管有的形声字表形、表声都不那么严密了，但不能就因此以偏盖全，以为形声字都没有用了，这是对古人留下的财富的不尊重。事实上，有些混乱还是我们自己造成的。汉字简化过程中就有过一些不慎的做法。如"盧"字简化为"卢"字，从"盧"得声的"顱""鱸""轤""瀘""艫""鸕"也相应简化为"颅""鲈""轳""泸""舻""鸬"，这当然没有问题。但同样从"盧"得声的"爐""廬""蘆""驢"却简化成"炉""庐""芦""驴"，"盧"变成了"户"，就不一致了。更麻烦的是在"沪""护"里，"户"又成了"扈""蒦"的简化，而从"蒦"得声的"獲""穫"又简化成"获"，变成既不表声，又不表意，为简而简的字。这就打乱了汉字作为一个整体的体系，给人们的学习和使用带来了很大的麻烦。

汉语整体性在造词上的表现主要是双字词（多字词可以在双字词基础上类推）的构造上。在双字词中，每个字的作用相当于合体字中的"文"，以之为出发点，可以分别形成以前字为核心的字族和以后字为核心的字族。例如"学生"是个双字词，从"学"字出发，可以形成在前和在后两个词族：

　　学问、学者、学院、学界、学术、学期、学派、学会、学校……
　　美学、文学、数学、教学、汉学、大学、哲学、医学、国学……

同样，从"生"字出发，也可以形成在后和在前两个词族：

　　永生、民生、新生、先生、寄生、人生、长生、更生、书生……
　　生日、生产、生活、生态、生命、生殖、生涯、生成、生气……

如果以"学生"为中心点，以"学"为横轴，"生"为纵轴，就可以画成一个十字形。韩国学者吴恩锡把它叫作"词汇十字形"，他认为是东亚汉字文化圈的语言（韩语、日语、越南语等）所共有的，这一规律对这些语言词汇的学习有很大的帮助。[1]

西方语言如英语就没有这种便利，如上述第一行"学×"，英语要分别说成：

---

[1] 参见吴恩锡：《基于字本位的汉语词汇教学》，华东师范大学2009届硕士学位论文。

learning, scholar, college, circle, academical, semester, school, society …

学生或外族人在学习时必须一个一个死记。因此相对于汉语的系统论，英语这样的语言可以说是原子论的。

如果说形象思维使中国人偏爱于具体形象的表达，则系统思维使中国人在思考中鼓励触类旁通、举一反三。同时也养成了中国人喜欢在系统中考虑问题的思路，碰到问题爱考虑"左邻右舍"的感受，而不大会任由个人的性子胡来。例如中外都强调"以人为本"，但西方人说"以人为本"的时候，"人"是相对于"物"甚至他人在内的个体，"以人为本"常常是以"个人"，甚至以"我"为本。而中国古人谈到"以人为本"时毋宁说是以"人伦"为本，即更多地要考虑人际关系和人群的和谐。中国的"以人为本"可能最反对的恰恰就是"以个人为本"。

3. 汉语汉字与中国人的辩证思维

若干年前在谈到老子的辩证法思想时，人们总不忘加上一个限制语："朴素的辩证法思想"。看似谦虚，实质包含了一种半殖民地的自卑心态。言下之意仿佛是东方人，特别是中国人根本就不配有什么原创的思想体系，何况是辩证法这样优秀的思想方法。即使给老子瞎猫碰死老鼠般碰上了，也肯定只能是"朴素"的、不自觉的。何谓"朴素"？这是英文 primitive 的意译，意思就是"原始的"、未开化的。直到现在我们才弄清，原来在黑格尔（Georg Wilhelm Friedrich Hegel，1770-1831）之前，西方哲学史上从来就没有什么像样的辩证法思想。黑格尔的辩证法思想究竟源于哪里，这里且不去管它，但就冲着老子"朴素"的辩证法思想比他要早上 2000 多年，就很值得我们骄傲了。而西方人引以为傲的辩证法三原理（对立统一、否定之否定、螺旋形上升），在《老子》以及更早的《易经》里，早就有了完美的体现，甚至可说本来就是《易》学思想的核心内容。

而这种对立统一思想的形成，与汉语汉字的特点也有很大关系。上一讲谈对偶时我们曾讨论到汉字构成的语词体系是汉语重对偶传统产生的条件。这里我们再从汉语的组织过程看，也可见处处体现出对立统一的精神。徐通锵曾对汉语的字音结构列出过如下一个层级体系[1]：

---

[1] 下表引自徐通锵：《语言论》，长春：东北师范大学出版社，1997 年，第 127 页。

表一　字音结构的层级体系

层　　次	层　组　织	结构公式
1	1个字＝1个音节×1个概念	1＝1×1
2	1个音节＝1个音段×1个声调	1＝1×1
3	1个音段＝1个声母×1个韵母	1＝1×1
4	1个韵母＝(1个韵头)×1个韵脚	1＝1×1
5	1个韵脚＝1个韵核×(1个韵尾)	1＝1×1

第一个层级反映的是汉字"音""义"的矛盾,有时候"音"起主要作用,汉字就起一个音节的作用;有时候"义"起主要作用,汉字就相当于一个"词"。而"音""义"都统一在一个"字"里。

第二个层级反映的是音段(声韵相拼的一个组合)与声调的矛盾关系,在这里,声调是矛盾的主要方面,不同声调,特别是不同平仄的字在中文的某些文体中起着至关重要的作用;而声调又必须依附于音段。两者统一在音节或者说字音里。这里特别值得注意的是,汉语明明有四个声调,但文学家们却把它概括为平、仄对立的两类,这本身也是辩证法的智慧。

第三个层级反映的是音段内声母和韵母的矛盾关系,有时候声母是矛盾的主要方面,声不变韵变可以造成双声关系;有时候韵母是矛盾的主要方面,韵不变声变可以造成叠韵关系。而两者统一在同一个声韵组合里。

第四个层级反映韵母中韵头与韵脚的矛盾关系。由于韵头在古代文字作品中作用不明显,因此这一对矛盾的主要方面在韵脚,不同的韵脚造成了不同的韵部,对于注重押韵的汉语文学来说,其意义不容置疑。韵头的作用要等到明末戏曲唱腔的发展后才充分体现出来,从而产生了"四呼"(开口、齐齿、合口、撮口,即分别是没有韵头和以 i、u、ü 作为韵头)的说法。这两者共同统一在一个韵母里。

第五个层级反映韵脚中韵核(也叫韵腹,现代一般叫主要元音)与韵尾的矛盾关系。在韵文中,有时韵尾是矛盾的主要方面,这时元音韵尾、鼻音韵尾和辅音韵尾就造成了阴声韵、阳声韵和入声韵的不同音响效果;有时韵腹起主要作用,韵腹相同,韵尾可以从宽,就造成了押韵的不同宽严度。这两者共同统一在韵脚里。

吕必松先生对徐通锵的理论加以拓展,提出:"以字为基本单位,按照二合机制进行组合生成,这样的特点贯穿在汉语的字法系统(语音系统和汉字系统)、词法系统和句法系统之中,是全面的而不是局部的,是系统的而不是零散的,是彰显的而不是隐含的,并且显示了汉语与许多其他语言——例如印欧语系诸语言——的根本区别。"[1] 我们赞成这个观点。前文提到的从文到字、从字到词、从词到语,以及汉语组织从字到篇的过程都能证明这个观点。可以说汉语的全部生成过程闪耀着辩证思想的光辉。

4. 汉语汉字与中国人的易简思维

在《汉语与汉字》一文的末尾,我们曾说过汉语是一种重简约的语言。那主要是从文字角度、针对有人认为学习汉字繁难的观点提的。我们的观点是,如果仅仅着眼于初级阶段把识字与学字母作比较,那学习汉字确实是难的;但如果着眼于长远乃至终生的语言学习,那么,相对于拼音文字语言如英语这样的海量词汇,汉语的生词熟字有着无比的优越性。一个人(不论是中国人还是外国人)如果能够下功夫学会这开始的 2000 - 2500 个字,则汉语的大门就将敞开在他的前面。不像学习其他语言例如英语,学习了 5000 个字还在门边徘徊呢。因而汉语语文教学的关键就在于如何迅速、有效、全面地突破这开始的 2000 多个字,别的都在其次。汉语的语言理论、语言教育理论、语言学习理论都应该围绕这个中心来展开研究。

如果撇开汉字不谈,从语言的其他方面看,我们更可看出汉语的简易性。就语音系统而言,汉语是世上最简单的语言之一(也许仅次于日语),元音、辅音的数量都相对较少,音节构成特别简单,简单到可以用一个公式来概括普通话所有的音节:

(C)(m)V(e)

其中 C 是辅音,m 是介音,V 是主要元音,e 是韵尾,()表示可有可无。m 和 e 都只有三或四个选择(m = i;u;ü;e = i,u;n,ŋ)。

试问,除日语外,还有哪个语言有这样简单的音节构成?[2] 汉语是单音节语,各个音节间读音分得清清楚楚,没有连读,没有辅音连缀。像英语那样元音前辅

---

1 见吕必松:《组合汉语教学路子及其形成的教学背景和理论背景(Ⅴ)》,网址:http://blog.sina.com.cn/s/blog_5bbada9d0100c57k.html
2 日语因为音节过于简单,结果造成大量多音节词,增加了记忆和使用的负担。

音可多达三个、元音后辅音可多达四个的情况绝对不会出现。[1] 有人说汉语在上古时期也是个复辅音十分丰富的语言。姑且不论这一说法并没有得到普遍认可,即使是事实,那不正好证明汉语在发展过程中抛弃了这些繁复的语音形式,变得简单明白、易学易用?外国人学汉语语音,主要的困难在声调,但我们发现,汉语的声调也正在简化。与保留较多古音的南方各方言相比,普通话的声调大概是汉语各方言中最简单的,而一些开放性、国际化程度更高的城市如上海,原有的声调在不长的时期里也在经历着简化。[2]

在语法上,汉语是孤立语或者非形态语的代表。印欧语那些复杂的性、数、格、时、态、级、语气诸种变化一概不需要,省掉了许多学习和记忆的麻烦。有的语法学家费心费力为汉语找了许多形态标志,比如"着""了""过"是"时"或"态"的标志,"们"是复数标志,"的""地""得"分别是定语、状语和补语的标志,等等,但越来越不被人们认可。汉语的语法手段,有人归纳为两个:语序和虚词;据我们看,更可以归纳为一条规律,就是"音义互动"。[3] 但这是一条灵活的规律,需要大量的实践才能理解和掌握。也有人说,在上古汉语时期,汉语曾是一个形态复杂的语言,也有性、数、格诸种变化。同样,我们不必去证明此说的真伪,这说法本身也证明了汉语在发展过程中有求"易简"的本能。因此,《周易·系辞》上的这句话"易简而天下之理得矣"可以说是中国人智慧的高度概括,也是中国人最重要的思维方式之一。几千年来,"易简""辞达而已"始终是中国文章学的主流美学追求,贵简炼、贵含蓄、贵以少胜多,"状难写之景,如在目前,含不尽之意,见于言外"等等,还留下了不少批评繁复做法的文字,如苏轼批评秦观的词句"小楼连苑横空,下窥绣勒雕鞍骤"说:"十三个字只说得一个人骑马楼下过。"汉语不喜欢长文章,不喜欢假大空。在这基础上产生出了一些别国少有的文章形式,如"诗话""词话""文话",如"评点",如"笔记"等,言简意赅,但内容充实,思想精警。直到20世纪上半叶还是如此,如王国维的《观堂集林》里收的几乎都是短文,梁启超《饮冰室文集》里的长文也不多。曾几何时,在西方学风(西方从柏拉图、亚里士多德起就喜欢长篇大论)的影响下,以为非长文不足以"显示水平",非巨著不足以"体现能力",文

---

1 Bloomfield举了一个例子:glimpsed strips(瞥见了飞机跑道),其中前一单词元音后有4个辅音,后一单词元音前有3个辅音,等于同时出现7个辅音。
2 据有的专家说,上海话的声调已由5个简化成3个。
3 参见本书《论音义互动》一文。

风大变。现在真应该从传统的学风中去吸收优良的东西了。

二、从汉语中造就的中国文化

中国文化有许多方面,也有许多特色,使其昂然独立于世界。这里主要介绍与语言文字相关的文化现象,其中有的甚至可以说就是汉语汉字直接催生的。如果不是汉语汉字,同样的文化可能就完全是另外一种样式。因此这部分所谈的,就文化而言,是世界性的;但就内容而言,却是纯中国式的,换言之,在别处很难找到这样的文化表现形式。

1. 学术文化的多义性

同古希腊哲学家一样,中国古代哲学家最关心的问题之一是"名""实"关系。但由于语言文字背景不同,这种关心呈现出不同的面貌。古希腊在柏拉图、亚里士多德等人之前不久刚刚完成了一次文字替换,因此在他们看来文字完全不足道,重要的是声音;而当时希腊各城邦又说着不同的方言,同一事物的名称有时并不相同。因而他们关心的语言起源问题表现为命名问题,事物的名称是如何来的?名称反映了事物的本质呢,还是约定俗成的?在柏拉图的《克拉底鲁篇》记载了这一场争论。赫谟根尼是约定俗成派,认为:"任何名称都是正确的……自然并没有把名字给予任何事物,所有名称都是一种习俗和使用者的习惯。"[1] 而苏格拉底是自然派或本质派,认为:"事物的名称是自然的,并非每个人都可以提供,而只有那些能够看出事物天然名称的人才能这样做,才能用字母和音节表达事物的真正形式。"[2] 这个"能够看出事物天然名称的人"叫作"造名者"(makers of names)和"立法者"(legislator)。到了《旧约·创世篇》里,这个人更成了上帝,他赋予亚当以命名的权力。两千年来西方关于命名的理论大约不外乎这三种。这三种说法反映了两个共同原理。第一,都给了起名者以极大的权力,所不同的只是起名者是"权威人士"和"普通人"的不同。第二,名称与事物的关系,不管是约定俗成的也好,按自然性质的也好,一旦产生,就是合理的、"正确的"。这两条原理对于我们理解两千年来西方的学术文化有很重要的意义。

而在中国古代,到了百家争鸣的春秋战国时代,尽管"言语异声,文字异形",

---

[1] 《柏拉图全集》,王晓朝译,北京:人民出版社,2006年,第251页。
[2] 同上,第254页。

但相对于"十里不同音、百里不同俗"的方言土语来说,已发展得相当成熟的文字更受人关注。因而语言起源问题在中国表现为文字产生的传说。《周易·系辞下》的这段文字历来为中国人所深信不疑:

> 古者庖牺氏之王天下也,仰则观象于天,俯则观法于地,观鸟兽之文与地之宜,近取诸身,远取诸物,于是始作八卦,以通神明之德,以类万物之情。……上古结绳而治,后世圣人易之书契,百官以治,万民以察。

成书于公元1世纪末的《说文解字》把这位"后世圣人"坐实为仓颉。从这段文字中我们也可看出两条原理。第一,汉字是表意文字,文字与事物有着紧密的联系,而且反映了事物的根本属性("神明之德""万物之情")。第二,人们的政治社会生活完全建立在对文字的理解上("百官以治""万民以察")。这两条原理同样是理解2000年来中国学术文化乃至整个文化的关键。

中国的学术及政治文化,根本上是一种"正名"文化。孔子说:"必也正名乎?名不正则言不顺,言不顺则事不成。"既然"名"反映了事物的本质属性,那剩下来的就是如何去理解这个"名"。因此,几千年来政治家、学问家所做的工作就是正名,诸子百家争的也就是这个名的阐释权,这就形成了中国学术的一个重要特征:多义性。同样一个字,各家各派解释不同;甚至同一作者,出于不同场合、不同需要,解释也不同。前者的典型例子是"道",诸子百家都在论"道",但"道"究竟是什么,各家解释完全不同。儒家之"道"不同于道家之"道",兵家之"道"也不同于农家之"道"。后者的典型例子是"易",古人说,"易"有三义:"易简、变易、不易",这些解释都出自《周易·系传》本身,如"易简而天下之理得矣"是"易简","刚柔相易"是"变易","简则易从"是"容易"。其实据我们看来,"易"的意义还不止三个,还有其他意义,如有时指"替换"("后世圣人易之以书契"),有时指平坦("卦有小大,辞有险易"),有时指"道"("易与天地准"),有时指"交换"("交易而退"),有时指《易经》这部书("作易者,其有忧患乎"),有时指代《易经》的卦,有时指代《易经》的爻。同一篇文章中的"易"字,竟有这样多的意义,可见理解之不易。

再一个典型例子是孔子的"仁",都知道"仁"是孔子的核心思想,《论语》里出现了109次。但"仁"究竟指什么,却并不容易把握。就是孔子在回答学生提问时,也是视对象不同而作不同回答。如回答颜渊说"克己复礼",回答仲弓说"己所不欲，勿施于人"，回答司马牛说"其言也讱"，回答樊迟一会儿说"爱人"、一会儿说"先难而后获"，回答子张说"能行五者（恭、宽、信、敏、惠）于天下"，回答子贡说"己欲立而立人，己欲达而达人"。到底指什么，当时的学生们恐怕要各自去领会，而我们今天恐怕要综合起来看。我们都知道瞎子摸象的故事，但一个人自己扮演众瞎子的角色，那也是一件有趣的事。

学术名词意义的多样性与语言文字特点有关。西方语言除个别词（如 logos）外，一般来说，一词一义，意义比较明确。而汉语的术语常由一个字担任，由于字有本义、引申义、比喻义、假借义，在没有上下文的情况下常常很难确定其意义。这就使汉语的术语充满了含糊性。中国哲学家和思想家们常用的一些术语都是如此，如道、德、理、气、仁、义、礼、智、信、忠、勇、武等，更不要说随时会冒出来的新概念，如《论语》里的"温、良、恭、俭、让"，"文、行、忠、信"，"恭、宽、信、敏、惠"等。到单音词变成双音词，由于两个字互相制约，意义才变得单纯些。

学术名词意义的多义性还与语言文字的阐释方式有关。西方一般采用下定义法，界定内涵、外延，使意义确定。汉语当然也会用下定义法，但如上所说，由于理解和出发点不同，做到明确并不容易。加上汉语训释还有别的手段，特别是西方语言所缺少的形训和声训，更为意义的确定增加了许多困难。形训是就字形而言的，从造字本义来推求其作为术语的本意，如"人言为信"之类。声训则是就字音而言的，认为读音相近的字其意义也有一定的联系。如《论语》说"政者，正也"，说明为政者树立正直榜样的重要性；《中庸》说"义者，宜也"，是说"义"要求人们做他自己认为合适的事情。刘勰《文心雕龙》给各种文体下定义大多采用这样的方法。有时确实可以提供一些信息，有时却不免牵强附会。

这两种学术传统的不同在今天还可以看出来。西方学者做学问喜欢标新立异，动辄抛出一大堆术语，建立一个体系。语言学家尤好此道，我们熟悉的生成语言学、功能语言学、认知语言学无不术语一大堆。他们的理由很充分：因为旧的术语不能表达他所要表达的意思，要精确表达他的新概念，只有重新命名一法。其他人要了解他的主张，也就必须浸润其中，接受他的术语体系（同时也往往就接受了他的评价体系）。因此中国学者学习外国理论，往往一进去就跳不出来。中国学者呢？喜欢在旧术语上找出新解，通过各种训释方法，找出别人所没发现的"微言大义"，以作为自己的"独得之秘"。这就是为什么中国学术界的争论，到后来往往变成术语之争、定义之争。争到后来，术语还是那几个，但讨论者之间几乎已经没有共同的基础了。例如中国语言学界的"主语宾语"之争、"单句复句"之争,翻译学界的"直译意译"之争、"信达雅"之争,都是如此。现在看来,两种方法各有短长。西方的方法容易"创新",但在"继承"上有所欠缺;中国传统则"继承"有余,创新不足。我们希望在了解各自短长的基础上,寻找最好的方法。

2. 政治文化的齐整性

这个命题是赵元任最早提出来的。他说:

> 音节词的单音节性好像会妨碍表达的伸缩性,但实际上在某些方面反倒提供了更多的伸缩余地。我甚至猜想,媒介的这种可伸缩性已经影响到了中国人的思维方式。语言中有意义的单位的简练和整齐有助于把结构词和词组做成两个、三个、四个、五个乃至更多音节的方便好用的模式。我还斗胆设想,如果汉语的词像英语的词那样节奏不一,如 male 跟 female(阳/阴)、heaven 跟 earth(天/地)、rational 跟 surd(有理数/无理数),汉语就不会有"阴阳""乾坤"之类影响深远的概念。……我确确实实相信,"金木水火土"这些概念在汉人思维中所起的作用之所以要比西方相应的"火、气、水、土"("fire, air, water, earth"或"pyr, aer, hydro, ge")大得多,主要就是因为它构成了一个更好用的节奏单位,因而也就更容易掌握。[1]

褚孝泉进一步总结说:

> 汉语的形式上的规整性对概念的形成的影响,并不只是在现代社会中才有的。从汉文化的创始期以来,政治观也好,哲学思想也好,常常是以一种口号式的非常简洁的对称的文字形式出现的,如"克己复礼""内圣外王","修身齐家治国平天下",等等。这是由汉语的内在节律性所决定的,也是因为汉语的句式特性造成的。……形式上的规整性,并不只是个修辞的问题,并不仅仅是个思想的终极产品的外观形象问题。因为人们是用语言来思想的,这种对语言形式的规整的要求,必然深刻地影

---

[1] 《中国现代语言学的开拓和发展——赵元任语言学论文选》,袁毓林主编,北京:清华大学出版社,1992年,第246-247页。

响思想本身的面貌。可以说,要懂得中国文化和中国哲学的特性,我们不能不注意到汉语文字上的这种齐整对仗的要求所产生的思想模具作用。[1]

直至今天,按说进入了"现代汉语",这种"古代汉语"的模具应该抛弃了,但是人们还是有意无意地在运用,可见语言文字的这种烙印已经深深地印在民族心理的最深处。就是当日那些最激进的人士,在提口号时也会自觉落入这个彀中,如"全盘西化""整理国故"之类。中华人民共和国成立后,一边加快了现代化的步伐,一边还是在用这种模具作政治的动员。从1950年代起,就有"抗美援朝""三反五反""整风反右""引蛇出洞""鼓足干劲""力争上游""地富反坏右"等等,近年来更有"解放思想""改革开放""居安思危""抗震救灾""以人为本""多难兴邦"等等,甚至在一些具体政策上也会采用类似的手法,如"使广大农民学有所教、劳有所得、病有所医、老有所养、住有所居","要坚持权为民所用、情为民所系、利为民所谋","讲实话、办实事、求实效"等。为什么?因为这样的口号符合汉语的心理节奏,最容易深入人心。而那些不符合汉语节奏的话语却不容易被记住,如"可持续发展"。

这确实是单音节语言的一个特色,别的语言似乎很难。例如"Workers of all countries, unite",其节奏效果就不如上引诸例。雪莱的名句"If winter comes, can spring be far behind"符合英语的韵律,但似乎也不如汉语的简洁明快。

这种"齐整韵律"其实适合于各种文化领域,标题特地挑出"政治"来,意思是连政治这样敏感的领域都追求这样的效果,别的领域就更不在话下了。

3. 教学文化的韵语性

既然齐整韵律有这样的好处,用于文化普及,特别是施诸教育,不是效果会更好吗?这正是传统语文教学的最大特色之一。张志公说:

> 前人的实践证明,从最初的集中识字教学直到进一步的识字教学,使用整齐的韵语,或者使用对偶,或者二者并用,是一个非常有效的办法。另一方面,凡是不采用这个办法的,如朱熹的《小学》等等,就收不到

---

[1] 褚孝泉:《语言哲学:从语言到思想》,上海:上海三联书店,1991年,第152-153页。

效果,乃至碰壁。[1]

他从汉语汉字的特点出发分析了原因:

> 我们知道,汉语虽然不是单音节语言,汉字则确实是单音节文字。在识字教育阶段,如果让儿童去学一个一个的不直接表音的单字,那会是十分困难的,而且枯燥乏味,引不起学习兴趣,勉强学了,也不容易记住。这是学习汉字的不利条件。而另一方面,正是由于汉字是单音节的,就非常容易构成整齐的词组和短句,也非常容易合辙押韵。——相形之下,要比多音节的西洋语文容易得多。整齐、押韵,念起来顺口,听起来悦耳,既合乎儿童的兴趣,又容易记忆。这显然比学一个一个的单字好,也比一上来就念参差不齐的兔子好。前人大量采用整齐韵语的方法,的确是充分运用了汉字的有利条件,避免了它的不利条件。[2]

我们所熟悉的古代蒙学教材"三、百、千"(《三字经》《百家姓》《千字文》)就是这样的教材。我们也许不知道的是,这一韵语教材的传统竟始自秦始皇时李斯编的《苍颉篇》。到辛亥革命前,已沿续了2000多年。而仅仅过了100年,我们已经完全忘了这样的传统,以至于20世纪60年代张志公起意要收集古代蒙学教材的样品时,已几乎收不到了。幸亏他的努力,我们才多少了解了以前的情况。而且惊讶地发现,除了学童用的"三、百、千"外,还有大量属于另外一种系统,既可作童蒙补充用又可供成人用的、内容十分通俗实用的"杂字"类教材,品种多达几十种,如《日用杂字》《对相四言》《四言杂字》《益幼杂字》《备用杂字》《杂字必读》等,其编写无一例外是韵语。

过了识字阶段之后,要进一步进行道德教育和知识教育,又需要更多童蒙读物。张先生收集的有《弟子职》《弟子规》《劝学篇》《女儿经》《太公家教》《小儿语》《昔时贤文》《蒙求》《幼学琼林》《龙文鞭影》《千家诗》等等。这些也无一例外的是韵语。

---

1 张志公:《传统语文教育教材论》,上海:上海教育出版社,1992年,第75页。
2 同上。

不厌其烦地列举这么一些书的名称,是为了证明2000年来汉语的语文教育,确实存在着一种文化、一种汉语特有的韵语文化。从启蒙入手的教材,到结合实用的教材,到扩大知识面、进行思想教育的教材,几乎全是韵语的一统天下。这是符合汉语、汉字特色的。

韵语教育还有意料之外的普及教育的功能。由于课文朗朗上口,儿童口诵心记,平时也会在家里屋外随口背诵,时长日久,一些不识字的家长也受到了感染,渐渐记熟了这些句子(特别是《今古贤文》及各种《杂字》《农谚》之类),虽不识字,但需要时也能脱口而出,无意中传承了这些文化。以前农村中很多不识字的老太太,说起话来也一套一套的,有时还带点咬文嚼字的腔调,就是这种被动教育的结果。

清末以后,这些教材教法被废除,引进了西方语文的教学法,以字带文,读写结合,特别是重视语法。如1903年《奏定初等小学堂章程》规定:"第一年,讲动字、静字、虚字之分别,兼授以虚字与实字联缀之法";"第二年,讲积字成句之法,并随举寻常实事一件,令以俗话二三句连贯一气,写于纸上。"从此传统的语文教育文化急速地退出了历史舞台。而在不知不觉中,中国的语文教育质量和水平也在下降。认真梳理这百年来的得失,在继承传统中寻找中国语文教育现代化的道路,是我们这一代的任务。

4. 民俗文化的谐音性

汉语拼音化的道路为什么走不通?最根本的原因之一是无法解决汉语的一音多字问题。从某种角度看,一音多字恐怕是汉语最深层的特点之一,也是汉语之所以需要,并且拥有"第二语言"的原因。索绪尔一针见血地指出:"对汉人来说,表意字和口说的词都是观念的符号;在他们看来,文字就是第二语言。在谈话中,如果有两个口说的词发音相同,它们有时就求助于书写的词来说明他们的思想。"[1] 很多中国语言学家一方面接受了索绪尔建立的整个体系,一方面对这几句话又很不以为然,认为文字是文字,语言是语言,文字怎么可以等于语言呢?[2] 还认为,中国以前教育不普及,大多数人不识字,怎么可能把文字作为"第二语言"

---

1 索绪尔著,巴得、薛施蔼编,高名凯译:《普通语言学教程》,北京:商务印书馆,1980年,第51页。
2 索绪尔这句话的英文版,确实用了"等于"(equal)这个词:"For a Chinese, the ideogram and the spoken word are of equal validity as signs for an idea". 见 F. de Saussure, *Course in General Linguistics*, translated by Roy Harris. La salle, Illinois: Open Court Publishing Company, 1986, p27.

呢?他们就是不肯承认,汉语中语言和文字的关系与西方语言和文字的关系是不一样的。中国不识字的文盲中对"第二语言"的了解程度比他们想象的大得多,不说潜移默化的《三字经》《今古贤文》中的句子经常活跃在他们的口头,就是20世纪20年代以来那些欧化的新名词也会很快就传到穷乡僻壤的老百姓口上。"求助于书写的词"的情况在文盲中也时常发生。要是你到一个穷山村去遇到一位老人,问:"大爷您贵姓呐?"他大有可能回答:"免贵姓张,弓长张。"也许他根本不理解"贵"字的意思,也根本不知道"张"字怎么写。这不过是他懂得要借用汉字来区别同音词的本能,希望你不要以为他姓"章"。说不定还想趁机显摆一下他也是"断文识字"的人呢。

汉语同音字的问题大到什么程度呢?据统计,汉字的基本音节有414个,与四声组合,实际有1254个。[1] 1979年版《辞海》收字14872个,平均每个音节约36个同音字,即使再按声调分开,平均每个带声调的音节也有12个字。甚至我们按给"中小学教师学生用"的《新华字典》统计,《新华字典》收字约8000个,平均每个音节也要摊到近20个同音字。在绝对的数量方面,下面是根据《汉字信息字典》7785字统计的同音字最多的前12个音节[2]:

yi — 131	ji — 121	yu — 115	xi — 102
fu — 99	zhi — 97	qi — 89	jian — 81
li — 81	yan — 80	ju — 70	wei — 69

同音字多意味着什么呢?排在第31位的音节是shi,有45个字。赵元任曾用这个音节的同音字写过一篇有名的文章:

施氏食狮史

石室诗士施氏,嗜狮,誓食十狮。氏时时适市视狮。十时,适十狮适市。是时,适施氏适市。氏视是十狮,恃矢势,使是十狮逝世。氏拾是十狮尸,适石室。石室湿,氏使侍拭石室。石室拭,氏始试食是十狮尸。食时,始识是十狮尸,实十石狮尸。试释是事。

---

1 马显彬:《现代汉语用字分析》,岳阳:岳麓书社,2005年,第100页。
2 同上,第99页。

其中用了 34 个不同的字,阴平声 5 个(施、狮、诗、尸、湿),阳平声 6 个(食、石、十、时、拾、实),上声 4 个(史、矢、使、始),去声 19 个(氏、室、士、嗜、誓、适、市、视、是、恃、势、逝、世、侍、拭、试、识、释、事)。

这当然是个绝端的例子,但将同音因素运用于各种场合在中国却是屡见不鲜。从古到今,从南到北,从大人到小孩,从乡村到城市,时时可见,处处可见。只要留意,几乎无处不有。我们甚至可以说,中国文化,就是一种谐音文化。谐音文化在民俗和民间表现最为突出,当然在别的场合也有。下面的例子只能说是举例:

(1) 数字

中外都有数字文化,有的数字讨人喜欢,有的让人嫌恶。但西方人喜恶的是数字本身,起因是其背后的宗教文化,如喜欢 3(圣父、圣灵、圣子三位一体),喜欢 7(上帝创造世界用了 7 天),不喜欢 13("最后的晚餐"第 13 人是出卖耶稣的犹大)。中国人喜恶某些数字,除了数字原因外,更重要的是数字谐音所体现的意义。于是 8 意味着"发",据说是因为广东话中两者读音相近(实际并不近)。但因为 8 取得了"发"的意义,那就不管是不是广东人,大家都争相取悦这个"吉利"数字了。结果门牌号码要带 8,电话号码要带 8,汽车牌号要带 8。如果是 88、888,那就更好,因为是"发了又发""发发发"嘛。中国人之喜欢 8 甚至已经闻名世界,2008 年奥运会在北京召开,挑了 8 月 8 日晚上 8 时 8 分的时间开幕,连国际奥委会主席罗格也来凑趣,说我还要增加一个 8,因为我是第 8 任的国际奥委会主席。

8 之外是 9,因为 9 意味着"久",婚姻长久、友谊长久、财运长久,都是好彩头。许多地方流行给老人做寿"做九不做十",也是此意。[1]

6 意味着"六六大顺"。这里要兜个圈子。因为六是《易经》中坤卦的象征,坤者,顺也,这是声训,也就是谐音。因而 6 也等于"顺"了。

7 也好。因为 7 意味着"吃",有吃,多好啊。

5、1 好像没有什么花头,但 5、1 谐音"我、要",可以造很多句子:518(我要发)、517(我要吃)、51999(我要久久久)。

还可以有别的组合,如 168(一路发)、918(就要发)。

不好的是 3、3,那不就是"散"了?朋友、亲人、事业,散了就没了,要不得。

---

[1] 另外一个意思恐怕是"十"与"贼"音近。古人说:"老而不死是为贼。""做十",那是骂人了。

更不好的是 4，4 谐音"死"，是当今中国人最讨厌的数字，有的地方造房子都干脆没有 4 楼、14 楼。

(2) 吉祥

讨口彩当然不限于数字，所有汉字都可以拿来用。不过最好当然是借境生意，利用身边的现成物品来讨吉利。

资格最老的是"羊"，"羊者，祥也"，这是老祖宗留下的规矩。"祥"的造字本义就是拿羊来作祭祀，这是最吉祥的。因而凡有羊的图案在民间都意味着吉祥。画三头羊？既是"祥祥祥"，又与"阳"谐音，那就是"三羊(阳)开泰"。

其他的象征：蝙蝠意味着"福"，画五只蝙蝠就是"五福(蝠)临门"。梅花鹿意味着"禄"。喜鹊意味着"喜"，因此画一幅喜鹊停在梅枝上，那就叫"喜上眉(梅)梢"。鸡意味着"吉"。桂花意味着"贵"。鱼有的时候意味着"玉"，因此画一群金鱼就是"金玉(鱼)满堂"；但更多的时候鱼意味着"余"，因此过年贴一张荷花鲤鱼图就是"连(莲)年有余(鱼)"。此例说明这种吉祥物还可以组织起来用，例如结婚时在洞房里放一堆枣子、花生、桂圆、栗子就表示祝愿"早生贵子"。厅堂供几上左面放一面镜子、右面放一尊古瓶，就叫作"进(镜)出平(瓶)安"。送老人最好送一幅猫戏蝴蝶图，为什么？因为这意味着"耄(猫)耋(蝶)之寿"啊。雄鸡头上有冠，将雄鸡与鸡冠花画在一起表示什么？"官(冠)上加官(冠)"呗。有的时候这种联想还挺复杂，如苏州东山一座雕楼的门前有个砖雕图案是一只瓷瓶内插三根古代兵器——戟，其含义有二，一是"平(瓶)安吉(戟)祥"，一是"平(瓶)升三级(戟)"，恐怕还是以后者为主。中国人喜欢吃糕，糕就是"高"，因此，南方人过年吃年糕就意味着"年年高"，这比北方人过年吃饺子(意谓两年相"交"，前年"交"付给后年)还有多一层祝福之意。不过饺子的形状像元宝，从另一方面表达了进财之意。

(3) 禁忌

有趋吉当然有避凶，有的有不好谐音的事物就成了禁忌。梨谐音"离"，生梨谐音"生离"，妻离子散、生离死别是人们最不愿看到的事，因而送礼忌送梨是许多地方的风俗。帆与"翻"同音，清声母，这是行船人家的大忌，因而吴方言(包括上海话)故意把它读成浊声母。船行还忌无风停住和水浅胶住，因此船户把箸(住)叫作筷(快)，现已通行全国。赌博之人忌言输，有的地方竟不许人在旁读书。广州人忌说蚀本，猪舌(蚀)要说成猪脷(利)；忌说干瘪，猪肝(干)说成猪润。作为丝绸之国，桑树原来是中国人最喜欢的树种之一，但明代以后，有人因其与"丧"字同音,予以忌讳,结果现在在农家宅院边已难觅了。

(4) 藏羞

有的话当面不好启口,可以借谐音的方法含蓄地表达出来,特别是男女情爱的话。中国人传统不像西方人那么坦露,常利用这种手法。在情歌中下面这类词语用得最多:莲,谐音"怜",即爱;藕,谐音"偶";丝,谐音"思";"芙蓉"谐音"夫容";荷花、百合,谐音"和""合";晴,谐音"情";碑,谐音"悲"。这风俗大约起于南朝吴歌,唐人也不少这类仿民间的作品。如南朝《读曲歌》"雾露隐芙蓉,见莲讵分明""石阙生口中,衔碑不得语",刘禹锡的"东边日出西边雨,道是无晴还有晴",温庭筠的"船头折藕丝暗牵,藕根莲子相留连"等。还有以柳谐"留",古代有送别折柳风俗,就是以谐音寄托依依不舍之情。

(5) 命名

命名中的谐音最早是一种消极手段,其起因是古代帝王的避讳。因帝王名讳不得随意用,于是从本字之换用他字(如避汉高祖讳,"邦"改为"国";避汉武帝讳,"彻"改为"通";避唐太宗讳,"世""民"改为"代""人"等),发展到与本字同音的字也不准用。如汉文帝、宋真宗均名"恒",北岳恒山在汉、宋两代被改为"常山",岂但如此,连月宫女神姮娥也被改名为嫦娥。唐诗人李贺父名晋肃,因"晋"与"进"同音,时人举报李贺不得考进士。

后来变成一种积极手段,利用谐音取名,以寄托某种感情。最擅长此法的是曹雪芹。《红楼梦》中的许多人名、地名、器物名都以这个方法取得。如贾府的元、迎、探、惜(原应叹息)四位小姐,贾雨村(假语村言),冯渊(逢冤),青埂(情根)峰,千红一窟(哭)茶,万艳同杯(悲)酒等。近现代用这方法最多的是作家笔名、艺人艺名以及文艺作品人物名,如鲁迅的笔名韦士繇(伪自由)、丰瑜(封建余孽)、康伯度(英文 comprador)等,董秋思的笔名求是、秋思、求实等,王象坤的艺名项堃,刘天花的艺名田华,以及"文革"中写作组的笔名梁效(清华、北大"两校")、罗思鼎(螺丝钉)、石一歌(十一个人)等。还有黄世仁(枉是人)、穆仁智(没仁智)等,都是用这种谐音的手法。

现代利用这种方法命名的大约非广告商莫属,而且已用得出神入化了。具体做法除类似上面的一些外,还有几招新的做法,一是乱改成语,有尚能接受的,如"一明(鸣)惊人""别具一革(格)""鸡(机)不可失""琴(情)有独钟""乐在骑(其)中";有令人不舒服的,如"有痔(恃)无恐""以帽(貌)取人""咳(刻)不容缓""妹

(魅)力无穷"等;还有拜金主义和恶俗的,如"精益求金(精)""股(古)往金(今)来""鳖(别)来无恙"等。二是在外文的音译用字上做文章,其中又有外译中及先中文外译再音译回来两种。前者最著名的是"可口可乐",以及"奔驰""巧克力"等,汉语习惯喜欢义译,音译是不得已而为之,这种"音义双译"是最讨巧的。不过改革开放以来为了显示"国际性",音译词越来越多,甚至原有义译的词又重新采用音译,如"克力架";或者已有了相对固定音译的再重新译过,如弃"伊丽莎白"不用,换一个"依俪纱柏"。再有则是本来没有音译的采用音译,如"浪奇"(Laundry)洗衣粉、"新丽"(Sunlight)牌窗帘。先译成外文再回译的则如"百丽"(Belle)皮鞋、"波导"(Bird)手机等。对于这些"巧用"谐音的商业行为,各界见仁见智,莫有定评。

(6) 逗趣

许多民间艺术或表演都以语言取胜,如古代的俳优、现代的相声和滑稽等,其中大量运用了谐音技巧。例如《太平广记》引《唐阙史》讲了一个故事。优人李可及自称博通三教,人问你既然三教皆通,那你知道释迦如来是什么人,他说:"妇人。"人问为什么,他说,《金刚经》上说"敷座而坐",如果不是妇人,何必"夫(敷)坐(座)然后儿[1](而)坐"呢?又问太上老君是什么人,他说也是"妇人",人问为什么,他说,《道德经》上说"吾有大患,为吾有身",如果不是妇人,何必患于"有娠(身)"呢?人再问,那孔子是什么人,他说也是"妇人",《论语》上不是说了吗?"沽之哉,沽之哉,我待价者也",要不是女人,干嘛"待嫁(价)"啊!艺术大师侯宝林的《歪批三国》也是运用谐音的典型。如说周瑜的妈妈姓季,诸葛亮的妈妈姓何,因为周瑜自己说了"季(既)生瑜,何生亮"。而张飞的妈妈姓吴,因为成语有"吴氏(无事)生飞"嘛。赵云以前则是卖年糕为生的,因为京剧唱词有"赵子龙他老卖(迈)年糕(高)"。其余例子举不胜举。古今还有很多笑话也是以谐音造成误会来达到效果的。

(7) 歇后

在中外成语、习语、惯用语等的对比研究中,人们发现汉语中有一种"语"在英语及多数其他外语中找不到对应物,这就是歇后语。歇后语是一种猜谜式的比喻结构,一般分两段,前段是谜面,后段是谜底,如"骑驴看唱本——走着瞧""猪八戒

---

[1] "儿"是唐时女子自称。

照镜子——里外不是人"。但大多数歇后语为了增加难猜度,往往运用谐音手段,这似乎是特地为汉语量身定制的话语艺术,也更受到人们的欢迎。例如:"飞机上挂暖壶——高水平(瓶)""外甥打灯笼——照旧(舅)""扯胡子过河——谦虚(牵须)过度(渡)"。

(8) 占吉

算命、测字、解梦、谶语、占卦等这类迷信活动,是中国民俗文化中的糟粕部分。但在这种活动中也不时会运用谐音来达到目的。常见的是猪代表朱明王朝,狐狸代表胡人(北方少数民族)。由于汉语同音字多,解法也可不同,甚至可完全相反。唐代优人黄幡绰在安史之乱中陷入安禄山之手。安梦见殿前槅子(门窗格子)倒下,要他解梦。他说,这是吉兆,"革(槅)故从新"。事平后有人向皇帝检举了这件事。他辩解说,我那时是没有办法,骗骗他的,其实从那个梦我就知道他成不了事了。因为槅子倒说明"胡(糊)不得",胡人得不到什么结果。皇帝大笑,就把他放了。

5. 游戏文化的趣味性

中国是世界上语言文字游戏最发达的国家,寓教于乐,寓教于游,寓教于轻松愉快的活动,在不知不觉之中,把汉语这门人们觉得十分难学的语言学得十分愉快,充满乐趣。由于汉语汉字的特点,汉语的游戏主要体现为文字游戏。20 世纪以来,在"新"的语言理论指导下,文字遭到贬斥与冷落,一度更成为"革命"的对象,文字游戏也遂鲜为人们所知。几十年来,语文学习越来越成为一个痛苦的负担。重温曾经有过的这些文字游戏,看有哪些是今天可以借鉴的,对于理解中国人的语言智慧,加深对祖国语言文字的热爱,提高语文运用能力,是有积极意义的。

中国的文字游戏,大体可以分为三类。

(1) 儿童文字游戏

第一类是针对儿童的,既可以促进他们的学习,又可以丰富他们的课外生活。

① 对对子

对对子是中国儿童学习写作的第一步,张志公对此有很高的评价:"属对是一种实际的语音、语汇的训练和语法训练,同时包含修辞训练和逻辑训练的因素。可以说,是一种综合的语文基础训练。"[1] 属对从一个字开始,如"红"对"绿",进到

---

[1] 张志公:《传统语文教育教材论》,上海:上海教育出版社,1992 年,第 98 页。

两个字,如"桃红"对"柳绿",再进一步到三个字、四个字,最后到七个字,如"一川杨柳如丝絮"对"十里荷花似锦铺"等。这种训练几乎无时无刻不可进行,而且生动有趣,因此被用到了生活上。儿童间可以娱乐,大人要考孩子的"才学",也往往是出一个对子让他对,看其敏捷和巧妙程度,留下了很多有趣的故事。

② 斗草

斗草是一种非常古老的游戏,《诗经》时代就已有了,唐宋以后风气大盛。这与中国的农业和中医药的传统可能很有关系,人们需要熟悉植物的知识以及草药的药性。斗草开始时只涉及植物本身,发展到后来,跟对对子相结合,就成了实物名称的对对子比赛。古典小说《红楼梦》和《镜花缘》对此都有很生动的描写。如"观音柳"对"罗汉松"、"星星翠"对"月月红"、"狗耳草"对"鸡冠花"等。现代人远离农村,对植物名称越来越生疏。但是如果把这种游戏看成是上一种的补充,上一种从书斋出发,这一种从实物出发,那就可以丰富对对子的内容。

③ 谜语

谜语是人们最熟悉的游戏,大人玩,儿童也玩。一般来说,儿童玩的叫"谜语",大人玩的叫"灯谜"。谜语以事物谜和字谜为主。前者是在游戏中增加儿童的知识,后者则是加深对语言文字的理解和掌握。谜语的编写常常是浅白的诗歌形式,朗朗上口,生动形象,例如:"小小诸葛亮,稳坐中军帐。摆下八卦阵,要捉飞来将。"谜底是"蜘蛛"。又如:"一字七横六直,世上少有人识。有人去问刘备,刘备转问孟德。"谜底是"曹"字。

④ 射覆

射覆也是一种古老的游戏。《汉书》中就有关于东方朔射覆的描写,实际是隔着东西猜物。后来发展成比猜谜还要难的游戏:一般谜语是猜出后说出谜底,但射覆猜出后却不能直接说出,而要说同一谜底的另一句话或另一件事物。《红楼梦》62回对此也有过描写。现代的射覆发展成文字填空游戏,因空格位置不同,分成正格、反格、卷帘格、中空格等许多格。如正格"海□□岛",射《水浒》人名一,要使前二字成鸟名,后二字成中国地名。答案是"燕青"。

⑤ 顶真续麻

顶真续麻是一种从宋元起就流行的语言文字游戏,有的地方叫作"接龙",可以帮助积累字词、成语、古诗名句等等,对训练快速反应很有好处。其法是第一个人说出一个词(或成语、或诗句),第二个以这个词(语、句)的最后一个字开头,说出另一个词,第三个人则以新词(语、句)的最后一个字开头,说出第三个词。如此一直继续到说不下去为止。如成语接龙:"名正言顺——顺藤摸瓜——瓜熟蒂落——落井下石——石破天惊——惊天动地——地动山摇……"

⑥ 绕口令

绕口令可说是一种语音游戏,故意将一些双声叠韵或音同音近的字词编成文句。有趣的是,这种"文句"尽管非常拗口难读,但人们就是喜欢读、喜欢听,甚至乐此不疲。滑稽演员袁一灵演唱的《金陵塔》,在上海妇孺皆知。急口令现在常作为练习普通话语音的材料,有名的如:"四是四,十是十;四十是四十,十四是十四,四十四是四十四"等。这种训练方法英语也有,叫 tongue twister,如"She sells sea shells by the sea shore"。

(2) 成人文字游戏

成人文字游戏中最有名的是灯谜和酒令。

① 灯谜

灯谜与谜语的不同在于后者通俗,而前者较"雅",书面色彩更浓。谜底涉及四书五经、诸子百家、成语典故等,要求有较高的文化积累。而其构思可以说把汉语汉字的特点发挥到了极致,有利用音、利用形、利用字义别解,及字句不同句读等手段。谜面用字精练,概括性强,有时甚至只有一两个字。在其发展过程还产生了不少"谜格"。据《中国灯谜辞典》[1]载,其"格法·体类"类共收词条 642 个。如曹娥格、碎锦格、白头格、徐妃格、求凰格、卷帘格等。有的非常复杂。如"人迹板桥霜"(解裙格)打唐诗一句。谜底是"一行白鹭上青天"。其猜法是依解裙格,须将谜底自中间一字下半截起全部摒去,余下部分扣合谜面。"一行白鹭上青天"中去掉了"鸟上青天",剩下"一行白路",扣合谜面"人迹板桥霜"。

② 酒令

中国是饮食文化大国,也是饮酒大国。中国的饮酒已经有了 5000 多年历史。在长期的发展中,饮酒成了一种"文化",其主要表现便体现在"酒令"里。酒令是中国独有的文化现象,五花八门的酒令可以说集了中国文化之大成,也集了寓文于乐之大成。

今人谈到饮酒,往往只想到把人灌醉,或者划拳斗拇,伴着震耳欲聋的音乐,

---

[1] 江更生、朱育珉主编,济南:齐鲁书社,1990 年。

搞得乌烟瘴气。古人饮酒却可以饮得很风雅，其中酒令起了重要的作用，而酒令与语言文字又有着不解之缘。《中国酒令大观》[1]一书的作者多方搜罗，共搜集酒令700多种，分为射覆猜拳类、口头文字类、骰子类、牌类、筹子类、杂类等六大部分。其中"口头文字类"就有351条，占了几乎一半。而其他类里面也包括大量与语言文字有关的内容，如第一类"射覆"就包括了语言文字。而"酒筹""酒牌""骰子"等酒令往往配有笺语解释，也离不开文字。甚至划拳时的"一、二、三、四、五……"都有很多风雅的说法。

这些酒令有的很容易，不需要多少高深的文化，例如轮流背24节气、背64甲子等；有的稍难，如要说出一个前后声调不同的叠字语（"钉钉、数数、担担、缝缝"等）；有的极难，《红楼梦》62回史湘云说了一个令，"酒面要一句古文，一句旧诗，一句骨牌名，一句曲牌名，还要一句时宪书（按即黄历）上的话，共总成一句话。酒底要有关人事的果菜名。"连贾宝玉也说不上来。林黛玉代他说道："落霞与孤鹜齐飞，风急江天过雁哀，却是一只折脚雁，叫得人九回肠，这是鸿雁来宾。"又拈了一个榛瓤，说酒底道："榛子非关隔院砧，何来万户捣衣声。"这就需要有相当的文史知识积累。

现在喝酒说酒令的场合越来越少，但这些游戏很多可用到节日各单位组织的游乐活动中去，实现古为今用。

(3) 文人文字游戏

① 曲水流觞

文人玩文字游戏最有名的莫过于王羲之等在兰亭的曲水流觞，因王的一篇《兰亭集序》书法而名传千古。其法是将酒注入杯中，放在上游，任其随流而下，杯漂到谁的面前，谁就喝酒，并且作诗一首。此事因其风雅，历来有许多人模仿。而且形式有了各种变化，有"月"字流觞、"花"字流觞等。最简单的方法是击鼓传花，可以说也是该法的遗留，但渐渐已演变成了酒令。

② 诗会

仍然坚持"文人雅集"的则是"诗会"，实际是作诗比赛。通常采用分咏、分题、分韵或限韵的办法。分咏是大家分头写同一个题目；分题是先想好一些题目，届时自选或抽选，如《红楼梦》中的菊花会；分韵是选一句诗文，如"春江花月夜"，各

1　麻国钧、麻淑云编，北京：北京出版社，1993年。

人分别以其中一个字的韵部作诗;限韵是事先规定用某一个韵部。这些都是通过形式限制,好让人在内容上争胜。

③ 联句

联句是几个人合写一首诗,可以是一人作一联。还可以是各人先对下句,再出上句。后者更难,如《红楼梦》的咏雪联句。

④ 唱和

唱和是依原作制新作,其中"唱"是原作,"和"是和作。唱和可以是不同时代的人,也可以是同时代的人。和诗开始是和内容,后来更注重形式,特别是押韵,有和韵、用韵、次韵、步韵等说法。

⑤ 集句

集句是集前人现成诗句,按格律要求组成一首新诗,给人的感觉是天衣无缝,好像是一首新作。按其内容有集唐、集宋、集陶(渊明)、集李(白)、集杜(甫)等。王安石、文天祥最好此道。文天祥在狱中集杜诗200首,以这种形式表达他的爱国情感。近人有汪渊,作《麝尘莲寸集》,集宋元词200余首,其难度更大。

⑥ 敲诗

贾岛、韩愈"推敲"的故事已成文坛佳话。宋代有人得到了一个杜甫诗本子,其中有一句"身轻一鸟□",末字污损看不出,他和一些朋友就进行了一场补字比赛,看谁补得好。先后提出的字有"起""落""疾""下""度"等。后来他得到杜诗另一个本子,发现原来原文是"过"字,大家叹服不已。受此启发,后人发明了一种游戏,叫敲诗。办法是在一张纸条上写一句生僻的古诗,藏去一字或两字,另配以四字或八字让人去猜,猜中为胜。这是一个考查、培养语言文字功夫的极好训练。

⑦ 诗钟

比敲诗更难的是诗钟,这是晚清受八股文命题启发出来的游戏。以两个互相不搭界的字为题,要求在一定时间里完成七言诗的一联。其限时常以燃香的办法,把香伸出几外,在一定位置系一条线,下挂一个铜钱,钱下方承以铜盘。香烧到指定地方,线断钱落在盘上,发出钟一样的声音。故名诗钟。在发展过程中诗钟也形成了很多"格",如分咏格、合咏格、鸿爪格、双钩格、嵌字格、卷帘格等等十余种。

⑧ 对联

在成人以及文人的文字游戏中最普及的是对联,对联可以说是从儿童启蒙时的对对子直接发展而来,因此在旧时只要受过教育的,没有人不懂此道。当然,成人与儿童不同,同样是对对子,内容、形式都要复杂多了。文人更把它发展成一种既有实用价值(用于各种亭台楼阁以及春联、寿联、挽联等),又趣味无穷的文字游戏样式。

⑨ 杂体诗

文人游戏的最后一项我们要介绍层出不穷的杂体诗。前面说过,中国诗的基本规则是齐言、偶句韵,律诗讲平仄,要对仗,仅此而已。但古人在这些基本规则基础上却玩出了令人眼花缭乱的名堂。中国的语言文字经他们这么一玩弄,几乎成了雕塑家手里的软泥、音乐家指下的音符,没有什么不能组合,没有什么不能办到,令人对汉语汉字所表现出来的能力叹为观止。文字的音、形、义及全诗的形式、内容无一不可玩得滴溜溜转,不得不使我们对这种语言、这种文字产生一种新的理解、新的目光;这样的语言、这样的文字,岂是"现代语言学"那些可怜的理论、机械的程式所能限制的?要能解释这样的语言、这样的文字,我们的语言理论真是太苍白了。

限于篇幅,这里只将部分杂体诗按照其侧重的是音、形,还是义,粗分为以下五大类,每类只就某体举一个例子:

a. 玩弄诗义的:有戏拟诗、隐括诗(诗体变换,如诗改成词,增减字或换韵)、禁字诗、禽言诗、字谜诗、谎言诗、活剥诗、打油诗等8种。

如宋秦观有一首极有名的《满庭芳》词:

　　山抹微云,天连衰草,画角声断樵门。暂停孤棹,聊共引离樽。多少蓬莱旧事,空回首,烟霭纷纷。斜阳外,寒鸦万点,流水绕孤村。　销魂。当此际,香囊暗解,罗带轻分。谩赢得青楼,薄幸名存。此去何时见也,襟袖上,空惹啼痕。伤情处,高城望断,灯火已黄昏。

传唱时某人误把第三句读成"画角声断斜阳"。歌妓琴操当场就以"阳"为韵,把这词重唱了一遍,得到了苏轼的赞赏:

　　山抹微云,天连衰草,画角声断斜阳。暂停征辔,聊共饮离觞。多少蓬莱旧侣,频回首,烟雾茫茫。孤村里,寒鸦万点,流水绕低墙。　魂伤。

当此际,轻分罗带,暗解香囊。谩赢得青楼,薄幸名狂。此去何时见也,襟袖上,空有余香。伤情处,高城望断,灯火已昏黄。

这就属于隐括诗里的换韵改写。
　　b. 玩弄诗形的:有回文诗、宝塔诗、锥体诗、联珠诗、排比诗、龟形诗、窗形诗、花形诗、环形诗、璇玑图诗、首尾吟、辘轳体诗等12种。
　　如清初女诗人吴绛雪有《十言辘轳回文诗》四首:

　　　莺啼岸柳弄春晴夜月明
　　　香莲碧水动风凉夏日长
　　　秋江楚雁宿沙洲浅水流
　　　红炉透炭炙寒风御隆冬

　　这四首诗每一首都是既辘轳(用了七个字后又回到第四字)又回文,如第一首十个字可读成这样一首七绝:

　　　莺啼岸柳弄春晴,柳弄春晴夜月明。明月夜晴春弄柳,晴春弄柳岸啼莺。

　　c. 玩弄字义的:有数字诗、四季诗、五行诗、十二时诗、十二生肖诗、嵌名诗(人名、地名、宫殿名、车船名、草木虫鱼名、鸟兽名、中药名、针穴名、卦名、星宿名、乐府歌名、词牌名、曲牌名、剧目名、歌曲名、节气名、颜色名、干支名、生肖名、八音名)、歇后诗、同头诗、罗嗦诗、半字诗、反语诗、三十六计诗等12种。其实光嵌名诗本身又可以分出一二十种。
　　如无名氏作的《三十六计诗》:

　　　金玉檀公策,借以擒劫贼。鱼蛇海间笑,羊虎桃桑隔。
　　　树暗走痴故,釜空苦远客。屋梁有美尸,击魏连伐虢。

　　全诗除了首句"檀公策"及末句"伐虢"多一字外,余36字每字包含了三十六计中的一计，依序为：**金**蝉脱**壳**、抛砖引**玉**、**借**刀杀人、**以**逸待劳、**擒**贼擒**王**、趁火打**劫**、关门捉**贼**、浑水摸**鱼**、打草惊**蛇**、瞒天过**海**、反间计、笑里藏刀、顺手牵**羊**、调**虎**离山、李代桃**僵**、指**桑**骂槐、隔岸观火、**树**上开花、暗渡陈仓、**走**为上、假**痴**不癫、欲**擒**故纵、**釜**底抽薪、**空**城计、**苦**肉计、远交近攻、反**客**为主、**上**屋抽梯、偷**梁**换柱、无中生**有**、美人计、借**尸**还魂、声东**击**西、围**魏**救赵、**连**环计、假道**伐虢**。

d. 玩弄字形的：有嵌字诗、藏头诗、倒字诗、离合诗、拆字诗、叠字诗、重字诗、联边诗、神智体诗、竹叶诗等10种。

如白居易作的《游紫霄宫》藏头诗：

水洗尘埃道未**尝**，**甘**于名利两相**忘**。**心**怀六洞丹霞**客**，日诵三清紫府**章**。

十里采莲歌达**旦**，一轮明月桂飘**香**。**日**高公子还相**觅**，**见**得山中好酒**浆**。

所谓"藏头"，是指每句第一个字都"藏"在前一句末一字上。如"水"藏在"浆"字里，"甘"藏在"尝"字里（故此字不能写作"嘗"，更不能简化成"尝"），其余类推。

e. 玩弄字音的：有四声诗（包括全平、全仄、一句平一句仄等）、双声诗、叠韵诗、独韵诗、双关诗、别字诗、象声诗等7种。

如苏轼的《西山戏题武昌王居士》双声诗：

江干高居坚关扃，耕犍躬稼角挂经。篙竿系舸菰茭隔，笳鼓过军鸡狗惊。

解襟顾景各箕踞，击剑赓歌几举觥。荆笋供脍愧搅聒，干锅更戛甘瓜羹。

这些字古代都在见母，现代都读为 g、j 两个音。如果把 j 音都读成 g，更能体会这首双声诗的效果，从中也可从反面体会到昔人为什么如此讲究诗歌的声韵了。

［原载《中文读写教程》(1)，杨扬、朱希祥主编，上海：上海外语教育出版社，2010年，第328－352页］